Schneider
Bankbetriebliches Preismanagement

GABLER EDITION WISSENSCHAFT

Hallesche Schriften zur
Betriebswirtschaft
Band 8

Herausgegeben von

Professor Dr. M. Becker
Professor Dr. R. Ebeling
Professor Dr. G. Kraft
Professor Dr. D. Möhlenbruch
Professor Dr. R. Schmidt
Professor Dr. G. Wäscher
Professor Dr. Ch. Weiser
Professor Dr. B. O. Weitz
Professor Dr. H.-U. Zabel
Martin-Luther-Universität Halle-Wittenberg

Diese Schriftenreihe soll als Forum für wissenschaftliche Arbeiten
der neugegründeten und 1993 wiedereröffneten Wirtschaftswissenschaftlichen Fakultät der Martin-Luther-Universität Halle-
Wittenberg auf dem Gebiet der Betriebswirtschaftslehre dienen.
Die zahlreichen betriebswirtschaftlichen Professuren wollen mit
der Herausgabe dieser Halleschen Schriften zur Betriebswirtschaft das breite Spektrum ihrer wissenschaftlichen Arbeitsgebie-
te dokumentieren. Die Publikationen umfassen insbesondere betriebswirtschaftliche Dissertationen und sonstige augewählte wissenschaftliche Arbeiten der halleschen Fakultätsmitglieder.

Frank Schneider

Bankbetriebliches Preismanagement

Mit einem Geleitwort
von Prof. Dr. Reinhart Schmidt

Deutscher Universitäts-Verlag

Die Deutsche Bibliothek - CIP-Einheitsaufnahme

Schneider, Frank:
Bankbetriebliches Preismanagement / Frank Schneider.
Mit einem Geleitw. von Reinhart Schmidt.
- Wiesbaden : Dt. Univ.-Verl. ; Wiesbaden : Gabler, 2000
(Gabler Edition Wissenschaft : Hallesche Schriften zur Betriebswirtschaft, Band 8)
Zugl.: Halle-Wittenberg, Univ., Diss., 1999
ISBN 3-8244-7163-9

Alle Rechte vorbehalten

© Betriebswirtschaftlicher Verlag Dr. Th. Gabler GmbH, Wiesbaden, und
   Deutscher Universitäts-Verlag GmbH, Wiesbaden, 2000
Lektorat: Brigitte Siegel / Viola Leuschner

Der Gabler Verlag und der Deutsche Universitäts-Verlag sind Unternehmen der
Fachverlagsgruppe BertelsmannSpringer.

Das Werk einschließlich aller seiner Teile ist urheberrechtlich geschützt. Jede
Verwertung außerhalb der engen Grenzen des Urheberrechtsgesetzes ist
ohne Zustimmung des Verlages unzulässig und strafbar. Das gilt insbesondere für Vervielfältigungen, Übersetzungen, Mikroverfilmungen und die
Einspeicherung und Verarbeitung in elektronischen Systemen.

http://www.gabler.de
http://www.duv.de

Höchste inhaltliche und technische Qualität unserer Produkte ist unser Ziel. Bei der Produktion
und Verbreitung unserer Werke wollen wir die Umwelt schonen. Dieses Buch ist deshalb auf säu-
refreiem und chlorfrei gebleichtem Papier gedruckt. Die Einschweißfolie besteht aus Polyethylen
und damit aus organischen Grundstoffen, die weder bei der Herstellung noch bei der Verbren-
nung Schadstoffe freisetzen.

Die Wiedergabe von Gebrauchsnamen, Handelsnamen, Warenbezeichnungen usw. in diesem
Werk berechtigt auch ohne besondere Kennzeichnung nicht zu der Annahme, dass solche Na-
men im Sinne der Warenzeichen- und Markenschutz-Gesetzgebung als frei zu betrachten wären
und daher von jedermann benutzt werden dürften.

ISBN 978-3-8244-7163-8   ISBN 978-3-322-90953-4 (eBook)

DOI 10.1007/978-3-322-90953-4

Geleitwort

Bei Bankprodukten hat der Preis eine weitaus größere Bedeutung als bei Sachgütern. Es kommt hinzu, dass sich der Wettbewerb im Bankbereich weiter verstärkt, so dass ein über die einfache Preispolitik hinausgehendes Preismanagement dringend geboten erscheint. Weiter haben sich durch den technischen Fortschritt neue Vertriebskanäle herausgebildet, wodurch sich neue Probleme für die Bündelung und Bepreisung von Bankdienstleistungen ergeben. Wissenschaft und Praxis haben die Probleme eines bankbetrieblichen Preismanagements aber bisher arg vernachlässigt, Frank Schneider will mit seiner Arbeit diese Lücke schließen.

Basierend auf dem schon 1964 erschienenen Standardwerk von Krümmel betont der Verfasser die Notwendigkeit, von einer kostenorientierten zu einer marktorientierten Preisgestaltung überzugehen. Insbesondere fehlte bisher eine marketingorientierte Analyse der Möglichkeiten und Grenzen aktiver Bankpreisgestaltung. Hauptziel des Verfassers ist deshalb die Entwicklung der bankbetrieblichen Preisgestaltung aus Marketingsicht, was zu einer verhaltensorientierten Bankpreistheorie führt. Die für Sachgüter erarbeiteten Ansätze verhaltenswissenschaftlicher Preisforschung werden durch Bezugnahme auf die Dienstleistungstheorie und das Dienstleistungsmarketing für den Bankbereich nutzbar gemacht. Danach können erstmals bankbetriebliche Preisstrategien unter Bezugnahme auf Preisstrategien aus dem Sachgütermarketing diskutiert werden.

Der Verfasser kombiniert schließlich die Dienstleistungseigenschaft der Bankleistungen mit dem Verhandlungsmachtkonzept von Krümmel und kommt zu einer neuen Matrix von Strategien in Bezug auf Kundentyp und Bankleistungstyp. Abschließend werden auch Hinweise zur Implementierung gegeben. Dabei greift der Verfasser auf eine eigene Umfrage bei 48 Bankmanagern aus 38 Kreditinstituten zurück.

Es ist das Verdienst von Frank Schneider, die Dienstleistungstheorie konsequent für das Preismanagement in Banken nutzbar gemacht zu haben. Dies nützt sowohl der Wissenschaft als auch der Praxis. So wünsche ich der Arbeit eine gute Aufnahme.

Reinhart Schmidt

Vorwort

Das wesentliche Ziel meiner theoretischen und empirischen Analyse des Preismanagements bestand nicht nur in der Verbesserung des diesbezüglichen Wissensstandes der Bankbetriebslehre. Daneben war ich bestrebt, der bankbetrieblichen Steuerungsebene operative und strategische Preisgestaltungsmaßnahmen vorzuschlagen und praktische Hinweise für deren Umsetzung zu geben. Insofern ist der Erfolg dieses Projektes auch auf viele Helfer aus meinem akademischen, beruflichen und privaten Umfeld gleichermaßen zurückzuführen, die mich im Laufe der Untersuchung unterstützt haben.

Mein Dank richtet sich zunächst an meinen akademischen Lehrer und Doktorvater Prof. Dr. Reinhart Schmidt für eine Vielzahl von manchmal anstrengenden, aber immer fruchtbaren Diskussionen. Desweiteren möchte ich Herrn Prof. Dr. Dirk Möhlenbruch und Herrn Prof. Dr. Henrik Sattler danken, die trotz einer Vielzahl eigener Forschungsvorhaben und Projekte die weiteren Gutachten übernommen haben und für eine Reihe hilfreicher Impulse verantwortlich sind.

Auch wenn mir die Methodik verbietet, die in der Expertenbefragung bemühten Bankmanager namentlich zu nennen, gilt ihnen, die sich trotz hoher Arbeitsintensität sowie der Vertraulichkeit und der strategischen Implikation der Preispolitik dennoch einer Diskussion gestellt haben, mein besonderer Dank. Das Entstehen der Arbeit wäre insbesondere ohne Herrn Friedrich Brackmann, Herrn Dr. Franz Brune und Herrn Dr. Gert Wünsche von der Commerzbank AG nicht möglich gewesen, welche die Initialzündung für ein spannendes Thema geliefert und mich trotz der anstehenden Doppelbelastung eingestellt haben. Besonders stolz bin ich auf das Vertrauen der Vorstände der comdirect)bank AG, Herrn Christian Jessen, Herrn Hans-Joachim Nitschke und Herrn Bernt Weber, die mich als Produktmanager einige meiner Ideen aus der Dissertation auch in die Praxis umsetzen ließen.

Von allen Freunden, die mir mit Rat und Tat zur Seite standen, möchte ich zuerst Dietmar herausstellen, der sich mit Inbrunst dem Manuskript gewidmet hat, obwohl es vom philosophischen Standpunkt betrachtet nicht sehr viel hergab. Einen wesentlichen Anteil am Erfolg der Arbeit hat auch Sabine, die sich unter größter Arbeitsbelastung immer Zeit für mich genommen hat. Unsere gemeinsamen Projekte und den damit verbundenen Spaß möchte ich nicht missen. Dies gilt auch für Sven, von dem ich seit der Einführungsveranstaltung in Kiel gelernt habe, daß die Halbwertszeit von technologischem Wissen größer ist als die einer studentischen Freundschaft, und ohne dessen wertvolle Hinweise und wissenschaftliches Vorbild die Arbeit so nicht entstanden wäre.

Ein umfangreiches Projekt hat notwendigerweise zur Konsequenz, daß die knappe Ressource Zeit oft jahrelang nur noch zu einem Bruchteil für das Privatleben verwandt wird.

Daher bewundere ich meine Freunde und meine Familie, die mich trotzdem noch grüßen, für ihr Erinnerungs- und Durchhaltevermögen. Den größten Dank schulde ich Jutta, die mich immer abgelenkt, aufgemuntert und zu mir gehalten hat, und meinen Eltern, denen diese Arbeit gewidmet ist.

Frank Schneider

Inhaltsverzeichnis

X

Teil III: Implementierung von Preisstrategien für Banken

Abbildungsverzeichnis

Tabellenverzeichnis

Abkürzungsverzeichnis

Abb.	Abbildung
Abs.	Absatz
Abs. Hfgkt.	absolute Häufigkeiten
Aufl.	Auflage
Bd.	Band
BGB	Bürgerliches Gesetzbuch
bzw.	beziehungsweise
CPO	Cost per Order
CPR	Cost per Response
f.	folgende
ff.	fort folgende
FWS	Frühwarnsystem
GWB	Gesetz gegen Wettbewerbsbeschränkungen
Jg.	Jahrgang
KWG	Kreditwesengesetz
LFB	Liquiditätsmäßig-finanzieller Bereich
MIS	Marketing-Informations-System
Nr.	Nummer
o. Jg.	ohne Jahrgang
o. O.	ohne Ort
PIS	Preis-Informations-System
Rel. Hfgkt.	relative Häufigkeiten
S.	Seite
Sp.	Spalte
Tab.	Tabelle
TOB	Technisch-organisatorischer Bereich
u.a.	unter anderem
UWG	Gesetz gegen den unlauteren Wettbewerb
vgl.	vergleiche
z. B.	zum Beispiel

Symbolverzeichnis

$\bar{a}$	Vektor der Absatzerfolge
a	zu schätzender Elastizitätsparameter
α	Werbeelastizität
A	Attraktion
AL	Adaptionsniveau
AW	Awarenessgrad
am	Index für angestoßenen Mengenrabatt
B	Branchenpreis
b	a) in Reaktionsfunktion zu schätzender Elastizitätsparameter
	b) als Index Kennzeichen für: Blocktarif
β_i	Kundenkontaktelastizität hinsichtlich der Leistung i
B_i	bisherige Anzahl von Kundenkontakten hinsichtlich der Leistung i
BAW	Branchenawarenessgrad
BDG	Branchendistributionsgrad
BP	kundenneutraler Basispreis
c	zu schätzender Elastizitätsparameter
Δ	Änderung einer Größe
DG	Distributionsgrad
ε	Störterm in ökonometrischer Funktion
$\varepsilon_{q_i p_i}$	Preiselastizität, welche die relative Änderung der Absatzmenge von i bei einer relativen Preisänderung für i angibt
$\varepsilon_{q_i p_j}$	Kreuzpreiselastizität, die das Verhältnis der relativen Absatzmengenänderung einer Leistung i zu der relativen Preisänderung der Leistung j angibt
e	Leistungsergebnis
E	a) Erlöse
	b) als Index Kennzeichen für: erwarteter Wert
F	geometrisches Mittel der Fokalstimuli
g	Grundgebühr
G	Index für geschätzter Wert
γ	Parameter der Stückkostendegressionsfunktion
h_i	Anzahl der Kundenkontakte
I	Index für Ist-Wert
i	Zählindex

j	Zählindex
k	Zählindex
K	geometrisches Mittel der Kontextstimuli
λ	Komplementaritätseffekt
m	Index für durchgerechneten Mengenrabatt
M	Marktanteil
MB	Marketingbudget
MPE	mittleres Preisempfinden
η_i	Preiselastizität
p	Preis
$\bar{p}$	Vektor aller Preise
P(q)	Gesamtpreisfunktion in Abhängigkeit der Absatzmenge
P(q,e)	Gesamtpreisfunktion in Abhängigkeit der Absatzmenge und des Leistungsergebnisses
PGU	Indexwert für das Preisgünstigkeitsurteil
q	Absatzmenge
Q_i	Bisheriger Preis des Gutes i
r^2	Bestimmtheitsmaß
R	a) geometrisches Mittel der Residualstimuli
	b) relativer Preis
RA	Index für Realisationsabweichung
RAA	Index für Reaktionsabweichung
RAW	Relativer Awarenessgrad
RDG	Relativer Distributionsgrad
RP	Reservationspreis
s	Sollvorgabe für ein zu erreichendes Leistungsergebnis
S	a) Marktanteil ("Share") und b) als Index Kennzeichen für: Soll-Wert
S_i	bisheriges Umsatzniveau des Gutes i
SK	Stückkosten
t	Index für Two Part Pricing
U_{ik}	Gesamtnutzen des i-ten Produktes für den k-ten Käufer
U_{ik}^{j}	Teilnutzenwert für das j-te Merkmal des i-ten Produktes für den k-ten Käufer
TI	kundenindividueller Treueindikator
V	Marktvolumen
W	a) Werbeeinsatz

XX

b) als Index Kennzeichen für: "Wie bisher"-Werte

x   Marketinginstrument

z_t Parameter; Anteil des nicht vom Kundenberater beeinflußbaren Umsatzes z_{ij}

Ausprägung des j-ten Merkmals beim i-ten Produkt

Teil I: Themenstellung

1. Problemstellung

Die wesentliche Funktion der Banken in unserer Gesellschaft des Informationszeitalters wird von Naisbitt umfassend charakterisiert durch seine Aussage: "One way to think of banking is as information in motion."[1] Wenn Bankdienstleistungen aber eine Form von Informationsfluß darstellen und eine der Aufgaben des Preises die Steuerung der Übermittlung von Informationen ist,[2] dann wird ein großer Teil des Bankgeschäftes durch die Preise der einzelnen Leistungen definiert.[3] Für einen Teil der Bankleistungen muß sogar konstatiert werden, daß oft nur der Preis das Produkt ist.

Im Rahmen der Bankbetriebslehre wird somit auch die absatzpolitische Bedeutung des Preises offenkundig. Um so erstaunlicher ist der unbefriedigende preisbezogene theoretische und empirische Wissensstand in der Literatur des Bankmarketings und des Bankmanagements.[4] Eine klare Abgrenzung der Begriffe "Preispolitik" und "Preisstrategie" fehlt, "Preismanagement" wird im bankbetrieblichen Schrifttum ganz im Gegensatz zum Konsum- oder Industriegütermarketing vernachlässigt.

Bei Betrachtung der heutigen Preiswettbewerbssituation muß dieser Zustand Erstaunen auslösen. In einer Zeit stagnierender Absatzmärkte, der Internationalisierung und steigender Komplexität des Bankgeschäftes avanciert der Preis zu einem der bestimmenden Marketinginstrumente,[5] nachdem er früher nur zurückhaltend als Akquisitionsargument eingesetzt wurde.[6] Die Priewasser-Prognose warnt vor weiter sinkenden Zinsmargen infolge fortschreitender Deregulierung der Finanzmärkte.[7] Gerade im privaten Kundensegment wird sich der Druck auf die Bankpreise enorm verstärken. Inmitten eines dynamischen Verdrängungswettbewerbs wird dem Leistungsmerkmal Preis in der Akquisitionsphase eine vorrangige und entscheidende Bedeutung zukommen.[8]

Mit der Gründung von Direktbanken haben einige Kreditinstitute auf die gestiegenen Anforderungen im Preiswettbewerb reagiert, woraus ein erhöhter Preisdruck für alle standardisierten Produkte auch in konventionellen Banken resultiert.[9] Im Filialbetrieb wird

---

[1] Vgl. Naisbitt (1982), S. 90.
[2] Vgl. Friedman, Friedman (1980), S. 33 ff.
[3] Vgl. Moebs, Moebs (1986), S. 54.
[4] Vgl. Bernet (1995a), S. 33.
[5] Vgl. z.B. Baxmann (1987), S. 12; Bernet (1995b), S. 42 .
[6] Vgl. Meyer zu Selhausen (1976), S.118 f.
[7] Vgl. Priewasser (1994), S. 117, vgl. dazu auch Feuerstein (1990), S. 50.
[8] Vgl Priewasser (1994), S. 208 ff.
[9] Vgl. Platzek (1995), S. 12 f.

jedoch in der Regel mit der traditionellen Ausgleichspreisstellung weiterhin eine Politik der Quersubventionierung zwischen einzelnen Leistungen betrieben. Mit der Abnahme der Bankloyalität[10] und der Zunahme von Mehrfachbankverbindungen verliert diese Preisstellungsform immer mehr ihre betriebswirtschaftliche Rechtfertigung.

Der Mangel an instrumentalen Kenntnissen geht einher mit dem Fehlen wettbewerbsstrategischer Erfahrung der Banken.[11] Kreditinstitute haben bis dato keine Preiskämpfe analog zu denen des Handels oder der Konsumgüterindustrie auszufechten gehabt. Daraus resultieren Unsicherheiten im Preisgestaltungsprozeß.[12] Auch aus internationaler Warte betreten Banken mit dem Management ihrer Preisgestaltung unbekanntes Terrain.[13] Zu kritisieren ist in diesem Kontext der vergleichsweise geringe Wissensstand deutscher Banken über moderne Marktforschungsmethoden und Marketingkonzeptionen. Obwohl sie über einen wesentlich besseren Datenhintergrund ihres Kundenpotentials[14] verfügen als etwa Konsumgüterhersteller, fehlen die zur Preisgestaltung unabdingbaren Basisdaten der Angebots- und Nachfragefunktionen.

Grundlegend für den theoretischen Wissensstand hinsichtlich der bankbetrieblichen Preisgestaltung sind die Arbeiten von Krümmel.[15] Bereits 1964 erkannte er die Probleme der Zurechenbarkeit fixer Kosten unterschiedlicher bankbetrieblicher Unternehmensbereiche zu einzelnen Leistungsarten. Er folgert daraus, daß eine Abkehr von der kostenorientierten Preisgestaltung hin zu einer markt- und absatzorientierten Preisgestaltung notwendig ist. Allein der Kunde definiert, was eine Bankleistung ist.[16] Dennoch nimmt seitdem die Erörterung primär kostendeterminierter Problemstellungen in der preisbezogenen bankbetrieblichen Literatur den größten Platz ein.[17] Süchting beispielsweise versucht, die Notwendigkeit einer rechtfertigungsfähigen Preisstellung im Kredit- und Zahlungsverkehrsbereich aufzuzeigen.[18] Vernachlässigt wird dabei, daß auch Bankpreise durch Angebot und Nachfrage zustande kommen. In einem Markt, der durch intensiven horizontalen Wettbewerb gekennzeichnet ist, muß der zunehmenden Nachfrage- und Verhandlungsmacht des Kunden stärker Rechnung getragen werden.

Erst in jüngster Zeit wird in einigen Arbeiten zur bankbetrieblichen Preisgestaltung die Kostenperspektive wieder zugunsten einer eher marktorientierten Sicht aufgegeben. Zum

---

[10] Zur Bankloyalität vgl. Süchting (1998), S. 627 ff.

[11] Vgl. Bernet (1995a), S. 33.

[12] Ebenda.

[13] Vgl. Channon (1986), S 142; Moebs, Moebs (1986), S. 10; Simon (1994a), S. 10.

[14] Zur Nutzung dieses Potentials vgl. z.B. Scheer (1989).

[15] Vgl. Krümmel (1964).

[16] Vgl. Jacob (1982), S. 12.

[17] Z.B. die Diskussion über den Kostendeckungsgrad im Zahlungsverkehr vgl. Lehmann,Schmidt (1982); Singer (1989); Bernhard, Fux (1991).

[18] Vgl. Süchting (1980); Süchting (1991).

einen wird das Kundenverhalten durch die empirische Betrachtung von Bankwechsel- neigungen oder Nachfragereaktionen auf Preisvariationen untersucht, namentlich Rapp bezieht preisliche und nichtpreisliche Bestimmungsfaktoren in eine verhaltenswissenschaftlich geprägte Analyse ein, um Kundenreaktionen auf Bankpreise zu erklären.[19] Zum anderen erfolgen theoretische Betrachtungen zumeist in Anlehnung an die betriebswirtschaftliche Preistheorie[20] unter Berücksichtigung sowohl endogener Restriktionen, wie etwa Produktionsverbundwirkungen,[21] als auch exogener Restriktionen, wie beispielsweise dem absatzwirtschaftlichen Verbundeffekt im Sortiment.[22] Volks- und betriebswirtschaftliche Preistheorien stellen zwar ein fundiertes und in vielen Bereichen erprobtes Aussagesystem dar, doch es zeigt sich in zunehmendem Maße, daß diese Hypothesen aus dem Sachgüterbereich nicht ungeprüft auf bankbetriebliche Fragestellungen übertragen werden dürfen.[23] So fordert Bernet denn auch eine eigene bankbetriebliche Preistheorie, da sich die Mechanismen der Preisbildung an den Finanzmärkten von der postulierten Preisbildung der mikroökonomischen Preistheorie unterscheiden.[24] In diesem Zusammenhang warnt Simon vor einer unreflektierten Übernahme von Marketingkonzepten des Sachgütermarketings.[25]

Vom theoretischen Standpunkt aus betrachtet fehlt demnach eine marketingorientierte Analyse der Möglichkeiten und Grenzen aktiver Bankpreisgestaltung. Daneben sollte dem Bankpraktiker auf dieser theoretischen Basis ein Instrument zur Ableitung von Preisstrategien an die Hand gegeben werden, denn bankbetriebliche Marketingprobleme werden nicht durch Kalkulationsmethoden gelöst, sondern durch eigens entwickelte Bankmarketingkonzepte.[26] Auch ist in der bankbetriebswirtschaftlichen Literatur noch nicht auf das Auswahlproblem effektiver Preisgestaltungsmaßnahmen aus einer Menge von denkbaren Alternativen und deren Umsetzung eingegangen worden. In diesem Kontext stellt sich die Frage, inwieweit Preisstrategien des klassischen Sachgütermarketings auf bankbetriebliche Fragestellungen übertragen werden können, modifiziert werden müssen oder ob sich darüber hinaus neue bankspezifische Preisgestaltungskonzepte eröffnen. Für eine derartige differenzierte Betrachtungsweise spricht, daß jedes Bankgeschäft als Dienstleistung zu klassifizieren ist.[27] Die Kundenreaktionen auf Preisvariationen von Bankabsatzleistungen sind sehr spezifisch und weichen zum Teil erheblich von der Reaktion auf Sachgüterpreisveränderungen ab. Denn

---

[19] Vgl. Rapp (1992).
[20] Vgl. Süchting (1998), S. 669 ff.
[21] Vgl. z.B. Hossenfelder (1987).
[22] Vgl. z.B. Gladen (1985b).
[23] Vgl. Krümmel (1964), S. 86 ff. sowie Gladen (1985b), S. 48 ff.
[24] Vgl. Bernet (1995a), S. 33.
[25] Vgl. Simon (1994a), S. 3.
[26] Vgl. Jacob (1982), S. 17 f.
[27] Vgl. Eilenberger (1993), S. 113 f.

im Gegensatz zu diesen ist die Preisresponse bei Bankleistungen insbesondere abhängig von den mit der Dienstleistungseigenschaft verbundenen immateriellen Produktbestandteilen.

2. Ziele und Vorgehensweise der Untersuchung

Aus den oben dargelegten Defiziten der preisbezogenen Bankbetriebslehre sowie den ersichtlichen anwendungsbezogenen Problemstellungen ergeben sich die Ziele der vorliegenden Untersuchung. Hauptziel ist die Entwicklung und Darstellung der bankbetrieblichen Preisgestaltung aus der Sicht des Marketings und des Marketing-Managements. Im Zentrum steht dabei die Frage, ob die Grenzen traditioneller Erklärungsansätze der Bankpreisgestaltung durch eine neue theoretische Perspektive überwunden werden können. Diese neue Betrachtungsweise ist die verhaltensorientierte Bankpreistheorie. In diesem alternativen Bezugsrahmen sollen die in der klassischen Marketing-Wissenschaft für Sachgüter erarbeiteten Grundlagen der verhaltenswissenschaftlich orientierten Preisforschung durch Inhalte der Dienstleistungstheorie und des Dienstleistungsmarketings ergänzt und für die Bankbetriebslehre fruchtbar gemacht werden. Aufgrund dieser neuen theoretischen Basis soll einerseits untersucht werden, inwiefern Erkenntnisse des Preismanagements der klassischen Marketing-Forschung auf bankbetriebliche Fragestellungen übertragbar sind. Andererseits soll sie der Neuentwicklung alternativer Preisgestaltungsmöglichkeiten dienen.

Die vorliegende Arbeit gliedert sich mit der Darlegung der Problemstellung des Preismanagements, der theoriegeleiteten Entwicklung von Preisstrategien und der bankbetrieblichen Implementierung von Preisstrategien in drei wesentliche Teile.

Im ersten Kapitel folgen der thematischen Konkretisierung die definitorischen Grundlagen der bankbetrieblichen Preisgestaltung. Angesichts des unbefriedigenden Standes der diesbezüglichen Literatur zum Begriff "Preismanagement" besteht ein erstes Teilziel in dessen terminologischer Klärung, vor allem in der Abgrenzung zu weiteren bankpreisbezogenen Begriffen wie etwa "Preispolitik" oder "Gebührenpolitik".

Das zweite Kapitel der Arbeit beschäftigt sich ausführlich mit der Beschreibung, Ableitung und Bewertung von Preisstrategien für Kreditinstitute. Erörtert werden zunächst unterschiedliche marketingrelevante exogene und endogene Einflußfaktoren der bankbetrieblichen Preisgestaltung, so daß ein Anforderungskatalog für die Entwicklung effektiver Preisstrategien aufgestellt werden kann. Darauf aufbauend wird untersucht, inwieweit traditionelle Erklärungsansätze der bankbetrieblichen Preisgestaltung die zuvor ermittelten Determinanten berücksichtigen und welche Implikationen daraus für das Preismanagement resultieren. Grundlage für die nachfolgende Ableitung von preispolitischen Strategien ist die Entwicklung

4

eines Modells der Bankpreisgestaltung, welches neben den Restriktionen aus der Dienstleistungseigenschaft der Bankleistung auch das korrespondierende Kundenverhalten explizit mit einbezieht. Als alternativer theoretischer Bezugsrahmen dient dafür die verhaltensorientierte Preistheorie des Dienstleistungsmarketings. Nach einer Systematisierung der Grundideen dieses Ansatzes soll dieser weiterentwickelt und um entscheidende, für die Anwendung auf Kreditinstitute relevante Konzepte erweitert werden. Auf diesem deduktiv hergeleiteten theoretischen Fundament einer verhaltensorientierten Bankpreistheorie kann dann überprüft werden, inwieweit der Dienstleistungscharakter von Bankleistungen eine Übertragung klassischer Preisbildungsverfahren zuläßt oder Modifizierungen notwendig sind. Darüber hinaus gilt es, aus den Schlußfolgerungen der mit bankbetrieblichen Inhalten angereicherten dienstleistungstheoretischen Betrachtungen neue bankspezifische Preisinstrumente zu entwickeln. Zwecks Einbindung dieser preisbezogenen Marketingelemente in das Bankmarketing wird ein Marketingmodell konzipiert. Eine Systematisierung klassischer und alternativer Preisgestaltungsmöglichkeiten dient dem Anwender dabei als Grundlage. In einem Matrix-Ansatz werden Anwendungsempfehlungen für einzelne Leistungsbereiche einer Universalbank gegeben. Im wesentlichen können dabei unterschiedlichen Produkten denkbare Preisinstrumente in Abhängigkeit des Kundenverhaltens zugeordnet werden. Unter Berücksichtigung der zuvor aufgestellten Einflußfaktoren muß dieses Modell aus benutzerorientierter wie aus entscheidungstheoretischer Sichtweise hinsichtlich möglicher Restriktionen überprüft werden.

Das Problem der Umsetzung der betrachteten Preisstrategien führt zum dritten Kapitel der Untersuchung, in dem das Marketingmodell in den Managementprozeß bankbetrieblicher Preise implementiert wird. Hervorzuheben ist, daß die dienstleistungsimmanenten Besonderheiten der Bankleistung zu einem spezifischen Prozeß der Analyse, Planung, Entscheidung, Realisierung und Kontrolle der bankbetrieblichen Preisgestaltung führen. Neben der Identifizierung preisbezogener Marktforschungsprobleme, denen Banken infolge der Dienstleistungseigenschaft gegenüberstehen, wird auf deren Überwindung durch die bankbetriebliche Nutzung von Absatzreaktionsfunktionen für die Preisplanung und deren Einbettung in die Bankgesamtplanung hingewiesen. Im Mittelpunkt der Betrachtungen steht die Entwicklung einer Methodik zur Entscheidungsunterstützung bei der Auswahl einer geeigneten Alternative aus dem Matrix-Ansatz bankbetrieblicher Preisstrategien. Diese Konzeption muß vor dem pragmatischen Hintergrund der eingangs erläuterten Einfluß-faktoren sowie mittels einer durchgeführten Expertenbefragung unter dem Aspekt der Organisation von Preisentscheidungen beleuchtet werden. Einen Schwerpunkt bildet daher auch die Bewertung von Preisstrategien in den unterschiedlichen bankbetrieblichen Organisationsformen einer Filialbank- oder Direktbankumgebung. Hieran anknüpfend soll eine idealtypische Marketing-Organisation entwickelt werden, in der die zuvor abgeleiteten

Preisstrategien entgegen den isolierten Problemen bei der Umsetzung von Preisent-scheidungen implementiert werden können. Abschließend werden im letzten Abschnitt des dritten Kapitels auch Lösungsansätze für den in der Literatur bis dato vernachlässigten Problemkreis des Marketing-Controllings bankbetrieblicher Preisentscheidungen vorgestellt.

Im Schlußteil soll im Rahmen einer Zusammenfassung der wesentlichen Untersuchungs-ergebnisse überprüft werden, inwiefern die eingangs aufgestellten Zielvorstellungen erreicht wurden und wo weiterer Forschungsbedarf besteht.

3. Grundlegende thematische und begriffliche Abgrenzungen

Das weite Feld bankbetrieblicher Preisgestaltungsmaßnahmen macht sowohl eine theo-retische wie praxeologische Eingrenzung des Untersuchungsgegenstandes erforderlich. Erst vor diesem Hintergrund kann eine sinnvolle begriffliche Klärung wichtiger Termini erfolgen.

Die Definition des Begriffs "bankbetriebliches Preismanagement" soll auf dem theoretischen Fundament klassischer Marketingkonzepte erfolgen, die vor allem von Simon für das Preismanagement von Sachgütern nutzbar gemacht wurden.[28] Vor einem Abgrenzungsversuch zu weiteren bankpreisbezogenen Begriffen sind deswegen zunächst die relevanten Grundlagen des klassischen Marketings darzulegen.

Nachdem die Bankbetriebslehre sich gegen alternative betriebswirtschaftliche Ansätze lange Zeit verschlossen hat und in dieser Arbeit eine Integration von Konzepten des Sachgüter- bzw. Dienstleistungsmarketings angestrebt wird, sollen die folgenden Ausführungen gleichzeitig eine Einordnung der vorliegenden Untersuchung in den Gesamtkontext bestehender Arbeiten zur Preisgestaltung erleichtern.

3.1. Thematische Abgrenzung aus theoretischer und praxeologischer Perspektive

In Anbetracht der bereits aufgeführten Problembereiche liegt es nahe, dieser Untersuchung die Perspektive der entscheidungsorientierten Betriebswirtschaftslehre zugrunde zu legen. Nach Heinen ist ihr Wissenschaftsprogramm in eine vorgelagerte Erklärungs- und eine nachgelagerte Gestaltungsaufgabe unterteilbar. Diese betont die Entwicklung und Bewertung von alternativen Handlungsmöglichkeiten unter Berücksichtigung übergeordneter Unternehmensziele.[29] Insofern eignet sich dieser Ansatz besonders, um den Verantwortlichen im Unternehmen Empfehlungen für ihr Verhalten in Entscheidungssituationen zu geben.[30]

---

[28] Vgl. z.B. Simon (1992a).
[29] Vgl. Heinen (1981), S. 47 ff.
[30] Vgl. Meurer (1993), S. 6.

Somit kommt zum Ausdruck, daß das Wissenschaftsziel der vorliegenden Arbeit nicht nur ein theoretisches, sondern gleichzeitig auch ein pragmatisches ist.

Tabelle 1: Entscheidungsorientierung und Vorgehensweise der Untersuchung.

Wissenschaftsprogramm	Teil der Untersuchung
Beschreibung des betrieblichen Entscheidungsfeldes	II. 1. Determinanten bankbetrieblicher Preisgestaltung
Erklärung des betrieblichen Entscheidungsfeldes	II. 2. Bestehende theoretische Ansätze zum bankbetrieblicher Preismanagement II. 3. Der neue dienstleistungstheoretische Ansatz zum bankbetrieblichen Preismanagement
Entwicklung von Entscheidungsmodellen	II. 3. Der Matrix-Ansatz der Bankpreisgestaltung
Gestaltung des Entscheidungsfeldes	III. Implementierung bankbetrieblicher Preisstrategien

Quelle: Eigene Erstellung.

Im wesentlichen orientiert sich die vorliegende Untersuchung an den Gedanken des verhaltenswissenschaftlichen Erkenntnisprogramms der Betriebswirtschaftslehre. Eingebettet in diesen Kontext, wird die bankbetriebliche Preisgestaltung erstmals vom Standpunkt der Dienstleistungstheorie aus betrachtet. Die verhaltenswissenschaftlich orientierte Preisforschung des modernen Marketings wird dabei um Erkenntnisse der Dienstleistungspsychologie und des Dienstleistungsmarketings ergänzt. Der Transfer auf die Bankbetriebslehre mit dem Ziel konzeptioneller Überlegungen zum Preismanagement von Banken erfordert einen theoretischen Bezugsrahmen, der diese Sichtweisen ordnet, beschreibt und zu einem Gesamtkonzept integriert. Dieser neue theoretische Ansatz ist die verhaltensorientierte Bankpreistheorie.

Eine weitere theoretische Abgrenzung wird aufgrund des bankbetrieblichen Blickwinkels der vorliegenden Untersuchung notwendig. Im Verlauf der weiteren Ausführungen wird der Auffassung Krümmels gefolgt, so daß bei der Erörterung bankpreisbezogener Fragestellungen die Marketingperspektive eindeutig dominiert. Bei der Betrachtung preislicher Implikationen aus markt- bzw. kundenbezogener Sichtweise werden kostenorientierte Aspekte im Folgenden nur insoweit analysiert, als sie Restriktionen darstellen.[31]

Da ein Baustein dieser Arbeit die Entwicklung eines Marketingmodells ist, soll eine letzte theoretische Abgrenzung der Konkretisierung dieser Betrachtungen aus absatzwirtschaftlichem Blickwinkel dienen. Grundsätzlich kann bei der Entwicklung eines Marketingmodells zwischen zwei Ansätzen unterschieden werden.[32] Realsystemorientierte

---

[31] Vgl. hierzu Krümmel (1964), S. 225 ff.
[32] Vgl. Jasny (1994), S. 22 f.

Ansätze haben das Ziel, die Realität genau in einem Modell abzubilden.[33] Dem Vorteil der Realitätsnähe steht allerdings der hohe Komplexitätsgrad gegenüber, so daß diese Modelle für den Anwender schwer begreifbar sind. Unter der Vielzahl von zu berücksichtigenden Interaktionen, die nur schwerlich in ein einziges Modell integriert werden können, leidet die Anwendbarkeit bei Marketing-Entscheidungen. Im Sinne einer mehr pragmatischen Vorgehensweise wird demzufolge der dieser Perspektive gegenüberstehende benutzerorientierte Ansatz gewählt. Dieser baut auf der verhaltenswissenschaftlichen Entscheidungstheorie auf, nach deren zentraler These ein Individuum bei seiner Entscheidungsfindung immer von einem subjektiv vereinfachten Modell der Umwelt ausgeht.[34]

Der Auffassung von Heinen folgend hat die Betriebswirtschaftslehre auch eine nachgelagerte und entscheidungsunterstützende Gestaltungsaufgabe gegenüber der Praxis. Danach ist gleichzeitig eine praxisbezogene Abgrenzung der Themenstellung vorzunehmen. Eine bankbetriebliche Abgrenzung hat zunächst unter dem Aspekt der untersuchungsrelevanten Zielgruppe und der von dieser beanspruchten Bankleistungsarten zu erfolgen. Die bankbetriebliche Praxis unterscheidet in der Regel bei ihrer Kundensegmentierung zwischen privaten Kunden und Firmenkunden. Infolge unterschiedlicher Anforderungen und Ansprüche wird dabei das Geschäft mit der Privatkundschaft nach soziodemographischen Kriterien noch weiter untergliedert.[35] Zum sogenannten Mengengeschäft zählen dabei Rentner, Schüler, Hausfrauen und Arbeitnehmer bis zu einem bestimmten Vermögen oder Einkommen. Der Bedarf dieses Kundensegments richtet sich primär auf das Führen von Lohn- und Gehaltskonten, den damit verbundenen Zahlungsverkehr, das Spargeschäft, die standardisierte Vermögensbildung, Investmentfonds und die Inanspruchnahme standardisierter Kreditleistungen.[36] Die Angebotspalette für die gehobene Privatkundschaft umfaßt zusätzlich die Bankleistungen des Individualgeschäfts.[37] Dazu gehören beispielsweise umfassende Leistungen des Wertpapierbereichs, Vermögensverwaltungen, strategische Finanzplanung, steuergestaltende Kapitalanlagen, aber auch das nicht standardisierte Kreditgeschäft wie etwa bestimmte Hypotheken- und Universaldarlehen. Firmenkunden nehmen darüber hinaus maßgeschneiderte Anlage- oder Finanzierungsleistungen in Anspruch.

Diese praxisnahe Kundensegmentierung ist jedoch als Grundlage für eine theoretische Untersuchung bankbetrieblicher Preisgestaltung nicht ausreichend. Vernachlässigt wird bei dieser mechanistischen Differenzierung, daß die Übergänge zwischen Mengen-, Individual-

---

[33] Vgl. Meffert (1975), S. 53.
[34] Vgl. Siewert (1983), S. 383.
[35] Vgl. z.B. Wünsche (1982), S.129 ff.; Suter (1990), S. 309; Wünsche, Swoboda (1994), S. 275 ff.
[36] Vgl. Rapp (1992), S. 8.
[37] Vgl. z.B. Stich (1980), S.17; Weiss (1985), S. 8 f.

und Firmenkunden im Grunde fließend sind. Auf diese Weise ist nicht abzubilden, daß die Preisvereinbarungen für Firmen- und Individualkunden oft nicht voneinander abweichen oder daß bestimmte Mengenkunden von Individualkonditionen profitieren. Ursächlich hierfür ist, daß in eine bankbetriebliche Preisentscheidung neben Kriterien wie Einkommen und Vermögen auch Bonität, Informationsstand und Geschäftspotential des Kunden einfließen. Aus allen diesen Faktoren resultiert die individuelle Verhandlungsmacht[38] eines Kunden gegenüber einem Kreditinstitut.

Mit steigender Verhandlungsmacht wird ein Kunde mit höherer Wahrscheinlichkeit Konditionszugeständnisse verlangen. Besonders problematisch für die Banken ist dabei, daß jene Kunden, die eine große Verhandlungsmacht besitzen, gleichzeitig den größten Deckungsbeitrag erbringen.[39]

Abbildung 1: Kontinuum der Verhandlungsmacht.

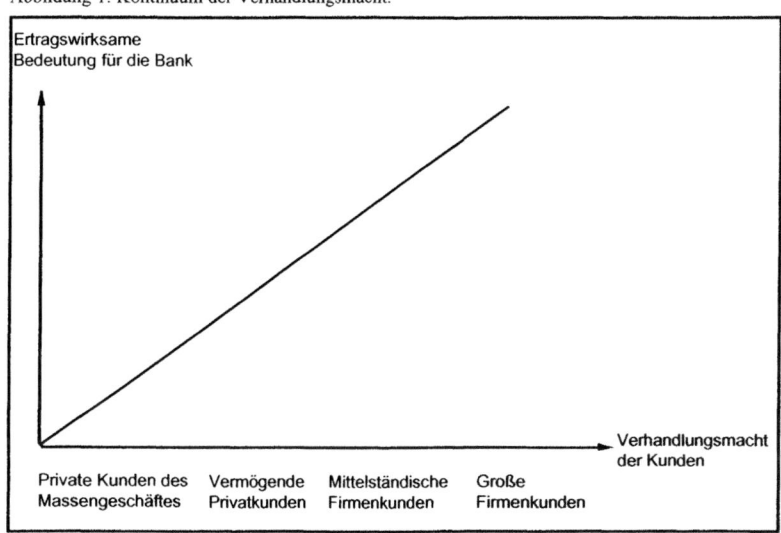

Quelle: Eigene Erstellung.

Die individuelle Verhandlungsmacht des Vertragspartners stellt erkennbar eine bedeutende Restriktion für die Effektivität einer bankbetrieblichen Preisstrategie dar und ist somit als Größe bei der Analyse des bankbetrieblichen Preismanagements zu berücksichtigen. In den anschließenden Betrachtungen wird daher, dem verhaltensorientierten Ansatz dieser

---

[38] Zum Konzept der Verhandlungsmacht vgl. Krümmel (1964), S. 39 ff. sowie S. 233 ff.

[39] Vgl. hierzu Wickel (1995), S. 20 ff. und die dort angegebenen Untersuchungen und insbesondere Charlton (1991), S. 13 ff., McKinsey (1993), sowie beispielhaft für den Zahlungsverkehr Bernhardt, Fux (1992), S. 25.

Untersuchung folgend, von der Einteilung in Privat-, Individual- und Firmenkunden abstrahiert und, an Krümmel anknüpfend, von Kunden ohne Verhandlungsmacht, von Kunden mit mäßiger Verhandlungsmacht und von Kunden mit überragender Verhandlungsmacht gesprochen.

3.2. Zur Definition des bankbetrieblichen Preismanagements

Da preisbezogenen Fragestellungen in der bankbetrieblichen Literatur in der Vergangenheit nur eine untergeordnete Bedeutung beigemessen wurde, findet sich auch in führenden Standardwerken des Bankmanagements und des Bankmarketings keine geschlossene Definition der Begriffe "Preispolitik" oder "Preisstrategie".[40] Erst im Zuge der gestiegenen wettbewerbsstrategischen Bedeutung der Bankpreisgestaltung wird in neueren Arbeiten nach Definitionsansätzen gesucht.[41] Bei kritischer Würdigung der Literatur wird jedoch deutlich, daß die Begriffe nicht überschneidungsfrei sind und uneinheitlich gebraucht werden. In diesem Kontext findet der Terminus "Preismanagement" bisher keine entsprechende Berücksichtigung.

Ziel der nachfolgenden Ausführungen muß es demnach sein, neben der Einführung des Begriffs "bankbetriebliches Preismanagement" eine Möglichkeit der begrifflichen Abgrenzung zu weiteren bankpreisbezogenen Termini aufzuzeigen, die in der bankbetrieblichen Literatur Anwendung finden. Damit wird versucht, das angesprochene Defizit in der bankbetriebswirtschaftlichen Literatur zu verringern und eine Grundlage für die theoretische Einordnung bestehender und zukünftiger bankpreisbezogener Untersuchungen zu entwickeln.

Bevor ein Definitionsversuch des bankbetrieblichen Preismanagements unternommen werden kann, müssen zunächst grundlegende Begriffe erläutert werden, auf die im Rahmen einer Diskussion zur Bankpreisgestaltung nicht verzichtet werden kann.

In der Mikroökonomik gibt der Preis als allgemeine ökonomische Größe im Falle eines Geldtausches den Gegenwert in Geldeinheiten an, den man für eine Mengeneinheit eines Gutes oder einer Leistung hergeben muß.[42] Der Preis kommt bei diesem Austauschprozeß zustande als Ergebnis übereinstimmender Preiswünsche des Anbieters und des Nachfragers.[43] Bankpreise sind Entgelte, die Banken bei Verkäufen von ihren Kunden fordern oder bei Käufen ihren Kunden entsprechend vergüten.[44]

---

[40] Dies bemängelt insbesondere Bernet (1995a), S. 31.
[41] Vgl. z.B. Rapp (1992); Christen (1993); Bernet (1995a); Gehrke (1995).
[42] Vgl. Herberg (1985), S, 32 f.
[43] Vgl. Jacob (1971), S. 13.
[44] Vgl. Krümmel (1964), S. 14 f. sowie Hauschildt (1974), Sp. 308.

Preise für den Bankbetrieb lassen sich anhand der von Krümmel aufgestellten elementaren Typologie von Bankleistungen unterscheiden. Ergänzend hinzugefügt werden kann das Honorar als Preis für eine Beratungsleistung der Bank. Eine vollständige Diffusion dieser Entgeltform für hochwertige Dienstleistungen einer Bank hat noch nicht stattgefunden, ist in naher Zukunft mit steigender Bedeutung banknaher Consulting-Leistungen jedoch zu erwarten.[45]

Tabelle 2: Preistypologie für den Bankbetrieb.

Elementare Bankleistung	Entgeltform	Beispiel
Nutzungsüberlassung von Zahlungsmittelbeständen	Zins	Kreditzinsen
Risikoübernahmeleistungen	Provision	Avalprovision
Vermögens- und Verwaltungsleistungen	Gebühr	Depotgebühren
Verkehrsleistungen	Gebühr	Gebühren für Auslandszahlungsauftrag
Vermittlungsleistungen	Gebühr	Gebühren im Effektenkommissionsgeschäft
Beratungsleistungen	Honorar	Honorar für strategische Finanzplanung oder Testamentsvollstreckung und Stiftungseinrichtung

Quelle: Krümmel (1964), S. 15, ergänzt vom Verfasser.

Bereits aus der Verwendung der Termini "Zinsen", "Gebühren", "Provisionen" und vermehrt auch "Honorar" werden die Besonderheiten der bankbetrieblichen Preisgestaltung im Vergleich zur Preissetzung des Sachgütermarketings erkennbar.[46] Während Gebühren generell stückabhängig sind,[47] erfolgt die Berechnung von Provisionen wertabhängig.[48] Beide Entgeltformen betreffen jedoch vornehmlich den Produktbereich des Dienstleistungsgeschäfts. Zinsen hingegen stellen die Instrumentvariable im Bereich des Aktiv- und Passivgeschäfts dar.[49] Wenn im Folgenden von Bankpreisen gesprochen wird, ist dies immer als Oberbegriff für alle genannten Entgeltarten gemeint.

Da im Zentrum dieser Diskussion die Preisgestaltung von Bankleistungen steht, ist abschließend der Begriff der Bankleistung zu konkretisieren. Ein einheitlicher Leistungsbegriff existiert in der Fülle diesbezüglicher Literatur nicht.[50] Deswegen soll aus der marketingorientierten Sichtweise dieser Arbeit heraus der Definition Krümmels gefolgt werden. Bankleistungen sind danach Einzelleistungen und Leistungskonglomerate, die die jeweils stärkere Marktseite als absatzfähig bezeichnet, indem sie diese so und nicht anders

---

45 Zu diesem Ergebnis kommt beispielsweise die Priewasser-Prognose. Vgl. Priewasser (1994), S. 219 ff.
46 Vgl. Rapp (1992), S. 14.
47 Vgl. Gladen (1985b) zur Gebührenpolitik.
48 Vgl. Jacob (1982), S. 14.
49 Zur Konditionenpolitik vgl. Dolff (1978).
50 Darauf weist ausführlich Gehrke (1995) hin. Vgl. S. 5 ff. sowie die dort angegebene Literatur zur Diskussion des Bankleistungsbegriffes.

11

anbietet oder nachfragt.[51] Nachdem der Finanzdienstleistungsmarkt eine fast vollständige Wandlung zum Käufermarkt vollzogen hat, muß konstatiert werden, daß damit allein der Nachfrager bestimmt, was eine Bankleistung ist. Bankleistungen sind nach Eilenberger überdies alle von einem Bankbetrieb hervorgebrachten Ergebnisse einer Dienstleistungs-produktion.[52] An diese Definitionen anknüpfend, wird die Analyse des bankbetrieblichen Preismanagements nicht nur marketingorientiert und sortimentübergreifend, sondern vor allem dienstleistungstheoretisch erfolgen müssen.

3.2.1. Bankpreisrelevante Grundlagen des klassischen Marketings

Die Abgrenzung der oben genannten bankpreisbezogenen Begriffe soll anhand der Integration der Ergebnisse des klassischen Marketings in das Bankmarketing erfolgen.[53] Je mehr jedoch Marketing in einer Bank als Instrument zur Verwirklichung der Unternehmenspolitik eingesetzt wird, desto wichtiger wird die Koordination der Marketingaktivitäten durch Planung. So definiert Regli das Bankmarketing auch als systematische und in Koordination mit der Planung betriebene Ausrichtung der gesamten Unternehmenspolitik auf die Befriedigung der Bedürfnisse bestehender und potentieller Bankkunden mit dem Zweck, aufgrund von Analysen des Marktes einen gewinnbringenden Verkauf der Bankabsatzleistungen an genau abgegrenzte Kundengruppen zu erreichen.[54]

Folglich muß in eine Begriffsbestimmung bankbetrieblicher Marketingprozesse analog zu den Planungsebenen der Unternehmensplanung ebenso der unternehmenspolitische Charakter einfließen. Bankbetriebliche Marketingaktivitäten sind somit je nach unternehmenspolitischer Ausrichtung in strategische und operative Prozesse zu unterscheiden.[55]

Grundlegend für die Gestaltung des Marketings in einem Unternehmen sind zunächst die Marketingziele.[56] Diese legen, eingebettet in ein System von Unternehmenszielen, die durch Marketingmaßnahmen beeinflußbaren und angestrebten Sollzustände fest. Demnach soll die Effektivität von Marketingmaßnahmen in dieser Untersuchung auch an deren Zielerreichungs-grad gemessen werden.

Als Marketingpolitik werden die Entwicklung, der Vergleich, die Auswahl und die Durchsetzung der auf den Absatzmarkt gerichteten Handlungs- und Entscheidungsalternativen vor dem Hintergrund unternehmensexterner und unternehmensinterner Einflußfaktoren

---

[51] Vgl. Krümmel (1964), S. 38.
[52] Vgl. Eilenberger (1993), S. 114.
[53] Vgl. z.B. zu den Grundlagen des klassischen Marketings Meffert (1998); Nieschlag et al. (1997). Zum Bankmarketing vgl. etwa Regli (1988); Meffert (1994); Büschgen (1995).
[54] Vgl. Regli (1988), S.96 ff.
[55] Vgl. zur Abgrenzung bankbetrieblicher Planungsebenen Büschgen (1998), S. 545 ff.
[56] Zur Zielorientierung des Bankmarketings vgl. Ellermeier (1975), S. 12 f.

bezeichnet.[57] Teil dieser Marketingpolitik sind Produktpolitik, Kommunikationspolitik, Distributionspolitik und Preispolitik.[58] Bei einer Untersuchung der bankbetrieblichen Preisgestaltung ist also nicht nur eine Analyse der relevanten Bestimmungsgründe erforderlich, sondern auch die Berücksichtigung von Marketing-Mix-Interaktionen.

In der Marketingliteratur hat sich eine Betrachtungsweise der Marketingpolitik herausgebildet, die in operative und strategische Marketingpolitik je nach angesprochener unternehmenspolitischer Planungs- und Handlungsebene differenziert. Im Rahmen der strategischen Marketingpolitik erfolgen marketingbezogene Grundsatzentscheidungen, wie beispielsweise die Abgrenzung relevanter Märkte und die Entwicklung von Marketingstrategien, unter Berücksichtigung einer umfassenden, auf alle Marktteilnehmer und Umwelteinflüsse ausgerichteten Unternehmenspolitik.[59] Die operative Marketingpolitik umfaßt dagegen die konkrete Gestaltung der Marketinginstrumente unter Beachtung der richtungsweisenden strategischen Marketingpolitik. Diese Teilung ist jedoch künstlich und kann bei genauerer Betrachtung nicht aufrechterhalten werden. Denn je nach betrachteter Planungsphase ist eine bestimmte Marketingmaßnahme entweder operativ oder strategisch. Infolgedessen soll der Begriff "Strategie" in dieser Arbeit sowohl strategische als auch operative Tätigkeiten erfassen. Danach ist eine Marketingstrategie die an den internen und externen Bedingungen des Unternehmens ausgerichtete, planvolle Vorgehensweise zur Erreichung der postulierten Marketingziele.

Für eine Differenzierung von bankbetrieblichen Preisentscheidungen ist die Planungsebene demnach wegen existierender Interdependenzen allein nicht ausreichend. Denn eine Preisgestaltungsmaßnahme kann sowohl operative als auch strategische Elemente enthalten. So besitzt die zunächst rein operative Festlegung einer Kondition bei einem Konsumentenkredit strategische Elemente, wenn dadurch bewußt langfristig andere Bankleistungen subventioniert und insofern weitere wesentliche Auswirkungen induziert werden. Die Preisgestaltungsmaßnahme dient in diesem Fall nicht nur kurzfristigen Effizienzgesichtspunkten, sondern hat nachhaltige weitere Preisentscheidungen zur Folge. Die Planung von Marketingstrategien ist daher auch nur ein Teil der im Fokus dieser Untersuchung stehenden Betrachtungen. Entsprechend den ausgemachten Defiziten in der bankbetrieblichen Literatur mangelt es nicht nur an Alternativen der Preisgestaltung, sondern ebenso an der Implementierung derselben. Aus diesem Grunde wird in den nachfolgenden Ausführungen eine übergreifende Betrachtungsweise gewählt, indem von der Planungsebene abstrahiert und die bankbetriebliche Preisgestaltung aus der Perspektive des Marketing-Managements untersucht wird.[60] Das

---

57 Vgl. Meffert (1998), S. 27.
58 Vgl. McCarthy (1960), S. 45.
59 Zum strategischen Marketing vgl. z.B. Meffert (1980); Aaker (1984); Raffée, Wiedmann (1985).
60 Vgl. zum Marketing-Management allgemein Meffert (1998), S. 10 ff.; Nieschlag et al. (1997), S. 20 f.

Marketing-Management umfaßt den Prozeß der Analyse, Planung, Realisation und Kontrolle von Marketingentscheidungen im Sinne der Unternehmensziele.[61] Die Formulierung der angesprochenen preisstrategischen Alternativen, ihre Interaktion zu den verbleibenden Optionen des Marketing-Mix und die Auswahlentscheidung sind damit Teil der Planung, während ihre organisatorische Umsetzung Element des Realisationsprozesses ist.

3.2.2. Abgrenzung gegenüber weiteren bankpreisbezogenen Begriffen

Im Bereich des klassischen Sachgütermarketings hat die wettbewerbsstrategische Relevanz des Marketinginstruments Preis zu einer differenzierten, prozeßbezogenen Betrachtung in Form des Preismanagements geführt.[62] Impetus der vorliegenden Untersuchung ist der Transfer dieses Ansatzes auf bankbetriebliche Fragestellungen. Angesichts der vorangegangenen allgemeinen Betrachtungen zum Marketing kann nunmehr eine Definition der bankpreisrelevanten Begriffe erfolgen.

Bankbetriebliches Preismanagement ist ein System von Entscheidungen und Handlungen, das der Analyse, Planung, Realisierung und Kontrolle von Preisgestaltungsmaßnahmen einer Bank zur Erreichung der Unternehmensziele dient.

Das bankbetriebliche Preismanagement bezieht sich dabei nicht auf die isolierte Gestaltung der Preise einzelner Leistungen, sondern auf das Management eines Preissystems und damit auf eine abgestimmte Gestaltung der Preise aller Produkte. Damit wird gleichzeitig eine Berücksichtigung von Verbundwirkungen im Sortiment erforderlich.

Als bankbetriebliche Preisstrategie wird eine typische Erscheinungsform bankbetrieblicher Preisgestaltung bezeichnet, die eine in den Strom von Unternehmensentscheidungen eingebundene, zukunftsorientierte Vorgehensweise zur Realisierung der in der Unternehmensgesamtplanung determinierten preisbezogenen Ziele darstellt.

In Anbetracht der dieser Untersuchung zugrunde liegenden, alle Leistungsentgelte des Aktiv-, Passiv- und Dienstleistungsgeschäfts umfassenden Begriffsauffassung des Bankpreises kann auf die in der bankbetrieblichen Literatur verwendeten Termini "Konditionenpolitik" oder "Gebührenpolitik" verzichtet werden,[63] welche in der Regel auf

---

[61] Zur Definition des Marketing-Management-Begriffs vgl. Kotler (1989), S. 23.
[62] Vgl. insbesondere Simon (1992a).
[63] Vgl. z.B. Dolff (1978) oder Regli (1988), S. 86 zur Konditionenpolitik und Gladen (1985b) zur Gebührenpolitik.

eine isolierte Betrachtung der Preisgestaltung eines bankbetrieblichen Teilsystems wie etwa des Zahlungsverkehrs abstellen. Der oben definierte Begriff des bankbetrieblichen Preismanagements beinhaltet auch die Gestaltung von Konditionen und Gebühren.

Daneben können in der bankbetriebswirtschaftlichen Literatur verschiedene Definitions-ansätze hinsichtlich des Begriffs "bankbetriebliche Preispolitk" und ein daraus resultierender uneinheitlicher Gebrauch ausgemacht werden.[64] Wenn dort von "bankbetrieblicher Preis-politik" gesprochen wird, sind zumeist die Beschreibung und Bewertung unterschiedlicher Gestaltungsmöglichkeiten des Preises als Element der Wettbewerbsstrategie unter Beachtung unterschiedlicher Restriktionen gemeint. Bankbetriebliche Preispolitik ist in diesen Unter-suchungen charakterisiert durch die operative Auffassung des Preises als absatzpolitisches Instrument auf der Aktionsebene. In der allgemeinen Literatur des Marketing-Managements werden darüber hinaus auch die Strategieformulierung und -auswahl unter Berücksichtigung von Marketing-Mix-Interaktionen als zusätzlicher Teil der Planungsphase im Rahmen des gesamten Managementprozesses angesehen.[65] In den nachfolgenden Ausführungen wird daher auf den Terminus "bankbetriebliche Preispolitik" verzichtet, wenn die Formulierung und Auswahl von Preisstrategien gemeint ist, weil es sich genauer um bankbetriebliches Preismanagement im engeren Sinne handelt.

Abbildung 2: Taxonomie der Begriffe zum banbketrieblichen Preismanagement.

Bankbetriebliches Preismanagement (im weiteren Sinne)			
Analyse	Planung	Realisation	Kontrolle
Untersuchung und Beschreibung des bankpreisrelevanten Entscheidungsfeldes	**Formulierung und Auswahl von Preisstrategien = Preismanagement (im engeren Sinne)**	Umsetzung von Preisentscheidungen in der Bankorganisation	Dokumentation und Kontrolle der Effektivität von Preisentscheidungen

Quelle: Eigene Erstellung.

Aufgrund dieser Definition des bankbetrieblichen Preismanagements kann das zentrale Untersuchungsthema der Arbeit analog dazu in vier grundsätzliche Entscheidungsfelder gegliedert werden. Dabei wird darauf abgestellt, daß in jedem der identifizierten Bereiche des Managementprozesses bankbetrieblicher Preise letztendlich verschiedene, aber typische unternehmerische Entscheidungen getroffen werden. Trotz vorhandener Interdependenzen zwischen den einzelnen Entscheidungsfeldern werden diese in den nachfolgenden Betrachtungen nicht nur aus analytischen Gründen getrennt behandelt. Die mit den Interaktionen einhergehende Problemkomplexität von Preisentscheidungen ist insbesondere bei Bankleistungen der Grund dafür, daß umfassende theoretische Modelle zur simultanen

---

[64] Vgl. z.B. die unterschiedlichen Begriffsauffassungen von Büschgen (1998), S. 677; Christen (1993), S. 8; Gehrke (1995), S. 61; Bernet (1995a), S. 31.

[65] Vgl. Köhler (1993), S. 11 f.

Lösung nicht vorliegen.[66] Auch in der bankbetrieblichen Praxis werden Preisgestaltungsmaßnahmen nicht simultan, sondern sukzessiv bestimmt und umgesetzt.

Die Parameter der vier Entscheidungsfelder des Preismanagements sind vor dem Hintergrund der Unternehmensziele unter Beachtung exogener und endogener Einflußfaktoren zu koordinieren. Deswegen müssen als vorgelagerte Entscheidungsebene auch die Entwicklung und Operationalisierung von preisbezogenen Zielsetzungen und die grundlegenden Determinanten bankbetrieblicher Preisgestaltung in die anschließenden Analysen einfließen. Die nachfolgenden Ausführungen des zweiten Kapitels konzentrieren sich daher mit der Formulierung von Preisstrategien zunächst auf das Preismanagement im engeren Sinne. Erst im dritten Kapitel wird die Implementierung dieser Optionen im Rahmen der vier Phasen des Managementprozesses bankbetrieblicher Preise beleuchtet.

---

[66] Vgl. hierzu allgemein Diller (1991), S. 24 f.

16

Teil II: Theoretische Grundlagen von Preisstrategien für Banken

1. Determinanten bankbetrieblicher Preisgestaltung

Ziel der nachfolgenden Ausführungen ist es, das vorliegende Entscheidungsfeld zu strukturieren. Dazu müssen die Einflußfaktoren analysiert werden, die bei Preisentscheidungen zu berücksichtigen sind. Als Einflußfaktor wird dabei jede Bedingung verstanden, die sich in irgendeiner Form quantitativ oder qualitativ auf die Preisgestaltung restriktiv oder fördernd auswirkt.[67] Diese Determinanten wirken nicht in gleichem Maße auf jedes einzelne Kreditinstitut,[68] so daß der Grad der Beeinflussung einer bankindividuellen Analyse bedarf, die nicht Gegenstand dieser Arbeit sein kann. An dieser Stelle sind vielmehr die wichtigsten Bestimmungsgründe zu isolieren.

Der bereits im Kontext der begrifflichen Systematisierung berücksichtigte Unternehmensplanungsansatz soll zugleich einer sinnvollen Strukturierung der preisbezogenen Einflußfaktoren als theoretische Basis dienen. Im Rahmen einer strategischen Unternehmensplanung wird nach einem Zielüberblick eine Analyse der Umwelt und des Unternehmens durchgeführt.[69] Bei den weiteren Betrachtungen kann demnach in unternehmensexterne und unternehmensinterne Determinanten differenziert werden. Diese Auffassung steht im Einklang mit dem systemorientierten Bankbegriff von Eilenberger, wonach bankbetriebliche Entscheidungen als eine Funktion von Umweltfaktoren und betrieblichen Faktoren aufgefaßt werden können.[70] Für eine rationale Preisentscheidung wird jedoch zusätzlich ein Maßstab benötigt, der die Konsequenzen unterschiedlicher Preise bewertet.[71] Diese Bewertung muß anhand des Zielsystems eines Kreditinstituts vorgenommen werden. Folglich wird die bankbetriebliche Preisgestaltung von drei grundlegenden Determinanten bestimmt:

Abbildung 3: Determinanten der bankbetrieblichen Preisentscheidung.

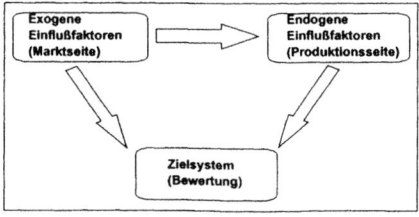

Quelle: Eigene Erstellung in Anlehung an Simon (1992a), S. 26.

---

[67] Vgl. Möhlenbruch (1994), S. 36 zu einer analogen Definition von Einflußfaktoren der Sortimentsgestaltung.
[68] Vgl. Gehrke (1995), S. 62.
[69] Vgl. zur strategischen Analyse und Prognose Schmidt (1990), Sp. 753 ff. und die dort angegebene Literatur.
[70] Vgl. Eilenberger (1993), S. 12 ff.
[71] Vgl. Simon (1992a), S. 25.

Der Systemzusammenhang dieser Bestimmungsfaktoren ist vergleichsweise komplex und muß für die nachfolgende Analyse weiter strukturiert werden. Da es sich bei den relevanten Märkten für Bankleistungen um reife Märkte mit stabilen Nachfrage- und Wettbewerbsverhältnissen handelt, kann angenommen werden, daß sich der Absatz sofort auf dem zum jeweiligen Preis gehörigen Gleichgewichtsniveau einpendelt. Von der Betrachtung eines Anpassungsprozesses über die Zeit aufgrund einer Preisvariation wird danach abstrahiert. Ein dynamisches Preismanagement wird nur insofern betrachtet, als die zeitliche Abfolge von alternativen Preisstellungformen bei der Untersuchung mit in Betracht gezogen wird. Grundlage für eine Analyse der Einflußfaktoren kann damit der von Simon identifizierte Systemzusammenhang der statischen Preisentscheidung in einer für die bankbetriebliche Preisgestaltung modifizierten Form sein:[72] ·

Abbildung 4: Systemzusammenhang der statischen Preisentscheidung.

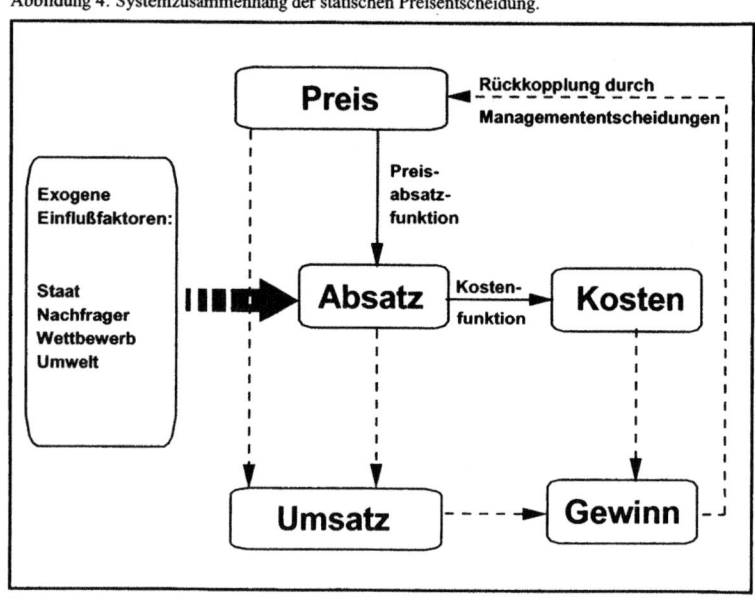

Quelle: Ergänzt in Anlehnung an Simon (1992a), S. 88.

Hierbei symbolisieren die gestrichelten Pfeile Definitionsbeziehungen, während die durchgezogenen Pfeile Verhaltensbeziehungen darstellen. Die Graphik macht neben der Vielfalt direkter und indirekter Wirkungen einer Preisentscheidung deutlich, daß vom theoretischen Standpunkt aus betrachtet nur der Gewinn als Zielgröße in Frage kommt. Marktanteils- oder Wachstumsziele bilden die Konsequenzen preislicher Maßnahmen nur

---

[72] Vgl.hierzu und im folgenden Simon (1992a), S. 87 ff.

partiell ab. Die Gewinnwirkung einer Preisgestaltungsmaßnahme wird über eine Rückkopplungsschleife an den Manager zurückgemeldet und hat somit Einfluß auf weitere
Preisentscheidungen. Offenbar ist für eine gewinnmaximale Preissetzung einer Bank nicht nur
die Kenntnis der Kostenfunktion erforderlich. Unabdingbare Voraussetzung für eine rationale
Preisentscheidung eines Unternehmens ist gleichzeitig die Spezifizierung und Bestimmung
der zugrunde liegenden Preisabsatzfunktion.[73] Die Preisabsatzfunktion gibt in diesem Fall die
Absatzmenge eines Produktes in Abhängigkeit von dessen Preis wieder.

Während die Kostenfunktion noch aus unternehmensinternen Daten ermittelt werden kann,
muß bei der Bestimmung der Preisabsatzfunktion zudem der externe Einflußfaktor des
Nachfragerverhaltens mit Hilfe externer Marktforschung[74] berücksichtigt werden. Aus
Marketingsicht wird dabei genauer von der Preisresponsefunktion gesprochen, weil im
Blickpunkt die Reaktion des Konsumenten auf die Variation des Marketinginstruments
"Preis" steht. In der deutschen Literatur findet sich daher auch der Begriff
Reaktionsfunktion.[75] Noch wesentlich komplexer gestaltet sich die Bestimmung eines
gewinnmaximalen Preises, wenn bei der Analyse der Absatzreaktion im Banken-Oligopol
realistischerweise der Wettbewerb berücksichtigt wird.

Das Konkurrenzverhalten ist zusammen mit rechtlichen und politischen Determinanten Teil
der exogenen Einflußfaktoren der Bankpreisgestaltung. Diese beeinflussen jedoch gleichzeitig
auch über die abgesetzte und produzierte Menge die Kosten als endogenen Einflußfaktor.
Über die direkten Absatzwirkungen des Preises hinaus ergeben sich demnach weitere
indirekte Effekte, die ebenso aus der Interaktion einer Preisgestaltungsmaßnahme mit den
verbleibenden Marketing-Mix-Instrumenten resultieren. Zusätzlich wird die Gewinnwirkung
des Preises bei Banken als Mehrproduktunternehmen determiniert durch den ausstrahlenden
Effekt einer Preisvariation für eine bestimmte Leistung auf den Absatz der verbleibenden
Sortimentsbestandteile.

Für eine differenzierte Aussage über diese direkten und indirekten Einflüsse auf die
Preisgestaltung ist die Untersuchung unternehmensexterner und -interner Determinanten
anhand der einzelnen Elemente des dargestellten Systems notwendig. Aus den Ergebnissen
sind Anforderungen an die bankbetriebliche Preisgestaltung abzuleiten, an denen sich die
Entwicklung von Preisstrategien zu orientieren hat. Da die zugrunde liegende begriffliche
Auffassung des bankbetrieblichen Preismanagements eine Koordinierung der Manage-
mententscheidungen und der Aktionsentscheidungen vor dem Hintergrund der Unternehmensziele erfordert, muß diese vorgelagerte Entscheidungsebene zuerst betrachtet werden.

---

[73] Zum Konzept der Preisabsatzfunktion vgl. z.B. Schmalen (1995), S. 23 ff.
[74] Vgl. allgemein zur Marktforschung Hammann, Erichson (1994).
[75] Vgl. zu einem Überblick über mögliche Funktionstypen Hanssens, Parsons, Schultz (1990), S. 38 ff. und S.
      178 ff.; Lilien, Kotler, Moorthy (1992), S. 650 ff.

Im Mittelpunkt steht dabei die Fragestellung, welche der preisbezogenen Interaktionen zwischen Zielentscheidungen und Maßnahmenentscheidungen berücksichtigt werden müssen, wenn alternative Preisstrategien mittels des bankbetrieblichen Zielsystems auf ihren voraussichtlichen Zielerreichungsgrad hin überprüft werden. Daher ist analog zur Vorgehensweise bei der strategischen Planung zunächst eine preisbezogene Analyse des bankbetrieblichen Zielsystems vorzunehmen,[76] bevor in den darauf folgenden Kapiteln die relevanten exogenen und endogenen Einflußfaktoren untersucht werden.

1.1. Das bankbetriebliche Zielsystem

Dem dieser Untersuchung zugrunde liegenden Bankmarketingbegriff zufolge ist Marketing nicht nur ein bankbetrieblicher Aktionsparameter, sondern ebenso eine Geistes- oder Denkhaltung,[77] die sich in der Ausrichtung der gesamten Unternehmenspolitik auf die Marktgegebenheiten äußert.

Gegenstand der Unternehmenspolitik von Banken ist nach Eilenberger, "diejenige Alternative aus den vorhandenen und sinnvoll realisierbaren auszuwählen, die eine bestmögliche Zielerreichung für den Bankbetrieb als Ganzes (und nicht nur für die Teilbereiche) gewährleistet oder zumindest eine solche mit einem hohen Grad an Wahrscheinlichkeit verspricht."[78] Als Unternehmensziel wird allgemein eine zukünftige Situation verstanden, deren Realisierung mittels ökonomischer Betätigung vom Unternehmen angestrebt wird.[79] Bei Kreditinstituten sollen in der Regel mehrere Ziele gleichzeitig verwirklicht werden, so daß von einem Zielsystem gesprochen wird.[80] Ein Zielsystem ist eine geordnete Gesamtheit von Zielelementen zwischen denen horizontale beziehungsweise vertikale Beziehungen bestehen.

Ziele können hinsichtlich der Zielerfüllungsabhängigkeit in konkurrierende, komplementäre und indifferente unterteilt werden.[81] Die relative Gewichtung durch den Entscheidungsträger kommt in einer vertikalen Anordnung in Form einer Zielkette zum Ausdruck. Es entsteht eine hierarchische Ordnung von Primär-, Sekundär- und Tertiärzielen, die noch weiter fortgesetzt werden kann.

Zur Verwirklichung bankbetrieblicher Primärziele ist es denkbar, das System "Bank" im Rahmen einer Bankgesamtplanung in Teilbereiche zu zerlegen und entsprechende Subziele zu

---

[76] Zur Zielartikulation in der Bankgesamtplanung vgl. Schmidt (1983), S. 306 f.
[77] Vgl. Regli (1988), S. 6 ff.; Kilgus (1994), S. 246 f.
[78] Vgl. Eilenberger (1993), S. 341.
[79] Vgl. Heinen (1976), S. 18.
[80] Zum Begriff Zielsystem vgl. Hauschildt (1980), Sp. 2419 ff.
[81] Vgl. Heinen (1982), S. 101 ff.

bilden.[82] Ihrem Wesen nach können diese Subziele als Zwischenziele charakterisiert werden, über die die übergeordneten Unternehmensziele angestrebt werden und zu denen sie in einer Mittel-Zweck-Relation stehen.[83] Dem Marketinganspruch dieser Untersuchung folgend, muß primär der Absatzbereich analysiert werden, dessen Subzielsystem die Beziehungen zu potentiellen Nachfragern oder Bestandskunden determiniert.[84]

Zur Systematisierung des Absatzzielsystems bietet sich der Ansatz von Büschgen an, der die marketingpolitischen Instrumente[85] für bankbetriebliche Fragestellungen modifiziert hat.[86] Den unternehmenspolitischen Oberzielen ist ein marketingpolitisches Subzielsystem, bestehend aus preispolitischem Ziel, leistungspolitischem Ziel, distributionspolitischem Ziel und kommunikationspolitischem Ziel, nachgeordnet. Daneben können innerbetriebliche Teilziele unterschieden werden, die den liquiditätsmäßig-finanziellen sowie den technisch-organisatorischen Bereich betreffen.[87]

Weil in der bankbetriebswirtschaftlichen Literatur bisher keine empirisch überprüften Zielsysteme vorliegen,[88] für die Beurteilung bankbetrieblicher Preisentscheidungen aber ein Zielsystem erforderlich ist, wird für die weitere Untersuchung ein Zielkonzept mit absatzpolitischem Fokus entworfen, das die Beziehungen zwischen den einzelnen Zielen regelt.[89]

---

[82] Zu möglichen Teilbereichen vgl. Siewert (1983), S. 29.

[83] Vgl. Siewert (1983), S. 29 f.

[84] Vgl. Büschgen (1998), S. 510.

[85] Vgl. allgemein zu marketingpolitischen Instrumenten Nieschlag, Dichtl, Hörschgen (1997).

[86] Vgl. hierzu sowie zu den nachfolgenden Ausführungen Büschgen (1998), S. 670 ff.

[87] Vgl. Deppe (1974), Sp. 402 ff.

[88] Vgl. Eilenberger (1993), S. 351.

[89] Vgl. zu einem Überblick über andere Zielsysteme für Kreditinstitute Haun (1996), S. 12 ff.

Abbildung 5: Absatzpolitische Ziele im bankbetrieblichen Zielsystem.

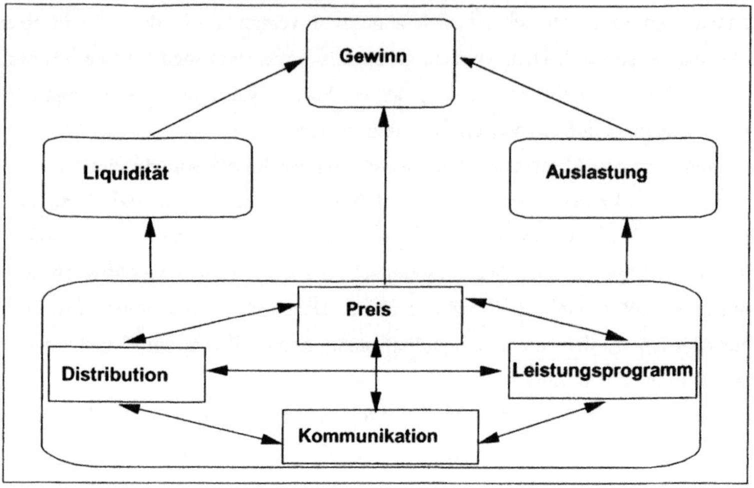

Quelle: Eigene Erstellung.

Insgesamt ergibt sich aus Bankmarketingsicht ein unternehmensindividuelles System von Einzelzielen, das hierarchisch in der oben beschriebenen Weise strukturiert ist. Durchgezogene Pfeile zeigen an, daß ein nachgeordnetes Ziel der Verwirklichung des jeweils übergeordneten Ziels dient. Nachfolgend wird nur auf solche Zielrelationen eingegangen, die eine Determinante bankbetrieblicher Preisgestaltung darstellen. Untersucht werden der Einfluß preispolitischer Ziele des Bankbetriebs auf Ober- und Subziele, das Verhältnis zum innerbetrieblichen Teilbereich und Interaktionen mit anderen marketingpolitischen Zielen.

1.1.1. Bankbetriebliche Oberziele

Als faktisches Primärziel kann für alle Kreditinstitute das Motiv der langfristigen Gewinnerzielung gelten,[90] wenn auch mit bankengruppenspezifischen Einschränkungen im Sparkassensektor und bei Kreditgenossenschaften.[91] Im Vordergrund steht nicht immer die Gewinnmaximierung im Sinne einer Extremierung,[92] sondern besonders in der neueren Bankbetriebslehre vermehrt auch das Satisfizierungsprinzip, also das Streben nach Mindestanforderungen.[93] Neben dem Gewinnstreben werden in der bankbetriebswirtschaftlichen

---

90 Eilenberger (1993), S. 351 spricht in diesem Zusammenhang von einem metaökonomischen Ziel, das nur einer konkreten Zielfixierung vorgelagert ist.
91 Vgl. Swoboda (1978), S. 275 ff.; Mülhaupt, Dolff (1981b), S. 715.
92 Vgl. Krümmel (1964), S. 183 ff.; Mülhaupt (1980), S. 165.
93 Vgl. Kolbeck (1971), S. 67 ff.

22

Literatur ebenso die Zielvariablen Auftrags- und Förderziele, Marktanteil, Marktposition oder Renditeorientierung als Hauptzielvorstellungen genannt.[94]

Auf der Unternehmenszielebene muß zunächst die Beziehung zwischen dem Preis und der Gewinnerzielungsabsicht betrachtet werden. Um dem Gewinnstreben gerecht zu werden, muß der Preis einer Bankabsatzleistung des Aktivgeschäfts über den Selbstkosten, der eines Passivgeschäfts unter den Selbstkosten liegen.[95] Wird nicht die Prämisse der Satisfizierung, sondern die Extremierung des Gewinns unterstellt, muß der Preis einer bestimmten Leistung so festgesetzt werden, daß der Gewinn maximiert wird. Insgesamt zeigt der dargestellte Systemzusammenhang, daß das Gewinnstreben im Sinne einer Extremierung im Zusammenhang mit der Preisentscheidung für Unternehmen im allgemeinen und für Kreditinstitute im besonderen aus Komplexitätsgründen nur vereinfacht darstellbar ist. Die Auffassung Gehrkes, das Gewinnmaximierungsprinzip sei einfacher zu operationalisieren als das Satisfizierungsprinzip,[96] ist somit durchaus differenziert zu betrachten.

Als weiteres bankspezifisches Unternehmensziel ist auf die Erfüllung von Auftrags- und Förderzielen einzugehen.[97] Der öffentliche Auftrag, der den Rahmen einer geschäftspolitischen Gestaltung für Sparkassen vorgibt, ist durchaus mit der bankbetrieblichen Preisgestaltung kompatibel. Zwecks Zielkonformität muß dabei gewährleistet sein, daß überwiegend solche Sparkassenkunden von der Preisvariation profitieren bzw. nicht unter dieser leiden, die zu dem in den sparkassenspezifischen Rechtsvorschriften genannten, zu fördernden Personenkreis gehören.[98] Eine ähnliche Operationalisierung des genossenschaftlichen Förderziels wird von Krümmel, was Preisvergünstigungen betrifft, abgelehnt.[99] Wenn jedoch eine zieladäquate Gestaltung der Preisvariation im Sinne einer gleichmäßigen und gerechten Förderung der Mitglieder vorgenommen wird, können entsprechende Preissetzungsmethoden ebenso für Kreditgenossenschaften eingesetzt werden.[100] Da diese nichtmonetären Ziele keine Restriktion für die bankbetriebliche Preisgestaltung darstellen, werden sie im weiteren Verlaufe der Arbeit vernachlässigt.

Marktanteilsziele oder Wachstumsziele sind zwar theoretisch hinsichtlich ihrer Abbildung preispolitischer Konsequenzen ungenau und als Grundlage preispolitischer Entscheidungen zu eindimensional, gewinnen jedoch gerade in jüngster Zeit an Bedeutung. In jungen Märkten wie etwa im Direktbankensegment, wo in erster Linie ein Positionierungswettbewerb herrscht, genießt der Marktanteil eine den Gewinnzielen gleichkommende Bedeutung. Er gibt

---

[94] Vgl. zu diesem Problemkreis z.B. Hauschildt (1981), S. 16 f.; Schierenbeck (1994), S 2 f.

[95] Vgl. Gehrke (1995), S. 126.

[96] Vgl. Gehrke (1995), S. 77.

[97] Vgl. hierzu ausführlich z.B. Heinen (1976), S. 45; Schmitz (1978), S. 262; Mülhaupt, Dolff (1981a), S. 683.

[98] Vgl. Gehrke (1995), S. 129 ff.

[99] Vgl. Krümmel (1964), S. 185 ff.

[100] Vgl. Gehrke (1995), S. 183 ff.

wertvollen Aufschluß über die eigene Marktposition und die Stärke der Konkurrenz. Vorteilhaft für die Unternehmensgesamtplanung ist ferner die auch empirisch verschiedentlich nachgewiesene Korrelation zwischen Marktanteil und Rentabilität.[101] Aus praktischer Sicht birgt jedoch die empirische Erhebung des Marktvolumens eine Reihe von Problemen. Für die nachfolgende Argumentation wird demzufolge als unternehmenspolitisches Oberziel die Gewinnmaximierung unterstellt.

1.1.2. Innerbetriebliche Teilziele

Dem bankbetrieblichen Primärziel der Gewinnmaximierung nachgeordnet sind die Teilziele der innerbetrieblichen Sphäre. Nachfolgend wird überprüft, inwieweit das Subzielsystem des liquiditätsmäßig-finanziellen Bereichs (LFB) und des technisch-organisatorischen Bereichs (TOB) mit den Preiszielen korrespondiert und welchen Einfluß dieses auf die bankbetriebliche Preisgestaltung hat.

Wenn als Liquiditätsziel eines Kreditinstituts ein finanzieller Gleichgewichtszustand im Sinne der Zahlungsfähigkeit aufgefaßt wird, ergeben sich aus den asynchronen Auszahlungsströmen der Aktiv- und Passivgeschäfte verschiedene Liquiditätsrisiken.[102]

Tabelle 3: Arten und Ursachen bankbetrieblicher Liquiditätsrisiken.

Art des Liquiditätsrisikos	Ursache des Liquiditätsrisikos
Terminrisiko	unplanmäßige Verlängerung der Kapitalbindungsdauer von Aktivgeschäften
Abrufrisiko	unerwartete Inanspruchnahme vereinbarter Kreditlinien einschließlich Überziehung (aktivisches Liquiditätsrisiko), unerwarteter Abzug von Einlagen (passivisches Liquiditätsrisiko)
Refinanzierungsrisiko	fehlende Anschlußfinanzierung aufgrund nicht prolongierter Einlagen und nicht erfolgter Gläubigersubstitution

Quelle: Eigene Erstellung.

Alternativen zur Gestaltung von Bankpreisen sind auch unter Berücksichtigung dieser Liquiditätswirkungen zu beurteilen. Während die Erreichung des Preisziels also einen direkten

---

[101] Vgl. Greipl (1975), S. 101 ff.; Grimm (1983), S. 39 ff.
[102] Vgl. Büschgen (1998), S. 895 ff.; Schierenbeck (1994), S. 716 f.

24

Beitrag zur Sicherstellung der Liquidität leistet, gilt die umgekehrte Zielbeziehung nicht. Damit wird die aus den Liquiditätsrisiken entstehende Problematik der Liquiditätssicherung zu einer Teilaufgabe der Preispolitik gemacht.

Voraussetzung für die Erfüllung dieser Aufgabe ist, daß die Variation eines Bankleistungspreises den erwähnten Risiken angemessen begegnen kann, indem sie beispielsweise darin resultiert, daß liquide Mittel zufließen.[103] Dieses ist nur dann gewährleistet, wenn ein positiver Absatzeffekt in Form einer Erhöhung der Nachfrage nach Bankleistungen nicht als Ergebnis sortimentsbedingter Kannibalisierungseffekte, sondern durch Akquisition institutsfremder Gelder zustande kommt. Ob die bankbetriebliche Preisgestaltung einen Abbau eines Liquiditätsdefizits ermöglicht, hängt darüber hinaus von der betraglichen Dimension der Nachfragewirkung ab, die zumindest theoretisch sogar zu einem anschließenden Liquiditätsüberschuß führen kann. Auch der Zeithorizont einer Preisgestaltungsmaßnahme ist in diesem Kontext von Bedeutung, da die Absatzreaktion zur Behebung eines Liquiditätsengpasses kurzfristig erfolgen muß. In diesem Zusammenhang weist Gehrke exemplarisch auf möglicherweise auftretende zeitliche Wirkungsverzögerungen und die damit verbundene Untauglichkeit von Sonderangeboten zur Liquiditätssicherung hin.[104]

Dieser Auffassung kann entgegengehalten werden, daß nur mittels deskriptiver Überlegungen zur Preisreaktion, ohne Kenntnis der zugrunde liegenden Absatzreaktionsfunktion, die Vorteilhaftigkeit einer liquiditätszielorientierten Preisvariation nicht abschließend bewertet werden kann. Wie bereits dargelegt, hängen die Richtung und das quantitative Ausmaß der Absatzwirkung einer Preisgestaltungsmaßnahme nicht nur von den direkten Effekten, sondern in gleichem Maße auch von indirekten Effekten ab. Letztere werden einerseits von sortimentspolitischen Wirkungen und andererseits durch Interaktionen der Preisvariation mit anderen Instrumenten des Marketing-Mix determiniert.[105]

Als weiteres Teilziel des innerbetrieblichen Subsystems wird in der bankbetrieblichen Literatur eine Verbesserung der Kapazitätsauslastung des TOB postuliert.[106] Für Bankabsatzleistungen ist eine Lagerhaltung wegen des dienstleistungsspezifischen Abstraktheitsgrades nicht möglich. Dies impliziert, daß sich die technisch-organisatorische Gesamtkapazität an der historisch höchsten Belastung des Kreditinstituts zu orientieren hat.[107] Dadurch führen die in der Praxis zu beobachtenden erheblichen Beschäftigungsschwankungen zu divergierenden Kapazitätsauslastungsgraden.[108]

---

[103] Vgl. im folgenden Gehrke (1995), S. 134.

[104] Vgl. Gehrke (1995), S. 134.

[105] Vgl. Lilien, Kotler, Moorthy (1992), S. 4 ff.

[106] Vgl. Büschgen (1998), S. 506 ff.; Gehrke (1995), S. 139 ff.

[107] Vgl. Ellermeier (1975), S. 100 ff. und Süchting (1982), S. 791.

[108] Vgl. Batz (1969), S. 43 ff.

Eine weitergehende Aufgabe bankbetrieblicher Preispolitik ist somit die Unterstützung innerbetrieblicher Zielvorstellungen des TOB im Sinne einer gleichmäßigeren Kapazitätsauslastung. Im Rahmen der Lenkungsfunktion des Preises ist in Spitzenzeiten hoher Kapazitätsauslastung kein zusätzliches Geschäft zu generieren, während in Phasen unausgelasteter Kapazitäten eine Anhebung der Beschäftigung wünschenswert ist.

1.1.3. Marketingpolitische Teilziele

Der Fokus der Analyse unternehmenspolitischer Ziele richtet sich im Einklang mit dem Thema dieser Untersuchung auf die preispolitischen Ziele. Diese stehen in der Regel nicht isoliert, sondern in einer Beziehung zu anderen Marketingzielen. Neben preispolitischen Einflüssen auf die verbleibenden Marketingziele sind folglich in gleichem Maße deren Rückwirkungen auf die Preispolitik zu analysieren.

Ziel der Preispolitik selbst ist die Fixierung solcher Preise, die sowohl den Rentabilitätserwartungen der Banken gerecht werden als auch zur Stabilisierung und Verbesserung ihrer Wettbewerbsposition beitragen.[109] Da der Preis ein Marketing-Mix-Instrument mit direkter Ertragswirkung ist, wird auch das Preisziel in direkter Weise das Gewinnziel unterstützen. Daneben ist der Preis ein Element des marketingpolitischen Zielsytems, das über die Unterstützung von Liquiditäts- und Auslastungszielen wiederum der Erreichung des Gewinnzieles dient.

Die Ziele der Leistungspolitik bestimmen sämtliche Entscheidungen über die betriebsgerechte und marktgerechte Gestaltung der Leistungsarten sowie des Leistungsprogramms.[110] Wird der Preis einer Bankleistung als Produkteigenschaft aufgefaßt, kann dieser bei leistungspolitischen Entscheidungen nur im Rahmen dieser Teilziele variiert werden. Eine Aufgabe bankbetrieblicher Preisgestaltung ist demnach die Unterstützung leistungspolitischer Ziele.

Bankbetriebliche Ziele der Vertriebspolitik umfassen neben der physischen Distribution mit Verteilungs- und Raumüberbrückungsfunktionen ebenso die akquisitorische Distribution.[111] Letztere ist bei Kreditinstituten aufgrund des Dienstleistungscharakters gekennzeichnet durch die kommunikative Dimension und hier vorwiegend durch den persönlichen Verkauf.[112] Die Interaktion mit preispolitischen Zielen wird in der bankbetriebswirtschaftlichen Literatur nur eindimensional beschrieben. Danach dienen preispolitische Maßnahmen primär der Unterstützung und Durchsetzung distributionspolitischer Ziele. Als Beispiel wird selektive Niedrigpreispolitik als Instrument zur Etablierung einer Filiale oder eines vollkommen neuen

---

[109] Vgl. Büschgen (1998), S. 677 f.
[110] Vgl. Büschgen (1998), S. 671 f.
[111] Vgl. Nieschlag, Dichtl, Hörschgen (1997), S. 429.
[112] Vgl. allgemein zum persönlichen Verkauf Albers (1989a); Churchill, Ford, Walker (1993).

Vertriebswegs wie des Bankaußendienstes genannt.[113] Es kann darüber hinaus jedoch die Auffassung vertreten werden, daß auch die entgegengesetzte Wirkungsrichtung dieser horizontalen Zielinteraktion mit zunehmender wettbewerbspolitischer Relevanz der bankbetrieblichen Preisgestaltung an unternehmenspolitischer Bedeutung gewinnt. Als Indiz für distributionspolitische Ziele, die der Durchsetzung preispolitischer Ziele dienen, kann die Gründung von Discount-Brokern angeführt werden. Für etablierte Universalbanken mit der preispolitischen Zielvorstellung einer ausgesprochen günstigen Konditionsgestaltung zur Marktpositionierung im preissensiblen Kundensegment scheidet das kostenintensive Filialnetz als Vertriebsweg aus. In der Folge kommt es daher zur Gründung von Direktbank-Tochtergesellschaften.

Die wechselseitige Relation preispolitischer Ziele mit kommunikationspolitischen Zielen ist analog zu den Interaktionen mit den vertriebspolitischen Zielen zu sehen. Ist Exklusivität etwa ein wesentlicher Bestandteil der Corporate Identity einer Bank,[114] so muß auch das preispolitische Ziel und damit die Gestaltung und Durchsetzung des Instrumentes "Preis" diesem Image gerecht werden.[115] Als Beispiel können hier Privatbanken angeführt werden, deren Exklusivitätsimage unter anderem durch verhältnismäßig hohe Transaktionskosten kommuniziert wird, sei es im Zahlungsverkehr oder im Wertpapiergeschäft. Andererseits kann auch dem Preisziel primäre Bedeutung beigemessen werden, so daß in diesem Fall die kommunikationspolitischen Zielsetzungen unterstützend wirken. Gilt es als geschäftspolitisch wünschenswert, besonders hohe Margen zu realisieren, ist beispielsweise eine Kommunikationspolitik erforderlich, welche die Aufmerksamkeit des Konsumenten auf andere Eigenschaftsausprägungen der Bankleistung als den Preis lenkt.

Abschließend ist zu konstatieren, daß je nach unternehmenspolitischer Ausrichtung einzelne Marketingziele stärker betont werden als andere. Im marketingpolitischen Zielsystem gibt es folglich keine starren Hierarchien, sondern eher ein gleichgerichtetes Nebeneinander ineinandergreifender Zielvorstellungen mit einem gemeinsam zu erreichenden Oberziel. Somit dürfen nachfolgend preispolitische Zielsetzungen und damit auch die Gestaltung des Preises als Marketinginstrument nicht isoliert betrachtet werden. Deutlich wird auch, daß die einzelnen Ziele und deren Interaktion eine Fülle möglicher Handlungsalternativen eröffnen. Für das Preismanagement ist aus diesem Grund eine weitergehende Konkretisierung bankbetrieblicher Preisstrategien für die nachgeordneten Führungs- und Ausführungsinstanzen erforderlich.[116]

---

[113] Vgl. Gehrke (1995), S. 144 f.
[114] Zur Corporate Identity vgl. Wünsche (1993).
[115] Zum Imagebegriff vgl. Wünsche (1982), S. 111 f.; Bauer (1993), S. 6.
[116] Vgl. allgemein Eilenberger (1993), S. 354.

1.2. Exogene Einflußfaktoren der Bankpreisgestaltung

Banken agieren als typische Dienstleistungsunternehmen auf Märkten und in einer Umwelt, deren Komplexität durch sukzessive Vernetzung technischer, logistischer und ökonomischer Zusammenhänge stetig fortschreitet.[117] Im Zentrum der Dienstleistungsproduktion steht die Interaktion mit dem Kunden, welcher sich im gleichen Umfeld bewegt. Darüber hinaus werden Kreditinstitute immer stärker in übergreifende rechtliche und politische Systeme eingebunden, die sowohl nationaler als auch internationaler Natur sein können. Die Unternehmen selbst werden dadurch zu komplexeren Systemen, die inmitten eines sich verschärfenden horizontalen Wettbewerbs unter stärkeren zeitlichen Druck geraten.[118] Aus diesem Grunde muß einer Beschreibung interner Determinanten der bankbetrieblichen Preisgestaltung ein Abriß der Bankenumwelt vorangehen.

Banken sind gezwungen, dem Phänomen schnell wechselnder Umweltbedingungen in Form von ausdifferenzierten Kundenbedürfnissen bei gestiegenem Preisbewußtsein durch verschiedene Konzepte zu begegnen.[119] Restriktionen ergeben sich dabei aus einer Vielzahl von externen Einflußfaktoren. Im Mittelpunkt der folgenden Betrachtungen stehen gemäß dem marketingorientierten Ansatz der Arbeit jedoch marktbezogene Determinanten der bankbetrieblichen Preisgestaltung.

Ganz allgemein ist der Markt zunächst der Ort, an dem sich Angebot und Nachfrage für ein Gut treffen.[120] Banken agieren auf dem Kapitalmarkt. Der Kapitalmarkt ist die Gesamtheit aller Finanzmärkte (Aktien-, Renten- und Geldmarkt), auf denen Investoren Zahlungen heute anbieten und künftige Zahlungen nachfragen und Zahlungssuchende heute Zahlungen nachfragen und für die Zukunft anbieten.[121] Märkte können nach qualitativen und quantitativen Aspekten unterschieden werden. Eine qualitative Differenzierung der Marktform kann hinsichtlich der Vollkommenheit eines Marktes unternommen werden.[122] Auf vollkommenen Finanzmärkten müßte die Existenz von Banken negiert werden. Die Funktionen der Finanzintermediäre (Fristen-, Risiko- und Losgrößentransformation)[123] würden unter dieser Prämisse obsolet,[124] zumal dann private Haushalte ihr Kapital den Unternehmen direkt zur Verfügung stellen würden. Im folgenden wird demnach

---

[117] Vgl. Sommerlatte (1989), S. 3 ff.

[118] Vgl. Wickel (1995), S. 2.

[119] Vgl. Sommerlatte (1989), S. 3.

[120] Vgl. Herberg (1985), S. 37.

[121] Vgl. Brealey, Myers (1991), 3 f.

[122] Vgl. Hossenfelder (1987), S. 30. Zu Definition und Eigenschaften vollkommener Märkte vgl. beispielsweise Ott (1979), S. 32 ff.; Perridon, Steiner (1999), S. 70; Franke, Hax (1990), S. 104.

[123] Zu der Funktion der Banken als Transformationseinrichtungen vgl. Niehans (1978), S. 166 f.; Stützel, Krug (1980), S. 64.

[124] Vgl. Pringle (1987), S. 546.

pragmatischerweise ein unvollkommener Markt unterstellt. Damit wird von der Existenz sachlicher, zeitlicher und räumlicher Präferenzen sowie unvollständiger Markttransparenz der Marktteilnehmer ausgegangen, die das Nachfragerverhalten bestimmen. Das impliziert, daß nicht nur *ein* Preis existiert. Kapital ist hinsichtlich der Bonität der Kunden heterogen und wird außerdem in Eigen- und Fremdkapital differenziert. Zusätzlich existieren Transaktionskosten.

Eine Kennzeichnung der Marktform nach quantitativen Gesichtspunkten ist abhängig von Anzahl und relativer Größe der Marktteilnehmer. Aufgrund der Tatsache, daß wenigen, relativ großen Anbietern von Bankleistungen eine atomistische Nachfragestruktur gegenübersteht,[125] kann der relevante Markt der Banken als Oligopol gekennzeichnet werden. Mithin ergibt sich der Spielraum für eigene Preisvariationen eines Kreditinstituts nicht nur aus dem preisbezogenen Konsumentenverhalten, sondern auch aus der zu erwartenden Reaktion der Wettbewerber. Die Bank handelt im Rahmen ihrer Preisgestaltung entweder als Preisführer, der aktiv und als erster eine Preisvariation vornimmt, oder als Preisfolger, der sich unter weitgehendem Verzicht auf eine eigenständige Preispolitik an den Konditionen des preisdeterminierenden Konkurrenzinstituts orientiert.[126]

In Anbetracht dieser Sachverhalte sind bei der strategischen Analyse und Prognose marktseitiger Bestimmungsgründe der Preisgestaltung neben den rechtlichen und politischen Rahmenbedingungen von staatlicher Seite nicht zuletzt auch das Verhalten der Nachfrager und die Reaktion der Konkurrenz zu berücksichtigen. Die Betrachtung der sonstigen Umwelteinflüsse beschränkt sich auf gesamtwirtschaftliche, exogene Faktoren, welche die Kreditinstitute zwar zu preispolitischen Anpassungsmaßnahmen zwingen, die ihrerseits jedoch durch preisliche Aktionen eines Institutes nicht zu beeinflussen sind.

---

[125] Vgl. Hagenmüller (1968), S. 158 ff.
[126] Vgl. Priewasser (1987), S. 239.

Abbildung 6: Exogene Einflußfaktoren der Bankpreisgestaltung.

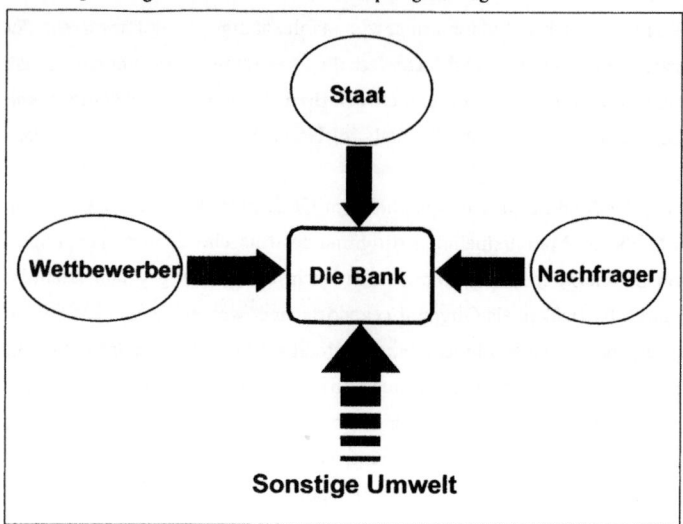

Quelle: Eigene Erstellung.

1.2.1. Staat

Da geltendes Recht und die vor diesem Hintergrund geführten politischen Diskussionen zu beachtende Restriktionen der Preisgestaltung sind, soll zunächst der sich daraus ergebende marketingpolitische Handlungsrahmen abgesteckt werden. Grundsätzlich haben Kreditinstitute Vertragsfreiheit im Sinne der Privatautonomie, wie sie in Artikel 2 Absatz 1 des Grundgesetzes verankert ist. Diese gilt selbstverständlich auch für die bankbetriebliche Preisgestaltung. Gehrke weist jedoch auf die Einschränkung dieser Vertragsfreiheit durch eine Fülle von Gesetzen, Verordnungen und Rechtsvorschriften hin.[127] Aus der Marketingperspektive sind jedoch nur einige Bestimmungen relevant und betreffen drei Bereiche. Dies sind die Preishöhe, die Preisinformation sowie der Wettbewerb über den Preis. Darauf aufbauend kann die aus der politischen Diskussion resultierende Öffentlichkeitswirkung von Bankpreisen als bedeutende Restriktion der faktischen Preisgestaltungsfreiheit betrachtet werden.

---

[127] Gehrke (1995). S. 64 ff.

Unmittelbare Vorschriften über die Preishöhe in Form staatlicher Preistaxen[128] gibt es seit Abschaffung des § 23 Abs. I KWG nicht mehr.[129] [130] Seit 1967 sind die Preise für Bankdienstleistungen in Deutschland damit frei festsetzbar. Allerdings besitzen die Paragraphen 138, 315 und 609a BGB insbesondere für das Kreditgeschäft der Banken die Wirkung von unmittelbaren Höchstpreisgrenzen bei der Konditionsgestaltung.[131] Gemäß § 138 Abs. I BGB (sittenwidrige Geschäfte) ist eine schuldnerseitige Kündigung von Konsumentenkrediten möglich, wenn ein auffälliges Mißverhältnis zwischen Leistung und Gegenleistung besteht.[132] Der Kreditvertrag ist in diesem Falle nichtig. Kommt zu dieser Äquivalenzstörung die Ausbeutung einer Zwangslage oder ein Mangel an Urteilsvermögen des Schuldners hinzu, greift § 138 Abs. II (Wucher) und das Rechtsgeschäft ist ebenfalls nichtig.[133]

Weitere Rechtsgrundlagen für eine schuldnerseitige Kündigung im Kontext mit der Preishöhe bietet der § 609a BGB.[134] Hier werden die unterschiedlichen Kündigungsfristen für Festzinskredite in Abhängigkeit von der Zinsbindung geregelt. Für variabel verzinste Kredite besteht gemäß § 609a Abs. II ein jederzeitiges Kündigungsrecht mit einer Kündigungsfrist von drei Monaten. Bei diesen Regelungen zur Konditionsgestaltung im Aktivgeschäft werden demzufolge die Interessen von Verbrauchern und Banken gleichermaßen berücksichtigt.[135] Zudem ist in bezug auf variabel verzinste Kredite aus § 315 BGB ein Zinsanpassungsgebot für Banken abzuleiten. Kreditinstitute haben bei einer Senkung der für sie maßgeblichen Refinanzierungskosten diesen Zinsvorteil an die Kreditnehmer weiterzugeben.[136]

Im Zusammenhang mit der Gestaltung der Preishöhe muß ergänzend auf die Problematik bei Preisnachlässen hingewiesen werden. Aus dem Rabattgesetz ergibt sich in Verbindung mit der Zugabeverordnung, daß Mengenrabatte der Höhe nach üblich und an eine überdurchschnittliche Abnahmemenge gebunden sein müssen.[137] Mangels konkreter Definition des Gesetzgebers hinsichtlich dieser Bestimmungen entsteht an dieser Stelle jedoch ein vergleichsweise großer Spielraum für Preisgestaltungsmöglichkeiten. Dies trifft in gleicher Weise auf die Gewährung von Sonderkonditionen an einzelne Kundengruppen zu.[138]

---

[128] Vgl. Hahn (1978), S. 51 f.
[129] Vgl. Fischer (1985), S. 798.
[130] Zu den allenfalls indirekten Wirkungen des KWG auf die Preispolitik in Verbindung mit den Grundsätzen über das Eigenkapital und die Liquidität der Kreditinstitute vgl. ausführlich Gehrke (1995), S. 68 und S. 135 ff.
[131] Vgl. Harwalik (1988), S. 3.
[132] Zur Sittenwidrigkeit bei der Preisfestsetzung vgl. Wirtz (1981), S. 223.
[133] Zum Äquivalenzprinzip vgl. Möller, R. (1975), S. 437.
[134] Vgl. Döll (1987), S. 40 f.
[135] Vgl. Scholz (1984), S. 787 f.
[136] Vgl. Harwalik (1988), S. 8 ff.
[137] Vgl. Simon,Tacke (1992), S.62.
[138] Vgl. Döll, Siebert (1997), S. 14/61 ff.

Darüber hinaus sind für das Bankmarketing namentlich aus den gesetzlichen Bestimmungen zur Thematik der Informationsobliegenheiten bei der Preisgestaltung folgende Restriktionen von Bedeutung. Die Preisangabenverordnung regelt den Umgang mit dem Instrument Preis in bezug auf den Verkauf und das Angebot von Bankdienstleistungen.[139] So sind die wesentlichen Leistungen mittels Preisaushang offenzulegen. Um Preisvergleiche zu ermöglichen, sind etwa für Kredite der effektive beziehungsweise der anfänglich effektive Jahreszins und die Gesamtbelastung anzugeben.[140] Die Verwendung dieses Vergleichsmaßstabes ist bei einem Vorteilhaftigkeitsurteil als durchaus zweischneidig anzusehen. Vor allem im Bereich des Zahlungsverkehrs gewährleistet die Preisangabenverordnung nicht notwendigerweise eine ausreichende Markttransparenz für den Verbraucher.[141] Die Grenzen der Preiswerbung liegen dort, wo das Gesetz gegen den unlauteren Wettbewerb (UWG) in § 3 irreführende Angaben verbietet. Die Gefahr der Irreführung ist nach dem Verkehrsprinzip bereits gegeben, wenn die Preisangabe nach Maßgabe eines nicht unerheblichen Teils der Werbeadressaten von der wirklichen Preisforderung abweicht[142] oder wenn nur bestimmte Teilpreise werblich hervorgehoben werden und Begriffe wie beispielsweise "Wertzuwachs" für Passivleistungen nicht hinreichend konkretisiert sind.[143] Irreführend können ferner in werblicher Weise herausgestellte Lockvogel-Angebote sein, die den Anschein erwecken, als sei das gesamte Leistungsangebot des Kreditinstituts entsprechend günstig gestaltet.[144] Nicht zulässig sind außerdem werbemäßige Preisgegenüberstellungen mit der Preisgestaltung von Konkurrenzinstituten oder mit eigenen, zuletzt geforderten Preisen.[145]

Als dritter für das Preismanagement relevanter Bereich sind nachfolgend alle Regelungen zu betrachten, die den Wettbewerb über den Preis betreffen. Für die unternehmenspolitische Gestaltung von Bankpreisen ist primär das Gesetz gegen Wettbewerbsbeschränkungen (GWB) von Interesse, nicht zuletzt im Kontext der Zulässigkeit kollektiver Preisstrategien in der Bankwirtschaft. Hier gilt es zwischen Preiskartellen, unverbindlichen Preisempfehlungen und Anpassungen an einen Preisführer zu unterscheiden.[146] Preiskartelle in der Kreditwirtschaft sind mit Inkrafttreten der 5. GWB-Novelle und der damit verbundenen Einführung des Verbotsprinzips in bezug auf kartellrechtlich relevante Absprachen grundsätzlich unzulässig.[147] Die Zulässigkeit unverbindlicher Preisempfehlungen durch

---

[139] Vgl. Gimbel, Boest (1985).
[140] Vgl. zur Effektivzinsberechnung Rathmann (1990), S. 133 ff.
[141] Vgl. Blunck (1991), S. 14 ff.
[142] Vgl. Diller (1978b), S. 249 f.
[143] Vgl. Harwalik (1988), S. 13.
[144] Vgl. Döll, Siebert (1997), S. 14/34.
[145] Vgl. Luhmann, Milhahn (1978), S. 68 f.
[146] Vgl. Hahn (1978), S. 50 ff.
[147] Vgl. Döll (1989), S. 28 ff.

Bankenverbände ist dagegen rechtlich umstritten[148] wie auch die Rechtmäßigkeit abgestimmten Verhaltens durch Anpassungen an einen Preisführer.[149] Inwieweit die primäre Ausrichtung der Bankpreisgestaltung nach den Preisen von Konkurrenzinstituten aus betriebswirtschaftlicher Sicht sinnvoll ist, soll an späterer Stelle diskutiert werden.

Im Gegensatz zu anderen preisbezogenen Vorschriften werden die kartellrechtlichen Grenzen eines Preiswettbewerbs über die deutsche Gesetzgebung hinaus durch die Rechtsprechung im Rahmen der EU determiniert.[150] Dies bedeutet, daß nicht nur der Wettbewerb globalisiert wird, sondern die Wettbewerbskontrolle selbst. Der Bankenmarkt ist Teil des europäischen Binnenmarkts und unterliegt den Verordnungen, Richtlinien und Entscheidungen im Zusammenhang mit dem Vertragswerk über die Europäische Union von 1992. Die damit verbundene Harmonisierung des Aufsichtsrechts folgt dabei dem Grundsatz der Subsidiarität.[151] Das Gemeinschaftsrecht findet erst dann Anwendung, wenn die Buchstaben der jeweiligen nationalen Rechte den Zielen des gemeinsamen Marktes widersprechen oder auf eine Rechtsangleichung in den Mitgliedsstaaten hingewirkt werden muß.[152] Es gibt kein zentrales Aufsichtsrecht mit einem zentralen Kartell- oder Aufsichtsamt, so daß das jeweilige nationale Aufsichtsrecht mit den entsprechenden Aufsichtsbehörden bestehen bleibt. Nach dem Vorrangprinzip kommt jedoch dem Gemeinschaftsrecht der Vorrang gegenüber nationalem Recht zu, wenn die Gemeinschaft eigene Regelungen getroffen hat.[153] Deshalb bedeuten die allgemeinen Bestimmungen des EU-Kartellrechts für Kreditinstitute, daß die rechtlichen Grenzen der Preisgestaltungsfreiheit dort liegen, wo § 86 des EG-Vertrages das Ausnutzen einer marktbeherrschenden Position verbietet. In der europäischen Rechtsprechung wie auch im deutschen Wettbewerbsrecht sind allerdings die Definition und das formale Feststellen einer marktbeherrschenden Position ausgesprochen problematisch.

Zur Harmonisierung der nationalen Rechte wurden Mindestanforderungen festgelegt, die in den einzelnen Mitgliedsstaaten umgesetzt werden sollen. Die auf die bankbetriebliche Preisgestaltung bezogene Rechtsprechung wird damit ebensowenig erleichtert wie die Prognose der wettbewerbsrechtlichen Konsequenzen. Möglicherweise kommt es zu einer Aufsichtsarbitrage, indem Institute ihren Sitz in ein Land verlegen, wo aufsichtsrechtliche Standards auf das vorgeschriebene Mindestmaß beschränkt wurden. Der Ermessensspielraum bei der Richtlinienumsetzung kann weiterhin dazu führen, daß heimische Kreditinstitute

---

[148] Vgl. Luhmann, Milhahn (1978), S. 12 ff.
[149] Vgl. Hahn (1977), S. 45.
[150] Vgl. Kartte (1991), S. 13; Moritz, (1993), S. 563 ff.; Döll, Siebert (1997), S. 14/118.
[151] Vgl. Gruner-Schenk (1995), S. 329.
[152] Vgl. hierzu und im folgenden Horn (1994), S. 141.
[153] Vgl. hierzu und im folgenden Moritz (1993), S. 564 ff.

gegenüber denen aus anderen Mitgliedsstaaten diskriminiert werden.[154] Im Kontext des vergleichsweise liberalen deutschen Bankenaufsichtsrechts ist daher insgesamt mit einer weiteren Intensivierung des Wettbewerbs durch Banken aus anderen Mitgliedsstaaten und Drittländern zu rechnen.[155]

Nicht erst seitdem die Anpassung an die EU-Rechtsprechung zu einer Liberalisierung des Bankenwettbewerbs geführt hat, sondern bereits nachdem die Bankpreise durch die Aufhebung der Zinsverordnung 1967 weitgehend frei festsetzbar wurden, stehen Banken und deren Konditionen im Mittelpunkt öffentlich geführter, politischer Diskussionen.

Die Öffentlichkeitswirksamkeit als Eigenschaft von Bankpreisen hat dazu geführt, daß von "politischen Preisen"[156] gesprochen werden kann, die mit dem Brotpreis von einst vergleichbar sind.[157] Zumindest für den Zahlungsverkehrsbereich kann die Diskussion auch in der bankbetriebswirtschaftlichen Literatur nachvollzogen werden.[158] Wiederholt wird die Preispolitik zumeist in bezug auf Giroleistungen auch medienwirksam als ungerechtfertigt und unangemessen charakterisiert. Im Zuge der in früheren Jahren intensiv geführten Konsumerismus-Diskussion[159] tragen heute hierzu ebenso Verbraucherschutzinstitutionen bei.[160] Zweifelsohne leisten diese Organisationen einen wertvollen Beitrag zur Kundeninformation und damit zur Preistransparenz. Aus betriebswirtschaftlicher Sicht kann hingegen die Auffassung Büschgens geteilt werden, daß Freipostenregelungen und Subventionierung bestimmter Kundengruppen Ausdruck der Forderung nach Sozialtarifen im Bankpreissystem sind.[161] Die Bankpreispolitik ist jedoch primär ein Instrument zur Gewinnmaximierung und nicht Mittel der Sozialpolitik. Die Entscheidung, ob und wie einige Kundengruppen subventioniert und gefördert werden, obliegt staatlichen Institutionen und kann nicht zur Aufgabe eines Unternehmens gemacht werden.[162]

Aus der Perspektive des Marketings führen diese Betrachtungen zu der Forderung nach einer verursachungsgerechten Preisgestaltung der Kreditinstitute. In der Praxis besteht jedoch das Phänomen der Öffentlichkeitswirksamkeit, welche die Problematik nach sich zieht, daß die angesprochenen Subventionen, einmal eingeführt, nicht ohne weiteres wieder abzuschaffen sind. Dies ist eine Entwicklung, an der die Banken nicht ganz unschuldig sind. Speziell die Zahlungsverkehrsgebühren sind zu einem Politikum geworden, nachdem die

---

154 Vgl. Gruner-Schenk (1995), S.331.
155 Vgl. Meister (1993), S. 21.
156 Zur Definition von politischen Preisen vgl. Schmidtchen (1982), S. 279 ff.
157 Vgl.Hahn (1972), S. 77 ff.
158 Vgl. z.B. Gladen (1985b), S. 24 ff.; Köllhofer (1987), S. 148; Singer (1989), S. 846; Godschalk, Schnurbus (1989), S. 512 ff.
159 Zur Konsumerismus-Diskussion vgl. Meffert (1975); Fischer-Winkelmann, Rock (1977).
160 Vgl. z.B. Hörmann (1990), S. 26 ff.; Blunck (1991), S. 14 f.
161 Vgl. Büschgen (1982), S. 23.
162 Vgl. Hossenfelder (1987), S. 28.

Banken von der kostenlosen Kontoführung in der Einführungsphase von Lohn- und Gehaltskonten abgegangen sind. Für das bankbetriebliche Preismanagement führt dieses Konfliktpotential zu einer latenten Gefahr des Image- und Vertrauensverlustes und zu damit einhergehenden Gewinneinbußen. In den weiteren Betrachtungen dieser Untersuchung muß demnach auch diesen Umsetzungsaspekten einer bankbetrieblichen Preisentscheidung Rechnung getragen werden.

An dieser Stelle soll abschließend darauf hingewiesen werden, daß die Überprüfung der rechtlichen Zulässigkeit einer bestimmten Preisgestaltungsmaßnahme nur für den Einzelfall erfolgen kann und der juristischen Fachliteratur[163] beziehungsweise der Rechtsprechung vorbehalten bleiben muß.[164] Dennoch kann zusammenfassend festgestellt werden, daß die preispolitische Entscheidungsautonomie deutscher Banken zum einen durch die Bedingungen des Kreditgeschäftes, zum anderen durch Informationsobliegenheiten im Rahmen der Kommunikationspolitik entscheidend eingeschränkt wird. Alle anderen angesprochenen Rechtsgrundlagen haben eher den Charakter von Mindestanforderungen an die Preisgestaltung.[165] Insgesamt eröffnet sich somit aus rechtlicher Sicht ein verhältnismäßig weites Feld für die bankbetriebliche Preisstellung, dessen Grenze jedoch in der Öffentlichkeitswirksamkeit besteht.

1.2.2. Nachfrager

Vor dem Hintergrund, daß der relevante Markt für Banken sich nahezu vollständig zu einem Käufermarkt entwickelt hat, kommt auch der nachfrageseitigen Verhandlungsmacht beim Transaktionsprozeß eine erhöhte Bedeutung zu. Damit wird die Effektivität von Preisstrategien vor allem von der Kundenreaktion auf diese Preisgestaltungsmaßnahmen abhängen. Bevor auf das Preisverhalten von Bankkunden eingegangen werden kann, gilt es zunächst, das gewandelte Kundenbild des Bankleistungsnachfragers im Zusammenhang mit der aktuellen gesellschaftlichen Entwicklung zu beleuchten.[166]

Der sozialwissenschaftlich bereits beobachtete allgemeine, gesellschaftliche Wertewandel führt zunehmend zu einer kritischen Aufmerksamkeit der Konsumenten auch gegenüber den Banken.[167] Vermehrt ist eine Abkehr von Pflicht- und Akzeptanzwerten hin zu Selbstentfaltungswerten erkennbar.[168] Diese äußern sich in gestiegener Freizeitpräferenz,

---

[163] Vgl. z.B. Köndgen (1997), S. 117 ff.

[164] Vgl. z.B. Gehrke (1995) zu einer juristischen Beurteilung bankbetrieblicher Sonderangebote, S. 147 ff.

[165] Zu diesem Ergebnis kommt insbesondere Harwalik (1988), S. 18.

[166] Vgl. ausführlich z.B. Scheer (1989), S. 6 ff.

[167] Vgl. Rapp (1992), S. 1; Eberstadt (1993), S. 160.

[168] Vgl. von Rosenstiel, Stengel (1987), S. 39; Widmaier (1991), S. 44; Wickel (1995), S. 30 f.

erhöhtem Umweltbewußtsein und gesellschaftspolitischem Engagement.[169] Dieses vom Wertewandel bestimmte Kundenverhalten mündet beim Bankleistungsnachfrager in ein erhöhtes Interesse, Preisvergleiche auch bei Kreditinstituten durchzuführen sowie bei entsprechender Preiskenntnis in ein renditebewußteres Anlageverhalten.[170] Damit einher geht eine veränderte Kundenreaktion mit erhöhter Zinsreagibilität und gestiegener Nachfrageelastizität,[171] die offenkundig zu einer sinkenden Institutstreue führt.[172]

Der Wandel des Nachfrageverhaltens wird begleitet von einer Veränderung der Nachfragestruktur, welche Konsequenzen für die Marketingpolitik der Kreditinstitute hat. Die überproportionale Zunahme der Anzahl älterer Menschen führt dazu, daß große Vermögen vererbt werden.[173] Im Laufe der Zeit ist das private Geldvermögen kontinuierlich gestiegen.[174] Die weiter wachsende Geldvermögensbildung pro Kopf und die Zunahme der finanzdienstleistungsrelevanten Bevölkerung führt im Ergebnis vor allem in kontaktintensiven Bereichen wie dem Wertpapiergeschäft zu erhöhtem Anlagebedarf. Besonders die Kunden mit Verhandlungsmacht werden von Banken dabei umworben, weil sie bisher den höchsten Deckungsbeitrag erbringen.[175] Gerade bei Individualkunden ist gleichzeitig ein Trend zu erhöhter Kreditnachfrage zu verzeichnen, der eine Folge der wachsenden Bedeutung fremdfinanzierter Immobilien als Anlageform ist.[176] Im Basisbereich des Konsumentengeschäftes, dem klassischen Retail-Geschäft also, sind hingegen keine großen Veränderungen der Nachfragestruktur zu erwarten. Allerdings ist auch für diese Kundengruppe eine allgemeine Tendenz zu höherer Transparenz und Wechselbereitschaft erkennbar, den die Kreditinstitute durch stärker standardisierte und nahezu austauschbare Produktangebote selbst mit beschleunigen.[177] Engpaßfaktor für die bankbetriebliche Preisgestaltung wird infolgedessen nicht das Nachfragevolumen sein, sondern vielmehr das Verhalten der Nachfrager.

Im Gegensatz zu klassischen Modellen der Preistheorie beziehen verhaltenstheoretische Modelle psychische Größen explizit in die Betrachtung mit ein.[178] Der Vorteil dieser Konzepte liegt neben der theoretischen Erklärung klassischer Preis-Absatzfunktionen auch darin, daß sie zusätzliche Ansatzpunkte und Anregungen für Preisstrategien liefern können. In

---

[169] Vgl. ausführlich zum Wertewandel Hondrich (1984); Klages (1984); Strümpel (1985); Windhorst (1985); Raffée, Wiedmann (1986); Lück, Müller (1990).

[170] Vgl. Rapp (1992), S. 2.

[171] Vgl. dazu Euler (1991); Höffer (1991).

[172] Vgl. Schneider (1983), S. 5 ff.; Soll und Haben (1989), S. 13; Laakmann (1990), S. 10 f.

[173] Vgl. Schmalenbach-Gesellschaft (1992), S. 41; Priewasser (1994), S. 33 ff.

[174] Vgl. Dudler (1991), S. 69 ff.; Rehm, Simmert (1991), S. 10; Krupp (1992), S. 12; Eberstadt (1993), S. 160.

[175] Vgl. Wickel (1995), S. 22.

[176] Vgl. Wielens (1987), S. 69.

[177] Vgl. Charlton (1991), S. 13 ff.

[178] Vgl. hierzu sowie im folgenden Diller (1991), S. 86.

36

der preisbezogenen Literatur des Sachgütermarketings haben verhaltensorientierte Ansätze eine ausgesprochen große theoretische und empirische Resonanz gefunden.[179] Eine ähnlich breite verhaltenswissenschaftliche Fundierung der Bankpreistheorie analog zu der wissenschaftlichen Kaufverhaltensforschung des Sachgütermarketings existiert jedoch nicht. Erst in jüngerer Zeit wurde diesen Ansätzen partiell auch in bankpreisbezogenen Arbeiten Aufmerksamkeit geschenkt.[180] Jene Studien beschränken sich überwiegend darauf, die Grundlagen des Preisverhaltens von Sachgüternachfragern deskriptiv auf das von Bankkunden zu übertragen. Diese Überlegungen wurden bislang unter Vernachlässigung der mit der Dienstleistungseigenschaft verbundenen Besonderheiten der Bankleistungen angestellt. Abstrakte Bankprodukte stellen jedoch dem Nachfrager bereits in der Angebotsphase generell andere Preisinformationen oder Preisreize zur Verfügung als materielle Sachgüter, so daß auch die Verarbeitung dieser Informationen und die daraus induzierte Kundenreaktion differenziert erfolgen.

Implikationen für die Preisgestaltung von Bankleistungen sind demnach nicht abzuleiten, ohne auf deren besondere dienstleistungsspezifische Eigenschaften einzugehen. Dazu sind explikative und empirische Untersuchungen erforderlich, welche die Unterschiede zwischen Sachgütern und Bankleistungen berücksichtigen und auf das spezifische Preisverhalten von Bankkunden schließen lassen. Angesichts der angestrebten Modellentwicklung auf Basis einer verhaltensorientierten Bankpreistheorie und dem damit verbundenen Transfer sachgüter-typischer auf dienstleistungsspezifische Kundenreaktionen ist als Fundament zunächst die Erläuterung allgemeiner preisverhaltenstheoretischer Grundlagen erforderlich.

Das Preisverhalten ist definiert als das Verhalten der Kunden gegenüber einer Preisinformation[181] und kann somit als Form des Informationsverhaltens beschrieben werden.[182] Damit impliziert das Preisverhalten generell die Fragen, ob und aus welchen Motiven heraus nach Preisinformationen gesucht wird, wie bestimmte Produktpreise vom Verbraucher eingestuft werden, welche Einflußfaktoren in einem solchen Entscheidungs-prozeß wirksam werden und welche Phasen die aufgenommenen Preisinformationen innerhalb des Preisbeurteilungsprozesses durchlaufen.[183] Grundsätzlich kann das Preisverhalten von Konsumenten in zwei für die Preisgestaltung besonders wichtige Konstrukte zerlegt werden. Dies sind das Preisinteresse und das Preisbeurteilungsverhalten.

Das Preisinteresse kann aus informationstheoretischer Perspektive charakterisiert werden als das Bedürfnis der Verbraucher, nach Preisinformationen zu suchen, um diese bei ihren

---

[179] Vgl. ausführlich z.B. Meffert (1998), S. 96 ff.; Diller (1991), S. 86 ff.; Nieschlag et al. (1997), S. 327 ff.
[180] Vgl. Harwalik (1988), S. 54 ff.; Rapp (1992), S. 83 ff.; Gehrke (1995), S. 40 ff.
[181] Vgl. Diller (1978b), S. 22.
[182] Vgl. Rapp (1992), S. 22.
[183] Vgl. Diller (1977a), S. 11.

Einkaufsentscheidungen zu berücksichtigen.[184] Dabei kann sich nachfrageseitiges Preisinteresse in zwei mögliche Richtungen äußern. Entweder resultiert es in vereinfachter Form direkt in einer kaufverhaltensrelevanten Response oder es induziert ein umfassenderes Preisbeurteilungsverhalten und mündet indirekt in einer Response. Unter dem Begriff des Preisbeurteilungsverhaltens werden im Gegensatz zum Preisinteresse die kognitiven und nicht die motivationalen Elemente des Preisverhaltens subsumiert,[185] da er sich auf die Art und Weise der Preisevaluierung bezieht. Damit wird der Tatsache Rechnung getragen, daß für einen Nachfrager nicht der objektive Preis einer Leistung kaufentscheidend ist, sondern vielmehr dessen subjektive Einstufung. Die Verarbeitung von Informationen bei der Preisbeurteilung erfolgt regelmäßig aufgrund verschiedener gedanklicher Heuristiken. Dies sind Preisgünstigkeitsurteile, Preiswürdigkeitsurteile und preisgelenkte Qualitätsbeurteilungsprozesse.

Nachfolgend werden die hypothetischen Konstrukte des Preisinteresses und die einzelnen Heuristiken des Preisbeurteilungsverhaltens grundlegend erläutert. Anschließend wird mit der Theorie der Bankloyalität von Süchting auf das derzeit einzige bankspezifische verhaltenstheoretische Konzept eingegangen, welches Hinweise auf die strategische Gestaltung von Bankpreisen liefern kann. Die Bankloyalität bildet allerdings nur eine Facette des komplexen, preisbezogenen Verhaltens der Bankleistungsnachfrager ab und ist neben der Veränderung der individuellen Nachfragemengen und dem Reklamationsverhalten nur eine von mehreren möglichen Formen der Nachfragerreaktion. Die beschriebenen Bestimmungsgründe des preisbezogenen Kundenverhaltens können im Rahmen eines Prozesses von der Reizaufnahme über das korrespondierende Preisverhalten bis zur Response des Bankleistungsnachfragers dargestellt werden:

---

[184] Vgl. Diller (1982a), S. 315; Müller-Hagedorn (1986), S. 215; Hay (1987), S. 9 f.
[185] Vgl. hierzu und im folgenden Jakoby, Olson (1977), S. 75 ff.; Diller (1991), S. 96; Wiswede (1991), S. 289.

Abbildung 7: Bestimmungsgründe des bankpreisbezogenen Kundenverhaltens.

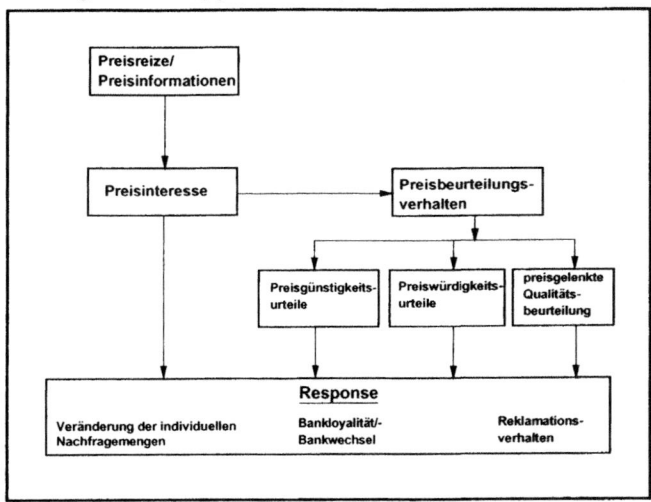

Quelle: Ergänzt in Anlehnung an Rapp (1992), S. 30.

1.2.2.1. Preisinteresse

Für die Ableitung von Preisstrategien ist es erforderlich zu, ermitteln, wann Bankleistungsnachfrager den Preis als Beurteilungskriterium für die Kaufentscheidung heranziehen und warum sie teilweise darauf verzichten. Die Analyse des Einflusses bankspezifischer Preisinformationen auf das Preisverhalten erfordert mithin eine Identifizierung erklärungsrelevanter psychologischer Theorien hinsichtlich des Preisinteresses.[186] Um die hierfür notwendige Operationalisierung dieses Konstruktes erreichen zu können, soll es zuvor durch vier Dimensionen konkretisiert werden.[187] Neben den Ursachen und der Intensität wird nicht zuletzt dem Gegenstand und der Äußerungsform des Preisinteresses Aufmerksamkeit geschenkt.

Nach Diller entsteht das Preisinteresse ursächlich aus der Verknüpfung von Konsumbedürfnissen, sozialen Bedürfnissen, der Leistungsmotivation und dem Entlastungsstreben.[188] Das Konsumbedürfnis der Verbraucher nach Leistungsbündeln, welche nutzenstiftend zur Bedürfnisbefriedigung beitragen, ist eine wesentliche Ursache für das Preisinteresse. Bezogen auf Bankleistungen, seien beispielhaft das Streben nach einer hohen Rendite oder geringen

---

[186] Vgl. hierzu ausführlich Diller, (1991), S. 87 ff. sowie Rapp (1992), S. 79 ff.

[187] Vgl. das analoge Vorgehen bei Müller-Hagedorn (1983), S. 944; Feider (1985), S. 13; Diller (1991), S. 86 ff.

[188] Vgl. ausführlich Diller (1978b) sowie Diller (1991), S. 88.

39

Kreditzinssätzen genannt. Nach dem Prinzip des individuellen Nutzenstrebens werden Kunden jedoch ihr Informationsinteresse erst dann aktivieren, wenn der subjektiv antizipierte Ertrag dieser Aktivierung größer ist als der mit ihr verbundene Aufwand.[189] Zu den Aufwandskomponenten zählen sämtliche mit der Informationsgewinnung verbundenen Kosten monetärer, physischer und psychischer Art. Folglich erscheint es für den Kunden sinnvoll, nach weiteren Informationen zu suchen, solange die Kosten der Informationsbeschaffung nicht höher sind als der subjektiv bewertete, erwartete Informationsnutzen.

Auch bei der Betrachtung sozialer Bedürfnisse als Ursache des Preisinteresses wird erkennbar, daß das Informationsverhalten von Konsumenten sowohl von psychologischen als auch von ökonomischen Größen abhängig ist.[190] Als wissenschaftstheoretische Leitidee beschreibt das Gratifikationsprinzip allgemein das Streben von Individuen nach Belohnung oder nach Vermeidung von Bestrafung.[191] Gratifikationserwartungen, die mit dem bankbezogenen Preisinteresse verbunden sind, umfassen das Bedürfnis nach Sozialprestige und das Streben nach sozialer Erwünschtheit, bei Bankleistungen besonders preissensibel zu agieren.[192] Evident für diese Thesen sind die Diffusion goldener Kreditkarten sowie das zunehmende nachfrageseitige Bedürfnis nach Verhandelbarkeit von Bankkonditionen. Daneben führt regelmäßig die Vermeidung von negativen Entscheidungskonsequenzen zu einem erhöhten Preisinformationsbedürfnis als Folge der Motivation von Konsumenten, subjektiv wahrgenommene Kaufrisiken bei der Nachfrage zu minimieren.[193]

Eine weitere Ursache des Preisinteresses besteht in der autonomen Leistungsmotivation des Menschen. Atkinson postuliert in seiner diesbezüglichen Theorie,[194] daß Individuen die Fähigkeit besitzen, für erbrachte Leistungen Stolz zu empfinden. Danach besteht eine intrinsische Motivation von Verbrauchern, nach Informationen zu suchen, weil ihnen Preiskenntnisse nicht nur Stolz und Spaß vermitteln, sondern auch die Befriedigung geben, sich gegenüber scheinbar übermächtigen Anbietern in einer Art sportlicher Betätigung zu behaupten.[195]

Dem positiven Einfluß der Leistungsmotivation auf das Preisinteresse wirkt das Entlastungsstreben entgegen.[196] Menschliches Verhalten ist gekennzeichnet von dem Motiv, neben der ökonomischen Lebensbewältigung auch andere Wertvorstellungen zu verwirklichen.[197] Der bereits beschriebene allgemeine gesellschaftliche Wertewandel mit einer

---

[189] Vgl. Kuhlmann (1970), S. 88 ff.
[190] Vgl. Gladen (1985b), S. 134.
[191] Vgl. Silberer (1981), S. 52.
[192] Vgl. Diller (1991), S. 88.
[193] Zur Theorie des Kaufrisikos vgl. Philipp (1967), S. 52 sowie ausführlich Cox (1967).
[194] Vgl. Atkinson (1964), S. 214 ff.
[195] Vgl. Diller (1991), S. 89.
[196] Vgl. Diller (1991), S. 88.
[197] Vgl. Raffeé (1969), S. 87 ff.

Abkehr von Pflicht- und Akzeptanzwerten hin zu Freizeitwerten unterstreicht gegenwärtig die Bedeutung des Entlastungsstrebens. Danach wird das Leistungsmotiv regelmäßig durch das Entlastungsstreben abgeschwächt werden, weil die Befriedigung des Preisinteresses mit psychischen Aufwendungen verbunden ist. Gerade für Bankleistungen, deren Preisstrukturen regelmäßig von hoher Intransparenz und mangelnder Vergleichbarkeit gekennzeichnet sind, ist der Entlastungskonflikt relevant.

Aus den betrachteten Ursachen des Preisinteresses ergibt sich folgender Zusammenhang:

Preisinteresse = f (Konsumbedürfnisse, soziale Bedürfnisse, Leistungsmotivation, Entlastungsstreben)   (1)
(+)   (+)   (+)   (-)

Die Intensität des Preisinteresses ist für Konsumenten individuell unterschiedlich und variiert in Abhängigkeit von Motivationen und Situation.[198] Maßgeblich hierfür ist die in der jeweiligen Entscheidung unterschiedliche Ausprägung der obigen Bestimmungsgründe des Preisinteresses. Generell ist anläßlich der zunehmenden Forderungen nach Preistransparenz und der regelmäßigen Untersuchungen von Bankpreisen in Printmedien eine Zunahme des Bedürfnisses nach Preisinformationen zu beobachten.[199]

Explizite Vorhersagen, ob und wann es bei Bankleistungsnachfragern zu verstärkten oder verringerten Informationsbeschaffungsaktivitäten kommt, können anhand verschiedener verhaltenswissenschaftlicher Konzepte getroffen werden.[200] Insbesondere die Hypothese der selektiven Informationssuche findet sich in verschiedenen psychologischen Theorien wieder. Zunächst kann vom Bankleistungsnachfrager die Informationsverarbeitung mit dem Streben nach kognitiver Konsistenz erfolgen.[201] Danach werden Personen anstreben, alle Kognitionen in spannungsfreier oder widerspruchsfreier Weise zu organisieren. Im Sinne dieses wissenschaftstheoretischen Leitmotivs prognostiziert die Theorie der kognitiven Dissonanz eine selektive Beschaffung und Nutzung von Informationen. Deshalb sind Personen im allgemeinen motiviert, kongruente Informationen aktiv aufzusuchen und einstellungskonträre, also dissonante Informationen zu meiden, um eine Verminderung kognitiver Spannungen (Dissonanzen) zu erreichen.[202] Ein Baufinanzierungskunde, der nach Vertragsabschluß unsicher bezüglich der festgelegten Konditionen ist, wird demgemäß aktiv und intensiv nach konsonanter Informationsbestätigung durch Kollegen, Presse oder Kundenberater suchen, bis sein innerer Spannungszustand abgebaut ist. Im Sinne des Konsistenzprinzips wird es überdies durch eine Erhöhung oder Senkung des nachfrageseitigen Anspruchsniveaus zu

---

[198] Vgl. Diller (1991), S. 89.
[199] Vgl. Gehrke (1995), S. 44.
[200] Vgl. ausführlich Stroebe et al. (1992), S. 157 ff.; Frey, Ihrle (1993b), S. 211 ff.
[201] Zum Konsistenzprinzip vgl. Heider (1944), S. 358 ff.
[202] Zur Theorie der kognitiven Dissonanz vgl. Frey, Gaska (1993a), S. 275 ff.

verstärkten oder verringerten Informationsbeschaffungsaktivitäten kommen.[203] Das Anspruchsniveau ist ein vom Individuum als verbindlich erlebter Standard der Zielerreichung.[204] Aus dem Streben nach Konsistenz führen Erfolgserlebnisse regelmäßig zu einer Erhöhung, Mißerfolgserlebnisse zu einer Senkung des Anspruchsniveaus.[205]

Das Informationsverhalten ist im Sinne des Kapazitätsprinzips verschiedenen Restriktionen unterworfen.[206] Dabei wird unterstellt, daß Kunden nicht in der Lage sind, bei der Lösung von Entscheidungsproblemen unbegrenzte Mengen von Informationen rational und ohne Verzerrungen zu verarbeiten. Als Folge der Kapazitätsbeschränkung und der Konkurrenz der verschiedenen Aufgaben um die beschränkt vorhandenen kognitiven Ressourcen tendieren die Nachfrager bei der Entscheidungsfindung zu Vereinfachungsstrategien bei dem sonst sehr viel umfangreicheren Informationsverarbeitungsprozeß. Eine mögliche Vereinfachungsstrategie kann bei einem Wechsel der Bankverbindung auftreten, wenn statt der Konditionen einzelner Leistungen das Gesamtpreisimage zweier Institute zum Vergleich herangezogen wird. Ein solches reduziertes Denkmuster kann gemäß der Theorie konzeptgesteuerter Informationsverarbeitung als sogenanntes Schema betrachtet werden. Schemata sind allgemeine Wissensstrukturen, welche die wichtigsten Merkmale des Gegenstandsbereiches wiedergeben, auf den sie sich beziehen.[207] Im Prozeß der Informationsverarbeitung muß zunächst ein Schema identifiziert werden, das zur Verarbeitung des wahrgenommenen Preisreizes geeignet ist.[208] Dabei werden die Merkmale der dargebotenen Information mit Merkmalen im Gedächtnis gespeicherter Schemata verglichen. Bei Übereinstimmung der aufgenommenen Preisinformation mit einem im Gedächtnis verfügbaren Schema wird dieses zur weiteren Informationsverarbeitung herangezogen.

Für die Prognose des Bankpreisverhaltens ist außer der Intensität vor allem der Gegenstand des Preisinteresses wichtig.[209] Angesprochen wird damit die inhaltliche Dimension dieses Konstruktes, auf die sich das Preisinteresse bei verschiedenen Konsumentenentscheidungen richtet. Bezogen auf Sachgüter ist der Preis insbesondere für nachfrageseitige Auswahlentscheidungen durch Markierung relevant. Die Markenwahl fällt für Banken mit der Einkaufsstättenwahl zusammen, da im Gegensatz zum Sachgütermarketing in der Regel keine konzernfremden Leistungen im Sortiment eines Kreditinstitutes geführt werden. Ziel einer preisorientierten Markenwahl von Bankleistungsnachfragern ist die Ausnutzung von Preisunterschieden bei verschiedenen Banken mit dem Ergebnis sinkender Bankloyalität. Objekt

---

[203] Vgl. Schanz (1977), S. 123.

[204] Vgl. Kroeber-Riel, Weinberg (1996), S.384.

[205] Vgl. Rapp (1992), S. 89.

[206] Vgl. Rapp (1992), S. 90.

[207] Zur Theorie der konzeptgesteuerten Informationsverarbeitung vgl. Schwarz (1993), S. 269 ff.

[208] Vgl. hierzu sowie zu den folgenden Ausführungen Rapp (1992), S. 91.

[209] Vgl. im folgenden ausführlich Diller (1982a), S. 324 ff. sowie Diller (1991), S. 92 ff.

des Preisinteresses können darüber hinaus ebenso Mengenentscheidungen sein. Beispielsweise können nach Einlagenhöhe gestaffelte Sparbuchzinsen bei einigen Konsumenten mit dem Bestreben nach Ausnutzung von Preisunterschieden zwischen verschiedenen Losgrößen ein insgesamt höheres Preisinteresse induzieren. Gegenstand des Preisinteresses ist weiterhin die Wahl des Kontrahierungszeitpunktes. Hier können vom Bankkunden Zeitverzögerungen zwischen Zinssignalen der Deutschen Bundesbank und den entsprechenden bankseitigen Anpassungen der Kundenkonditionen für Anlage- oder Finanzierungsentscheidungen genutzt werden.[210] Da das Preisinteresse nicht auf alle Entscheidungen in gleichem Maße abstellt, spricht Diller genauer von selektivem Preisinteresse, wenn bestimmte Entscheidungen nahezu ohne, andere unter dominanter Berücksichtigung des Preises getroffen werden.[211]

Die Äußerungsform des Preisinteresses gibt Aufschluß darüber, zu welchen Reaktionen dieses hypothetische Konstrukt im Rahmen des Nachfrageverhaltens führt. Das Preisinteresse von Bankleistungsnachfragern kann von der rein passiven Kenntnisnahme von Preisinformationen bis hin zu umfassenden Suchprozessen nach günstigen Bankleistungen bei verschiedenen Kreditinstituten reichen.[212] Die Äußerungsformen des Preisinteresses kommen im wesentlichen in der Art der im Rahmen der Informationssuche oder des Preisvergleichs genutzten Informationsquellen zum Ausdruck.[213] Die unübersichtlichen Preisstrukturen im Bankgewerbe lassen in vielen Fällen einen hohen psychischen und physischen Informationsaufwand vermuten. Um diesen zu vermindern, greifen Nachfrager regelmäßig auf Vereinfachungsstrategien zurück, mit denen eine kostenmäßige und kognitive Entlastung verbunden ist.[214] Daneben besteht nachfrageseitig eine Tendenz, sich mit den Informationen zu begnügen, die ohne aktive Bemühung zu erlangen sind. Alternativ bietet sich die Nutzung generalisierender Einkaufsregeln an. Der Nachfrager kauft das, was vom Anbieter als besonders preisgünstig herausgestellt wird, oder stuft bestimmte Anbieter generell als preisgünstig ein.

Alle diese Äußerungsformen des Preisinteresses haben ihre Ursache vornehmlich im Motiv des Entlastungsstrebens und können mit den Theorien zum Informationsverhalten erklärt werden. Inwieweit die bei Sachgütern in vielen empirischen Untersuchungen nachgewiesenen Vereinfachungsstrategien[215] hingegen tatsächlich für Bankleistungen gelten und in welchen Situationen der Bankleistungsnachfrager auf welche Strategie zurückgreift, kann auf dieser Grundlage noch nicht beantwortet werden.

---

[210] Vgl. Gehrke (1995), S. 43 f.
[211] Vgl. Diller (1991), S. 93.
[212] Vgl. Rapp (1992), S. 25.
[213] Vgl. Gehrke (1995), S. 44 ff.
[214] Vgl. Diller (1991), S. 94 ff.
[215] Vgl. z.B. Diller (1979), S. 67 ff.

1.2.2.2. Preisgünstigkeitsurteile

Preisgünstigkeitsurteile richten sich ausschließlich auf die Preishöhe von Urteilsobjekten, nicht aber auf das Preis-Leistungsverhältnis.[216] Beim Vergleich der Vorteilhaftigkeit von Bankleistungen würde sich ein Kunde im Falle eines Preisgünstigkeitsurteils auf deren absolute Preise beschränken und qualitative Aspekte gänzlich unberücksichtigt lassen.

Die nachfrageseitige Formierung eines Preisgünstigkeitsurteils vollzieht sich gedächtnispsychologisch in zwei Schritten.[217] In der ersten Phase benötigt der Nachfrager Kenntnis über den objektiven Preis der betreffenden Leistung, die entweder durch abgerufenes Preiswissen aus dem Langzeitgedächtnis oder durch die aktuelle sensorische Wahrnehmung eines Preisträgers bereitgestellt wird und im Kurzzeitgedächtnis präsent ist. Danach erfolgt als zweiter Schritt die Weiterverarbeitung zu einem Preisgünstigkeitsurteil, indem eine Referenzgröße als Vergleichsbasis aus dem Langzeitgedächtnis herangezogen wird. Folglich sind Preisgünstigkeitsurteile eine Funktion aus der Verknüpfung des nachfrageseitig wahrgenommenen Angebotspreises und eines kognizierten Referenzpreises, so daß eine getrennte Analyse anhand dieser beiden Konstrukte vorgenommen werden kann.[218]

Die sensorische Wahrnehmung des Angebotspreises ist bei Bankleistungen zunächst abhängig vom Preisinteresse der Bankkunden. Erst wenn Nachfrager motiviert sind, überhaupt nach Preisinformationen zu suchen und diese bei ihrer Kaufentscheidung zu berücksichtigen, kommen weitere Determinanten der Preiswahrnehmung zum Tragen. Diese wird primär durch die Träger und die Darbietungsform der Preisinformation sowie durch die Preiskenntnisse des Kunden beeinflußt. Relevante Träger der Preisinformation bei Banken sind keineswegs die wegen gesetzlicher Erfordernisse aushängenden Preisverzeichnisse. Um Kenntnisse der Konditionen konkurrierender Institute zu sammeln, werden sich Bankleistungsnachfrager vornehmlich der Preiswerbung bedienen.[219] Zusätzlich ist der Bankkunde auf Preisangaben des Kontaktpersonals angewiesen. Dabei kann die Preiswahrnehmung Verzerrungen unterliegen, welche durch die Darbietung der Preisinformation hervorgerufen werden.[220] Zu solchen preisbezogenen Kommunikationstechniken gehört bei Banken nicht zuletzt der persönliche Verkauf, durch den die nachfrageseitige Preiswahrnehmung mittels einer bewertenden Preisargumentation der Bankmitarbeiter beeinflußt wird. Der anhand von Preisdarbietungen im Zuge kognitiver Lernprozesse erworbene preisbezogene Wissensstand wird als nachfrageseitige Preiskenntnis

---

[216] Vgl. Diller (1991), S. 97.

[217] Vgl. Wessels (1990), S. 85 ff.

[218] Vgl. hierzu sowie zu den folgenden Ausführungen Müller (1996), S. 27 ff.

[219] Vgl. zu verhaltenswissenschaftlichen Grundlagen der Bankenwerbung Wünsche (1982).

[220] Vgl. Diller (1991), S. 250 ff. sowie Nieschlag et al. (1997), S. 333 ff.

bezeichnet.[221] Damit die Preiskenntnis als verläßliche Grundlage für die individuelle Kaufentscheidung fungieren kann, müssen die in einer aktuellen Wahrnehmungssituation dargebotenen Preisinformationen mit einer gewissen Sicherheit ausgestattet sein. Bei Bankleistungen ist diese jedoch nicht immer gegeben. Die Vielfalt der Gebühren und die Intransparenz der Preisstrukturen sind verantwortlich für eine auch empirisch belegte geringe Preiskenntnis der Bankkunden selbst bei einfachen Leistungen wie denen des Zahlungsverkehrs.[222] Wahrnehmungsverzerrungen, die zur Unsicherheit bei der Preiskenntnis führen, resultieren ferner aus der Individualisierung der Preise, zumal die Konditionen regelmäßig von der Verhandlungsmacht des jeweiligen Kunden abhängig sind. Dadurch ist ein direkter Preisvergleich zwischen verschiedenen Instituten oft sogar unmöglich.

Bezüglich der zweiten Komponente des Preisgünstigkeitsurteils, des Referenzpreises,[223] werden in der verhaltenswissenschaftlichen Preisforschung alternative Konzepte diskutiert wie beispielsweise Anker- beziehungsweise Standardpreise oder der faire Preis.[224] Der Referenzpreis kann daneben als Preis im Sinne der Adaptionsniveautheorie von Helson aufgefaßt werden.[225] Dieser Ansatz stellt nicht nur das bisher einzige Bezugssystem zur Ableitung des Referenzpreises auf quantitativer Basis dar,[226] er ermöglicht auch, dessen Zusammenwirken mit der subjektiven Preiswahrnehmung zur Bildung eines Preisgünstigkeitsurteils zu erklären.[227]

Die grundlegende Hypothese der Adaptionsniveautheorie besagt, daß psychische Reaktionen nicht von einer absoluten Reizgröße abhängig sind, sondern durch das Ausmaß der Abweichung dieser Größe von einem kognizierten Referenzwert determiniert werden. Dieses hypothetische Konstrukt wird als Adaptionsniveau bezeichnet und ist ein Normwert, der einen psychologisch neutralen Verhaltenspunkt repräsentiert. Das Adaptionsniveau eines Individuums resultiert als zusammengefaßter Effekt aus unterschiedlichen Stimuli, die in drei verschiedene Reizklassen eingeteilt werden können: Fokalstimuli sind Reize, die zu dem zentralen Wahrnehmungsgegenstand gehören und mit denen das Individuum unmittelbar konfrontiert wird. Kontextstimuli sind Reize, die dem Wahrnehmungsfeld entstammen, zusammen mit den Fokalstimuli aufgenommen werden und den Reizhintergrund bilden. Als Residualstimuli sind intrapersonale aktivierende und kognitive Prozesse zu berücksichtigen, die als Urteilsanker fungieren.

---

[221] Vgl. Lenzen (1984), S. 18; Müller (1996), S. 28.

[222] Vgl. Rapp (1992), S. 207 ff.

[223] Vgl. Hay (1987), S. 199.

[224] Vgl. zu Ankerpreisen Shapiro (1968), S. 25; Emery (1969), S. 100; zum Konzept des fairen Preises Kamen, Toman (1970), S. 27.

[225] Vgl. Helson (1964).

[226] Vgl. Sarris (1971), S. 50.

[227] Vgl. hierzu sowie im folgenden Müller (1996), S. 29.

Um vorauszusagen, wie diese Reize von einem Individuum zu einem Adaptionsniveau zusammengefügt werden, hat Helson ein Modell entwickelt, nach dem das Adaptionsniveau als das gewichtete Produkt dieser drei Stimulusklassen definiert wird.[228]

$$AL = F^p K^q R^r \quad \text{mit } p + q + r = 1 \tag{2}$$

oder in logarithmierter Form:

$$\log AL = p \log F + q \log K + r \log R \tag{2a}$$

mit:

AL   Adaptionsniveau

F   geometrisches Mittel der Fokalstimuli

K   geometrisches Mittel der Kontextstimuli

R   geometrisches Mittel der Residualstimuli

p, q, r   empirisch zu ermittelnde Gewichtungsfaktoren, welche die relative Bedeutung der einzelnen Stimuliklassen für das Adaptionsniveau angeben.

Ein Preisgünstigkeitsurteil ergibt sich aus Sicht der Adaptionsniveautheorie aus der Differenz zwischen dem Referenzpreis und dem jeweils geforderten Preis. Jede Preisforderung wird mit dem Referenzpreis verglichen, wobei ein Preis oberhalb dieses mittleren Preises eher als teuer, ein Preis unterhalb eher als günstig eingestuft wird. Damit ergibt sich formal die allgemeine Reaktionsfunktion,[229] wobei das mittlere Preisempfinden MPE dem Adaptionsniveau AL aus der vorigen Gleichung entspricht:

$$PGU_i = (MPE_i - p_i)^a \tag{3}$$

mit:

PGU_i Indexwert für das Preisgünstigkeitsurteil über Produkt i

MPE_i mittleres Preisempfinden hinsichtlich der dem Produkt i zuzuordnenden Produktklasse

p_i Angebotspreis für i

a   Funktionsparameter

Der Indikator für das Preisgünstigkeitsurteil PGU_i nimmt positive (negative) Werte an, wenn der Preis einer bestimmten Leistung als günstig (ungünstig) empfunden wird. Der genaue Verlauf der Preisgünstigkeitsfunktion hängt vom Funktionsparameter ab, über dessen

---

[228] Vgl. Helson (1964), S. 58 sowie formal bei Sarris (1971), S. 60 f.; Diller (1978b), S. 169 und Hay (1987), S. 220.

[229] Vgl. hierzu sowie im folgenden Diller (1991), S. 100.

Ausprägung unterschiedliche theoretische Überlegungen angestellt wurden.[230] Wird der Referenzpreis nun dem Adaptionsniveau gleichgesetzt, bildet die Adaptionsniveautheorie eine aussageträchtige und robuste[231] Grundlage zur Erklärung des Referenzpreises und des daraus resultierenden Preisgünstigkeitsurteils.[232]

Bei Kenntnis der oberen und unteren Grenzen dieses Preisakzeptanzbereiches ergeben sich Hinweise auf den Spielraum bei der bankbetrieblichen Preisgestaltung. Im Falle einer nachfrageseitigen Formierung von Preisgünstigkeitsurteilen lassen sich darüber hinaus aus der bankspezifischen Betrachtung der beiden gedächtnispsychologischen Schritte von Preisgünstigkeitsurteilen Implikationen hinsichtlich der Konditionsgestaltung ableiten. Im weiteren Verlauf der Untersuchung muß daher herausgearbeitet werden, ob und unter welchen Voraussetzungen es wegen der besonderen bankleistungsspezifischen Einflüsse auf die nachfrageseitige Preiswahrnehmung überhaupt erst zu Preisgünstigkeitsurteilen kommt.

1.2.2.3. Preiswürdigkeitsurteile

Während sich Preisgünstigkeitsurteile allein auf den Angebotspreis beziehen, betreffen Preiswürdigkeitsurteile das Preis-Leistungsverhältnis von Produkten. Die Grundstruktur von Preiswürdigkeitsurteilen besteht aus einer Preis- und einer Qualitätskomponente, welche unter Anwendung verschiedener kognitiver Verrechnungsprogramme zu einem Gesamturteil verknüpft werden.[233] Damit stellt ein Preiswürdigkeitsurteil ein um qualitative Aspekte erweitertes Preisgünstigkeitsurteil dar.

Der Prozeß von Preiswürdigkeitsurteilen läßt sich auch bei Dienstleistungen in vier Teilelemente zerlegen.[234] Zunächst bilden in der Angebotsphase der wahrgenommene Verkaufspreis und die wahrgenommenen Leistungseigenschaften des nachgefragten Produktes die Grundlage für den weiteren Beurteilungsprozeß.[235] Unter Anwendung einer kognitiven Beurteilungsalgebra werden diese Wahrnehmungen auf einer mehrdimensionalen Urteilsskala miteinander verrechnet. Schließlich muß beachtet werden, daß Preiswürdigkeitsurteile durch eine Vielzahl von internen Verhaltensdeterminanten, wie etwa Produktinvolvement, und durch eine Reihe externer Bestimmungsgründe, beispielsweise durch die Marketing-Mix-Gestaltung des jeweiligen Kreditinstituts, beeinflußt werden.[236]

---

[230] Vgl. ausführlich Diller (1991), S. 101 ff.; Hermann, Müller (1993), S. 141 ff.
[231] Vgl. die empirischen Untersuchungen von Anderson (1973), S. 38 ff. und Antilla (1977) sowie Bevan, Gaylord (1978), S. 381.
[232] Vgl. Hay (1987), S. 211 ff.; Diller (1991), S. 99 ff.; Müller (1996), S. 30.
[233] Vgl. zu Verrechnungsregeln bei Preiswürdigkeitsurteilen Emery (1969), S. 102 ff.; Diller (1991), S. 110 ff.
[234] Vgl. allgemein Müller (1996), S. 33.
[235] Vgl. Dodds, Monroe (1985), S. 85 ff.; Monroe, Krishnan (1985), S. 209 ff.; Zeithaml (1988), S. 2 ff.
[236] Vgl. Müller-Hagedorn (1984), S. 539 ff; Dodds, Monroe, Grewal (1991), S. 307 ff.

Abbildung 8: Grundstruktur von Preiswürdigkeitsurteilen.

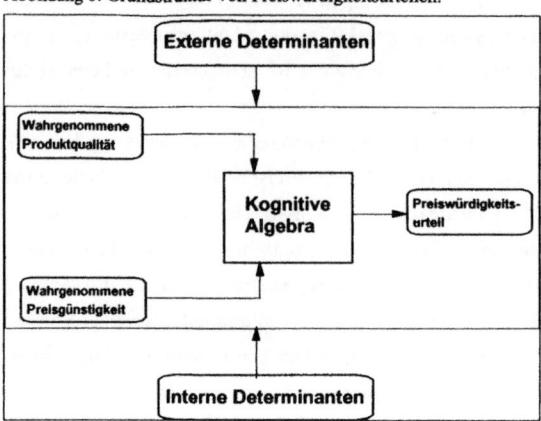

Quelle: In Anlehnung an Müller (1996), S. 33.

Auch bezogen auf Kreditinstitute bedeutet dieser Prozeß, daß nicht wie bei Preisgünstigkeitsurteilen ausschließlich der Preis das kaufentscheidende Beurteilungsobjekt darstellt, sondern in gleicher Weise subjektiv empfundene Unterschiede in der Qualität nichtpreislicher Faktoren alternativer Bankleistungsanbieter nachfragerelevant sind. Hierzu gehören neben externen Determinanten wie der Qualität der Bankleistung selbst gleichermaßen interne Determinanten wie präferenzbildende Faktoren, welche persönlicher, sachlicher, räumlicher und zeitlicher Art sein können.

Persönliche und sachliche Präferenzen entstehen direkt aus der Eigenschaft der Bankprodukte als erklärungsbedürftige und vertrauensempfindliche Leistungen.[237] Persönliche Präferenzen des Kunden sind gekennzeichnet durch seine emotional geprägte Einschätzung des Bankmitarbeiters.[238] Rapp zeigt in seiner empirischen Analyse, daß fachliche Qualität und Sozialkompetenz des Kundenberaters weiterhin eine dominierende Rolle im Privatkundengeschäft spielen und sich daraus Preisgestaltungsspielräume ableiten lassen.[239] Steht die Beratungsleistung im Vordergrund, kann von sachlichen Präferenzen gesprochen werden. Dazu gehören auch die Werbung, bestimmte Zugeständnisse bei Vertragsabschlüssen und Serviceleistungen.[240] Das Beratungsmerkmal hat einen hohen Stellenwert bei kontaktintensiven Problemleistungen wie komplexen Finanzierungen oder Vermögensanlagen. Dagegen wird in Zukunft das Beratungselement bei kontaktarmen

---

[237] Vgl. Süchting (1987), S. 26; Rapp (1992), S. 142 ff.
[238] Vgl. hierzu insbesondere Hahn (1980), S. 62 ff. sowie Metz (1985).
[239] Vgl. Rapp (1992), S. 327 ff.
[240] Vgl. Hagenmüller (1968), S. 164 ff.

Routineleistungen im Zuge der Verbreitung standardisierter Beratungstechnologie im SB-Bereich der Banken und der Entstehung neuer Vertriebsformen über elektronische Netze weiter an Bedeutung verlieren. Mit dieser Abnahme der das Preisverhalten beeinflussenden sachlichen Präferenzen ist gleichzeitig eine Einschränkung der bankbetrieblichen Preisgestaltungsmöglichkeiten verbunden.

Räumliche und zeitliche Präferenzen der Nachfrager äußern sich im wesentlichen durch das Aufsuchen einer Bankfiliale. Demzufolge kann der Aufwand an Zeit, der für die räumliche Überbrückung der Distanz zur Filiale anfällt, als Preisbestandteil einer Bankabsatzleistung interpretiert werden.[241] Mittlerweile erstreckt sich jedoch die zeitliche Präferenz der Retail-Kunden nicht mehr nur auf die vorteilhafte räumliche Lage oder günstige Öffnungszeiten[242] einer Geschäftsstelle. Die wachsende Akzeptanz elektronischer Netze als innovative nachfragerseitige und anbieterseitige Zugangswege oder die Zunahme der SB-Bankstellen erfordern eine erweiterte Begriffsauffassung von zeitlichen Präferenzen als qualitativer Komponente des Preiswürdigkeitsurteils. Bei der Kontaktaufnahme im Rahmen des Transaktionsprozesses fallen neben Suchkosten auch Informations- und Kommunikationskosten an. Denn dem Kunden entstehen bei der Suche nach Informationen und Handlungsalternativen eigene Aufwendungen, die über die Opportunitätskosten der Zeit hinausgehen. Die Offenlegung, Übertragung und Bewertung der Informationen über die nachgefragte Bankleistung führen sukzessive zu Aushandlungs- und Vereinbarungskosten, zu denen auch psychische Aufwendungen der Entscheidung beim Alternativenvergleich zählen.

Ob nun die Preisgünstigkeits- oder die Qualitätskomponente von Preiswürdigkeitsurteilen den Kaufentscheidungsprozeß bestimmt, kann nicht allgemeingültig geklärt werden[243] und hängt offensichtlich nicht nur von der Art der Bankleistung sondern gleichermaßen von der Intensität der nachfrageseitigen Präferenzen und des Preisinteresses ab.

1.2.2.4. Preisgelenkte Qualitätsbeurteilung

Mit preisgelenkter Qualitätsbeurteilung wird das Phänomen bezeichnet, daß Nachfrager in bestimmten Phasen eines Kaufentscheidungsprozesses und bei Vorliegen bestimmter Antezedenzbedingungen vom kognizierten Einzeleindruck der Eigenschaftsausprägung "Preis" einer Leistung auf die Gesamtqualität des betreffenden Produktes schließen.[244] Dem

---

[241] Vgl. Diller (1982a), S. 326; Gladen (1985b), S. 113.
[242] Vgl. Laupheimer (1985), S. 612 f.; Baxmann (1987), S. 12 f.
[243] Vgl. Lenzen (1984), S. 2.
[244] Vgl. Müller, Klein (1993b), S. 361.

Preis als Qualitätsindikator wird in der theoretischen und empirischen preisbezogenen Marketingforschung des Sachgüterbereiches ein hoher Stellenwert eingeräumt.[245]

Der Prozeß der Formierung eines preisgelenkten Qualitätsurteils kann anhand der beteiligten verhaltensrelevanten Komponenten in einem allgemeinen Modell strukturiert werden.[246] Ausgangspunkt ist aus psychologischer Sicht zunächst der objektive Preis, der im Sinne der Informationsverarbeitungstheorie als Stimulus auf den Konsumenten einwirkt, von ihm wahrgenommen und dekodiert wird. Dieser subjektiv wahrgenommene Preis hat im weiteren Urteilsprozeß eine doppelte Funktion, welche beim Individuum zu einem kognitiven Trade-off führt. Zum einen dient der Preis als Maß für den mit der Kaufpreiszahlung induzierten Nutzenentgang, zum anderen wirkt er positiv auf die wahrgenommene Qualität des im Fokus stehenden Leistungsbündels. Solange die empfundene Qualität größer als der preisinduzierte Nutzenentgang ist, stellt sich ein positiver wahrgenommener Nettonutzen ein. Je höher der so wahrgenommene Wert eines Leistungsbündels ist, desto höher ist auch die nachfrageseitige Kaufbereitschaft. Damit entspricht diese Heuristik der Struktur von Preiswürdigkeitsurteilen, mit der Besonderheit, daß bei preisgelenkten Qualitätsbeurteilungsprozessen keine mehrdimensionale Leistungsevaluierung stattfindet, sondern vielmehr ein vereinfachtes, eindimensionales Qualitätsurteil anhand des Preises formiert wird.[247]

---

[245] Vgl. für eine Übersicht diesbezüglicher empirischer Forschungsergebnisse Diller (1991), S. 117 ff.

[246] Vgl. hierzu und im folgenden Müller, Klein (1993b), S. 362, die dort angegebene Literatur und insbesondere Monroe, Krishnan (1985), S. 210 ff.; Dodds, Monroe (1985), S. 86.

[247] Vgl. Müller (1996), S. 40.

50

Abbildung 9: Grundstruktur der preisabhängigen Qualitätsbeurteilung.

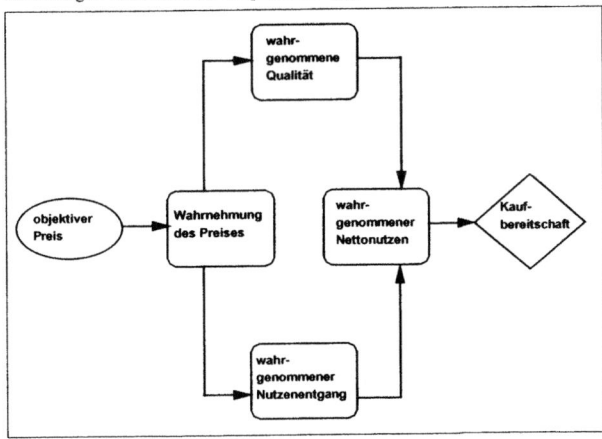

Quelle: In Anlehnung an Müller, Klein (1993b), S. 361.

Für Bankleistungen würde die Formierung eines preisgelenkten Qualitätsurteils implizieren, daß die nachfrageseitige Kaufbereitschaft für die im Fokus stehende Leistung um so größer wäre, je höher der Preis für diese Bankleistung ist, da der Bankkunde hieraus eine höhere Qualität ableitet. Derartige im Sachgüterbereich regelmäßig zu beobachtende Preis-Qualitäts-Vermutungen bezeichnet Gehrke im Zusammenhang mit Bankprodukten als unrealistisch.[248] Er sieht die Ursache für dieses preisbezogene Konsumentenverhalten in der vom Nachfrager unterstellten positiven Beziehung des Preises zu den Herstellungskosten eines Produktes. Da, so Gehrkes Meinung, der bankbetriebliche Produktionsprozeß für den Nachfrager nicht ähnlich plastisch sei wie der von Sachgütern, würden diese bei Bankleistungen kaum preisgelenkte Qualitätsurteile treffen. Dieser Auffassung kann aus verschiedenen Gründen widersprochen werden. Einmal konnten preisabhängige Qualitätsbeurteilungsprozesse bereits bei anderen Dienstleistungen als Bankleistungen empirisch nachgewiesen werden,[249] zum anderen sind die verhaltenstheoretischen Ursachen dieses Preisbeurteilungsverhaltens komplexer, als Gehrke annimmt.[250] Um zu prognostizieren, bei welchen Bankleistungen und unter welchen Bedingungen der Preis von Nachfragern als Qualitätsindikator herangezogen wird, müssen die motivationalen, kognitiven und situativen Faktoren dieses Konstruktes im weiteren Verlauf der Arbeit eingehender analysiert werden.

---

[248] Vgl. Gehrke (1995), S. 55.
[249] Vgl. Johnson, Kellaris (1988), S. 316 ff.
[250] Vgl. Diller (1991), S. 119.

51

1.2.2.5. Bankloyalität

Unter der Prämisse des unvollkommenen Marktes für Bankleistungen versucht Süchting, die Existenz eines preisdispositiven Spielraums zu erklären, in dem ein Kreditinstitut seine Preise variieren kann, ohne mit Kundenfluktuationen rechnen zu müssen. Ursächlich für dieses Phänomen sind beispielsweise die Bindekraft der durch Preispolitik induzierbaren Kundenpräferenzen, Transaktions- bzw. Informationskosten und die mangelnde Markttransparenz. Das Vorhandensein dieser Faktoren resultiert in der Bereitschaft eines Wirtschaftssubjekts, dauerhaft die Leistungen eines bestimmten Kreditinstitutes nachzufragen und wird als Bankloyalität bezeichnet.[251] Auch wenn der Ansatz nur eine Reaktionsmöglichkeit auf Bankpreisvariationen modelliert und nur wenige Determinanten des nachfrageseitigen Preisverhaltens einfließen, soll er nachfolgend dargestellt werden, zumal er als derzeit einziges theoretisches Konzept verhaltenstheoretische Aufschlüsse über die bankbetriebliche Preisgestaltung zuläßt.

Süchting überträgt in einem verhaltenswissenschaftlichen Ansatz lerntheoretische Erkenntnisse auf das Bank-Kunde-Verhältnis. Ausgangspunkt ist dabei die dem Sachgütermarketing entstammende Idee der Markentreue. Diese unterstellt, daß zunehmende Erfahrung mit einem Markenprodukt zur Gewöhnung und damit zu überdurchschnittlichem Wiederkaufverhalten als Ergebnis wachsender Markentreue führt. Modellhaft kann die Wahrscheinlichkeit der erneuten Leistungsabnahme bei der Hausbank als eine Funktion der Menge bereits abgenommer Leistungen dargestellt werden.[252] Mit zunehmender Menge an Geschäftsvorfällen wird der Kunde seinen Entscheidungsprozeß kognitiv vereinfachen, indem er den Aufwand an Überlegung und Informationssuche mit wachsender Erfahrung ständig senkt, bis kaum noch ein Erfahrungszuwachs durch Lernen zu erzielen ist.[253] Die Steigung der Lernkurve der Bankloyalität nimmt demnach mit zunehmender Anzahl an Geschäftsvorfällen ab.

---

[251] Vgl. Süchting (1972), S. 269 ff.
[252] Vgl. hierzu und im folgenden Süchting (1998), S. 627 f.
[253] Vgl. Rapp (1992), S. 139.

Abbildung 10: Lernkurve der Bankloyalität.

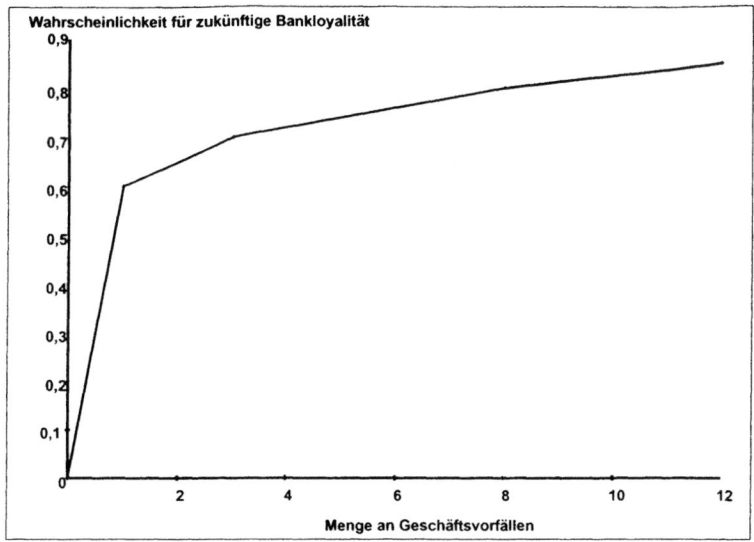

Quelle: In Anlehnung an Süchting (1998), S. 629.

Das Phänomen der Bankloyalität wurde in der bankbetriebswirtschaftlichen Literatur ausführlich diskutiert und hat in empirischen Untersuchungen zur Bankwechselneigung große Resonanz gefunden.[254] Diese Analysen zur Bankloyalität sind zwar aus wissenschaftlicher Sicht oft unbefriedigend, weil die Kundenreaktion nur indirekt über Ersatzindikatoren wie "Häufigkeit des Bankwechsels" oder "Dauer der Bankverbindung" abgebildet wird. Die Erhebungen deuten jedoch allesamt darauf hin, daß die Bankloyalität über alle Kundengruppen hinweg sinkt.

In diesem Zusammenhang ermittelt Rapp in einer explikativen, multivariaten Analyse vornehmlich preisbezogene Beurteilungskriterien bei Bankkunden für die Geschäftsbeziehung zu ihrer Hausbank.[255] Dabei wird nicht zuletzt deutlich, daß soziodemographische Merkmale nur ein eingeschränktes Erklärungspotential für das bankpreisbezogene Konsumentenverhalten besitzen.[256] Obwohl die Resultate zunächst nur in der Modellumgebung des theoretischen Konstrukts gelten und die Übertragbarkeit noch nicht durch konkurrierende multikausale Analyseverfahren gesichert ist, kann als wesentliches Ergebnis der Studie festgehalten werden, daß der Preis eine überaus wichtige Determinante der Kunde-Bank-Beziehung und ein maßgeblicher Bestimmungsgrund der Bankwechselneigung ist.

---

[254] Vgl. z.B. die Untersuchungen von Witt (1986); Baxmann (1987), Becker et al. (1991), Epple (1991), Rapp (1992), Szallies (1991) und (1993), Soll und Haben (1995).

[255] Vgl. Rapp (1992), S. 334.

[256] Vgl. Rapp (1992), S. 254 f.

1.2.3. Wettbewerb

Die Zielsetzung dieser Umweltanalyse erfordert nicht nur eine Untersuchung des derzeitigen Wettbewerbs, sondern gleichzeitig eine Prognose des zukünftigen Szenarios und der damit verbundenen wettbewerbsbezogenen Auswirkungen auf den Preis. Nachfolgend ist daher zunächst nach den für den Bankenmarkt relevanten Wettbewerbskräften zu fragen sowie nach den Bestimmungsgründen, welche die Wirkungsrichtung des Wettbewerbs um Bankkunden oder dessen Intensität beeinflussen.

Die Intensität des Bankenwettbewerbs wird dabei im allgemeinen nicht nur durch die Anzahl der Konkurrenten bestimmt. Neben den Auswirkungen der europäischen Deregulierung und der Internationalisierung der Finanzmärkte wird auch die Entwicklung der Bankloyalität wesentlichen Einfluß auf den Bankenwettbewerb haben. Aus der Perspektive eines unvollkommenen Kapitalmarktes ist der Wettbewerbsdruck zudem abhängig vom Ausmaß der Markttransparenz und den interinstitutionell unterschiedlich behandelten Transaktionskosten. Die Anzahl der Konkurrenten und die Richtung des Wettbewerbsdrucks kann anhand von Porters Konzept der fünf Wettbewerbskräfte in modifizierter Form strukturiert werden.[257] Danach wird der Wettbewerb durch die Verhandlungsstärke der Lieferanten, durch potentiellen Markteintritt neuer Konkurrenten, durch die Bedrohung mittels möglicher Ersatzprodukte, durch die Verhandlungsmacht der Abnehmer und durch die bereits existierenden Mitbewerber innerhalb der Branche determiniert. Auf die speziellen Anforderungen von Kreditinstituten transferiert, ergibt sich zunächst, daß auf die Rolle der Lieferanten verzichtet werden kann. Ursache ist die duale Nachfragefunktion der Bankkunden als Entleiher und Investoren. Nachfrager von Passivleistungen sind, technisch gesehen, gleichzeitig wichtige Lieferanten der einer Refinanzierung dienenden Spareinlagen.[258] Aus strategischer Sicht sind beide Seiten letztlich Nachfrager von Bankleistungen. Da Intensität und Art der Nachfrageverhältnisse das Gewinnpotential einer Branche entscheidend mitbestimmen,[259] wird die besondere Bedeutung der nachfrageseitigen Verhandlungsmacht in diesem Zusammenhang offenkundig.

Für eine Erhöhung der Wettbewerbsintensität durch einen prognostizierten Anstieg der Wettbewerberzahl[260] spricht das Problem der homogenen Bankprodukte, die patentrechtlich nicht geschützt und damit von Konkurrenten leicht kopierbar sind.[261] Darüber hinaus sind die Austrittsbarrieren im Bankgeschäft durch einen großen Fixkostenblock und umfangreiche Investitionen, beispielsweise in Form des Filialnetzes, als sehr hoch einzustufen. Die für einen

---

[257] Vgl. Porter (1990), S. 26.

[258] Vgl. Wickel (1995), S. 20.

[259] Vgl. Porter (1990), S. 50 ff.

[260] Vgl. Schmalenbach-Gesellschaft (1992), S. 6; Andersen Consulting (1992), S. 16.

[261] Vgl. Krümmel (1991), S. 35; Schmalenbach-Gesellschaft (1992), S. 18.

Marktaustritt notwendigen Umstellungskosten machen einen Austritt für etablierte Wettbewerber fast unmöglich.[262] Bereits zum gegenwärtigen Zeitpunkt ist zu beobachten, daß der Wettbewerb unter den bisherigen Marktteilnehmern in zunehmendem Maße an Dynamik gewonnen hat. Indizien hierfür sind die Deregulierungstendenzen bei Gebührenmodellen, die Implementierung neuer Technologien im Produktionsbereich oder Kostensenkungsmaßnahmen im Vertriebsbereich.[263]

Zusätzlich ist davon auszugehen, daß sich die Anzahl der Wettbewerber auch auf dem deutschen Markt durch die europäische Deregulierung zunächst erhöht.[264] Durch die Einführung des Euro bestehen keine währungsbedingten Hemmnisse mehr, so daß spezielle länderübergreifende Bankprodukte und Preise angeboten werden können. Die derzeit noch isolierten einzelnen europäischen Bankenmärkte werden mit der Zeit zusammenwachsen. Dabei ist auch mit grenzüberschreitenden Fusionen oder Übernahmen zu rechnen.[265] Dafür spricht zumindest die Problematik unausgelasteter Kapazitäten durch die Installation eurofähiger Technologie und die damit verbundene Notwendigkeit der Akquisition von Vertriebskanälen. Dennoch wird sich der internationale Wettbewerb wegen der Attraktivität des deutschen Privatkundenmarktes nicht nur auf Marktteilnehmer aus dem Bereich der Europäischen Union beschränken.[266] Bei anhaltender Deregulierungstendenz und fortschreitender internationaler Vernetzung der Finanzmärkte ist darüber hinaus ein intensiver Marktauftritt global operierender, internationaler Kreditinstitute zu erwarten.[267] Zu weiteren potentiellen Konkurrenten gehören neben Kreditinstituten ebenfalls Nearbanks und Nonbanks.[268] Ihr Marktauftritt ist im wesentlichen abhängig von bankspezifischen Markteintrittsbarrieren.[269] Neben dem hohen Eigenkapitalbedarf und der besonderen Zulassungsreglementierung durch Aufsichtsbehörden ist in diesem Zusammenhang vor allem die Existenz von Vertriebskanälen zu nennen. Folglich kommen nur kapitalstarke Unternehmen in Frage, die über eigene nationale und internationale Netzwerke verfügen. Namentlich im Privatkundengeschäft müssen deutsche Banken mit den dort traditionell starken Bausparkassen und Lebensversicherern rechnen sowie analog zur amerikanischen Entwicklung eine Etablierung von Kreditkartenorganisationen über derivative Kreditkartenleistungen hinaus befürchten. Der

---

[262] Vgl. Wickel (1995), S. 27.

[263] Vgl. Bernet (1995b), S. 32.

[264] Vgl. die Ergebnisse der Expertenbefragung im Anhang Tab. A34.

[265] 75% der befragten Experten erwarten innerhalb der nächsten fünf Jahre grenzüberschreitende Fusionen im Kreditgewerbe. Dabei ist kein signifikanter Unterschied zwischen den Erwartungen der Filialbank-Manager und den Erwartungen der Direktbank-Manager auszumachen. Vgl. hierzu im Anhang Tabelle A35 sowie Tabelle A36.

[266] Vgl. Kartte (1991), S. 10 ff.; Andersen Consulting (1992), S. 16.

[267] Vgl. die Ergebnisse der Expertenbefragung im Anhang Tab. A34. Zur weltweiten Vernetzung für Bankleistungen vgl. Eilenberger (1993), S. 120 f.

[268] Vgl. die Ergebnisse der Expertenbefragung im Anhang Tab. A32 und Tab. A33.

[269] Vgl. hierzu allgemein Porter (1990), S. 29.

Wettbewerb durch Nonbanks wird geprägt sein durch die großen Tankstellenketten, Kaufhauskonzerne, Versandhäuser und Automobilkonzerne, die bereits gegenwärtig standardisiertes Konsumentenkreditgeschäft, Leistungen des Passivgeschäftes und Zahlungsverkehrsleistungen abwickeln.[270] Durch eine einheitliche Währung ist unter allen diesen Anbietern eine internationale Vergleichsmöglichkeit von Produkten und Preisen gegeben. Infolge dieser Transparenzerhöhung werden Nachfrager oder Verbraucherschutzorganisationen auf Bankpreisreduzierungen hinwirken. Unter dem Strich ist somit zu vermuten, daß Banken im Zuge der europäischen Integration in allen Bereichen eine Margen- bzw. Provisionsreduktion hinnehmen müssen.

Notwendige Bedingung dafür, daß der Wettbewerb um Bankkunden für das einzelne Institut überhaupt erfolgversprechend sein kann, ist eine erhöhte nachfrageseitige Wechselbereitschaft durch die Abnahme der Bankloyalität. Die Ergebnisse empirischer Untersuchungen deuten jedoch nicht nur darauf hin, daß die Bankloyalität sinkt, sondern zeigen gleichzeitig einen Trend zu Mehrfachbankverbindungen auf.[271] Maßgeblicher Faktor hierfür ist die mit steigendem ökonomischen Bildungsgrad ausgeprägtere Eigenschaft der Kunden, eine bestimmte Bankleistung bei dem Institut nachzufragen, wo diese besonders preiswert oder gar kostenlos ist.

Diese Tendenz zum "Herauspicken" bestimmter Leistungen bei unterschiedlichen Banken wird mit steigendem Vollkommenheitsgrad des Marktes durch eine erhöhte Markttransparenz weiter zunehmen.[272] Mit höherer Markttransparenz wird sich am Markt dasjenige Institut durchsetzen, welches die mit dem Vertragsabschluß anfallenden Transaktionskosten am wirksamsten reduziert. Dies sind im wesentlichen Suchkosten, Informations- und Kommunikationskosten oder Aushandlungs- und Vereinbarungskosten.[273] Je besser ein Kreditinstitut diese Transaktionskosten reduzieren kann, desto eher wird es auch in der Lage sein, die damit verbundenen Kostenvorteile über den Preis an den Kunden weiterzugeben. Dadurch tritt die unterschiedliche Leistungsfähigkeit der Banken für den Nachfrager mit zunehmender Preistransparenz, beispielsweise über neue Medien, deutlicher als bisher in Erscheinung. Auf diese Weise wird gleichzeitig die Leistungsgerechtigkeit im Kreditgewerbe erhöht, weil Institute, die ihre Hochpreispolitik in der Vergangenheit durch ein intransparentes Preisgefüge verbergen konnten, in der Folge Marktanteile verlieren werden.[274] Die Selektionsfunktion des Marktes in bezug auf die Wettbewerber wird steigen und vermehrt über den Preis erfolgen.

---

[270] Vgl. Bernet (1995b), S. 33 f.

[271] Vgl. hierzu insbesondere Soll und Haben (1989) sowie Baxmann (1987), S. 12 ff.; Soll und Haben (1995).

[272] Vgl. Priewasser (1994), S. 218.

[273] Zu Transaktionskosten und deren Determinanten vgl. Williamson (1981), S. 548 ff. und Williamson (1985), S. 52 ff.

[274] Vgl. Harwalik (1988), S. 132.

Als Fazit dieser Betrachtungen ergibt sich zunächst, daß der Wettbewerbsdruck für Banken im wesentlichen auf drei verschiedene Wirkungsrichtungen zurückgeführt werden kann:

Abbildung 11: Die drei Wirkungsrichtungen des Bankenwettbewerbs.

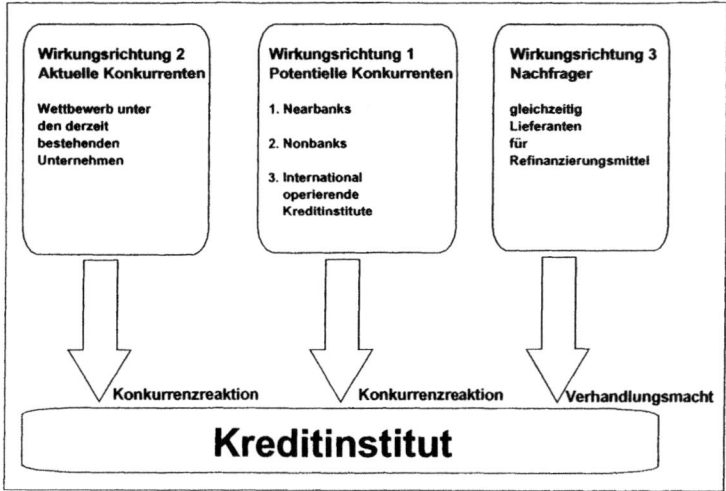

Quelle: Eigene Erstellung in Anlehnung an Porter (1990), S. 26.

Darüber hinaus deuten alle Ergebnisse aus der vorangegangenen Betrachtung der Bestimmungsfaktoren der Wettbewerbsintensität auf eine weitere Zunahme des Wettbewerbsdrucks hin. Aufgrund des Fallens von Markteintrittsbarrieren werden neben den etablierten Konkurrenten auch neue Marktteilnehmer die angestammten, traditionellen Bereiche der Universalbanken angreifen. Bei begrenztem Kundenpotential ist zumindest in Deutschland eine Reduzierung der Finanzdienstleistungsanbieter durch die Selektionsfunktion des Marktes zu erwarten,[275] weil nur eine begrenzte Anzahl von international tätigen Banken in der Lage sein wird, dauerhaft preiswürdige Leistungen hervorzubringen.[276] Der auf internationaler Ebene ausgetragene Kampf um den Kunden mit Verhandlungsmacht wird sich im weniger ertragsstarken Segment der Kunden ohne Verhandlungsmacht fortsetzen und unter Umständen zugunsten von Nichtbanken entschieden,[277] weil Absatzfinanzierer oft bessere Konditionen bieten können und gleichzeitig einen Vertrauensvorschuß durch den Imagetransfer aus der Marke des Stammgeschäftes genießen. Der ursprünglich nationale Bankenwettbewerb wird somit zu einem globalen Finanzdienstleistungswettbewerb. Das Ergebnis wird ein größerer Druck auf die Margen der Produkte sein, der sich organisatorisch

---

[275] Vgl. Kilgus (1995), S. 46 f.
[276] Vgl. Jacob (1988), S. 994.
[277] Vgl. die Ergebnisse der Expertenbefragung im Anhang Abbildung A12.

in einem höheren Kostendruck äußert. Da dem Kostensenkungspotential Grenzen gesetzt sind, ist die Preispolitik in diesem Zusammenhang besonders gefordert. Den veränderten Marktbedingungen ist durch die Entwicklung adäquater Preisstrategien Rechnung zu tragen. Am Beispiel der bereits jetzt zu beobachtenden Reduzierung der durchschnittlichen Zinsspanne wird der Preis erkennbar zur herausragenden Instrumentalvariable des Bankmarketings.[278] Im Zuge einer weiter sinkenden Bankloyalität als Markteintrittsbarriere kann die Preisgestaltung und damit das Preismanagement einer Bank zum primären Unterscheidungsmerkmal avancieren.[279]

1.2.4. Sonstige Umwelt

Impetus der vorangegangenen Ausführungen war neben der deskriptiven Analyse der staatlichen und marktbezogenen Einflußfaktoren der Bankpreisgestaltung auch die Ableitung der sich daraus ergebenden Implikationen. Aus der in dieser Arbeit dominierenden Marketingperspektive betrachtet, stehen die beschriebenen Determinanten im Vordergrund, weil ihr Einfluß auf die Preisgestaltung im Gegensatz zu sonstigen Umweltbedingungen nicht ein überwiegend indirekter ist.

An dieser Stelle soll daher nur überblickartig das Umfeld, in dem Banken sich bewegen, beleuchtet werden, ohne auf die oftmals komplexen Interdependenzen und Rückkopplungen der einzelnen Elemente dieses Systems einzugehen. Obwohl diese Umweltbedingungen in ihrer Komplexität nicht vollständig zu erfassen sind und eine detaillierte Betrachtung nicht mit dem absatzorientierten Anspruch dieser Untersuchung in Einklang zu bringen ist, kann auf eine kurze Beschreibung nicht verzichtet werden. Schließlich sind die Umweltbedingungen zumindest als Restriktionen einer bankbetrieblichen Preisgestaltung zu berücksichtigen. Um den inhaltlichen Rahmen nicht zu sprengen und nachdem auf die politische Umwelt bereits eingegangen wurde, beschränkt sich die Analyse auf gesamtwirtschaftliche und technologische Einflüsse.

Die Unternehmenspolitik und damit auch die Marketingpolitik einer Bank werden partiell auch von der gesamtwirtschaftlichen Entwicklung bestimmt.[280] Konjunkturschwankungen wirken sich auf die Nachfrage nach Bankleistungen in Abhängigkeit von der zugrunde liegenden Kundenstruktur aus.[281] Insbesondere das aktuelle und erwartete Einkommen aus Arbeit ist eine entscheidende Determinante für die Inanspruchnahme von Kredit- und Anlageleistungen. Demzufolge muß ein Kreditinstitut auf konjunkturell veränderte Nachfrage-

---

[278] Vgl. Köllhofer (1987), S. 148 f.; Gerke (1988), S. 5.
[279] Vgl. Baxmann (1987), S. 12.
[280] Vgl. Priewasser (1987), S. 84 ff.
[281] Vgl. Siewert (1983), S. 122 ff.

situationen reagieren. Die Preispolitik ist neben den anderen marketingpolitischen Instrumenten ein geeignetes Mittel, je nach geschäftspolitischer Zielsetzung eine konjunkturbedingte Veränderung der Nachfrageströme zu unterstützen oder ihr entgegenzuwirken.[282]

Das technologische Umfeld umfaßt den aktuell verfügbaren Bestand an Technik, dessen sich die Banken bei der Leistungserstellung und Nachfrager bei der Inanspruchnahme der Leistung bedienen.[283] Damit beeinflussen technologische Entwicklungen preispolitische Entscheidungen sowohl von der Kosten- als auch von der Nachfrageseite. Die bereits erwähnte Diffusion innovativer Kommunikationsinstrumente geht einher mit der Veränderung des Konsumentenverhaltens. Mit der Verbreitung neuer Medien ist auch eine erhöhte nachfrageseitige Preistransparenz zu erwarten, die zu Margendruck bei bankbetrieblichen Leistungen führen wird. Im Rahmen der Betrachtung interner Einflußfaktoren gilt es noch zu klären, wie Kreditinstitute diesem technologischen Umweltwandel durch Marketingmaßnahmen begegnen und ob sich daraus sogar Preisgestaltungsspielräume ergeben. Auch aus Kostensicht kann nicht generell beantwortet werden, inwieweit aus dem geänderten technologischen Umfeld der Banken Implikationen für die Preisgestaltung folgen. Detaillierte Aussagen sind nur im Rahmen der Produktkalkulation zu treffen. Denkbar sind etwa Preisgestaltungsspielräume, die aus einer kostengünstigeren Leistungserstellung als Folge technologischen Fortschritts in der Bankautomation entstehen[284] oder aus Kostendegressionseffekten durch internationale Vernetzung und Bündelung bankbetrieblicher Kapazitäten resultieren. Entgegen diesen Auffassungen kann auch der Schluß gezogen werden, daß die vielerseits beobachtete steigende Komplexität des Bankgeschäfts[285] und die damit verbundenen technologischen Herausforderungen beispielsweise bei der Umstellung auf den Euro zu erheblichen Kosten und geringeren Preisgestaltungsspielräumen führen.

1.3. Endogene Einflußfaktoren der Bankpreisgestaltung

Nachdem die externen Rahmenbedingungen als Einflußfaktoren der Bankpreisgestaltung analysiert wurden, konzentrieren sich die nachfolgenden Ausführungen auf die innerbetrieblichen Determinanten preisbezogener Entscheidungen. Die Argumentation der Untersuchung orientiert sich dabei am zuvor ermittelten Systemzusammenhang der bankbetrieblichen Preisgestaltung.

---

[282] Vgl. Gehrke (1995), S. 70.
[283] Vgl. Diller (1991), S. 55.
[284] Vgl. Gehrke (1995), S. 75.
[285] Vgl. Sommerlatte (1989), S. 3 ff.; Wickel (1995), S. 2 ff.

Abbildung 12: Endogene Einflußfaktoren der Bankpreisgestaltung.

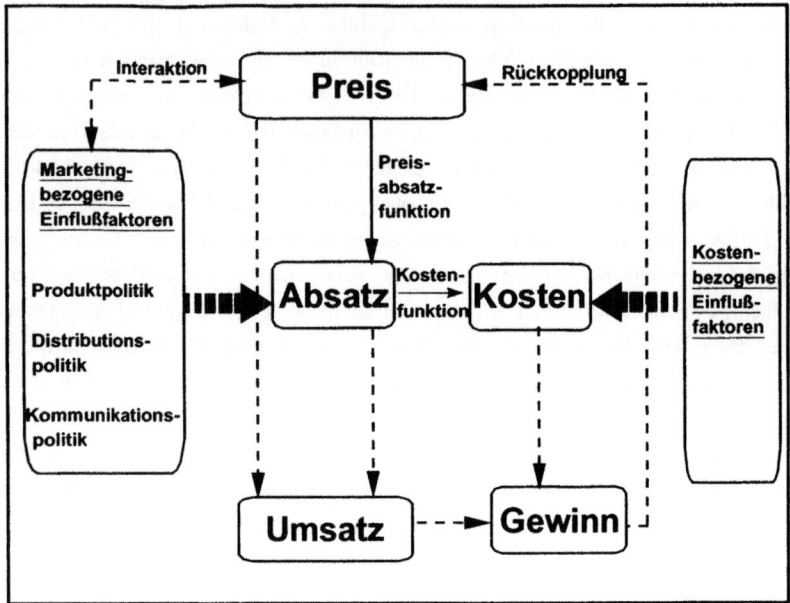

Quelle: Eigene Erstellung in Ergänzung zu Simon (1992a), S. 88.

Offensichtlich kommen als endogene Einflußfaktoren von Preisentscheidungen einerseits kostenbezogene und andererseits marketingbezogene Determinanten in Betracht. Kostenseitige Implikationen besitzen über den Gewinn und die damit verbundene Rückkopplungsschleife einen indirekten Einfluß auf weitere Preisentscheidungen des Managements. Deswegen ist zu untersuchen, inwieweit die bekannten bankbetrieblichen Kostenrechnungssysteme zu einer Entscheidungsunterstützung bei der Preisfindung beitragen können. Dazu wird zunächst der Kosten-Preis-Zusammenhang erörtert, wobei den bankspezifischen Problemen hinsichtlich kostenrechnerisch ermittelter Preisuntergrenzen erhöhte Aufmerksamkeit geschenkt wird.

Im Gegensatz zu den kostenbezogenen Determinanten haben die weiteren Marketinginstrumente, die außer dem Preis den Absatz eines Kreditinstitutes beeinflussen, über die Interaktionen im Rahmen der Marketing-Mix-Entscheidungen einen direkten Einfluß auf die Preisgestaltung. Demzufolge gilt es zu untersuchen, welche Marketinginstrumente-Kombinationen bestimmte Preisstrategien fördern oder behindern. Dabei wird dieses Entscheidungsproblem im Rahmen eines Top-Down-Ansatzes, ausgehend von einem relativ hohen Abstraktionsgrad, mit zunehmender Konkretisierung in Teilprobleme aufgespalten und für jedes Marketing-Instrument isoliert betrachtet.

1.3.1. Kostenbezogene Einflußfaktoren

In der Analyse des Systemzusammenhangs bankbetrieblicher Preisentscheidungen wurde die Kenntnis der Kostenfunktion als ein notwendiger Bestimmungsgrund der Preisgestaltung identifiziert. Dieser Zusammenhang zwischen Kosten und Preisen ist nachfolgend vor dem Hintergrund des Gewinnmaximierungsziels eingehender zu untersuchen. Dabei ist vor allem zu analysieren, inwieweit die bekannten Kostenrechnungsverfahren in der Lage sind, diese Beziehung aufzuhellen und Entscheidungsunterstützung bei bankbetrieblichen Preisentscheidungen zu leisten.

Als interner Einflußfaktor der bankbetrieblichen Preisgestaltung setzen die Kosten der Leistungserstellung einen Orientierungspunkt für die Preisuntergrenze bei Aktivleistungen und für die Preisobergrenze bei Passivleistungen.[286] Es ist eine der Aufgaben der Bankkalkulation,[287] diese für die bankbetriebliche Preisentscheidung hilfreiche Information über die Selbstkosten einzelner Bankleistungen bereitzustellen. Grundgedanke dieser einzelleistungsbezogenen Preiskalkulation ist das Verursachungsprinzip.[288] Danach hat jeder Nachfrager bei Inanspruchnahme einer Bankleistung zumindest die Kosten der Leistungserstellung zu tragen.

Bei der Ermittlung der Selbstkosten stößt die bankbetriebliche Kosten- und Erlösrechnung allerdings auf schwerwiegende Probleme, deren Ursache die für Kreditinstitute spezifische Kostenstruktur ist. Ein geringer Anteil variabler Kosten und ein großer Fixkostenblock mit Gemeinkostencharakter stellen hohe Anforderungen an ein entscheidungsadäquates Kostenrechnungsverfahren. Ein solches muß neben dem Grenzprinzip ebenfalls dem Einzelkostenprinzip genügen.[289] Während ersteres fordert, daß nur die von einem Geschäft zusätzlich verursachten Kosten zuzurechnen sind, postuliert letzteres, daß einer Leistung nur die allein zuzuordnenden Kosten zugerechnet werden dürfen. Daneben müssen die berücksichtigten Kosten entscheidungsrelevant sein.[290] Bei Unterstellung eines Kreditinstitutes mit Gewinnmaximierung sind entscheidungsrelevante Kosten solche mit einer Gewinnwirkung. Die Gewinnwirkung einer Preisentscheidung ist in diesem Kontext die Differenz aus einer positiven Erfolgskomponente in Form von Erlösen und einer negativen Erfolgskomponente in Form von Kosten.[291] Entscheidungsrelevanz impliziert die

---

[286] Vgl. Büschgen (1995), S. 177.
[287] Zum Begriff Bankkalkulation vgl. Hagenmüller (1988), S. 103. Zu weiteren Aufgaben der Bankkalkulation vgl. z. B. Eilenberger (1993), S. 413.
[288] Vgl. Zimmerer (1957), S. 350 ff.
[289] Vgl. Schierenbeck (1994), S. 267.
[290] Vgl. Hummel (1981), Sp. 970.
[291] Vgl. Gladen (1985b), S. 164.

Anforderung der Beeinflußbarkeit der Kosten und die Berücksichtigung des Opportunitätskostenkalküls.

Aussagefähige und quantifizierbare Antworten durch die bankbetriebliche Kostenrechnung zur preisbezogenen Entscheidungsunterstützung sind äußerst schwer zu erhalten. Im wesentlichen erschweren zwei Eigenschaften der Universalbank eine verursachungsgerechte und entscheidungsadäquate Ermittlung der Selbstkosten einer Bankleistung:

Zunächst sind Banken aus absatzorientierter Perspektive als Mehrproduktunternehmen zu charakterisieren. Das der Privatkundschaft angebotene Sortiment aus Aktiv- und Passivleistungen ist durch Nachfrage- und Erlösverbundwirkungen gekennzeichnet, so daß eine isolierte Erlösrechnung nach dem Verursachungsprinzip nicht möglich ist.[292] Analog dazu kollidiert aus produktionsorientierter Sicht eine Zurechnung von Kosten auf Leistungen mit dem Einzelkostenprinzip. Infolge der Verbundproduktion von Bankleistungen können die existierenden Kostenverbundeffekte nur unzureichend berücksichtigt werden.[293]

Grundlage für eine weitergehende Analyse der durch Verbundeffekte gekennzeichneten bankbetrieblichen Kostenstruktur ist der Leistungsdualismus von Bankleistungen.[294] Je nachdem, ob bei der Leistungserstellung Teilleistungen des liquiditätsmäßig-finanziellen Bereichs oder des technischorganisatorischen Bereichs in Anspruch genommen werden, lassen sich Wertkosten und Betriebskosten unterscheiden.[295] Diese Aufteilung ist Ausgangspunkt für ein mehrstufiges Kostenrechnungssystem als Basis für eine kostendeckende Mindestmargenkalkulation. Ohne an der vielschichtigen Diskussion der diesbezüglichen Literatur teilzunehmen,[296] soll auf die grundsätzlichen Vorgehensweisen und deren Hindernisse bei der Ermittlung von Selbstkosten eingegangen werden. Allgemein kann eine Klassifizierung der in der Literatur diskutierten kostenrechnerischen Verfahren in Vollkostenrechnungen und Teilkostenrechnungen erfolgen.

Trotz des hohen Verbreitungsgrades in der Praxis muß dem Vollkostenansatz aus entscheidungstheoretischer Sicht eine Absage erteilt werden. Der hohe Gemeinkostenanteil an den Gesamtkosten läßt eine exakte Ermittlung von Selbstkosten unter Einhaltung des Einzelkostenprinzips nicht zu. Da die Kreditinstitute aufgrund der Verbundproblematik keine genauen Vorstellungen über die mit der Leistungserstellung und dem Leistungsabsatz verbundenen Kosten besitzen,[297] sind die Betriebskosten nur über willkürliche Gemeinkostenschlüsselungen zu ermitteln. Allenfalls die Wertkosten sind mit der Marktzinsmethode

---

[292] Vgl. Süchting (1992), S. 102 .

[293] Zu Verbundwirkungen bei Bankleistungen vgl. Hossenfelder (1987), S. 99 ff.

[294] Vgl. Köllhofer (1982), S. 787.

[295] Vgl. Büschgen (1998), S. 708.

[296] Vgl. ausführlich z.B. Doranth (1979); Schlenzka (1985); Schierenbeck, Rolfes (1988); Schierenbeck (1994); Steiner (1994).

[297] Vgl. Krümmel (1964), S. 228.

weitgehend exakt zu bestimmen.[298] Dieses Kalkulationsverfahren erfüllt durch explizite Berücksichtigung des Opportunitätsprinzips und der grenznutzenorientierten Einzelbewertung jeder Transaktion im Gegensatz zu Pooling- oder Schichtenbilanz-Konzepten gleichzeitig die wesentlichen Anforderungen an ein entscheidungsadäquates Kostenrechnungssystem.

Teilkostenrechnungen versuchen die Problematik mangelnder Zurechenbarkeit der Gemeinkosten durch eine entsprechende Ausweitung der Bezugsgröße zu lösen. Durch die Wahl einer höheren Aggregationsebene in der Kostenbetrachtung können jedoch die Geldbeschaffungskosten einer Bank nach wie vor nicht nach dem Prinzip der Verursachungsgerechtigkeit zugeordnet werden.[299] Wenn aber als Deckungsbeitrag nach Riebel nur die Differenz zwischen den Erlösen und den direkt zurechenbaren Einzelkosten betrachtet wird,[300] liegt der Deckungsbeitrag namentlich im Kreditgeschäft nur unwesentlich unter dem Erlös. Damit ist jedoch auch der Informationsgehalt der Deckungsbeitragsrechnung für die Preisentscheidung eher gering.[301]

Zur Behebung dieses unbefriedigenden Zustands wird in der Literatur im Rahmen einer Integration von Voll- und Teilkostenrechnung vorgeschlagen, auf den ursprünglichen Deckungsbeitrag einen entsprechenden Solldeckungsbeitrag aufzuschlagen.[302] Jedoch bleibt fraglich, wie der Solldeckungsbeitrag zu quantifizieren ist. Die willkürliche Verteilung der Gemeinkosten als zentrales Problem der Vollkostenrechnung wird auch in diesem Ansatz nicht gelöst, sondern nur auf die Berechnung des Solldeckungsbeitrages verlagert.[303]

In neueren bankbetrieblichen Arbeiten wird für die Ermittlung der Selbstkosten je Leistungseinheit eine Mindestmargenkalkulation auf Basis der Marktzinsmethode als Lösungsansatz unterbreitet.[304] Der Konditionenbeitrag als Differenz zwischen dem Kundenzins und dem Kapitalmarktzins muß danach mindestens die Betriebskosten, Liquiditäts-, Eigenkapital- und Risikokosten decken.[305] Somit ergeben sich die Selbstkosten, indem, ausgehend von einem Kapitalmarktzins als Vergleichszins einer denkbaren Alternativanlage, die Elemente der Mindestmarge hinzugerechnet werden.

[298] Vgl. Büschgen (1995), S. 177.
[299] Vgl. Harwalik (1988), S. 24.
[300] Vgl. Riebel (1961), S. 145 ff.
[301] Vgl. Hahn (1977), S. 119.
[302] Vgl. Süchting (1998), S. 412.
[303] Vgl. Harwalik (1988), S. 24 f.
[304] Vgl. Gehrke (1995), S. 188 ff.
[305] Vgl. Büschgen (1998), S. 729 ff.

Abbildung 13: Ermittlung der bankbetrieblichen Selbstkosten.

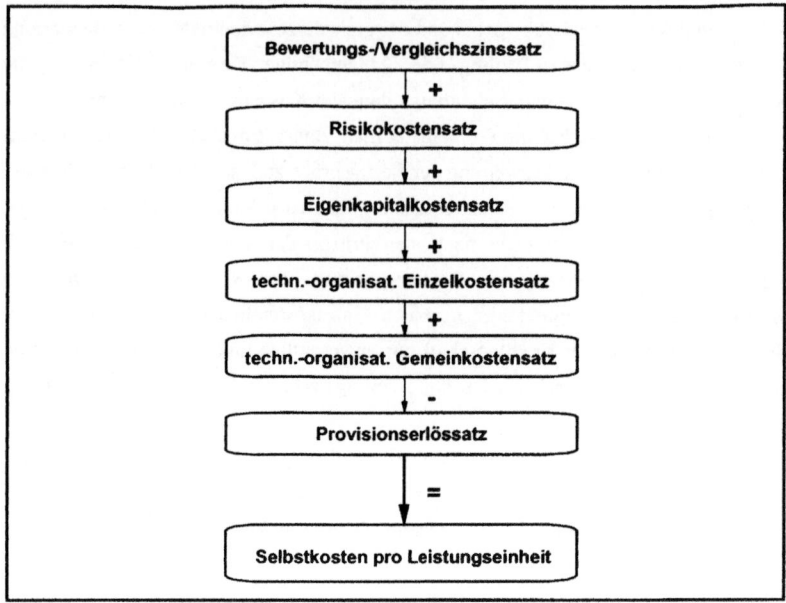

Quelle: Gehrke (1995), S. 189.

Obwohl die Marktzinsmethode bei der Erfolgsermittlung im Zinsbereich zu aussagefähigeren Informationen über den jeweiligen Erfolgsbeitrag führt, kann die Methode nicht alle Probleme der Kosten- und Erlösrechnung in Kreditinstituten lösen.[306] Der obige Vorschlag zur Mindestmargenkalkulation hat nach wie vor den Nachteil, daß die durch den Absatz einer Bankleistung induzierten Betriebskosten nicht verursachungsgerecht nach dem Einzelkostenprinzip zugerechnet werden können. Auch wenn mit der prozeßorientierten Standard-Einzelkostenrechnung ein neuer zweckmäßiger Ansatz der Stückleistungskalkulation entwickelt wurde,[307] entfällt nicht das Gemeinkostenschlüsselungsproblem.[308] Da es in gleicher Weise schwierig ist, eine Kausalität zwischen Mittelherkunft und -verwendung herzustellen sowie Risikokosten auf Kreditleistungen zu verteilen, bleibt auch für die Eigenkapital- und Risikokosten nur der subjektive Weg der Zuordnung. Die prozeßorientierte Verrechnung der Gemeinkosten weist jedoch eine durchaus größere Verursachungsgerechtigkeit als andere Verfahren auf,[309] weil diese den Kostenträgern nicht mehr über ungenaue Zuschlagsätze auf die Einzelkosten zugerechnet werden, sondern gemäß der tatsächlichen

---

[306] Vgl. Süchting (1998), S. 420 ff.
[307] Vgl. Schierenbeck (1994), S. 267.
[308] Vgl. Süchting (1998), S. 445.
[309] Vgl. Paul, Reckenfelderbäumer (1995), S. 239.

64

Inanspruchnahme der hinter den Gemeinkosten stehenden Tätigkeiten und Prozesse durch die jeweiligen Kalkulationsobjekte.[310] Dazu werden kostenstelleninterm Tätigkeiten zu Teilprozessen und kostenstellenübergreifend Teilprozesse zu wenigen unternehmensweiten Hauptprozessen zusammengefaßt, so daß sich mindestens eine zweistufige Prozeßhierarchie ergibt.[311] Für die identifizierten Hauptprozesse müssen Kostentreiber gefunden werden, die dann als Bezugsgrößen die Basis für die Verrechnung der Gemeinkosten bilden.[312]

Insgesamt wird deutlich, daß bei Anlegung strenger Maßstäbe kein entscheidungsadäquates Kostenrechnungsverfahren existiert, welches den zuvor aufgestellten Anforderungen vollkommen gerecht wird. Eine einseitige Kostenargumentation in Form einer an den Selbstkosten orientierten Angebotskalkulation ist als preisbezogene Entscheidungsunterstützung demnach abzulehnen. Die Fülle bankbetrieblicher Literatur zu kostenorientierten Preisen und zur Mindestmargenkalkulation läßt jedoch partiell den Eindruck aufkommen, daß der Preis als Funktion der innerbetrieblichen Kosten betrachtet wird. Tatsächlich ist der Einfluß der Kosten jedoch nur ein indirekter, da diese zusammen mit dem Preis und der Absatzmenge die unabhängigen Variablen der Gewinnfunktion darstellen.

Alle beschriebenen Ansätze leiden sowohl unter der Vernachlässigung der Marktkräfte und der bereits angesprochenen Verbundproblematik bei der bankbetrieblichen Leistungserstellung als auch unter dem fehlenden Kosten-Preis-Zusammenhang. Nach Auffassung von Krümmel sind die Kosten im Rahmen einer bankbetrieblichen Preisentscheidung nicht relevant,[313] weil dieser bis auf einen zu vernachlässigenden Anteil variabler Kosten keine Kosten zugerechnet werden können. Da bei Kreditinstituten überdies preispolitische Planungsperioden kürzer als kapazitätspolitische Planungsperioden sind,[314] werden preispolitische Entscheidungen unabhängig von Kapazitätskosten getroffen. In der Praxis orientieren sich Kreditinstitute bei der Planung ihrer Kapazitäten an der historisch höchsten Belastung. Nur bei Spitzenbelastung werden die vorhandenen Kapazitäten voll ausgelastet, so daß die fixen Kapazitätskosten als gegeben angesehen werden können. Diese eigenartige bankbetriebliche Kostenstruktur führt nach Krümmel dazu, daß Banken eine Gewinnmaximierung mittels Erlösmaximierung betreiben, indem sie ihren Gesamterlös bei der erwarteten Gesamtleistungsabnahme der Kunden unabhängig von den Kosten maximieren.

Stimmt die These des fehlenden Kosten-Preis-Zusammenhangs, sind Ansätze zur Differenzierung von Preisen nach Kostengesichtspunkten nicht optimal,[315] so daß es sinnvoller ist, erlösmaximale Preisstrategien anzustreben. Aus heutiger Sicht ist Krümmels Hypo-

---

[310] Vgl. allg. zur Prozeßkostenrechnung Cooper (1992), S. 360.
[311] Vgl. Coenenberg, Fischer (1991), S. 26.
[312] Vgl. Cooper (1992), S. 382.
[313] Vgl. hierzu sowie zu den folgenden Ausführungen Krümmel (1964), S. 227 ff.
[314] Vgl. Krümmel (1964), S. 196.
[315] Vgl. Gladen (1985b), S. 15.

these jedoch nur eingeschränkt zuzustimmen. Denn für die Wertkosten des liquiditätsmäßig-finanziellen Bereichs exisitiert mittlerweile mit der Marktzinsmethode ein entscheidungs-adäquates Instrument, das auch die Ermittlung von Preisuntergrenzen für Wertleistungen des Aktiv- und Passivgeschäftes weitgehend exakt erlaubt. Für die mit diesen Kredit- oder Anlageleistungen verbundenen Dienstleistungsgeschäfte hingegen ist eine Bestimmung von Preisuntergrenzen wegen des Gemeinkostenschlüsselungsproblems bei der Verteilung der Kosten des Betriebsbereichs nicht möglich.[316] Somit sollte genauer von einem schwachen Kosten-Preis-Zusammenhang bei bankbetrieblichen Preisentscheidungen gesprochen werden.

Da sowohl Personal- und Sachkosten als fixe Kosten der Betriebskapazität und -bereitschaft als auch die Geldbeschaffungskosten nicht einzelnen Leistungsarten zugerechnet werden können, gibt es im Grunde keine kurzfristige Preisuntergrenze für einzelne Sortiments-leistungen.[317] Auch weil es bei der Analyse des Preismanagements um die Optimierung eines Preissystems geht, ist kurzfristig nicht notwendigerweise eine Kostenrechnung pro Produkt erforderlich. Definitionsgemäß werden dabei die Preise aller Leistungen gleichermaßen berücksichtigt. Wird das Preissystem als Vektor aller Preise $\bar{p}$ aufgefaßt und mit dem Vektor der Absatzerfolge $\bar{a}$ multipliziert, ergeben sich die Erlöse E .

$$\bar{p} \bullet \bar{a} = E \qquad\qquad (4)$$

Hieraus folgt bei Betrachtung des Gewinns als Differenz aus Erlösen und Kosten, daß bei kurzfristiger Betrachtung des Gewinnmaximierungsziels keine Kostenrechnung pro Produkt notwendig ist. Bei langfristiger Betrachtung konstatiert Krümmel jedoch, daß die Gesamterlöse immer den Block fixer Kapazitätskosten decken müssen.[318] Aus diesem Grunde wird bei isoliert erlösorientierter Preisfestlegung und Vernachlässigung der Kostenseite zumindest langfristig die Existenz des Unternehmens unzureichend berücksichtigt.

Den folgenden Ausführungen wird die These eines schwachen Kosten-Preis-Zusammenhangs zugrunde gelegt. Danach betreiben Kreditinstitute langfristige Gewinnmaximierung als Erlösmaximierung. Vor diesem Hintergrund sind im Rahmen der Marketingmodell-Entwicklung unter der praxisnahen Annahme gegebener Kapazitätskosten die Gewinnwirkungen verschiedener Preisstrategien zu beurteilen. Einseitig an den Selbstkosten orientierte Ange-botskalkulationen sind für die Bankpreisgestaltung abzulehnen. Für den langfristigen Planungshorizont ist ein entscheidungsunterstützendes Kostenrechnungssystem zu fordern, das die Problematik der Gemeinkostenschlüsselung ähnlich wie die prozeßorientierte

---

[316] Vgl. Slevogt (1981), S. 324.
[317] Vgl. Krümmel (1964), S. 225 f.
[318] Vgl. Krümmel (1964), S. 225 f.

66

Standardeinzelkostenrechnung weitestgehend überwindet, aber gleichzeitig die Marktdeterminanten integriert.

1.3.2. Marketingbezogene Einflußfaktoren

Aus der Notwendigkeit, bei der Preisgestaltung die Markterfordernisse als externe Einflußfaktoren zu berücksichtigen, ergibt sich die Bedeutung des Bankmarketings als interner Einflußfaktor. Wenn untersucht werden soll, welche Rolle der Preis innerhalb des Marketingsystems einer Bank spielt, muß zunächst danach gefragt werden, was genau die Besonderheiten des Bankmarketings sind. Daraus lassen sich dann die grundsätzlichen Problemkreise der bankbetrieblichen Preisgestaltung isolieren, die als Grundlage für die weiteren Überlegungen des zu entwickelnden Marketingkonzepts dienen. Daneben führen allgemeine Tatbestände des Marketings zu einer Komplexität, die sich auch bei der bankbetrieblichen Preisentscheidung wiederfindet und in deren Umsetzung fortsetzt.

Bankleistungen sind abstrakt, regelmäßig an detaillierte vertragliche Bestimmungen gebunden und betreffen das vertrauensempfindliche Gut "Geld". Die Absatzbeziehung mit dem Kunden findet über einen Zeitraum hinweg statt. Leistungsinhalt und Leistungsumfang der Einzelgeschäfte sind in hohem Maße heterogen.[319] Die sich daraus ergebenden Determinanten Erklärungsbedürftigkeit und Vertrauensempfindlichkeit sind nach Süchting im Marketingsystem einer Bank zu berücksichtigen.[320]

Die Komplexität des Marketings im allgemeinen resultiert aus verschiedenen dynamischen und externen Einflüssen,[321] auf die bereits bei der Betrachtung der externen Einflußfaktoren eingegangen wurde. Bei der Entwicklung von Konzepten für das Bankmarketing muß jedoch darüber hinaus in Betracht gezogen werden, daß einige typische Eigenschaften aus der internen Marketingumgebung eine Vorhersage und Kontrolle der Effekte von Marketingentscheidungen erheblich erschweren. Bei der Betrachtung der bankbetrieblichen Preisgestaltung sind daher interne Interdependenzen einzubeziehen, die üblicherweise aus der Eigenschaft des Mehrproduktunternehmens entstehen. Bereits bei der Analyse der Kostenstrukturen ist auf die Verbundproblematik in der Leistungserstellung hingewiesen worden. In gleicher Weise existieren Verbundwirkungen auf der Absatzseite, die dazu führen, daß die Preisentscheidung für eine bestimmte Bankleistung von einem anderen Produkt des

---

[319] Vgl. Goedecke, Steltzner (1980), S. 74 f.; Gladen (1985b), S. 49.
[320] Vgl. Süchting (1998), S. 620 f.
[321] Vgl. allgemein Lilien, Kotler, Moorthy (1992), S. 4 ff.

Sortiments oder auch der Produktlinie abhängt. In diesem Kontext ist zu ergänzen, daß Banken mit einem sehr heterogenen Leistungsprogramm auf verschiedenen Märkten und mit unterschiedlichen Vertriebsformen agieren.

Unter Einbeziehung dieser Interdependenzen gilt es im folgenden, die möglichen Interaktionen der nichtpreislichen Instrumente des Marketing-Mix mit der Preisgestaltung zu analysieren. Aus praxeologischer Perspektive ist diese Analyse um so wichtiger, als die Preispolitik regelmäßig nicht isoliert, sondern kombiniert mit anderen Instrumenten eingesetzt wird.[322] Die daraus resultierenden Konsequenzen müssen verdeutlicht und bei der Konstruktion von Marketingmodellen für Preisentscheidungen berücksichtigt werden. Auch weil die indirekten Effekte oft stärker als die direkte Absatzwirkung von Preisvariationen sind, konzentrieren sich die nachfolgenden Ausführungen auf die Analyse der Einflüsse der Produktpolitik, der Distributionspolitik und der Kommunikationspolitik auf die bankbetriebliche Preisgestaltung. Aus analytischen Gründen wird, getrennt davon, jeweils auch die umgekehrte Wirkungsrichtung betrachtet. Diese Trennung ist jedoch künstlich, weil die Beziehungen zwischen preislichen und nichtpreislichen Marketinginstrumenten interdependent sind. Die übrigen betrachteten Ursachen, die für die Komplexität von Preisentscheidungen verantwortlich sind, werden dabei implizit behandelt.

1.3.2.1. Produktpolitik

Produktpolitik umfaßt alle Maßnahmen, bei denen eines oder mehrere Produkte als absatzwirtschaftliche Instrumente eingesetzt werden.[323] Diese Definition erfordert jedoch eine Klärung des Begriffs Produkt.[324] Da auf die Besonderheiten von Bankprodukten noch detailliert unter dienstleistungstheoretischen Gesichtspunkten eingegangen wird, soll den folgenden Ausführungen die allgemeine Auffassung des Produktes als einer gebündelten Menge von Eigenschaften zugrunde gelegt werden.[325]

Auf der Grundlage dieser Definition kann auch der Preis als Element des Eigenschaftsbündels betrachtet werden. Preisgestaltung wird somit gleichzeitig zum Gegenstand der Produktpolitik und ist von dieser nicht ohne weiteres zu trennen. Kreditinstitute können sich wegen der interinstitutionellen Homogenität ihrer Produkte kaum noch auf andere Weise von Mitbewerbern differenzieren als durch den Preis. Für viele Bankleistungen ist allein der Preis das die Nachfrage bestimmende Merkmal, welches

---

[322] Vgl. Simon (1992a), S. 620 f.
[323] Vgl. Sabel (1971), S. 47.
[324] Vgl. Brockhoff (1993), S. 11.
[325] Vgl. Chmielewicz (1968), S. 126.

verbleibende Eigenschaftsausprägungen in den Hintergrund treten läßt. Oft ist nur noch der Preis das Produkt.[326] Insbesondere für Leistungen des Passivgeschäfts kann der Preis als das dominierende Merkmal angesehen werden, nachdem die steigende Zinselastizität bei verhandlungsstarken Kunden zu einer abnehmenden Bankloyalität und im Bereich der Einlagen zu einem Konditionentourismus geführt hat.

Bei der Untersuchung der bankbetrieblichen Produktpolitik kann in Leistungsartenpolitik und Leistungsprogrammpolitik unterschieden werden.[327] Während erstere sich auf die Gestaltung einer bestimmten Bankleistung bezieht, umfaßt letztere die Variation des qualitativen Leistungsangebots innerhalb des Sortiments einer Bank. Ob sich aus der Produkt- oder Sortimentsvariation die angestrebten Preisgestaltungsspielräume für die Kreditinstitute eröffnen, hängt von den Kosten-Nutzen-Evaluierungen der Kunden ab und kann erst im Zusammenhang mit einer verhaltensorientierten Analyse abschließend beantwortet werden. An dieser Stelle wird ausschließlich überprüft, inwieweit sich Restriktionen oder Möglichkeiten der Preisgestaltung ableiten lassen, die aus den Interaktionen von Preis- und Leistungsgestaltung im Rahmen der Marketinginstrumente-Kombination entstehen.

1.3.2.1.1. Leistungsartenpolitik

Im Rahmen der Leistungsartenpolitik werden sämtliche Entscheidungen und Maßnahmen im Entwicklungsprozeß einer neu zu konzipierenden Bankleistung getroffen. Unabhängig, ob es sich dabei um die Modifikation bestehender Bankleistungen (Leistungsartendifferenzierung) oder die Entwicklung innovativer Leistungsarten (Leistungsartendiversifikation) handelt,[328] ergibt sich die Frage nach der adäquaten Preisgestaltung. Die Festlegung eines Preises muß nicht nur die Interessen des Kreditinstitutes im Rahmen der bankbetrieblichen Oberziele sondern auch die des Nachfragers berücksichtigen, wenn sich das Produkt am Markt durchsetzen soll. Damit verbunden sind verschiedene Problemkreise. Es muß im Rahmen des Preismanagements beurteilt werden, ob der Innovationsgrad der Leistungsarten-diversifikation eine Hochpreisstrategie rechtfertigt oder etwa eine dynamische Preisgestaltung entlang des Produktlebenszyklus denkbar ist. In gleicher Weise ist zu fragen, inwiefern für den Kunden aus einer Leistungsartendifferenzierung ein Zusatznutzen resultiert, der einen Preisaufschlag ermöglicht.

Dem marketingorientierten Ansatz dieser Untersuchung folgend wird jede Veränderung der Produkteigenschaften, die dazu führt, daß das Kreditinstitut in einem bisher noch nicht

---

[326] Vgl. Moebs, Moebs (1986), S. 19.
[327] Vgl. Büschgen (1998), S. 673 ff.
[328] Vgl. Büschgen (1998), S. 673.

bearbeiteten Teilmarkt agiert, als Bankleistungsinnovation bezeichnet.[329] Der Einfluß von Produktinnovationen auf die Preisgestaltung äußert sich regelmäßig in zwei preispolitischen Alternativen.[330] Einerseits kann die Markteinführung neuer Produkte mit dem Ziel, Marktwiderstände abzubauen und eine möglichst schnelle Marktpenetration zu erreichen, über einen besonders niedrigen Anfangspreis erfolgen. Diese Penetrationspreisstrategie dient der Erschließung großer Absatzmengen bei geringen Stückkosten. Eine zweite strategische Option ist die Abschöpfungspreispolitik, welche darauf abzielt, kurzfristige Monopolgewinne als Konsequenz eines hohen Einführungspreises zu realisieren. Während diese Preisstrategien für Sachgüter durchaus praktische Relevanz besitzen,[331] muß ihre Bedeutung für Bankleistungen noch genauer untersucht werden.

Mit der Leistungsartendifferenzierung streben Banken die Schaffung nachfrageseitiger Präferenzen durch Veränderung bestehender Bankprodukte an. Gegenstand von Produktmodifikationen können dabei neben dem Preis eines oder mehrere der folgenden Eigenschaftselemente der Bankleistung sein, die von den Ausprägungen bei Sachgütern nicht unwesentlich abweichen,[332] weil die Veränderung ästhetischer Produkteigenschaften wegen der Abstraktheit der Bankleistungen irrelevant ist:

Tabelle 4: Ansatzpunkte für nichtpreisliche Leistungsartendifferenzierungen.

Gegenstand der Leistungsartendifferenzierung	Beispiel
1. Funktionale Eigenschaften	Qualität, Umgestaltung prozessualer Elemente der Leistungserstellung (wie z.B. Zeit, Automatisierung, Einbeziehung des Nachfragers)
2. Symbolische Eigenschaften	Markierung
3. Zusatzleistungen	Beratung

Quelle: Eigene Erstellung.

Das dominierende leistungspolitische Merkmal einer Bankleistung ist mehr noch als bei anderen Dienstleistungen[333] die Qualität. Nur bei hoher und langfristig gleichbleibender Qualität der Leistungserstellung bezüglich unterschiedlicher Kunden ist die Schaffung eines preispolitischen Spielraumes für vertrauenssensible Dienstleistungen überhaupt erst denkbar. Infolge von Mehrfachbankverbindungen werden Nachfrager mit steigendem ökonomischen Bildungsgrad den Merkmalen Leistungsqualität und Preis gleichzeitig erhöhte Aufmerksamkeit schenken und diese im Rahmen ihres Kaufentscheidungsprozesses permanent

---

[329] Vgl. die allgemeine Definition der Produktinnovation bei Brockhoff (1993), S. 22.
[330] Vgl. Simon (1992a), S. 293 ff.
[331] Vgl. Meffert (1998), S. 332 f.
[332] Vgl. allgemein für Sachgüter Meffert (1998), S. 325 f.; Nieschlag et al. (1997), S. 234 ff.
[333] Vgl. Berry, Parasuraman (1992), S. 15 ff.

vergleichen. Bei Bankleistungen handelt es sich jedoch um immaterielle Leistungsversprechen, deren Qualität in der Akquisitionsphase noch nicht beurteilt werden kann. Somit kommt dem Preis als leicht vergleichbarem Merkmal eine hohe Bedeutung zu, weil interinstitutionelle Qualitätsunterschiede der homogenen Bankleistungen für den Kunden oft auch nach Inanspruchnahme der Leistung nicht wahrnehmbar sind. Untersucht werden muß daher, inwieweit der Preis auch für Bankleistungen nachfrageseitig als Qualitätsindikator herangezogen wird und ob Kreditinstitute dieses Phänomen im Rahmen von Preisstrategien nutzen können.

Die Frage, inwieweit die Umgestaltung der zeitlichen Dimension des Leistungserstellungsprozesses preispolitische Spielräume eröffnet, muß differenziert beantwortet werden. Während dem Kunden aus der Reduzierung von Wartezeiten oder Abwicklungszeiten in der Bank regelmäßig höhere Bedürfnisbefriedigungsbeiträge erwachsen, führt eine Verkürzung der Transaktionszeit nur bei kontaktarmen Routineleistungen wie etwa der Bargeldabhebung zu einem Zusatznutzen. Dagegen würde sowohl eine Erweiterung wie auch eine Begrenzung der Beratungszeit wohl kaum Preisgestaltungsmöglichkeiten eröffnen, weil diese bei den Filialbanken nachfrageseitig als selbstverständlich und unentgeltlich aufgefaßt wird. Das gleiche gilt für die Reduzierung von Transferzeiten zur Hausbank durch die Einführung des Homebanking. Die zeitlichen Präferenzen der Bankleistungsnachfrager sind so hoch, daß bereits seit langem telefonische Aufträge im Bankgeschäft üblich sind. Dieses vollzieht sich allerdings in Form eines persönlichen Kontaktes mit dem Kundenberater. Deswegen führt auch eine Automatisierung von Bankleistungen regelmäßig nur zu eingeschränkten Möglichkeiten der Preisstellung.

Größeren Einfluß auf die bankbetriebliche Preisgestaltung hat dagegen der Umfang der Einbeziehung des Nachfragers in den Leistungserstellungsprozeß. Bankkunden werden in Abhängigkeit vom betrachteten Produkt in unterschiedlichem Maße in den Dienstleistungsprozeß involviert. Wenn Teilbereiche der Aktivität des Nachfragers durch eine Leistungsartendifferenzierung von der Bank übernommen werden, kann von einer Internalisierung der Bankleistung gesprochen werden.[334] Der gegenteilige Fall einer erweiterten Beteiligung des Nachfragers am Leistungserstellungsprozeß wird als Externalisierung bezeichnet. Am Beispiel des Vermögensverwaltungsgeschäfts wird im Vergleich zur normalen Wertpapierberatung, bei der ein Kunde die Anlageentscheidung letztlich selbst trifft, erkennbar, daß mit der Internalisierung eine Erhöhung der Wertschöpfungstiefe verbunden ist. Für bequeme, risikoscheue oder nicht sachkompetente Bankkunden resultiert hieraus ein Zusatznutzen, der entsprechend bepreist werden kann. Dagegen ist die Externalisierung von Leistungen eher mit Preisreduzierungen verbunden. Die Verlagerung von Aktivitäten des

---

[334] Vgl. hierzu sowie zu den folgenden Ausführungen allgemein Meffert, Bruhn (1997), S. 303 f.

Leistungserstellungsprozesses auf den Kunden setzt nachfrageseitig entsprechende Fähigkeiten voraus und führt beim Kreditinstitut zu Kostenvorteilen. Mit zunehmendem ökonomischen Bildungsgrad erwarten die Bankkunden, daß die so eingesparten Kosten der Leistungserstellung an die Abnehmer in Form von Preisvorteilen weitergegeben werden. So kann ihnen der für die Bank wegfallende Stückkostenanteil bei nachfrageseitiger Erfassung einer Überweisung durch Homebanking beispielsweise in Form einer verminderten Postengebühr angerechnet werden. Die Externalisierung von Leistungen führt bei verursachungsgerechter Betrachtungsweise somit zu einer Einschränkung des Preisgestaltungsspielraums.

Mit der Leistungsartenpolitik sind darüber hinaus markenpolitische Funktionen und Zielsetzungen verbunden. Da die Variation von Produktmerkmalen wie Design, Farbe und Form der Verpackung für Kreditinstitute nicht möglich ist, besteht der Nutzen einer Marke überwiegend im Imageaufbau und einer Schaffung von Identifikationspotentialen im Sinne einer Corporate Identity[335] und kann damit auch der Kommunikationspolitik zugerechnet werden. Obwohl sich eine Markierung von Produkten aufgrund der Homogenität der Leistungsprogramme zwischen unterschiedlichen Kreditinstitute schwierig gestaltet, sollte als ein wesentliches produktpolitisches Ziel die nachfrageseitige Präferenzbildung durch Markierung verfolgt werden.

Wenn als Beispiel für den Einfluß der Variation von Zusatzleistungen auf die Preisgestaltung die Beratung genannt wird, erscheint dies zunächst paradox, weil diese Eigenschaftsausprägung bei Bankprodukten nicht isoliert bepreist wird.[336] Die Beratung wurde stets implizit als Teil der Produktkalkulation abgegolten, indem die zurechenbaren Kosten in Zinsmargen oder Transaktionsspesen enthalten waren. Dadurch entstand beim Kunden der Eindruck, die Beratung sei eine unentgeltliche Serviceleistung der Bank. Folglich ergibt sich hieraus zunächst kein preispolitischer Spielraum. Mit der Einführung von Direktbanken, welche für die reine Transaktion ohne Beratung geringere Provisionssätze erheben, sollte jedoch auch dem Verbraucher deutlich werden, daß die Beratung eine Zusatzleistung ist und insbesondere im Wertpapiergeschäft einen Preis hat. Durch Externalisierung der Informationsbeschaffung und -auswertung ist die Beratungsleistung für die Direktbanken eine Zusatzleistung geworden, die dem Kunden als Anlageberatungs-programm auf Diskette gegen Entgelt oder kostenlos zur Verfügung gestellt werden kann. Mit der Diffusion der Direktbankleistungen und der damit verbundenen Aufspaltung der Wertschöpfungskette in Transaktion und Beratung sind zwei Marktsegmente entstanden. Ein Teil der Klientel ist direktbankaffin und nicht bereit, die Beratungsleistung zu entlohnen, weil sie ihren Wert als gering erachtet. Einem anderen Teil der Bankkunden erwächst aus der

---

[335] Vgl. Meffert, Bruhn (1997), S. 321.
[336] Vgl. Slevogt (1996), S. 748.

Anlageberatung ein Zusatznutzen, welcher in einer entsprechenden Bereitschaft mündet, die höheren Filialbankprovisionen zu bezahlen. Desgleichen werden Filialbankkunden für Leistungen des Passivgeschäfts regelmäßig geringere Zinsen als Direktbankkunden erhalten, profitieren andererseits jedoch von der aktiven Anlageberatung namentlich im Kontext mit dem Laufzeitenmanagement ihrer Einlagen. Während Direktbanken also aufgrund der vom Kunden erwarteten verursachungsgerechten Bepreisung Kostenvorteile aus dem Verzicht auf Beratung in Form geringerer Provisionen und höherer Zinsen für Passivleistungen beziehungsweise geringerer Zinsen für Aktivleistungen weitergeben müssen, können sich für die Filialbanken hingegen durchaus Preisgestaltungsspielräume eröffnen. Voraussetzung dafür ist eine Aufwertung der Beratung als qualitativ hochwertige Zusatzleistung durch eine bewußte Abgrenzung von nichtberatenden Kreditinstituten. Inwieweit alternative Preisgestaltungsmöglichkeiten wie etwa ein explizites Honorar für die Beratung am Markt durchsetzbar sind, ist im Rahmen der Implementierung von Preisstrategien an späterer Stelle zu untersuchen.

Insgesamt kann festgehalten werden, daß der Einfluß der Leistungsartenpolitik auf die bankbetriebliche Preisgestaltung unterschiedlich stark ist und davon abhängt, welche Eigenschaftsausprägung der Bankleistung Gegenstand der Produktmodifikation ist. Wesentlich bedeutender aber als die Auswirkungen der Leistungsartendifferenzierung auf den Preis ist die umgekehrte Wirkungsrichtung. Wenn eine Bank für eine bestimmte Leistung einen höheren Preis fordern möchte als relevante Mitbewerber, so muß der nachfrageseitig entgangene Nutzen in Höhe des Mehrpreises durch einen Zusatznutzen ausgeglichen werden, der aus der Variation der funktionalen Eigenschaften, der symbolischen Eigenschaften oder der Zusatzleistungen resultieren kann. Eine wirkungsvolle Implementierung von Preisstrategien in Abhängigkeit von Leistungsvariationen ist demnach nur gewährleistet, wenn der Zusatznutzen, der einem Kunden daraus erwächst, gemessen und bewertet werden kann. Diese Frage der Nutzenquantifizierung und der Festlegung eines nutzenadäquaten Preises ist eingehender im Zusammenhang mit der Umsetzung von Preisentscheidungen zu analysieren.

1.3.2.1.2. Leistungsprogrammpolitik

Entscheidungen zur Leistungsprogrammpolitik umfassen sowohl die Zusammensetzung als auch die Variation der qualitativen Struktur des Gesamtsortiments einer Bank.[337] Gestaltungsmöglichkeiten beruhen auf der Veränderung des Sortiments durch horizontale oder vertikale Programmerweiterungen als Folgen der Leistungsartendiversifikation oder der Leistungsartendifferenzierung. Im Gegensatz zu dieser Erhöhung der Sortimentsbreite und

---

[337] Vgl. hierzu sowie zu den folgenden Ausführungen Büschgen (1998), S. 675 ff.

Sortimentstiefe trägt eine Programmbereinigung durch Eliminierung von Leistungsarten zu einer Sortimentsverengung bei.[338]

Ob sich aus dem Mehrproduktcharakter von Banken Konsequenzen für das Preismanagement ergeben, hängt zunächst davon ab, inwieweit überhaupt absatzseitige Inderdependenzen zwischen den einzelnen Sortimentsteilen bestehen.[339] Wenn bankleistungsspezifische Verbundeffekte nachgewiesen werden können, muß anschließend überprüft werden, wann Programmerweiterungen oder Programmbereinigungen zu einer Ausweitung oder Einschränkung von Preisgestaltungsspielräumen führen. Daneben gilt es, die preisbezogenen Auswirkungen zu untersuchen, die durch die sortimentspolitische Maßnahme der Bündelung induziert werden. Weil auch die Sortiment-Preis-Interaktion eine wechselseitige ist, müssen in gleichem Maße die Rückwirkungen der Preisgestaltung auf die Leistungsprogrammgestaltung betrachtet werden.

In der Literatur des Bankmarketings werden die Verbundeffekte im Leistungsprogramm ganz im Gegensatz etwa zu den vergleichbaren Problemen der Sortimentspolitik im Einzelhandel[340] nahezu vernachlässigt. In bankbetriebswirtschaftlichen Aufsätzen wird oft von "Cross-Selling" oder dem Girokonto als "Drehscheibe" gesprochen, und somit werden implizit dynamische Verbundeffekte auf der Absatzseite unterstellt.[341] Empirische Untersuchungen, welche Aussagen über deren Richtung oder Stärke machen, existieren nicht. Infolgedessen muß sich die vorliegende Arbeit an dieser Stelle auf die rein deskriptive Analyse der Einflüsse von Verbundwirkungen auf die Preisgestaltung unter Rückgriff auf vorangegangene Ergebnisse beschränken.

Absatzwirtschaftliche Interdependenzen zwischen Leistungen können im wesentlichen auf zwei Ursachen zurückgeführt werden, die in der Differenzierung in Nachfrageverbund und Bedarfsverbund Eingang in die Marketingliteratur gefunden haben.[342] Nachfrageverbundwirkungen entstehen ursächlich aus Beschaffungsvorteilen für den Kunden, dem die Möglichkeit gegeben wird, im Rahmen eines One-Stop-Shoppings mehrere Leistungen an einem Ort zu erwerben. Die damit verbundene Reduzierung von Such-, Informations- und anderen Transaktionskosten bei der Kaufentscheidung führt zu einer Rationalisierung des Nachfrageprozesses. Bedarfsverbundwirkungen hingegen resultieren aus Vorteilen in der Verwendung der nachgefragten Leistungen, die zueinander in komplementären Beziehungen stehen. Beispielsweise induziert der Abschluß eines Ratenkredits gleichzeitig die Nachfrage nach Zahlungsverkehrsleistungen zur Bedienung des Darlehens. Auf einen positiven

---

[338] Vgl. Hossenfelder (1987), S. 72 ff.

[339] Vgl. Simon (1992a), S. 423.

[340] Zu Verbundwirkungen im Sortiment bei Handelsunternehmen vgl. Möhlenbruch (1994), S. 61 ff. sowie die dort angegebene Literatur und insbesondere Stahl (1977).

[341] Vgl. Gladen (1985b), S. 79.

[342] Vgl. Möhlenbruch (1994), S.62.

Absatzeffekt aus Bedarfsverbundwirkungen kann jedoch nicht eindeutig geschlossen werden, wenn neben komplementären gleichzeitig auch substitutive Beziehungen im bankbetrieblichen Sortiment aufgezeigt werden können. Aus der mit der Abnahme der Bankloyalität verbundenen Zunahme der Mehrfachbankverbindungen wird das Argument des Nachfrageverbundes zumindest fragwürdig. Vor allem wegen der steigenden Einkaufswirtschaftlichkeit von Bankleistungen durch neue Vertriebswege und sinkender nachfrageseitiger Informations- und Suchkosten werden durch Beschaffungsvorteile ausgelöste Verbundeffekte mittelfristig abnehmen.[343] Gleichzeitig ist die Bedeutung der Leistungsprogramminterdependenzen aus dem Bedarfsverbund zu relativieren. Einerseits dürfte sich zwar der Bedarf nach Problemlösungen aufgrund des zu erwartenden wachsenden privaten Geldvermögens ausdehnen und damit die Nachfrage nach kontaktintensiven Bankleistungen zunehmen. Andererseits kann unter praxeologischen Aspekten die Ansicht Hossenfelders vertreten werden, der im Gegensatz zu Gladen an die Überschätzung der Bedeutung des Cross-Selling glaubt.[344] Danach sind die aus den Bemühungen des Cross-Selling entstehenden gemeinsamen Nachfrageeffekte nicht den Bedarfsverbundwirkungen zuzurechnen, sondern in erster Linie Ergebnis der Akquisitions- und Verkaufsqualitäten der Kundenberater.[345] In diesem Zusammenhang paßt die Skepsis vieler Bankmanager, die beobachten, daß sich im Zeitalter der Zweit- und Drittbankverbindungen das Girokonto immer weniger als Zubringer für weitergehenden intertemporären Produktverkauf eignet.[346]

Als ein Indiz für die Existenz von substitutiven Beziehungen können exemplarisch die Absatzeinbußen und Margenverschlechterungen im Passivbereich bei der Einführung von Geldmarktfonds herangezogen werden. Der sich dadurch eröffnende Zugang des Kunden zu Geldmarktkonditionen hatte eine Substitutionskonkurrenz zu Termineinlagen zur Folge.

Als Zwischenergebnis aus diesen Betrachtungen kann festgehalten werden, daß Absatzverbundeffekte schon aufgrund der Annahme eines unvollkommenen Marktes und der damit einhergehenden Marktintransparenz als gegeben angesehen werden müssen. Obwohl die Bedeutung vorhandener Programminterdependenzen für die Bankpreisgestaltung unter Berücksichtigung der externen Einflußfaktoren relativiert werden kann, dürfen diese Interaktionen zwischen Preis- und Leistungsprogrammgestaltung im Zuge des Preismanagements dennoch nicht vernachlässigt werden. Unter Berücksichtigung der Existenz von Absatzverbundeffekten sollte der Preis einer Bankleistung um die induzierten Wirkungen auf andere Elemente des Leistungsprogramms korrigiert werden, um eine zieladäquate Preisentscheidung zu gewährleisten.

---

[343] Vgl. Hossenfelder (1987), S. 155 ff.
[344] Vgl. Gladen (1985b), S. 79; Hossenfelder (1987), S. 160.
[345] Vgl. Regli (1988), S. 88 f.
[346] Vgl. das Ergebnis der Expertenbefragung im Anhang Tabelle A9 und Tabelle A10.

Die Frage, ob sich aus Programmerweiterungen Implikationen für die Preisgestaltung ergeben, muß differenziert betrachtet werden. Zunächst münden die Zunahme der Sortimentsbreite und -tiefe in zusätzliche Preisgestaltungsspielräume, wenn dem Bankkunden ein Nutzen aus den Beschaffungsvorteilen erwächst. Allerdings hat dadurch gleichzeitig der Katalog von Klein- und Nebengebühren ein erhebliches Ausmaß angenommen. Einhergehend mit steigender Intransparenz führt dieses zusammen mit der Substitutivität einzelner Leistungen zu nachfrageseitiger Unsicherheit. Die Frage nach preispolitischen Möglichkeiten oder Einschränkungen als Ergebnis dieser Unsicherheit kann erst mit der Analyse des nachfrageseitigen Preisverhaltens beantwortet werden. Für die Bank indes entsteht dann, wenn eine Programmerweiterung durch eine Leistungsartendiversifikation erfolgt, aus bisher unbekannten Leistungserstellungs- und Absatzbedingungen ein vergleichsweise höheres Mißerfolgsrisiko als bei Leistungsartendifferenzierungen.[347] Dies impliziert, daß bei einer einzelleistungsbezogenen Preisstellung für neue Leistungen eine größere Risikokomponente einzukalkulieren ist als bei der Modifikation bestehender Bankprodukte. Durch die Streuung des Angebots auf verschiedene Leistungsarten kann jedoch das Risiko bezüglich des Gesamtsortiments durchaus sinken,[348] so daß nicht mehr notwendige Preisbestandteile aus der Bepreisung des Gesamtrisikos an die Nachfrager weitergegeben oder einbehalten werden können.

Auch bankbetriebliche Programmbereinigungen haben aufgrund absatzpolitischer Interdependenzen Einfluß auf Preisentscheidungen. Wenn bestimmte Leistungen oder Varianten einer Leistung aus dem Programm eliminiert werden, besteht bei hoher Leistungsverbundenheit mit komplementären Sortimentselementen die Gefahr, daß bei den verbleibenden Leistungsarten Absatzrückgänge induziert werden.[349] Je größer dieser negative Absatzeffekt ist, desto weniger können die damit verbundenen Gewinneinbußen durch Preiserhöhungen bei den komplementären Produkten aufgefangen werden. Auch bei substitutiven Absatzbeziehungen zwischen Bankprodukten ist eine Programmbereinigung nicht ohne Folgen für die Preisentscheidung. Der negative Absatzeffekt aus der Eliminierung von Leistungen wird nur dann von einem positiven Absatzeffekt kompensiert, wenn die Nachfrager vollständig auf die substitutiven Produkte im eigenen Unternehmen ausweichen. Zu Kundenabwanderungen kommt es bei gegebener Markttransparenz und Bankloyalität jedoch nur dann nicht, wenn der kundenseitige Nutzen aus der Inanspruchnahme der verbleibenden Leistungen dem Nutzen aus der eliminierten Leistung entspricht. Ansonsten ist die Schaffung nachfrageseitiger Präferenzen für die verbleibende Leistung bereits wegen der Homogenität der Bankprodukte einfacher durch Preissenkungen als durch andere Eigen-

---

[347] Vgl. Siewert (1983), S. 261.
[348] Vgl. Siewert (1983), S. 265.
[349] Vgl. Büschgen (1998), S. 676.

schaftsausprägungen möglich. Diese Strategie ist um so notwendiger, je schlechtere Substitute die eliminierte und die substitutive Bankleistung vor der Programmverengung waren.

Als weitere leistungsprogrammpolitische Maßnahme ist schließlich die Bündelung von Einzelleistungen und ihr Einfluß auf die Preisgestaltung zu untersuchen. Gerade bei Banken als Mehrproduktunternehmen bietet sich die Leistungsbündelung an und wird regelmäßig in Verbindung mit preispolitischen Aktionen eingesetzt.[350] Sowohl die Bündelung von Sortimentsteilen allein als auch kombiniert mit Preisgestaltungsmaßnahmen ermöglichen es dem Leistungsanbieter, sich vom Preiswettbewerb abzukoppeln, weil dadurch ein direkter Preisvergleich von Leistungspaketen verschiedener Banken für den Kunden erschwert wird.[351] Für das Kreditinstitut ergibt sich daraus der Vorteil, daß bei Anwendung einer Mischkalkulation ein für Bank und Kunde angemessener Gesamtpreis berechnet werden kann. Am Beispiel eines Firmenkredits wird deutlich, daß aus der Leistungsbündelung Preisgestaltungsspielräume abzuleiten sind. Das Unternehmen hat bei der Bank oft nur einen Preis in Form des Kreditzinses zu zahlen, obwohl das Leistungspaket ebenso eine Bilanzanalyse, eine Investitionsrechnung, eine Auswertung über relevante Mitbewerber und die komplette Antragstellung für öffentliche Fördermittel beinhaltet. Wenn der Nutzen für den Kunden aus diesem Paketangebot größer ist als aus einer Bereitstellung von Zahlungsmitteln allein, kann die Bank eine höhere Marge durchsetzen und einen höheren Zins für den Kredit fordern als ein Konkurrenzinstitut. Während es zu den Usancen von Handelsunternehmen gehört, daß der Bündelpreis niedriger ist als die Summe der Einzelpreise, existieren bei Bankleistungen wie im obigen Beispiel oft gar keine Einzelpreise. In diesem Fall wirkt die Tatsache, daß für den Bankkunden eine Preis-Leistungsevaluierung zwischen dem Bündel und der Menge aus Einzelleistungen nicht möglich ist, den sich eröffnenden Konditionsspielräumen entgegen. Aber nicht nur aus der Zusammenfassung von Einzelleistungen resultieren erweiterte Preisgestaltungsmöglichkeiten. Auch eine Entbündelung von Leistungspaketen kann sinnvoll sein,[352] wenn die Preiselastizitäten für die Einzelleistungen geringer sind als die für das gesamte Produktpaket, so daß für die Bank höhere Gewinnspannen möglich sind. Diese Leistungsdifferenzierung ist in der bankbetrieblichen Literatur jedoch bisher noch nicht betrachtet worden. Den Möglichkeiten eines Bundling oder Unbundling von Bankleistungen und den daran geknüpften Preisstrategien wird demzufolge im weiteren Verlaufe der Untersuchung erhöhte Aufmerksamkeit geschenkt werden.

Neben den Einflüssen von Leistungsprogrammvariationen auf den Preis existieren gleichzeitig sortimentspolitische Rückwirkungen, die bei der bankbetrieblichen Preisgestaltung in Betracht gezogen werden müssen. Der Einfluß der bankbetrieblichen

---

[350] Vgl. Guilitinan (1987), S. 74.
[351] Vgl. Meffert, Bruhn (1997), S. 417.
[352] Vgl. Wilson et al. (1990), S. 123 ff.; Simon (1992a), S. 425.

Preisgestaltung auf die Leistungsprogrammpolitik äußert sich zunächst im Hinblick auf Progammbereinigungen. In der bankbetrieblichen Literatur werden selektive Preissenkungen vorgeschlagen,[353] um bestimmte Bankleistungen aufgrund von Rentabilitäts-, Liquiditäts- oder Kapazitätsüberlegungen aus dem Sortiment zu entfernen, indem die Lenkungsfunktion des Preises mit dem Ziel einer Nachfrageverlagerung ausgenutzt wird. Ein solcher Einsatz des preispolitischen Instrumentariums erfordert jedoch nicht nur die unternehmensindividuelle Analyse der Art und des Ausmaßes bankbetrieblicher Absatzverbundeffekte zwischen den einzelnen Leistungen, sondern auch die Kenntnis der konkurrenz- und nachfragedeterminierten Marktreaktion auf die Preisvariation.

Darüber hinaus wirkt die Preisgestaltung auf die Sortimentspolitik, wenn die bankbetriebliche Preisstellung unter Annahme von Absatzverbundeffekten als Ergebnis einer Mischkalkulation erfolgt. Eine solche Preisgestaltung wird zu negativen Absatzeffekten führen, wenn die unterstellte Verbundbeziehung entweder tatsächlich nicht existiert oder ihre Intensität überschätzt wird. Indem Kreditinstitute bestimmte Leistungen wie etwa den Zahlungsverkehr bei Privatkunden des Mengengeschäfts kostenunterdeckend anbieten und einen kalkulatorischen Ausgleich durch Cross-Selling hochmargiger Produkte anstreben, kommt es zu einer Quersubventionierung von Leistungen. Steigt jedoch die Preiselastizität der Nachfrage nach einer Bankleistung mit einem höheren Gewinnbeitrag, so daß das Kreditinstitut den Preis dieses Produktes reduzieren muß, um Absatzeinbußen entgegenzuwirken, ergeben sich unter Umständen durch diese sortimentsbezogene Gesamtkalkulation keine positiven Deckungsbeiträge mehr. Eine Reaktionsmöglichkeit der Bank besteht dann in einer Programmerweiterung durch die Aufnahme von zusätzlichen Leistungen mit höherem Gewinnbeitrag.

Die vorangegangenen Ausführungen haben gezeigt, daß die Einflüsse der Leistungsprogrammpolitik auf die Preisgestaltung und die diesbezüglichen Rückwirkungen bei der Entwicklung von bankbetrieblichen Preisstrategien und deren Umsetzung berücksichtigt werden müssen. Ursächlich dafür ist, daß bei Bankleistungen von komplementären und substitutiven Absatzverbundeffekten ausgegangen werden kann. Dynamische sortimentspolitische Interdependenzen, die sich in Cross-Selling äußern, spielen hingegen für den Absatz von Bankleistungen eine eher untergeordnete Rolle. Die Frage, ob sich aus der Leistungsprogrammgestaltung erweiterte Möglichkeiten oder Einschränkungen bei der Preisgestaltung ergeben, wurde zunächst nur unter Betrachtung der produktpolitischen Interaktionen erörtert. Dabei wurde erkennbar, daß diese durch partiell gegenläufige nachfrageinduzierte Absatzeffekte gekennzeichnet sind, so daß eine eindeutige Aussage über Möglichkeiten oder Einschränkungen einzelner Preisgestaltungsmaßnahmen nicht ohne eine Analyse des Preisverhaltens der Bankkunden möglich ist.

---

[353] Vgl. Gnoth (1992), S. 709; Gehrke (1995), S. 143.

1.3.2.2. Distributionspolitik

Im weitesten Sinne umfaßt die Distributionspolitik alle Entscheidungen und Handlungen, die im Zusammenhang mit dem Weg eines Produktes zum Endabnehmer stehen.[354] Nach dieser Definition gehören alle Marketinginstrumente, die eine Antwort auf die Frage geben, wo, wann, wie und durch wen Produkte an die Kunden herangetragen und verkauft werden, zur Distributionspolitik.[355]

Angesichts der Abstraktheit von Bankleistungen kann es im Vertriebssystem eines Kreditinstituts nicht zu einer Inanspruchnahme von verschiedenen Distributionsstufen wie etwa beim Handel mit Konsum- oder Investitionsgütern kommen.[356] Ellermeier vertritt daher die Auffassung, daß sich im allgemeinen die Frage nach den Absatzwegen von Universalbanken nicht stelle.[357] Aus verschiedenen Gründen ist diese Ansicht heute überholt und zu kritisieren. Zunächst kann auch bei der Wahl der Absatzkanäle[358] von Kreditinstituten zwischen indirektem und direktem Vertrieb unterschieden werden, je nachdem ob eine Zwischenschaltung unternehmensfremder Banken oder Nichtbanken erfolgt oder nicht. Zweitens existieren auch innerhalb der Absatzkanäle distributionspolitische Alternativen, an denen sich die nachfolgende Argumentation orientiert:

---

[354] Vgl. Meffert (1998), S. 582.
[355] Vgl. Ellermeier (1975), S. 17.
[356] Vgl. Süchting (1998), S. 689.
[357] Vgl. Ellermeier (1975), S. 20 f.
[358] Vgl. allgemein zu Absatzmethoden Meffert (1998), S. 597.

Tabelle 5: Möglichkeiten des Absatzkanaldesigns von Universalbanken.

Direkter Vertrieb (unternehmenseigener Vertrieb)	Indirekter Vertrieb (unternehmensfremder Vertrieb durch Einschaltung anderer Banken und Nichtbanken)
Stationärer Vertrieb (Zweigstellen, Supermarktbanken, "drive-in"-Banken)	**Vertrieb über angeschlossene Nearbanks** (Beteiligungsgesellschaften, Investmenttöchter, Versicherungen, Bausparkassen, Wohnungsbauunternehmen, Kooperationsverträge mit selbständigem Bankaußendienst und Allfinanzanbietern)
Mobiler Vertrieb (Fahrbare Zweigstellen, angestellter Bankaußendienst)	**Vertrieb über Nonbanks** (Autohandel, Architekten, Unternehmensberater, Reisebüros)
Vertrieb mittels Technik (Direktbanken, Discount-Broker, Automaten, Telefonverkauf, Katalogverkauf, T-Online, Internet, Direct Mail, Kartensysteme)	

Quelle: Eigene Erstellung in Anlehnung an und Erweiterung von Channon (1986), S. 160 ff.; Starke (1987), S. 166; Süchting (1998), S. 689 f.

Die Marketing-Mix-Interaktionen von Distributionspolitik und Preispolitik führen zu verschiedenen Fragestellungen, auf die im Rahmen der Betrachtungen zum Preismanagement eingegangen werden muß. Preisgestaltungsspielräume entstehen generell durch kundenseitige Präferenzen, welche aus den unterschiedlichen sachlichen, räumlichen und zeitlichen Absatzkanalentscheidungen resultieren können. Diese einzelnen Ausprägungen einer Distributionsentscheidung treten in der Praxis nicht isoliert auf und sollten deswegen auch aus analytischen Gründen nicht getrennt behandelt werden. Die Vorgehensweise der nachfolgenden Betrachtung der Distributions-Preis-Interaktion orientiert sich an der sachlichen Dimension des Absatzkanaldesigns. Die preisbezogene Analyse der sachlichen Dimension der Distributionspolitik extrahiert somit die Einflüsse einzelner Vertriebsformen auf die Preisgestaltung. Räumliche und zeitliche Interdependenzen werden angesprochen, soweit sie vom Entscheidungsfeld tangiert werden. Zu überprüfen ist zunächst, inwieweit sich eine grundsätzliche Entscheidung für eine direkte oder indirekte Gestaltung der Vertriebswege auf die Preisgestaltung auswirkt. Anschließend werden die preislichen Wirkungen einzelner Optionen des direkten Vertriebes sowie des indirekten Vertriebes isoliert betrachtet. Abschließend muß in einer Analyse der Distributions-Preis-Interdependenz geklärt werden, ob in umgekehrter Wirkungsrichtung eine bestimmte Preisstellung den Einsatz ausgewählter Distributionsformen fördert oder behindert.

Bereits die grundsätzliche distributionspolitische Entscheidung eines Kreditinstituts für einen direkten oder indirekten Absatz bestimmter Bankleistungen ist von wesentlicher

Bedeutung für die Preisgestaltung. Bankprodukte werden indirekt vertrieben, indem Kooperationsverträge mit unternehmensfremden Vertriebsorganisationen geschlossen werden, in denen nicht zuletzt auch die Provisionsvereinbarungen fixiert sind. Auf diese Weise erweitert ein Kreditinstitut seine Vertriebskapazität, ohne das ohnehin kostspielige Filialnetz auszubauen. Zudem sind beim indirekten Vertrieb die Provisionen regelmäßig erfolgsabhängig an den Umsatz gekoppelt, während die Berater des Filialpersonals ein Fixgehalt beziehen, so daß die Bank Liquiditäts- und Gewinnrisiken reduzieren kann. Mithin kann davon ausgegangen werden, daß ein Absatzweg um so kostspieliger ist, je direkter die Transaktionsbeziehung zwischen der Bank und dem Konsumenten ausgestaltet ist.[359] Folglich sollten sich aus der Entscheidung für den indirekten Absatzkanal Preissenkungsspielräume durch eingesparte Vertriebskosten ergeben. Faktisch jedoch führt der unternehmensfremde Vertrieb von Bankprodukten eher nicht zu erweiterten Preisgestaltungsmöglichkeiten, weil den Vertriebskostenvorteilen verschiedene Risiken gegenüberstehen, die bei der Produktkalkulation einzubeziehen sind. Verantwortlich hierfür ist, daß unternehmensfremde Vertriebe entweder aus Aspekten der Kundenbindung solche Leistungen verkaufen, die besonders attraktiv für ihre Klientel sind, oder aus dem Gewinnmaximierungziel heraus solche, die im Rahmen des Kooperationsvertrages mit einer besonders hohen Provisio seitens der Bank ausgestattet sind.

Im ersten Fall führt dies zu einem erhöhten Absatz derjenigen Leistungen einer Bank, welche oft im Rahmen einer Mischkalkulation von anderen Leistungen subventioniert und besonders günstig sind. Ein kalkulatorischer Ausgleich durch Cross-Selling komplementärer Leistungen ist dann nicht möglich, wenn mit dem Absatzmittler üblicherweise Bestandsschutz bezüglich der von ihm akquirierten Kunden vereinbart wurde. Unter diesen Voraussetzungen scheiden also Preisstrategien, die auf Absatzverbundeffekten beruhen, aus.

Im zweiten Fall werden hochprovisionierte Leistungen von dem unternehmensfremden Vertrieb besonders forciert. Dies führt zu einer Konzentration auf den Absatz bestimmter Leistungen, die außerdem den bankinternen Steuerungsmechanismen, wie etwa internen Zinsverrechnungssätzen, entzogen sind. Durch diese unkontrollierbare Verlagerung des Schwerpunktes im Leistungsprogramm wird eine Erhöhung des Gesamtsortimentrisikos einer Bank induziert. Zusätzlich ist bei einzelnen Leistungsarten des Aktivgeschäfts durch forcierten indirekten Vertrieb mit einer Erhöhung des Ausfallrisikos zu rechnen.

Eine Einschränkung für den Einsatz von Preisstrategien ergibt sich neben der mit dem indirekten Absatz verbundenen Risikokomponente auch aus der für das Kreditinstitut schwierigen Steuerung von Absatzmittlern. Unabhängig davon, wie detailliert die vertraglichen Vertriebsvereinbarungen sind, ist bereits die Information des indirekten Vertriebs über Konditions- oder Margenänderungen schwieriger als bei angeschlossenen Filialen. Zu

---

[359] Vgl. allgemein Meffert (1998), S. 603.

Fehlsteuerungen kommt es etwa, wenn eine Margenverschlechterung im Kreditbereich nicht zeitnah an die Absatzmittler kommuniziert werden kann. Um dadurch keine Ertragseinbußen hinnehmen zu müssen, werden Kreditinstitute den unternehmensfremden Vertriebspartnern keine Konditionskompetenz zugestehen. Demgemäß dominieren bei indirektem Absatz bankbetrieblicher Leistungen Festpreise und regelmäßig keine Verhandlungspreise.

Der für Universalbanken typische direkte Absatz über die Optionen des stationären Vertriebs hat die Aufspaltung des Gesamtmarktes in Elementarmärkte zur Folge.[360] Für Filialbanken eröffnen sich mithin erweiterte Preisgestaltungsmöglichkeiten durch Variation von Preisen in Abhängigkeit von der geographischen Lage der jeweiligen Zweigstelle. Diese Form der räumlichen Preisdifferenzierung[361] erlaubt im Extremfall die völlige preispolitische Flexibilität einer Filiale, die ihre Konditionen lediglich den örtlichen Marktgegebenheiten in bezug auf die Nachfrager- und Konkurrenzstruktur anpassen muß. Die Grenzen der Durchsetzbarkeit einer geographischen Preisdifferenzierung liegen dort, wo eine räumliche Arbitrage zwischen zwei Segmenten unterschiedlichen Preisniveaus für eine Leistung möglich ist, weil die Arbitragekosten niedriger sind als der Preisunterschied.[362] Eingeschränkt wird der Einsatz regional unterschiedlicher Preisstellungen vor allem dadurch, daß die zunehmende Nutzung von Online-Diensten die nachfrageseitigen Such- und Informationskosten reduziert, was zu einer Verbesserung der Markttransparenz bei gleichzeitig erhöhter Einkaufswirtschaftlichkeit[363] der Bankleistung führt. Durch die anhaltende Verbreitung dieser innovativen Kommunikationswege werden die Möglichkeiten der räumlichen Preisdifferenzierung somit zukünftig eher geringer sein.

Diese Argumentation kann auf die Spezialfälle des stationären Vertriebs wie etwa Supermarktbanken ausgedehnt werden. Zusätzlich ist hier zu beachten, daß aufgrund des speziellen Charakters dieser in Deutschland noch kaum verbreiteten Absatzkanäle nur ein selektives Leistungsangebot bei eingeschränkter Beratung vorherrscht, das sich auf kontaktarme Routineleistungen erstreckt. Für den Kunden resultiert hieraus die Möglichkeit des One-Stop-Shoppings von Bankleistungen zusammen mit Gütern des täglichen Bedarfs. Die dabei eingesparten Transaktionskosten für einen isolierten Bankbesuch führen unter Umständen zu einer höheren Preisbereitschaft bei den in Anspruch genommenen Bankleistungen. Denkbar sind weiterhin spezifische Preisstrategien, die sich aus der Interaktion mit dem Absatzkanal ergeben. Beispielsweise könnte eine Filiale in einem Heimwerkermarkt besonders zinsgünstige Modernisierungskredite anbieten. Grundsätzlich begrenzt jedoch immer das Image des jeweiligen Absatzkanals den dadurch entstehenden

---

[360] Vgl. Siewert (1983), S. 291 f.
[361] Vgl. allgemein Simon (1992a), S. 43 f.
[362] Vgl. Simon (1992a), S. 44.
[363] Vgl. allgemein Süchting (1987), S. 10 f.

Preisspielraum. So ist zu bezweifeln, daß die Zweigstelle innerhalb eines Konsumgüter-Discounters mit Niedrigpreisimage hochpreisige und beratungsintensive Bankleistungen absetzen kann.

Im Rahmen des mobilen Vertriebs[364] nimmt der unternehmenseigene Außendienst eine wichtige Rolle ein, die aus Banksicht in der Übernahme verkaufsanbahnender und verkaufssichernder Aufgaben besteht.[365] Die besonderen Vorteile dieser Vertriebsform liegen für den Kunden in der Diskretion, der besonderen Beratungsqualität und der Unabhängigkeit von den Öffnungszeiten oder Räumlichkeiten. Nur wenn den Kunden aus diesen Eigenschaftsausprägungen ein Zusatznutzen erwächst, besteht ein erweiterter Preisgestaltungsspielraum. In der Regel wird der Bankaußendienst von leitenden Angestellten der Kundenbereiche übernommen und ist ob der benötigten fachlichen Qualifikation mit hohen Personalkosten verbunden, so daß sich der Einsatz nur bei den hohen Geschäftsumsätzen der Individual- und Firmenkundschaft empfiehlt. Die aus den nachfrageseitigen Präferenzen abzuleitenden erweiterten Preisgestaltungsmöglichkeiten werden demzufolge durch die ausgesprochene Verhandlungsmacht dieser Klientel begrenzt.

Der Vertrieb mittels Technik hat in jüngster Zeit zur Gründung von unternehmenseigenen Direktbanken oder Discount-Brokern geführt. Diese Absatzkanaldifferenzierung ist verbunden mit unterschiedlichen Formen der Preisstellung. Da die Direktbanken überwiegend auf Beratung verzichten und ihre Leistungen nicht über kostenintensive Filialsysteme vertreiben, erwarten Kunden eine verursachungsgerechte Weitergabe der damit verbundenen Kostenvorteile in Form günstiger Preise. Obergrenze dieses ohnehin eingeschränkten Preisgestaltungsspielraums für Direktbanken ist der Preis der jeweiligen Leistung bei einer Filialbank. Mit dieser vertriebskanalabhängigen Preisdifferenzierung ist die Preisgestaltung auf dem Bankenmarkt um eine Dimension bereichert worden, die von der bankbetrieblichen Literatur bislang nur am Rande beleuchtet wurde.[366] In den nachfolgenden Betrachtungen soll daher nicht zuletzt dem Preismanagement von Direktbanken Aufmerksamkeit geschenkt werden. Bei der Entwicklung von Preisstrategien ist vorwiegend der Problemkreis der Umsetzung dieser Optionen in einer Filial- oder Direktbankumgebung zu untersuchen. Im gleichen Maße wie die Relevanz dieser absatzkanalabhängigen Preisdifferenzierung durch die Diffusion innovativer Medien und der Professionalisierung des bankbetrieblichen Direkt-Marketings zunimmt, wird die räumliche Preisdifferenzierung an Bedeutung verlieren.

Nachdem die grundsätzliche Entscheidungsproblematik zwischen direktem und indirektem Vertrieb bereits erläutert wurde, sollen nur noch einige spezielle Fälle indirekter Absatzkanäle auf die Schaffung von Preisspielräumen hin untersucht werden. Hauptmotiv für einen

---

[364] Auf die Untersuchung fahrbarer Zweigstellen wird wegen deren schwindender Bedeutung verzichtet.
[365] Vgl. Siewert (1983), S. 296.
[366] Vgl. etwa Slevogt (1996), S. 746 ff. sowie Reimers-Mortensen, Disterer (1997), S. 135 ff.

indirekten Vertrieb über Beteiligungen oder angeschlossene Nearbanks ist für die Banken der Vorteil einer Leistungsprogrammerweiterung durch solche Leistungen, die aus verschiedenen Gründen nicht in die Angebotsstruktur des Mutterinstituts passen oder wegen rechtlicher Vorschriften nicht von Universalbanken produziert werden dürfen.[367] Daneben kann für das Mengengeschäft eine Beteiligung an ausländischen Kreditinstituten sinnvoll sein, wenn aus dieser Beziehung Kostendegressionseffekte resultieren. Hieraus eröffnen sich jedoch kaum Preisgestaltungsspielräume, zumal das traditionelle Retail-Geschäft nur bei wenigen Instituten überhaupt Renditen abwirft. Im Firmenkundengeschäft sind internationale Beteiligungen beispielsweise notwendig, um überhaupt die Grundlagen für Geschäfte des Investmentbankings zu schaffen. Auch hier entstehen aufgrund der relativ geringen Margen in einem umkämpften Markt in der Regel keine Preisgestaltungsspielräume. Anders ist die Sachlage beim Vertrieb über Nonbanks. Hier ist zu vermuten, daß die Bankleistungsnachfrager weniger preiselastisch sind, weil ein anderes Objekt im Fokus des nachfrageseitigen Preisinteresses steht oder weil ihre Bonität schlecht ist. Angesichts dessen, dadurch höhere Preise und Margen durchsetzen zu können, erscheint eine Beteiligung von Kreditinstituten an Flug- oder Handelsgesellschaften durchaus als sinnvoll. Die nachfolgende Betrachtung der umgekehrten Wirkungsrichtung der Interaktion von Distributionspolitik und Preispolitik konzentriert sich auf grundsätzliche Fälle, in denen verschiedene Möglichkeiten der Preisstellung einen Einfluß auf die Absatzkanalentscheidung ausüben. Diese Optionen sind Festpreise oder verhandelbare Preise sowie Hoch- oder Niedrigpreisstellungen.

Dem Prinzip der Verhandlungspreise begegnet der Bankleistungsnachfrager sowohl beim stationären wie auch beim mobilen Vertrieb. Die Fixierung der variablen Preise obliegt den Kundenberatern innerhalb der Grenzen ihrer an sie delegierten Konditionskompetenz. Demzufolge ist der Preis unter diesen Bedingungen nicht unwesentlich abhängig von der Verhandlungsmacht des Nachfragers. Unbestimmt ist bei Verhandlungspreisen nicht nur die Preishöhe, sondern gleichzeitig der Zeitpunkt der Preisfeststellung, der in Abhängigkeit der betrachteten Leistung variiert. Während in diesen Fällen der endgültige Preis oft erst während oder nach der Leistungserstellung festgelegt wird, steht dagegen beim Vertrieb mittels Technik der endgültige Preis bereits vor dem Leistungserstellungsprozeß fest. Überdies findet dieses Fixpreisprinzip aus den erläuterten Gründen der Lenkungsproblematik unternehmensfremder Absatzkanäle für alle Optionen des indirekten Vertriebs Anwendung. Ursächlich dafür ist außerdem, daß die Leistungserstellung von Bankprodukten mit verschiedenen Risiken einhergeht, die bepreist und bei einer variablen Preisfestlegung berücksichtigt werden müssen. Diese Evaluierung ist jedoch unternehmensfremden Vertriebskanälen in Ermangelung bankbetrieblichen Fachwissens regelmäßig nicht möglich.

---

[367] Vgl. Siewert (1983), S. 302.

84

Der Problemkreis besonders hoher oder niedriger Preise muß ebenfalls im Kontext mit dem Absatzkanaldesign betrachtet werden. Für die Anwendung dieser Preise mit Signalwirkung ist zu beachten, daß mit der Distributionsentscheidung für einen bestimmten Vertriebsweg an diesen gleichzeitig ein bestimmtes Image geknüpft ist. So wird der Erfolg von Hochpreis-strategien durch den Einsatz des Preises als Qualitätsindikator in hohem Maße davon abhängen, inwieweit das exklusive Produktimage mit dem Image des Absatzkanals korrespondiert. Hier bietet sich vornehmlich die individuelle persönliche Beratung durch das Zweigstellenpersonal oder durch den unternehmenseigenen oder -fremden Außendienst an. Supermarktbanken und der Vertrieb mittels Technik scheiden demgemäß für Hochpreisstrategien aus. Für Direktbanken oder Discount-Broker, deren Öffentlichkeitsarbeit regelmäßig auf Preisgünstigkeit abstellt, eignen sich vielmehr Niedrigpreisstellungen. Dagegen ist der leistungsspezifische Einsatz von Niedrigpreisstrategien für Filialbanken nur eingeschränkt tauglich, zumal ein Imagetransfer auf die übrigen Elemente des Leistungsprogramms wahrscheinlich ist und beim Konsumenten den generalisierenden Eindruck einer "Billigbank" induzieren kann. Niedrigpreisstrategien sollten demnach in Filialbanken nur selektiv für bestimmte Leistungen und zeitlich begrenzt eingesetzt werden.

Als Fazit der vorangegangenen Betrachtungen kann festgehalten werden, daß die vielfältigen Interdependenzen der Preis- und Distributionspolitik bei der Entwicklung von Preisstrategien zu berücksichtigen sind. Einerseits ist mit jeder Absatzkanalentscheidung eine korrespondierende Preisentscheidung zu treffen. Andererseits können bestimmte Preisstrate-gien auch nur bei bestimmten Vertriebswegen erfolgreich eingesetzt werden. Während die Distributionspolitik von Universalbanken früher nur in der Standortauswahl für Filialen bestand, hat sich das Entscheidungsfeld heute um die direkten technikorientierten Vertriebs-kanäle erweitert, deren Umsatzrelevanz stetig zunimmt. Insgesamt ist offenkundig, daß sich die räumlichen und zeitlichen nachfrageseitigen Präferenzen verlagern. Über die kontakt-armen Routineleistungen hinaus werden vermehrt auch kontaktintensive Produkte wie Finanzierungen oder Wertpapiertransaktionen über technische Absatzkanäle bezogen. Zukünftig entscheidet also der Bankkunde, wann und über welchen Vertriebsweg er welche Bankleistungen nachfragt. In Abhängigkeit vom präferierten Absatzkanal und mit zunehmen-dem ökonomischen Bildungsgrad erwartet der Bankkunde eine verursachungsgerechte Preisstellung, indem die von ihm selbst in den Leistungserstellungsprozeß eingebrachten Leistungen oder der Verzicht auf bankseitige Produktbestandteile honoriert werden. Diesem Trend muß eine Universalbank dadurch Rechnung tragen, daß sie Preisvariationen in Abhängigkeit von der nachfrageseitigen Distributionskanalwahl vornimmt.

1.3.2.3. Kommunikationspolitik

Unter Kommunikationspolitik werden alle Maßnahmen verstanden, die eine Bank zur Übermittlung von Informationen und Bedeutungsinhalten zum Zweck der Steuerung von Meinungen, Einstellungen, Erwartungen und Verhaltensweisen gemäß spezifischen unternehmenspolitischen Zielsetzungen ergreift.[368] Als Adressaten dieser Informationen werden der thematischen Abgrenzung dieser Arbeit zufolge sowohl aktuelle wie auch potentielle Kunden betrachtet. Kommunikationspolitik umfaßt mit der Werbung, der Öffentlichkeitsarbeit, der Verkaufsförderung und dem persönlichen Verkauf vier Komponenten,[369] die sich allerdings teilweise überschneiden. Beim kombinierten Einsatz dieser Elemente mit der Preisgestaltung sind im Rahmen von Marketing-Mix-Entscheidungen verschiedene Interaktionen zu beachten, die nachfolgend analysiert werden sollen.

Wie die Betrachtung der rechtlichen Grenzen aufgezeigt hat, öffnet sich den Kreditinstituten bei der Werbung ein relativ breites Einsatzspektrum. Infolge der Lockerung der Werbereglementierung für das Kreditgewerbe wurden die Voraussetzungen für eine neue Ära der Kommunikationspolitik geschaffen,[370] die bei Banken zu einer Verfünfzigfachung der Werbeaufwendungen zwischen 1960 und 1986 bei gleichzeitiger Professionalisierung geführt hat.[371] Bezogen auf den Preis von Bankleistungen, besitzt die Werbung grundsätzlich zwei verschiedene Funktionen. Je nach gewählter Preisstrategie kann das Ziel dieser kommunikationspolitischen Maßnahmen sowohl in der Erhöhung der Preiselastizität der Nachfrage als auch in deren Senkung bestehen.[372] Beispielsweise wird der Erfolg selektiver Niedrigpreisstellung in der Regel durchschlagender sein, wenn Preisnachlässe durch eine Werbung mit dem Preis begleitet werden. Intention ist dabei eine Erhöhung der nachfrageseitigen Preiselastizität. Andererseits kann ebenso eine differenzierende Kommunikationspolitik in Form von informativer Werbung sinnvoll sein, um die Preissensibilität der Verbraucher zu reduzieren und so den Absatz hochpreisiger Leistungen zu erleichtern. Dieses führt zu der Fragestellung, bei welchen Produkten eine Preiswerbung sinnvoll ist und bei welchen eher die Qualität oder Verwendungseignung betont werden sollte. Eine detaillierte Antwort kann nur die spätere Analyse der dienstleistungstheoretischen Eigenschaften der einzelnen Bankleistungen und ihrer Wirkungen auf das nachfrageseitige Preisverhalten liefern.

Die Öffentlichkeitsarbeit umfaßt die Gesamtheit aller Maßnahmen, die auf die Beeinflussung der Beziehung zwischen einer Bank und der für sie relevanten Öffentlichkeit

---

[368] Vgl. Meffert (1998), S. 658; Büschgen (1998), S. 690.

[369] Vgl. Kotler (1989), S. 488.

[370] Vgl. Weber, Wilsdorf (1987), S. 205 ff.

[371] Vgl. Wünsche (1982), S. 245; Priewasser (1987), S. 162.

[372] Vgl. hierzu und im folgenden Simon (1992a), S. 629 und S. 637.

ausgerichtet sind.[373] Als wesentliches Ziel von bankbetrieblichen Public-Relations-Aktionen ist die Schaffung eines kaufbeeinflussenden Images anzusehen.[374] Im Rahmen der Kaufentscheidung erfüllt die Imagebildung bei potentiellen Erstkäufern eine Schlüsselstellung und bei Wiederkäufern eine sehr wichtige Bestätigungsfunktion.[375] Allerdings wird im Zusammenhang mit der Imagewirkung von Preisstrategien davor gewarnt, daß eine hohe Frequenz von Niedrigpreisstrategien nicht mit den nachfrageseitigen Erwartungen hinsichtlich des seriösen Geschäftsgebarens von Kreditinstituten übereinstimmt und sukzessive zu negativen und damit imageschädigenden Assoziationen bei den Bankkunden führt.[376] Gerade in Verbindung mit dem Preis hat sich jedoch das Auftreten der Banken in den letzten Jahren enorm verändert. Während noch in den 80er Jahren Begriffe wie "billig" und "preiswert" als unvereinbar mit dem Image eines um Vertrauensbildung bemühten Kreditinstitutes galten, betonen heute nicht nur die Direktbanken, sondern auch Filialbanken bewußt diese Eigenschaft. Somit ist der Auffassung Mosts, die relativ geringen Preisdifferenzierungen im Kreditgewerbe erschwerten die notwendige Schaffung eines unverwechselbaren Instituts-images,[377] mittlerweile zu widersprechen. Ein Indiz dafür ist, daß Banken mit Discounter-Image in relativ kurzer Zeit in beeindruckendem Umfang Kunden akquirieren und Umsatzzuwächse erzielen konnten. Darüber hinaus gilt es auf den preispolitischen Einfluß der Imagepolitik der Banken im Kontext mit im öffentlichen oder politischen Interesse liegenden Projekten hinzuweisen. Das in der Vergangenheit von der Öffentlichkeit mißverstandene Engagement in sozialen Belangen über Förderaufträge hinaus hat wie gesehen dazu geführt, daß Bankpreise zu politischen Preisen geworden sind, und sollte daher entgegen anders-lautenden Empfehlungen[378] nicht Gegenstand von Public-Relations-Maßnahmen sein. In diesem Kontext bieten sich für die neugegründeten Direktbanken positive Profilierungs-möglichkeiten gegenüber den Filialbanken, wenn sie sich nicht nur auf die Kommunikation ihrer günstigen Konditionen beschränken. Mindestens genauso wichtig ist eine Öffentlich-keitsarbeit, die den Discount-Instituten ein verbraucherfreundliches Preisimage verschafft, zumal ihre Preisstellung verursachungsgerechter und die Preissysteme transparenter sind als bei Filialbanken.

Als Verkaufsförderung werden alle Maßnahmen bezeichnet, die den Absatz kurzfristig und unmittelbar stimulieren sollen und in beeinflussender oder unterstützender Weise auf die Bankkunden, die mitwirkenden Bankmitarbeiter oder externe Absatzmittler abzielen.[379] Im

---

373 Vgl. Büschgen (1998), S. 692 f.
374 Vgl. ausführlich Gehrke (1995), S. 145 ff. sowie die dort angegebene Literatur.
375 Vgl. Meffert, Bruhn (1997), S. 336.
376 Vgl. Gehrke (1995), S. 147.
377 Vgl. Most (1985), S. 192.
378 Vgl. Weber, Wilsdorf (1987), S. 206.
379 Vgl. allgemein Meffert (1998), S. 664 ff., Nieschlag et al. (1997), S. 534 ff.

Gegensatz zum Einzelhandelsmarketing haben Sales Promotions bei Kreditinstituten bisher eine eher untergeordnete Bedeutung und nur in einzelnen Fällen Rückwirkung auf die Preisgestaltung. So finden sich in der Praxis auch keine kundenbezogenen und in Verbindung mit dem Preis eingesetzten bankbetrieblichen Verkaufsförderungsaktionen wie etwa Rabattmarken oder Rückerstattungsangebote bei Unzufriedenheit mit der erbrachten Leistung. Bankbetriebliche Anwendung finden dagegen mitarbeiterbezogene Verkaufsförderungsaktionen. Ziel ist dabei die Förderung der Aktivitäten des Verkaufspersonals durch Schulungs-, Motivierungs- und Informationsmaßnahmen,[380] welche allesamt mit der Preisgestaltung interagieren. Da zumindest in Filialbanken der Absatz fast ausschließlich über die Kundenberater verläuft, ist der vom Kreditinstitut intendierte Absatzeffekt einer Preisänderung nur durch permanente Information über zeitnahe Produktschulungen der Mitarbeiter oder regelmäßige schriftliche beziehungsweise mündliche Informationen gewährleistet. Im Zusammenhang mit Motivierungsmaßnahmen besteht hingegen bei Preisaktionen die Gefahr kontraproduktiver Absatzwirkungen. Insbesondere unsachgemäß konstruierte Verkaufswettbewerbe oder umsatzabhängige Bonus- oder Prämiensysteme verleiten Kundenberater dazu, im Verkaufsgespräch Preissenkungen auf Kosten der Bankmarge anzubieten. Dagegen ist es für Kreditinstitute im Rahmen von absatzmittlerbezogenen Verkaufsförderungsaktionen eher möglich, kurzfristig und zieladäquat auf die Preisgestaltung einzuwirken, indem unternehmensfremden Vermittlern Sonderkonditionen eingeräumt werden. Durchaus üblich ist diese Vorgehensweise im Kreditbereich, wobei der einer Bank dadurch entgangene Margenanteil regelmäßig mit der Provision des Zuführers verrechnet wird.

Unter den kommunikationspolitischen Instrumenten nimmt der persönliche Verkauf bei Kreditinstituten eine besondere Stellung ein.[381] Sie resultiert daraus, daß ein Großteil der Bankleistungen durch den unmittelbaren Kontakt des Bankangestellten mit dem Kunden abgesetzt wird. Beim Verkauf von Bankprodukten dominiert dabei die Beratungs- und Problemlösungskomponente. Somit ist der persönliche Verkauf als wichtiger, präferenzschaffender Bestandteil einer Bankleistung nicht nur ein kommunikationspolitisches Instrument, sondern ist gleichzeitig leistungspolitisch relevant. Aus Sicht der Bank ist das vornehmliche Ziel der Beratung die Beeinflussung des nachfrageseitigen Kaufverhaltens in Richtung eines Vertragsabschlusses.[382] Hiermit verbunden ist der Problemkreis der Verhandelbarkeit von Bankpreisen. Ob sich aus der Variabilität von Bankpreisen Preisgestaltungsspielräume ergeben, hängt einmal von den verkaufspsychologischen Kapazitäten des Kundenberaters ab und zum anderen von der Verhandlungsmacht des Kunden. Tendenziell ist

---

[380] Vgl. Siewert (1983), S. 327.
[381] Vgl. allgemein Albers (1989a).
[382] Vgl. Siewert (1983), S. 332 ff.

davon auszugehen, daß sich bei Kunden ohne Verhandlungsmacht eher hohe Margen durchsetzen lassen, während sich bei Kunden mit mäßiger oder überragender Verhandlungsmacht ein Druck auf die Konditionen ergibt. Der persönliche Verkauf kann grundsätzlich die Durchsetzung bestimmter Preisstrategien erleichtern, weil er durch die Interaktion mit dem Kunden eine flexible, individuelle und anpassungsfähige Preisfestlegung erlaubt. Vor allem aber ist eine beeinflussende Beratung die Grundlage für Cross-Selling-Aktivitäten und damit gleichzeitig die notwendige Voraussetzung für die Effektivität aller Preisstrategien, die auf Absatzverbundeffekten beruhen.

Insgesamt kann konstatiert werden, daß die Kommunikationspolitik eher von unterstützendem und begleitendem Charakter für das bankbetriebliche Preismanagement ist. Ein kombinierter Einsatz von Preisgestaltungsmaßnahmen und den betrachteten kommunikationspolitischen Instrumenten kann zu positiven, den Absatzeffekt verstärkenden Interaktionen führen. Besonders der persönliche Verkauf erleichtert die Durchsetzung bankbetrieblicher Preisstrategien, weil er für abstrakte Bankleistungen im Gegensatz zum Sachgüterbereich gleichzeitig einen wesentlichen nutzenstiftenden Produktbestandteil darstellt. Aus dieser besonderen Bedeutung der beeinflussenden Beratung als Determinante des bankbetrieblichen Preismanagements werden verschiedene Problemkreise offenkundig, die im weiteren Verlauf der Untersuchung zu analysieren sind. Im Zuge der Implementierung von Preisstrategien gilt es zu klären, bei welchen Kunden und Produkten eine Verhandelbarkeit von Preisen sinnvoll ist und zu welchem Zeitpunkt der Leistungserstellung Preise endgültig festzulegen sind.

1.4. Ergebnisse der Betrachtung der Determinanten bankbetrieblicher Preisgestaltung

Über die rein deskriptive Erfassung der relevanten Bestimmungsfaktoren bankbetrieblicher Preisgestaltung hinaus wurde in den vorangegangenen Ausführungen mittels theoretischer Deduktion auf bestehende Defizite in einem bisher nur teilweise entwickelten Wissensgebiet des Bankmarketings hingewiesen. Anhand der Analyse des aufgezeigten Systemzusammenhanges wird offenkundig, daß das Entscheidungsfeld der bankbetrieblichen Preisgestaltung von erheblicher Komplexität gekennzeichnet ist. Diese entsteht analog zu vergleichbaren Marketing-Problemen durch die Vielzahl möglicher Interaktionen innerhalb der internen und externen Einflußfaktoren. Bereits an dieser Stelle der Arbeit kann daher die Konstruktion eines alle Probleme berücksichtigenden Modells zur simultanen Lösung ausgeschlossen werden. Auch können die am Ende jedes Kapitels aufgeworfenen Fragestellungen und Ergebnisse nicht en détail diskutiert werden. Vielmehr gilt es, im Laufe der Untersuchung Modelle zu entwickeln, welche die Realität preisbezogener

Entscheidungsfelder komplexitätsreduzierend abbilden und aus praxeologischer Warte bei verschiedenen Fragestellungen eine Entscheidungshilfe darstellen. Dabei können die in den vorangegangenen Ausführungen identifizierten preisbezogenen Einflußfaktoren der Bewertung von Preisstrategien dienen.

Als wesentliches Ergebnis aus den Betrachtungen der Determinanten bankbetrieblicher Preisgestaltung ist festzuhalten, daß unter den bankbetrieblichen Zielgrößen, an denen die Effektivität von Preisstrategien gemessen wird, in erster Linie der Gewinn in Frage kommt. Als bankbetriebliche Nebenziele sind darüber hinaus die Liquiditätssicherung und die Verbesserung der Kapazitätsauslastung relevant. Das Gewinnmaximierungsziel versuchen Kreditinstitute unabhängig von den Kosten über Erlösmaximierung zu erreichen. Im folgenden wird deswegen bei der Bewertung von Preisstrategien mit Krümmel davon ausgegangen, daß der maximale Erlös zustande kommt, wenn jedem Kunden das von ihm nachgefragte Leistungsbündel zu dem höchstmöglichen Preis verkauft wird.[383]

Die Betrachtung externer Determinanten hat gezeigt, daß staatliche Einflußfaktoren kaum Restriktionen für die Bankpreisgestaltung darstellen. Bankpreise sind zwar "politische Preise", jedoch wird die preispolitische Entscheidungsautonomie der Kreditinstitute dadurch nicht grundsätzlich eingeschränkt. Vielmehr ergeben sich daraus verbraucherpolitische Anforderungen wie Transparenz und Verursachungsgerechtigkeit für Preisstrategien. Auch die betrachteten Rechtsgrundlagen schränken den preispolitischen Gestaltungsspielraum kaum ein, sondern stellen eher Mindestanforderungen an die Preisgestaltung dar. Demnach wird auf die Betrachtung juristischer Anforderungen bei der Entwicklung und Bewertung von Preisstrategien verzichtet und eine detaillierte Analyse der rechtswissenschaftlichen Fachliteratur überlassen.[384]

Nachdem der Markt für Bankleistungen mittlerweile entscheidend durch die Verhandlungsmacht der Nachfrager determiniert wird, müssen die zu entwickelnden Preisgestaltungsmaßnahmen besonders dem Kundenverhalten Rechnung tragen. In der Analyse des bankpreisbezogenen Konsumentenverhaltens konnte anhand der herangezogenen empirischen Studien belegt werden, daß die im Konsumgütermarketing nachgewiesenen Urteilsheuristiken des Preisverhaltens weitgehend auch von Bankleistungsnachfragern formiert werden. Dabei stellen abstrakte Bankprodukte dem Kunden generell andere Informationen oder Reize als materielle Sachgüter zur Verfügung, so daß auch die Reaktion auf bestimmte Preisgestaltungsmaßnahmen eine andere ist. Aus diesem Grunde können Schlüsse aus dem Sachgütermarketing nicht unreflektiert übernommen werden. Folglich ist bei der Evaluierung, ob und unter welchen Bedingungen Preisstrategien nachfrageseitig zu einer Kaufentscheidung führen, vor allem das bankleistungsspezifische Preisverhalten zu analysieren.

---

[383] Vgl. Krümmel (1964), S. 228.
[384] Vgl. etwa Köndgen (1997), S. 117 ff.

Die Untersuchung externer Einflußfaktoren hat ferner auch gezeigt, daß die Effektivität von Preisstrategien unter Berücksichtigung des Wettbewerbsumfeldes beurteilt werden muß. Die Oligopolsituation des Bankenmarkts erfordert bei der Entwicklung von Marketingstrategien die Einbeziehung der Konkurrenzreaktion. Dabei wird die Wettbewerbsintensität in Zukunft als Ergebnis der Internationalisierung und Deregulierung der Finanzmärkte eher zunehmen und sich in einem erhöhten Margendruck äußern. Auch diesen veränderten Marktbedingungen ist durch die Entwicklung adäquater Preisstrategien zu begegnen. Im Kontext des Erlös-maximierungszieles wurde bei der Analyse interner Determinanten offenkundig, daß die Kosten der Leistungserstellung bei der Beurteilung von Preisgestaltungsmaßnahmen von untergeordneter Bedeutung sind. Vor dem Hintergrund des beobachteten schwachen Kosten-Preis-Zusammenhanges ist allein die Anforderung zu beachten, daß die Gesamterlöse langfristig immer den Block fixer Kapazitätskosten decken müssen, wenn nicht die Existenz des Unternehmens gefährdet werden soll. Da Preisgestaltungsmaßnahmen praxeologisch betrachtet regelmäßig in Kombination mit anderen Marketing-Mix-Instrumenten eingesetzt werden, sind die ausgemachten Interaktionen mit den verbleibenden Marketing-Tools bei der Entwicklung bankbetrieblicher Preisstrategien zu berücksichtigen.

Angesichts der bisher ermittelten Ergebnisse aus der Betrachtung der internen und externen Determinanten der bankbetrieblichen Preisgestaltung kann nachfolgend davon ausgegangen werden, daß für die in diesem ersten Teil der Arbeit angestrebte Formulierung von Preis-strategien primär die nachfrager-, konkurrenz- und marketingorientierten Einflußfaktoren rele-vant sind. Erst in zweiter Linie sind bei der Entwicklung von Preisgestaltungsmaßnahmen auch die langfristigen Kostenwirkungen und die Öffentlichkeitswirksamkeit von Preisen als Restriktion zu berücksichtigen. Überblickartig können die wesentlichen Ergebnisse wie folgt zusammengefaßt werden:

Tabelle 6: Ergebnisse aus der Betrachtung interner und externer Einflußfaktoren.

Einflußfaktor	Ergebnisse
Nachfrager	• Engpaßfaktor für Preisgestaltungsmaßnahmen wird nicht das Nachfragevolumen sein, sondern das preisbezogene Verhalten der Nachfrager. • Ursachen des Preisinteresses können bei Bankleistungsnachfragern identifiziert werden. Intensität und Äußerungsform des Preisinteresses sind individuell unterschiedlich und abhängig von der Art der betrachteten Bankleistung. • Preisgünstigkeitsurteile werden auch von Bankleistungsnachfragern formiert. Diese unterliegen jedoch Wahrnehmungsverzerrungen aufgrund der Intransparenz der Preisstrukturen. • Umfassende Preiswürdigkeitsurteile resultieren auch bei der Bankleistungsabnahme aus der nachfrageseitigen Berücksichtigung persönlicher, sachlicher und zeitlicher Präferenzen. • Die preisgelenkte Qualitätsbeurteilung ist auch für Bankleistungen eine relevante Urteilsheuristik. • Die Bankloyalität ist eine mögliche Reaktion der Nachfrager auf einen wahrgenommenen Preisstimulus, deren Abnahme derzeit zu beobachten ist.
Wettbewerb	• Determinanten der Wettbewerbsintensität sind kundenseitige Verhandlungsmacht und Konkurrenzsituation. • Der nationale Bankenwettbewerb wird zum globalen Finanzdienstleistungswettbewerb. • Zunehmende Wettbewerbsintensität führt zu Margendruck und dem Erfordernis adäquater Preisstrategien.
Marketing	• Die Komplexität der bankbetrieblichen Preisgestaltung resultiert im wesentlichen aus dem eigentümlichen Charakter der Bankleistung. • Absatzpolitische Interdependenzen aus der Eigenschaft des Mehrproduktunternehmens sind bei Preisentscheidungen zu berücksichtigen. • Der Preis ist das dominierende leistungspolitische Merkmal der Bankleistung. • Bei bankbetrieblichen Preisentscheidungen sind Interaktionen mit Leistungsartenpolitik und Leistungsprogrammpolitik relevant. • Mit jeder bankbetrieblichen Absatzkanalentscheidung ist eine korrespondierende Preisentscheidung zu treffen. • Kommunikationspolitik ist von unterstützendem Charakter für das bankbetriebliche Preismanagement. • Die Effektivität bankbetrieblicher Preisentscheidungen ist abhängig davon, ob diese mit Verkaufsförderungsmaßnahmen oder persönlichem Verkauf begleitet werden.
Kosten	• Unter der Prämisse der Gewinnmaximierung als Erlösmaximierung ist für eine effektive Gestaltung eines Preissystems keine Kostenrechnung pro Produkt notwendig. • Aufgrund des schwachen Kosten-Preis-Zusammenhangs ist eine einseitig kostenorientierte Angebotskalkulation bei Preisstrategien abzulehnen.
Staat	• Bankpreise sind politische Preise mit hoher Öffentlichkeitswirksamkeit. • Rechtliche Bestimmungen sind nur Mindestanforderungen an die Preisgestaltung.

Quelle: Eigene Erstellung.

2. Bestehende theoretische Ansätze zum bankbetrieblichen Preismanagement

Nachfolgend wird analysiert, ob bestehende Erklärungsansätze der bankbetrieblichen Preisgestaltung in der Lage sind, theoretische Hilfestellung bei einer marketingorientierten Modellierung von Preisentscheidungen zu geben. Eine Bewertung theoretischer Konzepte kann nur vor dem Hintergrund des zu erklärenden Untersuchungsgegenstandes erfolgen. Daher soll als Kriterium für die Bewertung der Vorteilhaftigkeit eines Erklärungsansatzes das Ausmaß herangezogen werden, in dem das jeweilige Konzept zu einer Entscheidungsunterstützung bei Preisgestaltungsmaßnahmen beiträgt und daraus Handlungsempfehlungen bei der Formulierung, der Auswahl und Umsetzung von Preisstrategien abgeleitet werden können. Als Maßstab dienen dabei die vorher isolierten Einflußfaktoren der Bankpreisgestaltung. Ein entscheidungsadäquates Konzept muß alle relevanten Determinanten für Preisentscheidungen gleichermaßen berücksichtigen, um Handlungsempfehlungen für das Preismanagement geben zu können. Nur wenn die Analyse der bestehenden Ansätze ergibt, daß diese Anforderung an ein entscheidungsadäquates Modell eingeschränkt erfüllt ist, weil einige Determinanten unzureichend betrachtet werden, ist die Entwicklung eines eigenen theoretischen Konzeptes erforderlich. Andernfalls kann bei der weiteren Argumentation auf die existierenden Erklärungsansätze zurückgegriffen werden.

Die nachfolgende Analyse orientiert sich daran, welcher der betrachteten relevanten bankpreisbezogenen Einflußfaktoren Kosten, Konkurrenz, Nachfrager oder Marketing, bei den einzelnen theoretischen Ansätzen im Mittelpunkt steht. Dadurch wird gleichzeitig deutlich, wo gegebenenfalls deren Defizitbereiche bestehen.

2.1. Kostenorientierte Ansätze

Der überwiegende Teil der Untersuchungen zur bankbetrieblichen Preisgestaltung beschränkt sich auf die Erörterung kostenorientierter Fragestellungen. So wurde etwa die Diskussion über die Preisgestaltung und den Kostendeckungsgrad im Zahlungsverkehr über mehrere Runden geführt,[385] während andere Bankleistungen wie etwa das Wertpapiergeschäft fast vollständig vernachlässigt wurden. Vertreter einer kostenorientierten Preisstellung sehen den wesentlichen Vorteil für die Kreditinstitute in der gegenüber der Öffentlichkeit leichter zu begründenden Durchsetzung kalkulatorisch belegter Preise.[386] Insbesondere Süchting sieht im Rahmen einer rechtfertigungsfähigen Preispolitik die primäre Aufgabe der Bankkostenrechnung im Verschaffen von Argumenten für eine an den Selbstkosten orientierte

---

[385] Vgl. z.B. Godschalk, Schnurbus (1989a) und (1989b); Singer (1989); Bernhardt, Fux (1991); Starke (1991).
[386] Vgl. Rapp (1992), S. 16.

Preisgestaltung im Zahlungsverkehr und im Kreditbereich.[387] Daneben nehmen die Entwicklung und Beschreibung der Mindestmargenkalkulation zur Ermittlung dieser Selbstkosten in der diesbezüglichen Literatur einen hohen Stellenwert ein.[388] Der kostenorientierte Schwerpunkt der theoretischen Ansätze zur Bankpreisgestaltung spiegelt sich gleichzeitig in der bankbetrieblichen Praxis wider.[389] Im Rahmen einer Kosten-Plus-Preisbildung wird den Selbstkosten ein Zuschlagsatz aufgeschlagen. Dieser Aufschlag wird so festgelegt, daß der Preis das Erreichen einer bestimmten Zielverzinsung auf das eingesetzte Kapital erbringt.[390] Dabei ermittelt nach einer Befragung der Schmalenbach-Gesellschaft 1982 ein Großteil (75%) der befragten Kreditinstitute ihre Preise auf Vollkostenbasis.[391] Eine aktuelle Untersuchung des Verfassers konnte bestätigen, daß diese Aussage noch heute gilt.[392] Trotz des hohen Anwendungsgrades kostenorientierter Ansätze in der Bankpreisbildung darf jedoch nicht übersehen werden, daß diese Konzepte erhebliche methodische Mängel aufweisen.

Auf den schwachen Kosten-Preis-Zusammenhang bei bankbetrieblichen Preisentscheidungen und die damit verbundene Zurechnungsproblematik der Gemeinkosten ist bereits hingewiesen worden.[393] Danach tragen kostenorientierte Erklärungsansätze kaum zu einer Entscheidungsunterstützung bei der Entwicklung bankbetrieblicher Preisstrategien bei. Kritisiert werden muß darüber hinaus die fehlende Berücksichtigung der Markterfordernisse, wenn eine ausschließlich an den Selbstkosten orientierte Preisstellung ohne Berücksichtigung der Nachfrageseite erfolgt. Im Falle der Vollkostenrechnung werden auch die fixen Kapazitätskosten auf die einzelnen Leistungen verteilt. Sinkendende Nachfrage mündet in einen höheren Preis für die einzelnen Leistungen, weil die Betriebskosten auf weniger Leistungseinheiten umgelegt werden.[394] Diese Aussage gilt analog für die Teilkostenkalkulation. Je geringer die Absatzmenge ist, desto höher sind die Teilkosten und desto höher wird der Preis.[395] Steigende Preise induzieren einen weiteren Nachfragerückgang, was kostenrechnerisch wiederum Preissteigerungen nach sich zieht. Da Preiserhöhungen auf Absatzrückgänge im Regelfalle das genaue Gegenstück zu einer optimalen Preispolitik darstellen, wird erkennbar, daß die kostenorientierte Preisgestaltung marktpolitisch in die falsche

---

[387] Vgl. Süchting (1980), S. 550 ff.; Süchting (1991), S. 19.

[388] Vgl. z.B. Schlenzka (1985); Schierenbeck, Rolfes (1988); Schierenbeck (1994); Steiner (1994); Gehrke (1995), S. 187 ff.

[389] Vgl. die Ergebnisse der Expertenbefragung im Anhang Abbildung A7 sowie die Tabellen A11 und A12.

[390] Vgl. Simon (1992a), S. 152.

[391] Vgl. Arbeitskreis "Planung in Banken" der Schmalenbach-Gesellschaft (1982b), S. 322 ff.

[392] Vgl. hierzu die Ergebnisse der Expertenbefragung im Anhang Abbildung A8 sowie Tabellen A13 und A14.

[393] Vgl. Abschnitt 1.3.1 .

[394] Vgl. Slevogt (1974), S. 11.

[395] Vgl. Simon (1992a), S. 150 ff.

Richtung zeigen kann, wie in explorativen empirischen Untersuchungen belegt wird.[396] In diesem Fall führt sie sukzessive zum Herauskalkulieren des Kreditinstituts aus dem Markt. Überhaupt stößt das Verfahren der Aufschlagkalkulation in der betriebswirtschaftlichen Literatur auf schwerwiegende Bedenken.[397] Unter der Prämisse der Gewinnmaximierung impliziert dieses Verfahren außer unter speziellen Bedingungen einen methodischen Zirkelschluß. Die für die Kosten-Plus-Preisbildung grundlegenden Vollkosten oder Teilkosten lassen sich nur bei Kenntnis der Produktions- beziehungsweise Absatzmenge berechnen. Diese Menge der abgesetzten Bankleistungen wiederum hängt jedoch je nach Preiselastizität der Nachfrage selbst vom Preis ab. Entgegen dem eingangs erläuterten Systemzusammenhang der Preisentscheidung wird der Preis bei der Aufschlagkalkulation in erster Linie als Funktion der Kosten betrachtet. Vielmehr sind die Kosten jedoch über die Absatzmenge vom Preis abhängig. Eine kostenorientierte Preissetzung führt nur dann nicht zu diesem Zirkelschluß, wenn die Preiselastizität der Nachfrage den Wert Null annimmt, die Nachfrage demnach in keiner Weise vom Preis abhängt.[398] Wie aus der vorherigen Analyse der Einflußfaktoren hervorgeht, ist dies bei der Nachfrage nach Bankleistungen jedoch regelmäßig nicht der Fall.

Insgesamt wird deutlich, daß die kostenorientierten Erklärungsansätze zur bankbetrieblichen Preisgestaltung für eine Entscheidungsunterstützung bei der Entwicklung und Umsetzung von Preisstrategien nur eingeschränkt geeignet sind. Neben dem schwachen Kosten-Preis-Zusammenhang sind es vor allem die dargelegten methodischen Mängel, die gegen einseitig kostenorientierte Bankpreise sprechen. Die diesbezüglichen theoretischen Arbeiten vernachlässigen überwiegend die Markterfordernisse. So wird die Nachfrageseite, welche bei der Betrachtung der Einflußfaktoren als die dominierende Marktseite gekennzeichnet wurde, weitgehend unberücksichtigt gelassen. Unter den neueren Ansätzen ist bisher allein Süchtings Konzept einer rechtfertigungsfähigen Preisstellung auf Resonanz in der bankbetriebswirtschaftlichen Diskussion gestoßen. Auf Kritik stößt eine bloße Rechtfertigung der Preise mit Kostenargumenten, weil diese dazu beiträgt, die öffentliche Meinung zu verfestigen, daß für Banken die allgemeinen Prinzipien der Marktpreisbildung nicht gelten.[399] Insbesondere Gladen vertritt die Auffassung, daß die Rechtfertigung von Preisen aus Kostensicht allenfalls als Begleitmaßnahme bei Preiserhöhungen verstanden werden kann.[400] Daneben geben auch die praxeologischen Beiträge in der bankbetrieblichen Literatur[401] keinen Hinweis auf die Durchsetzung von an den Selbstkosten ausgerichteten Preisen, weil darüber hinaus die Reaktion der Konkurrenz nicht berücksichtigt wird. Die

---

[396] Vgl. Tull, Köhler, Silver (1986), S. 231.
[397] Vgl. hierzu und im folg. Berekoven (1982), S. 146; Simon (1992a), S. 150 ff.; Schmalen (1995), S. 42 ff.
[398] Vgl. Harwalik (1988), S. 23.
[399] Vgl. Krupp (1991), S. 5.
[400] Vgl. Gladen (1985b), S. 35.
[401] Vgl. etwa Ippisch (1986), S. 3 ff.; Feuerstein (1990), S. 50.

fehlende Integration von Wettbewerbseinflüssen wiegt um so schwerer, als die empirisch abgesicherte Dominanz kostenorientierter Preise in der Bankpraxis in die Überlegungen einbezogen wird. Da alle Institute mit branchenüblichen Aufschlagsätzen operieren, kann der Bankenmarkt als stillschweigendes Kalkulationskartell interpretiert werden.[402] In der Oligopolsituation muß ein Kreditinstitut folglich bei einer Preisgestaltungsmaßnahme mit der unmittelbaren Reaktion der Konkurrenten rechnen, da diese annehmen, daß die gewählte Preisstrategie wegen analoger Kostenstrukturen ebenso für sie vorteilhaft ist.

2.2. Konkurrenzorientierte Ansätze

Ansätze einer konkurrenzdeterminierten Preisstellung beleuchten die Möglichkeiten und Grenzen der bankbetrieblichen Preisgestaltung unter Berücksichtigung der oligopolistischen Struktur des Bankenmarktes. Als theoretisches Grundgerüst wurde dabei in der diesbezüglichen Literatur vornehmlich der Transfer des Gutenbergschen Oligopol-Modells[403] auf bankbetriebliche Fragestellungen der Preisgestaltung diskutiert.[404]

Gutenbergs Ansatz ist die Hypothese eines unvollkommenen Marktes zugrunde gelegt, auf dem die unterschiedlichen Präferenzen der Nachfrager gegenüber den Oligopolisten bestehen. Damit wird neben dem Verhalten der konkurrierenden Unternehmen ebenso das Verhalten der Konsumenten in die Argumentation einbezogen.[405] Die Grundidee ist, daß innerhalb eines gewissen Preisintervalls das sogenannte akquisitorische Potential ein Unternehmen gegen Kundenabwanderungen abschirmt, wenn es den Preis erhöht.[406] Das Ausmaß des akquisitorischen Potentials hängt von der Gestaltung der Unternehmenspolitik zur Schaffung von Kundenpräferenzen ab. Modellhaft kann das Verhalten von Konkurrenten und Nachfragern anhand der doppelt geknickten Preisabsatzfunktion nach Gutenberg dargestellt werden.

---

[402] Vgl. allg. Simon (1992a), S. 150.
[403] Vgl. Gutenberg (1984), S. 290 ff.
[404] Vgl. Hagenmüller (1968); Gladen (1985b); Hossenfelder (1987) und insbesondere Gehrke (1995).
[405] Vgl. Gehrke (1995), S. 26.
[406] Vgl. Gutenberg (1984), S. 290.

Abbildung 14: Preisabsatzfunktionen des Gutenberg-Modells.

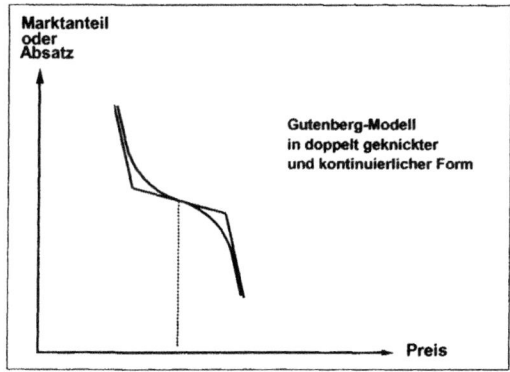

Quelle: Simon (1992a), S. 106.

Der mittlere, flach verlaufende Abschnitt der Preisabsatzfunktion wird monopolistischer Bereich genannt. Er bildet das akquisitorische Potential ab.[407] Innerhalb dieses Abschnitts hat eine Preisvariation des betrachteten Unternehmens keine Reaktionen der Konkurrenz zur Folge. Der Grund ist, daß auch dort die akquisitorischen Potentiale analog wirken und die Kunden als Stammkunden binden. Weil somit ein Kundenzustrom von den Mitbewerbern nicht einsetzt, bleibt die Preisgestaltungsmaßnahme von diesen unbemerkt, und eine Reaktion unterbleibt. Dies impliziert, daß eine Absatzausweitung in diesem Fall nur auf die Mobilisierung latenter Nachfrage zurückzuführen ist, da eine Akquisition von Kunden anderer Anbieter nicht stattfindet.

Führt die Preisvariation in Bereiche jenseits des monopolistischen Abschnitts, reicht das akquisitorische Potential der Konkurrenz nicht mehr aus, um Stammkunden an sich zu binden. Es kommt zu Käuferfluktuationen zwischen verschiedenen Anbietern. Unabhängig davon, ob die auslösende Preisänderung zu einer Absatzreduzierung in den oberen oligopolistischen Abschnitt des betrachteten Unternehmens führt oder zu einer Absatzerhöhung in den unteren oligopolistischen Bereich, ist dabei mit bewußtem, gleichgerichtetem Verhalten der Konkurrenz zu rechnen.

Dieses Parallelverhalten läßt sich damit erklären, daß die wenigen großen Anbieter eines Oligopols in der Regel ähnliche Kosten- und Erlösstrukturen aufweisen. Wenn also unter der Gewinnmaximierungsannahme ein Anbieter seinen Preis verändert, ist diese Vorgehensweise mit hoher Wahrscheinlichkeit auch für die Mitbewerber vorteilhaft.[408] Demnach führen Nachfragerfluktuationen zwischen den Oligopolisten lediglich zu temporären Gewinn-

---

[407] Vgl. hierzu sowie zu den folgenden Ausführungen ausführlich Schmalen (1995), S. 106 ff.
[408] Vgl. Schmalen (1995), S. 108.

97

steigerungen und sind mittel- bis langfristig zu vernachlässigen.[409] Gutenberg kommt daher zu dem Schluß, daß das preispolitische Handlungsziel einzig in der Mobilisierung latenter Nachfrage bestehen kann.[410] Übertragen auf kreditwirtschaftliche Verhältnisse, bedeutet latente Nachfrage jedoch, daß sich zum Zeitpunkt der betrachteten Preismaßnahme die zu akquirierenden liquiden Mittel noch auf keinem Konto befinden.[411] Diese für die Bankpraxis unrealistische Implikation verdeutlicht die Problematik eines Transfers des Gutenberg-Modells auf den kreditwirtschaftlichen Bereich. Um eine Anwendung in der bankbetrieblichen Preisforschung zuzulassen, wird daher von Gehrke eine Relaxation der Prämissen dieses Modells vorgenommen. Demgemäß werden Wanderungsströme zwischen Kunden einzelner Kreditinstitute auch im preisautonomen Bereich explizit zugelassen, die jedoch aufgrund ihrer geringen Größenordnung nicht zu Konkurrenzreaktionen führen.[412]

Ohne die Implikationen eines solchen Transfers auf die bankbetriebliche Preisgestaltung detaillierter zu betrachten, kann dieser Versuch kritisch gewürdigt werden. Der Ansatz von Gutenberg ist eigentlich kein Konzept zur Ableitung oder Beurteilung von Preisstrategien, sondern vielmehr eine allgemeine theoretische Grundlage der betriebswirtschaftlichen Preisgestaltung.

Modelle der klassischen Preistheorie wurden in ihrer wissenschaftlichen Auseinandersetzung zu einem geschlossenen und fundierten Aussagesystem entwickelt.[413] Bezogen auf die bankbetriebliche Preisgestaltung, bieten ihre Modellergebnisse bei praktischen Preisbildungssituationen jedoch nur in eingeschränktem Maße Hilfestellung an. Sie können angesichts ihrer realitätsfernen Prämissen kaum reale Preisentscheidungen erklären und geben aus benutzerorientierter Sicht keine Hinweise für eine effektive Gestaltung von Preisstrategien oder bei konditionspolitischen Auswahlproblemen. Im wesentlichen sind es Annahmen wie die Betrachtung eines Einproduktunternehmens oder die Nichtexistenz von Wirkungsverzögerungen, die sich aus entscheidungsorientierter Betrachtungsweise einer Prämissenkritik unterziehen müssen.

Daneben gibt es Annahmen, die auch aus der Perspektive der Bankbetriebslehre und aus Marketingsicht explizit gegen die Übertragung des Gutenberg-Modells als eines preisbezogenen Erklärungskonzepts sprechen. Namentlich die Prämisse der vollkommenen Information widerspricht der Realität des für Banken relevanten Marktes. Selbst auf einem so effizienten Markt wie dem Kapitalmarkt sind den Entscheidungsträgern nicht alle Umweltbedingungen bekannt.[414] Darüber hinaus kann in bezug auf Bankleistungen kein

---

[409] Vgl. Wied-Nebbeling (1983), S. 139 f.
[410] Vgl. Gutenberg (1984), S. 310.
[411] Vgl. Gehrke (1995), S. 34.
[412] Vgl. Gehrke (1995), S. 35.
[413] Vgl. hierzu sowie zu den folgenden Ausführungen allgemein Meffert (1998), S. 524 f.
[414] Zur Hypothese der Kapitalmarkteffizienz vgl. z.B. Elton, Gruber (1987), S. 385 ff.

Rationalverhalten bei Konsumenten unterstellt werden. Bereits das Konzept der Bankloyalität, das durch Rapp empirisch nachgewiesen wurde und, wie gesehen, auf psychologischen Determinanten beruht, ist mit Rationalverhalten nicht vereinbar. Aus Marketingsicht ist zu bemängeln, daß außer dem Preis keine weiteren Instrumente in das Modell eingehen. Marketinginstrumente-Interaktionen werden somit ebenfalls nicht betrachtet. Überdies wird die Aussagekraft des Gutenberg-Modells für Kreditinstitute durch die Vernachlässigung von Substitutionswirkungen innerhalb des Sortimentverbundes eingeschränkt. Das für den Sachgüterbereich entwickelte Modell ist darum für die Abbildung von Konkurrenzreaktionen im Banken-Oligopol kaum geeignet. Bis auf die Analyse des Konkurrenzverhaltens unter partieller Berücksichtigung des Nachfrageverhaltens werden keine weiteren Determinanten der Bankpreisgestaltung betrachtet. Insgesamt sind danach auch aus dem Gutenberg-Oligopolmodell keine Hinweise oder Handlungsempfehlungen hinsichtlich der Entwicklung von Preisstrategien abzuleiten.

2.3. Kundenorientierte Ansätze

Die vorangegangene Analyse der kundenbezogenen Einflußfaktoren hat gezeigt, daß die zunehmende Verhandlungsmacht der Bankleistungsnachfrager die dominierende Determinante der bankbetrieblichen Preisgestaltung ist. Aus Marketingsicht rückt damit jedoch auch das korrespondierende Konsumentenverhalten in den Mittelpunkt des Interesses. Die Kenntnis der Reaktionen von Nachfragern auf Preisvariationen ist eine notwendige Voraussetzung für eine effektive Preisgestaltung der Kreditinstitute. Dennoch existiert nach Kenntnisstand des Verfassers neben der Arbeit von Rapp[415] keine weitere empirische Untersuchung, die sich explizit dem bankpreisbezogenen Kundenverhalten widmet.

Die Intention der Untersuchung von Rapp ist es nicht, Preisstrategien abzuleiten oder das Management bankbetrieblicher Preise darzustellen. Die Analyse gibt jedoch wertvolle Aufschlüsse über das bankpreisbezogene Kundenverhalten aus psychologischer Sicht. Rapp verläßt damit die Grundlage der traditionellen theoretischen Konzepte und leistet einen wertvollen Erklärungsbeitrag für die kundenbezogene Determinante der bankbetrieblichen Preisgestaltung. Zumal die empirischen Ergebnisse noch nicht durch konkurrierende hypothesenprüfende Analyseverfahren abgesichert sind, muß konstatiert werden, daß der bankpreisbezogene empirische Forschungsbedarf vergleichsweise groß ist.

Die bestehenden theoretischen Erklärungsansätze zur Bankpreisgestaltung beziehen diese verhaltenstheoretischen Erkenntnisse jedoch nicht ein. Allein Süchting trägt in seiner Theorie der Bankloyalität in einem lerntheoretischen Ansatz explizit dem Kundenverhalten Rechnung.

---

[415] Vgl. Rapp (1992).

Rapp zeigt empirisch, daß preisliche Beurteilungskriterien einen großen Teil der Beziehung eines Kunden zu seiner Hauptbank und damit das Konzept der Bankloyalität determinieren.[416] Süchtings Ansatz eignet sich somit auch für die Beurteilung und Ableitung von Preisstrategien unter Berücksichtigung eines in der Praxis zunehmenden Trends zu Mehrfachbankverbindungen. Die Bankloyalität ist allerdings nur *ein* Einflußfaktor der Preisgestaltung. Aussagen über die Vorteilhaftigkeit von Preisstrategien können vor diesem theoretischen Hintergrund mithin nur eindimensional unter Vernachlässigung des identifzierten Preisverhaltens und der verbleibenden Einflußfaktoren getroffen werden.

Daneben existieren weitere theoretische Ansätze zur Bankpreisgestaltung, in denen das Kundenverhalten zumindest implizit Berücksichtigung findet. In den nachfolgenden Ausführungen wird daher in Anknüpfung an die eingangs vorgenommene Kundensegmentierung analysiert,[417] inwieweit diese Erklärungsansätze Schlüsse über das bankpreisbezogene Verhalten von Kunden mit Verhandlungsmacht, mit überragender Verhandlungsmacht und ohne Verhandlungsmacht zulassen. Zusätzlich wird untersucht, ob sich in Abhängigkeit dieser unterschiedlichen Nachfragergruppen Hinweise auf das bankbetriebliche Preismanagement, besonders die Ableitung von Preisstrategien betreffend, ergeben.

2.3.1. Preisstrategien nach Krümmel für Kunden mit Verhandlungsmacht

Der umfangreichste und erste Versuch, eine Theorie der Bankpreispolitik zu formulieren, stammt von Krümmel. Bereits 1964 machte er die Besonderheiten bankbetrieblicher Preisstellungsformen dafür verantwortlich, daß klassische Konzepte der betriebswirtschaftlichen Preistheorie nicht auf bankbetriebliche Fragestellungen anwendbar sind.

Aus der Zurechenbarkeitsproblematik fixer Kosten unterschiedlicher bankbetrieblicher Unternehmensbereiche zu einzelnen Leistungsarten und der damit verbundenen faktischen Unmöglichkeit einer kostenrechnerisch exakten Bestimmung von Bankpreisen folgert er, daß, unabhängig von den Kosten, der Gesamterlös bei der erwarteten Gesamtleistungsabnahme der Kunden zu maximieren ist.[418] Damit fordert er den Übergang von einer primär kostenorientierten Preisstellung zu einer markt- und kundenorientierten Preispolitik. Seine Untersuchungen konzentrieren sich jedoch zunächst auf Kunden mit Verhandlungsmacht.

Die Marktorientierung Krümmels äußert sich bereits in der Auffassung des Bankleistungsbegriffes, welche auch den Betrachtungen dieser Arbeit zugrunde gelegt wird. Danach sind Bankabsatzleistungen solche Einzelleistungen und Leistungskonglomerate,

---

[416] Vgl. Rapp (1992), S. 334.
[417] Vgl. Abschnitt 1.3.1 .
[418] Vgl. Krümmel (1964), S. 228.

welche die jeweils stärkere Marktseite als absatzfähig bezeichnet, indem sie diese so und nicht anders anbietet oder nachfragt.[419] Mit der in dieser Definition enthaltenen expliziten Berücksichtigung der Zusammenfassung von Einzelleistungen wird gleichzeitig die Bedeutung sortimentspolitischer Einflüsse auf die Preispolitik unterstrichen.

Nachfolgend sollen die Parameter der bankbetrieblichen Preisgestaltung nach Krümmel überblickartig erläutert werden.[420] Grundidee ist es, daß sich Bankpreise mit der Preisbezugsbasis und dem Preiszähler aus zwei elementaren Bestandteilen zusammensetzen. Eine wesentliche Leistung dieser Systematik besteht in der Möglichkeit, auf dieser Basis Instrumente der Preisgestaltung ableiten und darstellen zu können.

Die Preisbezugsbasis dokumentiert den Preis-Leistungszusammenhang als Maßausdruck, Mengeneinheit oder Recheneinheit der Bankleistung.[421] Eine Entscheidung über die Preisbezugsbasis ist eine Entscheidung über die quantitativen und qualitativen Eigenschaftsausprägungen einer Leistung, die der Preisberechnung einzeln oder als Merkmalskombination zugrunde gelegt werden. Um die bei der Preisermittlung notwendigen Rechenoperationen der Multiplikation und Division zu ermöglichen, kommen aus der Fülle der Bankleistungsmerkmale nur solche in Frage, die kardinal und metrisch meßbar sind.[422] Daneben muß das Kriterium der hinreichenden Teilbarkeit erfüllt sein, damit eine Anpassung von Leistungsumfang und Preis möglich wird. Generelle Anforderungen an geeignete Preisbezugsbasen sind Kontrollierbarkeit durch das Institut, Erfolgswirksamkeit und Leistungsrepräsentanz.

An dieser Stelle werden erneut die Besonderheiten bankbetrieblicher Preispolitik deutlich. Am Beispiel des Konsumentenkredits können bereits Kreditbetrag, Laufzeit, Ratenhöhe oder die tatsächliche Inanspruchnahme als Preisbezugsbasen angeführt werden, die den oben gestellten Bedingungen genügen. Dagegen sind bei Produkten von Industriebetrieben solche Eigenschaftsausprägungen wie Lieferbedingungen, Zahlungsmodalitäten, Service, Qualität oder Gewährleistung nicht hinreichend teilbar und meßbar und eignen sich deshalb nicht als Preisbezugsbasen. Zwar kann die betreffende Ware durch diese Zusatzleistungen variiert werden, Preisbezugsbasis ist jedoch allein die Stückzahl des wie auch immer ausgestalteten Leistungsobjekts selbst. Bei Handelsbetrieben hingegen kann das Unternehmen, ähnlich wie bei Banken, zwischen verschiedenen Preisbezugsbasen wählen.[423] Die Auswahl beschränkt sich indes auf Maßgrößen der physischen Beschaffenheit des Produkts, wie etwa Gewicht, Raummaße oder Stückzahl der Ware. Weil sich folglich bei Banken im Gegensatz zu

---

[419] Vgl. Krümmel (1964), S. 37 f.
[420] Vgl. ausführlich z.B. Gladen (1985b), S. 68 ff.; Harwalik (1987), S. 6 ff.; Gehrke (1995), S. 83 ff.
[421] Vgl. hierzu sowie zu den folgenden Ausführungen Krümmel (1964), S. 45 ff.
[422] Vgl. hierzu sowie zu den folgenden Ausführungen Eisele (1971), S. 67 ff.
[423] Vgl. Hossenfelder (1987), S. 6.

Industrie- oder Handelsbetrieben eine Vielzahl möglicher Preisbezugsbasen ergibt, wird auch die Menge der preispolitischen Instrumente bei Kreditinstituten ungleich größer sein.

Als zweite Variable der bankbetrieblichen Preisgestaltung gibt der Preiszähler die Höhe des Preises je Zähleinheit der Preisbezugsbasis an.[424] Damit ist der Preiszähler der Faktor, mit dem die jeweilige Einheit der Preisbezugsbasis multipliziert werden muß, um zu dem jeweiligen monetären Äquivalent, dem Gesamtpreis, zu gelangen. Die Dimension des Preiszählers ist "DM" oder eine andere Währungseinheit. Falls bereits die Dimension der Preisbezugsbasis auf Währungseinheiten lautet, wird der Preiszähler in Prozent notiert.[425]

2.3.1.1. Variation des Preiszählers und der Preisbezugsbasis

Eine Variation des Preiszählers bei Konstanz der Preisbezugsbasis umfaßt im weitesten Sinne auch die erstmalige Festlegung des Preiszählers bei Bankinnovationen.[426] Jede Variation des Preiszählers hat ceteris paribus eine gleichgerichtete Änderung des Gesamtpreises zur Folge. Aufgrund einer Variation der Preisbezugsbasis bei Konstanz des Preiszählers läßt sich demgegenüber kein eindeutiger Zusammenhang zur Höhe des Gesamtpreises isolieren. Eine Variation der Preisbezugsbasis kann ceteris paribus zu einem höheren, gleichen oder niedrigeren Gesamtpreis führen.[427]

Als dritte Möglichkeit kommt eine gleichzeitige Veränderung des Preiszählers und der Preisbezugsbasis in Betracht. Auch hier sind ex ante die Auswirkungen auf die Höhe des Gesamtpreises, welche sich ceteris paribus aus dieser Variation ergeben, nicht bestimmbar.

Im Kontext bankbetrieblicher Preisstrategien ist besonders das von Krümmel festgestellte bankenspezifische Phänomen der fingierten Preisbezugsbasen von außerordentlicher Bedeutung.[428] Diese entstehen, wenn bei der Variation einer Preisbezugsbasis das Kriterium der Leistungsrepräsentanz nicht erfüllt ist. Damit sind fingierte Preisbezugsbasen im Gegensatz zu effektiven Preisbezugsbasen Maßgrößen, welche die zugrunde liegenden Merkmale entweder ungenau messen oder auf irrelevanten Merkmalen basieren.[429]

Auf der Differenzierung der Bankleistungen in Bestandshalte- und Strömungsleistungen aufbauend, können Verzerrungen bei Bestandshaltepreisen und Strömungspreisen unterschieden werden.[430] Fingierte Preisbezugsbasen bei Bestandshaltepreisen liegen etwa vor, wenn Zinszahlen abweichend von der tatsächlichen Inanspruchnahme eines Kredites

---

[424] Vgl. Krümmel (1964), S. 45.

[425] Vgl. Krümmel (1964), S. 60.

[426] Vgl. hierzu sowie zu den folgenden Ausführungen Gehrke (1995), S. 89.

[427] Zu Beispielen vgl. ausführlich Hossenfelder (1987), S. 7 ff.; Gehrke (1995), S. 89 f.

[428] Vgl. Krümmel (1964), S. 80.

[429] Vgl. Eisele (1971), S. 193.

[430] Vgl. Krümmel (1964), S. 15 ff.; Siewert (1983), S. 277.

herangezogen werden.[431] Dies kann durch die Verwendung fingierter Kapitalbeträge oder fingierter Zeitdimensionen geschehen. Bei Strömungsleistungen differenziert Krümmel zusätzlich danach, ob Wertbeträge oder Mengengrößen als Merkmale der Leistungsmessung bei Strömungsleistungen leistungsrepräsentativ sind.[432] Wertströme sind Bewegungen, die sich in "Währungseinheit" quantifizieren lassen, wie Kontoumsätze oder Zahlungsbeträge. Mengenströme sind dagegen Geschäftsvorfälle, bei denen eine Quantifizierung in "Stück" vorgenommen werden kann, wie etwa Buchungsposten oder Zahlungsvorgänge.[433] Sofern es sich um Mengenströme handelt, verneint Krümmel das Vorhandensein von Preisverzerrungen durch fingierte Preisbezugsbasen.[434] Mengenströme stehen als einfache Merkmale regelmäßig in eindeutiger Beziehung zum Inhalt der erbrachten Leistung und spiegeln damit einen eindeutigen, für den Kunden erkennbaren Preis-Leistungszusammenhang wider. Beispielhaft ist hier die Dimension der Stückzahl von eingerichteten Daueraufträgen als Preisbezugsbasis zu nennen.

---

[431] Vgl. Eisele (1971), S. 204.
[432] Vgl. Siewert (1983), S. 278.
[433] Vgl. Gehrke (1995), S. 84 f.
[434] Vgl. Krümmel (1964), S. 102.

Tabelle 7: Beispiele effektiver und fingierter Preisbezugsbasen.

	Art der Preisbezugsbasis		
	Bestandsgrößen	**Strömungsgrößen**	
		Wertströme	**Mengenströme**
effektive **Preisbezugsbasen** **(Leistungs-** **repräsentanz)**	• Habenzins auf Spar-, Termin- oder Sichteinlagen • Sollzins für Kontokorrent-kredit in % vom tatsächlich in Anspruch genommenen Betrag	• Kontoführungsgebühr in % vom Umsatz • Effektenprovision in % vom Kurswert der umgesetzten Wertpapiere	• Kontoführungsgebühr pro Stück Buchungsposten • Gebühr für die Einrichtung eines Dauerauftrages
fingierte **Preisbezugsbasen** **(keine Leistungs-** **repräsentanz)**	a) Preisverzerrungen über die Kapitalhöhe: • Bereitstellungsprovision auf den nicht beanspruchten Kreditrahmen • Agio und Disagio bei Darlehen und Anleihen b) Preisverzerrungen über die Zeitkomponente: • Gestaltung der Zinstermine • Umvalutierungen	a) Bestandsgrößen ohne Zeitdimension: • Pauschale Bearbeitungs-gebühr in DM für Kleinkredite • Pauschale Bereitstellungs-provision in DM auf zu-gesagten Darlehensbetrag b) Verwendung eines ge-schätzten statt eines effektiven Stromes von Leistungsobjekten: • Kontoführungsgebühr vom durchschnittlichen Umsatz • Effektenprovision in % vom Nennwert	• nicht existent

Quelle: Eigene Erstellung in Anlehnung an und Ergänzung von Krümmel (1964), S.64 ff. und S. 108 ff.; Siewert (1983), S. 279; Gehrke (1995), S. 86.

Aus absatzorientierter Warte ist der Vorteil fingierter gegenüber effektiven Preisbezugs-basen darin zu sehen, daß sie bei gleicher Effektivbelastung zu niedrigeren Preiszählern und bei gleichen Preiszählern zu einem höheren Erlös für das Kreditinstitut führen.[435] Preisverzer-rungen dieser Art existieren nicht für Industrie- oder Handelsunternehmen und eröffnen den Universalbanken ein vergleichsweise breites Spektrum von Preisgestaltungsmöglichkeiten.

2.3.1.2. Preisspaltung

Eine weitere Möglichkeit, bei niedrigeren oder gleichen Preiszählern zu einem für die Bank höheren Gesamterlös zu gelangen, ist die Preisspaltung.[436] Auf der Tatsache aufbauend, daß

---

[435] Vgl. Siewert (1983), S. 278.
[436] Vgl. Hossenfelder (1987), S. 10.

Bankleistungen in der Regel ein Konglomerat, zusammengesetzt aus verschiedenen internen Teilleistungen, darstellen, werden die Preise von Einzelleistungen oder Leistungsbündeln in mehrere kleine Preise mit dem Ziel aufgespalten, daß die Summe der Teilpreise größer ist als der ursprüngliche Preis vor der Preisspaltung.[437] Daher ist unmittelbar einsichtig, daß dieses Instrument keine Anwendung im Passivgeschäft findet. Schließlich liegt es im Interesse der Bank, den Einlagenzins als wichtigsten Beschaffungspreis nach außen hin hoch und für Kunden attraktiv erscheinen zu lassen.

Preisspaltung funktioniert nicht ohne eine Preisbezugsbasenvariation. Nur durch die Möglichkeit, mehrere Bezugsgrößen gleichzeitig zu verwenden, kann eine Zerlegung in Teilpreise vorgenommen werden. Krümmel konstatiert eine positive Beziehung zwischen der Bedeutung der Bankleistung im Sortiment bezüglich deren Beitrag zum Gesamterlös und der Tiefe dieser Aufspaltung in Teilpreise.[438]

Neben der optischen Verbilligung durch die Beeinflussung der nachfrageseitigen Preiswahrnehmung liegt die besondere Bedeutung der Preisspaltung in ihrer Funktion als notwendige Bedingung für den Einsatz des "Prinzips der kleinen Mittel".[439] Diesem erstmals von Krümmel offenbarten verhandlungtaktischen Konzept kommt bei der Verfolgung preispolitischer Strategien eine tragende Rolle zu.

Hintergrund ist die Annahme, daß Kunden mit Verhandlungsmacht in Anbetracht ihrer vielfältigen Substitutionsmöglichkeiten und des erheblichen Beitrages, den sie für die Erzielung des Betriebsergebnisses leisten, Preisverhandlungen erzwingen. Kreditinstitute versuchen, durch ein gezieltes Entgegenkommen die Verhandlungsmacht des Kunden sukzessive zu verbrauchen und dadurch die damit verbundenen Erlöseinbußen möglichst gering zu halten.[440] Dabei kommen Banken einzelnen Kunden eher bei mehreren Teilpreisen relativ wenig entgegen als bei einem Teilpreis in relativ großem Umfang, weil der Gesamtpreisnachlaß dadurch in der Regel geringer sein wird. Grund dafür ist, daß infolge sukzessiver Preiskonzessionen seitens der Bank derjenige Punkt, an dem die Zustimmung des Kunden zum Verhandlungsergebnis erfolgt, regelmäßig früher erreicht werden kann.[441]

Insgesamt entstehen durch diese Vorgehensweise für die Kunden dieses Segments heterogene Konditionen. Die Vorteile des "Prinzips der kleinen Mittel" bestehen darin,[442] daß es beim Kunden zunächst die Vorstellung erweckt, er stehe mit einer besonders kulanten Bank in Geschäftsbeziehung, die ihm im Gegensatz zu anderen Instituten Sonderkonditionen gewährt. Würde die Bank nur bei einer einzigen Leistung Verhandlungsbereitschaft

---

[437] Vgl. Krümmel (1964), S. 143.
[438] Vgl. Krümmel (1964), S. 143 f.
[439] Vgl. Krümmel (1964), S. 136.
[440] Vgl. Krug (1972), S. 206 f.
[441] Vgl. Büschgen (1998), S. 681.
[442] Vgl. Siewert (1983), S. 285 f.

signalisieren, könnte der Kunde annehmen, die Bank sei in die Preisverhandlungen mit einer überhöhten Konditionenliste eingetreten. Überdies festigt das Nachgeben der Bank in den Verhandlungen die Geschäftsbeziehung und erhöht somit die Bankloyalität. Die Individualität der Vereinbarungen sichert gleichzeitig die Diskretion bei der Gewährung von Sonderkonditionen. Im Zuge der aktuell zu beobachtenden Abnahme der Bankloyalität gewinnt das "Prinzip der kleinen Mittel" an Bedeutung. Bei der Entwicklung von Preisstrategien, die auf die Klientel mit Verhandlungsmacht abzielen, ist demnach eine Verhandelbarkeit der Konditionen in die Überlegungen einzubeziehen.

2.3.1.3. Preisstaffelung

Als Preisstaffelung wird die Unterteilung eines Einzelpreises in mehrere Preisintervalle bezeichnet, wobei sich der schließlich zu entrichtende Preis durch Zuordnung zu einem bestimmten Intervall in Abhängigkeit von bestimmten Kriterien oder Eigenschaftsausprägungen der Bankleistung ergibt.[443]

Als Kriterien für die Staffelung kommen Leistungsmerkmale wie Betrag, Menge, Laufzeit, Kündigungsfrist oder Schuldnerbonität ebenso in Frage wie fingierte Preisstaffelungskriterien.[444] Typisch für das Instrument der Preisstaffelung ist, daß es beim Überschreiten der jeweiligen Intervallgrenzen zu sprunghaften Veränderungen des Gesamtpreises kommt.[445]

Das Instrument der Preisstaffelung findet vorwiegend dann Anwendung, wenn der allein durch Preisbezugsbasenwahl erreichbare Grad der Leistungsrepräsentanz nicht ausreicht.[446] Über die Differenzierung der Preiszähler können zusätzliche Unterschiede des Leistungsinhalts oder des Leistungsumfangs aufgefangen und gleichzeitig die Erhöhung des von den Banken jeweils angestrebten Grades der Leistungsrepräsentanz realisiert werden.[447] Daneben werden Preisstaffelungen angewandt, wenn Rechnungen vereinfacht werden sollen, oder aus rein preisoptischen Erwägungen heraus.[448] Jedoch wird die Anzahl der verschiedenen Preise von der Übersichtlichkeit begrenzt, die durch die Preisstaffelung erreicht werden soll.[449]

---

[443] Vgl. hierzu die Preisstaffeln verschiedener Insitute im Anhang A14.

[444] Vgl. Krümmel (1964), S. 60 f. und S. 253 ff.; Eisele (1971), S. 195.

[445] Vgl. Gehrke (1995), S. 100.

[446] Vgl. Siewert (1983), S. 280.

[447] Vgl. Krümmel (1964), S. 61.

[448] Vgl. Eisele (1971), S. 95.

[449] Vgl. Moeller-Herrmann (1968), S. 304.

2.3.1.4. Sortimentsstrategische Preisstellung

Als sortimentsstrategische Preisstellung bezeichnet Krümmel die interdependente Festlegung aller Teilpreise des Sortiments einer Universalbank mit dem Ziel der Maximierung des Gesamtgewinns aus der Gesamtleistungsabnahme aller Kunden.[450] Die sortimentsstrategische Preisstellung kann als das traditionelle preispolitische Konzept der Universalbanken angesehen werden.[451] Bei diesem auch als Ausgleichspreisstellung bezeichneten preispolitischen Instrument werden Einzelleistungen zu Preisen angeboten, die, für sich betrachtet, keinen Gewinnbeitrag leisten. Kreditinstitute sind ähnlich wie Handelsunternehmen[452] bereit, bei bestimmten Leistungen eine Kostenunterdeckung zu akzeptieren. Zum Ausgleich entstandener Kostenunterdeckungen werden andere Produkte mit einem höheren Gewinnaufschlag kalkuliert.[453]

Neben dieser Mischkalkulation mit einer Erfolgskompensation bei Einzelleistungen kann ein preispolitischer Ausgleich auch unter Kundengruppen, Geschäftssparten und über die Zeit hinweg stattfinden.[454] Gemeinsames Ziel dieser Formen der Ausgleichskalkulation ist der Zugewinn an lukrativen Folgegeschäften über die zeitliche Dauer der Absatzbeziehung hinweg im Sinne einer langfristigen Gewinnmaximierung. In der Literatur werden einige für die Zielerreichung notwendige Voraussetzungen genannt,[455] an denen sich die Vorgehensweise der anschließenden bankbezogenen kritischen Würdigung der sortimentsstrategischen Preisstellung orientiert.

---

[450] Vgl. Krümmel (1964), S. 121.
[451] Vgl. Terrahe (1978), S. 682.
[452] Zur Mischkalkulation in Handelsbetrieben vgl. z.B. Hansen (1990), S. 333 ff.
[453] Vgl. Süchting (1981), S. 304 .
[454] Vgl. Süchting (1981), S. 304 sowie zum intertemporalen Ausgleich Diller (1991), S. 206 f.
[455] Vgl. Hossenfelder (1987), S. 18 ff. sowie die dort angegebene Literatur und insbesondere Raffée (1982), S. 153.

Tabelle 8: Voraussetzungen für eine zieladäquate Ausgleichspreisstellung.

Voraussetzungen für eine zieladäquate Ausgleichspreisstellung	Implikation
Irrationalität der Kunden	Einerseits wird postuliert, daß Kunden sich allein aufgrund der subventionierten Leistung (sogen. Loss Leader) ein positives Image vom Unternehmen bilden (selektive Wahrnehmung) und in Ermangelung eines ausgeprägten Preisbewußtseins zusätzlich auf andere Sortimentsteile mit hoher Marge zurückgreifen. Andererseits wird aber ein Preisbewußtsein hinsichtlich der Konkurrenzpreise vorausgesetzt.
Kein vollkommener Markt	Bei vollkommener Markttransparenz würden alle Konkurrenten den niedrigeren Preis fordern, die Wirkung eines Loss Leaders wäre aufgehoben.
Hohe Nachfragefrequenz des Loss Leaders	Je häufiger ein Loss Leader nachgefragt wird, desto größer ist die Wahrscheinlichkeit für eine Abnahme weiterer Sortimentsteile.
Positive Verbundwirkungen des Loss Leaders	Im Sortiment müssen Verbundwirkungen existieren, die bei Nachfrage nach dem Loss Leader nicht negativ auf das Gewinnziel wirken.

Quelle: Eigene Erstellung.

Bezüglich der Irrationalität der Kunden ist aus Sicht der Banken zu befürchten, daß ein großer Teil der Nachfrager im Zuge eines gewandelten Kundenverhaltens und mit steigendem ökonomischen Bildungsgrad einen Loss Leader zwar identifiziert. Andererseits werden aber bei steigendem Preisbewußtsein die Produkte des Sortiments mit Ausgleichsgeberfunktion in gleicher Weise erkannt und diese statt dessen bei einem Wettbewerber nachgefragt. Diese Tendenz zum "Herauspicken" der subventionierten Leistung wird mit steigendem Vollkommenheitsgrad des Marktes durch erhöhte Markttransparenz zunehmen.[456] Mit Abnahme der Bankloyalität verliert damit das Konzept der sortimentsstrategischen Preisstellung ihre betriebswirtschaftliche Berechtigung. Dies gilt vor allem dann, wenn die Quersubventionierung nicht analog zum Handel selektiv auf einzelne Leistungen gerichtet und zeitlich begrenzt ist, sondern sogar dauerhaft aufrechterhalten wird wie etwa beim Zahlungsverkehr.

In diesem Kontext wird auch die Frequenz der Nachfrage nach Bankleistungen, die Loss Leader sind, pro Kreditinstitut durch die Verbreitung von Mehrfachbankverbindungen notwendigerweise sinken. Überhaupt muß angemerkt werden, daß die Transaktionshäufigkeit von Bankleistungen im allgemeinen um ein Vielfaches geringer ist als beispielsweise die Nachfragefrequenz im Handel. Bereits aufgrund dieses grundsätzlichen Merkmals des Bankgeschäfts ist der Erfolg einer Ausgleichspreisstellung wegen einer geringeren Wahrscheinlichkeit des Cross-Selling fraglich.

Als letzte Voraussetzung ist zu hinterfragen, ob Verbundwirkungen im Sortiment der Bankleistungen existieren.[457] Zwar hat die vorangegangene Betrachtung der Leistungsprogramm-Interaktionen das Vorhandensein dieser Verbundeffekte bestätigt. Unklar ist

---

[456] Vgl. Priewasser (1994), S. 218.
[457] Vgl. Hossenfelder (1987), S. 25 ff.

108

hingegen, inwieweit diese zu einem positiven Ergebnisbeitrag führen. In Ermangelung quantitativer empirischer Untersuchungen zu Richtung und Stärke von Verbundeffekten und unter Berücksichtigung sinkender Nachfragefrequenzen ist zumindest auf die Gefahr hinzuweisen, daß Kompensationsmöglichkeiten im Leistungsprogramm ohne Kenntnis der relevanten Daten von den Kreditinstituten überschätzt werden können.

Mehr als 30 Jahre nachdem Krümmel die sortimentsstrategische Preisstellung als Grundlage der gesamten bankbetrieblichen Preispolitik charakterisiert hat,[458] ist die traditionelle Ausgleichspreisstellung immer noch das verbreitetste preispolitische Konzept der Universalbanken. Allerdings muß es sich angesichts der veränderten externen Einflußfaktoren der Bankpreisgestaltung verschiedener Kritik erwehren. Die notwendigen Voraussetzungen für einen zieladäquaten Einsatz einer kompensatorischen Preisstellung sind zu einem großen Teil nicht mehr gegeben. Neben dem Fehlen der für die Erfolgskompensation im Sortiment notwendigen Voraussetzungen werden in der bankbetrieblichen Literatur wietere Probleme der Ausgleichspreisstellung angeführt,[459] die insgesamt auf eine mangelnde Flexibilität bei der Anpassung an sich verändernde Markt- und Kostenkonstellationen hindeuten. Als Ergebnis dieser Betrachtungen muß konstatiert werden, daß die sortimentsstrategische Preisstellung, wie sie in dieser Form von den Universalbanken betrieben wird, als Preisstrategie unter Beachtung der analysierten Einflußfaktoren und des Gewinnmaximierungsziels höchst bedenklich ist.

2.3.2. Preisstrategien für Kunden ohne Verhandlungsmacht

Krümmel konzentriert die Argumentation seiner Untersuchung auf Kunden mit mäßiger oder überragender Verhandlungsmacht. Dies sind in erster Linie Firmenkunden und vermögende Privatkunden des Individualgeschäfts. In Anbetracht der Veränderungen der preisbezogenen Einflußfaktoren ist aus heutiger Perspektive zusätzlich auch eine Diskussion von Preisgestaltungsmaßnahmen für das Massenkundengeschäft erforderlich.

Diese Lücke versucht Gladen zu schließen,[460] indem er über die bestehenden Ansätze zur Bankpreispolitik hinaus explizit die bankpreisbezogenen Reaktionen von Kunden ohne Verhandlungsmacht in seine Überlegungen einbezieht. Gladen beschränkt sich auf die Untersuchung der Gebührenpolitik im Zahlungsverkehr und argumentiert auf der Basis traditioneller Erklärungsansätze zur bankbetrieblichen Preisgestaltung. Auf diese Weise überprüft er, ob es mittels verschiedener Konditionen zu einer Veränderung der

---

[458] Vgl. Krümmel (1964), S. 122.
[459] Vgl. z.B. Baxmann (1987), S. 14; Harwalik (1988), S.28 ff.; Feuerstein (1990), S. 51; Bernhardt, Fux (1991), S. 26.
[460] Vgl. Gladen (1985b).

Kundenstruktur bei dieser Bankleistung kommen kann. Dabei weist er gleichzeitig auf die unbefriedigende theoretische und empirische Absicherung von psychologischen Effekten hinsichtlich des Preisverhaltens von Bankkunden hin und betont die Bedeutung von Preis-Absatzfunktionen auch im bankbetrieblichen Umfeld. In Ermangelung von Daten und Vorgehensweisen zu deren Bestimmung entwickelt Gladen am Schluß der Arbeit ein heuristisches Verfahren zur Preisbestimmung von Zahlungsverkehrsleistungen auf der Basis kostenorientierter Überlegungen.

Damit fehlen weiterhin Preisstrategien, die das Massengeschäft mit dem Ziel der Erlösmaximierung attraktiver machen und die Quersubventionierung zu Lasten des Segmentes von verhandlungsstarken Kunden abbauen können. Grundsätzlich ist zwar der Auffassung Krümmels zuzustimmen,[461] daß Kunden ohne Verhandlungsmacht wegen ihrer im Einzelfall unerheblichen absatzpolitischen Bedeutung keine bankseitigen Preiszugeständnisse unterbreitet und nur die Auswahl aus einem Standardsortiment mit Listenpreisen ermöglicht werden sollte. In praxi führt die Erhöhung des ökonomischen Bildungsgrades und der Preissensibilität der Nachfrager im Zuge der zunehmenden Wettbewerbsintensität jedoch dazu, daß auch diese Kunden mit ihrem Kreditinstitut verhandeln wollen. Diese Verhandlung ist aus Banksicht jedoch infolge der Vielzahl dieser Massenkunden und wegen deren vergleichsweise geringem Ertragspotential nicht rational. Der Grund hierfür liegt darin, daß die dabei beanspruchte Personalkapazität höher ist als der Erlös, den ein Institut durch den Verzicht auf die Leistungsabnahme solcher Kunden einbüßt. Die von Krümmel als Lösung dieses Problems vorgeschlagene sortimentsstrategische Preisstellung, bei der die kundenindividuelle Preisfixierung bei den subventionierenden Leistungen sich, wie Slevogt es ausdrückt, nach dem Belastbarkeitsprinzip richtet,[462] ist angesichts der zuvor aufgezeigten Probleme dieser Preisstrategie nicht mehr zeitgemäß. Die weitverbreitete Praxis dieser Preisgestaltungsmaßnahme ist mitverantwortlich für den derzeit bei vielen Universalbanken zu beobachtenden schwachen oder nicht vorhandenen Ergebnisbeitrag des Privatkunden-geschäfts. Damit ist nachfolgend auch die Lücke fehlender erlösmaximierender Preisstrategien für Kunden ohne Verhandlungsmacht zu schließen.

2.3.3. Preisstrategien für Kunden mit überragender Verhandlungsmacht

Kunden mit überragender Verhandlungsmacht zeichnen sich durch den höchsten Grad an Bonität und durch bedeutende Leistungsabnahmen aus.[463] Dabei fragen sie nicht nur große

---

461 Vgl. Krümmel (1964), S. 233 f.
462 Vgl. Slevogt (1981), S. 324 f.
463 Vgl. hierzu und im folgenden Krümmel (1964), S. 237; Siewert (1983), S. 286.

Volumina, sondern partiell auch besonders spezifische oder sogar maßgeschneiderte Leistungen nach, die regelmäßig nicht zum Bedarf kleinerer Kunden mit Verhandlungsmacht gehören. Die Substitutionsmöglichkeiten von Kunden mit überragender Verhandlungsmacht sind regelmäßig vielfältig. Zu nennen sind etwa Unternehmen, die sich zur Darlehensbeschaffung direkt am Euromarkt oder dem inländischen Kapitalmarkt bedienen können. Hieraus und aus dem Beitrag, den diese Kunden regelmäßig zur Erzielung des Betriebsergebnisses leisten, werden sie in eine starke Verhandlungsposition gegenüber dem Kreditinstitut versetzt. Die Bank wird zu einer Strategie veranlaßt, die sich erheblich von Strategien gegenüber den ersten beiden Kundensegmenten unterscheidet. Die Anwendung des Krümmelschen "Prinzips der kleinen Mittel" scheitert daran, daß Unternehmen ausschließlich am Nettopreis interessiert sind und sich nicht von Teilpreisen täuschen lassen. Daneben sind die Kunden sogar in der Lage, regelmäßig Einfluß auf den Inhalt der Bankabsatzleistung zu nehmen. Aus kreditwirtschaftlicher Betrachtungsweise ergibt sich demnach für Kunden mit überragender Verhandlungsmacht ein eingeschränkter Preisgestaltungsspielraum, der spezifische Preisstrategien erfordert. So gesehen leisten nur wenige bankbetriebliche Aufsätze Hilfestellung bei Preisentscheidungen.[464] Die Eignung bestimmter Preisgestaltungsmaßnahmen ist demzufolge auch noch vor dem Hintergrund des Einsatzes bei diesem Kundensegment zu beurteilen. Angesichts des geringen Gestaltungsspielraums kommt es dabei weniger auf die Entwicklung spezifischer Preisstrategien als auf deren Durchsetzung an.

2.4. Marketingorientierte Ansätze

Theoretische Erklärungsansätze, die Hinweise auf das Preismanagement für Banken aus der in dieser Untersuchung dominierenden Marketingperspektive geben, sind in der diesbezüglichen Literatur nicht existent. Bestehende marketingorientierte Arbeiten sind eher fragmentarisch und greifen auf die beschriebenen traditionellen Erklärungsansätze der bankbetrieblichen Preispolitik zurück.[465] Hierauf basieren auch die Ausführungen Gehrkes zu bankbetrieblichen Sonderangeboten und führen zu Möglichkeiten und Grenzen der Anwendung dieses speziellen Instruments.[466] Dabei werden diese vornehmlich aus volkswirtschaftlicher und juristischer Perspektive betrachtet. Aus Sicht des Bankmarketings besteht die wesentliche Leistung in der Berücksichtigung der Planung von bankbetrieblichen Sonderangeboten im Rahmen des Marketing-Mix. Auf eine Analyse der sich daraus ergebenden Interaktionen verzichtet der Autor hingegen.

---

[464] Vgl. Jacob (1988), S. 981 ff.; Süchting (1985), S. 5 ff.

[465] Vgl. z.B. Schneider (1982), S. 26 ff.; Wilsdorf (1985), S. 16 ff.; Ippisch (1986), S. 3 ff.; Hossenfelder (1987); Harwalik (1988); Christen (1993); Büschgen (1995), S. 197 ff.

[466] Vgl. Gehrke (1995).

Der Ansatz von Gehrke zeichnet sich durch seine gleichzeitige Berücksichtigung kostenorientierter, kundenorientierter und konkurrenzorientierter Determinanten aus. Der Einfluß dieser Bestimmungsgründe wird eindimensional auf bankbetriebliche Sonderangebote projiziert und erfolgt nach einer ausführlichen Darstellung der traditionellen Theorien zur Bankpreisgestaltung. Da Gehrke auf dieser Grundlage argumentiert, stoßen seine Betrachtungen an die beschriebenen Grenzen dieser Erklärungsansätze. Die Arbeit erhebt den Anspruch, eine möglichst allgemeingültige Analyse bankbetrieblicher Sonderangebote zu liefern. Deshalb wird auf konkrete Anwendungsempfehlungen für einzelne Bankleistungen verzichtet. Dennoch spricht er partiell auch die Probleme des Preismanagements von Sonderangeboten an. Gehrkes Vermutung von der Verbreitung und Durchsetzung bankbetrieblicher Sonderangebote kann an dieser Stelle bereits anhand einer vom Verfasser der vorliegenden Untersuchung durchgeführten Expertenbefragung bestätigt werden.[467] Zumindest die Großbanken betreiben bereits seit mehreren Jahren eine temporäre, selektive Niedrigpreisstellung.

Insgesamt ist aus der Perspektive des Bankmarketings nicht nur ein Defizit hinsichtlich der Ableitung von Preisstrategien auszumachen, sondern auch im Hinblick auf deren Anwendung und Umsetzung im Rahmen des Preismanagements bei den einzelnen Bankleistungen. Ebenso dürfen die dabei induzierten Interaktionen bei der Beurteilung der Effizienz der einzelnen Maßnahmen nicht außer acht gelassen werden.

2.5. Ergebnisse aus der Betrachtung bestehender Erklärungsansätze

Ziel der bisherigen Ausführungen war es, die bestehenden theoretischen Erklärungsansätze auf ihre Eignung bezüglich der Entwicklung und Bewertung bankbetrieblicher Preisstrategien hin zu überprüfen. Obwohl Krümmel früh die bankspezifischen Probleme einer kostenorientierten Preisstellung erkannt hat und eine marktbezogene Preisgestaltung fordert, ist die preispolitische Diskussion in den letzten Jahren einseitig aus Kostensicht geführt worden. Aufgrund des schwachen Kosten-Preis-Zusammenhanges und methodischer Mängel sind jedoch einseitig kostenorientierte Preisstrategien zugunsten erlösmaximierender Preisstellungsformen abzulehnen. Daneben hat insbesondere der Transfer des Gutenbergschen Oligopol-Modells auf bankbetriebliche Fragestellungen weite Verbreitung gefunden. Deutlich wurde, daß dieses Modell einen allgemeinen theoretischen Erklärungsansatz der betriebswirtschaftlichen Preistheorie darstellt und nicht als Grundlage für die Ableitung von Preisstrategien zu verstehen ist. In Anbetracht der realitätsfernen Prämissen tragen darauf basierende Konzepte unter benutzerorientierten Aspekten dann auch zu keiner Entscheidungsunterstützung bei Preisgestaltungsmaßnahmen bei.

---

467 Vgl. hierzu die Ergebnisse der Expertenbefragung im Anhang Tabelle A30 und Tabelle A31.

Über diese traditionellen Ansätze zur bankbetrieblichen Preisgestaltung hinaus existieren in der Literatur kaum Forschungsansätze, die einen weiteren grundlegenden theoretischen Erklärungsbeitrag leisten. Die neueren Untersuchungen zu diesem Thema greifen regelmäßig auf die beschriebenen Ansätze zurück und variieren sie durch explizite Berücksichtigung der oben dargestellten unternehmensinternen oder -externen Einflußfaktoren als Restriktionen. Ein Großteil dieser Arbeiten verfolgt mithin eher deskriptive denn explikative Zielsetzungen und argumentiert je nach eingenommenem Standpunkt einseitig aus kosten-, konkurrenz- oder marketingorientierter Perspektive. Nachdem sich Krümmel auf das Segment für verhandlungsmächtige Kunden konzentriert und die dort angewandten strategischen Optionen für Kunden ohne Verhandlungsmacht nicht rational und für Kunden mit überragender Verhandlungsmacht nicht durchsetzbar sind, verdeutlichte die Suche nach anwendbaren Ansätzen für die Preisgestaltung bei diesen Kundengruppen das Defizit bankbetrieblicher Arbeiten im Bereich dieser beiden Teilprobleme. Dabei steht neben der theoretischen Fundierung ebenso die Ableitung von Preisstrategien zur Lösung der damit verbundenen Preisentscheidungsprobleme aus.

Insgesamt genügen die bestehenden Erklärungsansätze jedoch keineswegs den zuvor gestellten Anforderungen an ein entscheidungsadäquates Modell der Bankpreisgestaltung. Um ein Entscheidungsmodell entwickeln zu können, das Handlungsempfehlungen bei der Formulierung von Preisstrategien gibt, ist demzufolge als theoretische Grundlage ein Erklärungsansatz notwendig, der die aufgezeigten Grenzen der bestehenden Ansätze überwindet. Diese neue Sichtweise ist die auf der modernen Dienstleistungstheorie basierende verhaltensorientierte Bankpreistheorie.

3. Der neue dienstleistungsorientierte Ansatz zum bankbetrieblichen Preismanagement

Die bisherigen Ausführungen haben verdeutlicht, daß die Preisgestaltung von Kreditinstituten zu jenen Instrumenten des Bankmarketings gehört, deren Einsatz mit beträchtlichen Schwierigkeiten verbunden ist. Maßgeblich dafür sind die im preisbezogenen Entscheidungsfeld aus unternehmensinternen oder -externen Einflußfaktoren resultierenden Interdependenzen. Bestehende Erklärungsansätze berücksichtigen diese Determinanten nur unzureichend und leisten deswegen nur eingeschränkt Entscheidungsunterstützung bei Preisgestaltungsmaßnahmen.

Die Analyse dieser theoretischen Konzepte hat zwei Implikationen offenbart: Zum einen hat sich der relevante Markt für Banken zum Käufermarkt entwickelt, so daß der Verhandlungsmacht der Nachfrager besonders Rechnung getragen werden muß. Das

113

Kundenverhalten als Reaktion auf Bankpreisvariationen wird damit zur dominierenden Restriktion für die Preisgestaltung. Um das bankbetriebliche Preismanagement auf eine entscheidungsadäquate Informationsgrundlage zu stellen, erscheint daher der Rückgriff auf preispsychologische Erkenntnisse zweckmäßig. Zum anderen wurde offenkundig, daß die ursprünglich für den Sachgüterbereich entwickelten Erklärungsansätze nicht ohne weiteres auf die bankspezifischen Verhältnisse übertragbar sind. Dies hängt mit den besonderen konstitutiven Merkmalen der Bankleistung zusammen, die von Eilenberger als Ergebnis einer Dienstleistungsproduktion gekennzeichnet wird.[468] Damit ist jedoch gleichzeitig eine unreflektierte Übernahme der Marketingkonzepte von Handels- oder Industriebetrieben für bankbetriebliche Fragestellungen des Preismanagements ausgeschlossen.[469]

Aus diesen Gründen wird die erstmalige Analyse der bankbetrieblichen Preisgestaltung aus Sicht der preispsychologischen Dienstleistungsforschung zum Gegenstand der vorliegenden Untersuchung gemacht. Die nachfolgenden Betrachtungen knüpfen an die Überlegungen Krümmels an, der zumindest Ansätze einer psychologischen Theorie der Preisgestaltung im Bankgewerbe entwickelt hat.[470] Auch erkennt Krümmel bereits die Ursache für die Besonderheiten der Bankpreisgestaltung in den spezifischen Merkmalen der Bankleistung,[471] denen jedoch in der bankbetriebswirtschaftlichen Literatur bislang kaum Rechnung getragen wurde. Diese insbesondere von Eilenberger kritisierte Vernachlässigung der Dienstleistungs-eigenschaft in traditionellen bankbetrieblichen Leistungskonzepten[472] findet ihren Niederschlag auch in den theoretischen Ansätzen zur Bankpreisgestaltung. Diese Lücke gilt es im folgenden zu schließen.

Ausgangspunkt der Überlegungen bildet die Annahme, daß die spezifischen gutstheoretischen Eigenschaften von Bankleistungen einen speziellen Einfluß auf das Kaufverhalten von Nachfragern ausüben. Auf der Basis der preispsychologischen Dienstleistungstheorie sollen das bankleistungsspezifische Preisverhalten von Nachfragern herausgearbeitet und Grundlagen einer verhaltensorientierten Bankpreistheorie entwickelt werden. Über die Erklärungsaufgabe hinaus bezieht sich die Gestaltungsaufgabe dieses neuen theoretischen Konzepts auf drei grundlegende Entscheidungsfelder: Zunächst muß überprüft werden, inwieweit Preisstrategien des Sachgütermarketings übernommen werden können oder hinsichtlich bankbetrieblicher Anforderungen zu modifizieren sind. Darüber hinaus können im Rahmen dieser verhaltensorientierten Bankpreistheorie neue bankleistungsspezifische Preisstrategien entwickelt werden, die den Dienstleistungscharakter der Bankleistung explizit berücksichtigen. Abschließend erfordert der Marketinganspruch dieser Arbeit, daß die

---

[468] Vgl. Eilenberger (1993), S. 113 f.
[469] Vgl. Simon (1994a), S. 3.
[470] Vgl. Gladen (1985b), S. 72.
[471] Vgl. Krümmel (1964), S. 20 ff. sowie S. 32 ff.
[472] Vgl. Eilenberger (1993), S. 113.

betrachteten Preisgestaltungsinstrumente in ein Gesamtkonzept integriert werden, das als grundlegendes Marketingmodell für Entscheidungen des bankbetrieblichen Preismanagements dienen kann.

3.1. Grundlagen der modernen Dienstleistungstheorie

Ziel der nachfolgenden Ausführungen ist es, das dienstleistungstheoretische Fundament für die Betrachtung des bankpreisbezogenen Kundenverhaltens zu legen, indem allgemeine dienstleistungstheoretische Grundlagen für die Bankbetriebslehre fruchtbar gemacht werden.

Obwohl aus volkswirtschaftlicher Sicht bereits seit langer Zeit das Anwachsen des Dienstleistungssektors in hochentwickelten Industrieländern beobachtet wird,[473] hat dieses Phänomen in betriebswirtschaftlichen Untersuchungen erst in den letzten zehn Jahren seinen Niederschlag gefunden.[474] Dabei sind eigenständige Arbeiten zum Dienstleistungsmarketing erst in jüngster Zeit und überwiegend in der amerikanischen Literatur auszumachen.[475] Insgesamt dominieren branchenspezifische Analysen, während die Entwicklung allgemeingültiger Aussagen im Sinne einer Theorie des Dienstleistungsmarketing vernachlässigt wurde.[476] Bislang existiert mit der Arbeit von Faßnacht überhaupt erst eine Monographie zum Preismanagement von Dienstleistungen.[477] Ihm gebührt auch das Verdienst, einen Erklärungsansatz für die Intensität, mit der ein Dienstleistungsunternehmen Preisdifferenzierung anwenden soll, entwickelt zu haben.[478] Daneben finden sich lediglich drei empirische Untersuchungen, die sich mit diesem Thema zwar explizit aber nur partiell neben anderen Fragestellungen auseinandersetzen.[479] Ursächlich dafür ist, daß die Heterogenität von Dienstleistungen und die damit verbundene Übertragbarkeitsproblematik nur schwerlich allgemeingültige Aussagen zum Dienstleistungsmarketing über Branchengrenzen hinweg zuläßt.[480] Weil die nachfolgenden Ausführungen sich auf die Entwicklung einer bankleistungsspezifischen Theorie konzentrieren, kann die Prüfung der dabei aufgestellten Thesen hinsichtlich ihrer dienstleistungstheoretischen Allgemeingültigkeit unterbleiben. Im folgenden werden die bisherigen Ergebnisse der allgemeinen Dienstleistungstheorie lediglich als Grundlage für eine bankleistungsspezifische Argumentation herangezogen und um bankpreisrelevante Inhalte erweitert. Hieran orientiert sich auch die zweistufige Vorgehensweise dieses

---

[473] Vgl. Meffert, Bruhn (1997), S. 3.
[474] Vgl. z.B. Albachs Theorie der industriellen Dienstleistungen (1989).
[475] Vgl. z.B. Lovelock (1991); Berry, Parasuraman (1992); Berry (1995).
[476] Vgl. Schwenker (1989), S. 37.
[477] Vgl. Faßnacht (1996).
[478] Vgl. Faßnacht (1998), S. 719 ff.
[479] Vgl. Hooley, Cowell (1985); Zeithaml, Parasuraman, Berry (1985) und Parasuraman, Varadarajan (1988).
[480] Vgl. Corsten (1990), S. 18; Meffert, Bruhn (1997), S. 3.

Abschnitts. Von der Annahme ausgehend, daß der Dienstleistungscharakter von Bankprodukten das Preisverhalten von Nachfragern beeinflußt, werden in einem ersten Schritt zunächst deren konstitutionelle Eigenschaftsausprägungen erläutert. Im Anschluß daran wird überprüft, wie Bankleistungen durch diese dienstleistungsspezifischen Merkmale beschrieben und klassifiziert werden können. Eine solche dienstleistungstheoretische Bankleistungstypologie ist zur Reduktion der Heterogenität von Bankleistungen erforderlich. Dadurch können für bestimmte Bankleistungen, die ähnlich hinsichtlich ihrer konstitutionellen Dienstleistungseigenschaften sind, generelle Schlüsse auf das nachfrageseitige Preisverhalten gezogen werden.

3.1.1. Charakteristika von Dienstleistungen

Die begriffliche Konkretisierung des Dienstleistungsbegriffes ist Gegenstand zahlreicher Diskussionsrunden in der diesbezüglichen Literatur und wird regelmäßig anhand konstitutiver Merkmale dargestellt.[481] Infolge der Heterogenität und der hohen Komplexität des Untersuchungsgegenstandes ist eine trennscharfe Abgrenzung der Dienstleistungen von Sachgütern mit erheblichen Problemen verbunden. Offensichtlich existiert bis heute trotz zahlreicher Versuche keine allgemein anerkannte Definition des Dienstleistungsbegriffes.[482] Darüber hinaus geben diese zumeist am Leistungserstellungsprozeß orientierten Ansätze aus einer Marketingperspektive wenig Aufschlüsse. Der Dualismus von Sachleistungen und Dienstleistungen in der Betriebswirtschaftslehre hat auch in den Schriften zum Marketing eine lange Tradition, ist jedoch bei genauerer Betrachtung so nicht haltbar.

Daher wird in dieser Untersuchung auf eine begriffliche Abgrenzung verzichtet. Denn aus Marketingsicht interessieren weniger eine allgemeine Definition und Systematisierung der Wirtschaftsgüter, als vielmehr die Untersuchung von Absatzobjekten, die schließlich Gegenstand der Vermarktung sind.[483] Nach der dieser Arbeit zugrunde liegenden Produktdefinition wird am Markt niemals nur eine isolierte Leistung abgesetzt, sondern immer ein Bündel von Teilleistungen, welche deren spezielle Eigenschaftsausprägungen ausmachen. Besonders wichtig ist in diesem Kontext die Berücksichtigung von Informationen, Rechten und ähnlichen immateriellen Güterkategorien, deren Übergang im Grunde mit jeder Absatzleistung im Rahmen eines Transaktionsprozesses verbunden ist. Damit existiert offenkundig eine reine Sachleistung nicht, weil diese ohne Inanspruchnahme von Dienstleistungen nicht vorstellbar ist.[484] Trennungsversuche in Sachleistungen und

---

[481] Vgl. zu einem Überblick über die Definitionsversuche z.B. Meffert, Bruhn (1997), S. 23 ff.

[482] Vgl. zu einer kritischen Würdigung der Definitionsansätze Engelhardt et al. (1993), S. 398 ff.

[483] Vgl. Engelhardt et al. (1993), S. 407.

[484] Vgl. Corsten (1990), S. 184.

Dienstleistungen sind demnach ebensowenig sinnvoll wie eine totale Abgrenzung von Sachgütermarketing und Dienstleistungsmarketing. Notwendig für diese Untersuchung ist somit ein Ansatz, der aus Marketingsicht die Gemeinsamkeiten und Unterschiede von Absatzobjekten in eine Leistungstypologie integriert, so daß Implikationen für die Gestaltung des Marketinginstrumentes "Preis" abgeleitet werden können.

Eine derartige absatzorientierte Leistungstypologie wurde von Engelhardt et al. entwickelt.[485] Die besondere Leistung dieses Konzepts besteht darin, daß die zur Abgrenzung oft herangezogenen charakteristischen Merkmale von Dienstleistungen auf einige wenige Dimensionen zurückgeführt werden, welche im Grunde erst für charakteristische Eigenschaftsausprägungen wie beispielsweise Nichtlagerbarkeit oder Zusammenfall von Produktion und Absatz verantwortlich sind. Eine zentrale Idee von Engelhardt et al. ist es, daß alle Leistungsbündel materielle und immaterielle Ergebnisbestandteile in unterschiedlicher Zusammensetzung enthalten können oder nur aus immateriellen Ergebnisbestandteilen bestehen. Leistungsbündel enthalten immer ein Mindestmaß an immateriellen Leistungskomponenten, nämlich Informationen, die unweigerlich an den Absatzprozeß geknüpft sind. Diese Immaterialität von Leistungsbündeln ist eine Dimension, welche sich auf die Ausgestaltung des Leistungsergebnisses bezieht.

Die im Leistungsbündel enthaltenen betrieblichen Prozesse laufen zum Teil unter Integration eines externen Faktors ab, partiell jedoch auch autonom, ohne dessen Mitwirkung. Externe Faktoren sind solche Faktoren, die zeitlich begrenzt in den Verfügungsbereich eines Leistungsanbieters gelangen und mit den internen Produktionsfaktoren in einem Verarbeitungsprozeß integriert werden. Externe Faktoren können beispielsweise Objekte, Rechte, Informationen oder auch der Nachfrager selbst sein. Integrative Prozesse dieser Art können an jeder Stelle der betrieblichen Wertschöpfungskette ansetzen. Bei genauerer Betrachtung wird deutlich, daß in der Realität kein Leistungsbündel ohne ein Mindestmaß integrativer Prozesse existiert. Zumindest im Absatzbereich ist immer eine Integration externer Faktoren erforderlich. Die Integrativität von Leistungsbündeln ist eine Dimension, welche sich auf die Ausgestaltung des Leistungsprozesses bezieht.

Ausgehend von diesen Erkenntnissen entwickeln Engelhardt et al. anhand der leistungsergebnisbezogenen Dimension Immaterialität und der leistungsprozeßbezogenen Dimension Integrativität eine Typologie, welche die Betonung des Antagonismus "Sachgüter - Dienstleistungen" und die damit verbundenen Abgrenzungsprobleme bewußt vermeidet, aber grundsätzlich alle Leistungsbündel umfaßt. Durch die Kombination der Ausgestaltung des Leistungsergebnisses mit der Ausgestaltung des Leistungsprozesses lassen sich vier Grundtypen von Leistungen unterscheiden:

---

[485] Vgl. hierzu sowie zu den folgenden Ausführungen Engelhardt et al. (1993), S. 395 ff.

Abbildung 15: Integrative Leistungstypologie.

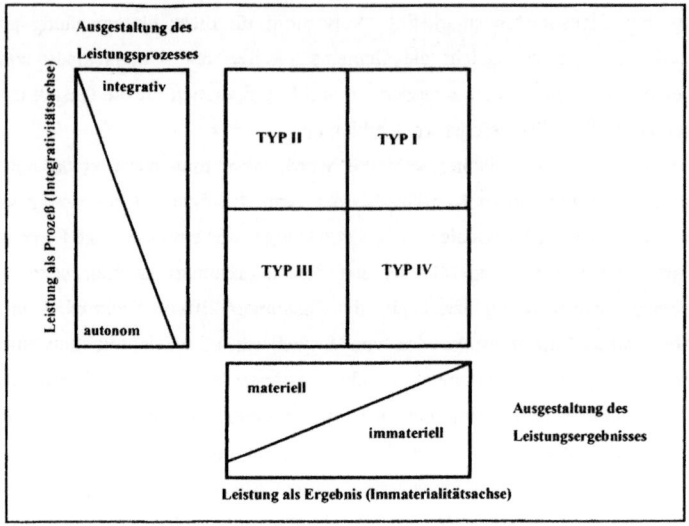

Quelle: Engelhardt et al. (1993), S. 417.

Typ I beschreibt Leistungen, die ausschließlich oder in hohem Maße immaterielle Leistungsergebniskomponenten beinhalten und die vom Anbieter unter weitgehender Mitwirkung externer Faktoren erstellt werden. Als Beispiel kann die Leistung einer Unternehmensberatung, welche Problemlösungen in engem Kundenkontakt erarbeitet, angeführt werden.

Typ II ist gekennzeichnet von Leistungen, die bei ebenso hohem Integrativitätsgrad allerdings vorwiegend materielle Leistungsbestandteile beinhalten. Typischerweise ist ein im Kundenauftag individuell gefertigtes Industriegut dieser Kategorie zuzuordnen.

Typ III umfaßt Leistungen mit einem in hohem Maße materiellen Leistungsergebnis bei gleichzeitig autonom gestalteten Leistungsprozessen. In diesen Rahmen sind vorwiegend Konsumgüter einzuordnen.

Typ IV faßt Leistungen zusammen, die überwiegend immaterielle Ergebniskomponenten enthalten und vom Anbieter weitgehend autonom erstellt werden. Eine derartige Ausprägung der Leistungsergebnis- und Prozeßmerkmale ist etwa bei Datenbankdiensten gegeben.

Engelhardt et al. betonen, daß Leistungserstellungsprozeß und Leistungsergebnis keineswegs chronologisch hintereinander ablaufende, klar zu trennende Phasen sind. Sie sind vielmehr Elemente eines komplexen und dynamischen Systems, das als Einheit betrachtet werden muß und in dem die beschriebenen Dimensionen und die ihnen zuzurechnenden betrieblichen Prozesse ineinander übergehen und sich überlappen. Die vier angesprochenen

Leistungstypen sind nur als Beispiele für die Extremausprägungen eines Kontinuums mit fließenden Übergängen zu verstehen. Damit soll auf die Gefahr einer vorschnellen Ableitung von Normstrategien hingewiesen werden. Implikationen für das Marketing und somit für die Preisgestaltung sind daher nur anhand einer detaillierten Analyse der Leistungsdimensionen Integrativität und Immaterialität zu entwickeln.

Bankleistungen sind überwiegend von einem hohem Immaterialitätsgrad gekennzeichnet und demnach entweder der Kategorie I, wie etwa eine Anlageberatung, oder dem Typus IV, zu dem zum Beispiel die Abwicklung einer Überweisung zählt, zuzuordnen. Bereits an dieser Stelle kann deswegen konstatiert werden, daß anhand der beiden Leistungsdimensionen zwar generelle Implikationen für die Bankpreisgestaltung abgeleitet werden können. Im kreditwirtschaftlichen Kontext ist diese Leistungstypologie aber allein nicht in der Lage, das heterogene Angebotsspektrum ausreichend abzubilden und wirksam zwischen Bankleistungen unterschiedlichen Charakters zu differenzieren. Demzufolge ist eine trennschärfere Leistungstypologie für Bankleistungen zu entwickeln, um in analoger Weise Implikationen für das bankbetriebliche Preismanagement ableiten zu können.

Grundlage hierfür soll die Integration der Informationsasymmetrie als dritte zentrale Eigenschaft der Dienstleistung sein. Die Merkmale Immaterialität und Integrativität sind für die besondere Situation auf dem Dienstleistungsmarkt verantwortlich. Sie führen dazu, daß Anbieter und Nachfrager sich über Leistungen einigen müssen, die schwer zu beurteilen sind und die erst später erbracht werden.[486] Folglich ist das Ausmaß unvollkommener Information als Ergebnis der dienstleistungsspezifischen Charakteristika wesentlich größer als das bei Sachgütern. Die Interaktion von Anbieter und Nachfrager wird geprägt durch eine unvollkommene und ungleiche Verteilung von Informationen hinsichtlich eines Entscheidungsproblems zu einem bestimmten Zeitpunkt. Diese Informationsasymmetrie kann für den schlechter Informierten einen Nachteil und für den jeweils besser Informierten einen Vorteil darstellen. Je nachdem, ob das Leistungsergebnis nachfrageseitig vor oder auch nach der Inanspruchnahme nicht ausreichend beurteilbar ist, kann die Informationsasymmetrie sowohl ex ante als auch ex post entstehen.[487]

Wenn unter der Prämisse eines unvollkommenen Marktes die Anwesenheit von Transaktionskosten mit in Betracht gezogen wird, ergeben sich die Determinanten der Informationsasymmetrie aus den Erkenntnissen der Neuen Institutionenlehre. Deren Gegenstand ist die Analyse der Kooperation zwischen Marktteilnehmern und der dadurch indu- zierten Transaktionen und Institutionen.[488] Betrachtet werden einzel- oder gesamtwirt- schaftliche Probleme einer freien Marktwirtschaft, Verträge zwischen Individuen in

---

[486] Vgl. Kaas (1992a), S. 884 ff.
[487] Vgl. Henkens (1992), S. 28.
[488] Vgl. Sommerlatte (1989), S. 3 ff.

Situationen unvollständiger oder ungleicher Informationen und unter einer dadurch resultierenden Gefahr von eigennützigem Verhalten.[489] Die verschiedenen Theorien der Neuen Institutionenlehre wie etwa die Principal-Agent-Theorie oder die Transaktionskostentheorie haben vor allem in der amerikanischen Marketingliteratur breite Resonanz gefunden.

Der besondere Vorteil der Neuen Institutionenlehre liegt in dem interdisziplinären Ansatz. Im Mittelpunkt stehen immer die Analyse und Gestaltung von Marktbeziehungen. Die angewandten Methoden können jedoch unterschiedlich sein und beziehen explizit informations- und verhaltenstheoretische Argumente ein. Für die Anwendung auf bankspezifische Fragestellungen und insbesondere auf die Preisgestaltung spricht, daß im Fokus der Dienstleistungsinteraktion das Verhalten von Kunde und Bankmitarbeiter steht. Beide besitzen einen unterschiedlichen Informationsstand, der zu Problemen führen kann. Die effektive Gestaltung von Verhandlungen und Verträgen findet im Preis ihren Niederschlag.

Das Ziel der nachfolgenden Ausführungen besteht zunächst darin, die wesentlichen Implikationen der drei Dienstleistungscharakteristika Immaterialität, Integrativität und Informationsasymmetrie für die bankbetriebliche Preisgestaltung abzuleiten. Bei der Betrachtung der Informationsasymmetrie gilt es gleichzeitig, eine Leistungstypologie zu identifizieren, die ihre Gültigkeit auch für Bankdienstleistungen besitzt und auf deren Grundlage eine anschließende dienstleistungstheoretische Klassifizierung von Bankleistungen erfolgen kann.

3.1.1.1. Immaterialität

In der dienstleistungsbezogenen Literatur wird die Eigenschaft der Immaterialität einerseits am häufigsten als Besonderheit genannt,[490] andererseits äußerst kontrovers hinsichtlich ihrer Implikationen diskutiert. Nachfolgend wird mit Engelhardt et al. die Ansicht vertreten, daß zumindest aus absatzorientierter Sicht die Immaterialität eine übergeordnete Dimension ist, aus der sich erst eine Reihe der konstitutiven Merkmale von Dienstleistungen ergeben. Diese Merkmale sind Simultaneität von Produktion und Konsumtion der Dienstleistung, Nichtlagerfähigkeit, Nichttransportfähigkeit, Standortgebundenheit sowie die Problematik der mangelnden Konkretisierbarkeit der Leistungsfähigkeit des Dienstleistungsanbieters.

Die Simultaneität von Leistungserstellung und -verwertung beschreibt das sogenannte Uno-actu-Prinzip.[491] Die Immaterialität verlangt notwendigerweise eine Synchronität von Erbringung und erster Inanspruchnahme der zu erstellenden Dienstleistung,[492] weil immaterielle

---

[489] Vgl. Richter (1991), S. 401.
[490] Vgl. z.B. Berekoven (1966), S. 325 und (1983), S. 9; Maleri (1973), S. 19 f.; Scheuch (1982), S. 8 ff.; Corsten (1985), S. 92; Staffelbach (1988), S. 278; Hilke (1989), S. 13.
[491] Vgl. Herder-Dorneich, Kötz (1972).
[492] Vgl. Hilke (1989), S. 12.

Leistungen in der Regel nicht bevorratet oder transportiert werden können. Es bestehen jedoch Ausnahmen von diesem Kriterium,[493] wenn in Betracht gezogen wird, daß bei bestimmten Dienstleistungen verschiedene technologische Innovationen wie etwa bestimmte Informationsträgermedien ein Auseinanderfallen von Produktion und Konsumtion in zeitlicher und räumlicher Hinsicht ermöglichen. Diese Entkoppelung ist jedoch nur denkbar bei Leistungen, die am Markt als Ergebnis und nicht als Prozeß nachgefragt werden,[494] wie beispielsweise eine Beratung, die als Anlageberatungsprogramm auf Diskette importiert werden kann.

Während Dienstleistungsergebnisse demnach unter bestimmten Gegebenheiten als lagerfähig gelten können, sind Dienstleistungsprozesse vielmehr durch Nichtlagerfähigkeit charakterisiert. Dienstleistungsanbieter verfügen über bestimmte Bereitstellungspotentiale wie etwa eine Bank, die Kundenberater vorhält. Diese Potentiale stehen jedoch nur zu einem bestimmten Zeitpunkt zur Verfügung und verfallen, wenn Sie nicht genutzt werden.[495] Ungenutzte Beratungszeit einer Filialbank kann nicht gelagert werden, um diese im Moment der Spitzenbelastung abzugeben.

Eng verbunden mit dem Problem der Nichtlagerfähigkeit ist das der Nichttransportfähigkeit von Dienstleistungen, die als Prozeß nachgefragt werden.[496] Solche Dienstleistungen können nicht erstellt und dann räumlich transferiert werden, um sie an anderer Stelle zu verbrauchen. Streng von der Nichttransportfähigkeit zu trennen ist die Fragestellung der Standortgebundenheit.[497] Wenn der Berater einer Bank einen Kunden in dessen Firma aufsucht, hat sich der Standort der Dienstleistungserstellung zwar geändert, die Dienstleistung an sich ist jedoch immer noch an den Leistungserstellungsort gebunden. Ob eine Dienstleistung standortgebunden ist, hängt davon ab, inwieweit die Bereitstellungsleistung oder der externe Faktor mobil sind. Besteht bei beiden Transaktionsteilnehmern Immobilität, kann keine Leistungserstellung stattfinden. Ansonsten findet die Produktion am Ort des immobilen Faktors statt.

Die mangelnde Konkretisierbarkeit der Leistungsfähigkeit des Dienstleistungsanbieters ergibt sich aus der Immaterialität des Dienstleistungsproduktes in der Angebotsphase. Infolge der Umwelteinflüsse auf die Leistungserstellung sowie der in der Endkombination notwendigerweise vorliegenden Simultaneität von Produktion und Verwertung kann die Dienstleistung am Markt lediglich in Form eines bloßen Leistungsversprechens angeboten werden.[498] Entweder kann die geplante Kombination interner und externer Faktoren zu einem Dienstleistungsergebnis nicht bildlich als Werbung dargestellt werden, oder sie ist

---

[493] Vgl. Meffert, Bruhn (1997), S. 60.

[494] Vgl. Corsten (1986), S. 21.

[495] Vgl. auch Meffert, Bruhn (1997), S. 59.

[496] Vgl. Meyer, Tostmann (1978), S. 288; Langeard (1981), S. 234; Staffelbach (1988), S. 278; Rushton, Carston (1989), S. 36; Meffert, Bruhn (1997), S. 60.

[497] Zur Standortgebundenheit vgl. Berekoven (1966), S. 324; Garhammer (1988), S. 85.

[498] Vgl. Berekoven (1968), S. 27; Henkens (1992), S. 17; Meurer (1993), S. 17.

problematisch hinsichtlich einer verbalen Beschreibung. Im Vergleich zu Sachgütern bestehen somit deutlich weniger Möglichkeiten, die geplante Leistung zu konkretisieren.

Aus der Immaterialität und den damit verbundenen konstitutiven Merkmalen von Dienstleistungen ergeben sich Implikationen für das bankbetriebliche Preismanagement,[499] die nachfolgend beschrieben werden sollen.

Das dienstleistungsspezifische Problem mangelnder Transportfähigkeit führt bei den Anbietern von Bankleistungen in erster Linie zur Frage des Vertriebskanaldesigns. Für die Preisgestaltung ist in dieser Hinsicht vor allem der Ort der Leistungserstellung von Bedeutung. Die Dienstleistungstheorie postuliert eine hohe Distributionsdichte für Dienstleistungen des täglichen Bedarfs, da die Erreichbarkeit des Anbieters ein zentrales Auswahlkriterium des Nachfragers darstellt.[500] Dienstleistungen mit geringerer Bedarfshäufigkeit können demgegenüber in räumlicher Distanz zum Kunden angeboten werden.[501] Für viele Bankleistungen indes verliert das nachfrageseitige Auswahlkriterium der räumlichen Entfernung mit zunehmender Verbreitung elektronischer Netze und damit partieller Transportierbarkeit der Dienstleistung an Bedeutung. Hieraus ergibt sich die Frage nach der Bepreisung des Transfers des Leistungserbringers. Damit hat die Absatzkanalwahl Einfluß auf die Preisgestaltung, so daß analysiert werden muß, welche Bankleistungen über welche Vertriebswege zu welcher Bepreisung distribuiert werden können.

Die mangelnde Konkretisierbarkeit der Leistungsfähigkeit des Dienstleistungsanbieters unterstreicht die Relevanz absatzpolitischer Fragestellungen unter den Funktionen des Dienstleistungsbetriebes in besonderem Maße.[502] Angesichts der mit der Immaterialität verbundenen Erklärungsbedürftigkeit von Bankleistungen ist das Marketing gefordert, das sich damit insbesondere den Aufgaben zu stellen hat, deren Quelle die Visualisierungs- und Präsentationsprobleme sind.[503] Da sich eine Präsentation bankbetrieblicher Leistungsergebnisse wegen der Immaterialität außergewöhnlich schwierig darstellt, ist das Bankmarketing bei der Dokumentation des Preis-Leistungsverhältnisses auf den Einsatz von Surrogaten angewiesen. Meffert und Bruhn schlagen zur Konkretisierung der anbieterseitigen Leistungsfähigkeit vor,[504] bei fähigkeits- oder ausstattungsintensiven Dienstleistungsunternehmen die bestimmenden Leistungselemente wie etwa das Personal oder das Unternehmen selbst in den Vordergrund zu stellen, wenn die Bewerbung des Kernproduktnutzens für eine Profilierung nicht mehr ausreicht. Unter den Kreditinstituten besteht jedoch mittlerweile nicht nur eine Homogenität

---

[499] Vgl. allgemein zu den Marketingimplikationen der Immaterialität Levitt (1981) und Lovelock (1991). Zu einem Überblick vgl. Engelhardt et al. (1993), S. 418 ff.

[500] Vgl. Hilke (1989), S. 16 ff.; Rushton, Carson (1989), S. 36.

[501] Vgl. Meffert, Bruhn (1997), S. 62.

[502] Vgl. Meurer (1993), S. 17; Meffert, Bruhn (1997), S. 63 ff.

[503] Vgl. hierzu allgemein Hilke (1989), S. 17 ff.; Rushton, Carson (1989), S. 34 ff.; McDougall, Snetsinger (1990), S. 28; Engelhardt et al. (1993), S. 420.

[504] Vgl. Meffert, Bruhn (1997), S. 63 f.

seitens des Leistungsangebots, sondern zugleich bezüglich des Bereitstellungspotentials. Demzufolge sind präferenzschaffende Leistungsbeweise nach außen allein durch Bewerbung modernster Technik oder hochqualifizierten Personals nicht mehr möglich. Die Bedeutung des Preises als dominierender Eigenschaftsausprägung der Bankleistung wird damit offenkundig.

Die besondere Bedeutung des Preises resultiert aus der Tatsache, daß dieser bei vielen Bankleistungen neben den Produktionsfaktoren für den Nachfrager der einzige Anhaltspunkt bei der Beurteilung des Preis-Leistungsverhältnisses ist. Weil aufgrund der Immaterialität andere Teilqualitäten des Leistungsbündels oft vor der Inanspruchnahme nicht abschätzbar sind, dient bei immateriellen Leistungen der Preis als Hauptkriterium bei der Auswahlentscheidung. Daraus ergibt sich der Schluß, daß der Preis bei Bankleistungen analog zu anderen Dienstleistungen auch als Qualitätsindikator herangezogen wird.

Die mangelnde Konkretisierbarkeit der Leistungsfähigkeit schlägt sich darüber hinaus in der Profilierungsproblematik des Dienstleistungsanbieters nieder.[505] Infolge der Immaterialität fällt es dem Dienstleistungsersteller schwer, sich mittels einer bloßen Darstellung des Leistungsergebnisses von seinen Wettbewerbern abzugrenzen. Deswegen sind das Image eines Unternehmens und das Vertrauen des Nachfragers in dessen Leistungsfähigkeit von kaufentscheidender Bedeutung. Für die Preisgestaltung ergibt sich daraus auch für Kreditinstitute die Anforderung, in Interaktion mit der Kommunikationspolitik ein bestimmtes Preisimage zu schaffen.

Um der Problematik immaterieller und unkonkretisierbarer Leistungsergebnisse entgegenzutreten, bietet sich ferner aus produktpolitischer Sicht die Möglichkeit, im Sinne eines differenzierenden Einsatzes von Leistungselementen individuelle Problemlösungspakete für den Endabnehmer zusammenzustellen. Hieraus eröffnen sich vielfältige Preisgestaltungsmöglichkeiten, wobei Entscheidungen über eine Bepreisung der Einzelelemente oder eines Bündels zu treffen sind.

Insgesamt kann als Fazit aus der bankspezifischen Betrachtung der Immaterialität festgehalten werden, daß die Preisgestaltung unter den Marketinginstrumenten von Kreditinstituten eine exponierte Stellung einnimmt und der Preis das dominierende Merkmal in der Akquisitionsphase ist. Die Einflüsse der Immaterialität und ihrer abgeleiteten dienstleistungsspezifischen Eigenschaftsausprägungen führen zu Implikationen für die bankbetriebliche Preisgestaltung. Dabei stellt die Schaffung eines bestimmten Preisimages eher eine generelle Grundanforderung an die Preisgestaltung im Kontext mit der Kommunikationspolitik dar. Hinsichtlich der Entwicklung von Preisstrategien erfordert die partielle Nichttransportfähigkeit eine Berücksichtigung der Distributionspolitik im Sinne einer absatzkanalspezifischen Preisdifferenzierung. Daneben kann den Einflüssen der

---

[505] Vgl. hierzu Engelhardt et al. (1993), S. 420 und ausführlich Staffelbach (1988), S. 279; Fisher (1991), S. 19 ff.

Immaterialitätseigenschaft von Bankleistungen insbesondere durch eine mit der Leistungs-programmpolitik abgestimmten Preisgestaltung entgegengewirkt werden. Um Aussagen über die Vorteilhaftigkeit bestimmter Preisstrategien treffen zu können, sind die Implikationen der immaterialitätsbedingten Dokumentationsprobleme des Preis-Leistungsverhältnisses für nach-frageseitige Kaufentscheidungsprozesse noch anhand der verhaltenswissenschaftlichen Analyse zu klären. So ist noch zu untersuchen, bei welchen Bankleistungen und in welchen Situationen der Preis als Qualitätsindikator fungiert.

Abbildung 16: Implikationen der Immaterialität für die Bankpreisgestaltung.

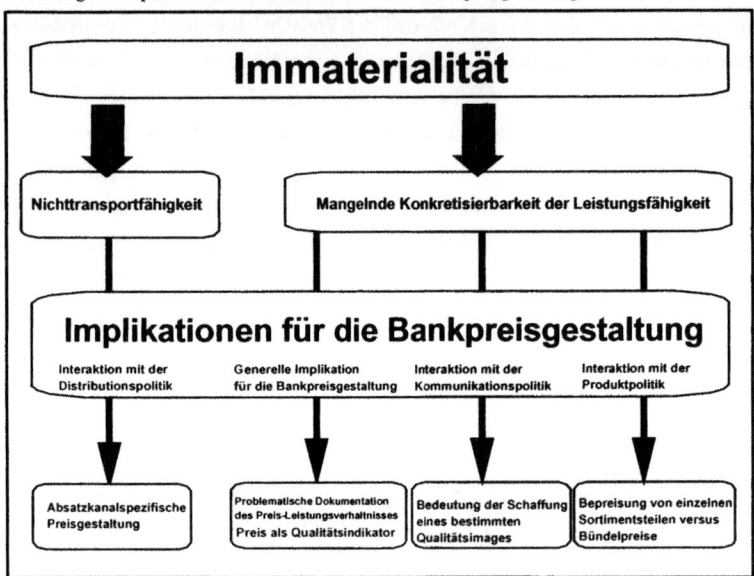

Quelle: Eigene Erstellung.

3.1.1.2. Integrativität

Mit der Notwendigkeit der Integration eines externen Faktors wurde eine dienstleistungs-typische Eigenschaft bereits bei der leistungstypologischen Systematisierung angesprochen. Die Einbeziehung eines externen Faktors in Form des Dienstleistungskonsumenten oder eines ihm gehörenden Objektes ist für den dienstleistungsspezifischen Leistungserstellungsprozeß zwingend notwendig. Der externe Faktor ist von anderen Produktionsfaktoren dadurch abzugrenzen, daß er sich im Verfügungsbereich des Dienstleistungsnachfragers befindet und sich somit einer autonomen Disponierbarkeit durch den Anbieter entzieht.[506] Die Eigenschaftsausprägungen eines zur Leistungserstellung erforderlichen externen Faktors variieren von aktiver Einwirkung eines Lebewesens auf den Prozeß bis hin zur passiven Bereitstellung von materiellen Gütern.[507] Im Unterschied zur Herstellung von Sachgütern wird der Nachfrager in den Leistungserstellungsprozeß folglich zumindest passiv einbezogen.[508]

Als Maßstab für die Intensität der Integration dient der Integrationsgrad. Dabei soll nachfolgend unter einer Erhöhung des Integrationsgrades immer die Zunahme der Beiträge des Nachfragers bei zunehmender Verdrängung des Anteils anbieterseitiger Beiträge am Leistungserstellungsprozeß verstanden werden.

Der Integrationsgrad erklärt darüber hinaus die bereits bei der Betrachtung der Marketing-Mix-Interaktionen abgeleiteten Preisgestaltungsmöglichkeiten aus einer unterschiedlichen Beteiligung des Nachfragers am Leistungserstellungsprozeß. Eine Externalisierung von Bankleistungen und damit eine Verringerung der Wertschöpfungstiefe ist gleichbedeutend mit einer Verlagerung von Aktivitäten des Leistungserstellungsprozesses auf den Kunden. Eine Internalisierung von Bankleistungen würde angesichts des damit zunehmenden Bankanteils an der Leistungserstellung den Integrationsgrad senken. Damit verbunden ist, wie gezeigt wurde, ein höherer Preisgestaltungsspielraum gegenüber Kunden, denen aus der bankseitigen Internalisierung ein Zusatznutzen erwächst. Folglich steht der Integrationsgrad in einer negativen Relation zum bankseitigen Preisgestaltungsspielraum. Als mögliche Preisstrategie ist eine Preisgestaltung in Abhängigkeit des nachfrageseitigen Integrationsanteils in Betracht zu ziehen. Da diese auf das Ausmaß der Beteiligung des Bankkunden an der Leistungs-erstellung abstellt, ist sie als verursachungsgerecht zu charakterisieren.

Zusätzlich kann sich die Preisgestaltung auf die Qualität der vom Nachfrager bei der Integration eingebrachten externen Faktoren richten. So wird die Höhe eines festzulegenden Kreditzinses wesentlich vom Inhalt der vom Nachfrager bei der Leistungserstellung zur Verfügung gestellten Faktoren, wie der Informationen über seine wirtschaftlichen Verhältnisse und der Qualität möglicher Sicherheiten, abhängen.

Meffert und Bruhn weisen darauf hin, daß für das Management von Dienstleistungen eine Verbesserung des Erklärungspotentials dieser Leistungstypologie durch eine Zerlegung der Integrationsdimension erreicht werden kann.[509] Daher wird die Integrationsdimension in zwei relevante Subdimensionen differenziert, den Interaktionsgrad und den Individualisierungs-grad.[510] Während der Interaktionsgrad einer genaueren Beschreibung des Leistungser-

---

[506] Vgl. Hilke (1989), S. 12.

[507] Vgl. Henkens (1992), S. 18.

[508] Vgl. Meyer (1987), S. 29.

[509] Vgl. hierzu sowie zu den folgenden Ausführungen Meffert, Bruhn (1997), S. 32 ff.

[510] Zum Interaktionsansatz vgl. Chase (1978); Klaus (1984); Mills, Margulies (1989) sowie Wohlgemut (1989), S. 339 f. Zur Zerlegung in die Teildimensionen vgl. auch Corsten (1990), S. 172.

stellungsprozesses dient, bezieht sich der Individualisierungsgrad auf alle Phasen des Produktionsprozesses und kennzeichnet sowohl die Bereitstellungsleistung, den Leistungserstellungsprozeß als auch die Ausprägungen des Leistungsergebnisses. Durch den Einbezug dieser Subdimensionen verändern sich die Aussagen der Immaterialitätsdimension nicht, zumal diese allein einer genaueren Kennzeichnung der Integration dienen. Die Unterteilung der Prozeßdimension in zwei konkretere Teildimensionen der Leistungserstellung erlaubt nun eine weitergehende Analyse hinsichtlich der Implikationen der Integrativität für die bankbetriebliche Preisgestaltung.

Der Interaktionsgrad beschreibt das Ausmaß der direkten Beziehungen zwischen Anbieter und Nachfrager. Während der Leistungserstellung wird einerseits auf den Konsumenten eingewirkt, indem an ihm das Transformationsergebnis vollzogen wird. Andererseits beeinflußt dieser gleichzeitig die Leistungserstellung entweder durch Teilnahme am Transformationsprozeß oder durch Abgabe von Objekten, Informationen und dergleichen.

Das Ausmaß der Interaktion des Nachfragers mit dem Kreditinstitut ist bei der Produktion von Bankleistungen als Konsequenz der Heterogenität innerhalb des Sortiments unterschiedlich in Abhängigkeit von der betrachteten Leistung. Während sich beispielsweise die persönliche Interaktion beim Zahlungsverkehr auf das Ausfüllen und die Abgabe einer Überweisung beschränkt, ist der Interaktionsgrad bei einer Wertpapierberatung bereits relativ hoch. In diesem Fall besteht die Interaktion des Nachfragers nahezu während des gesamten Leistungserstellungsprozesses. Allein die abschließende Ordereingabe und -abwicklung erfolgt bankseitig ohne eine persönliche Einbindung des Bankkunden. Je höher der Interaktionsgrad bei der Bankleistungserstellung ist, desto wahrscheinlicher ist ein nachfrageseitiges Ausnutzen der persönlichen Verhandlungsmacht bei der Preisgestaltung. Dies erklärt auch, warum es bei bestimmten Bankprodukten regelmäßig variable Preise gibt und bei anderen überwiegend fixe. Ein Kreditinstitut muß befürchten, daß bei hochinteraktiven Leistungen die endgültige Leistungsabnahme des Kunden unterbleibt, wenn es sich während des Leistungserstellungsprozesses nicht auf Preisverhandlungen einläßt. Daneben existieren Bankleistungen, wie etwa der Giroverkehr, bei denen es im Regelfalle nicht zu einer persönlichen Interaktion von Bankmitarbeitern und Kunden kommt, so daß ein nachfrageseitiges Einbringen von Verhandlungsmacht zunächst ausgeschlossen ist. Bei Bankleistungen mit hohem Interaktionsgrad finden sich demnach regelmäßig Verhandlungspreise, bei Bankleistungen mit geringem Interaktionsgrad eher Festpreise.

Als zweite Teildimension der Integrativität beschreibt der Individualisierungsgrad die kundenbezogene Spezifität der Bereitstellungsleistung und des Leistungserstellungsprozesses.[511] Der Individualisierungsgrad spannt ein Kontinuum zwischen der Standar-

---

[511] Vgl. Meffert, Bruhn (1997), S. 33.

126

disierung von Leistungen und der individuellen Kundenorientierung im Sinne einer Customization auf.

Die Individualität des Leistungserstellungsprozesses bezieht sich insbesondere bei Bankleistungen auch auf die Preisgestaltung. Der Preis für die gleiche Leistung kann beispielsweise in Abhängigkeit von der jeweiligen Verhandlungsmacht von Kunde zu Kunde differieren. Aus der kundenindividuellen Preisgestaltung bei vielen Bankleistungen resultiert eine Heterogenität innerhalb der Preissetzung, wie sie bei kaum einer anderen Dienstleistungsbranche zu finden ist. Je individueller der Leistungserstellungsprozeß ist, desto individueller wird auch die Preisfestsetzung sein. Die Folge davon ist der beschriebene Umfang und die Intransparenz der bankbetrieblichen Preisstrukturen, so daß die Individualität vieler Bankprodukte die Vergleichbarkeit dieser Leistungen erschwert, woraus eine wesentliche Voraussetzung für Preisdifferenzierungsmodelle erwächst.

Aufgrund der Individualitätseigenschaft steht die Bankpreisgestaltung damit im Spannungsfeld zwischen standardisierten Einheitspreisen und kundenindividueller Preisgestaltung. Einheitsheitspreise implizieren gleichzeitig Festpreise. Je höher der Individualisierungsgrad einer Bankleistung indes ist, desto weniger können einheitliche Preise festgelegt werden. Kreditinstitute lösen das Problem der Preisfestsetzung für Leistungen mit hohem Individualisierungsgrad oft durch variable Preise, welche nur Rahmenbedingungen für die Entlohnung im Falle einer Leistungserstellung festlegen. Daneben nutzen Banken die Möglichkeit, implizite Preise zu erheben, so daß zwischen der Bepreisung kundenindividueller Leistungen und standardisierter Leistungen nachfrageseitig kein offensichtlicher Unterschied auszumachen ist. Eine implizite Preisstellung für integrative Bankleistungen bietet überdies die Vorteile, daß keine Kapazitäten für Verhandlungen verwendet werden müssen und die erzielte Marge nicht abhängig von der persönlichen Verhandlungsmacht des Kunden ist. Ein Beispiel für implizite bankbetriebliche Preisstellung ist die Management-Fee für die Verwaltung von Investmentfonds, die regelmäßig aus dem Fondsvermögen gezahlt wird und vom Kunden oft unbemerkt bleibt, weil die damit verbundene Senkung des Anteilspreises durch die konjunkturellen Schwankungen des Nettoinventarwertes überlagert wird.

Obwohl bei vielen Bankleistungen nachfrageseitig eher eine Individualisierung gewünscht wird, während Kreditinstitute unter Berücksichtigung von Kostenaspekten eine möglichst umfassende Standardisierung anstreben, besteht kein Gegensatz zwischen Anbieter- und Nachfragerperspektive. Denn unabhängig davon, ob das Leistungserstellungsergebnis standardisiert oder individualisiert sein soll, lassen sich zumindest Teilprozesse des gesamten Leistungserstellungsprozesses standardisieren. Dabei können dann verschiedene Standardelemente zu einem kundenindividuellen Endprodukt zusammengestellt werden. Wenn dem Nachfrager die Möglichkeit gegeben wird, diese einzelnen Standardbausteine zu kombinieren, können diese auch isoliert bepreist werden, so daß sich die Möglichkeit eines Preisbaukastens ergibt.[512] Auf diese Weise eröffnen sich entsprechend vielfältige Möglichkeiten der Preisgestaltung. Denn neben den Bausteinpreisen und den üblichen Einzelpreisen für jede Bankleistung des Angebotsprogrammes können analog zu Konsumgütern Bündelpreise für Bankleistungspakete gefordert werden.

Die Individualitätseigenschaft vieler Bankleistungen ist mitverantwortlich dafür, daß auch der Leistungserstellungsprozeß kundenindividuell unterschiedlich ist.[513] Damit trägt die Bank auch das Risiko einer kundenindividuell unterschiedlichen Kostenbelastung, das sich in der Preisfestsetzung wiederfinden sollte. Die Preisfestsetzung vor der Inanspruchnahme durch den Kunden ist eine Entscheidung unter Unsicherheit. Nach der Leistungserstellung existiert dieses Risiko jedoch nicht mehr, da zu diesem Zeitpunkt Sicherheit bezüglich der vom Kunden beanspruchten Kapazitäten herrscht. Aus Kundensicht ist aber gerade eine nachträgliche Preisfestlegung mit einem hohen Kaufrisiko verbunden. Primär dann, wenn vor der Inanspruchnahme eine nachfrageseitige Unsicherheit über die anbieterseitige Erfüllung individueller Ansprüche an die zu erstellende Leistung herrscht, ist das Preis-Leistungsverhältnis für den Bankleistungsnachfrager schwer zu beurteilen. Banken behelfen sich aus diesem Grunde analog zu anderen Dienstleistern mit Rahmenvereinbarungen oder variablen Preisen, wobei die Entlohnung der Dienstleistung eingegrenzt und erst nach Abschluß des Dienstleistungvollzugs endgültig fixiert wird. Mit zunehmendem Individualisierungsgrad einer Bankleistung stellt sich für Kreditinstitute daher die Frage nach dem Zeitpunkt einer endgültigen Preisfestlegung.[514]

Insgesamt ergeben sich aus der Integrativitätsdimension von Dienstleistungen gravierende Implikationen für die Bankpreisgestaltung. Die Integrativität von Bankleistungen offenbart vor allem die Optionen der Preisgestaltung in Abhängigkeit des Integrationsanteiles des Nachfragers und der Qualität des externen Faktors. Die Interaktion des Bankkunden während der Bankleistungserstellung erklärt im Zusammenhang mit der dabei zum Tragen kommenden nachfrageseitigen Verhandlungsmacht, daß mit zunehmendem Interaktionsgrad vorwiegend Verhandlungspreise und weniger Festpeise dominieren. Die Individualitätseigenschaft ist hingegen verantwortlich für die Heterogenität der bankbetrieblichen Preisstrukturen, die daraus resultiert, daß Banken nicht nur implizite Preise, sondern bei expliziter Entlohnung auch individuelle oder einheitliche Preise erheben können. Daneben bieten sich bei Standardisierung von Teilprozessen sowohl Preisbaukästen als auch Bündelpreise an. Über die Erklärungsleistung hinaus läßt die Integrativitätsdimension demnach auf eine Reihe von Gestaltungshinweisen für Preisstrategien schließen, deren Durchsetzbarkeit jedoch erst unter Einbezug des Kundenverhaltens beurteilt werden kann.

---

[512] Vgl. allgemein Simon (1992c), S. 1213 ff.
[513] Vgl. hierzu und im folgenden Mefert, Bruhn (1995), S. 306 ff.
[514] Vgl. Meffert, Bruhn (1997), S. 412.

Abbildung 17: Implikationen der Integrativität für die Bankpreisgestaltung.

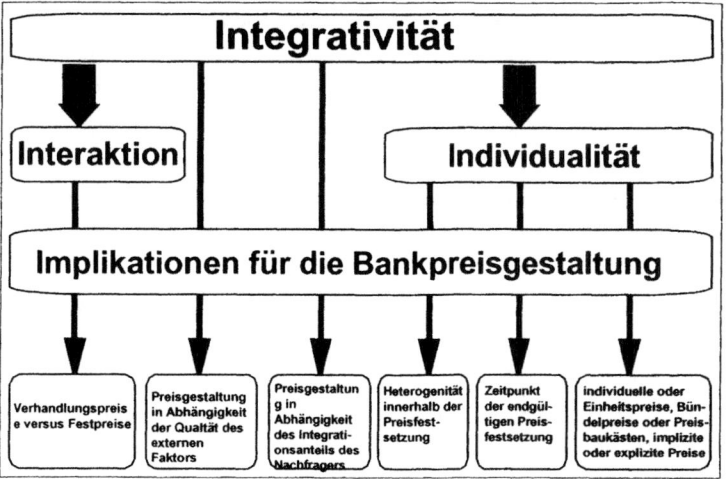

Quelle: Eigene Erstellung.

3.1.1.3. Informationsasymmetrie

In der Neuen Institutionenlehre wird die Informationsasymmetrie als Ausfluß des unterschiedlichen Informationsstandes der Teilnehmer der Transaktionsbeziehung angesehen.[515] Bei asymmetrischer Verteilung der Informationen, positiven Transaktionskosten und begrenzter Rationalität besteht die Gefahr opportunistischen Verhaltens.[516] Hieraus erwächst aus Marketingsicht das Problem nachfrageseitiger Unsicherheit beim Kaufentscheidungsprozeß.[517] Diese Unsicherheit resultiert einmal aus endogener Unsicherheit durch ungleich verteilte Information zwischen den Marktteilnehmern und einer daraus entstehenden Gefahr opportunistischen Verhaltens des Anbieters und zum anderen aus exogener Unsicherheit aufgrund unvollkommener Information des Nachfragers über die mit der Auswahlentscheidung verbundenen nicht beeinflußbaren Umweltereignisse. Die nachfrageseitige Verhaltensunsicherheit beim Bezug eines festverzinslichen Wertpapiers ist beispielsweise zunächst ein Ergebnis endogener Unsicherheit, weil die spezielle Konstruktion der Anleihebedingungen für den Bankkunden nicht verständlich ist. Hinzu kommt die exogene Unsicherheit aus nicht voraussehbaren Schwankungen des Kapitalmarktzinses. Da der Nachfrager demnach nicht nur vor, sondern auch nach der Inanspruchnahme einer Dienstleistung unsicher bei der Bewertung

---

[515] Vgl. Williamson (1985), S. 57.
[516] Vgl. Kaas (1991), S. 363.
[517] Vgl. Henkens (1992), S. 63.

des Leistungsergebnisses sein kann, wird zwischen einer Ex-ante-Unsicherheit vor der Inanspruchnahme der Leistung und einer Ex-post-Unsicherheit differenziert.

Da die Informationsasymmetrie und die damit einhergehende Unsicherheit in hohem Maße die Kaufentscheidung des Nachfragers beeinflussen, werden sie als konstitutiv für die Entwicklung von Marketingkonzepten angesehen. Das für jede Dienstleistung spezifische Ausmaß der Informationsasymmetrie macht infolgedessen eine allgemeine absatzorientierte Systematisierung von Dienstleistungen analog zu dem Ansatz von Engelhardt et al. notwendig. Dazu sind jedoch zunächst die Bestimmungsgründe der Informationsasymmetrie zu isolieren.

Das Ausmaß der Informationsasymmetrie ist als Resultat einer Transaktionsbeziehung abhängig von den Determinanten der Spezifität einer Dienstleistung und der Häufigkeit der Inanspruchnahme der Dienstleistung.[518]

Die Spezifität einer Dienstleistung bestimmt das für eine Beurteilbarkeit des Leistungsergebnisses erforderliche Informationspotential. Die für eine Bewertung notwendigen Spezialkenntnisse sind um so bedeutender, je individueller eine erbrachte Problemlösung ist und je höher deren Innovations- und Komplexitätsgrad ist.[519] Weil der Informationsunterschied zwischen Anbieter und Nachfrager größer wird, je spezifischer die benötigten Informationen zur Bewertung der Dienstleistung sind, steigt die Informationsasymmetrie mit der Spezifität der Transaktionsbeziehung.

Eine weitere Determinante der Informationsasymmetrie ist die Häufigkeit der Transaktionsbeziehung und damit die Häufigkeit der Inanspruchnahme einer Dienstleistung. Der nachfrageseitige Informationsstand muß demzufolge auch dynamisch betrachtet werden. Je öfter der Konsument im Laufe der Zeit mit einer bestimmten Leistung konfrontiert wird und je langfristiger die Interaktionsbeziehung mit dem Anbieter ist, desto eher kann Informationsasymmetrie durch Erfahrung oder Lernen ausgeglichen werden. Zwischen der Häufigkeit der Transaktion und Informationsasymmetrie herrscht somit eine negative Relation.

Damit kann die Informationsasymmetrie als Funktion der Häufigkeit und der Spezifität aufgefaßt werden:

$$\text{Informationsasymmetrie} = f \text{ (Häufigkeit, Spezifität)} \qquad (5)$$
$$\text{(-)} \qquad \text{(+)}$$

---

[518] Vgl. hierzu sowie zu den folgenden Ausführungen Henkens (1992), S. 72 ff. und allgemein zu den Determinanten von Transaktionskosten Williamson (1985), S. 52 ff.

[519] Vgl. Kaas (1992a), S. 884 ff.; Schade, Schott (1991), (1992) sowie (1993).

Anhand des Ausmaßes der Informationsasymmetrie können mittels ihrer Determinanten Häufigkeit und Spezifität nachfolgend drei charakteristische Dienstleistungstypen beschrieben werden:[520]

1. Standardleistungen mit geringer asymmetrischer Verteilung der vorhandenen Informationen,

2. Erfahrungsleistungen mit mittlerer asymmetrischer Verteilung der vorhandenen Informationen,

3. Vertrauensleistungen mit hoher asymmetrischer Verteilung der vorhandenen Informationen.

Standardleistungen sind Dienstleistungen, welche anhand einer relativ günstigen Informationsverteilung eine einfache Bewertung durch den Nachfrager erlauben. Ursächlich dafür ist, daß sie häufig in Anspruch genommen werden und von geringer Spezifität sind. Typische Standardleistungen sind einfache Routineleistungen mit geringem Individualisierungsgrad und geringem Komplexitätsgrad. Dienstleistungen, welche diese oder ähnliche Merkmalskombinationen besitzen, sind regelmäßig dadurch gekennzeichnet, daß sie überwiegend sogenannte Sucheigenschaften aufweisen, deren Ausprägung der Nachfrager bereits in der Angebotsphase wahrnehmen kann und die er mittels seines Erfahrungspotentials bewerten kann. Dadurch besteht bereits vor der Kaufentscheidung ein geringes Maß an nachfrageseitiger Unsicherheit, und es kann sogar eine Ex-ante-Sicherheit erlangt werden.[521]

Erfahrungsleistungen sind durch ein höheres Ausmaß an Ungleichheit der Informationen zwischen Anbieter und Nachfrager gekennzeichnet. Gemessen an den Determinanten Häufigkeit und Spezifität unterscheiden sich Erfahrungsleistungen von Standardleistungen dadurch, daß es sich nur noch in Teilbereichen um einfache Leistungen handelt. Die Spezifität der für eine nachfrageseitige Beurteilung notwendigen Informationen ist höher, weil die Marktgängigkeit der Leistungen geringer ist.[522] Typische Erfahrungsleistungen sind überwiegend durch Attribute gekennzeichnet, welche nur mit zunehmender Dauer der Transaktionsbeziehung zuverlässig beurteilt werden können. Solche Erfahrungseigenschaften lassen erst während der Nutzung eines Gutes oder ex post nach Konsum oder Vertragsabschluß eine nachfrageseitige Bewertung zu. Einerseits gibt es Erfahrungsleistungen, die nicht besonders häufig in Anspruch genommen werden, aber wegen geringer Spezifität vom Nachfrager zumindest ex post beurteilbar sind. Andererseits können Erfahrungsleistungen auch von

---

[520] Eine Systematisierung von Gütern in Search Goods, Experience Goods und Credence Goods geht zurück auf Nelson (1970) sowie Darby, Karny (1973) und wurde von Zeithaml (1981) für die Kennzeichnung verschiedener Dienstleistungen angewandt.

[521] Vgl. Kaas (1990a), S. 50.

[522] Vgl. Picot (1989), S. 366.

höherer Spezifität sein, ermöglichen jedoch durch relativ häufige oder langfristige Inanspruchnahme eine bessere Beurteilbarkeit durch Lerneffekte. Als Ergebnis der Dominanz von Erfahrungsattributen entsteht ein im Vergleich zu Standardleistungen größeres Informationsdefizit in der Angebotsphase. Eine Ex-post-Sicherheit ist hingegen durch die relativ einfache Bewertbarkeit möglich.

Vertrauensleistungen sind durch einen extrem hohen Anteil ungleich verteilter Informationen gekennzeichnet. Vertrauensleistungen sind hochspezifisch, weil sie von hoher Komplexität, stark veränderlich, schlecht strukturiert und kundenspezifisch, das heißt von geringem Standardisierungsgrad sind.[523] Als Folge dieser Eigenschaften und der relativ seltenen Inanspruchnahme kann selbst nach Verwendung des Leistungsergebnisses dessen Qualität nicht ausreichend beurteilt werden. Daher existiert für Vertrauensleistungen nicht nur ex ante, sondern zusätzlich ex post eine Unsicherheit, wobei letztere, wenn überhaupt, nur langfristig abbaubar ist.

Die betrachteten Leistungstypen können demzufolge durch die nachfrageseitige Unsicherheit charakterisiert werden, die in unterschiedlichem Grade vor oder nach der Inanspruchnahme entsteht. Maßgeblicher Faktor hierfür ist das Ausmaß der Informationsasymmetrie, das offenkundig bei Erfahrungsleistungen größer ist als bei Standardleistungen und für Vertrauensleistungen ein Höchstmaß annimmt:

Tabelle 9: Dienstleistungtyp und nachfrageseitige Unsicherheit.

	Standardleistungen	Erfahrungsleistungen	Vertrauensleistungen
Ex-ante-Unsicherheit	gering	hoch	hoch
Ex-post-Unsicherheit	gering	gering	hoch
Informationsasymmetrie	gering	mittel	hoch

Quelle: Eigene Erstellung.

Die Kriterien der Häufigkeit und der Spezifität beeinflussen nicht nur wesentlich das Ausmaß der Informationsasymmetrie. Sie determinieren gleichzeitig die für die Ableitung von Marketingkonzepten relevante Einordnung von Dienstleistungen in ein Kontinuum, das von Standardleistungen, Erfahrungsleistungen und Vertrauensleistungen aufgespannt wird.

---

[523] Vgl. Picot (1989), S. 367.

Abbildung 18: Systematisierungsansatz für Dienstleistungen.

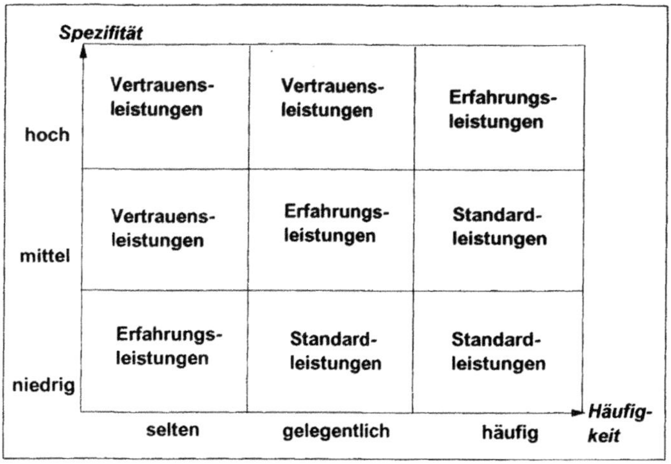

Spezifität			
hoch	Vertrauens- leistungen	Vertrauens- leistungen	Erfahrungs- leistungen
mittel	Vertrauens- leistungen	Erfahrungs- leistungen	Standard- leistungen
niedrig	Erfahrungs- leistungen	Standard- leistungen	Standard- leistungen
	selten	gelegentlich	häufig → Häufig- keit

Abbildung: In Anlehnung an Henkens (1992), S. 77.

Offenkundig nimmt die Informationsasymmetrie mit abnehmender Häufigkeit und zunehmender Spezifität der Transaktionsbeziehung zu. Die Typologie ist als Kontinuum zu verstehen. Übergänge zwischen den einzelnen Feldern sind fließend und hier nur der Veranschaulichung halber begrenzt, so daß auf die Gefahr einer Ableitung von Normstrategien hingewiesen werden muß. Zur Verbesserung des Verständnisses hinsichtlich der Einflüsse unterschiedlicher Dienstleistungseigenschaften ist die Systematisierung jedoch eine hilfreiche Maßnahme. Das breite Spektrum und die Heterogenität von Dienstleistungen werden durch Konzentration auf das Ausmaß der Informationsasymmetrie und die damit verbundene nachfrageseitige Unsicherheit reduziert und damit einer absatzorientierten Analyse zugänglich gemacht. Die Ableitung von Marketingstrategien ist dabei durch eine genauere Betrachtung der Informationsasymmetrie anhand ihrer Dimensionen "Häufigkeit" und "Spezifität" der jeweils vorliegenden Transaktionsbeziehung vorzunehmen.

Aus Marketingsicht kann festgehalten werden, daß nachfrageseitige Kaufentscheidungsprozesse erheblich vom Ausmaß der unvollkommenen Information zwischen den Marktteilnehmern abhängig sind und entscheidend die Effektivität von Marketingkonzepten determinieren. Marketingmaßnahmen und insbesondere Preisstrategien müssen demzufolge differenziert für die unterschiedlichen Charaktere von Dienstleistungen und die damit einhergehenden verschiedenen Grade nachfrageseitiger Unsicherheit bei der Kaufentscheidung betrachtet werden.

133

3.1.2. Dienstleistungstheoretische Klassifizierung von Bankleistungen

Die nachfolgende Einordnung von Bankleistungen in eine allgemeine dienstleistungstheoretische Typologie dient einmal der Reduzierung der Heterogenität innerhalb des bankspezifischen Leistungsspektrums. Zum anderen sollen auf dieser Grundlage unterschiedliche Marketingstrategien abgeleitet werden. In Anbetracht der ausgemachten Verhaltensrelevanz als Konsequenz ungleich verteilter Information zwischen Anbieter und Nachfrager ist eine Klassifizierung von Bankleistungen entlang der Informationsasymmetrie erforderlich. Durch eine solche Systematisierung von Bankleistungen wird deren Dienstleistungscharakter bei der Entwicklung von Marketingkonzepten erstmalig Rechnung getragen.

Die nachfolgende dienstleistungstheoretische Einordnung der Bankleistungen orientiert sich dabei an der marktorientierten Differenzierung des qualitativen Leistungsangebotes von Kreditinstituten nach Stützel. Danach übernehmen Universalbanken aus der Sicht des Kunden Zahlungsverkehrs-, Finanzierungs-, Kapitalanlage- und sonstige Funktionen.[524]

Zahlungsverkehrsleistungen sind aus der Sicht des Bankkunden durch eine häufige Inanspruchnahme gekennzeichnet. Bestimmend dafür ist das im Laufe der Zeit generell gestiegene Volumen des Giroverkehrs sowie speziell dessen enge wechselseitige Verbindung mit anderen Bankleistungen.[525] Zahlungsverkehrsleistungen sind in der Regel unspezifische Routineleistungen, die nicht auf den einzelnen Kunden zugeschnitten sind. Der geringe Individualisierungsgrad geht einher mit einem geringen Komplexitätsgrad. Weil der Zahlungsverkehr interinstitutionell homogen ist und vom Kunden auch so wahrgenommen wird,[526] besteht bereits in der Angebotsphase ein geringes Ausmaß an Informationsasymmetrie hinsichtlich der Beurteilung des Leistungsergebnisses. Spätestens nach Inanspruchnahme der ersten Transaktionen wird der Nachfrager die Leistungsfähigkeit der Bank bei der Abwicklung des Giroverkehrs bewerten können. Zahlungsverkehrsleistungen sind demnach als Standardleistungen zu klassifizieren.

Die Vielzahl und Unterschiedlichkeit der bankseitig angebotenen Finanzierungsleistungen macht im folgenden nicht nur eine Konzentration auf einige wesentliche Formen der direkten Kreditgewährung erforderlich, sondern auch eine detailliertere Analyse.[527] Der Kontokorrentkredit ist regelmäßig an das Girokonto gekoppelt und deswegen in engem Zusammenhang mit den Zahlungsverkehrsleistungen zu sehen. Für das Massengeschäft stellt der Kontokorrentkredit wegen seiner standardisierten Funktionsweise und Einheitskonditionen ein Produkt geringerer Spezifität dar, dessen Nutzung häufig vorkommt und mittlerweile

---

[524] Vgl. Stützel (1964), S. 12 f. Auf die Betrachtung sekundärer Leistungen wie Interbankleistungen und Eigenleistungen wird an dieser Stelle verzichtet.
[525] Vgl. Eilenberger (1993), S. 234 ff.
[526] Vgl. Rapp (1992), S. 280.
[527] Vgl. zu einem Überblick Eilenberger (1993), S. 152 ff.

134

alltäglich ist. Damit kann der Dispositionskredit für die Kundschaft mit geringer Verhandlungsmacht als Standardleistung betrachtet werden. Je mehr Verhandlungsmacht ein Kunde besitzt und ausübt, desto individueller werden Kondition und Höhe des zur Verfügung gestellten Kreditrahmens sein. Diese Kreditbestandteile von höherem Individualisierungsgrad stellen jedoch Sucheigenschaften dar, deren Ausprägungen nachfrageseitig bereits in der Angebotsphase wahrgenommen werden können und zu einer Kaufentscheidung beitragen. Das Ausmaß an nachfrageseitiger Unsicherheit ist daher auch für Kunden mit mäßiger oder überragender Verhandlungsmacht gering und auf die Kaufentscheidungsphase beschränkt. Hiernach ist der Kontokorrentkredit auch für Kunden mit Verhandlungsmacht als Standardleistung anzusehen. Diese Argumentation kann auf Kreditkartenleistungen ausgedehnt werden. Bis auf das von der Bonität des Kunden abhängige Dispositionslimit sind Kartenkredite zahlungsverkehrsaffine Routineleistungen von geringer Spezifität und häufiger Inanspruchnahme. Auch die Kreditgewährung mittels Karten ist somit regelmäßig eine Standardleistung.

Im Gegensatz dazu zählen Ratenkredite als Konsumfinanzierungen für private Kunden zu den Erfahrungsleistungen. Sie werden in der Praxis weniger als Kontokorrentkredite in Anspruch genommen, sind aber wegen mäßiger Spezifität vom Nachfrager zumindest nach Vertragsabschluß zu bewerten. Beim Ratenkreditnachfrager wird bereits aufgrund der geplanten langfristigen Inanspruchnahme und der Höhe des Kreditbetrages ein höheres Informationsdefizit als bei Kontokorrentkrediten entstehen. Mit häufigerer Nutzungsfrequenz werden Lerneffekte jedoch zu einer besseren Beurteilbarkeit dieser Kreditleistungen vor allem in bezug auf die Konditionen führen.

Gewerbliche Ratenkredite sind im Vergleich zu privaten Ratenkrediten von einem größeren Ausmaß an Informationsasymmetrie gekennzeichnet. Bestimmend hierfür ist der geringere Standardisierungsgrad gewerblicher Kredite und die damit verbundene Ex-ante-Unsicherheit infolge höherer Spezifität. Die Vertragsgestaltung etwa konzentriert sich nicht nur auf die Konditionsgestaltung über Zins und Laufzeit, sondern schließt regelmäßig eine unternehmensindividuelle Liquiditätsanalyse und die spezifische Bewertung und Hereinnahme des zu finanzierenden Vermögensgegenstandes als Sicherheit mit ein. Durch relativ häufige Inanspruchnahme dieser Kreditleistungen wird ein Firmenkunde jedoch deren Eigenschaftsausprägungen anhand von Lerneffekten besser bewerten können, so daß auch diese Kredite in den Bereich der Erfahrungsleistungen eingeordnet werden können.

Hypothekarkredite sind dadurch gekennzeichnet, daß sie verhältnismäßig wenig in Anspruch genommen werden und von hoher Spezifität sind. Die individuellen Vermögensumstände des Kreditleistungsnachfragers fließen in eine Kreditwürdigkeitsprüfung ein, und eine Vielzahl von Variablen des Kreditvertrages ist auf dieser Grundlage festzulegen. Der geringe Standardisierungsgrad im Zusammenhang mit der Bereitstellung der Mittel äußert sich darüber hinaus durch eine kundenindividuelle Beratung. Selbst nach Vertragsabschluß kann der Nachfrager nur unzureichend beurteilen, ob ihm die richtige Finanzierungsvariante empfohlen wurde. Da beispielsweise die Bewertung einer Entscheidung für einen festen oder variablen Zinssatz maßgeblich von dem im Beratungsgespräch antizipierten Konjunkturzyklus abhängt und abschließend erst nach Ende des vereinbarten Zinsbindungszeitraumes beurteilt werden kann, herrscht in der Kaufentscheidungsphase ein hohes Ausmaß an Unsicherheit, die, wenn überhaupt, nur langfristig abbaubar ist. Insgesamt sind Hypothekarkredite folglich in den Bereich der Vertrauensleistungen einzuordnen.

Bankbetriebliche Anlageleistungen können in originäre Anlageleistungen und derivative Anlageleistungen unterschieden werden, je nachdem, ob der Bankbetrieb als Schuldner oder Vermittler auftritt.[528] Originäre Anlageleistungen umfassen danach sowohl die Sicht-, Termin- und Spareinlagen als auch die direkten Anlageleistungen auf der Basis von Selbstemissionen. Bei den derivativen Anlageleistungen kommt vorwiegend die Vermittlung von Wertpapieren und Wertrechten anderer Banken, Unternehmungen und der öffentlichen Hand in Betracht.

Aufgrund der geringen Spezifität des standardisierten Einlagengeschäftes und dessen häufiger Inanspruchnahme lassen sich diese originären Anlageleistungen als einfache Routineleistungen mit geringem Komplexitätsgrad in die Kategorie der Standardleistungen einordnen. Bei den Selbstemissionen herrscht in der Angebotsphase demgegenüber ein höheres Maß an Informationsasymmetrie. In Anbetracht des geringeren Standardisierungsgrades bei der Ausgestaltung von direkten Anlageleistungen im Vergleich zum Einlagengeschäft kann dabei von höherer Spezifität gesprochen werden. Zumindest benötigt der Nachfrager Erfahrung, um Kurs- und Laufzeitrisiken bei seiner Anlageentscheidung abzuschätzen. Weil jedoch der Anlageerfolg nach Verkauf oder Rückzahlung der Schuldverschreibung relativ einfach bewertet werden kann, ist selbst für unerfahrene Anleger eine Ex-post-Sicherheit erzielbar, so daß es sich bei direkten Anlageleistungen auf der Basis von Selbstemissionen im wesentlichen um Erfahrungsleistungen handelt.

Obwohl die notwendigen Informationen zur Bewertung von derivativen Anlageleistungen angesichts der Komplexität und der geringeren Marktgängigkeit von Wertpapieren beispielsweise spezifischer sind als die für originäre Anlageleistungen, können diese ebenso als Erfahrungsleistungen eingestuft werden. Maßgeblich für diesen Schluß ist, daß die anfängiche Informationsasymmetrie durch relativ häufige und langfristige Inanspruchnahme kompensiert werden kann. Trotz des mit dem Wertpapiergeschäft verbundenen individuellen Beratungsanteils handelt es sich noch um Erfahrungsleistungen und noch nicht um Vertrauens

---

[528] Vgl. Eilenberger (1993), S. 176 f.

leistungen, weil diese Anlagegeschäfte noch verhältnismäßig häufig getätigt werden und sich aus Kundensicht einer Ex-post-Beurteilbarkeit nicht entziehen. Allerdings kann wegen der Heterogenität der derivativen Anlageleistungen eine Abstufung innerhalb der Klasse der Erfahrungsleistungen vorgenommen werden. Bankseitig vermittelte Bausparverträge oder Investmentanteile sind aufgrund geringerer Spezifität eher in die Nähe von Standardleistungen einzuordnen, während Kontrakte der Deutschen Terminbörse einhergehend mit hoher Komplexität und starker Veränderlichkeit annähernd Vertrauensleistungscharakter besitzen.

Sonstige Bankleistungen sind regelmäßig durch ein hohes Ausmaß an Informations-asymmetrie gekennzeichnet, das aus einem hohen Anteil von Vertrauenseigenschaften resultiert. Unter den sonstigen Bankleistungen können die strategische Finanzplanung, die Stiftungsgründung, die Vermögensverwaltung oder die Unternehmensberatung subsumiert werden. Allen diesen Leistungen ist gemeinsam, daß sie für jeden Kunden individuell und oft nur einmal produziert werden. Sie sind regelmäßig mit einem hohen Beratungsaufwand verbunden, in den zusätzlich steuergestaltende oder juristische Elemente einfließen. Hohe Spezifität und geringe Häufigkeit der Inanspruchnahme machen diese Leistungen zu Vertrauensleistungen. Selbst nach Vertragsabschluß und Leistungserstellung ist die Qualität dieser Ergebnisse für den Bankkunden nicht ausreichend zu beurteilen. Die nachfrageseitige Ex-post-Unsicherheit kann höchstens sehr langfristig abgebaut werden.

Insgesamt führt die dienstleistungstheoretische Systematisierung zu einer Klassifizierung ausgewählter Bankleistungen in Vertrauensleistungen, Erfahrungsleistungen und Standard-leistungen. Dabei nimmt die Informationsasymmetrie für Vertrauensleistungen ein Höchstmaß und für Standardleistungen ein Minimum an.

Abbildung 19: Dienstleistungstheoretische Systematisierung von Bankleistungen.

Spezifität

	Vertrauensleistungen	Vertrauensleistungen	Erfahrungsleistungen
hoch	Vermögensverwaltung Strat. Finanzplanung Unternehmensberatung Hypothekarkredite		gewerbliche Ratenkredite
	Vertrauensleistungen	*Erfahrungsleistungen*	*Standardleistungen*
mittel		Sonst. Wertpapiere Selbstemissionen private Ratenkredite	
	Erfahrungsleistungen	*Standardleistungen*	*Standardleistungen*
niedrig	Bausparverträge Investmentfonds		Einlagengeschäft Kreditkartenleistungen Kontokorrentkredit Zahlungsverkehr
	selten	gelegentlich	häufig

→ *Häufigkeit*

Quelle: Eigene Erstellung.

Als Ergebnis der leistungstypologischen Zuordnung sind drei Bankleistungs-Cluster entstanden, die jeweils durch ein spezifisches Ausmaß an Informationsasymmetrie gekennzeichnet sind. Die wesentliche Leistung dieser dienstleistungstheoretischen Klassifizierung besteht zum einen darin, daß die Heterogenität von Bankleistungen reduziert wird. Zum anderen wird das schlecht strukturierte Problem der absatzorientierten Analyse von Bankprodukten auf diese Weise einer generellen Untersuchung hinsichtlich *aller* Marketinginstrumente zugänglich gemacht. Nachfolgend gilt es auf dieser Basis zu prüfen, inwiefern die unterschiedlichen dienstleistungstheoretischen Eigenschaftsausprägungen verhaltensrelevant sind und Aufschlüsse für eine Entwicklung von Preisstrategien geben.

3.2. Grundlagen einer verhaltensorientierten Bankpreistheorie

Die Analyse des Käuferverhaltens ist Grundvoraussetzung für die Durchführung jeglicher Marketingaktivitäten von Dienstleistungsunternehmen.[529] Während sich im Rahmen des Sachgütermarketings bereits einige Wissenschaftler mit der verhaltenswissenschaftlich fundierten Preisbeurteilung auseinandergesetzt haben, steckt die preispsychologische Dienstleistungs-

---

[529] Vgl. Meffert, Bruhn (1997), S. 69 f.

138

forschung zweifellos noch in den Anfängen.[530] Die Übertragung preistheoretischer Befunde aus dem Sachgüterbereich ist angesichts der dienstespezifischen Besonderheiten nicht uneingeschränkt möglich.[531] Zudem existiert eine generelle interinstitutionelle Preistheorie des Dienstleistungsmarketings nur ansatzweise. Verantwortlich hierfür ist vornehmlich die Heterogenität der Dienstleistungen. Denn zweifelsohne läßt sich die Preisgestaltung von Kreditinstituten und zum Beispiel Friseuren nur unzureichend allgemeingültig beschreiben. Hinzu kommt, daß Bankprodukte an sich bereits sehr heterogen sind und der unterschiedliche Charakter von Aktiv- und Passivleistungen auch ein differenziertes Kaufverhalten induziert. Bei dieser Bandbreite kommen deswegen auch allgemeine dienstleistungstheoretische und preispolitische Faustregeln[532] wegen der zu erwartenden Ungenauigkeit ihrer Aussagen nicht in Frage, so daß eine branchenspezifische Analyse des nachfrageseitigen Preisverhaltens erforderlich wird. Auch die ausgemachten Eigenschaften wie Vertrauenswürdigkeit und Erklärungsbedürftigkeit sowie die mögliche Verwendung nicht-leistungsrepräsentativer Preisbezugsbasen machen Bankleistungen zu sehr speziellen Dienstleistungen. Insbesondere die zuvor identifizierten Auswirkungen der Dienstleistungsdimensionen auf die Bankpreisgestaltung erfordern somit die Entwicklung einer eigenständigen verhaltensorientierten dienstleistungstheoretischen Preistheorie für die Kreditwirtschaft.

Unter Verwendung der ermittelten dienstleistungstypischen Eigenschaften von Bankleistungen wird nachfolgend untersucht, inwieweit die eingangs dargestellte verhaltenswissenschaftliche Preisforschung aus dem Sachgüterbereich übertragen werden kann und Aufschlüsse hinsichtlich einer bankleistungsspezifischen Gestaltung des Marketinginstruments Preis gibt. Dabei gilt es auch zu überprüfen, inwieweit die anhand der Leistungsdimensionen Immaterialität und Integrativität abgeleiteten Implikationen für die Bankpreisgestaltung vom verhaltensorientierten Standpunkt zu effektiven Preisstrategien führen. Dazu ist ein integrativer Ansatz erforderlich, der verhaltenswissenschaftlich orientierte Marketingkonzepte für Dienstleistungen fruchtbar macht.

Die Einbindung dienstleistungstheoretischer Ergebnisse in verhaltensorientierte Marketingkonzepte ist aufgrund des aus zwei Blickwinkeln zu betrachtenden theoretischen Konstruktes der Unsicherheit möglich. Aus ökonomischer Perspektive resultiert diese, wie gesehen, aus den dienstleistungsspezifischen Eigenschaftsausprägungen bei unvollkommener und ungleich verteilter Information.[533] Psychologisch betrachtet wiederum ist sie das Ergebnis individuellen Verhaltens. Als nachfrageseitig wahrgenommenes Kaufrisiko beschreibt sie alle als nicht

---

[530] Vgl. Gabor (1988), S. 195.

[531] Vgl. Berry (1980), S. 27; Schlissel, Chasin (1991), S. 271.

[532] Vgl. allgemein zu preispolitischen Faustregeln im Dienstleistungsbereich Woratschek (1996), S. 97 ff.

[533] Vgl. Kaas (1990b), S. 542.

sicher vorhersehbaren und als nachteilig empfundenen Folgen des Verhaltens des Nachfragers.[534]

Das Konzept des Kaufrisikos wurde erstmalig von Bauer[535] in die Theorie des Konsumentenverhaltens eingeführt und in der Literatur als dominantes Erklärungskonzept des Preisverhaltens angesehen.[536] Diese Auffassung ist darauf zurückzuführen, daß die einzelnen Einflußfaktoren des risikobezogenen Wahrnehmungsurteils seitens der Nachfrager jeweils durch eigenständige partialanalytische Konzepte erklärbar sind.[537] Den nachfolgenden Ausführungen liegt die Annahme zugrunde, daß die dienstleistungsspezifischen Eigenschaftsausprägungen der Bankleistungen sich über die intervenierende Variable des wahrgenommenen Risikos äußern und zu einem differenzierten Preisverhalten führen. Dieser Zusammenhang wurde auch in einer allgemeinen dienstleistungsbezogenen empirischen Untersuchung von Faßnacht offenkundig.[538] Damit wird die Theorie des Kaufrisikos als integratives Konzept herangezogen, wobei diesem im Hinblick auf zwei Aspekte weitergehendes theoretisches Interesse zukommt. Einerseits ist die Aufmerksamkeit auf die Ursachen des Risikos zu richten. Das wahrgenommene Risiko wird als abhängige Variable betrachtet, dessen Ausmaß und Ursache von den Produktmerkmalen determiniert werden. Zum anderen fungiert dieses Konstrukt als unabhängige Variable, deren Einfluß auf das Kundenverhalten im Nachfrageprozeß in bezug auf alternative Risikoabbaustrategien analysiert werden muß.[539]

Abbildung 20: Dienstleistungsspezifischer Kaufentscheidungsprozeß.

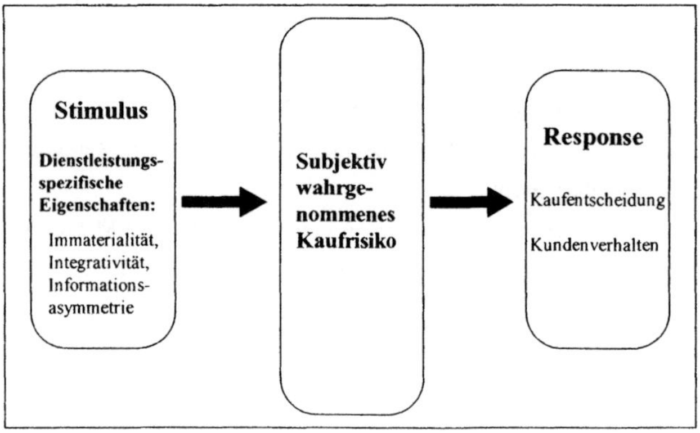

Quelle: Eigene Erstellung.

---

[534] Vgl. allg. Kroeber-Riel, Weinberg (1996), S. 386.
[535] Vgl. Bauer (1967) sowie ausführlich Cox (1967).
[536] Vgl. Wheatley, Walton, Chiu (1977), S. 74.
[537] Vgl. Müller (1996), S. 35.
[538] Vgl. Faßnacht (1996), S. 190 ff.
[539] Vgl. Rosenstiel, Ewald (1979a), S. 98 f.

Die nachfolgende Analyse des bankleistungsspezifischen Preisverhaltens orientiert sich daher auch an diesen beiden Schritten des dienstleistungsspezifischen Kaufentscheidungsprozesses. Zunächst wird der Einfluß der Dienstleistungseigenschaften auf das wahrgenommene Risiko von Bankkunden betrachtet. Hilfestellung gibt hier die vorangegangene dienstleistungstheoretische Systematisierung. Erst auf dieser Grundlage kann untersucht werden, inwieweit der Einfluß des unterschiedlich wahrgenommenen Beschaffungsrisikos in ein sachgüterähnliches oder anderes Preisverhalten mündet. Für die Entwicklung und Bewertung von Preisstrategien ist die Frage, in welchen Situationen und unter welchen Bedingungen Bankleistungsnachfrager bestimmte Heuristiken der Preisbeurteilung anwenden, von besonderem Interesse.

3.2.1. Der Einfluß der Dienstleistungseigenschaft auf das Bankkundenverhalten

Eine Reihe empirischer Analysen deutet darauf hin, daß der Erwerb von Dienstleistungen im Vergleich zu Sachgütertransaktionen grundsätzlich mit einem wesentlich höheren Kaufrisiko verbunden ist, welches nicht unerheblich von der Dienstleistungsart determiniert wird.[540] Spätestens an dieser Stelle wird offensichtlich, daß eine bankleistungsspezifische Behandlung des nachfrageseitigen Preisverhaltens erforderlich ist.

Wenn nachfolgend der Einfluß der dienstleistungsspezifischen Charakteristika auf das integrative Konzept des wahrgenommenen Risikos untersucht werden soll, ist zunächst das theoretische Fundament dieses Konstruktes darzulegen. Das nachfrageseitige Risiko kann in unterschiedlichen Stadien des Kaufprozesses auf unterschiedliche Bezugsobjekte gerichtet sein.[541] Dabei ist es Ergebnis der durch ungleich verteilte Information ausgelösten ex ante und ex post bestehenden Unsicherheit. Während in der Angebotsphase Unsicherheit über die Eigenschaften und die Nutzenstiftung des Leistungsergebnisses besteht, bezieht sich das wahrgenommene Risiko in der Produktionsphase vornehmlich auf die Aktionen und Rollen der am Leistungserstellungsprozeß beteiligten Personen. In der Phase nach der Leistungsverwendung kann nach wie vor Unsicherheit in bezug auf die qualitative Beschaffenheit des Leistungsergebnisses und die eigene Zufriedenheit herrschen.[542]

Das wahrgenommene Risiko kann auf verschiedenen Teilrisiken basieren. Bei Bankprodukten spielen als negative Kauffolgen besonders das finanzielle Risiko, aber auch das soziale Risiko geschmälerten Sozialprestiges eine Rolle.[543] Das finanzielle Risiko kann

---

[540] Vgl. ausführlich Müller (1996), S. 36, sowie insbesondere die Studien von Gusemann (1981), S. 200 ff.; George, Weinberger, Kelly (1985), S. 87; Murray, Schlacter (1990), S. 54 f.

[541] Vgl. hierzu und im folgenden Müller, Klein (1993b), S. 363 ff.

[542] Vgl. Suprenant (1991), S. 310 ff.

[543] Vgl. Cox (1967), S. 80.

sich dabei sowohl auf das Leistungsergebnis aufgrund schlechter funktionaler Qualität der Bankleistung als auch auf die Entlohnung des Anbieters beziehen. Das nachfrageseitig wahrgenommene finanzielle Risiko wird in jenen Fällen höher sein, bei denen eine endgültige Preisfixierung für die Erbringung der Bankleistung erst während oder nach dem Leistungserstellungsprozeß möglich ist.[544]

Nach Überschreitung einer individuellen Toleranzschwelle wird der Nachfrager bereit sein, Mittel einzusetzen, die zur Verringerung des wahrgenommenen Risikos beitragen können.[545] Als Response hierauf können Bankleistungsnachfrager verschiedene Risikoreduktionsstrategien ergreifen. Eine besteht in der verstärkten Tendenz zur Beschaffung und Verarbeitung entscheidungsrelevanter Informationen.[546] Daneben kann das wahrgenommene Risiko durch eine Senkung des Anspruchsniveaus sowie durch wiederholte Inanspruchnahme desselben Anbieters im Zuge erhöhter Bankloyalität abgebaut werden. Nachfrager können zudem auf die Inanspruchnahme der Leistung verzichten oder alternativ versuchen, den Anteil der Mitwirkung am Leistungserstellungsprozeß zu erhöhen. Bei der Analyse des bankleistungsspezifischen Preisverhaltens muß demnach untersucht werden, in welchen Situationen und bei welchen Bankleistungstypen welche dieser Risikoreduktionsstrategien herangezogen wird.

Als Einflußgrößen des wahrgenommenen Kaufrisikos werden nachfolgend die dienstleistungstheoretischen Eigenschaften der Bankleistung angesehen. Das wahrgenommene Kaufrisiko kann als Funktion der Immaterialität, der Integrativität und der Informationsasymmetrie aufgefaßt werden.

wahrgenommenes Risiko = f (Immaterialität, Integrativität, Informationsasymmetrie)   (6)

Um die Wirkung der dienstleistungstheoretischen Charakteristika auf das wahrgenommene Risiko prognostizieren zu können, ist jedoch neben der Konkretisierung der Richtung des Einflusses der jeweiligen Determinante auf die abhängige Variable auch die Analyse des Zusammenhanges zwischen den drei unabhängigen Variablen erforderlich.

3.2.1.1. Der Einfluß der Immaterialität

Die Eigenschaft der Immaterialität bedeutet aus Kundensicht, daß die nachgefragten Leistungsergebnisse nur partiell oder gar nicht physisch wahrnehmbar sind.[547] Infolgedessen

---

[544] Vgl. Müller (1996), S. 35.
[545] Vgl. Cox (1967), S. 80; Wiswede (1991), S. 333; Kroeber-Riel, Weinberg (1996), S. 338.
[546] Vgl. Schweiger Marcanec, Wiegele (1976), S. 97 f.; Rosenstiel, Ewald (1979a), S. 101.
[547] Vgl. Burton (1990), S. 59.

differiert der Kaufentscheidungsprozeß bei Dienstleistungen bereits in der Angebotsphase von dem bei Sachgütern durch das Fehlen materieller Leistungselemente, die eine Vorabbeurteilung des Kernproduktnutzens ermöglichen. Die fehlende physische Wahrnehmbarkeit erschwert erheblich die Vergleichbarkeit unterschiedlicher Dienstleistungsangebote,[548] wodurch die Unsicherheit im Rahmen des Kaufentscheidungsprozesses steigt. Folglich empfindet der Nachfrager eine größere Beschaffungsunsicherheit als bei materiellen Leistungsergebnissen.[549] Je weniger Teilqualitäten einer Leistung vor der Inanspruchnahme abschätzbar sind, desto größer wird die nachfrageseitige Unsicherheit. Damit steigt das wahrgenommene Risiko mit zunehmender Immaterialität.

Wird die Leistungsergebnisdimension nach Engelhardt et al. anhand des Anteils immaterieller Leistungskomponenten operationalisiert, so wird deutlich, daß dieser Anteil bei allen Bankleistungen ähnlich ist und zu einer weitergehenden Differenzierung nicht beiträgt. Damit wird erkennbar, daß die Dimension der Immaterialität zwar eine leistungsfähige Grundlage zur Erklärung der dienstleistungsspezifischen Marketingimplikationen wie der Preisgestaltung darstellt und diese wirksam von Sachgüterstrategien trennen kann. Für eine Ableitung von unterschiedlichen Verhaltensweisen bei verschiedenen Bankleistungen ist sie jedoch nicht geeignet und gibt mithin wenig Aufschluß bezüglich der Ableitung und Bewertung von Preisstrategien.

3.2.1.2. Der Einfluß der Integrativität

Für das nachfrageseitige Kaufverhalten ergeben sich aus der Integrativität verschiedene Implikationen.[550] Die Integrativität in Form der Interaktionseigenschaft und der Individualisierung ist dafür verantwortlich, daß das nachfrageseitig wahrgenommene Kaufrisiko steigt.[551] Denn durch die Interaktion während des Leistungserstellungsprozesses werden das Leistungsergebnis und der daraus resultierende Nutzen für den Nachfrager vor der Inanspruchnahme schwer abschätzbar, weil Ablauf und Ergebnis des Transformationsprozesses durch die von ihm eingebrachten externen Faktoren entscheidend mit geprägt und teilweise erst ausgelöst werden.[552] Als Folge daraus sind Konsumenten vor der Inanspruchnahme der Leistung oft nicht in der Lage, das Integrationsvermögen des Anbieters hinsichtlich der externen Faktoren und den daraus entstehenden Nutzen einzuschätzen.[553] Dieses Unterfangen wird für den

---

[548] Vgl. McDougall, Snetsinger (1990), S. 28.
[549] Vgl. McDougall, Snetsinger (1990), S. 28; Meyer (1991), S. 200.
[550] Vgl. hierzu und im folgenden Engelhardt et al. (1993), S. 421.
[551] Vgl. Engelhardt, Schwab (1982), S. 512; Corsten (1986), S. 24; Engelhardt et al. (1993), S. 421.
[552] Vgl. Zeithaml (1984), S. 191 ff.; Freiden, Goldsmith (1989a), S. 46; Burton (1990), S. 59.
[553] Vgl. Corsten (1986), S. 24.

Nachfrager um so komplexer, je höher der Individualisierungsgrad der in der Angebotsphase zu vergleichenden Leistung ist. Aus der Unsicherheit bezüglich der zu erwartenden Qualität des nachgefragten Leistungsergebnisses und aus der Schwierigkeit, unterschiedliche Angebote zu vergleichen,[554] resultiert mit zunehmender Integrativität des Leistungserstellungsprozesses eine steigende nachfrageseitige Beschaffungsunsicherheit bei der Auswahlentscheidung.

Andererseits hat der Nachfrager durch die Integrativität zumindest eingeschränkt die Möglichkeit, Einfluß auf die betrieblichen Prozesse des Anbieters zu nehmen und auf seine eigenen Zielsetzungen hinzusteuern,[555] woraus allerdings erst in der Prozeßphase während der Leistungserstellung eine mögliche Reduzierung des Kaufrisikos erwächst. In der für die Akquisition relevanten Vorkaufphase des Kaufentscheidungsprozesses ist der Konsument hingegen weiterhin auf die Beurteilung extrinsischer Produktelemente angewiesen.

Aus den obigen Ausführungen läßt sich schließen, daß ein eindeutiger Zusammenhang zwischen dem Integrationsgrad und dem Abbau des Beschaffungsrisikos existiert, dessen Richtung jedoch abhängig von der Phase der Leistungserstellung ist. Zwischen der Veränderung des Interaktionsgrades bzw. des Individualisierungsgrades gibt es jedoch keine eindeutige Beziehung zu der nachfrageseitigen Unsicherheit. Beispielsweise kann eine Standardisierung von solchen Leistungen, die - wie Baufinanzierungsberatungen - überwiegend von Vertrauensattributen dominiert werden, sogar zu einer Erhöhung des nachfrageseitig wahrgenommenen Kaufrisikos in der Angebotsphase führen. Damit ist auch eine Reduzierung des Kaufrisikos in der Prozeßphase durch Variation des Integrationsgrades nicht in allen Fällen zu erreichen. Inwieweit das wahrgenommene Risiko durch die Beteiligung des Nachfragers am Leistungserstellungsprozeß reduziert werden kann, ist wegen der Heterogenität von Dienstleistungen nur aufgrund einer detaillierten Analyse zu beantworten, die sich kaum allein an der von Engelhardt et al. entwickelten Leistungstypologie orientieren kann. Zwar besitzt diese offenkundig ein hohes Erklärungspotential für dienstleistungstheoretische Implikationen der bankbetrieblichen Preisgestaltung. Für die Bestimmung des mit den jeweiligen Preisgestaltungsmöglichkeiten verbundenen wahrgenommenen Kaufrisikos gibt die Integrativität jedoch keinen Aufschluß.

3.2.1.3. Der Einfluß der Informationsasymmetrie

Neben den konstitutiven Merkmalen der Integrativität und der Immaterialität stellt die Informationsasymmetrie eine dritte charakteristische Eigenschaftsausprägung für Dienstleistungen dar. Ein Ergebnis der vorangegangenen Betrachtungen war, daß das Ausmaß ungleich

---

[554] Vgl. Engelhardt et al. (1993), S. 421.
[555] Vgl. Langeard (1981), S. 236 f.

verteilter Information eine wesentliche Ursache für das nachfrageseitig wahrgenommene Beschaffungsrisiko ist. Noch nicht untersucht wurde bisher die Beziehung der Informationsasymmetrie zu den beiden Dimensionen der Engelhardtschen Leistungstypologie.

Aus der Betrachtung der Immaterialität ergibt sich eine gleichgerichtete Beziehung zur Informationsasymmetrie, da offenkundig ist, daß mit zunehmender Immaterialität und damit weitergehender Konkretisierungsprobleme der Leistung auch die Diskrepanz in der Informationsverteilung größer wird.

Überdies nimmt der Wissensvorsprung des Anbieters gegenüber dem Nachfrager mit steigender Integrativität zu, weil der Konsument zunächst unsicher über die Integrationsfähigkeit des Dienstleistungsproduzenten in bezug auf seine eingebrachten externen Faktoren ist und wegen der Interaktionseigenschaft ex ante nur einen mangelhaften Anbietervergleich in der betreffenden Dienstleistungsklasse durchführen kann. Diese Unsicherheit wird um so größer sein, je weniger Standardisierungselemente das Leistungsbündel enthält und je weniger Leistungsergebnisse damit vor der Produktion feststehen. Daraus kann geschlossen werden, daß die Informationsasymmetrie in der Angebotsphase auch mit dem Integrationsgrad der Dienstleistung steigt.

Offenkundig stellen die Engelhardtschen Dimensionen zusammen mit der Informationsasymmetrie keine voneinander unabhängigen Dimensionen eines Dienstleistungsraumes dar. Vielmehr sind die Immaterialität und die Integrativität wesentliche Bestimmungsgründe der Informationsasymmetrie. Damit ist die Informationsasymmetrie grundlegend für alle anderen Determinanten der Dienstleistung, weil sich in ihr alle Probleme der nachfrageseitigen Qualitäts- und Verhaltensunsicherheiten spiegeln.[556] Für die nachfolgenden Analysen der preisverhaltensrelevanten Implikationen des wahrgenommenen Risikos reicht es demnach aus, nur deren Dimensionen Häufigkeit und Spezifität zu betrachten.

$$\text{wahrgenommenes Kaufrisiko} = f \text{ (Informationsasymmetrie)} = f \text{ (Häufigkeit, Spezifität)} \qquad (7)$$
$$\phantom{\text{wahrgenommenes Kaufrisiko} = f} (+) \phantom{\text{(Informationsasymmetrie)} = f} (-) \quad (+)$$

Nachdem das nachfrageseitig wahrgenommene Risiko und die Informationsasymmetrie offenbar positiv korrelieren, kann die These aufgestellt werden, daß das Beschaffungsrisiko mit zunehmender Spezifität und abnehmender Häufigkeit der Dienstleistungstransaktionsbeziehung steigt. Das Kaufrisiko ist folglich bei Standardleistungen gering, bei Erfahrungsleistungen mäßig und bei Vertrauensleistungen sehr hoch, was auch empirisch bereits gezeigt wurde.[557]

---

[556] Vgl. Schade, Schott (1992), S. 22.
[557] Vgl. Ostrom, Iacobucci (1995), S. 23.

Abbildung 21: Bankleistungstypen und wahrgenommenes Kaufrisiko.

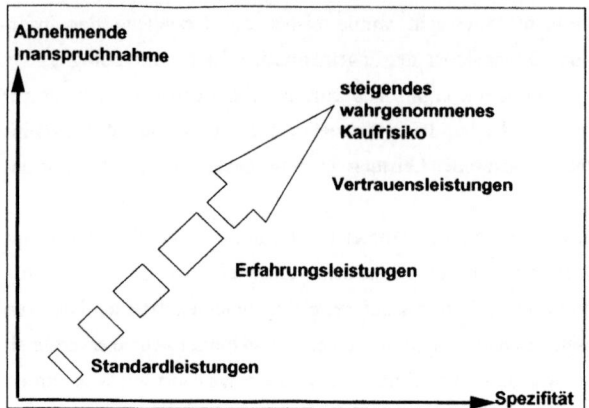

Quelle: Eigene Erstellung.

Für eine Entwicklung von Marketingkonzepten reicht diese Erkenntnis jedoch noch nicht aus. Maßgeblich für die Effektivität von Preisstrategien ist das Preisverhalten der Nachfrager. Dazu muß nachfolgend untersucht werden, welche Kaufverhaltensweisen und Risiko-reduktionsstrategien beim Bankkunden durch das Beschaffungsrisiko induziert werden.

3.2.2. Das Preisverhalten von Bankleistungsnachfragern

Grundlegend für die nachfolgenden Ausführungen ist der Ansatz von Müller und Klein,[558] der bisher das einzige allgemeine theoretische Fundament der Preisgestaltung von Dienstleistungen darstellt. Er berücksichtigt die eingeschränkte Übertragbarkeit der sachgüterorientierten Preisforschung aufgrund der verhaltenswissenschaftlichen Implikationen der dienstleistungsspezifischen Besonderheiten und schließt damit eine Lücke im Dienstleistungsmarketing.

Im folgenden wird dieses allgemeine Konzept aufgegriffen und für die Bankbetriebslehre fruchtbar gemacht. Um aus Marketingsicht Implikationen hinsichtlich der Preisgestaltung ableiten zu können, muß die Analyse des Bankpreisverhaltens jedoch vor dem Hintergrund der vorangegangenen Betrachtungen der dienstleistungstheoretischen Bankleistungstypologie erfolgen. Dazu ist das Konzept von Müller und Klein in den dienstleistungsspezifischen Kaufentscheidungsprozeß zu integrieren, indem es um die Einflüsse der Dimensionen der Dienstleistung ergänzt wird. Dabei verdienen namentlich die eingeführte Determinante der Informationsasymmetrie und das integrative Konzept des wahrgenommenen Risikos besondere Beachtung. Die nachfolgenden Ausführungen konzentrieren sich demzufolge auf

---

[558] Vgl. Müller, Klein (1993a), S. 261 ff.; Müller, Klein (1993b), S. 360 ff.

146

den zweiten Schritt des dienstleistungsspezifischen Kaufentscheidungsprozesses. Untersucht werden soll, inwieweit das für die einzelnen Bankleistungstypen unterschiedliche Kaufrisiko auch zu einem differenzierten Preisverhalten führt.

Im Kontext mit der dienstleistungstheoretischen Systematisierung von Bankleistungen bedeutet die im vorangegangenen Kapitel aufgestellte Hypothese, daß das wahrgenommene Risiko des Nachfragers bei Vertrauensleistungen, wie etwa Hypothekenfinanzierungen, größer ist als bei privaten Ratenkrediten, die den Erfahrungsleistungen zuzuordnen sind. Bei den Standardleistungen des Giroverkehrs oder des Einlagengeschäftes nimmt das Beschaffungsrisiko dagegen ein Minimum an. Unterstützung erfährt dieser postulierte Zusammenhang durch die Ergebnisse der empirischen Analyse von Rapp. Das Konzept des wahrgenommenen Risikos konnte auf Basis des aufgestellten Kausalmodelles nicht verworfen werden und deutet auf ein geringes Beschaffungsrisiko beim klassischen Passivgeschäft hin und auf ein höheres bei festverzinslichen Wertpapieren.[559] Wenn aber das wahrgenommene Risiko unterschiedlich in Abhängigkeit von den dienstleistungstypischen Charakteristika der einzelnen Bankleistungstypen ist und das Kaufrisiko aufgrund der angesprochenen Reduktionsstrategien verhaltenswirksam ist, dann wird auch das Preisverhalten bei den einzelnen Bankleistungstypen differenziert sein.

Die nachfolgenden Ausführungen orientieren sich an den im Grundlagenteil dargelegten Heuristiken des Preisverhaltens. Dabei wird untersucht, inwieweit diese für den Sachgüterbereich vielfach überprüften Konzepte des Preisverhaltens Gültigkeit für Bankleistungen besitzen. Weil in der Bankbetriebslehre im Gegensatz zum Sachgütermarketing nur eine spärliche empirische Datenbasis zu preisbezogenen Themenstellungen existiert, sind die nachfolgenden deduktiv abgeleiteten Hypothesen vorwiegend anhand der umfassenden Analyse von Rapp zu überprüfen sowie an den bestehenden preisbezogenen empirischen Untersuchungen anderer Dienstleistungsbranchen zu evaluieren. Letzteres ist trotz der angesprochenen Heterogenität im Dienstleistungssektor ohne Probleme möglich, wenn die Argumentation anhand der Leistungstypologie geführt wird, in die auch andere Dienstleistungen eingeordnet und mit den einzelnen Bankleistungstypen verglichen werden können.

3.2.2.1. Preisinteresse

Während sich Müller und Klein auf die Analyse von nachfrageseitigen Preisurteilen konzentrieren, muß darüber hinaus dem Konstrukt des Preisinteresses Aufmerksamkeit geschenkt werden, das dem Preisbeurteilungsprozeß zeitlich vorangeht und unter bestimmten Bedingungen zu Vereinfachungsstrategien bei der Informationsbeschaffung in der Angebots-

---

[559] Vgl. Rapp (1992), S. 310 sowie S. 317 f.

phase führt. Hier wurden im ersten Teil der Arbeit vier verschiedene Alternativen identifiziert. Untersucht werden muß, in welchen Situationen Bankleistungsnachfrager umfassende Preisinformationen suchen und unter welchen Umständen sie zu den vereinfachten Äußerungsformen greifen. In der allgemeinen dienstleistungstheoretischen Literatur wird generell von einem relativ geringen Preisinteresse der Dienstleistungsnachfrager gesprochen,[560] obwohl es nur wenige empirische Belege für diese Aussage gibt.[561]

Als Grundlage für eine Prognose der Intensität und der Äußerungsformen des bankleistungsspezifischen Preisinteresses wird das integrative Konzept des wahrgenommenen Risikos herangezogen. Danach wird die Intensität des Preisinteresses maßgeblich beeinflußt von den Eigenschaften der betrachteten Bankleistung. Für Standardleistungen wie dem Zahlungsverkehr wurde das Kaufrisiko in den vorangegangenen Betrachtungen als verhältnismäßig gering eingestuft. Entsprechend schwach ausgeprägt wird demzufolge auch das nachfrageseitige Bedürfnis nach Informationen sein, um dieses wahrgenommene Risiko zu reduzieren. Erst mit zunehmendem Beschaffungsrisiko durch die Nachfrage von Erfahrungs- oder Vertrauensleistungen ergibt sich ein verstärkter Informationsbedarf.

In diese Richtung zeigt auch die empirische Analyse von Rapp. Operationalisiert als Bedürfnis, Preisvergleiche anzustellen, ist das Konstrukt des Preisinteresses bei Hypothekendarlehen höher als bei Konsumentenkrediten.[562] Dagegen ist die Intensität des Preisinteresses im Giroverkehr trotz herrschender Intransparenz relativ gering.[563] Überhaupt ist der Grad der Intransparenz der bankbetrieblichen Preisstrukturen entgegen den Vermutungen in der Bankbetriebslehre[564] kein zuverlässiger Prädiktor für eine geringe Intensität des Preisinformationsverhaltens. Zwar wird die Transparenz für Bankleistungen nachfrageseitig generell als gering empfunden, sie unterscheidet sich jedoch nur unwesentlich was die einzelnen Leistungen betrifft.[565] Das Kausalmodell von Rapp deutet vielmehr auf eine Verstärkung des Preisinteresses als Konsequenz mangelhafter Transparenz hin, unabhängig davon, ob Zahlungsverkehrsleistungen, Kredite oder Anlageleistungen im Fokus des nachfrageseitigen Interesses stehen.[566] Verantwortlich für das Preisinteresse ist den zugrunde liegenden Daten zufolge primär das wahrgenommene Risiko. Diese positive kausale Wirkungsbeziehung erklärt zusammen mit der entwickelten Bankleistungstypologie, daß das Preisinteresse bei Krediten größer ist als beim Zahlungsverkehr und bei festverzinslichen Wertpapieren größer als beim Einlagengeschäft. Insgesamt kann der mittels dienstleistungstheoretisch abgeleiteter

---

[560] Vgl. Langeard (1981), S. 234; Müller (1996), S. 29.

[561] Vgl. Zeithaml (1983), S. 610; Schlissel (1985), S. 308 f.

[562] Vgl. Rapp (1992), S. 200 sowie auch die ältere Studie von Holzscheck et al. (1982).

[563] Vgl. Rapp (1992), S. 280. Dies vermutet auch Gladen (1985b), S. 136.

[564] Vgl. z.B. Harwalik (1988), S. 110; Gehrke (1995), S. 44.

[565] Vgl. Rapp (1992), S. 202.

[566] Vgl. Rapp (1992), S. 254, S. 260, S. 270, S. 292, S. 309.

Erkenntnisse postulierte Zusammenhang zwischen Kaufrisiko und Preisinteresse aufgrund der umfangreichen Daten der empirischen Analyse von Rapp, deren Grundgesamtheit ein repräsentativer Querschnitt von Bankkunden der alten Bundesländer ist, nicht verworfen werden.[567] Daher kann nach den bisherigen Ergebnissen folgende These aufgestellt werden:

Je höher das nachfrageseitig wahrgenommene Risiko ist, desto ausgeprägter ist auch das nachfrageseitige Preisinteresse. Die Intensität des Preisinteresses nimmt bei Bankleistungen, die Vertrauensleistungen sind, ein hohes, bei Erfahrungsleistungen ein mäßiges und bei Standardleistungen ein geringes Ausmaß an.

Aufschluß, inwieweit die von Diller für Sachgüter isolierten Äußerungsformen des Preisinteresses tatsächlich auch für Bankleistungen zutreffen, wie in der diesbezüglichen Literatur vermutet wird,[568] gibt auch die Studie von Rapp nicht. Dagegen kann die, im Grundlagenteil aufgestellte Hypothese, daß das Preisinteresse nicht nur im Kontext mit der Bankloylität, sondern auch mit dem Beschwerdeverhalten steht,[569] nicht abgelehnt werden. Je intensiver das nachfrageseitige Bedürfnis nach Preisinformationen ist, desto höher wird auch die Reklamationsbereitschaft sein. Daneben ist auch eine deutliche positive Kausalbeziehung zwischen dem Preisinteresse und der Bankloyalität offensichtlich.[570] Danach wirkt sich eine hohe Intensität des Preisinteresses positiv auf die Bereitschaft zum Bankwechsel infolge subjektiv als zu hoch empfundener Gebühren aus. Daraus kann jedoch noch nicht geschlossen werden, daß eine Bankwechselentscheidung bei Vertrauensleistungen mit hohem Beschaffungsrisiko generell wahrscheinlicher ist als bei Standardleistungen. Denn für diese Entscheidung spielen zusätzlich nichtpreisliche Determinanten in Form nachfrageseitiger Präferenzen eine Rolle, die daher im Zusammenhang mit Preiswürdigkeitsurteilen noch eingehender analysiert werden müssen.

3.2.2.2. Preisgünstigkeitsurteile

Preisgünstigkeitsurteile beziehen sich lediglich auf die absolute Preishöhe eines Urteilsobjektes und nicht auf das Preis-Leistungsverhältnis. Auch für Bankleistungen wird die Frage, ob ein nachfrageseitiges Preisgünstigkeitsurteil formiert wird, zunächst von der

---

[567] In diese Richtung zeigt auch die nicht-bankspezifische empirische Untersuchung von Murray (1991), S. 10 ff.
[568] Vgl. z.B. Gehrke (1995), S. 43.
[569] Vgl. Abbildung 7.
[570] Vgl. Rapp (1992), S. 272.

sensorischen Wahrnehmung des Angebotspreises abhängen und im zweiten Schritt von dem kognizierten Referenzpreis.

Zu einer bewußten nachfrageseitigen Wahrnehmung des Angebotspreises kommt es regelmäßig dann, wenn das Preisinteresse vorhanden und ausgeprägt ist. Somit können, dieses Konstrukt betreffend, die Ergebnisse des vorangegangenen Kapitels übernommen werden. Weitere Grundlage für Preisgünstigkeitsurteile ist der im Rahmen individueller Lernprozesse erworbene Wissensstand. Hinweise auf das Vorhandensein dieser Preiskenntnisse bei Bankleistungsnachfragern liefert die Studie von Rapp sowohl für Standardleistungen des Zahlungsverkehrs als auch für die verbleibenden Bankleistungstypen.[571]

Im psychologischen Kontext des kognizierten Referenzpreises bestimmen vornehmlich der Sicherheitsgrad und der Umfang erworbener Preiskenntnisse, ob sich ein nachfrageseitiges Preisgünstigkeitsurteil bildet. Aus dienstleistungstheoretischer Sicht kommt es nach Müller und Klein um so eher zu Preisgünstigkeitsurteilen, je standardisierter eine Dienstleistung ist,[572] das heißt, je geringer die Spezifität derselben ist. Ursächlich hierfür ist die empirisch unterstützte These, daß die Sicherheit gelernter Preiskenntnisse in einem positiven Zusammenhang zum Standardisierungsgrad von Dienstleistungen steht.[573] Weil Preisgünstigkeitsurteile unter Vernachlässigung qualitativer Merkmale des Urteilsobjektes zustande kommen, werden diese nachfrageseitig um so eher formiert, je geringer die Qualitätsunterschiede zwischen den Dienstleistungen sind.[574] Deshalb muß der Nachfrager gewisse Qualitätserfahrungen gesammelt haben, um entscheiden zu können, inwieweit Dienstleistungen qualitativ divergieren. Dieser positive kausale Zusammenhang zwischen Häufigkeit der Transaktionsbeziehung und Preiskenntnis ist auch für Bankleistungen empirisch auszumachen,[575] so daß folgende Behauptung aufgestellt werden kann:

Bei Bankleistungen kommt es um so eher zu nachfrageseitigen Preisgünstigkeitsurteilen, je größer die Produkterfahrung und je geringer die nachfrageseitig wahrgenommenen Qualitätsunterschiede zwischen den Leistungen verschiedener Anbieter sind. Die Wahrscheinlichkeit eines Preisgünstigkeitsurteils ist bei Bankleistungen, die Standardleistungen sind, hoch und für Erfahrungsleistungen oder Vertrauensleistungen gering.

Im Falle einer nachfrageseitigen Formierung von Preisgünstigkeitsurteilen lassen sich aus den Betrachtungen des Grundlagenteils zu Ankerpreisen im Sinne der Adaptionsniveautheorie bankleistungsspezifische Implikationen für die Preisgestaltung ableiten. Auch bei Nachfragern

---

[571] Vgl. Rapp (1992), S. 212, S. 309, S. 316.
[572] Vgl. Müller, Klein (1993a), S. 277.
[573] Vgl. Zeithaml (1983), S. 609.
[574] Vgl. Müller, Klein (1993a), S. 278.
[575] Vgl. Rapp (1992), S. 212 ff., S. 333.

von Bankleistungen bildet das Preis-Adaptionsniveau einen mittleren Preis, der individuell variiert. Rapp konnte auf aggregiertem Niveau empirisch einen Preisbereich ermitteln, in dem Konditionen verschiedener Zahlungsverkehrsleistungen nachfrageseitig als normal empfunden werden.[576] Aus der Kenntnis der oberen und unteren Grenzen dieses Preisakzeptanzbereiches ergeben sich Hinweise auf den Spielraum bei der bankbetrieblichen Preisgestaltung. Beispielsweise läßt sich durch direkte Erhebung eine obere Preisschwelle für Überweisungsaufträge evaluieren, bei deren Überschreitung der Nachfrager mit einer Einschränkung des Nachfragevolumens reagieren würde. Die Existenz einer unteren Preisschwelle konnte für diese Leistung hingegen nicht bestätigt werden.

Ein Indiz für die Formierung eines kundenseitigen Preisgünstigkeitsurteils führt Rapp im Zusammenhang mit der Untersuchung von Gebührenoptionen für den Zahlungsverkehr an. Wenn dem Nachfrager konkrete Alternativen der Bepreisung vorgegeben werden, wie etwa bei der Wahl zwischen Einzelgebühren- oder Pauschalgebührenabrechnung, bringen Bankkunden einem Preisvergleich eine hohe Bereitschaft entgegen.[577] Nachdem bereits im vorangegangenen Kapitel für die sensorische Wahrnehmung des Angebotspreises der beiden Alternativen eine hohe Intensität des Preisinteresses konstatiert wurde, ist darüber hinaus die Bereitschaft des Bankkunden auszumachen, unabhängig von den qualitativen Ausprägungen von Zahlungsverkehrsleistungen die für ihn günstigste Abrechnungsart zu wählen.[578] Im Kontext der postulierten Antezedenzbedingungen induziert diese hohe Intensität des Preisinteresses ein Preisgünstigkeitsurteil. Denn bei Leistungen des Giroverkehrs handelt es sich um standardisierte Produkte, deren qualitative Eigenschaftsausprägungen sich zwischen Wettbewerbern kaum unterscheiden. Rapp weist nach, daß einem Pauschalmodell nachfrageseitig kein Mißtrauen entgegengebracht wird und daß es für den Bankkunden einfacher und verständlicher ist sowie einen interinstitutionellen Angebotsvergleich gewährleistet.[579] Weil bei Standardleistungen mit hoher Wahrscheinlichkeit ein Preisgünstigkeitsurteil gefällt wird, bietet sich daher eine pauschale Bepreisung für ein bankindividuell zusammengestelltes Leistungspaket an, wenn diese günstiger als die des Wettbewerbs gestaltet werden kann. Andernfalls sollte das preisvariierende Kreditinstitut Einzelpreise erheben. Die Heterogenität der Bankleistungen läßt jedoch eine Übertragung dieses Ergebnisses auf Erfahrungs- oder Vertrauensleistungen nicht zu.

---

[576] Vgl. Rapp (1992), S. 217 ff.
[577] Vgl. Rapp (1992), S. 260.
[578] Vgl. Rapp (1992), S. 262.
[579] Vgl. Rapp (1992), S. 323.

3.2.2.3. Preiswürdigkeitsurteile

Preiswürdigkeitsurteile zur Beurteilung des Preis-Leistungsverhältnisses von Bankleistungen erfolgen, wie dargelegt, aus einer kognitiven Verknüpfung der nachfrageseitig wahrgenommenen Preisgünstigkeit mit der wahrgenommenen Produktqualität. Preiswürdigkeitsurteile können grundsätzlich in der Angebotsphase, während des Leistungserstellungsprozesses oder in der Nachkaufphase formiert werden.

Die folgenden Ausführungen beschränken sich auf die Aspekte des qualitätsbezogenen Teilurteils, zumal die vorangegangenen Überlegungen zum Preisgünstigkeitsurteil bei Bankleistungen gleichermaßen für die Preiskomponente des Preiswürdigkeitsurteils gelten.[580] Dabei richtet sich das Qualitätsurteil eines Dienstleistungsnachfragers im wesentlichen auf zwei Evaluierungskategorien.[581] Der Kernproduktnutzen resultiert aus dem nachfrageseitigen Bewertungsergebnis hinsichtlich des Produktes an sich. Der Interaktionsnutzen spiegelt dagegen das nachfrageseitige Bewertungsergebnis der Kundenkontakte mit dem Anbieter wider. Der Bankkunde wird demnach über die Kernproduktqualität hinaus auch aus der Interaktion mit dem Kundenberater Schlüsse auf die Qualität des Leistungsergebnisses ziehen.

Das Konzept des nachfrageseitigen Risikos erklärt, daß Bankleistungsnachfrager bestrebt sein werden, das Qualitätsrisiko zu begrenzen, indem Informationen über die Kernproduktqualität gesucht werden. Sind diese ex ante nicht verfügbar, werden als Surrogat für die Beurteilung der Produktqualität Interaktionselemente, wie etwa Bankpersonal oder Geschäftsausstattung, herangezogen.

Ob Bankleistungsnachfrager die wahrgenommene Preisgünstigkeit tatsächlich mit der wahrgenommenen Produktqualität zu einem Preiswürdigkeitsurteil verknüpfen, hängt von zwei Faktoren ab: Einmal ist für jeden Bankleistungstyp zu untersuchen, inwieweit Nachfrager überhaupt Qualitätsinformationen über den Kernprodukt- oder Interaktionsnutzen erlangen können. Zum anderen ist zu hinterfragen, ob die Qualitätsinformation tatsächlich ein relevantes Beurteilungskriterium für den Bankkunden darstellt. Aus dienstleistungstheoretischer Perspektive sind Leistungen um so schwerer zu beurteilen, je mehr Vertrauenseigenschaften und je weniger Erfahrungs- oder Sucheigenschaften diese besitzen.[582] Denn bei überwiegend durch Vertrauensattribute charakterisierten Bankleistungen ist eine zuverlässige Qualitätsevaluierung nicht nur in der Angebotsphase, sondern auch nach der Inanspruchnahme nicht möglich. Verantwortlich dafür sind in erster Linie die nachfrageseitig nicht vorhandenen Fachkenntnisse für die Bewertung der spezifischen Informationen einer selten nachgefragten Vertrauensleistung. Bei Bankleistungen, die Erfahrungsleistungen sind,

---

[580] Vgl. im folgenden Müller, Klein (1993b), S. 372 ff. sowie Müller (1996), S. 33 ff.
[581] Vgl. Müller, Klein (1993b), S. 362.
[582] Vgl. Zeithaml (1981), S. S. 186.

existiert ex ante zwar regelmäßig eine Informationsasymmetrie über eine spätere Kernproduktqualität. Nach der Leistungserstellung ist der Kernproduktnutzen aber zuverlässig zu bewerten. Bei Standardleistungen ist bereits ex ante anhand von Suchattributen auf den Kernproduktnutzen zu schließen. Diese Qualitätsinformationen besitzen jedoch als Beurteilungskriterium nicht die gleiche Bedeutung wie für die anderen Leistungstypen, weil Qualität interinstitutionell standardisiert ist. Als Ausfluß dieser Überlegungen können folgende Thesen aufgestellt werden:

Die Formierung nachfrageseitiger Preiswürdigkeitsurteile ist bei Bankleistungen, die den Charakter von Vertrauensleistungen oder Standardleistungen haben, wenig wahrscheinlich und für Erfahrungsleistungen wahrscheinlich.

Die Wahrscheinlichkeit nachfrageseitiger Preiswürdigkeitsurteile ist bei Erfahrungsleistungen in der Angebotsphase (ex ante) höher als in der Nachkaufphase (ex post).

Aus dienstleistungstheoretischer Sicht beeinflußt somit auch der Zeitpunkt der Beurteilung deren Form und Ergebnis.[583] In der Angebotsphase nehmen Preiswürdigkeitsurteile nur eine vereinfachte Struktur an, weil sie primär kognitiven Inferenzprozessen unterliegen, wie etwa der Heranziehung von Schemata zur Qualitätsevaluierung anhand der Interaktionselemente.[584] Während des Produktionsprozesses führen Preiswürdigkeitsurteile, wenn sie auf einer unmittelbaren sensorischen Qualitätswahrnehmung basieren, entweder zu einer weiteren Abnahme von Teilleistungen der Bank oder zu einem Verzicht auf die Ausdehnung des Nachfragevolumens. Damit liefert die Heuristik des Preiswürdigkeitsurteils eine Erklärung für das Cross-Selling von Bankleistungen. Erst in der Nachkaufphase nehmen Preiswürdigkeitsurteile eine umfassende und komplexe Struktur an, weil nicht nur Sicherheit hinsichtlich des gezahlten Preises besteht, sondern neben der Kernproduktqualität auch die Qualität des Interaktionsprozesses beurteilt wird. Der Umfang der im Rahmen von Preiswürdigkeitsurteilen vorgenommenen Bewertung von Produkteigenschaften ist demzufolge sehr stark abhängig davon, ob diese vor oder nach dem Kauf vorgenommen wird.

Die Frage, unter welchen nicht leistungstypologisch fundierten Antezedenzbedingungen Nachfrager im Gegensatz zu Preisgünstigkeitsurteilen nicht nur preisliche, sondern auch qualitative Attribute für eine Bewertung der Bankleistung heranziehen und somit ein Preiswürdigkeitsurteil fällen, kann anhand der dienstleistungstheoretischen Überlegungen von Müller beantwortet werden.[585] Dieser postuliert, daß es um so eher zu Preiswürdigkeits-

---

583 Vgl. im folgenden ausführlich Müller (1996), S. 38 ff.
584 Vgl. Wessels (1990), S. 366 ff.
585 Vgl. Müller (1996), S. 32.

urteilen kommt, je sicherer sich der Kunde bei der Einschätzung der qualitativen Merkmale ist, also je mehr Produkterfahrung er hat und je geringer die Spezifität der dafür notwendigen Informationen ist. Anders als bei Preisgünstigkeitsurteilen ist die Wahrscheinlichkeit einer nachfrageseitigen Formierung von Preiswürdigkeitsurteilen jedoch um so höher, je stärker sich die Qualität der Suchattribute der betreffenden Bankleistungen zwischen Wettbewerbern unterscheidet und je mehr Bedeutung der Kunde diesen Merkmalen beimißt.

Als Indiz dafür, daß bei der Beurteilung von Bankleistungen neben preislichen auch qualitative Aspekte die Kaufentscheidung determinieren und nachfrageseitige Preiswürdigkeitsurteile formiert werden, kann das Ergebnis der Faktorenanalyse von Rapp herangezogen werden.[586] Insbesondere die im Grundlagenteil angesprochenen persönlichen, zeitlichen und räumlichen Präferenzen sind entscheidungsrelevant für ein anbieterloyales Nachfrageverhalten oder für einen Verzicht auf weitere Teilleistungen des Kreditinstitutes. Sowohl der Faktor der Kundenzufriedenheit mit den präferierten qualitativen Eigenschaften als auch ein positives Image des Kreditinstitutes mindern danach die Bankwechselbereitschaft wegen zu hoher Gebühren.

3.2.2.4. Preisgelenkte Qualitätsbeurteilungsprozesse

Die Analyse der preisgelenkten Qualitätsbeurteilung bildet das Erkenntnisobjekt zahlreicher theoretischer und empirischer Forschungsbemühungen,[587] die sich jedoch fast ausschließlich auf Sachgüter beziehen. Bankbetriebswirtschaftliche Studien zu diesem Problemkreis liegen nicht vor, so daß eine Untersuchung der Antezedenzbedingungen dieser Preisbeurteilungsheuristik, die sich auf die allgemeinen dienstleistungstheoretischen Ausführungen von Müller und Klein stützen kann,[588] deduktiv aufgrund der vorangegangenen bankleistungsbezogenen Ergebnisse erfolgen muß.

Als dominantes Erklärungskonzept der preisorientierten Qualitätsbeurteilung wird in sachgüterbezogenen Untersuchungen die Theorie des wahrgenommenen Kaufrisikos angesehen.[589] Daher wird es auch in den folgenden Betrachtungen als integrativer Ansatz zur Ableitung bankleistungsspezifischer Implikationen des Preisverhaltens beibehalten. Sobald das subjektiv empfundene Kaufrisiko die individuelle Toleranzschwelle überschreitet, wird der Bankkunde eine Verringerung dieser Unsicherheit durch die Suche nach zusätzlichen Informationsquellen zur Erlangung von Qualitätsinformationen anstreben. Untersucht werden

---

[586] Vgl. Rapp (1992), S. 223 ff.
[587] Vgl. z.B. die Metaanalyse von Rao, Monroe (1988).
[588] Vgl. hierzu und im folgenden ausführlich Müller, Klein (1993b), S. 360 ff.
[589] Vgl. Diller (1977b), S. 220 f.; Wheatley et al. (1977), S. 74; Diller (1991), S. 118; Müller, Klein (1993b), S. 363.

soll, unter welchen Bedingungen Bankleistungsnachfrager den Preis für eine Formierung dieses Qualitätsurteils heranziehen. Wie in der verhaltenswissenschaftlichen Marketingforschung üblich, wird hierzu eine Unterteilung in motivationale, kognitive und situative Einflußfaktoren vorgenommen, an der sich auch die nachfolgende Argumentation orientiert.[590]

Aus motivationaler Sicht ist vor allem das individuelle Streben nach kognitiver Konsistenz eine Grundlage für die preisgelenkte Qualitätsbeurteilung. Nachfrager besitzen ein Beurteilungsschema, nach dem der Preis und die Qualität eines Gutes korrelieren. Wenn Kunden Produktangebote mit unterschiedlichen Preisen wahrnehmen, aber keine Qualitätsunterschiede ausmachen können, wird versucht, die dadurch entstehenden psychischen Spannungen zu reduzieren.[591] Gemäß der Theorie der kognitiven Dissonanz werden unter diesen Umständen in der Vorkaufphase selektiv solche Informationen gesucht,[592] die durch konsonante Elemente die Stabilität des kognitiven Systems wiederherstellen können. Dazu gehört, daß die dissonanten Informationen tendenziell gemieden und konsonante Informationen gesucht werden. In der Nachkaufphase kommt es zu Postdecisional Dissonance, welche zu einer Anpassung der Kognitionen an die getroffene Entscheidung führt. Entweder kann dabei die Attraktivität der gewählten Alternative gesteigert werden, indem die wahrgenommene Qualität dem bezahlten Preis angepaßt wird oder die Attraktivität der nicht gewählten Alternativen wird reduziert. Je höher also die kognitive Dissonanz durch die Preiswahrnehmung ist, desto größer ist auch die Motivation, diese durch Hinzuziehung konsonanter Qualitätsinformationen abzuschwächen, und desto eher wird der Preis als Qualitätsindikator eingesetzt.

Bei motivationaler Betrachtungsweise kann neben dem Streben nach kognitiver Konsistenz auch das Entlastungsstreben als Determinante des nachfrageseitig wahrgenommenen Risikos identifiziert werden.[593] Je höher die individuelle Motivation ist, die physischen und psychischen Aufwendungen bei der schwierigen Suche nach Preis- und Qualitätsinformationen zu reduzieren, desto höher ist auch hier die Wahrscheinlichkeit des Einsatzes einer preisgelenkten Qualitätsbeurteilung als kognitiver Vereinfachungsstrategie.

Maßgeblich für die Schwierigkeiten einer sensorisch gestützten Qualitätsbeurteilung bei Bankleistungen ist die dienstleistungscharakteristische unsichere Informationslage. Weil das Ausmaß ungleich verteilter Qualitätsinformationen bei Vertrauensleistungen größer ist als bei Erfahrungsleistungen oder Standardleistungen, wird davon auch die Motivation, das dadurch induzierte wahrgenommene Risiko durch Formierung eines preisgeleiteten Qualitätsurteils zu

---

[590] Vgl. Diller (1991), S. 119; Müller (1996), S. 41; Simon (1992a), S. 609.
[591] Vgl. Müller (1996), S. 41 f.
[592] Vgl. allgemein Frey, Gaska (1993), S. 275 ff.
[593] Vgl. Diller (1991), S. 119.

reduzieren, bestimmt. Mit zunehmender Produktvertrautheit sinkt diese Motivation zur kognitiven Vereinfachung, weil der Nachfrager dadurch in die Lage versetzt wird, qualitative Produktattribute besser zu beurteilen.[594] Besonders für solche Bankleistungen, die durch einen hohen Anteil von Erfahrungs- oder Standardattributen gekennzeichnet sind, kann der Kunde die Qualität spätestens nach der Leistungserstellung beurteilen, und zwar um so zuverlässiger, je mehr Erfahrungswerte er bezüglich des Voraussagewertes des Preises für die Qualität durch häufige Inanspruchnahme gesammelt hat und je transparenter und voraussagefähiger das Preisgefüge ist.[595]

Aus den vorangegangenen Ausführungen zu den motivationalen Einflußfaktoren des Qualitätsurteiles wird ersichtlich, daß der Preis als Qualitätsindikator vor allem dann herangezogen wird, wenn die Qualitätsevaluierung komplex ist und wenn wirkliche Qualitätsindikatoren fehlen oder schwer zu erhalten sind. Demnach kann folgende These aufgestellt werden:[596]

Die Wahrscheinlichkeit eines preisgelenkten Qualitätsbeurteilungsprozesses steigt mit dem Ausmaß des nachfrageseitig wahrgenommenen Kaufrisikos und ist bei Bankleistungen, die Vertrauensleistungen sind, höher als bei Erfahrungsleistungen und Standardleistungen.

Zu den situativen Faktoren, welche zu einer Erhöhung des wahrgenommenen Kaufrisikos führen, gehören die subjektiv wahrgenommenen Preis- und Qualitätsunterschiede.[597] Empirische Untersuchungen deuten darauf hin, daß die preisgelenkte Qualitätsbeurteilung um so wahrscheinlicher wird, je größer der Grad der perzipierten Preisunterschiede ist,[598] je größer also die Differenz zwischen dem niedrigsten und höchsten Preis innerhalb einer Produktklasse ist. Zusätzlich kann davon ausgegangen werden, daß die Wahrscheinlichkeit einer nachfrageseitigen preisgelenkten Qualitätsbeurteilung von dem Ausmaß der wahrgenommenen Qualitätsunterschiede positiv abhängig ist.[599] Mit Müller kann jedoch die Auffassung vertreten werden,[600] daß selbst bei wahrgenommenen Preis- beziehungsweise Qualitätsunterschieden nicht notwendigerweise von einer preisgelenkten Qualitätsbeurteilung auszugehen ist. Anstelle des Preises besteht bei Dienstleistungen die Möglichkeit, Leistungselemente des Interaktionsproduktes als Qualitätsindikator heranzuziehen. Ein Qualitätsurteil kann beispielsweise anhand der Gebäude eines Kreditinstitutes oder auf der

---

[594] Vgl. Müller, Klein (1993b), S. 371.

[595] Vgl. Müller (1996), S. 43 f.

[596] Vgl. Müller, Klein (1993b), S. 364.

[597] Vgl. Diller (1991), S. 119; Müller, Klein (1993b), S. 369 ff.

[598] Vgl. Zeithaml (1988), S. 12; Rao, Monroe (1989), S. 356.

[599] Vgl. Obermiller, Wheatley (1984), S. 457; Rosenstiel, Ewald (1979b), S. 71.

[600] Vgl. Müller (1996), S. 42.

Grundlage von Referenzen oder gegebenen Garantien formiert werden. Allerdings ist bei Leistungsbündeln, die von Vertrauenselementen dominiert werden, selbst nach Inanspruchnahme der Leistung eine nachfrageseitige Qualitätsbeurteilung auch durch diese Qualitätssurrogate oft nur schlecht möglich, weil sie entweder selten nachgefragt werden oder die Spezifität zu hoch ist, als daß eine Qualitätsevaluierung durch Bankkunden ohne ein erhebliches Maß an Fachkenntnissen stattfinden kann. Die obige These, nach der die Wahrscheinlichkeit eines preisgelenkten Qualitätsurteils für Bankleistungen, die Vertrauensleistungen sind, höher ist als für andere Leistungstypen, wird folglich auch durch die situativen Determinanten des wahrgenommenen Kaufrisikos unterstützt.

3.2.3. Zusammenfassung verhaltenstheoretischer Implikationen der Bankpreisgestaltung

Impetus der vorangegangenen Ausführungen war es, den Einfluß der Dienstleistungseigenschaft von Bankprodukten auf das nachfrageseitige Preisverhalten zu analysieren und daraus einen theoretischen Bezugsrahmen für eine verhaltensorientierte Bankpreistheorie abzuleiten. Auf dieser Basis sollen die bestehenden sowie die bei der Analyse der Immaterialität und Integrativität abgeleiteten bankbetrieblichen Preisstrategien bewertet und weitere alternative Preisgestaltungsmaßnahmen entwickelt werden. Dazu ist jedoch zunächst eine Systematisierung notwendig, welche die gefundenen verhaltenstheoretischen Implikationen ordnet und den anschließenden preisstrategischen Argumentationen als Grundlage zugänglich macht.

These 1: Die Immaterialität von Bankleistungen ist u.a. verantwortlich für die Intransparenz bankbetrieblicher Preisstrukturen und das nachfrageseitig wahrgenommene Risiko.

These 2: Die Integrativität von Bankleistungen ist u.a. verantwortlich für die Schwierigkeit, unterschiedliche Angebote zu vergleichen, und damit für das nachfrageseitig wahrgenommene Risiko bei der Auswahlentscheidung.

These 3: Die Informationsasymmetrie bei der Interaktion von Bankkunden und Bankleistungsanbieter führt zu nachfrageseitiger Unsicherheit. Dabei ist das wahrgenommene Kaufrisiko größer, je seltener die betreffende Bankleistung nachgefragt wird und je spezifischer die zur Beurteilung erforderlichen Informationen sind.

These 4: Das wahrgenommene Risiko des Bankkunden ist bei der Nachfrage nach Bankleistungen, die Vertrauensleistungen sind, größer als bei Erfahrungsleistungen und bei Erfahrungsleistungen größer als bei Standardleistungen.

These 5: Je höher das wahrgenommene Risiko des Bankleistungsnachfragers in der Beschaffungsphase ist, desto ausgeprägter ist das nachfrageseitige Preisinteresse.

These 6: Je höher die Intensität des Preisinteresses ist, desto größer ist die nachfrageseitige gebühreninduzierte Reklamationsbereitschaft.

These 7: Je höher die Intensität des Preisinteresses ist, desto größer ist die nachfrageseitige Bereitschaft zu einem gebühreninduzierten Bankwechsel.

These 8: Die Wahrscheinlichkeit, daß nachfrageseitig ein Preisgünstigkeitsurteil formiert wird, ist um so höher, je geringer die wahrgenommenen Qualitätsunterschiede zwischen den Leistungen verschiedener Institute sind und je größer die Produkterfahrung des Bankkunden ist.

These 9: Die Wahrscheinlichkeit, daß nachfrageseitig ein Preiswürdigkeitsurteil formiert wird, ist um so höher, je größer die wahrgenommenen interinstitutionellen Qualitätsunterschiede einer Bankleistung sind, je relevanter diese Attribute für die Kaufentscheidung sind und je sicherer der Bankkunde diese qualitativen Merkmale aufgrund seiner Produkterfahrung beurteilen kann.

These 10: Die Wahrscheinlichkeit, daß nachfrageseitig ein preisgelenktes Qualitätsurteil formiert wird, ist um so höher, je größer das Ausmaß der wahrgenommenen Qualitätsunterschiede ist und je höher der Grad der perzipierten Preisunterschiede innerhalb einer Bankleistungsklasse ist.

These 11: Wenn Qualität wahrnehmbar ist, aber interinstitutionell standardisiert, wird mit hoher Wahrscheinlichkeit ein Preisgünstigkeitsurteil gefällt. Danach ist die Wahrscheinlichkeit für die Formierung eines Preisgünstigkeitsurteiles bei Standardleistungen hoch und für Erfahrungs- und Vertrauensleistungen gering.

These 12: Wenn Qualität wahrnehmbar ist, aber nicht interinstitutionell standardisiert, wird mit hoher Wahrscheinlichkeit ein Preiswürdigkeitsurteil gefällt. Danach ist die

158

Wahrscheinlichkeit für die Formierung eines Preiswürdigkeitsurteiles bei Erfahrungs-leistungen hoch und bei Standard- und Vertrauensleistungen gering.

These 13: Wenn Qualität nicht wahrnehmbar ist, wird mit hoher Wahrscheinlichkeit ein preisgelenktes Qualitätsurteil gefällt. Danach ist die Wahrscheinlichkeit, daß der Preis als Qualitätsindikator eingesetzt wird, für Vertrauensleistungen hoch und für Standard- und Erfahrungsleistungen gering.

Die in diesen Aussagen implizierten Eintrittswahrscheinlichkeiten für die Formierung von bestimmten Preisverhaltensheuristiken in Abhängigkeit vom Bankleistungscharakter können anhand folgender Systematisierung konkretisiert werden. Dabei dienen die Felder lediglich der Verdeutlichung. Die Wahrscheinlichkeit des Eintretens von Preisurteilen ist jedoch stetig, so daß auf die Gefahr der Ableitung von Normstrategien hingewiesen werden muß.

Abbildung 22: Eintrittswahrscheinlichkeit von Preisurteilen in Abhängigkeit des Bankleistungstyps.

Bankleistungs-typ Preisverhalten	Standard-leistungen	Erfahrungs-leistungen	Vertrauens-leistungen
Preisgünstigkeits-urteile	hohe Wahrscheinlichkeit	geringe Wahrscheinlichkeit	geringe Wahrscheinlichkeit
Preiswürdigkeits-urteile	geringe Wahrscheinlichkeit	hohe Wahrscheinlichkeit	geringe Wahrscheinlichkeit
Preisgelenkte Qualitäts-beurteilungs-prozesse	geringe Wahrscheinlichkeit	geringe Wahrscheinlichkeit	hohe Wahrscheinlichkeit

Quelle: Eigene Erstellung.

3.3. Bankbetriebliche Preisstrategien aus Sicht der verhaltensorientierten Bankpreistheorie

Die Realtypen bankbetrieblicher Preisstrukturen sind immer noch gekennzeichnet durch die von Krümmel beschriebenen preispolitischen Maßnahmen, in deren Mittelpunkt das "Prinzip der kleinen Mittel" und die sortimentsstrategische Preisstellung stehen. Die traditionelle Ausgleichspreisstellung stößt jedoch auf schwerwiegende methodische Bedenken. Darüber hinaus läßt sich aus den verhaltens- und dienstleistungstheoretischen Betrachtungen schließen, daß diese für den Handel typische Preisstellung vor allem an den Besonderheiten der Bankleistung scheitert. Der Kauf vertrauenswürdiger oder erklärungsbedürftiger Leistungen unterscheidet sich vom Kauf eines Konsumgutes dadurch, daß der Entscheidungsprozeß des Nachfragers Impulskäufe wie im Supermarkt nicht zuläßt. Die sortimentsstrategische Preisstellung funktioniert jedoch gerade dann, wenn ein Teil der Kunden preissensitiv hinsichtlich des Loss Leaders ist und Produkte mit Ausgleichsgeberfunktion spontan gekauft werden. Im Unterschied zum Handel, der eine selektive und zeitlich begrenzte Ausgleichspreisstellung betreibt, ist diese bei Kreditinstituten mittlerweile zu einer dauerhaften Quersubventionierung zwischen Einzelleistungen, Kundengruppen und Geschäftssparten mutiert. Durch die Zunahme von Mehrfachbankverbindungen im Zuge abnehmender Bankloyalität verliert daher die Ausgleichspreisstellung ihre betriebswirtschaftliche Berechtigung. Denn damit wird nicht nur das bankbetriebliche Oberziel der Gewinnmaximierung verletzt, sondern durch die dauerhaften Quersubventionierungen zwischen Sparten zusätzlich die langfristige Existenz des Unternehmens gefährdet. In diesen Auswirkungen der sortimentsstrategischen Preisstellung kann auch einer der wesentlichen Gründe dafür gesehen werden, daß das Privatkundengeschäft bei den deutschen Universalbanken teilweise defizitär ist. Die eingangs aus den internen und externen Einflußfaktoren abgeleiteten Implikationen für die Bankpreisgestaltung haben gezeigt, daß die Kreditinstitute vor neuen Herausforderungen stehen und ihre derzeitigen Preisstellungsformen diesen nicht ausreichend begegnen können. Offensichtlich sind neue Preisstrategien erforderlich, die den erhöhten Anforderungen gerecht werden.

Nachdem die dienstleistungsspezifischen Besonderheiten der Bankleistungen und deren Implikationen für das Preisverhalten der Nachfrager herausgearbeitet wurden, gilt es auf der Basis dieses neuen Erklärungskonzeptes alternative bankbetriebliche Preisstrategien zu entwickeln. Das dienstleistungstheoretische Fundament der verhaltensorientierten Bankpreistheorie gestattet dabei eine zweistufige Vorgehensweise: Zunächst wird überprüft, inwieweit die Preisstrategien des Sachgütermarketings trotz des Dienstleistungscharakters der Bankleistungen übernommen werden können und gegebenenfalls zu modifizieren sind. In einem zweiten Schritt werden neue dienstleistungsorientierte Preisstrategien für Banken entwickelt. Dabei ist die Eignung der jeweiligen Preisstrategie an den im Eingangsteil erkannten und mit der Preisgestaltung verfolgten Zielen zu messen. In diese Bewertung sollen gleichzeitig die in der anfänglichen Analyse isolierten relevanten internen und externen Einflußfaktoren der Bankpreisgestaltung einfließen. Die geeigneten bankbetrieblichen Preisstrategien werden abschließend in einem integrativen Konzept systematisiert. Dieses Marketingmodell berücksichtigt den dienstleistungstheoretischen Charakter der jeweiligen

Bankleistung und das Krümmelsche Verhandlungsmachtkonzept gleichermaßen, so daß bankpreisbezogene Handlungsempfehlungen auf der Grundlage eines Matrix-Ansatzes mit diesen beiden Dimensionen gegeben werden können.

3.3.1. Eignung von Preisstrategien des Sachgütermarketings

Preisstrategien des Sachgütermarketings können anhand des der Preistheorie entstammenden Konzeptes der Preisdifferenzierung nach Pigou gekennzeichnet werden, an das sich auch die bestehenden preisbezogenen Untersuchungen der Bankbetriebslehre regelmäßig anlehnen.[601] Preisdifferenzierung liegt dann vor, wenn zwei gleiche oder gleichartige Produkte zu unterschiedlichen Preisen verkauft werden oder zwei Varianten eines Produktes zu Preisen verkauft werden, deren Differenz nicht der Differenz der Herstellungskosten entspricht.[602] Das Ziel von Preisdifferenzierungen besteht vornehmlich in der Ausnutzung von Gewinnpotentialen durch Abschöpfung von Konsumentenrenten.[603] Potentiale zur Gewinnsteigerung durch Ausnutzung von Unterschieden in den Maximalpreisen der Nachfrager können entlang verschiedener Dimensionen entstehen, so daß folgende wesentliche Formen der Preisdifferenzierung unterschieden werden können,[604] die auch kombiniert einsetzbar sind:

Tabelle 10: Formen der Preisdifferenzierung.

Form der Differenzierung	Beschreibung
Persönliche Preisdifferenzierung	Der Zugang zu bestimmten Preisen wird an das Vorhandensein bestimmter Käufermerkmale geknüpft.
Regionale Preisdifferenzierung	Ein Anbieter setzt für eine Leistung in verschiedenen Gebieten die Preise so fest, daß die Preisdifferenz die Transportkostendifferenz für den Kunden widerspiegelt.
Zeitliche Preisdifferenzierung	Der Preis einer Leistung wird in Abhängigkeit von einer bestimmten zeitlichen Periode festgelegt.
Qualitative Preisdifferenzierung	Eine Leistung wird in mehreren Ausführungen zu unterschiedlichen Preisen angeboten.
Quantitative Preisdifferenzierung	Ein Anbieter variiert den durchschnittlichen Stückpreis mit der Abnahmemenge so, daß diese Preisdifferenz nicht der Kostendifferenz entspricht.

Quelle: Eigene Erstellung.

---

[601] Vgl. z.B. die Untersuchungen von Harwalik (1988), S. 139 ff.; Gehrke (1995), S. 100 ff.; Slevogt (1996), S. 746 ff.

[602] Vgl. Phlips (1983), S. 5 f.; Diller (1991), S. 220.

[603] Vgl. Tacke (1989), S. 16; Diller (1991), S. 221; Simon (1992a), S. 42.

[604] Vgl. Phlips (1983), S. 19 ff.; Tacke (1989), S. 17 ff.; Simon (1992a), S. 42 ff.

Der erfolgreiche Einsatz der Preisdifferenzierung hängt von mehreren Faktoren ab:[605]

- Segmentierbarkeit des Gesamtmarktes für Bankleistungen in mindestens zwei Teilmärkte mit unterschiedlichen Absatzreaktionsfunktionen
- Isolierbarkeit der einzelnen Marktsegmente, um Arbitrage-Möglichkeiten für die Nachfrager auszuschließen
- Marktunabhängigkeit der isolierten Teilmärkte, um Absatzreaktionen des einen Segmentes auf den zweiten Teilmarkt bei Preisvariationen auszuschließen
- Kosten der Preisdifferenzierung dürfen die Zusatzerlöse aufgrund der differenzierten Preisstellung nicht überschreiten.

Eine Analyse, inwieweit Preisstrategien des Sachgütermarketings für Bankbetriebe anwendbar sind, hat strukturiert nach den bereits untersuchten Determinanten bankbetrieblicher Preisgestaltung zu erfolgen. Im ersten Teil wurden mit den Kundenreaktionen, den Konkurrenzreaktionen und den Marketing-Interaktionen drei bestimmende Einflußfaktoren isoliert. Erst in zweiter Linie sind bei der Entwicklung von Preisgestaltungsmaßnahmen auch die langfristigen Kostenwirkungen und die Öffentlichkeitswirksamkeit von Preisen als Restriktion zu berücksichtigen.

Für die nachfolgende Untersuchung ist eine Systematisierung notwendig, welche Preisstrategien, wie sie üblicherweise im Sachgütermarketing eingesetzt werden, anhand der obigen Einflußfaktoren vergleichbar macht und angibt, in welchen Situationen die einzelnen Strategien angewendet werden können. Zu diesem Zweck wird die Taxonomie von Sachgüterpreisstrategien nach Tellis herangezogen.[606] Denn diese berücksichtigt im Gegensatz zu anderen Ansätzen nicht nur nachfrageorientierte und konkurrenzorientierte Preisstrategien, sondern bezieht überdies Marketing-Interaktionen als internen Einflußfaktor ein, so daß jede der im ersten Teil extrahierten relevanten Determinanten der Bankpreisgestaltung ihren Niederschlag findet. Nach Tellis sind Preisstrategien anhand zweier Dimensionen zu differenzieren.

Zum einen muß die Intention des Unternehmens betrachtet werden. Grundlage der nachfrageorientierten Preisgestaltung ist die Annahme, daß Konsumenten heterogen sind, so daß dasselbe Produkt zu unterschiedlichen Preisen in unterschiedlichen Konsumentensegmenten verkauft werden kann. Daneben werden Preisgestaltungsmaßnahmen konkurrenzorientiert eingesetzt, um die eigene Wettbewerbsposition zu verbessern. Als weiteres Ziel von Preisstrategien identifiziert Tellis das bewußte Ausnutzen von Marketing-Interaktionen wie etwa Verbundeffekten im Sortiment.

---

[605] Vgl. Schmid (1965), S. 57 ff.; Kindt (1978), S. 611 f.; Schmidt (1978), S. 589; Diller (1991), S. 221 f.
[606] Vgl. im folgenden allgemein Tellis (1986), S. 146 ff.

Zum anderen können Preisstrategien in Abhängigkeit von unterschiedlichen Konsumenten-charakteristika eingesetzt werden. Annahmegemäß besitzen Nachfrager Suchkosten, wobei für einige die Opportunitätskosten der Zeit für die Suche nach dem günstigsten Angebot den resultierenden Nutzen aus der Ersparnis überschreiten. Darüber hinaus sind einige Konsumenten preissensibler als andere und nicht bereit, den geforderten Preis zu zahlen. Andererseits wird angenommen, daß für alle Nachfrager noch andere Transaktionskosten außer den Suchkosten anfallen, wie beispielsweise Reise- und Transportkosten, Kosten aus der Bewertung des Beschaffungsrisikos oder Wechselkosten, die durch die Substitution des einen Produktes durch eine andere Leistung verbunden sind.

Abbildung 23: Taxonomie von Preisstrategien des Sachgütermarketings.

Unternehmens-ziel Konsumenten-charakteristika	Nachfrager-orientierte Preisgestaltung	Konkurrenz-orientierte Preisgestaltung	Marketing-orientierte Preisgestaltung
Hohe Suchkosten durch Informations-asymmetrie	Random Discounting	Price Signaling	Image Pricing
Geringe Preisbereitschaft	Periodic Discounting (Skimming) (Peak-Load-Pricing)	Penetration Pricing Experience Curve Pricing	Premium Pricing Price Bundling
Hohe Transaktions-kosten	Second Market Discounting	Geographic Pricing	Complementary Pricing

Quelle: In Anlehnung an Tellis (1986).

Preisgestaltungsmaßnahmen beziehen sich damit aus der Sicht des variierenden Unternehmens auf die Nachfrager, die Konkurrenz oder das Marketing. An diesen Unternehmenszielen orientiert sich auch die weitere Vorgehensweise bei der nachfolgenden Analyse der Preisstrategien. Für jede der genannten Optionen wird dabei zuerst der Mechanismus nach Tellis erläutert. Danach wird deren Eignung für bankbetriebliche Zwecke auf der Grundlage der zuvor entwickelten verhaltensorientierten Bankpreistheorie untersucht, so daß auf Bankleistungstypen und Kundensegmente als Anwendungskandidaten geschlossen werden kann. Für geeignete Preisstrategien muß gleichzeitig geprüft werden, ob die verbleibenden, nicht nachfragerbezogenen Einflußfaktoren einen bankbetrieblichen Einsatz fördern oder behindern. Potentielle Preisstrategien müssen demnach auf Restriktionen durch

Marketing-Interaktionen, Wettbewerbsreaktionen und Öffentlichkeitswirksamkeit hin überprüft werden. Nach Evaluierung der mit der Implementierung der Strategie verbundenen entscheidungsrelevanten Kosten gegenüber entstehenden positiven Erlöswirkungen kann als Gesamteffekt die generelle Vorteilhaftigkeit einer Strategie ermittelt werden. Als Bewertungsmaßstab hierfür ist die Erlösmaximierung unter Berücksichtigung der bereits isolierten bankbetrieblichen Nebenziele heranzuziehen.

3.3.1.1. Nachfragerorientierte Preisstrategien

Nachfragerorientierte Preisstrategien basieren auf der Annahme, daß es Konsumenten mit unterschiedlichen Preisresponsefunktionen gibt, die sich in isolierbare und unabhängige Segmente einteilen lassen. Im Grunde handelt es sich bei allen nachfragerorientierten Preisstrategien um persönliche Preisdifferenzierung, die partiell mit einer weiteren Preisdifferenzierungsform kombiniert wird. Nachfolgend werden zunächst die Möglichkeiten des Random Discounting, die Formen des Periodic Discounting und die Optionen des Second Market Discounting diskutiert.

3.3.1.1.1. Random Discounting

Unter dem Begriff Random Discounting[607] werden Preisstrategien wie selektive Niedrigpreisstellungen oder preisgekoppelte Anzeigencoupons subsumiert. Letzteres würde für Kreditinstitute bedeuten, daß solche Nachfrager, die aus einer geschalteten Zeitungsanzeige einen Coupon heraustrennen und sich mit diesem an die entsprechende Bank wenden, eine preisliche Vergünstigung wie beispielsweise eine kostenlose einjährige Kontoführung erhalten.

Preistheoretisch betrachtet beruhen diese Strategien lediglich auf der persönlichen Preisdifferenzierung nach Käufermerkmalen und sind sinnvoll, wenn die bisherigen Käufer und die Nichtkäufer eine unterschiedliche Preissensitivität aufweisen.[608] Annahmegemäß existieren Nachfrager mit geringen Suchkosten. Diese Sucher mit geringen Opportunitätskosten der Zeit, wie etwa Rentner, kaufen nicht bei der Konkurrenz, weil sie den Discount wahrnehmen. Nichtsucher zahlen in der Regel einen hohen Preis.

Aus verhaltenstheoretischer Perspektive muß gewährleistet sein, daß Sucher die Preisdifferenzierung auch tatsächlich wahrnehmen und möglichst ein reines Preisgünstigkeitsurteil formieren, weil im Falle eines Preiswürdigkeitsurteiles die

---

[607] Vgl. hierzu sowie im folgenden Tellis (1986), S. 150 f.
[608] Vgl. Narasimhan (1984), S. 128.

Qualitätsevaluierung den reinen Discounteffekt abschwächen kann. Für Random-Discounts eignen sich lediglich solche Produkte, deren Preise bereits vor der Inanspruchnahme feststehen. Um möglichst viele suchende Neukunden hinzuzugewinnen, sollte ein Kreditinstitut das Random Discounting nur bei solchen Leistungen vornehmen, die von einem geringen Kaufrisiko begleitet werden. Weil ein gebühreninduzierter Bankwechsel herbeigeführt werden soll, muß es sich außerdem um solche Leistungen handeln, bei denen die nachfrageseitige Intensität des Preisinteresses hoch ist. Da die Wahrscheinlichkeit eines Preisgünstigkeitsurteils steigt, je geringer die nachfrageseitig wahrgenommenen Qualitätsunterschiede zwischen den Leistungen verschiedener Institute sind und je größer die Produkterfahrung des Bankkunden ist, kommen für das Random Discounting insbesondere Standardleistungen in Frage. Aus diesen Gründen eignen sich als Anwendungskandidaten vorwiegend die interinstitutionell als homogen wahrgenommenen Leistungen des Zahlungsverkehrs und des Passivgeschäftes. Die beschriebenen Voraussetzungen für ein wirksames Random Discounting bezüglich der Produkt- und Preiskenntnis sowie hinsichtlich des Preisinteresses legen den Einsatz bei Kunden mit Verhandlungsmacht nahe. Diese Preisstrategie wird aber auch bei Suchern zum Erfolg führen, die mit geringer Verhandlungsmacht ausgestattet sind.

Aus Marketingsicht erscheint die Konkretisierung des immateriellen Leistungsversprechens durch die Induzierung eines Anrechtsscheineffektes positiv. Gleichwohl ist diese handelstypische Strategie für Filialbanken untypisch, so daß vielfach ein negativer Imagetransfer und eine entsprechend negative Öffentlichkeitswirkung erwartet wird. Für Direktbanken kann diese Preisstrategie jedoch zur Corporate Identity passen, weil dort als Kommunikationsinstrumente und direkte Vertriebskanäle üblicherweise Fremdadreßmailings oder klassische Medien eingesetzt werden.

Vom kostenorientierten Standpunkt aus betrachtet lohnt sich diese Strategie für ein Unternehmen nur, wenn der Gewinn durch neu hinzugewonnene Sucher größer ist als der Verlust durch Nichtsucher, die billig zum Sonderangebotspreis kaufen, addiert um die entscheidungsrelevanten Kosten, die mit der Administration des Angebotes verbunden sind. Damit ist der Erlös dieser Sonderangebotsstrategien um so größer, je weniger uninformierte Nichtsucher billig zum Discountpreis kaufen. Die Anwendung von Sonderangeboten oder Coupons sollte demzufolge nicht in bestimmten Zeitabständen erfolgen, sondern vielmehr zufällig und für den Nachfrager unvorhersehbar sein, so daß der Anteil zufällig profitierender Nichtsucher möglichst gering bleibt. Bei Einschränkung der Geltungsdauer des Random Discounts kann diese Preisstrategie kapazitätssteuernd wirken. Aufgrund mangelnder bankbetrieblicher Erfahrungen mit diesem preisstrategischen Vorgehen sind die Absatzreaktion und die damit verbundene Kosten- und Ertragswirkung zunächst unklar. Daraus ergibt sich das Erfordernis aufmerksamer Dokumentation der Response pro Schaltung und eines darauf basierenden strikten Vertriebscontrollings bei der Allokation des Werbebudgets. Das dafür notwendige Fachwissen des Database- und Direktmarketings wird dem Pionier des bankbetrieblichen Random Discountings zumindest für einige Zeit Wettbewerbsvorsprünge verschaffen.

Als Gesamteffekt hieraus kann festgehalten werden, daß das Random Discounting unter den diskutierten Anwendungsvoraussetzungen eine geeignete Preisstrategie zur Erlösmaximierung darstellt und sich zumindest für Direktbanken mehr Chancen als Risiken ergeben.

3.3.1.1.2. Periodic Discounting

Periodic Discounting[609] ist im Grunde eine Kombination aus persönlicher und zeitlicher Preisdifferenzierung.[610] Das Prinzip beruht darauf, daß der Preis eines Produktes systematisch über die Zeit hinweg variiert wird. Daher sind Sonderangebote dieses Typs für den Konsumenten vorhersehbar, so daß er diese bewußt ausnutzen kann. Infolge der Heterogenität der Kunden bezüglich deren Preisbereitschaft wird die gleiche Leistung von einigen vor dem Discount, von anderen erst später als Sonderangebot nachgefragt. Beispiele für Periodic Discounts sind saisonale Preisdifferenzierungen wie etwa Sommerschlußverkäufe oder Hochpreisstrategien für eingeführte Neuprodukte mit späterer Preissenkung im Laufe des Produktlebenszyklus (Skimming) und vor allem die kapazitätsabhängige Preisbildung des Peak-Load-Pricing[611] für Versorgungsgüter.

Intention eines Unternehmens mit Periodic Pricing ist demnach einerseits die Erhöhung des Absatzes und andererseits die Steuerung der Nachfrage in die Richtung von Perioden mit geringer Kapazitätsauslastung. Dabei bezieht sich diese Preisstrategie nicht nur auf neu zu akquirierende Kunden, sondern auch auf Bestandskunden. Für ein Unternehmen ist diese Preisstrategie effektiv, weil durch die Preisvariation zunächst die Konsumentenrenten von Nachfragern mit hoher Preisbereitschaft abgeschöpft werden und im Laufe der Zeit Nachfragepotentiale mit niedrigeren Preisbereitschaften erreicht werden,[612] so daß jeder Kunde seinen individuellen Höchstpreis zahlt.

Verhaltenstheoretische Voraussetzung für eine zieladäquate Nachfragesteuerung ist, daß die Kunden kein reines Preisgünstigkeitsurteil fällen, sondern auch eine Qualitätskomponente in Form zeitlicher Präferenzen einfließen lassen, damit die Nachfrager auch bei der Wahl des Nachfragezeitpunktes in der von der Bank intendierten Weise reagieren. Bei diesem Preiswür-

---

[609] Vgl. hierzu sowie im folgenden Tellis (1986), S. 149 f.

[610] Vgl. zur gewinnmaximalen Preisdifferenzierung bei Dienstleistungen allgemein Skiera, Spann (1998), S. 703 ff.

[611] Vgl. Hirshleifer (1958), S. 451 ff.; Gerstner (1986), S. 349 ff.

[612] Vgl. Tacke (1989), S. 21.

digkeitsurteil muß der Mehrnutzen aus einer günstigen Preiskomponente den Mindernutzen aus der Qualitätskomponente, nach der das Produkt zu einer ungünstigeren Zeit in Anspruch genommen werden muß, um in den Genuß des Discounts zu gelangen, überkompensieren. Weil die Wahrscheinlichkeit für Preiswürdigkeitsurteile aus dienstleistungstheoretischer Sicht für solche Standardleistungen, bei denen noch interinstitutionelle Qualitätsunterschiede wahrnehmbar sind, und besonders für Erfahrungsleistungen höher ist als für Vertrauensleistungen, kommen für das Periodic Discounting grundsätzlich die Giro- und Passivleistungen, Kreditkarten und Ratenkredite in Frage. Dabei sollten sich diese Preisstrategien analog zum Random Discounting auf Kunden mit und ohne Verhandlungsmacht richten, zumal Kunden mit überragender Verhandlungsmacht wegen ihrer enormen Substiutionsmöglichkeiten ohnehin Bestkonditionen bei geringer Bankmarge genießen.

Saisonale Preisdifferenzierungen wie im Handel sind im Kreditsektor derzeit insbesondere deswegen noch nicht anzutreffen, weil der Nachfrager sie für Bankleistungen im Gegensatz zu Modeartikeln nicht gelernt hat. Ist diese Voraussetzung beispielsweise nach erheblichen kommunikationspolitischen Anstrengungen erfüllt, bieten sich saisonabhängige Preisstrategien auch für Bankprodukte an. So könnte eine Bank die Grundgebühr für neue Kreditkarten, welche hauptsächlich in der Urlaubszeit nachgefragt werden, in den Wintermonaten regelmäßig reduzieren. Da Periodic Discounting in der Öffentlichkeit lediglich als besondere Form des Sonderangebotes angesehen wird, ist langfristig mit nachfrageseitiger Akzeptanz und kaum mit direkten Konkurrenzreaktionen zu rechnen. Dieses ist jedoch für die Durchsetzung der Strategie eher hinderlich, weil der Lerneffekt des Verbrauchers wesentlich von der Reaktion der gesamten Branche unterstützt würde.

Aus Bankensicht ist ein Peak-Load-Pricing als weitere Variante des Periodic Pricing analog zu Versorgungsgütern vor dem Hintergrund zeitlich stark schwankender Nachfrage und demgemäß ungleichmäßig ausgelasteter Kapazitäten eine durchaus anzustrebende Preisstrategie. In der Praxis stellt jedoch die Erhebung unterschiedlicher Gebühren für die Benutzung von Geldausgabeautomaten in Abhängigkeit von der Tageszeit oder vom Wochentag die bisher einzige Anwendungsform dar.[613] Dadurch wird allerdings das Problem unausgelasteter, weil an der Maximalbelastung ausgerichteter Kapazitäten bei den Kundenberatern der Filialbanken nicht gelöst. Peak-Load-Pricing sollte sich mit dem Ziel eines möglichst effizienten Einsatzes als Steuerungsinstrument der Nachfrage sinnvollerweise auf solche Leistungen beziehen, die mit einer hohen Transaktionsfrequenz einhergehen. Nach der dienstleistungstheoretischen Betrachtung kommen demzufolge höchstens Standardleistungen für eine bankbetriebliche Anwendung in Frage. Ob sich jedoch Zinsen für Passivleistungen in Abhängigkeit von der Tageszeit, zu der ein Kunde den Berater anspricht,

---

[613] Vgl. Hossenfelder (1987), S. 14.

durchsetzen lassen, ist angesichts der Interaktionseigenschaft von Bankleistungen und dem damit korrespondierenden Ausnutzen nachfrageseitiger Verhandlungsmacht zu bezweifeln.

Eine weitere typische Option des Periodic Pricing ist das beschriebene Skimming-Pricing in Form eines hohen Preises in der Einführungphase eines Produktes mit späterer Preissenkung. Diese Hochpreisstrategie zielt auf Produkte mit hohem Innovationsgrad ab. Denn nur unter dieser Voraussetzung ist die Preiselastizität der Kunden gering genug, um die Segmente mit hoher Preisbereitschaft zuerst abschöpfen zu können. Bei verhaltenstheoretischer Betrachtungsweise eignet sich Skimming daher ausschließlich für solche Bankleistungen, bei denen der Nachfrager einen hohen Innovationsgrad auch wahrnehmen kann. Weil ein Bankkunde keine Erfahrung mit diesem neuen Produkt hat, ist der Preis der betreffenden Leistung wegen der Immaterialität das einzige in der Angebotsphase wahrnehmbare Leistungsmerkmal. Wenn der Preis durch Skimming entsprechend hoch festgelegt wird, kommen folglich nur Leistungen in Frage, bei denen nachfrageseitig ein preisgelenktes Qualitätsurteil gefällt wird. Als Anwendungskandidaten bieten sich somit höchstens Vertrauensleistungen an. Gegen eine Implementierung des Skimming-Pricing bei Bankleistungen spricht, daß die Gewinnrealisierung im Zeitraum einer monopolistischen Marktposition nur bei echten Innovationen möglich ist. Aus diesem Grunde wird die Anwendung für das Preismanagement von Kreditinstituten nur in den seltensten Fällen erfolgreich sein. Denn für Bankleistungen besteht kein Patentschutz und Marktneuheiten sind von Konkurrenten innerhalb kürzester Zeit zu imitieren.[614] Dabei ist die Reaktionszeit[615] der Wettbewerber als äußerst kurz einzuschätzen, weil diese weitgehend nur von dem Ausmaß der organisatorischen Bemühungen bestimmt wird und angesichts der multivariablen Nutzbarkeit der Input-Faktoren bei Kreditinstituten keine umfangreichen Sach- und Personalinvestitionen erforderlich sind.[616]

Insgesamt kann festgehalten werden, daß sich von den Optionen des Periodic Discounting lediglich die saisonale Preisdifferenzierung eignet, während sich Peak-Load-Pricing und Skimming einer bankbetrieblichen Anwendung entziehen. Da die entscheidungsrelevanten Kosten der Administration des Angebotes als Resultat der für einen ausreichenden Lerneffekt erforderlichen kommunikationspolitischen Anstrengungen eher hoch sein dürften, andererseits jedoch auch positive Kapazitätswirkungen induziert werden können, wird der resultierende Erlöseffekt einer saisonalen Preisdifferenzierung tendenziell zwar positiv, aber eher gering sein.

---

[614] Vgl. Schuster (1985), S. 74 f.; Schmutz (1988), S. 264.
[615] Vgl. dazu Feldbausch (1974), S. 298.
[616] Vgl. Siewert (1983), S. 260.

3.3.1.1.3. Second Market Discounting

Second Market Discounting beschreibt die selektive Niedrigpreisstellung durch ein Unternehmen in einem zweiten Teilmarkt. Dabei wird das gleiche oder ein leicht modifiziertes Produkt mit anderem Markennamen zu einem anderen Preis auf einem zweiten Teilmärkten angeboten.[617] Die Realtypen des Second Market Discounting sind gekennzeichnet durch eine billige Zweitmarke, die bei Konsumgütern in Form einer Handels- oder Gattungsmarke oder im Pharmabereich als Generica auftritt. Diese Preisstrategie ist demnach das Ergebnis persönlicher Preisdifferenzierung in Verbindung mit einer qualitativen Preisdifferenzierung über den Markennamen.

Voraussetzung für den wirksamen Einsatz des Second Market Discounting ist zunächst, daß es zwei Konsumentensegmente mit unterschiedlicher Preisbereitschaft gibt.[618] Gleichzeitig sollten diese Teilmärkte durch spezielle Transaktionskosten für die Nachfrager ausreichend isoliert sein, so daß eine vollständige Arbitrage zwischen den Segmenten unterbunden wird. Weil in der Praxis diese Substitutionseffekte zwischen dem teuren und dem günstigen Produkt kaum vollständig vermieden werden können, sollten die erzielten zusätzlichen Gewinne aus dem billigen Zweitmarkt größer sein als der Verlust bei Kunden mit geringen Trans- aktionskosten und hoher Preisbereitschaft, welche die teure Erstmarke durch die günstige Zweitmarke substituieren. Daher sollte das betreffende Unternehmen unausgelastete Kapazitäten besitzen und der Preis der Zweitmarke so festgelegt werden, daß er die variablen Kosten übersteigt. Weil sowohl Nachfrager mit geringer Preisbereitschaft als auch solche mit einem hohen Maximalpreis für eine bestimmten Leistung angesprochen werden, ist das Second Market Discounting bei Kunden mit und ohne Verhandlungsmacht einsetzbar.

Aus der Perspektive der verhaltensorientierten Bankpreistheorie muß unterbunden werden, daß Bestandskunden mit einer hohen Preiselastizität die günstige, aber qualitativ gleichwertige Zweitmarke wahrnehmen, um diese nach einer Preis-Leistungsevaluierung zu erwerben. Andererseits wird mit Second Market Discounting angestrebt, Kunden mit geringer Preisbereitschaft von anderen Banken zu akquirieren. Damit sollte eine solche Preisstrategie darauf ausgerichtet sein, die Formierung eines nachfrageseitigen Preiswürdigkeitsurteiles zu vermeiden und vielmehr ein Preisgünstigkeitsurteil zu induzieren. Folglich sollte sich die Implementierung des Second Market Discounting auf solche Standardleistungen und partiell auch auf Erfahrungsleistungen beschränken, bei denen die Qualitätsunterschiede zwischen den Leistungen verschiedener Banken nicht standardisiert und wahrnehmbar gering sind und bei denen die Produkterfahrung des Verbrauchers hoch ist.

---

[617] Vgl. Simon (1992a), S. 396.
[618] Vgl. hierzu und im folgenden Tellis (1986), S. 149.

Aus Marketingsicht spricht gegen eine Anwendung des Second Market Discounting, daß die Immaterialitätseigenschaft von Bankprodukten eine Markierung einzelner Leistungen und die Darstellung des Leistungsversprechens erheblich erschwert. Um Arbitrageeffekte zwischen den Teilmärkten dennoch möglichst zu vermeiden, läßt sich diese Preisstrategie für Kreditinstitute nur in Kombination mit einer zusätzlichen Vertriebskanaldifferenzierung implementieren. Dabei wird eine gleichartige Leistung, unter Umständen mit einem anderen Markennamen, in verschiedenen Vertriebskanälen installiert.[619]

Ein Beispiel für die Preisstrategie des Second Market Discounting durch eine Vertriebs-kanaldifferenzierung sind die Direktbanktöchter der Großbanken, welche überwiegend gleiche oder ähnliche Leistungen wie die Filialbanken anbieten, jedoch zu günstigeren Preisen. Die Bedeutung dieser Vertriebskanaldifferenzierung für die Discountstrategie von Kreditinstituten wird ersichtlich, wenn die Option der Installation eines zweiten günstigen Teilmarktes für preissensitive Wertpapierkunden *innerhalb* der Filialen zusätzlich zum normalen Wertpapier-geschäft betrachtet wird. Diese Inhouse-Discount-Lösung einer deutschen Bank beinhaltet den Kauf und den Verkauf von Wertpapieren zur halben Transaktionsprovision, jedoch ohne Be-ratung.[620] Trotz des Beratungsausschlusses ist die Produktdifferenzierung zu normalen be-ratungsgebundenen Wertpapiertransaktionen im Verhältnis zur Preisdifferenzierung nicht aus-reichend, um Substitutionseffekte zu vermeiden, die zu Lasten der Erträge aus dem normalen Wertpapiergeschäft gehen. Zudem ermöglicht die Inhouse-Lösung derartige Arbitrageeffekte, daß Kunden des Zweitmarktes sich nach wie vor beim Kundenberater Anlageempfehlungen besorgen, aber dennoch die Order zum Discountpreis aufgeben. Offensichtlich ist für eine Anwendung der Strategie des Second Market Discounting auf homogene Bankleistungen eine Produktdifferenzierung allein nicht ausreichend, sondern zusätzlich eine exakte Trennung der Vertriebswege zur Isolierung der Marktsegmente vonnöten.

Entscheidungsrelevante Kosten dieser Strategie ergeben sich zumindest aus dem erforderlichen Aufbau von Arbitragehemmnissen, um Erlöseinbußen aufgrund mangelnder Produkt- oder Absatzkanaldifferenzierung zu vermeiden. Die notwendige exakte Trennung von Vertriebswegen ist in der Regel mit hohen Startinvestitionen etwa bei elektronischen Medien oder Töchtergründungen verbunden. Damit hängt der Gesamteffekt dieser Strategie erheblich von der Wirtschaftlichkeit der Kundengewinnung über alternative Absatzwege und damit einhergehenden betriebswirtschaftlichen Risiken ab. Diese wirken allerdings gleichsam als Markteintrittsbarriere für potentielle Wettbewerber, so daß über längere Zeit Monopolgewinne abgeschöpft werden können.

---

[619] Vgl. Simon (1992a), S. 394.

[620] Vgl. zur Konstruktion dieser Lösung bei der *Dresdner Bank AG* Platzek (1995), S. 14 f.

3.3.1.2. Wettbewerbsorientierte Preisstrategien

Mittels konkurrenzorientierter Preisstrategien wird regelmäßig das Unternehmensziel der Exploration der Wettbewerbsposition verfolgt. In Anbetracht des oligopolistischen Marktes für Bankleistungen kann die Voraussetzung ausreichender Marktmacht für eine wettbewerbsorientierte Preisgestaltung als gegeben angesehen werden. Dabei zielt die Strategie des Price Signaling auf das Ausnutzen des nachfrageseitigen Vertrauens in den Preis-Qualitäts-Zusammenhang ab, welches durch die Wettbewerber aufgebaut wurde. Penetration Pricing und Experience Curve Pricing stellen hingegen explizit darauf ab, Konkurrenten aus dem Markt zu drängen oder deren Eintritt zu verhindern, indem Economies of Scale oder Erfahrungskurveneffekte in Preisgestaltungsscheidungen einfließen. Geographic Pricing beschreibt die konkurrenzorientierte Preisstellung für angrenzende Marktsegmente.

3.3.1.2.1. Price Signaling

Price Signaling beruht auf der Strategie, uninformierten Nachfragern ein qualitativ hochwertig anmutendes Produkt mit geringen Produktionskosten zu einem hohen Preis zu verkaufen. Theoretisch handelt es sich demzufolge um persönliche Preisdifferenzierung in Kombination mit qualitativer Preisdifferenzierung. Wenn der Absatz durch diese Strategie über die Gewinnung von Kunden der Konkurrenz erhöht werden kann, resultieren daraus Kostendegressionseffekte und eine verbesserte Kapazitätsauslastung. Diese Preisstrategie funktioniert unter folgenden situativen Bedingungen:[621]

Qualität ist für die Konsumenten essentiell, und Nachfrager mit geringen Suchkosten kaufen nach Qualitätsvergleichen. Letzteres ist die Voraussetzung dafür, daß überhaupt qualitativ hochwertige Produkte angeboten werden und nachfrageseitig ein Preis-Qualitäts-Zusammenhang vermutet wird. Nichtsucher mit hohen Suchkosten kaufen daher nach Maßgabe des Preises. Außerdem müssen für den Nachfrager Preisinformationen über das betreffende Produkt leichter zu beschaffen sein als Qualitätsinformationen.

Verhaltenstheoretisch wird beim Price Signaling das Preisverhalten uninformierter Kunden ausgenutzt. Durch hochpreisige Leistungen wird bewußt eine hohe Qualität vorgetäuscht. Nichtsucher werden den Preis als Qualitätsindikator heranziehen, so daß diese uninformierten Kunden von "ehrlichen" Anbietern entführt werden. Intention des preisstellenden Unternehmens muß demzufolge das Induzieren eines nachfrageseitigen preisgelenkten Qualitätsurteils sein. Die Analyse des bankleistungsbezogenen Preisverhaltens hat gezeigt, daß derartige Vereinfachungsstrategien zur Reduktion des wahrgenommenen Beschaffungs-

---

[621] Vgl. hierzu und im folgenden Tellis (1986), S. 151 f.

risikos für Bankkunden relevant sind. Somit kommt das Price Signaling auch für Kreditinstitute in Frage. Nach Maßgabe der verhaltensorientierten Bankpreistheorie eignen sich für eine Anwendung jedoch nur Vertrauensleistungen, bei denen die Wahrscheinlichkeit eines preisgelenkten Qualitätsurteils wegen des hohen wahrgenommenen Risikos groß ist. Standard- oder Erfahrungsleistungen scheiden bereits deswegen aus, weil die Qualität des Leistungsergebnisses spätestens nach der Inanspruchnahme zuverlässig beurteilt und irreführende Bankleistungsanbieter identifiziert werden können. Die Strategie des Price Signaling sollte, dem geeigneten Bankleistungstyp entsprechend, vornehmlich auf Kunden mit Verhandlungsmacht abzielen, die ein höheres Preisinteresse besitzen und solche Vertrauensleistungen in ausreichendem Maße nachfragen. Der Einsatz beim verhandlungs-schwachen Klientel erscheint gleichwohl verhaltenstheoretisch erfolgversprechend. Kunden mit überragender Verhandlungsmacht werden hingegen über die Markt- und Preisverhältnisse zu gut informiert sein, als daß diese Strategie greifen könnte.

Eine mögliche Anwendung kann das Price Signaling beispielsweise in der Unter-nehmensberatung mittelständischer Firmenkunden durch Banken finden. Weil unabhängige Unternehmensberatungen qualitativ hochwertige Beratungen regelmäßig zu hohen Tagessätzen anbieten, würde dieselbe Leistung von Kreditinstituten zu niedrigen Preisen wahrscheinlich gar nicht vom Markt akzeptiert. Damit wird deutlich, daß nicht nur ein niedriger Preis, sondern ebenso ein hoher Preis entscheidend für die Diffusion einer Bankleistung sein kann.

In bezug auf die Marketing-Mix-Interaktionen ist ersichtlich, daß die vorgestellte Strategie auf eine intensive Kommunikationspolitik angewiesen ist. Nachahmende Konkurrenz-reaktionen sind zwar wahrscheinlich, diese unterstützen jedoch den positiven Absatzeffekt des Price Signaling eher, weil diese Strategie gerade auf der Ausnutzung des nachfrageseitigen Vertrauens in den Preis-Qualitäts-Zusammenhang beruht, welcher durch mehrere signalisierende Kreditinstitute untermauert würde. Andererseits werden nichtfolgende Wettbewerber Probleme haben, sich von dieser Strategie abzugrenzen, da aus verhaltenstheoretischer Sicht andere Qualitätsinformationen als der Preis nachfrageseitig kaum wahrnehmbar sind. Auch die Akzeptanz durch die Öffentlichkeit dürfte keine Restriktion für die Anwendbarkeit des Price Signaling sein, da gerade bei Vertrauensleistungen ohnehin ein hohes Preisniveau herrscht. Noch dazu stehen diese Produkte nicht so sehr im öffentlichen Interesse, weil sie sich, einhergehend mit geringer Nutzungsfrequenz und hochspezifischer Konstruktion, einer regelmäßigen Kritik und einfachen Beurteilung entziehen.

Aus kalkulatorischer Sicht stehen positiven Erlöswirkungen aus Kapazitätseffekten und höheren Deckungsbeiträgen der preissignalisierenden Leistung mögliche Erlöseinbußen gegenüber, welche entstehen, wenn Nachfrager ex post die wahre Qualität des in Anspruch genommenen Produktes erkennen. Die Folge wird langfristig ein negativer Imagetransfer auch auf die übrigen Leistungen des Sortimentes sein. Der Gesamteffekt kann jedoch dann positiv sein, wenn das Price Signaling selektiv und vor allem zeitlich befristet ist.

3.3.1.2.2. Penetration Pricing und Experience Curve Pricing

Die Strategie des Penetration Pricing wird regelmäßig im Konsumgütermarketing eingesetzt, wenn ein Neuprodukt mit geringer Produktüberlegenheit in der Einführungsphase bepreist werden soll oder wenn der Eintritt von Wettbewerbern droht.[622] Ziel ist eine möglichst schnelle Marktdurchdringung, um bereits in frühen Stadien des Produktlebenszyklusses Carryover-Effekte, Erfahrungskurveneffekte oder Economies of Scale auszunutzen.[623] An eine solche Marktdurchdringungsstrategie kann sich sowohl ein Skimming als auch eine weitere Preissenkung anschließen. Voraussetzung für diese Niedrigpreisstrategie ist, daß ein Kundensegment mit geringer Preisbereitschaft existiert. Der Nachteil des Penetration Pricing ist jedoch, daß im Gegensatz zum Periodic Discounting das Kundensegment mit hoher Preisbereitschaft nicht gesondert angesprochen werden kann und damit ein Abschöpfen dieser Konsumentenrenten nicht möglich ist.

In engem Zusammenhang mit dem Penetration Pricing steht das Experience Curve Pricing. Voraussetzung ist auch für diese Niedrigpreisstrategie, daß ein Kundensegment mit geringer Preisbereitschaft existiert. Dabei wird der anfängliche Preis im Einführungs- oder Wachstumsstadium des Produktlebenszyklusses regelmäßig unter den Herstellungskosten angesetzt.[624] Dadurch wird ein Verbleiben im Markt für bestehende Wettbewerber unwirtschaftlich und eine Markteintrittsbarriere für potentielle Konkurrenten geschaffen. Die somit entstehenden höheren Absatz- und Produktionsmengen führen zu mehr Lerneffekten, aus denen sich Kostenvorteile ergeben, die wiederum eine weitere Preissenkung ermöglichen. Bei Leistungen mit hoher Lernrate und geringem Obsoleszenzrisiko kommt es zu weiteren Wiederholungen dieses Vorgehens mit sukzessiven Preissenkungen entlang der Erfahrungskurve und damit zu einer dynamischen Verstärkung dieses Effektes.

Sowohl beim Penetration Pricing als auch beim Experience Curve Pricing bezahlen solche Konsumenten mit hoher Preisbereitschaft, die in frühen Stadien des Produktlebenszyklusses kaufen, im Grunde weniger, als sie zu zahlen bereit wären. Demnach erzielen solche Nachfrager unter diesen Bedingungen im Gegensatz zu Spätkäufern eine Konsumentenrente.

---

[622] Vgl. Tellis (1986), S. 151 f.
[623] Vgl. Diller (1991), S. 193 ff.
[624] Vgl. Tellis (1986), S. 152; Simon (1992a), S. 324 ff.

Theoretisch betrachtet handelt es sich also um eine Kombination aus persönlicher und zeitlicher Preisdifferenzierung.

Ähnlich wie bei den Discounting-Strategien muß beim Penetration Pricing und beim Experience Curve Pricing aus verhaltenstheoretischen Erwägungen heraus bei den Nachfragern mit geringer Preisbereitschaft ein Preisgünstigkeitsurteil oder ein Preiswürdigkeitsurteil induziert werden. Mithin eignen sich für die Akquisition von Marktanteilen durch Penetration Pricing oder Experience Curve Pricing vornehmlich Standard- oder Erfahrungsleistungen. Für Bankprodukte, die Vertrauenscharakter haben und bei denen mit hoher Wahrscheinlichkeit ein preisgelenktes Qualitätsurteil formiert wird, sind diese beiden Preisstrategien also nicht zu empfehlen.

Angesichts der schnellen Reaktion der Wettbewerber des Bankleistungsmarktes und der kaum zu erzielenden Produktüberlegenheit erscheint eine Anwendung der Penetrationspreisstrategie für neue Bankleistungen eher geboten als eine Skimmingstrategie. Dieser Argumentation kann jedoch entgegengehalten werden, daß das langfristige Gewinnziel dieser preispolitischen Option gefährdet wird, wenn die diskontierten Erfahrungskurven- und Kostendegressionseffekte nicht realisiert werden können.[625] Denn gerade bei Kreditinstituten wird die schnelle Erhöhung der kumulierten Absatzmenge und das damit verbundene Erreichen eines von den Konkurrenten nur schwer einholbaren Kostenvorsprungs durch die gegenwärtig noch ausgeprägte Bankloyalität begrenzt. Auch ist in der derzeitigen Situation unausgelasteter Kapazitäten im Filialgeschäft nicht damit zu rechnen, daß potentielle Mitbewerber durch einen niedrigen Penetrationspreis von der Markteinführung eines neuen Produktes abgehalten werden. Zumindest die wenigen Großbanken können aufgrund der Oligopolsituation des Bankenmarktes von ähnlichen Kosten- und Erlösstrukturen ausgehen,[626] so daß die Innovation eines Wettbewerbers bei schneller Imitation auch für die Konkurrenten vorteilhaft ist. Darüber hinaus ist zu befürchten, daß später eintretenden Kreditinstituten ein erheblicher Erfahrungstransfer gelingt. Abgesehen davon besteht beim Penetration Pricing im Kontext mit der Einführung neuer Bankprodukte des Aktiv- und Passivgeschäftes eine Liquiditätsproblematik, die hohe Anforderungen an das bankbetriebliche Risikomanagement stellt.

Insgesamt ist also die Relevanz von Bankleistungsinnovationen als Einflußfaktor der Preisgestaltung eher als gering anzusehen. Überhaupt ist bei Bankleistungen im Gegensatz zu Gebrauchs- oder Verbrauchsgütern[627] unter praxeologischem Aspekt keine ähnlich ausgeprägte Preisgestaltung entlang des Produktlebenszyklusses auszumachen. Der Grund liegt in der Tatsache, daß Banken auf reifen Märkten agieren, in denen dynamische Effekte durch

---

[625] Vgl. Simon (1992a), S. 295 f.

[626] Vgl. Schmalen (1995), S. 108.

[627] Vgl. die Beispiele bei Simon (1992a), S. 329 f.

Erfahrung oder Kostendegression eine geringere Rolle als auf Märkten mit weniger stabilen Nachfrage- und Wettbewerbsverhältnissen spielen.[628]

3.3.1.2.3. Geographic Pricing

Die Strategie des Geographic Pricing[629] bezieht sich auf die Tatsache, daß räumlich verschiedene Marktverhältnisse eine regionale Preisdifferenzierung erfordern. Ziel dieser Preisstrategie ist eine wettbewerbsorientierte Preisstellung für konkurrenzintensive und schwach umkämpfte Marktsegmente, wobei im Ergebnis Economies of Scale eher erreicht werden, als wenn nur das konkurrenzschwache Marktsegment bedient würde. Um Arbitrageeffekte zu verhindern, müssen hohe Informations- und Transportkosten für Konsumenten existieren, welche mindestens zwei Teilmärkte mit unterschiedlicher Wettbewerbsintensität trennen. Im konkurrenzintensiven Umfeld wird dabei der Preis einer Leistung unter den Selbstkosten festgelegt, während im nicht umkämpften Markt der Preis für die gleiche Leistung über den Selbstkosten fixiert wird, so daß dadurch die Preispolitik des ersten Teilmarktes finanziert werden kann.

Wegen der regional unterschiedlichen Kundenstrukturen und Konkurrenzverhältnisse ist die räumliche Preisdifferenzierung für die Kreditwirtschaft ein typisches Phänomen. Die Implementierung des Geographic Pricing ist relativ problemlos möglich. Denn die bereits nachgewiesenen starken räumlichen Präferenzen der Bankkunden stellen regelmäßig ausreichend hohe Arbitragekosten dar. Zukünftig wird die Bedeutung der regionalen Preisdifferenzierung jedoch mit der Zunahme direktbankaffiner Kunden sinken. Mittels direkter Vertriebskanäle, sei es Telefon oder das Internet, werden zumindest die segmenttrennenden Transportkosten bedeutungslos, da diese für alle Konsumenten identisch sind. Zumindest für Banken wird die durch Tacke eingebrachte Interpretation der Definition der räumlichen Preisdifferenzierung hinfällig,[630] der diese auch als gegeben ansieht, wenn unabhängig von der Entfernung zum Produktionsort ein einheitlicher Preis verlangt wird, weil von unterschiedlichen Transportkosten ausgegangen werden muß. Aus dienstleistungstheoretischer Sicht ist dieser Sachverhalt Ausfluß der nur partiell gegebenen Nichttransportfähigkeit von Bankleistungen.

Eine regionale Preisdifferenzierung kann demnach nur erfolgreich sein, wenn räumliche oder zeitliche Präferenzen des Bankleistungsnachfragers als Arbitragehemmnisse fungieren. Aus verhaltenstheoretischer Perspektive muß daher während des Kaufentscheidungsprozesses eine umfassende Preis-Leistungsevaluierung im Sinne eines Preiswürdigkeitsurteiles formiert

---

[628] Vgl. Simon (1992a), S. 87.
[629] Vgl. im folgenden Tellis (1986), S. 153.
[630] Vgl. Tacke (1989), S. 18.

werden. Die verhaltensorientierte Bankpreistheorie postuliert, daß die Wahrscheinlichkeit eines nachfrageseitigen Preiswürdigkeitsurteiles für solche Leistungen größer ist, bei denen der Nachfrager relevante interinstitutionelle Qualitätsunterschiede aufgrund häufiger Inanspruchnahme und damit einhergehender größerer Produkterfahrung zuverlässig beurteilen kann. Damit bieten sich für das Geographic Pricing vorwiegend Bankleistungen an, die Erfahrungsleistungs- und teilweise auch Standardleistungscharakter besitzen. Weil Kunden mit überragender Verhandlungsmacht regelmäßig überregional organisiert sind und zudem geringere Transaktionskosten haben als andere Klientel, wird jedoch durch das Geographic Pricing das Problem abnehmender Margen in diesem Segment nicht gelöst.

3.3.1.3. Marketingorientierte Preisstrategien

Banken sind eingangs als Mehrproduktunternehmen gekennzeichnet worden, deren absatzseitige Interdependenzen beim Preismanagement berücksichtigt werden müssen, auch wenn diese nicht so stark ausgeprägt wie bei Unternehmen des Handels sind. Dennoch hat ein theoretischer Transfer sachgütertypischer Preisstellungsformen, deren Ziel das Ausnutzen von Absatzverbundwirkungen im Sortiment ist, auf Bankleistungen noch nicht stattgefunden. Die jeweiligen in den folgenden Kapiteln zu betrachtenden typischen Preisstrategien lassen sich wiederum danach systematisieren, auf welche Konsumentencharakteristika sie gerichtet sind:[631]

Das Image Pricing wird angewandt, wenn der Preis-Qualitäts-Zusammenhang für die Kaufentscheidung von einigen Nachfragern mit hohen Suchkosten relevant ist. Die sortimentsorientierten Preisstrategien des Premium Pricings und des Price Bundling werden eingesetzt, wenn heterogene Kundensegmente hinsichtlich der Preisbereitschaft existieren und aus dem gemeinsamen Absatz Skalenerträge realisiert werden können. Die Preisstrategien des Complementary Pricing werden eingesetzt, wenn ein Unternehmen sich Konsumenten gegenübersieht, welche beim Erwerb einer oder mehrerer Leistungen des Sortiments mit hohen Transaktionskosten konfrontiert werden.

3.3.1.3.1. Image Pricing

Beim Image Pricing[632] bietet ein Unternehmen identische Produkte mit verschiedenen Images und verschiedenen Preisen an. Dabei wird der Gewinn des hochpreisigen Image-Produktes zur Subventionierung des niedrigpreisigen Produktes verwandt. Image Pricing

---

[631] Vgl. Tellis (1986), S. 154.
[632] Vgl. im folgenden Tellis (1986), S. 156.

funktioniert effektiv, wenn ein Kundensegment mit uninformierten Nachfragern existiert, weil diese hohe Suchkosten besitzen. Diese Nichtsucher kaufen nach Image, um ihr wahrgenommenes Kaufrisiko zu reduzieren. Sucher hingegen werden nach Preisvergleichen kaufen. Durch die Konstruktion der Preisstrategie aus einem hochpreisigen Image-Produkt und einem niedrigpreisigen Produkt werden beide Konsumentensegmente erreicht und auch hohe Preisbereitschaften abgeschöpft.

Im Grunde funktioniert das Image Pricing ähnlich wie das Price Signaling, nur mit dem Unterschied, daß sich die Preisvariationen in diesem Fall auf unterschiedliche Leistungen desselben Unternehmens richtete. Das Signaling stellte indes auf eine Hochpreisstrategie bei einer Leistung ab, die in gleicher Weise bei Konkurrenten zu finden ist.

Verhaltenstheoretisch betrachtet, muß ein Kreditinstitut versuchen, bei Nichtsuchern ein preisgelenktes Qualitätsurteil zu induzieren. Dies impliziert, daß sich für Image-Produkte gestützt auf die Ergebnisse der verhaltensorientierten Bankpreistheorie vorwiegend Vertrauensleistungen eignen. Demgegenüber sollten Sucher hinsichtlich des gleichen Produktes, nur ohne entsprechendes Image, ein Preiswürdigkeitsurteil formieren, so daß sich für diese Niedrigpreisstellung vorwiegend Erfahrungsleistungen anbieten. In Anbetracht dieses Gegensatzes eignet sich das Image Pricing für Kreditinstitute in den wenigsten Fällen. Ein Beispiel könnten sogenannte Umbrella-Fonds sein, deren Vermögen aus verschiedenen Einzelfonds besteht. Für informierte Sucher stellen diese Wertpapieranlagen lediglich spezielle Investmentfonds dar und sind damit Erfahrungsleistungen. Für den uninformierten Nichtsucher kann dieses Dachfondskonzept allerdings Vertrauensleistungscharakter besitzen, wenn es mit dem Image einer Vermögensverwaltung versehen wird.[633] Als Ergebnis dieser verhaltenstheoretischen Betrachtungen kann konstatiert werden, daß die Zielgruppe für Image Pricing sehr eng ist. Während sich Organisationen mit überragender Verhandlungsmacht und viele Kunden mit mäßiger Verhandlungsmacht aufgrund ihres hohen ökonomischen Informationsgrades nicht von den Image-Preisen täuschen lassen werden, mangelt es Kunden ohne Verhandlungsmacht am entsprechenden Nachfragepotential für die oben identifizierten Bankleistungstypen.

Begrenzt wird der Einsatz für das Image Pricing überdies durch die Marketing-Mix-Implikationen bei Bankleistungen. Denn deren Immaterialitätseigenschaft macht ein imageinduzierendes Branding ausgesprochen schwierig. Zwar läßt sich durchaus ein preisbezogenes Institutsimage kreieren. Dieses ist jedoch eher begrenzend für die strategisch erforderliche Markierung von einzelnen Sortimentsteilen, wenn das Leistungsimage vom Institutsimage abweicht.

---

633 Ein Beispiel aus der Praxis für Dachfonds mit Vermögensverwaltungsimage ist der Portfolio-Selector der Investmentgesellschaft *Fidelity*.

Insgesamt ist ersichtlich, daß Image Pricing bei bankbetrieblicher Anwendung schon aus dienstleistungstheoretischen Gründen mit schwerwiegenderen Einschränkungen als mit resultierenden Vorteilen verbunden ist und daher dem Bankmanagement nicht angeraten werden kann..

3.3.1.3.2. Premium Pricing

Premium Pricing[634] ist eine sortimentsbezogene Preisstrategie, bei der ein Unternehmen ein zusätzliches gleichartiges Produkt mit höherem Deckungsbeitrag in das Leistungsprogramm aufnimmt. Voraussetzung für einen effektiven Einsatz dieser Strategie ist demnach, daß ein zweites Teilsegment mit Konsumenten existiert, die ein teures Produkt kaufen wollen. Im Sachgütermarketing subventioniert die Premium-Marke regelmäßig die anderen Marken einer Produktlinie. Ziel dieser Strategie ist es daneben, durch die Produktion zweier ähnlicher Leistungstypen ein höheres Marktvolumen und damit Economies of Scale zu erreichen. Damit kann Premium Pricing als Kombination aus qualitativer und persönlicher Preisdifferenzierung angesehen werden.

Das Premium Pricing unterscheidet sich vom Price Signaling dadurch, daß bei letzterem ein einziger Leistungstyp zu verschiedenen Preisen an unterschiedlich gut informierte Konsumenten verkauft wird, während bei ersterem zwei gleichartige Produkte zwei unterschiedlich preissensitiven aber gleich gut informierten Konsumentensegmenten angeboten wird. Der Unterschied zum Image Pricing besteht darin, daß dort die Produktdifferenzierung nicht wie im vorliegenden Fall anhand realer Qualitätsmerkmale, sondern *allein* aufgrund verschiedener immaterieller Bedürfnisbefriedigungsbeiträge durch unterschiedliche Markierung des gleichen Produktes zustande kam. Auch der Einsatz dieser Strategie wird im Rahmen des Marketing-Mix durch die Kommunikationspolitik eingeschränkt, an die wegen der Problematik der Konkretisierung eines immateriellen Premium-Leistungsversprechens hohe Anforderungen gestellt werden.

Die Ergebnisse der verhaltensorientierten Bankpreistheorie legen für ein erfolgreiches Premium Pricing nahe, daß bei Nachfragern der hochpreisigen Premiumleistung ein preisgelenktes Qualitätsurteil induziert wird. Bei Kunden mit geringerer Preisbereitschaft sollte gemäß der bankpreisbezogenen Verhaltenshypothesen auf die Formierung eines Preiswürdigkeitsurteiles hingewirkt werden. Dieser Antagonismus ist zwar ähnlich zu dem des Image Pricing, löst sich hier jedoch infolge einer Produktdifferenzierung auf. Eine bestimmte Standard- oder Erfahrungsleistung kann durch Leistungsartendifferenzierung mit einer realen Eigenschaftsausprägung so ausgestattet werden, daß eine Vertrauensleistung entsteht, bei der

---

[634] Vgl. im folgenden Tellis (1986), S. 155 f.

der Preis als Qualitätsindikator fungiert. Sowohl für den ersten als auch für den zweiten Leistungstyp kommen folglich als Zielkundensegment Kunden mit Verhandlungsmacht in Frage. Ergänzend zur Produktdifferenzierung durch reale Attribute werden an Premiumleistungen regelmäßig immaterielle Zusatznutzen gekoppelt. Daher eignen sich für solche Vertrauensleistungen, die als Symbole der Selbstdarstellung mit vermeintlich prestige-induzierender Wirkung in Betracht kommen,[635] auch Kunden ohne Verhandlungsmacht, aber mit entsprechendem Selbstdefinitionsbedürfnis.

Anwendungskandidaten sind einmal die klassische Vermögensverwaltung, die als Premium-Produkt Vertrauensleistungscharakter besitzt. Viele Kreditinstitute haben daneben eine standardisierte Vermögensverwaltung mit geringeren Einstiegsbeträgen und Verwaltungshonoraren auf der Basis von Investmentfonds in ihr Programm aufgenommen, die für viele Bankkunden mit regelmäßiger Produktnachfrage nach Investmentfonds eher eine Erfahrungsleistung darstellt. Ein typisches Premium-Produkt sind goldene Kreditkarten, die neben den klassischen Kreditkartenleistungen wie Zahlungsverkehr und Kreditgewährung auch Zusatzleistungen umfassen. Diese hochpreisigen Karten sind durch Value-Added-Services aus dem Versicherungsbereich und Vergünstigungen von Anbietern, die nicht zu den Finanzdienstleistern zählen, angereichert. Aus der ursprünglichen Standardleistung wird damit eine Vertrauensleistung, weil die kartengekoppelten Zusatzleistungen in der Regel selten in Anspruch genommen werden sowie darüber hinaus hochspezifisch und damit schwer zu bewerten sind.

Die Akzeptanz von bankbetrieblichen Premium Leistungen hat in der Öffentlichkeit bereits stattgefunden, wie an der Verbreitung der Anwendungskandidaten belegt werden kann. Distributionspolitisch ist jedoch auf die strenge Einhaltung von Eintrittsbarrieren wie Mindesteinkommen oder Mindestdepotvolumen zu achten, um das Exklusivitätsimage der Premiumleistung nicht durch überproportionale Diffusion zu gefährden.

Den entscheidungsrelevanten Kosten aus Kommunikationsaufwendungen und Kosten der Produktgestaltung durch Aufnahme von Zusatzattributen stehen höhere Deckungsbeiträge der Premiumleistung gegenüber. Die Erlöswirkungen des Premium Pricing sind um so positiver, je mehr der Absatz der Premiumleistung steigt und je mehr auch der Absatz einer vom Zusatzertrag subventionierten Discountleistung zunimmt.

Insgesamt kann dieser Preisstrategie eine hohe bankbetriebliche Anwendbarkeit für Vertrauensleistungen bescheinigt werden. Den Chancen zur Erzielung von Kostendegressionseffekten und Zusatzerlösen steht lediglich die dienstleistungstheoretisch eingeschränkte Kommunizierbarkeit des Premiumnutzens bei Bankleistungen entgegen.

---

[635] Vgl. zur Theorie der Selbstsymbolisierung Wicklund, Gollwitzer (1993), S. 31 ff.

3.3.1.3.3. Price Bundling

Die eingangs analysierten Interaktionen zwischen der Leistungsprogrammpolitik und der Preispolitik einer Bank deuteten bereits darauf hin, daß der Verkauf von Bankleistungen in einem besonders bepreisten Paket analog zum Sachgütermarketing eine denkbare Absatzstrategie ist. Obwohl Price Bundling in der bankbetrieblichen Praxis bereits Anwendung findet,[636] sind die theoretischen Anforderungen an ein effektives Bundling von Bankleistungen noch nicht beleuchtet worden. Das wesentliche Ziel der Preisbündelung besteht in der gleichmäßigeren Auslastung der vorgehaltenen Kapazitäten durch den Verkauf von bisher wenig nachgefragten Bankleistungen.[637] Dieses Ziel kann mittels Cross-Selling unter den Bestandskunden oder durch Akquisition neuer Kunden erreicht werden. Grundvoraussetzung für einen wirkungsvollen Einsatz der Preisbündelung ist, daß in bezug auf die Preisbereitschaft heterogene Bankleistungsnachfrager existieren.[638] Durch Bundling kann deren Konsumentenrente besser abgeschöpft werden als durch den Verkauf zu Einzelpreisen.[639]

Das Price Bundling wird in der ökonomischen Theorie bereits seit 1968 ausführlich untersucht.[640] Dabei werden regelmäßig die Annahmen getroffen, daß der Anbieter eine monopolistische Position bei einem Bündelelement besitzt und daß zwischen den gebündelten Produkten keine Absatzverbundwirkungen bestehen, so daß die maximale Preisbereitschaft für das Bündel genau der Summe der isolierten nachfrageseitigen Maximalpreise für die Einzelprodukte entspricht.[641] Angesichts dieser für den Bankleistungsmarkt realitätsfremden Prämissen sind die diesbezüglichen Ergebnisse nicht auf die Preisgestaltung von Kreditinstituten übertragbar. Der bis dato einzige konzeptionelle Modellansatz, in dem Konkurrenz und komplementäre Beziehungen zwischen Einzelleistungen im Dienstleistungssektor, sei es aus Bedarfs- oder aus Nachfrageverbundwirkungen heraus, gleichzeitig berücksichtigt werden, ist der Ansatz von Guiltinan. Um nachfolgend die Voraussetzungen zu ermitteln, unter denen Price Bundling auch für Bankleistungen erfolgreich sein kann, werden dessen Ergebnisse als Grundlage herangezogen, erweitert und mit der verhaltensorientierten Bankpreistheorie verknüpft.

Grundsätzlich kann zwischen einem Pure Bundling und einem Mixed Bundling differenziert werden.[642] Eine reine Bündelung liegt dann vor, wenn ausschließlich das Bündel, nicht jedoch die darin enthaltenen Einzelleistungen zusätzlich isoliert angeboten werden. Von

---

[636] Z.B. die *BfG Bank AG* mit dem kostenlosen Gehaltskonto inclusive Kreditkarte.

[637] Vgl. Guiltinan (1987), S. 75.

[638] Vgl. Tellis (1986), S. 155.

[639] Vgl. Adams, Yellen (1976), S. 475 ff.

[640] Vgl. Tellis (1986), S. 155; Simon (1992a), S. 446 ff. und die dort jeweils angegebene Literatur sowie Wübker (1998).

[641] Vgl. Guiltinan (1987), S. 76.

[642] Vgl. hierzu sowie zu den folgenden Ausführungen Guiltinan (1987), S. 74 ff.

180

gemischter Bündelung wird gesprochen, wenn der Konsument die Wahl hat, alternativ zum Bündel auch die darin enthaltenen Leistungen separat zu erwerben. Weil Pure Bundling nur sinnvoll anwendbar ist, wenn ein Unternehmen eine monopolistische Position für zumindest ein Produkt des Bündels innehat,[643] stellt diese Preisgestaltungsmaßnahme für Bankleistungen eines oligopolistischen Marktes keine relevante Strategie dar. Im folgenden reicht es demnach aus, das Mixed Bundling zu betrachten. Aus Vereinfachungsgründen beschränkt sich die Argumentation dabei auf ein Bündel aus zwei Leistungen A und B.

Guiltinan unterscheidet zwei Formen des Mixed Bundling. Beim Mixed-Leader-Bundling wird der Preis eines Produktes A reduziert, wenn das andere Produkt B zum regulären Preis gekauft wird. Beispielsweise kann ein Nachfrager, der ein Wertpapierdepot zu den normalen Depotgebühren eröffnet, zukünftig auch eine günstigere Kontoführungspauschale in Anspruch nehmen. Dagegen wird beim Mixed-Joint-Bundling ein einziger Preis für das gesamte Bündel aus A und B gefordert, wobei der Preis des Bündels geringer ist als die Summe der Einzelpreise. Je nachdem, ob eine Bank Cross-Selling oder Neukundenakquisition anstrebt und dabei Mixed-Joint-Bundling oder Mixed-Leader-Bundling implementiert, ergeben sich vier strategische Optionen, die nachfolgend untersucht werden sollen.

Einer Analyse der Absatzeffekte des Mixed-Bundling ist vorauszuschicken, daß diese grundsätzlich durch die Kombination dreier Mechanismen entstehen. Zunächst kann eine positive Absatzwirkung aus der reinen Preisreduktion für einen Leader A im Bündel resultieren oder aus dem Preisvorteil des Bündels gegenüber dem Erwerb der Einzelleistungen. Dieser Preiseffekt kann zusätzlich durch Komplementarität der im Bündel enthaltenen Einzelleistungen verstärkt werden. Reduziert die Bündelung zudem die Transaktionskosten des Kunden gegenüber dem getrennten Erwerb der Produkte A und B, wirkt diese Reduktion genau wie eine Reduktion des Bündelpreises. Die nachfrageseitigen Transaktionskosten im Zusammenhang mit der Informationsgewinnung und -verarbeitung werden durch das jeweilige Ausmaß an Sucheigenschaften der betrachteten Bankleistung und durch den Umfang des Preisbeurteilungsverhaltens determiniert. Daher können auf Basis der verhaltensorientierten Bankpreistheorie strategische Anwendungsempfehlungen in Abhängigkeit vom Bankleistungstyp gegeben werden. Der Absatzeffekt der jeweiligen Preisstrategie wird nachfolgend entlang dieser drei Mechanismen untersucht.

Für Kreditinstitute, die mittels Mixed-Leader-Bundling erfolgreich Cross-Selling betreiben wollen, ist die Auswahl des Leaders eine entscheidende Voraussetzung. Nach Guiltinan eignet sich als preisreduzierter Leader A vornehmlich eine solche Leistung, für die das abgesetzte Volumen im Bestand bereits relativ hoch ist, so daß das Nachfragerpotential

---

[643] Vgl. allgemein zum Pure Bundling bei Dienstleistungen Faßnacht (1996), S. 82 ff., Woratschek (1996), S. 114 ff.

für den weitergehenden Produktverkauf von B möglichst groß ist.[644] In der Ausgangssituation seien A und B keine Komplemente und es gilt, daß bei einigen Kunden die maximale Preisbereitschaft für die Bankleistung B geringer ist als der Preis für Leistung B. Mixed-Leader-Bundling wird somit im Cross-Selling-Fall erfolgreich sein, wenn der monetäre Nutzen aus der Preissenkung für den Leader A den Preis für B abzüglich der ohnehin vorhandenen Preisbereitschaft für B überschreitet:

Ausgangssituation: $\qquad RP_B < p_B$ $\qquad\qquad\qquad\qquad$ (8)

Cross-Selling-Bedingung: $\Delta p_A > p_B - RP_B$ $\qquad\qquad\qquad$ (9)

mit: RP_i $\quad$ Maximale Preisbereitschaft für die Leistung i

$\quad\ p_i$ $\qquad$ Preis für die Leistung i

$\quad\ \Delta p_i$ $\qquad$ Preissenkung für die Leistung i

Die Wahrscheinlichkeit für ein erfolgreiches Cross-Selling durch Mixed-Leader-Bundling steigt, wenn der zusätzliche Erwerb der Leistung B den nachfrageseitig resultierenden Nutzen des Bündels im Vergleich zu einer isolierten Beschaffung von A erhöht, so daß eine höhere nachfrageseitige Zahlungsbereitschaft der A-Kunden generiert wird. A und B sollten also möglichst gute Komplemente sein. Das obige Kalkül des Preiseffektes wird demnach durch den Komplementaritätseffekt verstärkt und muß entsprechend ergänzt werden. In der Ausgangssituation gilt bei gegebener Komplementarität von A und B zusätzlich, daß die Preisbereitschaft für das Bündel aus A und B größer ist als die Preisbereitschaft ohne Komplementarität:

Ausgangssituation: $RP^K_{(A+B)} - RP_{(A+B)} = \lambda > 0$ $\qquad\qquad\qquad$ (10)

mit: λ $\qquad$ Komplementaritätseffekt

$RP_{(A+B)}$ $\quad$ Maximale Preisbereitschaft für das Bündel

$RP^K_{(A+B)}$ $\quad$ Maximale Preisbereitschaft für das Bündel bei Komplementarität

Im Bedarfsverbund wird Mixed-Leader-Bundling erfolgreich zu Cross-Selling führen, wenn der monetäre Nutzen aus der Preisreduktion für den Leader A zusammen mit dem gegebenem Komplementaritätseffekt den Preis für B, abzüglich der bereits vorhandenen Preisbereitschaft für B übersteigt:

---

[644] Vgl. Guiltinan (1987), S. 79.

Cross-Selling-Bedingung: $\Delta p_A > p_B - RP_B$ (11)

Aus Anwendungsgesichtspunkten heraus ist dieser Fall besonders interessant, weil bei gegebener Komplementarität eine Preisreduzierung von A entsprechend geringer ausfallen kann. Formal betrachtet und für die bankbetriebliche Praxis meßbar operationalisiert muß für die Kreuzpreiselastizität, die das Verhältnis der relativen Absatzmengenänderung einer Bankleistung B zu der relativen Preisänderung für den Leader A angibt, gelten:

$$\varepsilon_{q_B p_A} = \frac{\dfrac{\Delta q_B}{q_B}}{\dfrac{\Delta p_A}{p_A}} = \frac{\Delta q_B p_A}{\Delta p_A q_B} < 0 \qquad (12)$$

mit :

q_B Absatzmeng e der Leistung B

Δq_B Änderung der Absatzmeng e der Leistung B

p_A Preis der Leistung A

Δp_A Änderung des Preises der Leistung A

Die Wahrscheinlichkeit, daß der Kunde das Bündel aus A und B nachfragt, steigt noch weiter, wenn die Einsparung von Transaktionskosten aus der gemeinsamen Beschaffung von A und B im Rahmen des Nachfrageverbundes ausreichend groß ist, um dem höheren Preis des Bündels gegenüber einer isolierten Beschaffung von A entgegenzuwirken.[645] Verhaltens-theoretisch muß somit nachfrageseitig eine subjektive Evaluierung der Such- und Informationskosten gegenüber dem objektiven Preis im Sinne eines Preiswürdigkeitsurteiles stattfinden. Infolgedessen ergibt sich aus der Perspektive der verhaltensorientierten Bankpreistheorie als weitere Anforderung an ein wirksames Mixed-Leader-Bundling für Kreditinstitute mit Cross-Selling-Ziel die Beschränkung auf Leistungen, deren Qualität wahrnehmbar, aber interinstitutionell nicht standardisiert ist. Daher eignet sich diese Preisstrategie vornehmlich für Erfahrungsleistungen und partiell auch für Standardleistungen, keinesfalls jedoch für Vertrauensleistungen.

Für Kreditinstitute besteht als zweite Strategie des Price Bundling die Möglichkeit, den Absatz verbundener Leistungen im Sortiment innerhalb der Bestandskunden durch Mixed-Joint-Bundling zu forcieren. Dabei wird darauf abgestellt, entweder mehr von Leistung A oder von Leistung B zu verkaufen, so daß sich andere Anwendungsvoraussetzungen als im Mixed-Leader-Fall ergeben. Weil in dieser Situation nur ein einziger Preis für das Bündel aus A und B festgelegt und nicht wie im vorhergehenden Fall eine bestimmte Leistung reduziert

---

[645] Vgl. Guiltinan (1987), S. 79.

wird, ist es nicht relevant, ob Nachfrager preiselastisch auf diese Einzelpreisvariation reagieren. Entscheidend ist lediglich, daß überhaupt ein Kundensegment existiert, welches eine ausreichend große Konsumentenrente hinsichtlich wenigstens eines Bündelelementes besitzt und bereit ist, das gesamte Bündel nachzufragen. Besonders effektiv wird Mixed-Joint-Bundling also sein, wenn ein hohes potentielles Bündelnachfragevolumen durch Nachfrager mit ausreichender Konsumentenrente sowohl bei reinen A-Kunden als auch bei reinen B-Kunden besteht.

Grundsätzlich exisiteren also zwei Kundengruppen, die unterschieden werden müssen. Einmal gibt es Bestandskunden, die bereits A nutzen, jedoch B noch nicht erworben haben. Zum anderen gibt es B-Kunden, denen es zusätzlich die Leistung A zu verkaufen gilt. Außerdem ist der Absatzeffekt wiederum in den Preiseffekt, den Komplementaritätseffekt und den Transaktionskosteneffekt zu trennen.

Für A-Kunden, denen zusätzlich B verkauft werden soll, gilt in der Ausgangssituation:

$$RP_B < p_B \tag{13}$$

Die mit Mixed-Joint-Bundling einhergehende Preissenkung bei Bündelung ergibt sich aus der ursprünglichen Summe der Einzelpreise abzüglich des Bündelpreises:

$$\Delta p_{(A+B)} = p_A + p_B - p_{(A+B)} \tag{14}$$

Der durch Mixed-Joint-Bundling induzierte Preiseffekt ist bei A-Kunden bereits ausreichend für ein Cross-Selling von B, wenn der monetäre Nutzen aus der mit der Bündelung verbundenen Preissenkung den Preis für B abzüglich der ohnehin vorhandenen maximalen Preisbereitschaft für B übersteigt.

Cross-Selling-Bedingung für A-Kunden: $\Delta p_{(A+B)} > p_B - RP_B$ (15)

Dieser für ein erfolgreiches Mixed-Bundling bereits ausreichende Preiseffekt kann durch den Komplementaritätseffekt bei Bündelung komplementärer Leistungen noch verstärkt werden. In diesem Fall lautet die

Cross-Selling-Bedingung für A-Kunden: $\Delta p_{(A+B)} + \lambda > p_B - RP_B$. (16)

Analog gilt für B-Kunden, denen zusätzlich A verkauft werden soll, in der Ausgangssituation: $RP_A < p_A$, (17)

für die Cross-Selling-Bedingung für B-Kunden bei Nichtkomplementarität:

$$\Delta p_{(A+B)} > p_A - RP_A \tag{18}$$

184

und für die Cross-Selling-Bedingung für B-Kunden bei Komplementarität:

$$\Delta p_{(A+B)} + \lambda > p_A - RP_A. \qquad (19)$$

Die Wahrscheinlichkeit, daß A-Kunden das Bündel nachfragen, ist um so größer, je bessere Komplemente A und B sind. Diese Aussage gilt analog für die Wahrscheinlichkeit, daß B-Kunden das Bündel kaufen. Der positive Absatzeffekt auf die Bündelnachfrage wird demnach aus zwei Seiten gespeist und ist um so stärker, je mehr der Absatz von B auf eine Preisvariation bei A reagieren würde und je mehr der Absatz von A auf eine Preisvariation bei B reagieren würde. Mixed-Joint-Bundling ist also besonders wirksam, wenn A und B gegenseitige Komplemente sind und diese Beziehung sehr stark ist.[646] Formal muß daher die Bedingung erfüllt sein, daß die Kreuzpreiselastizitäten negativ und betragsmäßig groß sind:

$$\varepsilon_{q_B p_A} = \frac{\frac{\Delta q_B}{q_B}}{\frac{\Delta p_A}{p_A}} = \frac{\Delta q_B p_A}{\Delta p_A q_B} < 0 \quad \wedge \quad \varepsilon_{q_A p_B} = \frac{\frac{\Delta q_A}{q_A}}{\frac{\Delta p_B}{p_B}} = \frac{\Delta q_A p_B}{\Delta p_B q_A} < 0 \qquad (20)$$

mit:

q_A Absatzmenge der Leistung A

Δq_A Änderung der Absatzmenge der Leistung A

p_B Preis der Leistung B

Δp_B Änderung des Preises der Leistung B

Der Absatzeffekt des Mixed-Joint-Bundling wird zusätzlich durch die Reduktion der nachfrageseitigen Transaktionskosten in zweierlei Weise verstärkt.[647] Zum einen resultieren aus der gemeinsamen Nachfrage im Bündel Beschaffungsvorteile aus den eingesparten Such-, Informations- und Transportkosten sowohl für A als auch für B. Zum anderen resultiert daraus, daß verschiedene Bankleistungen gemeinsam nachgefragt werden, ein Eindruck größerer Kompetenz des Anbieters, woraus sich wiederum das nachfrageseitige Kaufrisiko verringert. Die gegenseitige Komplementarität wird grundsätzlich nur wirksam, wenn diese Beziehungen vom Bankleistungsnachfrager nicht nur wahrgenommen werden, sondern auch in die Kaufentscheidung einfließen. Verhaltenstheoretisch ist hierfür regelmäßig ein umfassendes Preiswürdigkeitsurteil erforderlich, welches für Bankleistungen, die Standard- oder Erfahrungsleistungen sind, wahrscheinlicher ist als für Vertrauensleistungen.

---

[646] Vgl. Guiltinan (1987), S. 80.
[647] Vgl. Guiltinan (1987), S. 79.

Als dritte preisstrategische Option kommt das Mixed-Joint-Bundling auch für Kreditinstitute, die das Ziel der Kundenakquisition verfolgen, in Frage.[648] Die Antezedenzbedingungen werden dadurch determiniert, daß der Nachfrager in diesem Fall das gesamte Bündel aus A und B als ganzes im Vergleich zu den Einzelleistungen bewerten muß. Wenn der potentielle Kunde noch keine dieser Leistungen bei der betreffenden Bank hat, werden in der Ausgangssituation seine jeweiligen Preisbereitschaften für beide Produkte geringer sein als die von diesem Kreditinstitut geforderten Einzelpreise:

$$RP_A < p_A \ \wedge \ RP_B < p_B \tag{21}$$

Der durch Bündelung induzierte Preiseffekt ist dann für ein erfolgreiches Mixed-Joint-Bundling im Akquisitionsfall ausreichend, wenn gilt:

Akquisitionsbedingung bei Nichtkomplementarität:

$$\Delta p_{(A+B)} > (p_B - RP_B) + (p_A - RP_A) \tag{22}$$

Zusätzlich erfährt der Preiseffekt eine Verstärkung, wenn die zusammengefaßten Leistungen Komplemente sind:

Akquisitionsbedingung bei Komplementarität:

$$\Delta p_{(A+B)} + \lambda > (p_B - RP_B) + (p_A - RP_A) \tag{23}$$

Die anfängliche Lücke zwischen den Preisbereitschaften für die einzelnen Leistungen und den Einzelpreisen kann primär dann geschlossen werden, wenn zwischen den Einzelleistungen starke und vor allem gegenseitige komplementäre Beziehungen bestehen,[649] so daß die Preisbereitschaft für das Bündel die Summe der jeweiligen Preisbereitschaften für die Einzelleistungen übertrifft. Für ein besonders erfolgreiches Mixed-Joint-Bundling zur Neukundenakquisition sollten daher die Kreuzpreiselastizitäten negativ und betraglich groß sein:

$$\varepsilon_{q_B p_A} < 0 \qquad \wedge \qquad \varepsilon_{q_A p_B} < 0 \tag{24}$$

Da die Nachfrage nach einer Leistung elastischer reagiert, wenn diese vom Kunden bereits ex ante anhand von Suchattributen[650] und aufgrund geringer Spezifität oder häufiger

---

648 Vgl. Guiltinan (1987), S. 81 f.
[649] Vgl. Guiltinan (1987), S. 82.
[650] Vgl. Guiltinan (1987), S. 81 f.

Inanspruchnahme zuverlässig und bei Reduktion von Transaktionskosten beurteilt werden kann, eignen sich sowohl für A als auch für B vornehmlich Standardleistungen. Der gegenseitige Komplementaritätseffekt wird dagegen stärker sein, wenn die Bündel aus Vertrauens- oder Erfahrungsleistungen wie Finanzplanung und Vermögensverwaltung bestehen. Ursächlich hierfür ist, daß der gemeinsame Absatz dieser Leistungen bei derselben Bank mit hoher Wahrscheinlichkeit zu einer Attribution hoher Kompetenz und damit zu einer Reduzierung des nachfrageseitig wahrgenommenen Kaufrisikos führt. Für das Mixed-Joint-Bundling unter Akquisitionsgesichtspunkten eignen sich daher grundsätzlich zwei Optionen der Bündelzusammenstellung aus A und B. Entweder beide sind Standardleistungen, oder beide sind Erfahrungs- beziehungsweise Vertrauensleistungen.

Als vierte Option kommt für Kreditinstitute, die das Ziel der Kundenakquisition verfolgen, auch das Mixed-Leader-Bundling in Betracht. Ziel der preisvariierenden Bank ist der Mehrverkauf von A und B an Kunden, die bis dato noch keine Leistungen abgenommen haben. In der Ausgangssituation besitzen die Nichtkunden eines bestimmten Kreditinstitutes keine Konsumentenrente bei dessen Leistungen, weil offensichtlich die dafür geforderten Einzelpreise die jeweilige nachfrageseitige Preisbereitschaft übersteigen.[651] Damit ist die Ausgangssituation formal identisch mit der des Mixed-Joint-Bundling:

$$RP_A < p_A \ \wedge \ RP_B < p_B \tag{25}$$

Da in diesem Fall weder bei der einen, noch bei der anderen Leistung eine zum Erwerb ausreichende Preisbereitschaft vorliegt, kann im Grunde nicht von einem Leader gesprochen werden. Obwohl die Konstruktion unterschiedlich ist, wird der Nichtkunde die Bündelung als Mixed-Leader-Form in gleicher Weise wahrnehmen wie die Bündelung als Mixed-Joint-Form, so daß in einem nachfrageseitigen Preisurteil wiederum der Bündelpreis gegen die Einzelpreise evaluiert wird. Im Gegensatz zu Guiltinan[652] kann demzufolge die Auffassung vertreten werden, daß Preiseffekt und Komplementaritätseffekt analog wirken, so daß die Bedingungen für ein erfolgreiches Mixed-Leader-Bundling im Akquisitionsfall denen im Mixed-Joint-Fall gleichen.

Alle betrachteten Bundling-Strategien werden sinnvollerweise auf den Einsatz bei Kunden mit und ohne Verhandlungsmacht begrenzt. Ursächlich hierfür ist, daß der für das Preisverhalten maßgebliche Transaktionskosteneffekt bei Kunden mit überragender Verhandlungsmacht zumeist nicht relevant ist. Zumindest in großen Firmen ist die preisbezogene Informationsgewinnung und -verarbeitung regelmäßig in Buying-Centern organisiert, so daß

---

[651] Vgl. Guiltinan (1987), S. 81.
[652] Vgl. Guiltinan (1987), S. 83.

der Preis-Leistungsvergleich objektiviert wird und gegensätzlich zu den anderen Kunden-segmenten nicht das Ergebnis eines *individuellen* kognitiven Preisverhaltens ist.

Insgesamt können von einer Implementierung des Price Bundling nicht nur positive Ertragseffekte, sondern auch kapazitätsauslastende Wirkungen ausgehen, weil Kunden durch Bündelung zur Abnahme auch bisher wenig nachgefragter Leistungen gelenkt werden. Die Kritik, daß Bankleistungsnachfrager dadurch die zu entrichtende Gesamtbelastung nicht mehr durch das eigene Verhalten steuern können, weil immer der Bündelpreis gezahlt werden muß,[653] trifft lediglich auf das Pure Bundling zu. Beim hier betrachteten Mixed Bundling hat der Bankkunde jedoch die Möglichkeit, alternativ zum Bündel auch die Einzelleistung abzunehmen. Price Bundling ist gleichzeitig als nicht verursachungsgerechte Preisstrategie zu charakterisieren, zumal Vielnutzer tendenziell durch die Wenignutzer subventioniert werden. Positiv wirkt sich aus Verbrauchersicht hingegen die Transparenz der mit der Bündelung verbundenen übersichtlichen Preisstellung aus.

Auch wenn das Price Bundling im Dienstleistungsbereich bereits eine ähnliche Verbreitung gefunden hat wie im Sachgütermarketing,[654] sind Anwendungen für Kreditinstitute derzeit noch relativ gering. Die in der Praxis zu beobachtenden Realtypen von Bankleistungsbündeln können regelmäßig als Mixed-Joint-Formen charakterisiert werden und beschränken sich überwiegend auf Zahlungsverkehrs- und Kreditkartenleistungen. Dagegen ist das Price Bundling von Vertrauens- und Erfahrungsleistungen derzeit noch keine übliche Preisstrategie. Aus verhaltenstheoretischer Perspektive bietet sich jedoch offensichtlich auch eine Implementierung bei diesen Leistungen mit nachfrageseitig höherem wahrgenommenen Risiko an. Die Wahl eines vorteilhaften zu bündelnden Bankleistungstyps hängt dabei, wie gesehen, einerseits davon ab, ob das mit der Preisstrategie verfolgte Unternehmensziel Cross-Selling oder Neukundenakquisition ist. Zum anderen wird sie davon bestimmt, welche Form des Price Bundling angewandt wird. Die vorher abgeleiteten Anwendungsempfehlungen können anschaulich an folgender Darstellung abgelesen werden. Die Planung von Preisstrategien auf Basis der korrespondierenden Elastizitäten und maximalen Preisbereitschaften ist jedoch nur möglich, wenn die Marktreaktion auf Bankpreisvariationen zuverlässig gemessen werden kann. Diesem Problem ist daher im Kontext der Umsetzung von Preisstrategien an späterer Stelle erhöhte Aufmerksamkeit zu schenken.

---

[653] Vgl. hierzu und im folgenden Gerke, Pfeufer-Kinnel (1996), S. 545.
[654] Vgl. Dolan (1987a).

Abbildung 24: Anwendungsempfehlungen für das Price Bundling von Banken.

Unternehmens-ziel Form der Bündelung	Cross-Selling	Neukundenakquisition
Mixed-Leader-Bundling	Standardleistungen Erfahrungsleistungen	Entweder nur Vertrauensleistungen bzw. Erfahrungsleistungen oder nur Standardleistungen
Mixed-Joint-Bundling	Standardleistungen Erfahrungsleistungen	Entweder nur Vertrauensleistungen bzw. Erfahrungsleistungen oder nur Standardleistungen

Quelle: Eigene Erstellung.

3.3.1.3.4. Complementary Pricing

Das Complementary Pricing[655] umfaßt drei verwandte strategische Optionen. Das Captive Pricing, das Two-Part-Pricing und Loss-Leadership. Allen diesen Strategien ist gemeinsam, daß sie ähnlich wie das Premium Pricing darauf abzielen, den Verlust aus dem Verkauf eines Produktes unter Einstandskosten durch den gewinnbringenden Verkauf einer weiteren Sortimentsleistung überzukompensieren. Der wesentliche Unterschied besteht jedoch darin, daß sich das Premium Pricing auf Leistungen mit substitutiven Sortimentsbeziehungen richtet, während das Complementary Pricing sich auf Komplemente bezieht. Zweitens basiert die sortimentsstrategische Preisvariation des Premium Pricing auf unterschiedlichen Präferenzen und Preisbereitschaften von Konsumenten. Complementary Pricing hingegen fußt auf der unterschiedlichen Relevanz von Informations- und Transportkosten für einige Konsumenten bei der Auswahlentscheidung.

Captive Pricing ist eine für das Konsumgütermarketing typische Preisstrategie, bei der komplementäre Produkte so bepreist werden, daß das Einstiegsprodukt relativ günstig ist und das komplementäre Folgeprodukt relativ teuer. Ein bekanntes Beispiel dafür sind Rasierer und Rasierklingen. Durch den günstigen Einstiegspreis können Nachfrager ihr wahrgenommenes Beschaffungsrisiko reduzieren. Beim Kauf der komplementären Folgeprodukte sind

---

[655] Vgl. hierzu und im folgenden Tellis (1986), S. 156 ff.

189

Konsumenten regelmäßig von höherer Preisbereitschaft, weil sie mit Transaktionskosten des Anbieterwechsels konfrontiert werden, die etwa aus Unsicherheit über die Qualität oder die Höhe der Transportkosten resultieren können. Weil mit der Produktion dieser komplementären Produkte kaum Skalenerträge verbunden sind, besteht regelmäßig die Gefahr, daß das Folgeprodukt von einem Konkurrenten oder Massenhersteller so günstig angeboten wird, daß die nachfrageseitigen Transaktionskosten keine Trennung der Marktsegmente mehr gewährleisten.

Auch im Dienstleistungsmarketing ist das Captive Pricing eine übliche Strategie und hat als Two-Part-Pricing Eingang in die diesbezügliche Literatur gefunden.[656] Zweiteilige Tarife aus einer Grund- oder Einstiegsgebühr und einer variablen Nutzungsgebühr werden regelmäßig von Telekommunikationsgesellschaften erhoben. Übertragen auf Bankleistungen, entspräche diese Preisstellungsform einer einmal pro Periode zu entrichtenden produktions- und produktunabhängigen Grundgebühr g_t für die Bereitstellung von Basisinfrastruktur zur Abdeckung von Finanzbedürfnissen,[657] ergänzt um eine variable Usage-Fee aus einem festen Preis pro Einheit p_t, multipliziert mit der Anzahl der abgenommenen Leistungseinheiten q einer Bankleistung. Damit ergibt sich der zu zahlende Gesamtpreis P(q) aus:

$$P(q) = \begin{cases} g_t + p_t * q \text{ für } q > 0 \\ 0 \qquad\qquad \text{sonst} \end{cases} \qquad\qquad (26)$$

Die Bereitstellungsgebühr hat jeder Bankkunde zu zahlen, unabhängig davon, welche und wieviele Produkte des Kreditinstitutes er nutzt. Als Preisbezugsbasen für variable Nutzungsentgelte eignen sich sowohl Bestands- als auch Strömungsgrößen. Ein solches Gebührenmodell hat im Kreditsektor noch keinen Anklang gefunden. Sein Vorteil besteht jedoch darin, daß das Vorhalten von Kapazitäten entlohnt wird und die Erträge unabhängiger von unsicheren Preisbezugsbasen wie Wert und Volumen werden. Bedenken seitens der Durchsetzbarkeit können zerstreut werden, wenn die Operationalisierung für den Kunden transparent und verursachungsgerecht geschieht. Dazu müssen die bei Kreditinstituten derzeit bestehenden variablen Gebühren so reduziert werden, daß sich für den Kunden, der durch Two-Part-Pricing nun zur variablen Nutzungsgebühr zusätzlich eine fixe Bereitstellungsgebühr zahlt, kein Mehrzahlungsrisiko im Vergleich zum bestehenden Modell und zu vergleichbaren Preisen von Wettbewerbern ergibt. Daraus lassen sich dann im Konkurrenzvergleich optisch niedrige Usage-Fees konstruieren, woraus sich Akquisitionsmöglichkeiten ergeben, wenn die Bankentscheidung weiterhin vornehmlich auf Basis von

---

[656] Vgl. Schmalensee (1982), S. 67 ff.; Tacke (1989), S. 27, sowie Simon (1992a), S. 580.
[657] Vgl. Bernet (1995a), S. 36.

Zahlungsverkehrsgebühren oder Kreditzinsen getroffen wird. Aus der Perspektive der verhaltensorientierten Bankpreistheorie wird Two-Part-Pricing erfolgreich sein, wenn potentielle Kunden hinsichtlich der variablen Gebühren oder Zinsen oder hinsichtlich der Fixgebühr ein Preisgünstigkeitsurteil fällen. Je höher dabei die Intensität des Preisinteresses ist, desto größer ist die Wahrscheinlichkeit eines preisinduzierten Bankwechsels. Damit die potentiellen Kunden in der intendierten Weise reagieren, sollte sich die Niedrigpreisstellung daher vornehmlich auf Entgelte von Standardleistungen und auf Kunden mit und ohne Verhandlungsmacht richten. Um den Kunden zu binden, reichen bei abnehmender Bankloyalität offensichtlich die mit dem Bankwechsel verbundenen Transaktionskosten nicht mehr aus. Für Bestandskunden muß folglich ein Preiswürdigkeitsurteil induziert werden, wobei die erhobene Bereitstellungsgebühr akzeptiert und durch qualitative Eigenschaftsausprägungen wie etwa ausgezeichnete Beratung und freundliches Personal gerechtfertigt sein muß. Aus diesem verhaltenstheoretischen Antagonismus zwischen Neu- und Bestandskunden ergibt sich als wesentliches Problem die endgültige Festlegung der Höhe der Bereitstellungsgebühr. Zudem resultiert aus dem geringeren variablen Nutzungsentgelt ein erhöhtes Kostenrisiko bei steigenden Transaktionsvolumina. Nachteilig wirkt sich auch die Konkurrenzreaktion aus. Denn mit der Einführung dieses marktunüblichen Preismodells im Bankoligopol sind die Gefahren des Innovators durch nachziehende Wettbewerber verbunden. Falls sich das innovative Two-Part-Pricing der markteinführenden Bank etabliert, können Imitatoren abwarten und mit einem eigenen und auf mehr Erfahrungen basierenden Preismodell folgen. Bei mangelnder Akzeptanz im Markt würden Wettbewerber nicht nachziehen. Beide Reaktionsvarianten würden zu negativen Absatzeffekten führen.

Die dritte Option des Complementary Pricing ist das für Handelsunternehmen typische Loss-Leader-Pricing. Ziel dieser Lockvogel-Angebote[658] ist die Akquisition von Nachfragern, die üblicherweise andere Einkaufsstätten aufsuchen. Dazu wird regelmäßig eine bekannte Marke systematisch unter dem Einstandspreis verkauft, in der Hoffnung einen kalkulatorischen Ausgleich durch den gleichzeitigen Absatz verbundener Leistungen zu erreichen. Demzufolge funktioniert diese Preisstrategie nur dann effektiv, wenn für zumindest einen Teil der Konsumenten Transaktionskosten des Einkaufsstättenwechsels relevant sind.

Loss-Leader-Pricing des Handels ist im Grunde nichts anderes als die bereits analysierte sortimentsstrategische Preisstellung von Kreditinstituten. Während Handelsunternehmen jedoch darauf achten, daß die Niedrigpreisstellung selektiv und zeitlich befristet ist, wird die Ausgleichspreisstellung bei Banken dauerhaft betrieben. Die Folge daraus sind die nachfrageseitig sinkende Wertschätzung des durch die Zinsmarge dauerhaft subventionierten Zahlungsverkehrs und die daraus resultierenden Probleme bei der Einführung höherer,

---

[658] Vgl. Tellis (1986), S. 157 ff.; Nieschlag et al. (1997), S. 302, S. 417, sowie Schmalen (1995), S. 201 und S. 157 ff.

verursachungsgerechter Preise. Ein Phänomen, das Handelsunternehmen bei ihrer Preisgestaltung bewußt vermeiden wollen.

Nachdem die Ausgleichspreisstellung bereits ausführlich kritisiert wurde, sollen an dieser Stelle lediglich die verhaltenstheoretischen Voraussetzungen und Anwendungskandidaten identifiziert werden. Die sortimentsstrategische Preisstellung hat nur dann einen positiven Akquisitionseffekt durch den Loss Leader, wenn potentielle Kunden ein Preisgünstigkeitsurteil über diese Leistung formieren. Weil die Wahrscheinlichkeit eines nachfrageseitigen Preisgünstigkeitsurteiles steigt, wenn der Nachfrager eine große Produkterfahrung hat und die wahrgenommenen Qualitätsunterschiede zwischen den verschiedenen Anbietern gering sind, kommen für Produkte mit Ausgleichsnehmerfunktion vorwiegend Standardleistungen in Frage. Bestätigung erfährt diese These durch die in der bankbetrieblichen Praxis derzeit zu beobachtende Konzentration der Niedrigpreisstellung auf Leistungen des Passivgeschäftes und des Giroverkehrs, insbesondere im Kontext mit dem Auftritt von Direktbanken. Damit die Kostenunterdeckung durch das Cross-Selling ausgleichsgebender Leistungen überkompensiert werden kann, muß für solche Produkte ein Preiswürdigkeitsurteil oder ein preisgelenkter Qualitätsbeurteilungsprozeß induziert werden. Die Formierung eines nachfrageseitigen Preisgünstigkeitsurteiles sollte indes vermieden werden, da eine Bank kaum bei allen Produkten der günstigste Anbieter sein kann. Als Ausgleichsgeber eignen sich somit vorwiegend Erfahrungs- oder Vertrauensleistungen. Doch selbst wenn Nachfrager bei Erfahrungsleistungen ein Preiswürdigkeitsurteil formieren, kann eine Bankwechselentscheidung fallen, wenn das nachfrageseitig wahrgenommene Risiko so ausgeprägt ist, daß die Intensität des Preisinteresses hoch und damit auch die gebühreninduzierte Wechselbereitschaft groß ist. Diese Verhaltensweise einiger preisinteressierter Bankleistungsnachfrager kann beispielsweise beobachtet werden, wenn diese sich bei Baufinanzierungen bundesweit Konditionsangebote einholen.

Insgesamt kommt als einzige Option des Complementary Pricing also nur das Two-Part-Pricing für eine bankbetriebliche Implementierung in Frage. Positive Erlöswirkungen ergeben sich aus der Entlohnung vorgehaltener Kapazitäten und umsatzloser Kundenverbindungen sowie aus der Akquisition von Neukunden. Dem Nachteil, daß ein variables Nutzungsentgelt ein erhöhtes Kostenrisiko für die Bank bei steigenden Transaktionsvolumina impliziert, steht der Vorteil gegenüber, daß Erträge unabhängiger von Wert und Volumen sind.

3.3.2. Eignung von Preisstrategien des Dienstleistungsmarketings

Das wesentliche Ergebnis der verhaltensorientierten Bankpreistheorie war, daß aus dem Dienstleistungscharakter der Bankleistungen ein nachfrageseitiges Kaufrisiko resultiert, welches letztlich erst den Kaufentscheidungsprozeß des Bankkunden determiniert. Um einen positiven Absatzeffekt zu erreichen, muß das wesentliche Ziel bankbetrieblicher Preisstrategien in der Beeinflussung des Preisverhaltens durch Reduzierung des wahrgenommenen Beschaffungsrisikos bestehen. Solche Preisstrategien werden im folgenden unter dem Begriff der dienstleistungsorientierten Preisgestaltung subsumiert. Festgemacht an den drei Determinanten der Dienstleistung, aus denen sich erst das nachfrageseitige Kaufrisiko ergibt, können Preisstrategien dabei an drei verschiedenen Hebeln ansetzen:

Im Zusammenhang mit der Informationsasymmetrie besteht eine Vorgehensweise darin, die nachfrageseitige Unsicherheit zu reduzieren, indem die Spezifität der zur Beurteilung des Leistungsergebnisses notwendigen Informationen verringert wird. Unternehmensseitig wird damit gleichzeitig dem mit der Immaterialitätseigenschaft einhergehenden Problem der Dokumentation des Preis-Leistungsverhältnisses Rechnung getragen. Strategien, die dem Nachfrager auf diese Weise eine zuverlässigere Preiswürdigkeitsbeurteilung ermöglichen, werden im folgenden als qualitätsorientierte Preisgestaltungsmaßnahmen bezeichnet, weil sie durch Konkretisierung des Preis-Leistungsverhältnisses darauf abzielen, daß der Kunde den ihm aus der Qualitätskomponente der Leistung entstehenden Nutzen einfacher erkennen und bewerten kann.

Eine weitere Vorgehensweise zur Reduzierung des Kaufrisikos besteht darin, die zweite Determinante der Informationsasymmetrie zu variieren. Mit der Erhöhung der Häufigkeit der Inanspruchnahme von Bankleistungen wird der Nachfrager aufgrund zunehmender Produkterfahrung eher in der Lage sein, die Informationsasymmetrie zu kompensieren, und zu einer zuverlässigeren Nutzenevaluierung kommen. Dabei richtet sich diese Strategie sowohl auf eine Erhöhung der Nutzungsfrequenz einer bestimmten Bankleistung bei einem bestimmten Anbieter als auch auf eine Erhöhung der Nachfragehäufigkeit nach anderen Bankleistungen bei demselben Institut. Denn mit zunehmender Dauer der Nachfragebeziehung wird der Bankkunde nicht nur den Kernproduktnutzen einer bestimmten Leistung, sondern auch den Nutzen aus der Interaktionsbeziehung mit dem Leistungsanbieter besser beurteilen können. Auch Kunden profitieren von einer dauerhaften Beziehung zu einem kompetenten, zuverlässigen Anbieter, wenn es um die Abnahme schlecht zu bewertender Bankleistungen geht. Daher werden Strategien, die darauf abzielen, das nachfrageseitig wahrgenommene Kaufrisiko durch Erhöhung oder Festigung der Kundenbindung zu reduzieren, nachfolgend als beziehungsorientierte Preisgestaltungsmaßnahmen bezeichnet.

Die explizite Berücksichtigung der Integrativitätseigenschaft der Bankleistung führt zu einer dritten dienstleistungstheoretischen Preisstrategie. Verschiedene Optionen lassen sich konstruieren, indem die Qualität oder das Ausmaß der Interaktion des Nachfragers und der Individualisierungsgrad als Parameter bei der Gestaltung von Bankleistungskonditionen fungieren. In der Folge sinkt das nachfrageseitig wahrgenommene Kaufrisiko, weil der

Bankkunde mittels Integration in den Leistungserstellungsprozeß nicht nur Einfluß auf das Leistungsergebnis hat, sondern dadurch gleichermaßen den zu entrichtenden Preis determiniert. Weil eine Variation des Interaktions- beziehungsweise des Individualisierungsgrades an der Leistungsprozeßdimension Integrativität ansetzt, werden die so konstruierten Preisstellungsformen nachfolgend als prozeßorientierte Preisstrategien bezeichnet.

Tabelle 11: Formen der dienstleistungsorientierten Preisgestaltung.

Form der dienstleistungsorientierten Preisgestaltung:	Reduzierung des nachfrageseitig wahrgenommenen Kaufrisikos durch:
Qualitätsorientierte Preisstrategien	Reduzierung der Spezifität der zur Beurteilung des Leistungsergebnisses notwendigen Informationen
Beziehungsorientierte Preisstrategien	Erhöhung der Häufigkeit der Inanspruchnahme
Prozeßorientierte Preisstrategien	Berücksichtigung der Integration des Nachfragers in den Leistungserstellungsprozeß

Quelle: Eigene Erstellung.

Der Erfolg einer dienstleistungsorientierten Preisgestaltung ist an mehrere Anforderungen geknüpft:

Zunächst kann eine zielgerichtete Beeinflussung des nachfrageseitigen Preisverhaltens nicht erfolgen, wenn Bankleistungspreise nicht wahrgenommen oder nicht hinreichend verstanden werden. Primäre Voraussetzung beschaffungsrisikoreduzierender Preisstrategien ist demnach die Verbesserung der Preistransparenz im Sinne nachvollziehbarer und durchschaubarer bankbetrieblicher Preisstrukturen, um den Nachfragern eine verbesserte Grundlage zur Bewertung unterschiedlicher Angebote mit verschiedenen Preisen zur Verfügung zu stellen.

Eine wirksame verhaltensorientierte Lenkung der Nachfrageströme über den Preis ist darüber hinaus nur gewährleistet, wenn der Bankkunde die bei der Inanspruchnahme von Bankleistungen entstehenden Kosten durch sein eigenes Verhalten beeinflussen kann. Da dieser Effekt nur dann eintreten kann, wenn es keine Quersubventionierung zwischen Kundengruppen mit unterschiedlichem Nutzungsverhalten gibt, muß sich die dienstleistungs- orientierte Preisstellung gleichermaßen nach dem Prinzip der Kostenverursachung richten.

Allen dienstleistungsorientierten Preisstrategien ist gemein, daß der unternehmerische Impetus in der Induzierung eines Preisverhaltens im Sinne der verhaltensorientierten Bankpreistheorie besteht. Wie erläutert, beinhalten die nachfrageseitig formierten Urteilsheuristiken zur Preisbeurteilung oft nicht nur eine Preiskomponente, sondern bei Preiswürdigkeitsurteilen ebenso eine Leistungskomponente. Damit ein leistungsfähiger Anbieter sich von irreführenden Anbietern diskriminieren kann, sollte dieser nicht nur die nachfrageseitige Preiswahrnehmung unterstützen, sondern auch die Preiswürdigkeit seiner

Leistungen offen darstellen.[659] Dies setzt voraus, daß es sich beim gestaltenden Unternehmen um ein "ehrliches" Kreditinstitut handelt, das Bankleistungen zu einem guten Preis-Leistungsverhältnis anbietet.

Zumindest für Standard- und Erfahrungsleistungen resultiert hieraus das Erfordernis hoher und gleichbleibender Qualität, weil eine ungerechtfertigt hohe Preisgestaltung bei diesen Bankleistungstypen zumindest ex post erkannt wird, betrügerische Anbieter entlarvt werden und diese mit Bankwechselverhalten rechnen müssen. Bei Vertrauensleistungen ist regelmäßig auch nach Inanspruchnahme der Bankleistung keine Qualitätsbeurteilung möglich, so daß bei diesen Produkten eine erfolgreiche Irreführung durch "unehrliche" und die Preiswürdigkeit verschleiernde Institute denkbar ist, welche durch den Einsatz des Preises als Qualitätsindikator, beispielsweise mittels Premium Pricing, induziert wird. Damit einher geht die Forderung nach Preisstellungsmethoden, die im Interesse des Kunden liegen und nicht gegen ihn gerichtet sind.

Abbildung 25: Anforderungen an eine dienstleistungsorientierte Preisgestaltung.

- Hohe Preistransparenz
- Nachfrageseitige Beeinflußbarkeit der Gesamtbelastung durch eigenes Verhalten
- Verursachungsgerechtigkeit
- Offene Preiswürdigkeitsdarstellung
- Hohe und gleichbleibende Leistungsqualität
- Preisstellung im Interesse des Kunden

Quelle: Eigene Erstellung.

Zusätzlich muß sich die dienstleistungsorientierte Preisgestaltung analog zu den Preisstrategien des Sachgütermarketings an den vorangestellten bankbetrieblichen Unternehmenszielen und deren Teilzielen messen lassen.

Die drei genannten dienstleistungsorientierten Preisgestaltungsformen stellen übergeordnete preispolitische Vorgehensweisen dar, welche zunächst nur die grundsätzliche preispolitische Ausrichtung eines Institutes beschreiben. Die Entscheidung für oder gegen eine solche Strategie wird determiniert durch die Unternehmensziele und muß in die Bankgesamtplanung eingebunden werden. Weil das bankbetriebliche Preismanagement im engeren Sinne laut Definition jedoch auch die Formulierung von Preisstrategien umfaßt, sollen diese grundlegenden preispolitischen Ausrichtungen nachfolgend anhand von Einzelmaßnahmen konkretisiert werden. Dazu wird wiederum partiell auf die Systematik von Krümmel zurückgegriffen. In Ermangelung von Anwendungsempfehlungen in der bankbetrieblichen Literatur sind jeweils die Voraussetzungen darzulegen, an die ein erfolgreicher Einsatz der jeweiligen Preisstrategien geknüpft ist. Im Mittelpunkt der Betrachtungen steht jedoch die

---

[659] Vgl. Henkens (1992), S. 124.

Identifizierung derjenigen Bankleistungstypen, die sich als potentielle Anwendungskandidaten für diese alternativen Optionen eignen, sowie die verhaltenstheoretische Analyse des aus Akquisitionsgesichtspunkten anzusprechenden Kundensegmentes. Analog zur Vorgehensweise bei der Untersuchung der Sachgüterpreisstrategien ist auch für die dienstleistungsorientierten Preisstrategien zu prüfen, inwieweit die Restriktionen der Bankpreisgestaltung eine Anwendung eher fördern oder behindern.

3.3.2.1. Qualitätsorientierte Preisstrategien

Qualitätsorientierte Preisstrategien zielen darauf ab, dem nachfrageseitig wahrgenommenen Risiko bei der Inanspruchnahme von Bankleistungen dadurch zu begegnen, daß die Spezifität der zur Beurteilung notwendigen Informationen reduziert wird. Die Unsicherheit des Kunden in der Angebotsphase resultiert einmal aus der schwierigen Nutzenevaluierung im Rahmen eines Preis-Leistungsvergleiches und zum anderen aus der unvollkommenen Information darüber, welcher Anbieter welche Leistung zu welchem Preis offeriert. Das Bestreben einer preisvariierenden Bank muß daher sein, die Informationsgrundlage des Kunden in dieser Situation zu verbessern. Dazu bieten sich grundsätzlich sowohl die Verbesserung der Darstellung des Preis-Leistungsverhältnisses als auch die Verbesserung der Preistransparenz an.[660]

Eine verbesserte Darstellung der Preiswürdigkeit wird erreicht, indem sich die Preisstellung an der Qualität des Leistungsergebnisses orientiert. In diesem Kontext kann eine Bank Leistungsgarantien abgeben oder erfolgsabhängige Preise erheben, deren Höhe funktional von einem vorher mit dem Kunden vereinbarten Ergebnis determiniert wird.

Eine Verbesserung der Preistransparenz wird erzielt, wenn für eine Bankleistung vom Nachfrager statt komplizierter Preisstrukturen wie Preisstaffeln lediglich Pauschalpreise gefordert werden. Eine weitere Möglichkeit besteht darin, die traditionell komplexen Bankleistungsbündel überschaubar in einzelne Leistungskomponenten aufzuteilen. Dabei muß eine konkrete und detaillierte inhaltliche Darstellung dieser Teilleistungen ebenso gewährleistet sein wie die Durchschaubarkeit der daraus resultierenden Preisstruktur.

Vor diesem Hintergrund ist in der anschließenden Formulierung qualitätsorientierter Preisstrategien demzufolge einerseits auf Leistungsgarantien und erfolgsabhängige Preise in Bankbetrieben einzugehen. Andererseits ist die Bedeutung von Pauschalpreisen für Leistungspakete und das Price Unbundling als Interaktion aus leistungspolitischer Entbündelung mit der Preisgestaltung zu untersuchen.

---

[660] Vgl. hierzu allgemein Henkens (1992), S. 130 ff.

3.3.2.1.1. Leistungsgarantien

Insbesondere bei mit hohem Kaufrisiko behafteten Bankprodukten ist eine Reduzierung der Spezifität der für die Beurteilung des Leistungsergebnisses erforderlichen Informationen notwendig. Dies kann erfolgen, indem einem Nachfrager die Qualität der Bankleistung bereits vor der Inanspruchnahme garantiert wird,[661] so daß eine Qualitätsevaluierung anhand der Leistungsgarantie nicht nur einfacher, sondern bereits ex ante möglich ist. Dazu reicht jedoch keine isolierte Qualitätszusage aus, sondern diese muß begleitet werden von der Verpflichtung des Kreditinstitutes, im Falle kundenseitiger Unzufriedenheit mit dem Leistungsergebnis monetäre Ausgleichszahlungen zu leisten (Kick-Back), so daß die Bank explizit einen Teil des Qualitätsrisikos übernimmt. Weil die Eigenschaftsausprägung "Preis" aus verhaltenstheoretischer Sicht oft das einzige Leistungsmerkmal ist, welches für den Bankkunden bereits vor der Inanspruchnahme beurteilbar ist, funktionieren Leistungsgarantien in der Akquisitionsphase nur dann, wenn sie an die Preisgestaltung gekoppelt sind.

Die wohl wichtigste Voraussetzung bei der Operationalisierung einer Leistungsgarantie mit Kick-Back ist ein möglichst hoher Konkretisierungsgrad bei der Formulierung der Garantieaussage. Eine amerikanische Bank garantierte etwa jedem Kunden, der mit dem Service unzufrieden war, am Ende des Geschäftsjahres den Teil der Gebühren zurückzuerstatten, den dieser für angemessen hielt.[662] Infolge des nicht näher definierten Begriffes "Services", unter dem Kunden und Kundenberater zunächst etwas Unterschiedliches verstanden, ging die Bank ein hohes und nicht zu akzeptierendes Ertragsrisiko ein, welches zudem allein abhängig vom subjektiven Eindruck des Nachfragers war.

Für eine Operationalisierung eignen sich nur Preisbezugsbasen, die im Sinne Krümmels leistungsrepräsentativ und nicht fingiert sind. Zusätzlich müssen sie die Anforderungen der kardinalen und metrischen Meßbarkeit erfüllen, so daß das Ergebnis für Bank und Kunden gleichermaßen und ohne Dissens ermittelbar ist. Außerdem sollten die Transaktionskosten in Form von Aushandlungs- und Vereinbarungskosten bei der Vertragsgestaltung und die Kontrollkosten der Vertragserfüllung gering sein.[663] Aus Sicht der Bank sollte die Wahrscheinlichkeit der Einflüsse exogener Ereignisse auf das Ergebnis ex ante abschätzbar, tolerierbar und ex post erkennbar sein, damit keine hohen Ertragsrisiken aus einer Rückerstattung eingegangen werden. Folglich stellt die Leistungsgarantie mit Kick-Back gleichzeitig hohe Anforderungen an das bankbetriebliche Qualitätsmanagement.

Potentielle Anwendungskandidaten der Leistungsgarantie mit Kick-Back sind hochspezifische und selten nachgefragte Vertrauensleistungen, die durch ein hohes nachfrageseitig

---

661 Vgl. Berry, Yadav (1997), S. 61 ff.
662 Vgl. Berry (1995).
663 Vgl. allgemein Henkens (1992), S. 200.

wahrgenommenes Kaufrisiko gekennzeichnet sind, sowie solche Erfahrungsleistungen, die nicht interinstitutionell standardisiert sind. Beispielsweise kann das Beschaffungsrisiko bei der strategischen Finanzplanung dadurch reduziert werden, daß dem Kunden aus den daraus resultierenden Anlage- und Finanzierungsempfehlungen bereits im ersten Jahr eine Steuerersparnis garantiert wird, die das erhobene Beratungshonorar mindestens kompensiert. Anderenfalls wird das Honorar zurückerstattet. Dagegen eignen sich Standardleistungen aufgrund des geringen nachfrageseitigen Kaufrisikos aus verhaltensorientierter Perspektive nicht für Garantiemodelle. Noch dazu sind aus Sicht der garantiegebenden Bank die Fehlerwahrscheinlichkeit und damit auch das Ertragsrisiko aus einer Erstattung bei diesen von hoher Transaktionsfrequenz begleiteten Leistungen größer.

Aus Marketingsicht ist wegen des direkten Leistungsbezugs des Preises besonders bei Vertrauensleistungen eine positive Öffentlichkeitswirkung und damit eine marktseitige Akzeptanz dieser bankleistungsuntypischen Preisstrategie wahrscheinlich. Zweifelsohne stellt die glaubwürdige Darstellung des Qualitätsversprechens hohe Anforderungen an die Kommunikationspolitik. Falls dieses jedoch gelingt, ist mit einem positiven Absatzeffekt durch Neukundenakquisition zu rechnen. Ursächlich hierfür ist, daß die Konkurrenz nicht ohne weiteres mit einem eigenen Garantiemodell nachziehen kann. Der Innovator hätte in diesem Fall nicht nur Entwicklungsvorsprünge beim hierfür essentiellen Qualitäts-management, sondern auch im Aufbau eines Garantie-Controllings, denn die explizite Übernahme des Qualitätsrisikos durch die Bank erfordert sowohl die Messung desselben als auch die ständige Überwachung im Rahmen des Risikomanagements.

Weil die Intention dieser Preisstrategie in der Induzierung eines Preiswürdigkeitsurteils liegt, muß das Zielkundensegment aus Kunden mit einem größeren Preisinteresse bestehen. Denn verhaltenstheoretisch betrachtet ist eine hohe Intensität des Preisinteresses Voraus-setzung für einen gebühreninduzierten Bankwechsel. Da höheres Preisinteresse regelmäßig bei Kunden mit Verhandlungsmacht vermutet werden kann, sollte im Fokus der Akquisitions-bemühungen diese Zielgruppe stehen. Dabei sollten jedoch Kunden mit überragender Verhandlungsmacht ausgeklammert werden, weil ein hohes Preisinteresse gleichzeitig mit einer höheren nachfrageseitigen Reklamationsbereitschaft einhergeht, welche sich vor allem bei unklar operationalisierten Leistungsgarantien zum Nachteil der Bank auswirken würde. Gegen einen Einsatz bei Kunden ohne Verhandlungsmacht spricht sowohl deren geringes potentielles Nachfragevolumen für Vertrauensleistungen als auch die bei vielen Instituten schlechte Rentabilität, die eine weitere Übernahme von Risiken durch eine Leistungsgarantie nicht rechtfertigt.

Insgesamt überwiegen bei einem bankbetrieblichen Einsatz der Leistungsgarantie mit Kick-Back eher die Chancen als die Risiken. Die beschriebenen positiven Auswirkungen auf die Erlöse, das Image in der Öffentlichkeit, die Wettbewerbsposition und die Kundenzahl rechtfertigen durchaus Liquiditätsrisiken aus der expliziten Übernahme des Qualitätsrisikos sowie damit einhergehender Kontroll-, Aushandlungs- und Vereinbarungskosten.

3.3.2.1.2. Erfolgsabhängige Preisstrategien

Eine weitere qualitätsorientierte Preisstrategie ist die erfolgsabhängige Preisgestaltung. Dabei wird der Preis einer Bankleistung bereits vor der Leistungserstellung als Funktion des Leistungsergebnisses festgelegt.

Ähnlich wie Leistungsgarantien reduzieren erfolgsabhängige Preisstrategien das nachfrageseitige wahrgenommene Risiko dadurch, daß sie die Qualität des Leistungsergebnisses bereits vor der Inspruchnahme spezifizieren und der Anbieter einen Teil des Ergebnisrisikos übernimmt. Damit orientiert sich die Preisbildung explizit am Kundennutzen und stellt für den Anbieter eine Entlohnung in Abhängigkeit des Zielerreichungsgrades dar.[664] Im Unterschied zur Leistungsgarantie, bei der die Bank maximal einen vorher festgelegten Preis erhält, kann der Preis in diesem Fall jedoch theoretisch gegen unendlich gehen.

Erkennbar ist, daß erfolgsabhängige Preisstrategien nur für Bankprodukte des Dienstleistungsgeschäftes sinnvoll Anwendung finden können, bei denen der Preis nicht ohnehin bereits vor der Leistungserstellung festgelegt wird oder das zentrale Leistungsmerkmal ist. Folglich kämen Leistungen des Aktiv- und Passivgeschäftes für erfolgsabhängige Preisstellungsformen nicht in Frage. Dabei ist jedoch zu hinterfragen, was beispielsweise das Ergebnis einer Baufinanzierung ist. Weil diese als Leistungsbündel regelmäßig mit Beratung verbunden ist, kann kundenseitig etwa die optimale Wahl des Zinsbindungszeitraumes als ein Zielkriterium angesehen werden. Ähnlich verhält es sich mit dem optimalen Laufzeitenmanagement bei Passivleistungen. In beiden Fällen ist eine richtige Bankeinschätzung der Konjunktur und des Zinses der damit verbundenen Anschlußfinanzierung beziehungsweise der Anschlußinvestition gefragt. Dennoch scheiden Aktiv- und Passivleistungen für die Anwendung erfolgsabhängiger Preisgestaltungsmaßnahmen praktisch aus, weil das Ergebnis "erfolgreiche Beratung" schlecht strukturiert und damit kaum operationalisierbar ist. Zu groß wären exogene Einflußfaktoren wie Konjunkturzyklen auf das Leistungsergebnis, die sich der autonomen Disponierbarkeit der Bank entziehen.

An dieser Stelle wird deutlich, daß der wirksame Einsatz der erfolgsorientierten Preisgestaltung abhängig von der Operationalisierbarkeit des Leistungsergebnisses ist. Aus diesem Grunde kommen analog zu Leistungsgarantien nur solche Preisbezugsbasen in Frage, die leistungsrepräsentativ, quantifizierbar und ex post intersubjektiv verifizierbar sind. Weil das Kreditinstitut auch schon bei partieller Risikoübernahme das Risiko aus exogenen

---

[664] Vgl. Laux (1990), S. 12; Bernet (1995a), S. 35.

Einflüssen auf das Ergebnis trägt, sollte die Wahrscheinlichkeit dieser Einflüsse auf das Leistungsergebnis ex ante abschätzbar und tolerierbar sowie ex post erkennbar sein.

Die Konstruktion erfolgsabhängiger Preisstrategien beruht auf drei grundlegenden Elementen.[665] Zunächst ist die erfolgsabhängige Prämie als Funktion $f(e)$ in Abhängigkeit vom Leistungsergebnis e zu spezifizieren. Angesichts der bei qualitätsorientierter Preisgestaltung gebotenen Transparenz sollten Kreditinstitute sich hier für eine lineare Funktion und nur wenige Funktionsterme entscheiden. Zusätzliche Variationsmöglichkeiten entstehen aus der Berücksichtigung einer expliziten Sollvorgabe s für das zu erreichende Leistungsergebnis oder eines erfolgsunabhängigen Grundpreises g. Der mengen- und erfolgsabhängige Gesamtpreis P ergibt sich aus der Gesamtpreisfunktion P(q,e).

Aus der Kombination der Grundelemente ergeben sich vier strategische Optionen der ergebnisorientierten Preisstellung:

1) Grundpreis mit erfolgsabhängiger Prämie ohne Sollvorgabe

$$P(q,e) = \begin{cases} q(g + f(e)) & \text{für alle } q, e > 0 \\ 0 & \text{sonst} \end{cases} \tag{27}$$

2) Grundpreis mit erfolgsabhängiger Prämie ab Sollvorgabe

$$P(q,e) = \begin{cases} q(g + f(e)) & \text{für alle } q > 0 \wedge e > s \\ 0 & \text{sonst} \end{cases} \tag{28}$$

3) Erfolgsabhängige Prämie ohne Sollvorgabe und ohne Grundpreis

$$P(q,e) = \begin{cases} q(f(e)) & \text{für alle } q, e > 0 \\ 0 & \text{sonst} \end{cases} \tag{29}$$

4) Erfolgsabhängige Prämie mit Sollvorgabe und ohne Grundpreis

$$P(q,e) = \begin{cases} q(f(e)) & \text{für alle } q > 0 \wedge e > s \\ 0 & \text{sonst} \end{cases} \tag{30}$$

Während erfolgsabhängige Prämien und explizite Sollvorgaben als Entlohnungskomponenten zu einer erweiterten Risikoübernahme des Anbieters führen, ist dieses beim

---

[665] Vgl. Laux (1990), S. 71; Henkens (1992), S. 194 f.

Grundpreis, der unabhängig vom Ergebnis an die Bank zu zahlen ist, nicht der Fall. Je geringer der Grundpreis ist und je mehr erfolgsabhängige Komponenten in die Preisfunktion aufgenommen werden, desto größer wird das Risiko für den Anbieter. Die obigen Kombinationen von 1) bis 4) sind daher gekennzeichnet durch eine zunehmende Risikoübernahme des Kreditinstitutes. Im letzten Falle ist das bankseitig übernommene Risiko am größten, weil erst bei Erreichung der Sollvorgabe eine erfolgsabhängige Prämie gezahlt wird. Erreicht das Leistungsergebnis diesen Wert nicht, so bekommt die Bank in Ermangelung eines Grundpreises keine Entlohnung. Weil der Kunde bei dieser Kombination nur bei Erreichen eines vorher festgelegten Mindestnutzens Zahlungen an das Institut zu leisten hat, ist sein wahrgenommenes Risiko bei dieser erfolgsabhängigen Option am geringsten. Die Konstruktion einer erfolgsabhängigen Prämie mit Sollvorgabe und ohne Grundpreis verhält sich ähnlich wie die Leistungsgarantie mit Kick-Back, wobei die Prämie zunächst vollständig gezahlt wird und erst bei Nichterreichen der Sollvorgabe eine Rückerstattung erfolgt. Anders als bei der Leistungsgarantie ist in diesem Fall jedoch der zu entrichtende Preis nicht auf eine ex ante festgelegte Prämie begrenzt, sondern kann gegen unendlich gehen. Die Leistungsgarantie mit Kick-Back ist somit als Spezialfall der ergebnisorientierten Preisgestaltung vom Typ 4 anzusehen.

Weil ein Kreditinstitut mittels einer erfolgsorientierten Preisstrategien explizit Risikoanteile des Nachfragers übernimmt und auf diese Weise effektiv dessen wahrgenommenes Kaufrisiko reduziert, sind vor allem solche Leistungen geeignet, bei denen das nachfrageseitige Kaufrisiko ausgesprochen hoch ist. Anwendungskandidaten sind damit sowohl Erfahrungsleistungen als auch Vertrauensleistungen. In der Praxis finden sich bereits vereinzelt Vermögensverwaltungen, die eine erfolgsabhängige Entlohnung für ihre Dienstleistungen anbieten. Preisbezugsbasis ist dabei die Wertentwicklung des Depots innerhalb eines bestimmten Zeitraumes. Dieses Leistungsergebnis wird regelmäßig anhand einer Sollvorgabe gemessen. Als Benchmark fungieren dabei Aktien- oder Rentenmarktindizes. Dieses Konzept kann auf Erfahrungsleistungen wie Investmentfonds übertragen werden, indem die Leistung des Fondsmanagements nicht über fixe Ausgabeaufschläge honoriert, sondern abhängig von der Performance entlohnt wird.

Eine interessante Anwendungsmöglichkeit erfolgsorientierter Preisstrategien findet sich auch bei Aktivgeschäften, die Erfahrungs- oder Vertrauensleistungen sind. Beispielsweise ist mit der Beantragung öffentlicher Darlehen für Existenzgründer, Innovatoren oder im Rahmen der Mittelstandsförderung regelmäßig eine Beratungs- und Analyseleistung verbunden, die in ein Gutachten über den potentiellen Unternehmenserfolg einfließt. Kreditinstitute könnten diese bisher nur implizit über die Zinsmarge entlohnte Beratung explizit als Unternehmens-beratungshonorar erheben, wenn dieses erfolgsabhängig von der Höhe der staatlich zugesagten Subventionen zu entrichten ist. Analog könnten Banken für allgemeine

Consultingleistungen oder im Rahmen von Mergers & Acquisitions eine erfolgsabhängige Entlohnung auf der Grundlage erreichter Marktanteilszuwächse, Umsatzsteigerungen und ähnlicher Leistungsergebnisse fordern, die den oben genannten Anforderungen an dienstleistungsorientierte Preisbezugsbasen genügen.

Damit wird ersichtlich, daß sich erfolgsabhängige Preisstrategien vorwiegend für Kunden mit mäßiger oder überragender Verhandlungsmacht eignen, weil nur diese die genannten Erfahrungs- oder Vertrauensleistungen in nennenswertem Umfang nachfragen. Gerade im Segment von Kunden mit überragender Verhandlungsmacht kann die ergebnisdeterminierte Preisstellung ein strategischer Wettbewerbsvorteil sein, wenn das Kreditinstitut dadurch einen Teil des mit der Bankleistung verbundenen Risikos explizit übernimmt. Durch die erfolgsabhängige Entlohnung sind die Interessen beider Vertragspartner gleichgerichtet. Überdies kommt bereits aufgrund der Ertragsrisiken aus der expliziten Risikoübernahme des Kreditinstitutes eine erfolgsabhängige Preisstellung für Kunden ohne Verhandlungsmacht, mit denen nur ein geringer Deckungsbeitrag erwirtschaftet wird, nicht in Frage.

Dem Vorteil, daß das nachfrageseitig wahrgenommene Risiko durch erfolgsabhängige Preisstrategien vollständig reduziert werden kann, stehen einige Probleme gegenüber, die hohe Anforderungen an eine Operationalisierung im Sinne einer dienstleistungsorientierten Preisgestaltung stellen. Einmal besteht die Gefahr der Intransparenz der Preisstrategie bei zu vielen Funktionstermen. Zum anderen müssen exogene Einflüsse auf das Ergebnis wirksam ausgeschlossen werden, so daß insgesamt hohe Verhandlungs-, Vereinbarungs- und Kontroll-kosten anfallen. Einer erfolgreichen Durchsetzung dieser wegen ihres direkten Leistungs-bezuges als verursachungsgerecht zu charakterisierenden Preisstrategie dürfte jedoch nichts entgegenstehen. In Anbetracht gleichgerichteter Interessen von Bank und Kunde wird die Marktakzeptanz hoch sein. Die Folge davon sind positive Erlöswirkungen, weil auf diese Weise explizite Honorare für bisher nur implizit entlohnte Leistungskomponenten erhoben werden können. Der Innovator wird zumindest kurzfristig einen Wettbewerbsvorsprung realisieren und durch den positiven Marketingeffekt erfolgreich Neukundenakquisition betreiben können. Imitatoren werden erst dann nachziehen, wenn die erforderliche Qualität ihres Riskmanagements ebenfalls eine Implementierung erfolgsabhängiger Strategien zuläßt.

3.3.2.1.3. Pauschalpreise

Eine weitere Option qualitätsorientierter Preisstrategien sind Pauschalpreise.[666] Weil bei diesem Modell Festpreise für Leistungsbündel unabhängig von der in Anspruch genommenen Mengen- oder Wertgröße der Preisbezugsbasis vereinbart werden, findet sich auch der

---

[666] Vgl. Berry, Yadav (1997). S. 63.

Ausdruck "Flat-Fee".[667] Die Spezifität der Leistungsbeurteilung wird für den Bankkunden dadurch verringert, daß er nicht mit der Abschätzung zukünftiger Kosten konfrontiert wird. Denn das Risiko zusätzlicher Kosten bei steigenden Transaktionsvolumina ist dabei auf das Kreditinstitut überwälzt. Eine Bank wird das nachfrageseitig wahrgenommene Risiko demnach reduzieren, indem der zu zahlende Gesamtpreis für die nachgefragte Bankleistung bereits vor der Leistungserstellung fixiert ist. Demzufolge eignen sich Pauschalpreise vornehmlich bei solchen Leistungen, bei denen der Preis typischerweise erst während oder nach der Leistungserstellung festgelegt wird. In Frage kommen mithin ausschließlich Produkte des Dienstleistungsgeschäftes, weil deren Preisbezugsbasen mengen- oder wertbezogene Strömungsgrößen sind. Bei Leistungen des Aktiv- oder Passivgeschäftes wird der Zins als Instrumentalvariable für die gesamte Bestandshaltedauer der Zahlungsmittel-überlassung bereits vor der Leistungserstellung festgelegt, so daß sie sich für eine Anwendung von Pauschalpreisen nicht eignen.

Grundlegende Anwendungsvoraussetzung ist auch bei Pauschalpreisstrategien die Erfüllung der von Krümmel aufgestellten Bedingungen für Preisbezugsbasen. Allerdings ist bei Pauschalpreisen die Leistungsrepräsentanz von untergeordneter Bedeutung. Im Hinblick auf die Forderungen des Verbraucherschutzes wird die damit geschaffene Transparenz im Sinne interinstitutioneller Vergleichbarkeit beispielsweise auf dem Markt für Leistungen des Giroverkehrs höher bewertet als Verursachungsgerechtigkeit,[668] so daß anders als bei Leistungsgarantien auch fingierte Preisbezugsbasen eingesetzt werden können.

Jedoch kommen nicht alle Bankleistungstypen für eine Anwendung gleichermaßen in Betracht. Die verhaltenstheoretische Analyse deutete auf eine hohe kundenseitige Akzeptanz von Pauschalpreisen für Standardleistungen wie den Giroverkehr hin. Auch empirisch wurde dabei offenkundig, daß Kunden wegen der großen Produkterfahrung und der bestehenden Preiskenntnis bei der Einzelpostenabrechnung die Vorteilhaftigkeit von Pauschalgebühren relativ sicher einschätzen können. Aufgrund der geringen nachfrageseitig wahrgenommenen Qualitätsunterschiede dieser Leistungen zwischen den unterschiedlichen Banken kommt es zur Formierung eines Preisgünstigkeitsurteiles bei Kunden mit und ohne Verhandlungsmacht. Hieraus ergibt sich die Notwendigkeit, daß ein Kreditinstitut aus akquisitorischen Erwägungen den Pauschalpreis im Konkurrenzvergleich sehr niedrig festzulegen hat, um das intendierte nachfrageseitige Preisverhalten zu gewährleisten.

Ein anderes Bild ergibt sich bei Vertrauensleistungen. Da bei diesen Leistungstypen wegen des hohen wahrgenommenen Risikos nachfrageseitig eher ein preisgelenktes Qualitätsurteil gefällt wird, müßte der Pauschalpreis in diesen Fällen sehr hoch angesetzt werden.

---

[667] Vgl. Bernet (1995a), S. 36.
[668] Vgl. Blunck (1991), S. 14.

Bei Erfahrungsleistungen ist die Implementierung von Pauschalpreisen jedoch nicht zu empfehlen. Weil der Bankleistungsnachfrager zumindest ex post die Qualität des Leistungsergebnisses zuverlässig evaluieren kann, wird er mit hoher Wahrscheinlichkeit ein umfassendes Preiswürdigkeitsurteil fällen. Solche Kunden, die bei einem festen Pauschalpreis ein hohes Transaktionsvolumen abwickeln konnten, werden regelmäßig zu einer positiven Beurteilung des Preis-Leistungsverhältnisses kommen und auch weiterhin Leistungen des betreffenden Institutes in Anspruch nehmen sowie gegenüber Bemühungen des Cross-Selling aufgeschlossen sein. Nachfrager mit geringen Transaktionsvolumina hingegen werden eher ein ungenügendes Preis-Leistungsverhältnis konstatieren, so daß bei diesen Kunden aus verhaltenstheoretischer Sicht ein starkes Preisinteresse und folglich eine zunehmende preisinduzierte Reklamations- und Bankwechselbereitschaft befürchtet werden muß. Mit Blick auf das anzusprechende Zielkundensegment sollten sich Kreditinstitute danach auf Nachfrager mit Verhandlungsmacht konzentrieren, die regelmäßig ein höheres Transaktionsvolumen haben als Kunden ohne Verhandlungsmacht. Diese Nachfrager mit geringer Nutzungsfrequenz werden demgegenüber systematisch benachteiligt,[669] wenn kein alternatives Einzelpreismodell angeboten wird.

Die Vorteilhaftigkeit des Pauschalpreismodells liegt aus der Sicht des preisvariierenden Kreditinstitutes im wesentlichen in der Ertragsunabhängigkeit gegenüber unsicheren Preisbezugsbasen wie Wert- oder Volumensgrößen begründet. Zusätzlich besteht bankseitig die Möglichkeit, Nebenleistungen mit einem festen Pauschalpreis abzudecken.[670] Allerdings wird diese Preisstrategie durch den steuerungspolitischen Malus begleitet, daß durch das damit verbundene Bundling der Preis als Instrument zur Förderung des Absatzes von im Bündel enthaltenen Einzelleistungen ausscheidet.[671]

In der Praxis haben sich Pauschalpreise für Girokonten in Deutschland zunehmend durchgesetzt, während Flat-Fees für andere Leistungen noch keine Resonanz gefunden haben. In den USA ist derzeit zu beobachten, daß einige Discount-Broker einen Fixbetrag für jede aufgegebene Wertpapierorder erheben. In Deutschland dagegen wird der Preis für eine Transaktion üblicherweise anhand eines Prozentsatzmodells mit dem Kurswert als Preisbezugsbasis berechnet. Dieser Kurswert und damit auch der Transaktionspreis steht jedoch erst nach der Orderausführung fest. Damit bietet sich für deutsche Institute grundsätzlich auch das Wertpapiergeschäft betreffend eine Pauschalpreisstrategie an, um das nachfrageseitige Risiko in der Beschaffungsphase zu reduzieren. Die Marktakzeptanz jedoch dürfte in Deutschland derzeit noch nicht so hoch sein wie in den Vereinigten Staaten, wo das Wertpapiergeschäft aufgrund der größeren Produkterfahrung amerikanischer Anleger eher Standardleistungs-

---

[669] Vgl. Gerke, Pfeufer-Kinnel (1996), S. 544 f.
[670] Vgl. Bernet (1995a), S. 36.
[671] Vgl. Gerke, Pfeufer-Kinnel (1996), S. 545.

charakter besitzt und weniger den Erfahrungsleistungen zuzuordnen sein dürfte. Genauere Aussagen auf dieser aggregierten Ebene sind hierzu jedoch erst nach entsprechender Marktforschung zu machen.

Insgesamt kann festgehalten werden, daß alle ausgemachten Bankleistungstypen, wenn auch unter anderen Vorzeichen, Anwendungskandidaten von Flat-Fees sind. Dennoch sollte ein Anbieter, der unter Berücksichtigung der ermittelten Grundvoraussetzungen für dienstleistungsorientierte Preisstrategien seine Leistungsfähigkeit demonstrieren möchte, von einer irreführenden Pauschalpreisanwendung auf Erfahrungs- und Vertrauensleistungen Abstand nehmen und sich auf Standardleistungen konzentrieren.

3.3.2.1.4. Price Unbundling

Price Unbundling reduziert das nachfrageseitig wahrgenommene Kaufrisiko in Verbindung mit der Beschaffung schlecht zu bewertender Bankleistungen durch die Entbündelung der banktypischen Leistungsbündel in besonders bepreiste Einzelleistungen. Dabei stehen die Eigenschaftsausprägungen und vor allem der Preis der entbündelten Einzelleistungen vor der Inanspruchnahme fest. Weil die Preisstruktur in Form von Einheitspreisen für die einzelnen Leistungskomponenten für alle Kunden gleichermaßen gilt, ist es bei dieser Preisstrategie nicht notwendig, die Nachfrager ex ante zu segmentieren. Die Bankkunden segmentieren sich im Sinne einer Selfselection selbst,[672] indem sie ihren Nutzen durch die individuelle Kombination der entbündelten Einzelleistungen maximieren. Dadurch, daß Kunden im Falle des Price Unbundling kein komplexes und schlecht zu bewertendes Bankleistungsbündel nachfragen, sondern sich ein eigenes Leistungspaket aus den entbündelten und leichter evaluierbaren Leistungskomponenten zusammenstellen, wird eine Verringerung der Spezifität erreicht, so daß von einer qualitätsorientierten Preisstrategie gesprochen werden kann. Damit wird deutlich, daß diese Preisstrategie als dienstleistungsorientierte Preisgestaltungsform zu kennzeichnen ist, die infolgedessen an dieser Stelle auch getrennt vom eher sachgütertypischen Price Bundling behandelt werden muß. Ziel des Price Unbundling ist das Abschöpfen höherer Preisbereitschaften und damit die Realisierung höherer Gewinnspannen durch den isolierten Absatz von Einzelkomponenten eines Leistungsbündels.

In den letzten Jahren konnte empirisch in einigen Branchen ein verstärkter Trend zur Entbündelung beobachtet werden.[673] Dieser Trend hat sich bislang noch nicht auf

---

[672] Vgl. Moorty (1984), S. 288 ff.
[673] Vgl. hierzu und im folgenden Wilson, Weiss, John (1990), S. 123; Simon (1992a), S. 456 ff.; Simon (1992c), S. 1213 ff.

Bankleistungen übertragen und mag in Anbetracht der beschriebenen Vorteilhaftigkeit der Price Bundling erstaunen. Allerdings ist dies erklärlich, weil zumindest in den Prämissen der klassischen Modelle zur Theorie der Bündelung regelmäßig die Betrachtung der Konkurrenz vernachlässigt wurde. Gerade die Wettbewerbsdynamik ist jedoch verantwortlich für mögliche positive Absatzeffekte des Unbundling. Bislang hat die Entbündelung in den theoretischen Modellen zur Preisbildung wenig Resonanz gefunden. Allein Wilson et al. arbeiteten Bedingungen für eine erfolgreiche Anwendung heraus. Die nachfolgende Argumentation orientiert sich an diesem Ansatz und macht ihn für Bankleistungen fruchtbar, indem sie ihn um dienstleistungstheoretische Gesichtspunkte anreichert, so daß sich Anwendungsempfehlungen unter dem Aspekt der verhaltensorientierten Bankpreistheorie ergeben.

Grundlegende Voraussetzung für ein Unbundling ist zunächst die Existenz eines komplexen Leistungsbündels, das in einzelne Systemelemente aufgespalten werden kann. Die Komponenten des Bündels dürfen nicht nur bloße Eigenschaftsausprägungen sein. Vielmehr muß eine Entbündelung durch Aufspaltung der Wertschöpfungskette zum Entstehen eigenständiger Produkte mit einem positiven Nettokundennutzen führen, wodurch auch das Ausmaß der Entbündelung beziehungsweise die Anzahl entstehender Einzelleistungen determiniert wird. Als kleinstes Leistungselement eines Bündels wird nachfolgend eine Informationseinheit angesehen, die gegenüber dem Nachfrager noch nutzenstiftend wirkt. Daß Bankprodukte diese Anforderungen erfüllen, wird am Beispiel des Wertpapiergeschäftes erkennbar, welches sich in vier Leistungskomponenten zerlegen läßt.

Die Information als Grundlage jeder Anlageentscheidung umfaßt als erste Einzelleistung des Wertpapiergeschäftes die Sammlung und Analyse markt- und kundenbezogener Informationen.[674] Die Beratung als zweite Einzelleistung mündet mittels einer expliziten Anlageempfehlung unter Beachtung der Anlegerziele in das Leistungselement der Auftragsdurchführung.[675] Dieser Transaktionsprozeß besteht in der reinen technischen Abwicklung der Ordererfassung, -buchung und -abrechnung. Die vierte Komponente des Wertpapiergeschäftes ist die Folgebetreuung, die eine aktive Überwachung des Kundenengagements und, daraus resultierend, wiederum neue Ideen und Vorschläge im Sinne der Informationskomponente einschließt, so daß es zu einem sich wiederholenden Prozeß kommt.

Der positive Absatzeffekt wird nach Wilson et al. erreicht, wenn die Preiselastizitäten der Nachfrage für die jeweiligen Einzelprodukte geringer sind als die Preiselastizität der Nachfrage für das gesamte Leistungsbündel. In diesem Fall hat Unbundling eine positive Erlöswirkung, weil höhere Preise und damit höhere Margen durchgesetzt werden können. Wird die Argumentation von Wilson et al. herangezogen, daß Entbündelung vorteilhaft ist,

---

[674] Vgl. Eberstadt (1993), S. 162 ff.

[675] Vgl. allg. zur Auswahl von Anlagealternativen Schmidt (1986), S. 66 ff.

wenn in einem umkämpften Markt die Produkte der Wettbewerber durch zunehmende Standardisierung und Kompatibilisierung homogener werden, drängen sich Bankleistungen als Anwendungskandidaten geradezu auf. Aus theoretischer Sicht bewegen sich Kreditinstitute auf reifen Märkten in späten Phasen des Produktlebenszyklus, so daß sich neue Märkte erschließen lassen, wenn sich Komponenten als eigenständige Produkte verkaufen lassen. Zumindest für den Transaktionsprozeß des Effektengeschäftes deutet der wachsende Marktanteil der Discount-Broker darauf hin, daß der Absatz einer aus Unbundling entstandenen, isolierten Leistung auch in der Kreditwirtschaft erfolgversprechend ist. Ein totale Entbündelung in die vier beschriebenen Glieder der Wertschöpfungskette hat jedoch noch nicht stattgefunden.

Aus der Perspektive des Dienstleistungsmarketings führte sowohl die Integrativität als auch die Immaterialität der Bankleistung zu Implikationen des Unbundling mit der Preisgestaltung. Zum einen können als Ergebnis der Individualisierungseigenschaft verschiedene entbündelte Standardbausteine zu einem kundenindividuellen Endprodukt zusammengestellt werden, ohne daß sich ein Zielkonflikt zwischen kostenminimierender Bank und anspruchsvollem Nachfrager ergibt. Zum anderen kann der Problematik immaterieller, unkonkretisierbarer Leistungsergebnisse durch die Entbündelung komplexer Leistungsbündel entgegengewirkt werden. Dabei läßt sich das maximale Ausmaß der Entbündelung bei Bankleistungen noch genauer als durch die von Wilson et al. aufgestellten Anforderungen bestimmen. Dadurch, daß die Auswertung und Vermittlung von Informationen geradezu charakteristisch für alle Bankleistungen ist, läßt sich die Informationskomponente theoretisch in viele Informationseinheiten zergliedern. Zudem verliert das Merkmal der Nichttransportierbarkeit der Bankleistung durch die Diffusion innovativer Medien an Bedeutung. Die Implikationen des Internet beschränken sich jedoch nicht nur auf die räumliche Übertragung von Bankleistungsinformationen. Wesentlich entscheidender ist, daß diese Informationen, durch Vertriebskanaldifferenzierung von dem Ursprungsbündel abgetrennt, isoliert erhältlich sind, vorgehalten und vor allem auch einzeln bepreist werden können. Das Ausmaß der Entbündelung wird demnach nur davon determiniert, inwieweit eine angebotene Kombination aus einzelnen Informationseinheiten dem Nachfrager noch Nutzen stiftet. Im obigen Beispiel ist daher auch eine weitere Aufspaltung der Informationskomponente denkbar, wenn das Ursprungsbündel "Wertpapiergeschäft" in Informationseinheiten niedrigeren Grades wie etwa isolierte fundamentale oder technische Daten einer Aktie zerlegt wird, für die der Bankkunde zu zahlen bereit ist.

Damit wird durch das Prinzip des Unbundling die offensichtliche Entwicklung im Bankgeschäft erklärt, daß auch solche Leistungen bepreist werden, welche früher kostenlos waren. Aktuell ist ersichtlich, daß Bankkunden zwar nicht für die Bankberatung zu zahlen bereit sind, jedoch eine hohe Preisbereitschaft für Börsenbriefe, Zeitschriften und

Internetseiten mit entsprechenden Informationen aufweisen. Im Grunde entsteht ein eigenständiger Markt für die Beratungskomponente der Bankleistungen, so daß die traditionelle Beratung auch mit diesen alternativen Medien konkurrieren muß.

Je nachdem, ob im Zusammenhang mit der Leistungsartengestaltung eine partielle oder eine totale Entbündelung bis zur letzten Informationseinheit vorgenommen wird, ergibt sich ein Kontinuum aus der Bepreisung jeder einzelnen Informationseinheit und der Erhebung eines einzigen Preises für die Inanspruchnahme eines Bündels, welches das gesamte Bankleistungssortiment eines Institutes umfaßt. In dieses Kontinuum können im Grunde alle typischen strategischen Optionen der bankbetrieblichen Preisgestaltung eingeordnet werden. An dieser Stelle soll der Anschaulichkeit halber lediglich die praktische Ausgestaltung der beiden Extrempunkte betrachtet werden.

Abbildung 26: Kontinuum der Bankpreisstrategien.

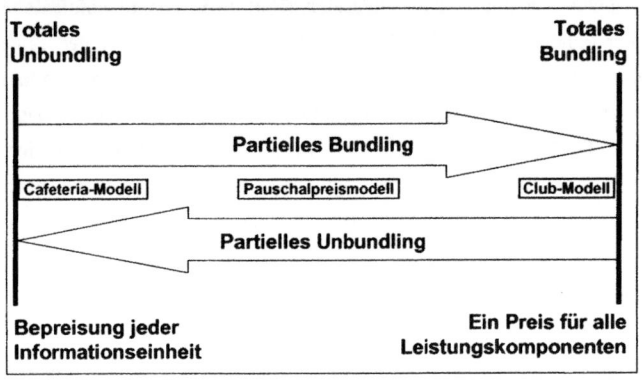

Quelle: Eigene Erstellung.

Beim Club-Modell erwirbt der Kunde sich das Recht, sämtliche Funktionen der Bank für eine bestimmte Zeit zu nutzen.[676] Mit dem einmaligen, festen Clubbeitrag sind unabhängig von der effektiven Beanspruchung alle Leistungen der Bank abgegolten. Das Club-Modell kann als Extremform des Pauschalpreismodells betrachtet werden, weil im Grunde nur ein Preis für das gesamte Leistungsangebot der Bank erhoben wird. Deshalb ist analog dazu als wesentlicher Nachteil das Kostenrisiko der Bank bei steigenden Transaktionsvolumina zu nennen. Außerdem ist eine solche branchenunübliche Preisstellung für den Kunden zunächst überraschend. Ein Vorteilhaftigkeitsvergleich zwischen verschiedenen Instituten auf der Basis eines Preisgünstigkeitsurteiles ist somit zunächst nicht möglich. Vielmehr müssen Nachfrager ein umfassendes Preiswürdigkeitsurteil über sämtliche Leistungen fällen, indem sie sämtliche gezahlten Bankpreise vorheriger Perioden unter Berücksichtigung der Leistungsqualität bei

---

[676] Vgl. Bernet (1995a), S. 37.

gleichbleibendem Nutzungsverhalten mit dem Clubbeitrag vergleichen. Weil zu befürchten ist, daß für viele Bankkunden bereits die Intensität des Preisinteresses als Antezedensbedingung für ein Preiswürdigkeitsurteil hinsichtlich aller nachgefragten Leistungen nicht ausreichend ist, wird die optisch hohe Zahlungsbelastung in Form des Clubbeitrages auch zu einem hohen wahrgenommenen Kaufrisiko führen. Damit wird die Durchsetzung des Clubbeitrages eher unwahrscheinlich. Durchaus vorstellbar ist dagegen die Installation eines partiellen Club-Modells, das lediglich Vertrauensleistungen umfaßt, für die der Kunde ein preisgelenktes Qualitätsurteil fällt. Verhaltenstheoretische Unterstützung würde dieses Preisverhalten erfahren, wenn dem Kunden ein Zusatznutzen aus dem exklusiven Prestige einer Privatbank entsteht. Damit wird sich die Anwendung des Club-Modells auf Kunden mit Verhandlungsmacht beschränken, weil nur diese die Vertrauensleistungen in nennenswerter Transaktionsfrequenz nachfragen und ein entsprechendes Preisinteresse besitzen. Weil bei dieser Preisstrategie nur ein einziger Preis existiert und das Prinzip der kleinen Mittel dadurch ausscheidet, ist ein aktives Angebot an Kunden mit überragender Verhandlungsmacht vor dem Hintergrund des Transaktionskostenrisikos nicht angeraten.

Eine mögliche Implementierung der Bepreisung jeder Informationseinheit wurde bereits eingangs im Kontext des Wertpapiergeschäftes angesprochen. Eine weitere Operationalisierung einer Preisstrategie für entbündelte Leistungen ist das Positionslisten-Modell. Diese auch als Cafeteria-Modell bezeichnete Strategie bezieht sich wie das Club-Modell auf das gesamte Sortiment einer Bank und ist lediglich eine Variante des Price Unbundling. Dabei wird das Leistungsangebot nach den oben definierten Anforderungen in viele Komponenten zerlegt. Jede Einzelleistung beziehungsweise sogar jede Einzeltransaktion wird mit Basispunkten gewichtet. Jeder Basispunkt wird mit einem Grundpreis bewertet. Der Preis der beanspruchten Leistung errechnet sich aus der Anzahl der Punkte, multipliziert mit den Grundpreisen je Punktekategorie.[677] Der Grundpreis einer Beratung kann dabei beispielsweise höher sein als der eines Sortentausches oder einer Internetabfrage. Aus Kostensicht ist aufgrund des sortimentsübergreifenden Charakters des Cafeteria-Modells eine einigermaßen gleichmäßige und transaktionsvolumenunabhängige Abdeckung der Fixkosten durch fixe Ertragsströme unmöglich. Diesem Nachteil steht der Vorteil gegenüber, daß der Bankkunde wirklich nur die effektiv beanspruchte Leistung entlohnt. Bei verursachungsgerechter Festlegung der Einzelpreise existiert keine Quersubventionierung zwischen Leistungsbündeln oder Kundengruppen. Preis und Leistung stehen bei dieser Preisstrategie anders als beim Club-Modell in direkter Beziehung zueinander. Was den Konkurrenzaspekt betrifft, ist das Cafeteria-Modell nicht ad hoc vom Wettbewerb zu implementieren, weil mit der Ermittlung von Grund- und Punktepreisen, die zu Erlösneutralität führen, erheblicher Kalkulations-

---

[677] Vgl. hierzu und im folgenden Bernet (1995a), S. 37.

aufwand verbunden ist. Das variierende Kreditinstitut koppelt sich folglich zunächst vom Preiswettbewerb ab.

Weil sich die Bepreisung nicht mehr auf ein Standardleistungsbündel richtet, sondern auf eine entbündelte Transaktion, wird die nachfrageseitige Formierung eines komplexen Preiswürdigkeitsurteiles erforderlich. Preisgünstigkeitsurteile sind mangels interinstitutioneller Homogenität in diesem Falle unwahrscheinlich. Weil ein hohes Preisinteresse als Voraussetzung für Preiswürdigkeitsurteile eher bei Kunden mit Verhandlungsmacht vermutet werden kann, beschränkt sich die Eignung des Cafeteria-Modells auf dieses Segment. Im Gegensatz zu der Auffassung von Bernet[678] kann diese Systematik der Preisberechnung jedoch insgesamt nicht als transparent bezeichnet werden. Weil die Preisevaluierung durch das Punktesystem auf eine nachgelagerte Ebene transferiert wird, ist aus verhaltenstheoretischer Sicht vielmehr mit einer kognitiven Überforderung vieler Bankkunden zu rechnen. Darüber hinaus erschwert die künstliche Überlagerung durch das Punktesystem eine Absatzsteuerung für Kreditinstitute, die auf einer Induzierung eines bestimmten Preisverhaltens abhängig vom Leistungscharakter der jeweiligen Bankleistungen beruht. Nachteilig wirkt sich auch aus, daß in dem Cafeteria-Modell solche Bankleistungen kaum nachgefragt werden, deren Nettokundennutzen nach der Entbündelung sehr gering ist, so daß mit einer geringeren Kapazitätsauslastung zu rechnen ist.

Als Fazit aus den vorangegangenen Betrachtungen kann festgehalten werden, daß die Diskussion des Club-Modells und des Cafeteria-Modells eher theoretischer Natur war und sich eine Anwendung dieser beiden Extrempunkte des dargestellten Kontinuums der bankbetrieblichen Preisstrategien nicht unbedingt aufdrängt. Während das Club-Modell den dienstleistungorientierten Anforderungen mangels Verursachungsgerechtigkeit widerspricht, ist es im Cafeteria-Modell die Intransparenz der Preisstellung, die aus verhaltenstheoretischer Sicht eine Implementierung verbietet. Zudem wären die Auswirkungen auf die bankbetriebliche Ertragssituation fatal. Im Club-Modell wäre das Ertragsrisiko der Bank mit steigenden Transaktionsvolumina nicht mehr akzeptabel, da es nur einen einzigen Preis gibt, und im Cafeteria-Modell führt die vollständige Einzelpreis-Konstruktion zu ungleichmäßigen transaktionsvolumenabhängigen Ertragsströmen und zu einer schwankenden, kaum zu kontrollierenden Kapazitätsauslastung. Beide Strategien dienten vielmehr dazu, theoretisch das Kontinuum der Bankpreisgestaltung aufzuzeigen. Solche Preisstrategien, die nach partiellem Unbundling bzw. partiellem Bundling zwischen diesen Extrempunkten innerhalb des Kontinuums liegen, wie etwa die beschriebenen Pauschalpreise, sind jedoch für bankbetriebliche Anwendungen je nach betrachtetem Leistungstyp mehr oder weniger geeignet.

---

[678] Ebenda.

210

3.3.2.2. Beziehungsorientierte Preisstrategien

Die Idee des aus dem Industriegütermarketing stammenden Beziehungsmanagements ist auch innerhalb der Bankbetriebslehre nicht neu,[679] wird in der Praxis jedoch vielerorts falsch interpretiert. Die Intention produktorientierter Retail-Banken besteht regelmäßig darin, eine möglichst stabile Kundenbeziehung zu etablieren, um einer breiten Masse von Kunden möglichst viele unterschiedliche Leistungen des eigenen Hauses zu verkaufen. Die traditionelle Preispolitik des Prinzips der kleinen Mittel dient dazu, bei dem Kunden den Eindruck einer in seinem Falle besonders kulanten Bank zu erwecken, die infolge der langjährig gewachsenen Kundenbeziehung sukzessive Preiszugeständnisse macht. Mittlerweile wird anhand der betrachteten Untersuchungen zur gestiegenen Bankwechselneigung erkennbar, daß diese Strategie des Beziehungsmanagements wenig wirkungsvoll ist.

Das Konzept des Relationship Pricing kehrt diesen Mittel-Zweck-Zusammenhang zwischen Kundenbindung und Cross-Selling um.[680] Es zielt darauf ab, jedem Kunden mittels entsprechender Preisstrategien möglichst viele Leistungen zu verkaufen, um eine individuelle und stabile Kundenbeziehung herzustellen. Die verhaltensorientierte Bankpreistheorie erklärt, daß so die Produkterfahrung durch die intendierte Erhöhung der Nutzungsfrequenz von Bankleistungen desselben Hauses größer wird. Dadurch reduziert sich das nachfrageseitig wahrgenommene Risiko auch bei der Abnahme neuer Leistungen. Der Kunde wird demnach zunehmend institutstreu durch einen Lernprozeß, der, im Sinne der Theorie der Bankloyalität von Süchting, aus der Produkterfahrung resultiert.

Damit der Preis in seiner Lenkungsfunktion zu einer Mehrfachabnahme von Leistungen nachfrageseitig auch wahrgenommen wird, ist die Transparenz der Preisstrukuren die Grundvoraussetzung für das Relationship Pricing. Ziel der Absatzbemühungen einer beziehungsorientierten Bank ist nicht der kurzfristige Verkaufserfolg durch Ausnutzen unvollkommener Markttransparenz des Kunden, sondern der Aufbau und Erhalt einer langfristigen Kundenbeziehung. Erreicht werden kann dieses durch eine Preisstellung, die einen Bankwechsel des Kunden mit zunehmender Dauer der Geschäftsbeziehung unattraktiver macht, weil nachfrageseitig zusätzlich zu den Transaktionskosten des Bankwechsels Opportunitätskosten aus den entgangenen treuedeterminierten Preisvergünstigungen zu berücksichtigen sind. Dabei darf der Leistungspreis durch das Relationship Pricing jedoch nicht unter die Kosten der Leistungserstellung fallen, so daß eine dauerhafte Subventionierung alter durch neue Kunden vermieden werden kann. Aus Sicht des Kreditinstitutes ist eine dauerhafte Geschäftsbeziehung wegen ihrer förderlichen Wirkungen auf die Unternehmensziele erstrebenswert. Das enge Bank-Kunden-Verhältnis führt zu vielfältigen Anknüpfungs-

---

[679] Vgl. Süchting (1991), S. 16 ff. , Süchting (1998), S. 631 f.
[680] Vgl. zum Konzept des Relationship Pricing Bernet (1994), S. 708 ff.; Berry, Yadav (1997), S. 63 ff.

punkten für weitere Geschäfte, woraus positive Unterstützung im Hinblick auf das Kapazitäts-auslastungsziel und das Erlösmaximierungsziel resultiert. Ferner erhält eine Bank mit zunehmender Dauer der Kundenverbindung bessere Informationen über die finanzielle Lage der Kunden,[681] was wiederum im Zusammenhang mit Kreditvergabeentscheidungen vor dem Hintergrund der Liquiditätszielerreichung förderlich ist.

Hinsichtlich des Anwendungsbereiches des Relationship Pricing ist Bernet der Auffassung, daß sich diese Preisstrategie grundsätzlich auf alle Leistungen richten kann.[682] Aus der Perspektive der verhaltensorientierten Bankpreistheorie bieten sich dabei jedoch vornehmlich solche Produkte an, bei denen die Bankloyalität gering ist, so daß der Kunde im Rahmen von Mehrfachbankverbindungen zwischen verschiedenen Instituten vagabundiert. Zusätzlich muß dem Kunden ex ante oder ex post eine zuverlässige Qualitätsbeurteilung möglich sein, um die Kundenverbindung zu intensivieren. Aus verhaltenstheoretischer Sichtweise ist deswegen allen beziehungsorientierten Preisstrategien das Ziel gemeinsam, ein nachfrageseitiges Preisgünstigkeitsurteil oder ein Preiswürdigkeitsurteil zu induzieren. Beide Verhaltensweisen sind theoretisch um so wahrscheinlicher, je größer die Produkterfahrung des Kunden ist. Für das Relationship Pricing kommen infolgedessen vorwiegend solche Produkte in Frage, die üblicherweise häufig in Anspruch genommen werden. Eine hohe Transaktionshäufigkeit ist bei dem überwiegenden Teil der Bankkunden vornehmlich bei Standard- und Erfahrungs-leistungen gegeben. Für eine Anwendung bei diesen beiden Leistungstypen sprechen auch die weiteren verhaltenstheoretischen Antezedenzbedingungen. Bei Standardleistungen ist Qualität zwar wahrnehmbar, aber wegen der geringen interinstitutionellen Unterschiede nicht kaufentscheidungsrelevant, so daß die Kundenbeziehung über Preisgünstigkeitsurteile gesteuert werden kann. Bei Erfahrungsleistungen hingegen muß die Formierung eines Preiswürdigkeitsurteils aufgrund wahrgenommener Qualitätsunterschiede zwischen den Banken in Betracht gezogen werden. Die Anwendung beziehungsorientierter Preisstrategien auf Vertrauensleistungen, bei denen nachfrageseitig mit höherer Wahrscheinlichkeit preisge-lenkte Qualitätsbeurteilungsprozesse formiert werden, ist verhaltenstheoretisch kontra-produktiv. Aus betriebswirtschaftlicher Sicht macht es jedoch oft keinen Sinn, bei den Nachfragern zumeist hochmargiger Vertrauensleistungen das Risiko eines Bankwechsels einzugehen. Daher sollten beziehungsorientierte Preisvergünstigungen auch hier greifen, wenn bereits andere Sortimentsteile unter diese Regelung fallen. Eine isolierte beziehungsorientierte Preisstrategie für Vertrauensleistungen ist jedoch aus obigen Gründen abzulehnen.

Im Falle eines nachfrageseitigen Preiswürdigkeitsurteiles muß die Kaufverhaltensrelevanz durch das Relationship Pricing mittels eines günstigen Preis-Leistungsverhältnisses induziert werden. Daraus ergibt sich als weitere Anwendungsvoraussetzung für beziehungsorientierte

---

[681] Vgl. Harwalik (1988), S. 151.
[682] Vgl. Bernet (1994), S. 711.

Preisstellungsformen das Erfordernis langfristiger Qualitätssicherung. Aus Ertragserwägungen sollten sich beziehungsorientierte Preisstrategien primär auf Kunden mit Verhandlungsmacht oder mit überragender Verhandlungsmacht konzentrieren. Da der Preisgestaltungsspielraum bei letzteren infolge des hohen Margendrucks sehr gering ist, muß die Festlegung von Treueindikatoren mit sehr viel Fingerspitzengefühl erfolgen. Ob sich diese Preisstrategien für Kunden ohne Verhandlungsmacht lohnen, die nur einen geringen oder keinen Deckungsbeitrag zum Ergebnis beisteuern, ist in gleicher Weise genau zu analysieren. Aus Kostensicht ist folglich für alle Formen des Relationship Pricing über die Kenntnis der Prozeßkosten hinaus ebenso eine genaue Kundenkalkulation erforderlich.[683] Für die Festlegung von beziehungsorientierten Preisen sind Daten über den jeweiligen periodenbezogenen Deckungsbeitrag aus der Kundenbeziehung in der Vergangenheit sowie Dokumentationen über vergangene und zukünftige beziehungsorientierte Preisentscheidungen notwendig.

Die Optionen der beziehungsorientierten Preisstrategien können in loyalitätsabhängige Preisstellungsformen und nichtlineare Preisstellungsformen systematisiert werden. Loyalitätsabhängige Preisstrategien belohnen die Bankloyalität eines Kunden, indem die Preishöhe vom Ausmaß eines Treueindikators im Zeitablauf bestimmt wird. Durch preispolitische Anreize dieser Art soll das Kundenverhalten dahingehend gesteuert werden, daß der Bankleistungsnachfrager die Geschäftsbeziehung dauerhaft aufrechterhält. Wird die Kundenbeziehung hingegen durch einen Treueindikator operationalisiert, der die gekaufte Abnahmemenge des Kunden wiedergibt, können beziehungsorientierte Preisstrategien der nichtlinearen Preisbildung zugeordnet werden. Hierunter werden allgemein solche Preisstrategien verstanden, bei denen der zu zahlende Gesamtpreis bezüglich der Abnahmemenge nichtlinear ist.[684] Nach dieser Definition sind Mengenrabatte, aber auch Bundling oder das bereits beschriebene Two-Part-Pricing typische Strategien der nichtlinearen Preisstellung. Im folgenden werden jedoch nur solche nichtlinearen Preisstrategien betrachtet, die sich am Konzept des Relationship Pricing orientieren. Preisstellungsformen wie Bundling oder Two-Part-Pricing, bei denen der Konsument quasi zur Abnahme mehrerer Leistungen gezwungen wird, können aus verhaltenstheoretischer Sicht Reaktanz auslösen und dienen mithin keineswegs einem effektiven Beziehungsmanagement. Beziehungsorientierte nichtlineare Preisstrategien sind somit als Spezialfälle loyalitätsabhängiger Preisstrategien mit nachfragemengenabhängigem Treueindikator anzusehen.

---

[683] Vgl. Bernet (1994), S. 709.
[684] Vgl. Tacke (1989), S. 25.

3.3.2.2.1. Loyalitätsabhängige Preisstrategien

Der Preisbildungsprozeß der loyalitätsabhängigen Preisstellung setzt an einem kundenneutralen Basispreis BP an. Dieser Basispreis wird variiert, indem für jeden Kunden ein spezifischer Treuestatus ermittelt wird. Bestimmend vom Ausmaß eines Treueindikators TI als Operationalisierung des Kundentreueverhaltens wird der Basispreis reduziert, so daß ein kundenindividueller Gesamtpreis P in Abhängigkeit von der Abnahmemenge q entsteht.

$$P(q) = (BP - f(TI)) * q \qquad (31)$$

In der Literatur werden verschiedene Maßgrößen als Operationalisierung der Loyalität vorgeschlagen, wie etwa die Anzahl der Bankverbindungen, die Anzahl der Wiederholungskäufe einer bestimmten Leistung, der Anteil der Leistungsabnahme bei der Hausbank oder Wiederkaufwahrscheinlichkeiten.[685] Unter der Maßgabe, daß ein Treueindikator die Loyalität eines Kunden hinreichend genau und quantifizierbar abbilden muß, und unter Beachtung der aufgestellten Transparenzbedingung bei beziehungsorientierten Preisstrategien kann dem Vorschlag Harwaliks gefolgt werden, der als Treuemaß die Dauer der Bankverbindung vorschlägt. Nur bei dieser Maßgröße ist die lenkungsdeterminierende Anforderung, daß Kunden den Treustatus nachvollziehen können, hinreichend gewährleistet. Aus demselben Grunde ist bei der Spezifizierung der Treuerabattfunktion linearen Verläufen der Vorzug vor progressiven oder degressiven Preisermäßigungen zu geben. So operationalisiert als Dauer der Geschäftsverbindung, wird zwar die Institutstreue des Kunden bei der preisvariierenden Bank gefördert, aber nicht notwendigerweise die Mehrfachbankverbindung eines Kunden beseitigt. Demnach ist zusätzlich zu Harwaliks Treueindikator die Bedingung zu stellen, daß nur Kunden mit Einzelbankverbindung in den Genuß des Loyalitätsbonus kommen. Dieses Kriterium kann leicht anhand der den Banken zugänglichen und meist schon vorhandenen Informationen der Kreditauskunftsvereine in der Kundendatenbank berücksichtigt werden.

Die loyalitätsabhängige Preisstellung kann sich entweder als Totalmodell auf das gesamte Sortiment eines Kreditinstitutes beziehen oder als Partialmodell auf ausgewählte Leistungen richten. Aus der Perspektive der verhaltensorientierten Bankpreistheorie bieten sich, wie anfänglich erläutert, vornehmlich Standard- und Erfahrungsleistungen an. Dabei sollte die Preisermäßigung unmittelbar bei der Bezahlung der nachgefragten Leistung wirksam werden. Die Erhebung eines kundenindividuellen Nettopreises hat gegenüber einem thesaurierenden Verfahren mit Ausschüttung am Periodenende den Vorteil, daß der Kunde bei jeder Transaktion

---

[685] Vgl. hierzu ausführlich Rosenstiel, Ewald (1979a), S. 104 ff., sowie Harwalik (1988), S. 142 ff.

das wahrgenommene Beschaffungsrisiko sukzessive reduzieren kann. Auf diese Weise können bereits innerhalb einer Periode Carry-Over-Effekte genutzt werden, die gegebenenfalls zu Absatzsteigerungen führen und damit positive Erlöswirkungen mit sich bringen.

Aus dienstleistungstheoretischer Sicht sind individuelle Preise ein Ausfluß der Integrativitätseigenschaft der Bankleistung. Wenn jedoch mit der loyalitätsabhängigen Preisstellung ex ante eine konkrete Entscheidungsregel an die Stelle des Prinzips der kleinen Mittel tritt, reduziert sich aus Sicht der Bank das Risiko aus einer kundenindividuell unterschiedlichen Kostenbelastung und aus Sicht des Kunden das Beschaffungsrisiko aus nicht fixierten oder erst ex post fixierten Preisen. Demzufolge eignet sich die loyalitäts-abhängige Preisstrategie vorwiegend bei Kunden mit Verhandlungsmacht. Kunden mit überragender Verhandlungsmacht werden sich dagegen durch diese Preisstellungsform vermutlich nicht binden lassen, zumal diese bereits üblicherweise Bestkonditionen genießen und aufgrund von Buying-Centern über enorme ökonomische Kapazitäten verfügen, so daß eine dauerhafte Geschäftsbeziehung das nachfrageseitig wahrgenommene Risiko nicht wirksam reduzieren wird.

Als entscheidungsrelevante Kosten dieses Preismodells sind der hohe organisatorische Administrationsaufwand und die durch die Preisreduzierungen verursachten Erlöseinbußen zu veranschlagen.[686] Demgegenüber ist der Nutzen nur schwerlich zu messen, weil der Schwer-punkt auf die Kundenbindung als langfristiges Konzept gelegt wird. Hier helfen etwa Szenarioanalysen im Rahmen der strategischen Unternehmensgesamtplanung. Im Mittelpunkt der Preisstellung stehen die Interessen des Kunden, die sich mit den Interessen der Bank nach einer dauerhaften Geschäftsbeziehung decken. Der Kunde kann die Gesamtbelastung durch entsprechendes Treueverhalten selbst beeinflussen. Wenn die Preisstruktur so konstruiert ist, daß sie den Anforderungen an eine dienstleistungsorientierte Preisgestaltung gerecht wird, ist folglich mit kundenseitiger Akzeptanz zu rechnen. Da loyalitätsabhängige Preisstrategien eher auf mittel- bis langfristige als auf kurzfristige Verbesserungen der Erlössituation und der Kapazitätsauslastung abzielen, ist zumindest ad hoc nicht mit einer Konkurrenzreaktion zu rechnen. Diese Position ist kommunikationspolitisch wirksam zur Profilierung zu nutzen. Vor dem Hintergrund der eingangs gestellten Wettbewerbsprognose kann die Kundenbindung durch loyalitätsabhängige Preisgestaltung neben dem Preis als primärem Akquisitionsmerkmal zu einem strategischen Erfolgsfaktor in einem Bankenmarkt mit hoher Wettbewerbsintensität werden.

---

[686] Vgl. Harwalik (1988), S. 151.

3.3.2.2.2. Nichtlineare Preisstrategien

Das theoretische Prinzip nichtlinearer Preisbildung umfaßt alle Preisstrategien, bei denen ein Anbieter nicht nur einen konstanten Einheitspreis unabhängig von der gekauften Menge eines Gutes festlegt, sondern den durchschnittlichen Preis pro Einheit mit steigender Nachfragemenge senkt.[687] Der zu zahlende Gesamtpreis, bezogen auf die Abnahmemenge, ist dann nichtlinear. Aus Sicht der klassischen Preistheorie liegt der nichtlinearen Preisstellung das erste Gossensche Gesetz zugrunde,[688] wonach der Grenznutzen eines Produktes mit zunehmend konsumierter Menge sinkt.[689] Durch bewußtes Abschöpfen der unterschiedlichen Preisbereitschaften von Konsumenten lassen sich höhere Gewinne realisieren als bei uniformer Preissetzung.[690]

Nichtlineare Preisbildung funktioniert nach dem Prinzip der Selfselection, bei dem sich die Kunden durch ihr tatsächliches Nachfrageverhalten selbst bestimmten Segmenten zuordnen und durch die Wahl individueller Abnahmemengen faktisch unterschiedliche Durchschnittspreise zahlen, obwohl jedem Kunden dieselbe Preisstruktur angeboten wird.

Unter den in der betriebswirtschaftlichen Literatur unterschiedenen Optionen nichtlinearer Preisstellungsformen[691] kommen nur wenige für eine beziehungsorientierte Implementierung in den Bankbetrieb in Frage. Diese beziehungsorientierten nichtlinearen Preisstrategien sind Blocktarife, Mengenrabatte und Bonusprogramme.

Als Blocktarife werden Preisstellungen bezeichnet, deren Gesamtpreis sich aus der Form

$$P(q) = \begin{cases} p_{b1} * q & \text{für } q < q_b \\ g_b + p_{b2} * q & \text{für } q \geq q_b \end{cases} \text{ mit } p_{b1} > p_{b2} \tag{32}$$

ergibt. Der Blocktarif stellt eine Kombination aus einem uniformen Preis p_{b1} und einem Two-Part-Pricing-Tarif ($g_b + p_{b2} * q$) dar. Bis zu einer bestimmten Abnahmemenge q_b gilt der uniforme Preis, darüber hinaus wird der zweiteilige Tarif angewendet. Ein Blocktarif liegt ebenfalls vor, wenn Kunden unter verschiedenen zweiteiligen Tarifen wählen können. Durch diese Konstruktion ist es möglich, die Nachfrage von Kunden mit kleinen Bedarfsmengen durch einen hohen uniformen Preis auszunutzen und die Konsumentenrente der Kunden mit großen Bedarfsmengen durch das Erheben einer Grundgebühr abzuschöpfen. Verhaltenstheoretisch wird geichzeitig angestrebt, die Kundenbeziehung zu intensivieren, indem ab der

---

[687] Vgl. Simon, Tacke (1992), S. 48.
[688] Vgl. Tacke (1989), S. 2 f.
[689] Vgl. Herberg (1985), S. 81.
[690] Vgl. Simon, Tacke (1992), S. 48 f.; Faßnacht (1996), S. 71 ff.
[691] Vgl. hierzu und im folgenden allgemein Tacke (1989), S. 26 ff.

Nachfragemenge q_b ein Rabatt gewährt wird. Blocktarife sind die typischen Preisstrategien von Verkehrs- und Versorgungsunternehmen und haben in dieser Form für Banken kaum Verwendung gefunden.

Mengenrabatte sind eine Form der nichtlinearen Preisstellung, wonach Kunden beim Kauf bestimmter Mengen Preisermäßigungen eingeräumt werden, die regelmäßig als Prozentsatz vom Umsatz ausgedrückt werden. Mengenrabatte existieren in vielen Varianten. Grundsätzlich sind dabei zwei wesentliche Formen zu unterscheiden. Unter dem Oberbegriff durchgerechneter Mengenrabatte subsumiert Tacke solche Verfahren, bei denen der Rabattsatz für alle abgenommenen Einheiten gilt. Bei angestoßenen Mengenrabatten hingegen wird der Rabattsatz jeweils nur auf den entfallenden Umsatzanteil verrechnet.

Der angestoßene Mengenrabatt ist strukturell identisch mit dem Blocktarif.[692] Bis zu einer bestimmten Menge q_{am} gilt der uniforme Preis p_{am1}. Für alle weiteren Mengeneinheiten ermäßigt sich der Stückpreis auf p_{am2}.

$$
P(q) = \begin{cases} p_{am1} * q & \text{für } q < q_{am} \\ (p_{am1} - p_{am2}) * q_{am} + p_{am2} * q & \text{für } q \geq q_{am} \end{cases} \quad \text{mit } p_{am1} > p_{am2} \quad (33)
$$

Im Unterschied zum Blocktarif ist lediglich die Grundgebühr f_b durch $(p_{am1} - p_{am2})q_{am}$ ersetzt. Analog zum Blocktarif sind auch mehrere Rabattstufen möglich.

Auch beim durchgerechneten Mengenrabatt gilt bis zu q_m der uniforme Preis p_{m1}. Bei größeren Nachfragemengen als p_{m1} wird der Preis auf p_{m2} gesenkt, und zwar nicht nur für die folgenden, sondern auch für alle bisherigen Einheiten.[693]

$$
P(q) = \begin{cases} p_{m1} * q & \text{für } q < q_m \\ p_{m2} * q & \text{für } q \geq q_m \end{cases} \quad \text{mit } p_{m1} > p_{m2} \quad (34)
$$

Weitere i Rabattstufen mit $p_{mi} < p_{m2}$ sind möglich. Neben dem Preis-differenzierungseffekt zwischen Konsumenten mit kleinen und großen Bedarfsmengen erzeugt diese Preisstrategie einen Sogeffekt. Solche Konsumenten, deren normale Abnahmemenge in der Nähe einer vorteilhafteren Rabattstufe ist, werden entsprechend mehr nachfragen, um in den Genuß der Preisermäßigung zu gelangen.

Bonusprogramme sind eine Variante des Mengenrabattes,[694] bei dem den Kunden am Ende einer Periode ein bestimmter, vorher festgelegter Prozentsatz vom Umsatz oder ein Fixbetrag

---

[692] Vgl. Dolan (1987b), S. 2 ff.; Tacke (1989), S. 32.
[693] Vgl. Tacke (1989), S. 32 f.
[694] Vgl. im folgenden Tacke (1989), S. 47 ff. ; Simon, Tacke (1992), S. 52 f.

als Kick-Back vergütet wird. Offenkundig liegt der Fokus dieser Preisstrategie im Gegensatz zu den vorherigen weniger auf der operativen Verbesserung der Kundenbeziehung durch Forcierung der abgesetzten Menge bei jeder einzelnen Inanspruchnahme. Bonusprogramme sind vielmehr strategisch auf eine dauerhafte Kundenbeziehung ausgerichtet, die aus der Erhöhung der abgesetzten Menge innerhalb eines Zeitraumes resultiert. Wenn das Programm mehrere Produkte des Sortimentes einbezieht, werden Wechselkäufer darüber hinaus animiert, weitere Leistungen beim gleichen Anbieter nachzufragen, um auf diese Weise eine höhere Rabattstufe zu erreichen. Vor allem besonders preissensible Kunden werden von einem Anbieterwechsel abgehalten und in Stammkunden umgewandelt.

Die vorgenannten beziehungsorientierten Preisstrategien basieren sämtlich auf dem Krümmelschen Prinzip der Preisstaffelung. Dabei engt sich der Kreis geeigneter Preisbezugsbasen auf solche mit hinreichender Leistungsrepräsentanz ein. Fingierte Preisbezugsbasen scheiden aufgrund des Relationship Pricing Konzeptes und der Anforderungen an dienstleistungsorientierte Preisgestaltungsmethoden aus. Für eine mögliche Anwendung bieten sich sowohl Bestandsgrößen, wie etwa der tatsächlich in Anspruch genommene Kreditbetrag oder ein Sichtguthabenbestand, als auch Mengen- oder Wertströme an. Ein Beispiel für ersteres sind Rabatte für Kontoführungsgebühren, die nach der Anzahl der Buchungsposten gestaffelt sind.

Anhand der Wertgröße "Kurswert" beim Kauf oder Verkauf von Wertpapieren kann exemplarisch gezeigt werden, daß die in der bankbetrieblichen Literatur allgemein als Rabattstrategien[695] titulierten Preisermäßigungen nunmehr genauer als Kombination von Preisstaffelung und nichtlinearer Preisstellung differenziert werden können. Beispielsweise ist die Wertpapierpreisstruktur des Discount-Brokers *Consors* als Blocktarif zu interpretieren,[696] wobei für $q < q_b$ ein konstanter Preis gilt, der Mindestpreischarakter hat. Für $q \geq q_b$ wird in mehrere Blöcke differenziert, für die auch ein Grundpreis existiert. Dagegen haben andere Direktbanken für die Wertpapiertransaktionen Preisstaffeln implementiert, die als Mengenrabatte zu klassifizieren sind. Während die *Bank 24* oder die *Direkt Anlage Bank* einen angestoßenen Mengenrabatt erheben, hat die *comdirect bank* einen durchgerechneten Mengenrabatt installiert.

Die Voraussetzung der Transparenz für beziehungsorientierte Preisstrategien gilt auch für nichtlineare Preisstellungen. Nur wenn Nachfrager die Vor- und Nachteile des Angebotes verstehen, wird der erhoffte Absatz- und Gewinneffekt eintreten.[697] Aus diesem Grunde sind angestoßene Mengenrabatte, die nachfrageseitig zu kognitiver Überforderung führen, abzulehnen und ist die Anzahl der Staffelgrenzen möglichst gering zu halten. Eine zusätzliche

---

[695] Vgl. z.B. Bernet (1994), S. 710.
[696] Vgl. hierzu und im folgenden im Anhang Abb. A14.
[697] Vgl. Simon, Tacke (1992), S. 61.

allgemeine Anwendungsvoraussetzung für nichtlineare Preisstrategien ist die Nichtübertragbarkeit der Vergünstigung von Person zu Person, so daß eine Preisermäßigung von Unberechtigten oder Einkaufsgemeinschaften nicht ausgenutzt werden kann. Außerdem darf es nicht zu einer zeitlichen Arbitrage durch Hamsterkäufe kommen.[698] Der Dienstleistungscharakter der Bankleistung zeigt, daß nichtlineare Preisstellungen in der Kreditwirtschaft erfolgreich eingesetzt werden können. Denn der Absatz von Bankleistungen ist wegen der Interaktionseigenschaft personengebunden. Noch dazu schließen das Uno-Actu-Prinzip und die Nichtlagerfähigkeit von Bankleistungen eine zeitliche Arbitrage wie im Konsumgüterbereich aus. Anhand dieser Bedingungen ist es nun erklärlich, daß Rabatte in der bankbetrieblichen Praxis sowohl für Standard- als auch für Erfahrungsleistungen vermehrt zur Anwendung kommen. Bonusprogramme analog zu den Frequent-Flyer-Programmen[699] der Fluggesellschaften gibt es hingegen bis dato nicht, obwohl diese angesichts ihres strategischen Charakters, kombiniert mit einer Sogwirkung analog zu den Mengenrabatten, als wirkungsvollste der nichtlinearen Preisstrategien anzusehen sind.

Aus der Perspektive der verhaltensorientierten Bankpreistheorie reduziert sich das Beschaffungsrisiko bei Bonusprogrammen dadurch, daß mehrere Leistungen desselben Anbieters nachgefragt werden. Der Absatzeffekt bei den übrigen nichtlinearen Preisstrategien wird nur erzielt, wenn nachfrageseitig ein Preisgünstigkeits- oder ein Preiswürdigkeitsurteil zugunsten des variierenden Institutes formiert wird. Wenn das Zielkundensegment aus Kunden mit Verhandlungsmacht besteht, denen ein hohes Preisinteresse und viel Produkterfahrung bescheinigt werden kann, müssen die Preisstaffeln im Wettbewerbsvergleich entsprechend attraktiv ausfallen. Bei Kunden ohne Verhandlungsmacht mit regelmäßig geringerer Preiskenntnis und Produkterfahrung besteht indes die Gefahr des Bankwechsels zu "unehrlichen" Konkurrenten mit angestoßenen Mengenrabatten. Die Tatsache, daß bei dieser Option die Preise optisch gering gestaltet werden können, aber dennoch effektiv höher als bei durchgerechneten Formen sind, wird unter diesen Voraussetzungen wahrscheinlich nicht erkannt. Kunden mit überragender Verhandlungsmacht fragen typischerweise überdurchschnittliche Losgrößen nach, deren Konditionen in individuellen Preisverhandlungen festgelegt werden und entsprechend günstig sind. Somit sind nichtlineare Preisstrategien für diese Klientel kaum attraktiv und werden weniger zu einer Neukundenakquisition führen, sondern vielmehr unter Kundenbindungsaspekten wirkungsvoll sein.

Ein weiterer Aspekt, der für beziehungsorientierte nichtlineare Preisstrategien im Kreditsektor spricht, ist die Beobachtung, daß diese Optionen auch in besonders intensiven Wettbewerbsumfeldern regelmäßig vorkommen.[700] Theoretisch konnte bisher jedoch lediglich

---

[698] Vgl. Simon (1992a), S. 569.
[699] Vgl. hierzu Day, Ryans (1988), S. 13; Kearney (1989), S. 49 ff.
[700] Vgl. Dolan (1987b), S. 1 ff.

für zweiteilige Tarife gezeigt werden, daß nichtlineare Preisstrategien auch unter Konkurrenzbedingungen zu besseren Ergebnissen führen als eine Einheitspreissetzung.[701] Simon und Tacke warnen beim Übergang zu diesen Preisstrukturen vor unerwünschten Konkurrenzreaktionen, die eine Preisspirale nach unten provozieren können.[702] Diese Auffassung kann zumindest für das obige Beispiel des Direktbankenmarktes geteilt werden, wenn die aktuelle Entwicklung der Transaktionsprovisionen des Wertpapiergeschäftes unterstützend herangezogen wird. Allerdings besteht für preisvariierende Institute auch die Möglichkeit, sich durch nichtlineare Preisstrategien gezielt in einem attraktiven Preisbereich zu positionieren. Festgemacht an den Wertpapierprovisionen, könnten durch eine hohe Grundgebühr g_b bewußt kleine Orderlosgrößen und in diesem Kontext auch Kunden ohne Verhandlungsmacht mit kleinen Depots und geringen Deckungsbeiträgen pro ausgeführtem Auftrag bewußt ausgesteuert werden.

Insgesamt kann festgehalten werden, daß sich als beziehungsorientierte, nichtlineare Preisstrategien in erster Linie Bonusprogramme eignen. Den Erlöseinbußen aus der Vergünstigung und der Administration stehen langfristig positive Erlöswirkungen aus der Zunahme individueller Nachfragemengen und aus der Inanspruchnahme unterschiedlicher Leistungen bei gleichzeitig hoher Kundenbindung gegenüber. Gegen eine Durchsetzung der Preisstrategie sprechen weder zu erwartende Akzeptanzprobleme in der Öffentlichkeit noch antagonistische Konkurrenzreaktionen.

3.3.2.3. Prozeßorientierte Preisstrategien

Als prozeßorientierte Preisstrategien werden solche dienstleistungsorientierten Preisgestaltungsmethoden bezeichnet, die sich primär auf das Verhalten des Kunden beim Kontakt mit der Bankorganisation im Rahmen des Leistungserstellungsprozesses richten. Dabei äußert sich die Prozeßorientierung nicht etwa in ablauforganisatorischen Aspekten, sondern vielmehr in der Berücksichtigung des bankbetrieblichen Leistungserstellungsprozesses, wie er sich aus dem Blickwinkel des Kunden darstellt. Weil die Einbeziehung des Kunden in den Produktionsprozeß dienstleistungstheoretisch durch die Integrativität beschrieben wird, können prozeßorientierte Preisstrategien an dieser Dimension und deren Subdimensionen ansetzen.

An dieser Stelle können die bei der Betrachtung der Integrativitäteigenschaft sowie der Interaktions- und Individualitätseigenschaft aufgeworfenen preisbezogenen Fragen des allgemeinen dienstleistungstheoretischen Teiles aus verhaltenstheoretischer Perspektive beant-

---

[701] Vgl. Hayes (1987), S. 41 ff.
[702] Vgl. Simon, Tacke (1992), S. 62.

wortet und neue Preisstrategien abgeleitet werden. Schließlich wird die effizienzorientierte Preisstrategie als wirkungsvolle Spezialform der prozeßorientierten Preisstrategie erläutert.

3.3.2.3.1. Preisstrategische Implikationen aus der Integrativitätseigenschaft

Eingangs wurde dienstleistungstheoretisch gezeigt, daß sowohl die Qualität der nachfrageseitig in den Leistungserstellungsprozeß eingebrachten externen Faktoren als auch das Ausmaß der Integration Implikationen für die Bankpreisgestaltung besitzen. Dabei können sich Preisstrategien in Abhängigkeit vom nachfrageseitigen Integrationsanteil sowohl aus der Externalisierung als auch aus der Internalisierung von Leistungen ergeben. Diese drei preisbezogenen Hebel aus der Integrationseigenschaft werden nachfolgend eingehender analysiert.

Eine innovative Preisstrategie, die sich auf die Qualität der nachfrageseitig eingebrachten externen Faktoren am Leistungsprozeß bezieht, ist das Free Banking by Level.[703] Danach sind Leistungen des Giroverkehrs kostenlos, wenn ein bestimmtes Durchschnittssichtguthaben vorliegt oder der Kunde entsprechende Einlagen tätigt. Eine ähnliche integrationsdeterminierte Preisstrategie ist die kostenlose Kontoführung bei monatlichen Gehaltseingängen in bestimmter Höhe.[704] Der offensichtlich positive Marketingeffekt des Banking by Level wird von einer guten Steuerungswirkung begleitet. Je nachdem, wie die qualitative Mindestbedingung operationalisiert ist, können sowohl eine höhere Kapazitätsauslastung als auch ein positiver Erlöseffekt induziert werden. Überdies ist generell auch die Attrahierung von Einlagen und damit eine Wiederherstellung des liquiditätsmäßigen Gleichgewichtes möglich. Aus dienstleistungstheoretischer Sicht ist die Tatsache positiv zu bewerten, daß der Kunde die Preisstellung bei transparenter und verursachungsgerechter Anwendung durch sein eigenes Verhalten aktiv beeinflussen kann. Das preisvariierende Kreditinstitut läuft jedoch regelmäßig Gefahr, bei nur knappem Nichterreichen der Nachfragebedingung kulante Einzelfallentscheidungen zu treffen, die nicht im Einklang mit der prozeßorientierten Preisgestaltung stehen. Zusätzlich ergibt sich bei steigenden Transaktionsvolumina für die Bank ein erhöhtes Kostenrisiko.

Aus verhaltenstheoretischer Sicht müssen Kunden ein Preiswürdigkeitsurteil fällen, um die Vorteilhaftigkeit dieser Preisstrategien evaluieren zu können. Dabei ist abzuwägen, ob die geforderte Nachfragevolumensbedingung erfüllt werden kann. Aus diesem Grunde eignen sich vorwiegend Standard- und Erfahrungsleistungen, bei denen ein umfassendes Preiswürdigkeitsurteil am wahrscheinlichsten ist. Demzufolge kommt als Anwendungskandidat auch das Wertpapiergeschäft in Betracht, bei dem auf die Depotverwaltungsgebühr

---

[703] Vgl. Chorafas (1989), S. 218.
[704] Die *BfG Bank AG* hat mit dieser Strategie in kurzer Zeit 100.000 Neukunden gewonnen, die *Postbank AG* zieht jetzt nach.

verzichtet werden könnte, wenn ein bestimmtes jährliches Transaktionsvolumen überschritten wird. Im Falle einer einfachen Nachfragebedingung wie "Gehaltseingang" in Kombination mit einer Standardleistung wird diese Preisstrategie nicht nur zur Akquisition von Kunden mit Verhandlungsmacht, sondern auch von solchen ohne Verhandlungsmacht und mit einem vermutlich geringeren Preisinteresse anwendbar sein.

Eine Erhöhung der Wertschöpfungstiefe durch Internalisierung wird in Anbetracht des bestehenden, bereits sehr umfassenden Leistungsprogrammes von Banken nur in wenigen Fällen zu erweiterten Preisgestaltungsspielräumen führen. Voraussetzung für den Erfolg einer derartigen leistungspolitischen Maßnahme ist zunächst ein komplexes finanzdienstleistungsrelevantes Bedürfnis des Nachfragers, das dieser aufgrund seines ökonomischen Bildungsgrades oder seiner beschränkten technischen Möglichkeiten nicht befriedigen kann. Die Aufnahme dieser Aktivität in den Leistungserstellungsprozeß der Bank muß nachfrageseitig zudem einen ausreichenden Zusatznutzen stiften, so daß die Preisbereitschaft entsprechend hoch ist und die Leistungsdifferenzierung tatsächlich entlohnt wird. Angesichts dieser Voraussetzung werden internalisierungsgebundene Preisstrategien vorwiegend im Bereich der Vertrauensleistungen relevant sein. Hier war in der Vergangenheit ein Trend zur Internalisierung von Zusatzleistungen wie Stiftungseinrichtung, Testamentsvollstreckung oder Finanzplanung gegen Honorar zu beobachten. Das anzusprechende Kundensegment beschränkt sich daher auch auf solche Klientel, die, mit hoher Bonität ausgestattet, diese Leistungen in ausreichendem Maße nachfragt und Verhandlungsmacht besitzt.

Wenn sich das Ausmaß des nachfrageseitigen Interaktionsanteils durch Externalisierung erhöht, führt dies, wie beschrieben, zu einem geringeren Preisgestaltungsspielraum, weil Kosteneinsparungen wegen des Wettbewerbsumfeldes und des zunehmend preisbewußten Nachfragerverhaltens zumindest teilweise an die Bankkunden weitergegeben werden müssen. Für diesen entsteht in zweifacher Hinsicht ein Zusatznutzen. Neben dem Nutzen durch den objektiv niedrigeren Preis kann es zusätzlich auch zu einem Interaktionsnutzen aus der eigenständigen Übernahme von Bankaktivitäten kommen. Grundvoraussetzung für eine erfolgreiche Externalisierung ist jedoch zunächst die Entbündelungseigenschaft von Bankleistungen. Durch die Aufspaltung der Bankleistungsbündel müssen sich dabei solche Leistungskomponenten ergeben, die der Kunde eigenständig übernehmen kann. Die Nachfrage nach Bankleistungen, bei denen Preise in leistungspolitischer Interaktion durch Externalisierung festgelegt wurden, erfordert einen umfassenden Preis-Leistungs-Vergleich des leistungsdifferenzierten Produktes mit dem ursprünglichen Produkt. Aus Sicht der verhaltensorientierten Bankpreistheorie ist somit die Formierung eines nachfrageseitigen Preiswürdigkeitsurteiles erforderlich. Um dieses zu unterstützen, sollten externalisierungsgebundene im Gegensatz zu internalisierungsgebundenen Preisstrategien regelmäßig für

Standard- oder Erfahrungsleistungen und weniger für Bankleistungen mit Vertrauenscharakter implementiert werden.

Preisstrategien, die ursächlich mit Externalisierung verbunden sind, eignen sich primär für Kunden mit Verhandlungsmacht, bei denen ein entsprechend hoher ökonomischer Bildungsgrad vermutet werden kann, so daß Teilprozesse selbst übernommen werden können. Verhaltenstheoretisch sind gerade bei diesen Bankkunden ein intensives Preisinteresse und eine entsprechende Preiskenntnis zu vermuten, so daß eine Neukundenakquisition aufgrund eines gebühreninduzierten Bankwechsels möglich ist. Eher überraschend ist die Tatsache, daß die Externalisierung von Leistungen gleichermaßen junge, kapitalmarktunerfahrene Bankkunden ohne Verhandlungsmacht anspricht, wie aus der Kundenstruktur von Discount-Brokern abzulesen ist.[705] Bestimmend für dieses paradoxe Anlegerverhalten ist einmal, daß niedrige Transaktionspreise die Marktzutrittsschranke für das Wertpapiergeschäft gesenkt haben. Zum anderen resultiert dieses aus der empirisch ausgemachten Geringschätzung gegenüber der Bankberatung[706] als Leistungskomponente im Rahmen eines Preiswürdigkeitsurteiles.

Aus diesem Grunde sind auch Zeithonorare für die Beratung, wie sie in der bankbetrieblichen Literatur teilweise gefordert werden,[707] abzulehnen. Eine derartige prozeßorientierte Gestaltung der Preisstruktur würde zunächst eine Entlohnung für eine derzeit unentgeltlich in Anspruch genommene Leistung bedeuten. Gleichzeitig würde das Free-Rider-Problem gelöst, welches sich daraus ergibt, daß allein die Bank das Nichtabschlußrisiko trägt. Derzeit ist es möglich, daß sich ein Kunde oder Nichtkunde bei Bank A beraten läßt und bei Bank B handelt. Diese externen Effekte werden mit der Marktanteilszunahme nichtberatender Direktbanken besonders virulent. Gegen das Zeithonorar spricht jedoch, daß ein solches Preismodell derzeit nicht existiert und der Innovator angesichts der damit verbundenen Öffentlichkeitswirksamkeit mit schlechter Akzeptanz durch den Kunden rechnen muß. Einerseits ist die Zeit, operationalisiert als Dauer der Beratung, ein rationales Maß für den Interaktionsgrad einer Bankleistung und auch kostenrechnerisch ein Indikator für die verursachungsgerechte Entlohnung genutzter Kapazitäten. Andererseits wurde die Beratung traditionell nur implizit bepreist und nicht als eigenständige Leistung herausgestellt. Damit gestaltet sich die Einführung eines expliziten zeitabhängigen Honorares entgegen der vom Kunden gelernten Schemata verhaltenstheoretisch als ausgesprochen schwierig. Hinzu kommt, daß aus Nachfragersicht Unsicherheit über die Qualität der Beratung herrscht, welche nicht notwendigerweise mit der Beratungszeit korreliert. Bei genauerer Betrachtung müßte diese Informationsasymmetrie demnach durch Entlohnung des Ergebnisses einer Beratung

---

[705] Vgl. Grebe, Kreuzer (1997), S. 89.
[706] Vgl. Eichhorn et al. (1997), S. 410 ff.
[707] Vgl. Bernet (1995â), S. 36; Bräuer (1995), S. 21.

reduziert werden, so daß die beschriebenen ergebnisorientierten Preisstrategien die bessere Alternative zum Zeithonorar wären.

Eine denkbare Implementierung externalisierungsgekoppelter Preisstrategien besteht darin, daß der Integrationsanteil der Bankkunden im Giroverkehr erhöht wird. Kreditinstitute könnten etwa auf Kontoführungsgebühren verzichten, wenn Nachfrager ihre Aufträge selbst per Homebanking erledigen. Verhaltenstheoretisch erscheint es geschickter, nicht diejenigen Kunden, welche traditionelle Transaktionswege wählen, zu bestrafen und Reaktanz zu erzeugen, sondern solche Kunden, deren Interaktion ausschließlich online erfolgt, am Ende der Abrechnungsperiode durch ein Kick-Back zu belohnen. Dieses Kick-Back Pricing muß nicht auf die Marketing-Interaktion mit der Vertriebskanalwahl beschränkt bleiben, sondern kann sich selbstverständlich auch auf andere Faktoren beziehen.

3.3.2.3.2. Preisstrategische Implikationen aus der Interaktions- und Individualitätseigenschaft

Die Individualität des Leistungserstellungsprozesses war aus dienstleistungstheoretischer Sicht nicht zuletzt für die Heterogenität der bankbetrieblichen Preisfestsetzung verantwortlich. Um eine nachfrageseitige Vergleichbarkeit von Bankleistungen im Einklang mit der dienstleistungstheoretischen Anforderung nach Transparenz zu gewährleisten, sollte auf individuelle Preisentscheidungen zugunsten von Einheitspreisen verzichtet werden. Durch den Verzicht auf verhandelbare Preise würde zwar etwas absolut Banktypisches abgeschafft, für Kunden ohne Verhandlungsmacht ist jedoch ein verhandlungsinduzierter organisatorischer Mehraufwand aus kalkulatorischen Erwägungen ohnehin kaum zu rechtfertigen. Problematischer wird die Forderung nach Einheitspreisen bei solchen Kunden durchzusetzen sein, die mit Verhandlungsmacht ausgestattet und damit von oft wesentlich ertragswirksamerer Bedeutung für ein Kreditinstitut sind. Aus ökonomischer Sicht profitieren diese Kunden einerseits von der so geschaffenen Markttransparenz und dem damit einhergehenden Preiswettbewerb, andererseits steht aus Sicht der Bank zu befürchten, daß dennoch nicht auf individuelle Preisverhandlungen als gelerntes Verhalten verzichtet oder daß durch deren Einschränkung beim Kunden Reaktanz erzeugt wird. Ein Lösungsansatz hierfür ist, daß sich zumindest Teilprozesse des gesamten Leistungserstellungsprozesses standardisieren lassen, während das Leistungserstellungsergebnis trotzdem individualisiert sein kann, so daß sich kein Zielkonflikt der Transaktionspartner ergibt. Diese Standardisierung von Teilprozessen wird durch das beschriebene Prinzip der Entbündelung bestehender Bankleistungsbündel und der Schaffung einer baukastenähnlichen, modularen Struktur erreicht. Die entstandenen Einzelkomponenten haben jeweils Einheitspreise. Durch individuelles Zusammenstellen maximieren auch Kunden mit Verhandlungsmacht ihren Nutzen mittels Selfselection.

Mit dem Ausschluß von Verhandlungspreisen ist gleichzeitig die aufgeworfene Frage nach dem optimalen Zeitpunkt der endgültigen Preisfestsetzung beantwortet. Dadurch, daß variable oder fixe Einheitspreise bereits vor der Inanspruchnahme der Bankleistung feststehen, sinkt gleichzeitig das nachfrageseitig wahrgenommene Kaufrisiko bei allen Leistungstypen. Infolgedessen ist mit einem positiven Absatzeffekt zu rechen. Beachtet werden muß dabei, daß expliziten Preisen der Vorzug gegenüber impliziten Preisen zu geben ist. Denn implizite Preisstellungsformen sind mangels Wahrnehmbarkeit nicht geeignet, um das Bankkundenverhalten zielgerichtet zu beeinflussen. Insgesamt führt die verhaltensorientierte Betrachtung des Individualisierungsgrades zu verschiedenen Anforderungen an eine prozeßorientierte Preisgestaltung, die über die identifizierten dienstleistungsorientierten Preisgestaltungsgrundsätze hinausgehen. Danach sind prozeßorientierte Preisstrategien zusätzlich gekennzeichnet durch explizite Preise, die fix oder variabel sein können, ex ante feststehen und im Kontext einer modularen Preisstruktur angeordnet sind.

3.3.2.3.3. Effizienzorientierte Preisstrategie

Die effizienzorientierte Preisstrategie ist eine Spezialform der prozeßorientierten Preisstrategie, die sich nicht nur auf Einzelleistungen, sondern auf das gesamte Leistungsprogramm bezieht. Dabei wird der Preis verursachungsgerecht als Lenkungsmechanismus eingesetzt, um nachfrageseitig einen im Sinne der Bank möglichst effizienten Leistungserstellungsprozeß zu erreichen. Die so erzielten Kosteneinsparungen werden dann ganz oder teilweise an die Kunden weitergegeben.[708]

Strategisches Ziel dieser preispolitischen Option sind augenscheinlich die Akquisition von Kunden und die Steigerung des Absatzes mittels Preisführerschaft. Weil mit der Preisführerschaft notwendigerweise eine schlanke Kostenstruktur verbunden ist, erfordert die effizienzorientierte Preisstrategie gleichzeitig eine Ausrichtung aller Unternehmensbereiche auf diese Positionierung und eine entsprechende Implementierung in die Unternehmensziele und somit in die Bankgesamtplanung. Damit ist die effizienzorientierte Preisstrategie nicht nur eine Option prozeßorientierter Preisstellungsformen, sondern vielmehr Teil einer umfassenden generischen Wettbewerbsstrategie.

Grundvoraussetzung für einen erfolgreichen Einsatz der effizienzorientierten Preisstrategie ist die Existenz eines preissensiblen Kundensegmentes, dessen Nutzen im wesentlichen aus

---

[708] Vgl. auch allgemein die auf Effizienz zielende Dienstleistungspreisgestaltung von Berry, Yadav (1997), S. 65 f.

dem Kemproduktnutzen und weniger aus dem Zusatznutzen resultiert. Demnach können alle Eigenschaftsausprägungen, die der Bankkunde nicht zu honorieren bereit ist, die die Leistungsprogramme unnötig verbreitern und verteuern und deren Vorhandensein vom Kunden, wenn er sie bezahlen muß, negativ beurteilt wird, entfernt werden.[709] Darunter dürfen jedoch die subjektiv wahrgenommene Qualität und die Kundenzufriedenheit mit dem Kemprodukt nicht leiden. Wesentliches Charakteristikum dieser Strategie ist daher, daß die Kundenerwartungen bezüglich der Kemprodukteigenschaften voll erfüllt oder sogar übertroffen werden. Zusätzlich muß Transparenz bei den angebotenen Leistungen und den nicht angebotenen beziehungsweise den vom Kunden zu übernehmenden Leistungen herrschen. Weil auch die bankbetriebliche Preisstruktur ebenso verständlich und nachvollziehbar zu sein hat, muß die effizienzorientierte Preisstrategie den Grundanforderungen für prozeßorientierte Preisstrategien aus der Individualitätseigenschaft genügen.

Ausgangspunkt der preispolitischen Differenzierung ist zunächst eine leistungspolitische Differenzierung, indem die aus Kundensicht überflüssigen Glieder aus der Wertschöpfungskette entfernt werden. Nach Entbündelung der traditionellen Bankleistungsbündel des gesamten Leistungsprogramms wird eine modulare Leistungsstruktur geschaffen. Diese neuen Leistungsbündel entstehen dadurch, daß die einzelnen Leistungskomponenten überprüft und neu zusammengestellt werden. Bei dieser Überprüfung gilt es, den Leistungserstellungsprozeß bis auf das Kemprodukt zu reduzieren. Dazu ist grundsätzlich der Interaktionsanteil der Kunden am Leistungserstellungsprozeß durch Externalisierung oder Eliminierung von Leistungskomponenten, die nur geringen nachfrageseitigen Nutzen stiften, so weit wie möglich zu erhöhen. Alternativ zu dieser Leistungsprogrammverengung können die betreffenden Leistungskomponenten fortan entbündelt und damit optional im Sortiment verbleiben. Diese Sortimentsteile haben den beschriebenen Anforderungen an eine prozeßorientierte Preisstellung in gleicher Weise zu gehorchen, müssen also zusätzlich bepreist werden.

Die effizienzorientierte Preisstrategie wird aus verhaltenstheoretischer Perspektive bei solchen Leistungen am wirksamsten sein, bei denen das nachfrageseitig wahrgenommene Kaufrisiko relativ gering ist. Aus diesem Grunde eignen sich zunächst vorwiegend Standard- und Erfahrungsleistungen als Anwendungskandidaten. Gegen das effizienzorientierte Redesign von Vertrauensleistungen spricht einmal, daß sich Nachfrager aufgrund des damit einhergehenden hohen psychologischen Beschaffungsrisikos nicht in der Lage fühlen, Teilprozesse zu übernehmen, zum anderen ist die hohe Wahrscheinlichkeit eines preisgelenkten Qualitätsurteils bei der Inanspruchnahme dieser Leistungen nicht kompatibel mit der Unternehmensstrategie der Preisführerschaft. Unter diesen Gesichtspunkten sollte eine preisvariierende Bank eher auf das Angebot von Vertrauensleistungen verzichten, als die

---

[709] Vgl. Meyer, Blümelhuber (1996), S. 322.

effizienzorientierte Preisstrategie inkonsequent zu betreiben und durch Quersubventionierungen im Sortiment das Kostenziel zu gefährden.

Zu einer konsequenten Umsetzung dieser Strategie gehört somit gleichzeitig die organisatorische Steigerung der Prozeßeffizienz,[710] insbesondere durch Automatisierung der bankseitigen Teilprozesse. Die dienstleistungstheoretisch abgeleitete mangelnde Konkretisierbarkeit der Leistungsfähigkeit aus der Immaterialitätseigenschaft macht aufgrund der angestrebten Positionierung als Preisführer die Schaffung eines Preisimages unabdingbar. Gleichzeitig muß im Rahmen der Marketing-Mix-Kombination die Qualität des Kernprozesses wirksam kommuniziert werden.

Damit diese Preisstrategie zu einem strategischen Wettbewerbsvorteil wird, darf die schlankere Kostenstruktur von Konkurrenten kurzfristig kaum zu imitieren sein.[711] Weil sich die Umsetzung auf die gesamte Bankorganisation bezieht, ist für eine Implementierung regelmäßig eine Unternehmensneugründung effektiver als ein Reengineering bestehender Strukturen, so daß die Anlaufinvestitionen als Eintrittsbarriere Fast Follower abhalten dürften. Bereits das erforderliche Redesign des Leistungsprogramms ist kurzfristig nicht durchzuführen. In praxi hat sich die effizienzorientierte Preisstrategie als erfolgreiches Marketinginstrument für Dienstleistungen erwiesen.[712] Die Vorreiterrolle im Finanzdienstleistungssektor hat der amerikanische Discount-Broker Charles Schwab übernommen. Zwar versuchen deutsche Universalbanken, dieses Konzept auf den deutschen Markt zu übertragen, jedoch nicht in allerletzter Konsequenz, zumal viele deutsche Direktbanken ein sehr breites filialbankähnliches Leistungsprogramm und zum Teil sogar Beratung anbieten.[713]

Insgesamt führt die Konzentration auf die Kernkompetenzen statt auf ein umfassendes Leistungsprogramm zu einer Profilierung am Markt mit einer klaren Wettbewerbsposition, die bei konsequenter Umsetzung auch vom Kunden so wahrgenommen wird. Die effizienzorientierte Preisstrategie eignet sich wie alle prozeßorientierten Preisstrategien sowohl für Kunden mit Verhandlungsmacht als auch für Kunden ohne Verhandlungsmacht. Bei konsequenter Ausgestaltung durch Standardisierung und Automatisierung ist diese preisstrategische Option ein erfolgversprechender Weg zu höherer Rentabilität im Geschäft mit solchen Kunden, die im traditionellen Privatkundengeschäft der Banken nur einen geringen Deckungsbeitrag beisteuern. Gleichzeitig führt die Positionierung als Preisführer zu erweiterten Möglichkeiten der Neukundenakquisition bei Kunden mit Verhandlungsmacht, die typischerweise sehr preissensibel sind. Die Probleme im Kontext mit Bankkunden, die ein

---

[710] Vgl. Meyer (1987), S. 30 ff.
[711] Vgl. Berry, Yadav (1997), S. 65.
[712] Vgl. Berry, Yadav (1997), S. 65 ff.
[713] Vgl. Reimers-Mortensen, Disterer (1997), S. 138, sowie Anhang Abb. A13.

überragendes Verhandlungsmachtpotential besitzen, werden hingegen nicht gelöst, weil diese bereits entsprechende Sonderkonditionen besitzen und das Preisargument weniger zugkräftig ist.

3.3.3. Bewertung und Integration modifizierter und neuer bankbetrieblicher Preisstrategien

Ein wesentliches Ziel der vorangegangenen Analyse von Preisstrategien war die verhaltenstheoretische Überprüfung, inwieweit Preisstrategien des Sachgütermarketings für bankbetriebliche Zwecke trotz des Dienstleistungscharakters anwendbar sind. Als erstes Ergebnis ist festzuhalten, daß die Systematik von Tellis aus nachfragerorientierten, wettbewerbsorientierten und marketingorientierten Preisstrategien zu einer Konkretisierung des mittlerweile in der bankbetrieblichen Literatur verwendeten Begriffs des Sonderangebotes[714] beiträgt. In Abhängigkeit von bestimmten Konsumentencharakteristika kann nun genauer in Random Discounting, Periodic Discounting und Second Market Discounting differenziert werden.

Auch andere der betrachteten, hauptsächlich bei Konsumgütern eingesetzten Optionen lassen zumindest teilweise eine bankbetriebliche Implementierung zu. Die Ergebnisse der verhaltensorientierten Bankpreistheorie legen insbesondere eine Anwendung von Strategien wie Price Signaling oder Premium Pricing nahe, bei denen der Preis nachfrageseitig als Qualitätsindikator fungiert. Weniger geeignet sind dagegen solche Preisstrategien wie Skimming, Penetration Pricing oder Experience Curve Pricing. Ursächlich hierfür ist im wesentlichen die schnelle Reaktion der Wettbewerber auf dem Bankleistungsmarkt, die selbst ein Ausnutzen einer kurzfristigen Monopolsituation durch Preisgestaltung in Abhängigkeit vom Produktlebenszyklus, sei es durch Innovationen oder sei es entlang der Erfahrungskurve, nicht zuläßt. Eine weitere Form des Periodic Discounting, die für den Bankbetrieb nicht geeignet erscheint, ist das bei anderen Dienstleistungen bereits erfolgreich installierte Peak-Load-Pricing. Selbst bei Standardleistungen ist die Transaktionsfrequenz im Gegensatz zu Fluglinien oder Versorgungbetrieben nicht ausreichend hoch, um eine an die Kapazitätsaus-lastung gekoppelte Preisstellung betreiben zu können. Diese Steuerungswirkung wird zusätzlich erschwert durch das mit der Interaktionseigenschaft von Bankleistungen verbun-dene Ausnutzen nachfrageseitiger Verhandlungsmacht.

Die Analyse der sachgüterorientierten Preisstrategien hat ferner dazu geführt, daß auch die bereits derzeit von Kreditinstituten betriebenen Preisstellungsformen des Geographic Pricing und des Bundling in einem anderen Licht erscheinen. Die traditionelle räumliche Preisdifferenzierung sieht sich der Gefahr gegenüber, daß die segmenttrennenden Transport-

---

[714] Vgl. Gehrke (1995).

kosten durch die Diffusion innovativer Medien an Bedeutung verlieren. Dies wird zu höherer kundenseitiger Markttransparenz und weiterem Druck auf die Bankpreise führen. Im Kontext des Price Bundling konnte gezeigt werden, daß sich die Bündelung nicht nur auf den derzeit zu beobachtenden Einsatz bei Standardleistungen beschränken muß. Unter bestimmten Bedingungen ist auch die Bündelung von Erfahrungsleistungen und Vertrauensleistungen erfolgversprechend. In einem integrativen Ansatz konnten diese Antezedenzbedingungen herausgearbeitet und Anwendungsempfehlungen für ein unternehmenszieladäquates Mixed-Leader- oder Mixed-Joint-Bundling abgeleitet werden.

Der zweite Schwerpunkt des Abschnitts lag in der Ableitung neuer bankbetrieblicher Preisstrategien, die explizit die Dienstleistungseigenschaft der Bankleistung berücksichtigen. Gemeinsames Ziel aller dienstleistungsorientierten Strategien ist die Reduzierung des nachfrageseitig wahrgenommenen Kaufrisikos. Je nachdem, an welcher Dimension der Dienstleistung diese Optionen ansetzen, kann in qualitätsorientierte, beziehungsorientierte und prozeßorientierte Preisstrategien unterschieden werden. Als aus verhaltenstheoretischer Sicht besonders wirksam haben sich solche Preisgestaltungsmaßnahmen erwiesen, die durch eine explizite Risikoübernahme der Bank gekennzeichnet sind. Dabei kann ein theoretisches Grundgerüst zur Konstruktion ergebnisabhängiger Preisstrategien die bankbetriebliche Preisentscheidung unterstützen. In diesem Kontext wird auch dem Prinzip des Unbundling vor dem Hintergrund intensiven Wettbewerbes zukünftig eine große leistungsdifferenzierende Bedeutung zukommen, was zu verschiedenen innovativen Preisstrategien für Kreditinstitute führen wird. Die Ergebnisse der verhaltensorientierten Bankpreistheorie deuten darauf hin, daß eine Reduzierung des Umfangs des Leistungsprogramms nicht notwendigerweise im Gegensatz zum Kundeninteresse steht. Mit der vorgestellten effizienzorientierten Preisstrategie wurde offenkundig, daß ein Verzicht auf Verhandlungspreise und die Elimination von solchen entbündelten Leistungskomponenten, die dem Kunden keinen Nutzen stiften, im Einklang mit den Kundenzielen steht. Die effizienzorientierte Preisstrategie korrespondiert mit der Wettbewerbsstrategie einer Preis- und Kostenführerschaft, welche in der deutschen Bankenlandschaft in Reinform derzeit nicht zu finden ist, die jedoch angesichts der eingangs erläuterten Einflußfaktoren als ein attraktiver Weg zu einem profitablen Geschäft sowohl bei Kunden mit Verhandlungsmacht als auch bei solchen ohne Verhandlungsmacht erscheint.

Die Formen der dienstleistungsorientierten Preisstrategien können nicht nur isoliert eingesetzt werden, sondern lassen sich auch untereinander kombinieren. So bietet sich etwa die Verknüpfung aus effizienzorientierter Preisstrategie und beziehungsorientierter Preisstrategie an, weil der Kernproduktnutzen aus der Prozeßorientierung resultiert und der Kunde gleichzeitig durch eine loyalitätsabhängige Preisstrategie an die Bank gebunden wird. Wirkungsvoll wird auch die Interaktion aus effizienzorientierter und qualitätsorientierter Preisstrategie sein. Denn die Qualität des Kernprozesses ist für den dauerhaften Erfolg des preisvariierenden Kreditinstitutes entscheidend, so daß dem Kunden eine Leistungsgarantie gegeben wird, falls der von ihm gewünschte Transaktionsprozeß nicht ausreichend schnell oder fehlerhaft ist. Die Anzahl der von einer Bank kombiniert angewandten Preisstrategien bestimmt die Preisdifferenzierungsintensität, also das Ausmaß mit dem eine Bank Preisdifferenzierung betreibt. Zur Bestimmung der gewinnoptimalen Preisdifferenzierungsintensität bei Dienstleistungen existiert bisher nur ein allgemeines ökonomisches Modell von Faßnacht.[715] Bezogen auf Bankleistungen ist ein Transfer schwierig, zumal mit dem wahrgenommenen Kaufrisiko nur eine der nach der verhaltensorientierten Bankpreistheorie relevanten Variablen in das Modell einbezogen wird.

In der nachfolgenden Systematik sachgüterorientierter und dienstleistungsorientierter Preisstrategien werden die wesentlichen Implikationen der vorher diskutierten Optionen überblickartig dargestellt:

---

[715] Vgl. Faßnacht (1998), S. 719.

Tabelle 12: Nachfragerorientierte Preisstrategien. (Quelle: Eigene Erstellung.)

Form der nachfragerorientierten Preisstrategien	Ausgestaltung	Vorteile	Nachteile
Random Discounting	• Coupons, Tip-On's in Zeitschriften u.s.w. an die eine preisliche Vergünstigung gekoppelt ist • Einsatz in Interaktion mit der Kommunikationspolitik	• Bei zeitlicher Einschränkung der Geltungsdauer kapazitätssteuernde Wirkung • Neukundenakquisition bei Schaltung in klassischen Medien oder in Fremdadreßmailings (direktbankgeeignet) • Immaterielles Leistungsversprechen gewinnt an physischer Wahrnehmbarkeit (Anrechtsscheineffekt) • Realisierung von Wettbewerbsvorsprüngen	• Möglicher negativer Imagetransfer bei Filialbanken, weil handelstypische Gestaltung nicht zur Corporate Identity einer Bank paßt • Abschätzung der Absatzreaktion schwierig • Aufwendiges Vertriebscontrolling erforderlich
Periodic Discounting	• Als saisonale Preisdifferenzierung: Preis einer Leistung wird systematisch über die Zeit hinweg und nachfrageseitig vorhersehbar variiert • Als Skimming: Realisierung kurzfristiger Monopolgewinne als Konsequenz eines hohen Einführungspreises mit späterer Preissenkung • Als Peak-Load-Pricing: Kapazitätsabhängige Preisgestaltung	• Kapazitätsbeeinflussende Lenkungsfunktion • Sowohl Bestands- als auch Neukunden werden angesprochen • Konsumentensegmente mit hohen und niedrigen Preisbereitschaften werden gleichsam abgeschöpft • Alle Konsumentensegmente werden angesprochen	• Bisher beispielloses Vorgehen bei Kreditinstituten wird für nachfrageseitige Überraschung sorgen • Systematik der periodischen Preisdifferenzierungen muß erst noch vom Nachfrager gelernt werden • Skimming ist nur für Leistungen mit hohem Innovationsgrad geeignet • Skimming wird durch die äußerst geringe Reaktionszeit der Wettbewerber im Bankleistungsmarkt kaum erfolgversprechend einzusetzen sein • Peak-Load-Pricing wird durch die Interaktionseigenschaft der Bankleistung und die Verhandlungspreisproblematik behindert
Second Market Discounting	• Ein gleiches oder gleichartiges Produkt wird unter verschiedenen Markennamen zu verschiedenen Preisen in zwei Teilmärkten angeboten.	• Zusätzliche Erträge aus dem zweiten Teilsegment • Höhere Kapazitätsauslastung • Kunden mit geringer und hoher Preisbereitschaft werden gleichsam angesprochen • Hohe Markteintrittsbarriere macht Abschöpfung von Monopolgewinnen möglich	• Immaterialität erschwert die erforderliche Markierung und die Darstellung des Leistungsversprechens von Bankleistungen • Implementierung für Kreditinstitute nur in Verbindung mit zusätzlichen Arbitragehemmnissen denkbar • Hohe betriebswirtschaftliche Risiken durch hohe Investitionen zur Vertriebskanaldifferenzierung

Tabelle 13: Wettbewerbsorientierte Preisstrategien. (Quelle: eigene Erstellung.)

Form der wettbewerbsorientierten Preisstrategien	Ausgestaltung	Vorteile	Nachteile
Price Signaling	• Uninformierten Nachfragern wird ein qualitativ hochwertiges Produkt mit geringen Produktionskosten zu einem hohen Preis verkauft	• Ausnutzen der Implikationen der Immaterialität durch Induzierung eines preisgelenkten Qualitätsurteiles • Kapazitätsauslastung • Ausnutzen von Skalenerträgen • Qualitätsorientierte Konkurrenzreaktionen unterstützen die Wirksamkeit der Strategie • Kein Akzeptanzproblem in der Öffentlichkeit	• Nur für Vertrauensleistungen geeignet • Langfristig negativer Imagetransfer auf Restsortiment möglich, wenn mindere Qualität der Leistung ex post erkannt wird
Penetration Pricing	• Niedriger Einführungspreis für ein Neuprodukt mit geringerer Produktüberlegenheit Ziel ist schnelle Marktdurchdringung, um Carry-Over-Effekte, Economies of Scale oder Erfahrungskurveneffekte (sogen. Experience Curve Pricing) auszunutzen • Im Anschluß kann eine weitere Preissenkung oder auch eine Preiserhöhung mit anschließendem Skimming erfolgen	• Gut geeignet bei geringer Produktüberlegenheit und schneller Reaktion der Wettbewerber • Diskontierung von Lerneffekten oder Kostendegressionseffekten ist Eintrittsbarriere für potentielle Wettbewerber und drängt aktuelle Konkurrenten aus dem Markt	• Im Gegensatz zum Periodic Discounting kann das Kundensegment mit hoher Preisbereitschaft nicht gesondert angesprochen werden • Nicht geeignet für Vertrauensleistungen • Liquiditätszielproblematik stellt hohe Anforderungen an Aktiv-/Passivsteuerung • Preisgestaltung entlang des Produktlebenszyklus ist auf reifen Bankleistungsmärkten kaum relevant
Geographic Pricing	• Typische Preisstellung von Filialbanken • Regionale Preisdifferenzierung zwischen konkurrenzintensiven und -schwachen Teilmärkten • In nicht umkämpften Umfeld wird der Leistungspreis über den Selbstkosten festgelegt, so daß die Discount-Strategie des zweiten Teilmarktes finanziert werden kann	• Für Banken aufgrund der regional unterschiedlichen Kundenstrukturen, und der räumlichen Präferenzen der Nachfrager gut geeignet	• Eingeschränkte Nichttransportierbarkeit von Bankleistungen birgt Gefahr, daß segmenttrennende Transportkosten/ Präferenzen durch direkte Vertriebskanäle (Internet, Telefon etc.) an Bedeutung verlieren. • Ungeeignet für überregional organisierte verhandlungsstarke Kunden

Tabelle 14: Marketingorientierte Preisstrategien. (Quelle: Eigene Erstellung.)

Form der marketing-orientierten Preisstrategien	Ausgestaltung	Vorteile	Nachteile
Image Pricing	• Eine Bank bietet identische Leistungen mit verschiedenen Images und verschiedenen Preisen an. • Gewinn des hochpreisigen Image-Produktes subventioniert Discount-Produkt	• Sowohl Konsumenten mit geringer als auch mit hoher Preisbereitschaft hinsichtlich dieser Leistung werden erreicht	• Verhaltenstheoretisch eignet sich Image Pricing in den wenigsten Fällen • Immaterialitätseigenschaft von Bankleistungen macht ein imageinduzierendes Branding schwierig
Premium Pricing	• Leistungsprogrammdifferenzierung durch Auflegung eines zusätzlichen gleichartigen Produktes • Im Gegensatz zum Image Pricing ist der Zusatznutzen der Premiumleistung nicht nur markierungs-/prestigebedingt, sondern basiert auf realen Qualitätsmerkmalen	• Sowohl Konsumentenrenten bei Nachfragern mit hoher Preisbereitschaft als auch bei solchen mit geringer Preisbereitschaft werden abgeschöpft • Höherer Deckungsbeitrag der Premiumleistung (evt. Subventionierung einer Discount-Leistung) • Durch Produktion ähnlicher Leistungstypen können höheres Marktvolumen, bessere Kapazitätsauslastung und Skalenerträge realisiert werden	• Als bankbetriebliche Premiumleistungen kommen ausschließlich Vertrauensleistungen in Frage • Hohe Anforderungen an Kommunikationspolitik bei der Konkretisierung des immateriellen Premium-Leistungsversprechens
Price Bundling	• Verkauf mehrerer Bankleistungen in einem besonders bepreisten Paket • Mixed-Joint-Bundling oder Mixed-Leader Bundling	• Positive Auswirkungen auf Erlösmaximierungsziel durch Cross-Selling und Neukundenakquisition • Bessere Kapazitätsauslastung möglich • Transparenz	• Nicht verursachungsgerecht (Quersubventionierung der Vielnutzer durch Wenignutzer) • Detaillierte Kenntnis der Absatzreaktion erforderlich
Two-Part-Pricing	• Kombination aus Grundgebühr für Bereitstellung von Kapazitäten und variabler Nutzungsgebühr in Abhängigkeit der Inanspruchnahme	• Vorhalten von Kapazitäten wird entlohnt • Erträge werden unabhängiger von Wert und Volumen • Durch Bereitstellungsgebühr fallen Erträge auch bei umsatzlosen Kundenverbindungen an • Neukundenakquisition, weil optisch niedrige Nutzungsgebühr	• Hohe Anforderungen an Qualität der Bankleistung, die hohe Bereitstellungsgebühr rechtfertigen muß • Überraschend für Kunden, weil bis dato keine Anwendung • Aufgrund des geringen variablen Nutzungsentgeltes erhöhtes Kostenrisiko für die Bank bei steigenden Transaktionsvolumina • Gefahr von Verlusten durch Konkurrenzreaktion auf innovatives Preismodell im Angebotsoligopol

Tabelle 15: Qualitätsorientierte Preisstrategien. (Quelle: Eigene Erstellung.)

Form der qualitäts-orientierten Preisstrategien	Ausgestaltung	Vorteile	Nachteile
Leistungsgarantie mit Kick-Back	• Qualitätsgarantie hinsichtlich des Leistungsversprechens kombiniert mit monetärer Ausgleichszahlung im Falle kundenseitiger Unzufriedenheit	• Positiver Marketingeffekt • Direkter Leistungsbezug des Preises • Wirksame Neukundenakquisition • Positiver Absatzeffekt bei Vertrauensleistungen • Kurzfristig monopolisitischer Spielraum • Hohe Akzeptanz in der Öffentlichkeit	• Ertragsrisiko durch explizite Übernahme des Qualitätsrisikos durch die Bank • Hohe Anforderungen an das Qualitätsmanagement • Hohe Kontroll-, Aushandlungs- und Vereinbarungskosten
Erfolgsabhängige Preisstrategien	• Preis als Funktion eines Leistungsergebnisses • Kombination aus erfolgsunabhängigem Grundpreis, erfolgsabhängiger Preisfunktion und Sollvorgabe	• Hohe Marktakzeptanz durch Idee der Interessengemeinschaft Bank/Kunde • Verursachungsgerecht durch direkten Leistungsbezug • Beeinflußbarkeit durch den Kunden • Erleichterte Durchsetzbarkeit expliziter Honorare für bisher nur implizit entlohnte Leistungskomponenten • Kurzfristige bis mittelfristige Monopolgewinne des Innovators	• Erhöhtes Ertragsrisiko für die Bank • Professionelles Riskmanagement notwendig • Transparenzverlust bei zu vielen Funktionstermen • Problematische Operationalisierung bei Definition und Quantifizierung des Erfolges • Nur für Bankprodukte des Dienstleistungsgeschäftes geeignet, jedoch nicht für Leistungen des Aktiv- und Passivgeschäftes
Pauschalpreise Flat-Fee	• Festpreise für Leistungsbündel	• Ertragsunabhängigkeit von unsicherem Wert- oder Volumensgrößen • Möglichkeit, Nebenleistungen im Festpreis zu verpacken • Transparent für den Kunden	• Nicht für Leistungen des Aktiv- und Passivgeschäftes geeignet • Erhöhtes Kostenrisiko für die Bank bei steigenden Transaktionsvolumina • Nicht verursachungsgerecht (Subventionierung der Kunden mit hoher Nutzungsfrequenz) • Preis scheidet als Instrument zur Förderung im Bündel enthaltener Einzelleistungen aus

Form der qualitätsorientierten Preisstrategien	Ausgestaltung	Vorteile	Nachteile
Club-Modell	• Bündelung einer Vielzahl von Bankleistungen • Einmaliger fester Beitrag für dieses Leistungsbündel • Unabhängig von der effektiven Beanspruchung	• Kundenbindungsinstrument • Korrespondiert mit Kommunikation eines Exklusivitätsimages (Privatbankcharakter) • Möglichkeit zur indirekten Entlohnung vorgehaltener (Beratungs-) Kapazitäten	• Ertragsrisiko der Bank bei hohen Transaktionsvolumina • Nicht verursachungsgerecht • Hohe einmalige Kundenbelastung • Nur für wenige Kundensegmente u. Teilleistungen denkbar • Durchsetzung ist verhaltenstheoretisch problematisch
Cafeteria-Modell	• Entbündelung aller Bankleistungen • Gewichtung jeder Einzelleistung mit Basispunkten • Einheitlicher Grundpreis pro Basispunkt oder unterschiedliche Preise pro Basispunkt in Abhängigkeit bestimmter Kategorien • Endpreis ergibt sich aus Basispunktzahl multipliziert mit Grundpreis	• In hohem Maße verursachungsgerecht • Direkte Beeinflußbarkeit des Gesamtpreises durch das Kundenverhalten • Offene Preiswürdigkeitsdarstellung • Institut koppelt sich vom Preiswettbewerb ab	• Ungleichmäßige transaktionsvolumenabhängige Ertragsströme • Intransparent, weil Endpreis durch Punktesystem verdeckt wird • Ungleichmäßige Kapazitätsauslastung

Tabelle 16: Beziehungsorientierte Preisstrategien. (Quelle: Eigene Erstellung.)

Form der beziehungsorientierten Preisstrategien	Ausgestaltung	Vorteile	Nachteile
Loyalitätsabhängige Preisstrategien	• Aufbau einer dauerhaften Geschäftsbeziehung • Erhebung eines kundenindividuellen Preises in Abhängigkeit eines Treueindikators • Treuemaß z. B. Dauer der Bankverbindung	• Positive langfristige Effekte auf Kapazitätsauslastung, Erlöse und Liquiditätsziel • Gleichgerichtete Interessen von Kunde und Bank • Kundenakzeptanz bei verursachungsgerechter Operationalisierung • Konkurrenzreaktion kurzfristig unwahrscheinlich	• Hohe Anforderung an Qualitätsmanagement • Aufbau einer Prozeßkostenrechnung und Kundenkalkulation • Betrifft zunächst nur Bestandskunden • Für Neukundenakquisition ist bereits frühe loyalitätsabhängige Vergünstigung erforderlich
Nichtlineare Preisstrategien	• Gewährung eines Preisnachlasses in Abhängigkeit der Abnahmemenge • Preisstaffel gilt nicht kundenindividuell, sondern für alle Kunden gleichermaßen • Blocktarife • Durchgerechnete Mengenrabatte • Angestoßene Mengenrabatte • Bonusprogramme	• Preisdifferenzierungseffekt nach Abnahmemenge • Strategien in Staffelform generieren einen Nachfragesogeffekt, um nächste Staffelgrenze zu erreichen • Bonusprogramme sind strategisch auf Kundenbindung ausgerichtet • Dienstleistungscharakter der Bankleistung verhindert Arbitrageeffekte • Positive Absatzeffekte auch unter intensiven Wettbewerbsbedingungen • Gezieltere Preis-Positionierung möglich als beim uniformen Preis	• Blocktarife und Mengenrabatte haben operativen Charakter und tragen nur indirekt zu einer dauerhaften Geschäftsbeziehung bei • Angestoßene Mengenrabatte sind intransparent • Kein Akquisitionseffekt bei Kunden mit überragender Verhandlungsmacht • Gefahr des ruinösen Wettbewerbs bei Konkurrenzreaktionen, die eine Preisspirale nach unten auslösen können

Tabelle 17: Prozeßorientierte Preisstrategien. (Quelle: Eigene Erstellung.)

Form prozeßorientierter Preisstrategien	Ausgestaltung	Vorteile	Nachteile
Banking by Level	• Preisemäßigung, wenn eine bestimmte Nachfragebedingung erfüllt ist (Bedingung kann Mindestguthaben, regelmäßiger Gehaltseingang, bestimmtes Transaktionsvolumen etc. sein)	• Positiver Marketingeffekt • Kunde beeinflußt Preisstellung durch eigenes Verhalten • Transparent • Steuerungswirkung möglich in Richtung des Erlös-, Kapazitäts- und Liquiditätsziels in Abhängigkeit der gewählten Nachfragebedingung	• Gefahr des Abweichens vom Verursacherprinzip und von den Anforderungen an prozeßorientierte Preisstrategien durch Einzelfallentscheidungen • Erhöhtes Kostenrisiko für die Bank bei steigenden Transaktionsvolumina
Honorar-Modell	• Preis in Abhängigkeit von Qualifikation des Beraters oder in Abhängigkeit der beanspruchten Zeit	• Entlohnung für bisher unentgeltlich in Anspruch genommene Leistungen (z.B. für Beratung) • Zeit ist verursachungsgerechtes Maß für genutzte Kapazitäten • Verhinderung des Trittbrettfahrer-Problems (z.B. kostenlose Beratung in Filiale, Order bei Direktbank) • Ertrag so auch durch Nichtkunden möglich	• Nur tauglich für Vertrauensleistungen und bei Banken mit Exklusivitätsimage • Marktakzeptanz durch Kunden verhaltenstheoretisch unwahrscheinlich • Innovatorenrolle im Banken-Oligopol kann mit Absatzverlusten verbunden sein
Kick-Back Pricing	• Rückerstattung in Abhängigkeit des Kundenverhaltens • Z.B. Erstattung bei Vertriebskanalwahl (Nutzen des Homebankings belohnen) • Z.B. Erstattung bei Verzicht auf bestimmte Leistungskomponenten in Interaktion mit der Externalisierung (Eigenständiges Nachtragen des Sparbuches am Automaten belohnen)	• Verursachungsgerecht und nachfrageseitig beeinflußbar, indem eingesparte interne Kosten an den Kunden weitergegeben werden • Wirksame Lenkung der Nachfrageströme im Interesse der Bank möglich • Profitabilisierung des Massengeschäftes durch Abbau nach Externalisierung nicht mehr benötigter Kapazitäten möglich • Positiver Marketingeffekt	• Transparenz kann bei nicht konsequent dienstleistungsorientierter Preisgestaltung leiden • Nur für solche Leistungen denkbar, bei denen Kunden bereit und in der Lage sind, Teilprozesse eigenständig zu übernehmen

Form prozeß-orientierter Preisstrategien	Ausgestaltung	Vorteile	Nachteile
Effizienz-orientierte Preisstrategie	• Prozeßorientierte Preisstrategie, die sich auf das gesamte Leistungsprogramm richtet • Preis wird als Lenkungsmechanismus eingesetzt, um einen im Sinne der Bank möglichst effizienten Leistungs-erstellungsprozeß zu erreichen • Erzielte Kosteneinsparungen werden ganz oder teilweise an Kunden weitergegeben • Implementierung der Wettbewerbsstrategie der Preis- bzw. Kostenführerschaft	• Neukundenakquisition • Durch standardisierte und schlanke Prozesse ist Rentabilität auch bei Kunden ohne Verhandlungsmacht gewährleistet • Hohe Anfangsinvestition ist Markteintrittsbarriere für Fast Follower • Hoher Standardisierungsgrad und Automation führt zu besserer Kapazitätsauslastung • Klare Wettbewerbsposition führt zu Profilierung am Markt (Konzentration auf Kernkompetenzen statt umfassendes Leistungsprogramm)	• Hohe Anforderung an Kommunikation des Leistungsversprechens • Hohe Anforderung an Qualität der Kernprodukteigenschaften • Kostenführerschaft erfordert aufwendiges Controlling der Prozeßkosten • Nicht für Vertrauensleistungen geeignet • Nur erfolgreich bei konsequenter Anpassung der gesamten Bankorganisation • Hohe Anfangsinvestitionen durch regelmäßig erforderliche Unternehmensneugründung oder umfassendes Reengineering bestehender Strukturen

238

Beim Vergleich der sachgüterorientierten und der dienstleistungsorientierten Optionen wird der gegensätzliche Charakter dieser grundlegenden Preisgestaltungsrichtungen offenkundig.

Die dienstleistungsorientierten Formen der Preisgestaltung müssen genauso wie die sachgüterorientierten Preisstrategien auch an den bankbetrieblichen Zielen, deren Teilzielen und an den Kundenzielen gemessen werden. Bei der Ableitung von Anforderungen, denen eine dienstleistungsorientierte Preisstellung mit dem Bestreben einer wirksamen verhaltensorientierten Lenkung der Nachfrageströme gehorchen muß, wurde offenkundig, daß diese Voraussetzungen mit den Kundenzielen harmonieren. Damit sind die Interessen von Bank und Bankkunden gleichgerichtet, so daß es bei der Leistungsabnahme und vor allem bei Preisverhandlungen zu weniger Konflikten kommt. Sachgüterorientierte Preisstrategien stehen dagegen regelmäßig im Gegensatz zu Verursachungsgerechtigkeit, zur nachfrageseitigen Beeinflußbarkeit der Gesamtbelastung und zur Transparenz der Preisstrukturen. Die Marktintransparenz für die Bankleistungsnachfrager ist sogar eine wesentliche Voraussetzung für eine wirksame sachgüterorientierte Preisdifferenzierung. Daneben wird die Existenz verschiedener Transaktionskosten der Nachfrager für die Preisgestaltung ausgenutzt, um Konsumentenrenten abzuschöpfen.

Weil dienstleistungsorientierte Preisstrategien ganz im Gegenteil dazu eine Verbesserung der Transparenz anstreben und die bei der Interaktion nachfrageseitig entstehenden Transaktionskosten bewußt reduzieren oder abgelten, wird eine Preisdifferenzierung nicht wirksam sein. Alle dienstleistungsorientierten Preisstrategien sehen daher auch von einer Kundensegmentierung ab. Vielmehr ordnen die Nachfrager sich selbst nach dem Prinzip der Selfselection durch ihr eigenes Verhalten ein. Eine solche verhaltensdeterminierte Preisgestaltung erlaubt eine wesentlich effektivere und zielgerichtete Absatzsteuerung.

Die traditionelle bankbetriebliche Preispolitik, wie sie bereits von Krümmel umfassend dargestellt wird, bewegt sich wie die sachgüterorientierte Preisstellung auf einem unvollkommenen Markt. Das Prinzip der kleinen Mittel oder fingierte Preisbezugsbasen setzen in gleicher Weise wie Preisdifferenzierungsmaßnahmen auf die Marktintransparenz der Nachfrager und auf die Existenz von Transaktionskosten, die zu einem monopolistischen Spielraum führen. Aus diesem Grunde verwundert das Ergebnis der vorangegangenen Analyse, daß die Strategien des Sachgütermarketings partiell auch auf immaterielle Bankleistungen angewendet werden können, nicht. Den traditionellen bankbetrieblichen Preisstellungsformen und den sachgüterorientierten Preisstrategien ist gemein, daß die kurzfristige Ausnutzung von Marktchancen im Vordergrund steht. Damit sind beide unternehmenspolitisch als Marketingprozesse im Rahmen der operativen Planung zu charakterisieren. Außerdem dominiert die leistungsbündelfokussierte Preisstellung, so daß nur auf bestimmte gerade zu fördernde Leistungbestandteile des Leistungsprogramms preisvariierend hingewirkt wird. Selbst beim Bundling von Leistungskomponenten werden gerade solche Komponenten berücksichtigt, deren Absatz zu aktivieren ist, so daß der Nachfrager zur Abnahme weiterer Leistungen quasi gezwungen wird. Im Gegensatz dazu kommen bei dienstleistungsorientierten Preisstrategien vorwiegend leistungsrepräsentative Preisbezugsbasen zum Tragen. Die Preisstellung richtet sich dann entweder gleichberechtigt auf mehrere Leistungen oder, wie die effizienzorientierte Preisstrategie, durch Entbündelung auf das Leistungsprogramm in seiner Gesamtheit. Im Mittelpunkt steht die strategische Ausrichtung mit dem Bestreben, den Absatz über eine engere und dauerhafte Kundenbeziehung zu fördern. Wettbewerbsstrategisch bedeutet dieses Vorgehen, daß sich ein preisvariierendes Kreditinstitut von der traditionellen Ausnutzung herrschender Marktintransparenz auf dem unvollkommenen Bankleistungsmarkt entfernt und eine Preisgestaltung implementiert, die entgegen der Marktusancen zu einer Profilierung beiträgt. Der Übergang zu einer dienstleistungsorientierten Preisgestaltung bedeutet demzufolge das Ersetzen des derzeit bestehenden Prinzips der Kundenkonfrontation durch das Prinzip der Kundenpartnerschaft unter Beibehaltung der bankbetrieblichen Ziele.

Tabelle 18: Gegensätzlicher Charakter sachgüter- und dienstleistungsorientierter Preisstrategien.

Sachgüterorientierte Preisstrategien und traditionelle bankbetriebliche Preisstrategien	Dienstleistungsorientierte Preisstrategien
Ausnutzen der Marktintransparenz	Erhöhung der Transparenz
Ausnutzen der Existenz von Transaktionskosten	Transaktionskosten werden bewußt reduziert oder entgolten
Preisdifferenzierung	Selfselection
Fingierte Preisbezugsbasen	Leistungsrepräsentative Preisbezugsbasen
Leistungsbündelfokussierte selektive Preisstellung	Leistungsprogrammübergreifende Preisstellung
Operatives Ausnutzen von Marktchancen, Marketingprozeß im Rahmen der operativen Planung	Strategische Ausrichtung auf engere und dauerhafte Kundenbindung, Marketingprozeß im Rahmen der strategischen Planung
Trend zur Bündelung	Entbündelung
→ Kundenkonfrontation	→ Kundenpartnerschaft

Quelle: Eigene Erstellung.

An dieser Stelle wird ersichtlich, daß sachgüterorientierte und traditionelle bankbetriebliche Preisstrategien völlig unvereinbar mit einer dienstleistungsorientierten Preisstrategie sind. In Anbetracht dieser antagonistischen Geisteshaltungen muß sich ein Kreditinstitut daher entweder für die eine oder für die andere Grundrichtung entscheiden. In bankbetrieblichen Realtypen findet sich derzeit ausschließlich die erste Form der Preisgestaltung. Die vorangegangene Argumentation deutet jedoch darauf hin, daß die Hinwendung zu einer dienstleistungsorientierten Preisgestaltung für ein Kreditinstitut mit außerordentlichen Wettbewerbsvorteilen verbunden sein kann. Ursächlich hierfür ist, daß die damit verbundenen Preisstrategien nicht nur den Dienstleistungscharakter der Bankleistung, sondern zugleich explizit das Nachfragerverhalten berücksichtigen. Der besondere Vorteil dieser Optionen besteht darin, daß die Interessen des Kreditinstitutes und der Bankkunden gleichgerichtet sind, so daß eine einfache Durchsetzung am Markt infolge hoher Nachfragerakzeptanz erwartet werden kann.

Die bankbetriebliche Entscheidung für eine der vorgestellten Preisgestaltungsrichtungen muß sich am Oberziel der Gewinn- bzw. Erlösmaximierung orientieren. Da aus dieser Perspektive sowohl sachgüterorientierte als auch dienstleistungsorientierte Preisgestaltungsformen grundsätzlich in Frage kommen, ist für das Bankmarketing ein entscheidungsunterstützendes Instrument notwendig. Daher sollen solche strategischen Optionen, die zuvor als *geeignet* qualifiziert wurden, in einem integrativen Ansatz systematisiert werden. Die Ergebnisse der vorangegangenen Analyse auf der Grundlage der verhaltensorientierten Bankpreistheorie machen es möglich, daß die Dienstleistungseigenschaft der Bankleistungen und das Verhandlungsmachtkonzept Krümmels in einer Matrix kombiniert werden. Daraus läßt sich ableiten, welche Strategie sachgüterorientierten oder dienstleistungsorientierten Charakters sich bei welchem Bankleistungstyp und bei welchem Zielkundensegment empfiehlt:

Abbildung 27: Der dienstleistungs- und verhaltensorientierte Matrix-Ansatz der bankbetrieblichen Preisgestaltung. (Quelle: Eigene Erstellung.)

Kundentyp / Leistungstyp	Kunden ohne Verhandlungsmacht		Kunden mit Verhandlungsmacht		Kunden mit überragender Verhandlungsmacht	
	Sachgüterorientierte Preisgestaltung	Dienstleistungsorientierte Preisgestaltung	Sachgüterorientierte Preisgestaltung	Dienstleistungsorientierte Preisgestaltung	Sachgüterorientierte Preisgestaltung	Dienstleistungsorientierte Preisgestaltung
Standardleistungen	- Mixed-Joint (Cross-Selling & Akquisition) - Mixed-Leader (Cross-Sell. & Akqui.) - Two Part Pricing - Geographic Pricing - Random Discounting - Periodic Discounting - Second Market Discounting	- Kick Back Pricing - Banking by Level - Effizienzorientierte Preisstrategie - Loyalitätsabhängige Preisstrategien - Pauschalpreise - Nichtlineare Preisstrategien	- Mixed-Joint (Cross-Selling & Akquisition) - Mixed-Leader (Cross-Sell. & Akqui.) - Two Part Pricing - Geographic Pricing - Random Discounting - Periodic Discounting - Second Market Discounting	- Kick Back Pricing - Banking by Level - Pauschalpreise - Loyalitätsabhängige Preisstrategien - Nichtlineare Preisstrategien - Effizienzorientierte Preisstrategie		- Loyalitätsabhängige Preisstrategien - Nichtlineare Preisstrategien
Erfahrungsleistungen	- Mixed-Joint (Cross-Selling & Akquisition) - Mixed-Leader (Cross-Sell. & Akqui.) - Geographic Pricing - Periodic Discounting - Second Market Discounting	- Kick Back Pricing - Banking by Level - Loyalitätsabhängige Preisstrategien - Nichtlineare Preisstrategien - Effizienzorientierte Preisstrategie	- Mixed-Joint (Cross-Selling & Akquisition) - Mixed-Leader (Cross-Sell. & Akqui.) - Geographic Pricing - Periodic Discounting - Second Market Discounting	- Kick Back Pricing - Banking by Level - Loyalitätsabhängige Preisstrategien - Erfolgsabhängige Preisstrategie - Nichtlineare Preisstrategien - Effizienzorientierte Preisstrategie		- Loyalitätsabhängige Preisstrategien - Erfolgsabhängige Preisstrategie - Nichtlineare Preisstrategien
Vertrauensleistungen	- Price Signalling - Premium Pricing - Mixed-Joint (Akquisition) - Mixed-Leader (Akquisition)	- Leistungsgarantie - Loyalitätsabhängige Preisstrategien (nur sortiments-übergreifend) - Nichtlineare Preisstrategien (nur sortiments-übergreifend)	- Price Signalling - Premium Pricing - Mixed-Joint (Akquisition) - Mixed-Leader (Akquisition)	- Leistungsgarantie - Erfolgsabhängige Preisstrategie - Loalitätsabhängige Preisstrategien (nur sortiments-übergreifend) - Nichtlineare Preisstrategien (nur sortimentsübergr.)		- Erfolgsabhängige Preisstrategie - Loyalitätsabhängige Preisstrategien (nur sortiments-übergreifend) - Nichtlineare Preisstrategien (nur sortiments-übergreifend)

Bei kritischer Würdigung wird erkennbar, daß durch das neue theoretische Konzept der verhaltensorientierten Bankpreistheorie nicht nur bestehende Preisstrategien überprüft oder neue Formen abgeleitet wurden. Darüber hinaus knüpfte es an die theoretischen Grundlagen Krümmels an, indem seine Ergebnisse durch die Identifizierung der preispolitischen Optionen für alle angesprochenen Kundengruppen ergänzt wurden. Während Krümmel sich auf das Klientel mit Verhandlungsmacht beschränkte, ergeben sich durch das dieser Analyse zugrunde liegende theoretische Konzept offensichtlich auch für die beiden verbleibenden Segmente preisstrategische Implikationen. Bei Betrachtung des Matrix-Ansatzes fällt auf, daß für Kunden mit überragender Verhandlungsmacht ausschließlich dienstleistungsorientierte Preisstrategien in Frage kommen. Dieses ist jedoch erklärlich, wenn in Betracht gezogen wird, daß aufgrund des Informationsstandes dieser Kunden der bestehende Preisgestaltungs-spielraum durch das Prinzip der Preisdifferenzierung bereits derzeit sehr eng ist und daß wegen ihrer Bonität typischerweise nur geringe Margen erzielt werden. Sachgüterorientierte Preisstrategien sind demzufolge sowohl aus Ertragssicht als auch aus verhaltensorientierter Perspektive eher ungeeignet. Dagegen tragen dienstleistungsorientierte Preisstrategien, bei denen die Kunden- und Bankziele gleichgerichtet sind und das Kreditinstitut risikoüber-nehmend eine ergebnisabhängige Preisstrategie fährt, zumindest zur Kundenbindung und wahrscheinlicher zur Kundenakquisition bei als traditionelle oder sachgüterorientierte Preisstrategien.

Zwar gibt der Matrix-Ansatz Anwendungsempfehlungen in Abhängigkeit von bestimmten situativen Bedingungen. Diese stellen jedoch nur Normstrategien dar, bei denen zunächst unklar ist, welchem der beiden in Frage kommenden Preisgestaltungsrichtungen und den damit verbundenen möglichen strategischen Optionen jeweils der Vorzug zu geben ist. Für eine Implementierung in den Bankbetrieb ist demnach zusätzlich ein Konzept erforderlich, das Unterstützung bei dieser Auswahlentscheidung leistet. Deduktiv abgeleitete Implikationen hinsichtlich der Zieladäquanz einzelner Strategien leisten, wie in den vorangegangenen Ausführungen, zwar Hilfestellung bei der Erklärungsaufgabe des entwickelten theoretischen Konzeptes, sind jedoch für eine Gestaltungsaufgabe zu unspezifisch. Entscheidungskriterium für die Auswahl einer effektiven Strategie aus einer Menge denkbarer Optionen ist der Ziel-erfüllungsgrad in quantifizierbarer Form. Dieser kann jedoch nur für den konkreten Einzelfall eines preisvariierenden Kreditinstitutes ermittelt werden. Um einen Vorteilhaftigkeits-vergleich zwischen alternativen Preisstrategien durchzuführen, wird als Entscheidungsbasis im Grunde die Information über die Nachfragereaktion bei der Einführung der jeweiligen Option für alle betrachteten Leistungstypen über alle Kundensegmente benötigt.

Über diese Auswahlproblematik hinaus wird bei genauerer Betrachtung der einzelnen Optionen deutlich, daß bereits mit der Konkretisierung der Einzelmaßnahmen Entscheidungen von nicht unerheblicher Komplexität getroffen werden müssen. Die Strategien im

Zusammenhang mit der Bündelung erfordern etwa zur Ableitung von Anwendungs-empfehlungen eine Bestimmung der entsprechenden Elastizitäten beziehungsweise Kreuzpreiselastizitäten. Die Problematik der Produktlinienpreisbildung betrifft alle sortimentsorientierten Preisstrategien sowie alle Preisstrategien, die in leistungsdifferen-zierender Weise mit Unbundling verknüpft sind. Sowohl bei der Bündelung als auch bei der Entbündelung stellen sich die Fragen nach Anzahl und Art der im anzubietenden Leistungsbündel enthaltenen Einzelleistungen, nach der Bepreisung dieses Leistungsbündels und ob die Einzelleistungen zusätzlich isoliert angeboten werden sollten. Im Kontext der nichtlinearen Preisbildung wurde konstatiert, daß die Realtypen bankbetrieblicher Preisge-staltung bereits durch Rabatte oder Sonderkonditionen gekennzeichnet sind. Für einen effektiven Einsatz dieser und anderer nichtlinearer Strategien ist jedoch die Kenntnis der nachfrageseitigen maximalen Preisbereitschaften notwendig.

Überdies muß die gewählte Alternative unter Berücksichtigung der analysierten internen und externen Einflußfaktoren umgesetzt werden. Eine wirksame Durchsetzung von Preisge-staltungsmaßnahmen am Markt wird neben der Nachfragereaktion schon wegen des Banken-oligopols entscheidend durch die Reaktion des Wettbewerbsumfeldes determiniert. Daneben ist im Rahmen einer Professionalisierung des bankbetrieblichen Preismanagements im weiteren Sinne auch die Schätzung des resultierenden Absatzeffektes unter Berücksichtigung der Marketing-Mix-Interaktionen notwendig. Nur bei Kenntnis der zugrunde liegenden Absatzreaktionsfunktion kann der Zielerfüllungsgrad einer geplanten Preisgestaltungs-maßnahme hinsichtlich des Erlösmaximierungsziels, des Liquiditäts- und des Kapazitäts-auslastungsziels bewertet werden.

Darüber hinaus ist neben der Integration der grundsätzlichen Preisgestaltungsrichtung in die Unternehmensgesamtplanung in gleicher Weise eine Einbettung in die Bankorganisation erforderlich. Gerade die effizienzorientierte Preisstrategie stellt hohe Anforderungen an eine Realisierung im Bankbetrieb. Abschließend gilt es im Rahmen des bankbetrieblichen Preis-managements eine wirksame Dokumentation und Erfolgskontrolle dieser Preisentscheidungen zu implementieren.

Teil III: Implementierung von Preisstrategien für Banken

1. Der Prozeß des bankbetrieblichen Preismanagements

Im Mittelpunkt der vorangegangenen Ausführungen standen die Entwicklung und Formulierung bankbetrieblicher Preisstrategien. Bankbetriebliches Preismanagement im eingangs definierten weiteren Sinne umfaßt jedoch darüber hinaus die Implementierung dieser strategischen Optionen in den Bankbetrieb. Bei der Umsetzung von Preisgestaltungsmaßnahmen leistet die bankbetriebswirtschaftliche Literatur bislang nur wenig Unterstützung. Nachfolgend soll daher untersucht werden, wie die zuvor ausgemachten Umsetzungsprobleme durch einen zu entwickelnden Managementprozeß aus Analyse, Planung, Realisierung und Kontrolle bankbetrieblicher Preisentscheidungen überwunden werden können.[716]

In der Analysephase gilt es zunächst, die relevanten Einflußfaktoren des bankpreisbezogenen Entscheidungsfeldes zu erfassen. Sie dient als Informationsgrundlage für die spätere Auswahl einer effektiven Preisstrategie aus dem Matrix-Ansatz unter Beachtung des Erlösmaximierungszieles. Deswegen sollten bei diesem Prozeßschritt die Kunden- und Konkurrenzreaktionen sowie die Marketinginstrumente-Interaktionen in quantitativer Form beschrieben werden können, um später unterschiedliche strategiespezifische Zielerreichungsgrade als Entscheidungskriterium zu erhalten.

Als Teil der Planungsphase des bankbetrieblichen Preismanagements waren die Entwicklung und Formulierung von Preisstrategien bereits Gegenstand der vorangegangenen Betrachtungen. Infolge dessen bleibt für diesen Prozeßschritt ein Modell zu entwickeln, welches in der Endphase der Planung Entscheidungsunterstützung bei der Auswahl einer geeigneten Alternative leistet.

Im Hinblick auf die Realisierungsphase wird zu überprüfen sein, ob die Realtypen der Bankorganisation die Anwendung bestimmter Preisstrategien behindern oder fördern. In diesem Teil der Arbeit werden zunächst Anforderungen aufgestellt, die ein Kreditinstitut für die effektive Umsetzung von Preisentscheidungen erfüllen muß. Angesichts des mitverfolgten pragmatischen Ziels dieser Untersuchung muß bei größtmöglichem Konkretisierungsgrad beurteilt werden, inwieweit Filialbanken und Direktbanken diesen Kriterien gerecht werden. Hieraus soll gegebenenfalls auf einen bestehenden strukturellen Änderungsbedarf geschlossen werden. Letztlich gilt es, aus diesen Erkenntnissen eine idealtypische Organisation für die Implementierung des bankbetrieblichen Preismanagements zu entwickeln.

Im letzten Schritt des Managementprozesses werden solche Kontrollaktivitäten angesprochen, die für die Implementierung bankbetrieblicher Preisstrategien erforderlich sind. Dabei beinhaltet der hier zugrunde gelegte Kontrollbegriff nicht allein die nachträgliche

---

[716] Zum Prozeß des bankbetrieblichen Preismanagements vgl. Schneider (1998a), S. 26.

Beurteilung des Erfolges einer Preisgestaltungsmaßnahme im Sinne einer Soll-Ist-Abweichungsanalyse. Zusätzlich macht es die Dynamik bankbetrieblicher Preisentscheidungsprozesse notwendig, ein entscheidungsvorbereitendes Kontrollinstrument zur Hand zu haben, um sowohl ex ante den Erfolg völlig neuer Preisstrategien zu prognostizieren als auch eine Preisstrategie im Zeitablauf den Marktgegebenheiten anzupassen.

Abbildung 28: Der Prozeß des bankbetrieblichen Preismanagements.

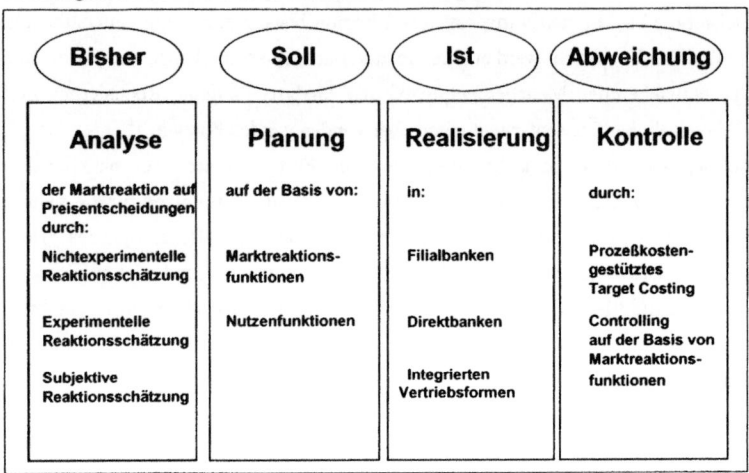

Quelle: Eigene Erstellung.

Die analytische Vorgehensweise der folgenden Untersuchungen orientiert sich an diesen vier Schritten des bankbetrieblichen Preismanagements. Es muß jedoch darauf hingewiesen werden, daß die Phasen nicht immer eindeutig zu trennen sind und ständige Feedback-Schleifen zwischen ihnen bestehen. Um Hilfestellung bei den diskutierten preisbezogenen Entscheidungsproblemen zu geben, gilt es, für die einzelnen Phasen Konzepte zur Entscheidungsunterstützung zu identifizieren. Wenn diese Ansätze aus dem Sachgütermarketing stammen, ist zu prüfen, ob Anwendungsbeschränkungen aufgrund des Dienstleistungscharakters der Bankleistung bestehen. Daneben macht es der eigentümliche Leistungserstellungsprozeß von Bankleistungen teilweise erforderlich, spezielle Modelle für die Preisentscheidungsunterstützung bei Banken heranzuziehen. Alle Konzepte werden jeweils zunächst durch ihren Mechanismus beschrieben, dann auf mögliche Probleme bei der bankbetrieblichen Implementierung hin überprüft und für die kreditwirtschaftliche Anwendung fruchtbar gemacht, indem auf Möglichkeiten der Überwindung dieser Beschränkungen hingewiesen wird.

Um einen hohen Anwendungsgrad des zu entwickelnden Preismanagement-Prozesses zu gewährleisten, wird die Identifizierung von Umsetzungsproblemen in Ermangelung diesbezüglicher bankbetrieblicher Untersuchungen auch anhand einer vom Verfasser eigens zu diesem Zweck durchgeführten Expertenbefragung vorgenommen.[717] Interviewt wurden 48 Bankmanager aus 38 Kreditinstituten, die vornehmlich der Unternehmensleitung aber auch nachgeordneten Führungsebenen aus relevanten Geschäftsfeldern oder zentralen Stabsbereichen angehören. Die Bewertung der Güte dieser Datenerhebung muß grundsätzlich anhand der Kriterien der Reliabilität und der Validität erfolgen.[718]

Die Reliabilität ist eine notwendige Voraussetzung für die Validität und beschreibt die Zuverlässigkeit der Erhebung.[719] Da eine Wiederholungsmessung nicht stattgefunden hat, kann eine Beurteilung der Reliabilität der durchgeführten Expertenbefragung nur anhand eines Vergleichs mit bestehenden Erhebungen und mittels einer Analyse des Versuchsdesigns erfolgen. Dem Verfasser ist mit der Untersuchung "Planung und Preise im Dienstleistungsgeschäft des Kreditgewerbes" der Schmalenbach-Gesellschaft lediglich *eine* vergleichbare bankpreisbezogene Untersuchung bekannt, die sich nicht ausschließlich auf die Kostenperspektive konzentriert.[720] So gesehen kommen immerhin beide Untersuchungen zu dem Ergebnis, daß Kreditinstitute ihre Preise vornehmlich auf der Basis des Vollkostenansatzes kalkulieren.[721] Die in der vorliegenden Untersuchung dominierende prozeßorientierte und marketingorientierte Sichtweise ist jedoch nicht Gegenstand der Schmalenbach-Befragung, so daß weitere Vergleiche zur Beurteilung der Reliabilität nicht möglich sind. Die Expertenbefragung wurde nach der Delphi-Methode in Einzelgesprächen fernmündlich oder persönlich anhand eines Interviewleitfadens durchgeführt.[722] Durch dieses Erhebungsdesign wurden Einheitlichkeit und Gleichheit der Interviewsituation sichergestellt. Es kann vermutet werden, daß die Wahrscheinlichkeit dafür, daß die Befragten bei Wiederholung der Befragung gleiche oder ähnliche Aussagen treffen, um so größer ist, je leichter und kürzer die Aufgabenstellung für die Befragten gestaltet wird. Daher konzentriert sich der Fragebogen auf solche Themenstellungen, die Experten aus ihrer praktischen Erfahrung heraus einfach und ohne lange Vorüberlegungen beantworten können.[723] In diesem Kontext ist bei der überschaubaren Anzahl der gestellten Fragen auch keine kognitive Überforderung zu befürchten, so daß insgesamt mindestens eine ausreichende Reliabilität angenommen werden kann.

---

[717] Vgl. hierzu auch Schneider (1998a).

[718] Vgl. allgemein zu Gütemaßen Curchill (1979), S. 64 ff., sowie Hamann, Erichson (1990), S. 74 ff.

[719] Vgl. Reibstein, Bateson, Boulding (1988), S. 271.

[720] Vgl. Schmalenbach-Gesellschaft Arbeitskreis Planung in Banken (1982b), S. 322 ff.

[721] Vgl. Expertenbefragung Anhang Tab. A13 und Tab. A14.

[722] Vgl. allg. zur Expertenbefragung und zur Delphi-Methode Brockhoff (1979), Berekoven et al. (1999), S. 269 ff., Hammann, Erichson (1994), S. 396 f.

[723] Vgl. zum Fragebogen der Expertenbefragung Anhang Abb. A1.

Die Validität beschreibt die Gültigkeit einer Erhebung. Hierbei ist zu beurteilen, ob die in der Expertenbefragung ermittelten Informationen tatsächlich das reale Preismanagement abbilden. Durch die teilstandardisierten Fragen wurde ein hoher Freiheitsgrad bei den Antworten erreicht, so daß von signifikanten Zusammenhängen ausgegangen werden kann, wenn die Antworten eindeutig gegen ein bestimmtes Ergebnis konvergieren. Da teilweise mehrere Manager eines Institutes befragt wurden, war es möglich, die Ergebnisse im Rahmen der Delphi-Methode gegeneinander zu validieren. Gleichzeitig wurden durch die individuelle Interviewsituation Mitläufereffekte weitgehend ausgeschaltet. Um bei dem vorliegenden geschäftspolitisch sensiblen Thema von regelmäßig großer strategischer Bedeutung eine möglichst hohe Prognosegüte zu erzielen, wurde dabei den Befragten zugesichert, daß die überlassenen Informationen nur nichtnamentlich und aggregiert veröffentlicht oder verarbeitet werden, so daß Schlüsse auf deren jeweilige Herkunftsquelle oder die Grundgesamtheit ausgeschlossen sind. Die Anonymität der Bankmanager ist auch verantwortlich für die mit 96% außerordentlich hohe und weit über der Schmalenbach-Untersuchung liegende Rücklaufquote. Nachdem lediglich zwei Experten aus zwei Instituten eine Teilnahme ablehnten und in allen anderen 48 Fällen durchgängig alle Fragen beantwortet wurden, können somit auch Verzerrungen aus einer niedrigen Rücklaufquote oder Antworteffekte vernachlässigt werden. In diesem Kontext deutet auch die höhere Anzahl der teilnehmenden Kreditinstitute auf eine im Vergleich zur Schmalenbach-Untersuchung (30 Banken) höhere Validität hin. Zur Repräsentativität der vorliegenden Expertenbefragung trägt zusätzlich bei, daß neben Managern verschiedener Großbanken (11) sowie Vertretern unterschiedlicher Sparkassenorganisationen (8) und Kreditgenossenschaften (8) erstmals in einer bankbetrieblichen Studie auch Experten von Direktbanken (11) befragt wurden. Damit ist für die Direktbankenumgebung nahezu eine Vollerhebung erreicht worden und eine dementsprechend hohe Validität der diesbezüglichen Aussagen zu konstatieren.

Insgesamt kann der vorliegenden Erhebung hinsichtlich der Kriterien Reliabilität und Validität also eine mehr als ausreichende Güte bescheinigt werden. Auch wenn die für Expertenbefragungen typische geringe Stichprobengröße und die notwendigerweise vorhandene Subjektivität ihrer Aussagen eine vorsichtige Interpretation und Generalisierung der herausgearbeiteten Ergebnisse als angeraten erscheinen lassen, eröffnet sie dennoch generelle Einblicke in das kaum entwickelte Wissensgebiet bankbetrieblichen Preismanagements. Insofern ist die Untersuchung als explorative Studie zu kennzeichnen, die einer vorwiegend grundsätzlichen Erschließung des Themas aus pragmatischer Perspektive dient.

2. Analyse der Marktreaktion

Die Güte von Preisentscheidungen steht in unmittelbarer Beziehung zu der möglichst genauen Kenntnis der Beziehung zwischen Preis und Absatz. Wenn jedoch der Großteil der befragten Bankmanager als wesentliches Problem bankbetrieblicher Preisentscheidungen die Unsicherheit über die Marktreaktion anführt, dann ist dieses nicht nur Ausdruck des Mangels an instrumentalen Kenntnissen.[724] Die eingangs dargestellte Komplexität dieses Systemzusammenhanges erschwert eine Schätzung der Preis-Absatz-Beziehung, weil nicht nur das Verhalten der Nachfrager quantifiziert werden muß, sondern gleichermaßen interne und externe preisbezogene Einflußfaktoren einzubeziehen sind. Dabei sind nicht zuletzt die Konkurrenzreaktionen und die Marketing-Mix-Interaktionen zu berücksichtigen.

Ein umfassendes Informationssystem für die Preispolitik, wie es Diller fordert, existiert nach Befragen von Praktikern in deutschen Universalbanken nicht.[725] Preisbezogene Daten entstammen überwiegend dem internen Rechnungswesen und sind Ausfluß der bankbetrieblichen Steuerungsinstrumente auf Basis von Bruttoerlösvorgaben.[726] Informationen über Preise liegen danach regelmäßig nur indirekt und in aggregierter Form als monatliche Ertragsabweichungen vor.[727] Durch den damit verbundenen Informationsverlust stellen diese Auswertungsverfahren keine hinreichend zuverlässige, zeitnahe und valide Datenbasis für Preisentscheidungen dar. Selbst eine Verknüpfung dieser Erlösrechnungen mit Absatzzahlen ist oft nicht möglich, weil der einzelne Geschäftsvorfall und der jeweils damit verbundene Ertrag im Provisionsgeschäft zumeist nicht erfaßt wird. Andere Informationen der Sekundärmarktforschung wie Marktanteilsberechnungen und Marktstrukturanalysen von Dachverbänden oder preisbezogene Segmentationsstudien von Zeitschriftenverlagen und externen wissenschaftlichen Instituten werden zwar regelmäßig genutzt, helfen jedoch bei einer Preisentscheidung in bezug auf die Evaluierung der Vorteilhaftigkeit von Preisstrategien nur partiell weiter. Besonders für die Einführung innovativer Preisstrategien sind diese Daten als Entscheidungsunterstützung nicht ausreichend. Konkurrenzpreise und -prospekte werden hingegen regelmäßig aufbereitet. Derzeit ist jedoch gerade im Effektengeschäft und bei Passivleistungen zu beobachten, daß der Markteintritt von Direktbanken und deren nichtlineare Preisstrukturen eine solche Auswertung erheblich erschweren.

Primärmarktforschung wird von Banken, wenn überhaupt, nur bei tiefgreifenden Änderungen der Preisstruktur von externen Dienstleistern durchgeführt. Für eine Ermittlung der zugrunde liegenden Beziehung zwischen Preis und Absatz fehlt es an der dafür

---

[724] Vgl. hierzu die Ergebnisse der Expertenbefragung im Anhang Tab. A16 und Tab. A17.
[725] Vgl. Diller (1991), S. 125 ff.
[726] Vgl. Anhang Tab. A3 und Tab. A4.
[727] Vgl. hierzu und im folgenden Anhang Tab. A28 und Tab. A29.

notwendigen systematischen Variation der Konditionen einzelner Leistungen. Infolgedessen kannte keines der befragten Kreditinstitute die Preis- oder Kreuzpreiselastizität bezüglich der Nachfrage nach bestimmten Leistungen.[728] Unsicherheit herrscht in gleicher Weise bei der Quantifizierung von Verbundeffekten oder preisbezogenen Carryover-Effekten. Die Kenntnis einer Preisabsatzfunktion wurde durchgängig negiert. Weil auch die Preisbereitschaften der Nachfrager nicht ermittelt werden, ist im Grunde eine Bestimmung der strukturellen Merkmale des Preisverhaltens und somit auch eine professionelle Entscheidung für oder gegen eine Preisstrategie sowie deren konkrete Ausgestaltung nicht möglich. Darüber hinaus fehlen im Bankbetrieb solche Quellen, die analog zu den Einzelhandels- oder Haushaltspanels des Handelsmarketing Auskunft über preisbezogene Informationen geben. Der Grund dafür ist die aufwendige Erhebung eigener preisgestaltungsrelevanter Daten. Die Immaterialität von Bankleistungen erlaubt den Einsatz von scannerähnlichen Erfassungsinstrumenten offensichtlich nicht,[729] so daß Aufzeichnungen der Kundenberater erforderlich sind. Damit kommt es jedoch verstärkt zu Verzerrungen, die teilweise den Paneleffekten gleichen. Neben Overreporting, Verhaltensänderungen über die Zeit, Lerneffekten oder Ermüdungserscheinungen ist nicht zuletzt mitarbeiterseitige Reaktanz aufgrund empfundener Kontrolle zu befürchten. Damit dürfte auch die von hoher Validität und Reliabilität gekennzeichnete Datengüte von Scannerinformationen durch bankbetriebliche Erhebungen nicht erreicht werden. Angesichts dieser primärforschungsgebundenen Schwierigkeiten ist es einsichtig, daß ein Großteil der Preisentscheidungen in Kreditinstituten demnach auch intuitiv und auf langjährigen Erfahrungen basierend von hochrangigen Bankmanagern getroffen wird.

Zur Erhebung preisbezogener Informationen stehen grundsätzlich die Befragung, die Beobachtung sowie Experimente zur Verfügung.[730] Ohne auf die Vorgehensweisen gängiger Marktforschungsmethoden näher einzugehen,[731] muß darauf hingewiesen werden, daß auch die bankbetriebliche Marktforschung den eingangs aufgezeigten Schwierigkeiten aus den komplexen, dynamischen und interdeterministischen preisbezogenen Wirkungszusammenhängen unterliegt. Darüber hinaus ergeben sich aus der Dienstleistungseigenschaft der Bankleistung Implikationen für die Marktforschung, die über die grundsätzlichen methodischen Probleme hinausgehen und bei der Beschaffung, Aufbereitung und Erschließung historischen oder neuen Datenmaterials berücksichtigt werden müssen.

Die Immaterialität von Bankleistungen ist unmittelbar verantwortlich für die mangelhafte Konkretisierbarkeit der Leistungsfähigkeit von Kreditinstituten. Wenn aber das Dienstleistungsergebnis nicht bildlich dargestellt werden kann oder sich einer hinreichend genauen

---

[728] Vgl. hierzu und im folgenden die Ergebnisse der Expertenbefragung im Anhang Abbildung A4.

[729] Vgl. allgemein zu Scannerdaten Diller (1991), S. 130.

[730] Vgl. Nieschlag et al. (1997), S. 657 ff.

[731] Vgl. hierzu ausführlich z.B. Green, Tull (1982); Aaker, Day (1986) sowie Hammann, Erichson (1994).

Beschreibung entzieht, ist der Anbieter sowohl bei der ungestützten Erfragung von Leistungswünschen in Interviews als auch bei der Erstellung von Fragebögen mit erheblichen Schwierigkeiten konfrontiert, die sich negativ auf die Reliabilität und die Validität der Messungen auswirken können. Darüber hinaus waren Kreditinstitute aufgrund der Immaterialität bei der Dokumentation des Preis-Leistungsverhältnisses in hohem Maße auf Surrogate angewiesen. Dadurch wird jedoch das tatsächliche Preisverhalten von Nachfragern überlagert. Im Ergebnis entstehen Meßartefakte, weil diese preisbeurteilungsrelevanten Informationen befragungstechnisch nicht erfaßt oder experimentell nicht systematisch variiert werden können. Insbesondere die Bedeutung der Bereitstellungsleistung in Form von Mitarbeitern oder Bankgebäuden dürfte schwer operationalisierbar sein. Mit Verzerrungen bei der Messung der Preisresponse muß schon wegen des besonders bei Bankleistungen ausgeprägten Phänomens der sozialen Erwünschtheit gerechnet werden. Hinzu kommt, daß die Immaterialitätseigenschaft dazu führt, daß andere Teilqualitäten als der Preis nachfrageseitig vor der Inanspruchnahme nicht abschätzbar sind. Deswegen besteht bei der Interpretation von Präferenzerhebungen regelmäßig die Gefahr, daß die relative Bedeutung des Preises im Verhältnis zu den verbleibenden Leistungsmerkmalen tendenziell zu hoch eingeschätzt wird. Vor allem bei Bankleistungen, die Erfahrungs- oder Vertrauensleistungen sind, dürfte die Validität nachfrageseitiger Angaben geringer sein als der systematische Fehler bei Standardleistungen.

Die Integrativität von Bankleistungen erschwert die Marktforschung sowohl aufgrund der Individualität als auch durch die Interaktion externer Faktoren bei der Leistungserstellung. Letzteres führt dazu, daß Bankleistungsbündel nach Zusammensetzung, Umfang und Qualität nur ungenau bestimmbar sind,[732] weil Leistungen selten oder nie identisch reproduziert werden können.[733] So ist auch die aus der Interaktionseigenschaft resultierende Verhandlungspreisproblematik nur schwierig zu operationalisieren. Damit ist es anbieterseitig kaum möglich, nachfrageseitige Präferenzen auszuwerten, weil einmal Unsicherheiten hinsichtlich der Konstruktvalidität bestehen und andererseits Vorsicht bei der Generalisierbarkeit der gefundenen Ergebnisse angebracht ist. Zudem erwächst aus der Individualität das Problem mangelnder Vergleichbarkeit von Preisstrukturen, so daß ein Konkurrenzbezug im Versuchsdesign schwer herzustellen ist. Die Intransparenz der bankbetrieblichen Preissysteme führt überdies zu nachfrageseitigen Wahrnehmungsverzerrungen oder kognitiver Überforderung bei der Ermittlung der Gesamtbelastung im Zusammenhang mit Preisvergleichen.

Nachdem das Ziel dieser Ausführungen in der Umsetzung der preisbezogenen Marktreaktionsanalyse im Bankbetrieb besteht, müssen die vorzuschlagenden Erhebungsverfahren nicht nur unter Beachtung methodischer und dienstleistungstheoretischer Restrik-

---

[732] Vgl. Paul, Reckenfelderbäumer (1995), S. 228.
[733] Vgl. Hilke (1989), S. 22.

tionen evaluiert, sondern primär auch unter Implementierungsgesichtspunkten bewertet werden. Die obigen Ergebnisse deuten darauf hin, daß die in der Marketing-Literatur geäußerten grundsätzlichen methodischen Bedenken[734] gegen die Ermittlung der Marktreaktion mittels direkter Befragung durch die dienstleistungstheoretischen Implikationen noch verstärkt werden. Die Validität bei der direkten Erfragung individueller Preisresponse wie etwa durch das Abfragen von Preisober- und -untergrenzen ist als sehr gering einzustufen.[735] Da auch Konkurrenzaspekte auf diese Weise keine Berücksichtigung finden,[736] erscheinen direkte Befragungsverfahren grundsätzlich nicht geeignet, um die bankbetriebliche preisbezogene Marktreaktion zu ermitteln.

Im Gegensatz zu Befragungen stellen Beobachtungen zwar ein nichtreaktives Meßverfahren dar, wodurch eine Reihe von Validitätsproblemen entfällt,[737] andererseits sind ohne systematische Variation von Faktoren nur Hinweise auf Korrelationen, aber keine Rückschlüsse auf die Ursachen bestimmter Verhaltensweisen zu gewinnen. Die nachfolgenden Betrachtungen konzentrieren sich aus diese Gründen auf quantitative nichtexperimentelle Verfahren sowie auf die experimentelle und die subjektive Reaktionsschätzung.

2.1. Nichtexperimentelle Reaktionsschätzung

Weil Marktreaktionsvariablen wie Preise oder Absatzmengen direkt am Markt beobachtbare Größen sind, liegt es nahe, solche Marktbeobachtungen zu einer statistischen Schätzung von Reaktionsfunktionen heranzuziehen.[738] Infolge dessen, daß in früheren bankbetrieblichen Arbeiten regelmäßig die klassischen Preis-Absatz-Funktionen als theoretische Erklärungsmodelle herangezogen wurden, wird in neueren Ansätzen vorgeschlagen, diese Beziehung empirisch zu schätzen.[739] Das zentrale Problem bei der Ermittlung von Zusammenhängen zwischen Preis und Absatz einer Bankleistung besteht jedoch darin, daß die Nachfrage nicht ausschließlich vom Preis abhängt, sondern zugleich von den bereits isolierten internen und externen Einflußfaktoren. Aus diesem Grunde sollte die ökonometrische Schätzung der Marktreaktion nicht nur als einfache Preis-Absatz-Funktion erfolgen, sondern zumindest die Marketing-Mix-Interaktionen als unabhängige Variablen sowie die Konkurrenzabbildung einbeziehen.

---

[734] Vgl. Kaas (1977), S. 20 ff.
[735] Vgl. Vanini (1993), S. 11.
[736] Vgl. Gabor (1977), S. 198 f.
[737] Vgl. Diller (1991), S. 133.
[738] Vgl. Diller (1991), S. 143.
[739] Vgl. Gehrke (1995), S. 24.

Den einzigen umfassenden Ansatz, die Nachfragewirkung bankbetrieblicher Marketing-instrumente mittels Marktreaktionsfunktionen zu messen, liefert Meyer zu Selhausen.[740] Ihm gelingt es durch zeitreihenbezogene Datenanalyse, den Absatzeffekt von bankbetrieblichen Marketingentscheidungen zu quantifizieren. Dabei wählt er den Vergleich alternativer Marketing-Mix-Kombinationen. Durch einen derart hochaggregierten Ansatz umgeht Meyer zu Sehlhausen die wechselseitige Abhängigkeit der marktpolitischen Entscheidungsvaria-blen.[741] Wenn im Mittelpunkt der Betrachtungen wie in dieser Untersuchung nicht der gesamte Marketing-Mix, sondern nur ein Instrument steht, dürfen diese Interaktionen hingegen nicht vernachlässigt werden. Außerdem floß der Preis in der damaligen Untersuchung nicht als unabhängige Einflußgröße in die Marktreaktionsfunktionen ein,[742] weil Konditionen annahmegemäß nicht als Instrumente zur Akquisition von Bankkunden eingesetzt wurden. Insgesamt zeigt diese Untersuchung jedoch, daß die quantitative Analyse von Marktreaktionen auch für Bankbetriebe zum Erkenntnisgewinn führt und ein solcher Ansatz auch mit preisbezogenem Fokus weiter verfolgt werden sollte.

Um Entscheidungsunterstützung durch die Schätzung der Marktreaktion zu erhalten, sind mit der Modellspezifikation und der Parametrisierung der Marktreaktionsfunktion grundsätz-lich fünf Teilschritte verbunden,[743] an denen sich die nachfolgende Argumentation orientiert:

Abbildung 29: Schritte zur Schätzung der Marktreaktion.

Modellspezifikation
1.Variablenauswahl und -operationalisierung
2. Funktionsspezifikation
Parametrisierung
3. Datenerhebung und -aufbereitung
4. Schätzung der Funktionsparameter
5. Test der Validität und Reliabilität der Marktreaktionsfunktion

Quelle: Eigene Erstellung in Anlehnung an Diller (1991), S. 144.

Bei der Modellspezifikation geht es zunächst um die Frage, welche Variablen in das Entscheidungsmodell einfließen. Als abhängige Variablen, welche die Marktreaktion abbilden, bieten sich nicht allein Absatzmengen oder Umsätze an. Daneben sind auch Marktanteile geeignete Responsemaße, die zusätzlich implizit die Konkurrenzreaktionen berücksichtigen.[744] Für Banken sind Marktanteile ein geeignetes Reaktionsmaß, weil diese den Vorteil besitzen, daß saisonale oder konjunkturelle Schwankungen im Absatz gefiltert werden und in gesättigten Bankenmärkten einen durchaus validen Einblick in die

---

[740] Vgl. Meyer zu Selhausen (1976), S. 191 ff.
[741] Vgl. Harwalik (1988), S. 43 f.
[742] Vgl. Meyer zu Selhausen (1976), S. 119.
[743] Vgl. allgemein Steffenhagen (1978).
[744] Vgl. hierzu und im folgenden allgemein Diller (1991), S. 145.

Marktwirksamkeit unterschiedlicher Preisabstände zu Konkurrenzprodukten ermöglichen. Dazu müssen allerdings Informationen über Marktanteile vorhanden oder aus dem Marktvolumen berechenbar sein.

Als unabhängige Variablen sind neben dem Preis auch andere relevante bankbetriebliche Parameter wie die Werbung, die persönlichen Verkaufsanstrengungen der Mitarbeiter oder die Verkaufsförderung einzubeziehen. Diese Variablen können durch das Werbebudget, die Arbeitszeit der Kundenberater oder die Anzahl der Kundenkontakte und durch das Verkaufsförderungsbudget operationalisiert werden. Auch die Distribution ist durch die Wahl der direkten oder indirekten Absatzkanäle zu berücksichtigen. Dabei beansprucht jeder Vertriebsweg unterschiedliche Mittel aus dem Distributionsbudget.

Weil die Marktreaktion auf Marketingmaßnahmen nicht immer zeitgleich und symmetrisch erfolgt, wird regelmäßig vorgeschlagen, Parameter für Carry-Over-Effekte, für Änderungseffekte oder zeitvariable Marktreaktionen in die Reaktionsfunktion zu integrieren.[745] Dynamische Marktreaktionen können für Kreditinstitute weitgehend vernachlässigt werden, weil Bankleistungen, wie gesehen, keinem typischen oder nur einem sehr langen Produktlebenszyklus unterliegen. Zudem sind konsumgütertypische Änderungseffekte[746] wie der New-Trier-Effekt mit anschließendem Wear-Out-Phänomen oder Lagerhaltungseffekte aufgrund der mit der Dienstleistungseigenschaft verbundenen Besonderheiten der Bankprodukte in Marktreaktionsmodellen nicht von Bedeutung. Carry-Over-Effekte hingegen sind auch für das Marketing in der Kreditwirtschaft relevant. Neben der verzögerten Wirkung eines eingesetzten Marketinginstruments beschreibt insbesondere der Customer-Holdover-Effekt banktypische Marktreaktionen dadurch, daß Käufe in Periode t auch Käufe in t+1 beeinflussen, wodurch die Bankloyalität in geeigneter Weise abgebildet werden kann. Infolge der Erkenntnis, daß Banken auf reifen Märkten agieren, wo dynamische Effekte nur eine untergeordnete Rolle spielen, wird jedoch weiterhin der statische Fall unterstellt.

Die nachfolgende Funktionsspezifikation beinhaltet die Aufgabe, den vermuteten Wirkungsmechanismus und die erkannten Variablen durch ein statistisch schätzbares, mathematisches Modell abzubilden.[747] Bei der Modellierung der Marktreaktionsfunktion sind grundsätzlich lineare, multiplikative oder logistische Verläufe möglich. Zwar wurde in einer Fülle empirischer Studien eine Vielzahl von Funktionen statistisch hinreichend bestätigt.[748] Diese beziehen sich jedoch zum überwiegenden Teil auf Sachgüter, während entsprechende Untersuchungen in der Bankumgebung bisher noch nicht stattgefunden haben. Das prinzipielle Vorgehen für die Abbildung der Absatzreaktion von Bankleistungen wird

---

[745] Vgl. zu statischen versus dynamischen Reaktionsfunktionen Naert, Leeflang (1978), S. 93 ff. sowie Hanssen et al. (1990), S. 48 ff.

[746] Vgl. Lilien et al. (1992), S. 661 ff.

[747] Vgl. hierzu allgemein Lilien et al. (1992), S. 650 ff.

[748] Vgl. Simon (1992a), S. 208 ff.

nachfolgend am Beispiel einer Attraktions-Reaktionsfunktion gezeigt.[749] Dieses nichtlineare Modell besitzt gegenüber anderen denkbaren Funktionstypen den Vorteil, daß neben den Marketing-Mix-Interaktionen und den Konkurrenzeinflüssen explizit verhaltenstheoretische Annahmen einfließen. Ihm liegt die Hypothese zugrunde, daß der Marktanteil S_i des eigenen Produktes i durch dessen relative Anziehungskraft, die sogenannte Attraktion, bestimmt wird. Um den Marktanteil zu erklären, wird die Attraktion der eigenen Leistung A_i ins Verhältnis zur Summe der relativen Anziehungskräfte aller Produkte des Marktes gesetzt. Dabei addieren sich die Marktanteile zu eins.

$$S_i = \frac{\text{Attraktion der eigenen Marke}}{\text{Summe der Attraktionen aller Marken}} = \frac{A_i}{\sum_{j=1}^{I} A_j} \tag{35}$$

mit i = 1, ..., I : Anzahl der Marken im Markt

j = 1, ..., i, ..., I

Die Attraktion einer Marke resultiert aus dem Marketing-Mix. Um die Interaktionswirkungen von k Marketinginstrumenten x_{ki} abzubilden, wird in diesem Beispiel eine multiplikative Funktion unterstellt. Für bestimmte Fälle können auch andere Funktionstypen geeignet sein. Das sogenannte Multiplicative Competitive Interaction Model (MCI) verknüpft diese Funktion mit einem Term $e^{a_{0i}}$, der die Attraktion ohne Marketinginstrumenteeinsatz darstellt, und einem Störterm ε_i, so daß gilt:

$$A_i = e^{a_{0i}} * x_{1i}^{a_1} * x_{2i}^{a_2} * \ldots \ldots * \varepsilon_i \quad \text{oder} \tag{36}$$

$$A_i = e^{a_{0i}} * \prod_{k=1}^{K} x_{ki}^{a_k} * \varepsilon_i . \tag{36a}$$

Die a_0 sind unternehmensspezifisch, um bei der Modellierung nicht beobachtete unternehmensspezifische Effekte zu berücksichtigen. Die anderen a_k sind nicht unternehmensspezifisch.

Eingesetzt in die Attraktionsfunktion, ergibt sich somit:

$$S_i = \frac{e^{a_{0i}} * \prod_{k=1}^{K} x_{ki}^{a_k} * \varepsilon_i}{\sum_{j=1}^{I} \left(e^{a_{0j}} * \prod_{k=1}^{K} x_{kj}^{a_k} * \varepsilon_j \right)} \tag{37}$$

---

[749] Vgl. Lilien et al. (1992), S. 669 ff.

Nach Logarithmieren und Umformen resultiert folgende Funktion, die statistisch schätzbar ist:

$$\ln\left(\frac{S_i}{\tilde{S}}\right) = a_{0i} - \overline{a} + \sum_{k=1}^{K} a_k * \ln\left(\frac{x_{ki}}{\tilde{x}}\right) + \ln\left(\frac{\varepsilon}{\tilde{\varepsilon}}\right) \qquad (37a)$$

Dabei stellen $\tilde{S}, \tilde{x}$ und $\tilde{\varepsilon}$ die geometrischen Mittel von $S_i, x_{ki}, \varepsilon_i$ dar, $\overline{a}$ ist das arithmetische Mittel.

Für die Schätzung der Funktionsparameter sind zunächst die Datenerhebung und deren Aufbereitung erforderlich. Unabhängig davon, mit welchen Methoden die Datenbasis ermittelt wird,[750] muß eine Vergleichbarkeit der Daten in zeitlicher, räumlicher und sachlicher Hinsicht sichergestellt werden,[751] indem die Informationen um Trends, Saisonalität, Inflation oder Bevölkerungswachstum bereinigt werden. Zur Parametrisierung der Marktreaktionsfunktion sind hinreichend valide und reliable Daten bereitzustellen. Nachdem die obige Funktion linearisiert wurde, kann die Schätzung der Parameter mittels multipler linearer Regression erfolgen. Weil bei dieser Analysemethode analog zu der einfachen Regression die Annahmen der Kleinst-Quadrate-Schätzung gelten, müssen diese Voraussetzungen überprüft werden:[752]

Tabelle 19: Statistische Annahmen der Kleinst-Quadrate-Schätzung und deren Verletzung.

Annahme	Verletzung
Keine Korrelation zwischen den unabhängigen Variablen	Multikollinearität
Residuen sind unkorreliert	Autokorrelation
Residuen korrelieren nicht mit der abhängigen Variablen	Heteroskedastizität

Quelle: In Anlehnung an Backhaus et al. (1990), S. 34 ff.

Als letzter Schritt müssen die Validität und die Reliabilität der geschätzten Marktreaktionsfunktion anhand verschiedener Kriterien überprüft werden.[753] Das wichtigste Gütemaß für den Modell-Fit ist das Bestimmtheitsmaß r^2, welches das Verhältnis von erklärter Streuung zur Gesamtstreuung angibt. Das Bestimmtheitsmaß drückt den Anteil der erklärten Abweichungen an den gesamten Abweichungen der Beobachtungswerte $\hat{y}_i$ gegenüber dem Mittelwert der Stichprobe $\overline{y}$ aus, so daß ein kleiner Wert für r^2 auf einen nur schwach ausgeprägten Zusammenhang zwischen abhängiger Variabler und unabhängiger Variabler der geschätzten Reaktionsfunktion hindeutet:

---

[750] Vgl. ausführlich Hammann, Erichson (1994), S. 60 ff.

[751] Vgl. Hanssens et al. (1990), S. 61 ff.

[752] Vgl. zu alternativen Schätzverfahren bei Verletzung der statistischen Prämissen Lilien et al. (1992), S. 680 ff.

[753] Vgl. hierzu und im folgenden Backhaus et al. (1996), S. 20 ff.

256

$$r^2 = \frac{\sum\limits_{i=1}^{I} (\hat{y}_i - \bar{y}_i)^2}{\sum\limits_{i=1}^{I} (y_i - \bar{y})^2} \qquad\qquad (38)$$

Selbst bei guten Ergebnissen für das Bestimmtheitsmaß können diese immer noch zufällig sein. Daher empfiehlt es sich, einen sogenannten F-Test durchzuführen, der die Erklärungskraft der Regressionsgleichung als ganzer prüft. Dabei sollte die Irrtumswahrscheinlichkeit des Erklärungsmodells kleiner sein als ein vorher festgelegtes Signifikanzniveau. Auch alle ausgewählten Variablen der Marktreaktionsfunktion sollten statistisch signifikant sein, so daß überprüft werden muß, ob jede unabhängige Variable tatsächlich Einfluß auf die abhängige Variable ausübt. Demnach sind die Regressionskoeffizienten einem t-Test zu unterziehen. Letztlich gilt es, die Vorzeichen der geschätzten Parameter zu betrachten und die Richtung des Einflusses auf den Marktanteil auf Plausibilität hin zu evaluieren. Schließlich sollte das Modell durch eine möglichst kleine Variablenanzahl bei befriedigender erklärter Varianz gekennzeichnet sein.

Nachdem die unterstellte Marktreaktion funktionell abgebildet und geschätzt wurde, können nun Marktanteile bei alternativen Preisen ermittelt werden. Überdies gilt, daß sich die Absatzmenge Q aus der Multiplikation von Marktanteil S und Marktvolumen V ergibt:[754]

$$Q = S * V \qquad\qquad (39)$$

Mithin können Erklärungsmodelle für die Marktreaktion durch isolierte Betrachtung von S und V und späteres Zusammenfügen gebildet werden, so daß von der Marktanteilsebene auf die Mengenebene geschlossen werden kann. Durch Einsetzen der Attraktionsfunktion ist dadurch für alternative Preise auch der jeweils resultierende Absatz prognostizierbar.

Insgesamt stellen nichtexperimentelle ökonometrische Schätzungen unter Beachtung der Anwendungsvoraussetzungen eine interessante Möglichkeit der Modellierung von Marktreaktionen dar. Die Auffassung Harwaliks, daß für Kreditinstitute Zeitreihenanalysen im Rahmen von monoinstrumentalen Wirkungsanalysen negativ zu beurteilen sind,[755] muß zumindest relativiert werden. Sein Argument, die Wechselwirkungen zwischen den einzelnen Marketinginstrumenten würden vernachlässigt und seien faktisch nicht quantifizierbar, gilt für das oben aufgestellte Attraktionsmodell nicht mehr. Auch im Hinblick auf die Konkurrenzabbildung ist die Konstruktvalidität dieser Reaktionsfunktion eher als hoch

---

[754] Vgl. Lilien et al. (1992), S. 666.
[755] Vgl. Harwalik (1988), S. 44.

einzuschätzen.[756] Die wesentlichen Probleme der nichtexperimentellen Parameterschätzung ergeben sich aus bankpraktischen Erwägungen. Zunächst ist es für eine Anwendung des Modells unbedingt erforderlich, die Erfolge von Preisvariationen systematisch zu erfassen. Hier ist nach den eingangs aufgezeigten bankbetrieblichen Defiziten offenkundig eine bessere interne Dokumentation notwendig. Zu diesem Zweck sollte eine Marktforschungsdatenbank entwickelt werden, in der die entsprechenden Daten eingepflegt und ausgewertet werden können. Für die Erhebung kann sich ein Kreditinstitut die Marktnähe der Vertriebsmitarbeiter zunutze machen, indem Marktforschung als Teil jeder Stellenbeschreibung aufgenommen wird. Außerdem sind die für die Konkurrenzabbildung essentiellen Informationen über Marktanteile oder Marktvolumina verhältnismäßig einfach aus sekundärstatistischen Quellen zu erhalten. Exemplarisch kann der Direktbankenmarkt herangezogen werden. Hier ist der produktbezogene und gesamte Marktanteil anhand der Kunden-, Konten- oder Depotzahlen quantifizierbar, die sowohl in den Geschäftsberichten als auch in regelmäßigen Pressemitteilungen veröffentlicht sind. Marktforschungs-Dienstleister bieten seit kurzem sogar Marktanteile der einzelnen Institute auf regionalem Aggregationsniveau an. Informationen über das Marktpotential der jeweiligen Leistungen sind überdies aus den Monatsberichten der Deutschen Bundesbank zu erhalten. Während Preisvariationen der Wettbewerber noch einfach zu beobachten sind, bestehen bei den in das Modell aufzunehmenden Marketinginstrumenten Werbung oder Distribution schon größere Informationsprobleme. Werbe- oder Verkaufsförderungsbudgets der Wettbewerber sind jedoch konkurrenzübergreifend, wenn auch nicht kostenlos, über Mediaagenturen zu beschaffen.

Wesentlich kritischer als diese Spezifizierung der in das Modell eingehenden Daten und die bloße Informationsbeschaffung ist anzusehen, daß die vorgestellte Methode gleichzeitig auch große Datenmengen mit Variabilität des absatzpolitischen Instrumentariums erfordert. Eine Längsschnittanalyse mit einer ausreichenden und den relevanten Preisbereich abdeckenden Anzahl von historischen Beobachtungen bei Konstanz der nicht in das Modell aufgenommenen Einflußfaktoren zu erhalten, erscheint für den Bankleistungsmarkt äußerst schwierig. In gleicher Weise scheitern Querschnittsanalysen, die Preisunterschiede bei verschiedenen Absatzsegmenten als Grundlage für Datenpunkte nutzen, weil gerade die vielen Umweltbedingungen für die Trennung der Teilmärkte als notwendige Voraussetzung für Preisdifferenzierungen verantwortlich sind. Diller schlägt daher vor, auf Experimente als Datenquelle auszuweichen und damit die mit historischen Datenreihen verbundenen Probleme zu umgehen.[757] Nachfolgend soll deswegen überprüft werden, ob Experimente auch bei bankbetrieblicher Anwendung eine bewußte systematische Variation der Angebotspreise bei

---

[756] Vgl. Lilien et al. (1992), S. 672.
[757] Vgl. Diller (1991), S. 147.

gleichzeitiger Kontrolle möglicher Störfaktoren erlauben und somit eine Alternative für die mit Erhebungs- und Auswertungsproblemen behafteten Zeitreihenanalysen darstellen.

2.2. Experimentelle Reaktionsschätzung

Experimente sind empirische Untersuchungen zur Überprüfung von Kausalhypothesen.[758] Dabei sollen nicht nur die wesentlichen Experimentalvariablen identifiziert werden, die eine Kriteriumsvariable beeinflussen, sondern gleichzeitig auch der Funktionstyp, der den Zusammenhang beschreibt, unter gezieltem und kontrolliertem Einsatz der Faktoren abgeleitet werden.[759] Je nach Art des Experimentumfeldes lassen sich Experimente in Feld- oder Laborexperimente unterscheiden. Während Feldexperimente im realen Umfeld unter natürlichen Umweltbedingungen durchgeführt werden, wird in Laborexperimenten eine künstliche Situation geschaffen.[760]

Die Beurteilung von Experimenten muß sich nach den Kriterien der internen und externen Validität von Feld- und Laborexperimenten richten.[761] Die interne Validität eines Experimentes betrifft die Gültigkeit der erzielten Ergebnisse für die experimentelle Situation, während die externe Validität die Übertragbarkeit dieser Resultate auf reale Situationen beschreibt. Grundsätzlich wird die interne Validität feldexperimenteller Methoden unter der von Laborexperimenten liegen.[762] Ursächlich dafür ist, daß der Einfluß von Störvariablen weniger gut isolierbar ist als in der künstlichen Situation eines Laborexperimentes. Umgekehrt verhält es sich mit dem Kriterium der externen Validität.[763] Die Repräsentativität der Ergebnisse von Laborexperimenten leidet im wesentlichen darunter, daß künstliche Experimentierbedingungen zu einem anderen Verhalten der Versuchspersonen als in der Realität führen.

Aus praktischer Sicht liegt der wesentliche Vorteil von Laborexperimenten gegenüber Feldexperimenten in der kostengünstigen und weniger zeitintensiven Versuchsanordnung. Überhaupt wird die Durchführung von Feldexperimenten im Bankbetrieb auf Ablehnung stoßen, zumal diese eine reale Veränderung der Preise für die jeweils untersuchte Bankleistung verlangen.[764] Bei dem für valide Aussagen notwendigen Ausmaß von Preisvariationen und der hohen Öffentlichkeitswirksamkeit von Preisen ist in den betroffenen Versuchsfilialen mit einer nicht erwünschten Außenwirkung bis hin zum Imageverlust zu rechnen. Zudem sind mit systematischen Preiszugeständnissen nicht nur Umsatzeinbußen

---

[758] Vgl. Hammann, Erichson (1994). S. 154.
[759] Vgl. Meffert (1998), S. 152 ff.
[760] Vgl. Berekoven et al. (1999), S. 154.
[761] Vgl. hierzu und im folgenden Hammann, Erichson (1994), S. 158 f.
[762] Vgl. Kaas (1977), S. 23.
[763] Vgl. Hammann, Erichson (1994), S. 159.
[764] Vgl. Harwalik (1988), S. 50.

verbunden, sondern auch Kundenabwanderungen, wenn das Experiment beendet ist und die Konditionen wieder angepaßt werden. Weil natürlich auch bei Preiserhöhungen negative Absatzeffekte durch Kundenverluste zu erwarten sind, kommt es erklärlicherweise zu Widerständen seitens der Bankmanager gegen feldexperimentelle Versuchsanordnungen. Letztlich besteht die latente Gefahr, daß diese Experimente durch örtliche Konkurrenten, bei Wissen um ihren vorübergehenden Charakter, durch eigene von der Normalreaktion abweichende Preisreaktionen torpediert werden, so daß sich nur durch Außeneinflüsse verzerrte Ergebnisse ableiten lassen. Im Gegensatz dazu gestattet das Laborexperiment eine beliebige Gestaltung, Variation und Kontrolle der Versuchsbedingungen, denen die Versuchspersonen unterliegen,[765] so daß preisbezogene Kausalzusammenhänge nachweisbar sind, die in bankbetrieblichen Feldexperimenten kaum überprüft werden können.

In Anbetracht der praktischen Unwägbarkeiten, die mit der Durchführung von Feldexperimenten im Bankbetrieb verbunden sind, scheidet dieses Versuchsdesign bei der Ermittlung der preisbezogenen Marktreaktion aus. Bei Laborexperimenten läuft der Marktforscher hingegen Gefahr, gegen das Postulat einer möglichst hohen externen Validität der Ergebnisse zu verstoßen. Die Aussagekraft von Laborexperimenten wird ferner durch die eingangs dargestellten Implikationen der Immaterialität und der Integrativität auf die Ergebnisse der Kundenbefragungen eingeschränkt. Als Alternative zur feld- oder laborexperimentellen Entscheidungsunterstützung wird daher nachfolgend die Conjoint-Analyse vorgestellt, die im Sachgütermarketing zu einem Durchbruch bei der Preisentscheidung geführt hat.[766] Dabei wird gleichzeitig untersucht, welche Modifikationen notwendig sind, um dieses multivariate Analyseverfahren auch für die Ermittlung bankleistungsbezogener Preisresponse nutzbar zu machen.

Die Conjoint-Analyse ist ein Verfahren, das versucht, auf der Basis empirisch erhobener Gesamtnutzenwerte den Beitrag einzelner Komponenten zum Gesamtnutzen einer Leistung zu ermitteln.[767] Auf einem Kontinuum zwischen reinen Feldexperimenten und reinen Laborexperimenten ist die Conjoint-Analyse als Zwischenform eines simulierten Feldexperimentes zu kennzeichnen. Sie stellt die in der Praxis wohl am häufigsten verwendete Methode zur Messung von individuellen Einstellungen dar.[768] Die Vorteile des Verfahrens liegen darin, daß das Zusammenspiel des Preises mit anderen Produktmerkmalen dabei explizit erfaßt wird.[769] Realistischerweise berücksichtigt die Conjoint-Analyse, daß der Preis regelmäßig nicht isoliert, sondern in Kombination mit anderen Marketinginstrumenten eingesetzt wird. Gleichzeitig werden verhaltenswissenschaftliche Implikationen der nach-

[765] Vgl. Seitz, Wottawa (1984), S. 167.
[766] Vgl. Kucher, Simon (1987).
[767] Vgl. Backhaus et al. (1996), S. 497.
[768] Vgl. Wittink, Cattin (1989), S. 92.
[769] Vgl. Schmalen (1995), S. 32.

frageseitigen Preisreaktion abgebildet. Die kognitiven Prozesse der beschriebenen Preis-
beurteilungsheuristiken, welche der Kunde nutzt, um den Preis und den wahrgenommenen
Nutzen der betreffenden Leistung zu evaluieren, werden implizit berücksichtigt.
Die Vorgehensweise der Conjoint-Analyse orientiert sich auch bei preisbezogener
Ermittlung von Präferenzen an folgenden Schritten:

Abbildung 30: Schritte der Conjoint-Analyse.

1. Auswahl des Präferenzmodells
2. Methoden der Datensammlung
3. Festlegung des Erhebungsdesigns
4. Stimulus-Präsentation
5. Bewertungsverfahren
6. Parameterschätzung

Quelle: In Anlehnung an Green, Srinivasan (1978), S. 105.

Präferenzmodelle geben den Zusammenhang zwischen dem Gesamtnutzen eines Produktes
und den möglichen Eigenschaftsausprägungen an. Bei der Auswahl des Präferenzmodelles
existieren im Hinblick auf die Erfragung individueller Preisresponse unterschiedliche Auffassungen. Sowohl lineare als auch nichtlineare Funktionen werden zur Modellierung herangezogen.[770] Das jedoch am häufigsten verwendete Präferenzmodell ist das additive Teilnutzen-
wertmodell.[771] Darin wird angenommen, daß sich der Gesamtnutzen des i-ten Produktes nach
seiner Stellung in der Präferenzordnung bemißt und dieser Gesamtnutzen für den k-ten Käufer
U_{ik} aus der Summe der Teilnutzenwerte der Merkmalsausprägungen U_{ik}^{j} resultiert.[772]

$$U_{ik}^{j} = f_{jk}(z_{ij})$$

$$\text{mit}\quad f_{jk} : \text{Funktion, die jeder Ausprägung des j - ten Merkmals} \qquad (40)$$
$$\text{den Teilpräferenzwert des k - ten Käufers zuordnet}$$
$$z_{ij} \ : \text{Ausprägung des j - ten Merkmals beim i - ten Produkt}$$

$$U_{ik} = \sum_{j=1}^{J} U_{ik}^{j} = \sum_{j=1}^{J} f_{jk}(z_{ij}) \quad \text{Teilpräferenzwertmodell} \qquad (41)$$

mit J : Anzahl der relevanten Produktmerkmale

---

[770] Vgl. Cattin, Wittink (1982), S. 46.
[771] Vgl. Backhaus et al. (1996), S. 509.
[772] Vgl. Brockhoff (1993), S. 6.

Um Interaktionen des Preises mit anderen Produkteigenschaften zu erfassen, können die additiv verknüpften Nutzenfunktionen um Interaktionsvariablen erweitert werden.[773] Hierbei ist jedoch zu beachten, daß die durch Einführung der Interaktionsvariablen verbesserte Vorhersagegenauigkeit oft durch die damit verbundene Einführung neuer zu schätzender Parameter wieder verlorengeht.[774]

Bei der Erhebung der Daten wird statt der kritisierten direkten Befragung der Probanden regelmäßig auf eine indirekte Erhebungsform zurückgegriffen, welche die Untersuchungsabsicht verschleiert und gleichzeitig die kognitive Abwägung zwischen Preis und Produktnutzen abbildet. Dabei wird grundsätzlich in zwei Methoden der Datensammlung unterschieden.[775] Bei der Vollprofil-Methode besteht ein Stimulus, der dem Probanden zur Beurteilung vorgelegt wird, aus der Kombination je einer Ausprägung aller Eigenschaften eines Produktes. Dagegen müssen Versuchspersonen bei der Trade-Off-Methode jeweils verschiedene Kombinationen zweier Eigenschaften eines Produktes miteinander vergleichen. Diesbezüglich können empirische Untersuchungen unter Aspekten der Reliabilität und der Validität keinen klaren Vorteil für den einen oder den anderen Ansatz ausmachen.[776] Auch ein bankpreisbezogener Fokus der Conjoint-Analyse läßt keine der beiden Methoden von vornherein geeigneter erscheinen.

Die Festlegung des Erhebungsdesigns ist nur im Falle der Vollprofilmethode relevant und dient der Reduktion der zu erhebenden Datenmenge. Bereits bei sechs Eigenschaften mit je drei Ausprägungen ergeben sich $3^6 = 729$ Stimuli, was erhebungstechnisch nicht mehr zu bewältigen ist.[777] Anstelle des vollständigen Designs wird demnach regelmäßig ein reduziertes Design gewählt, das die Menge aller möglichen Stimuli systematisch auf eine zweckmäßige Teilmenge verkleinert. Weil jedoch eine geringere Datenmenge zugleich Informationsverlust bedeutet, ist bei reduziertem Design stets darauf zu achten, daß bei der Erfragung der individuellen Preisresponse neben der Schätzung der Haupteffekte nach wie vor auch die Schätzung der Nebeneffekte gewährleistet ist.[778]

Für Präsentation der Stimuli ist die Auswahl eines Bewertungsverfahrens erforderlich, welches die Rangfolge der Stimuli aus der Sicht der Auskunftsperson ermittelt. Dabei ist in metrische und nichtmetrische Ansätze zu unterscheiden.[779] Stellvertretend für diese Varianten seien hier die üblicherweise angewandten Ratingverfahren als metrische Form und die

---

[773] Vgl. Huber (1974), S. 1395.

[774] Vgl. Green, Srinivasan (1990), S. 6.

[775] Vgl. Backhaus et al. (1996), S. 503 f.

[776] Vgl. Green, Srinivasan (1978), S. 108 f. sowie Reibstein et al. (1988), S. 282.

[777] Vgl. Backhaus et al. (1996), S. 506.

[778] Vgl. Vanini (1993), S. 36.

[779] Vgl. Green, Srinivasan (1978), S. 111 f.

Rankingverfahren als nichtmetrische Form genannt.[780] Einerseits bietet der Rating-Ansatz einen höheren Informationsgehalt aufgrund des höheren Meßniveaus. Andererseits werden dabei auch höhere Anforderungen an das Beurteilungsvermögen der Befragten gestellt, was zu einer geringeren Reliabilität führt.[781] Da beide Verfahren hinsichtlich der Vorhersage-Validität bei der Ermittlung individueller Preisresponse ähnliche Ergebnisse liefern,[782] bestehen lediglich pragmatische jedoch keine methodischen Gründe für die Entscheidung zugunsten oder zuungunsten eines Ansatzes.

Nachdem die Konsumenten die Produktprofile gemäß ihrer Präferenz in eine Rangfolge gebracht haben, kann als letzter Schritt der Conjoint-Analyse die Parameterschätzung erfolgen. Mit Hilfe eines üblicherweise verwendeten linearen Schätzmodells lassen sich aus dieser Rangfolge der Produktprofile die Teilnutzenwerte U_{ik}^{j} der Eigenschaftsausprägungen berechnen.[783] Dabei werden die Teilnutzenwerte so geschätzt, daß die empirisch ermittelte Rangfolge der Produktprofile möglichst genau rekonstruiert werden kann. Somit erhält dasjenige Produktprofil, das der Befragte an die erste Stelle der Rangfolge setzt, aus der Addition der geschätzten Teilnutzenwerte auch den höchsten Gesamtnutzenwert U_{ik}. Abschließend empfiehlt es sich, die interne Validität dieser Schätzung zu bestimmen, indem der Grad der Übereinstimmung zwischen der empirisch ermittelten subjektiven Reihenfolge der Produktprofile und der durch die geschätzten Teilnutzenwerte rekonstruierten Reihenfolge der Produktprofile evaluiert wird.[784] Dieses kann mit Hilfe des Rangkorrelationskoeffizienten Kendall´s τ als Gütemaß überprüft werden.[785]

Nachdem mit Hilfe der Conjoint-Analyse Nutzenfunktionen geschätzt wurden, lassen sich daraus zur Absicherung von Preisentscheidungen Preis-Absatz-Funktionen herleiten. Hierzu bieten sich zwei Möglichkeiten an, die von der Wahl des Auswahlmodells abhängen, welches das nachfrageseitige Kaufverhalten abbilden soll. Mit Hilfe der ermittelten Teilnutzenwerte gelingt es leicht, von der Nutzen- oder Präferenzebene auf die Marktanteils- und von dort über das Marktvolumen auf die Mengenebene zu gelangen, wenn als Kaufverhaltensannahme das Probabilisitc-Choice-Modell unterstellt wird.[786] Aufgrund einer so geschätzten Kaufwahrscheinlichkeit können Absatzmengen bei alternativen Preisen berechnet werden:

---

[780] Vgl. Wittink, Cattin (1989), 92.

[781] Vgl. Green, Srinivasan (1978), S. 112.

[782] Vgl. Leigh et al. (1984), S. 460 sowie Kalish, Nelson (1991), S. 331 f.

[783] Vgl. Albers, Brockhoff (1985) und Sattler (1990). Als Schätzverfahren kann beispielsweise ein monotoner Regressionsansatz verwendet werden, vgl. Backhaus et al. (1996), S. 514 ff.

[784] Vgl. Jasny (1994), S. 91.

[785] Vgl. Srinivasan, Shocker (1973), S. 351 f.

[786] Vgl. Simon (1992a), S. 104.

$$\text{Kaufwahrscheinlichkeit}_i = \frac{\text{Nutzen der Marke } i}{\text{Summe der Nutzen aller Produkte}} \qquad (42)$$

Eine zweite Möglichkeit besteht in der Herleitung einer Preis-Absatz-Funktion aus den individuellen Nutzenbeiträgen. Als Hypothese fließt hier die First-Choice-Annahme ein, bei der ein Kunde aus einer Reihe konkurrierender Produkte diejenige Leistung auswählt, welche ihm den höchsten Nutzenbeitrag bringt.[787] Wird nun auf der Individualebene systematisch der Preis einer bestimmten Leistung variiert, dann ändert sich damit auch der aus Kundensicht wahrgenommene Gesamtnutzen des Produktes. Hieraus ergeben sich Verschiebungen in der nachfrageseitig wahrgenommenen Rangfolge der Produkte. Denn ab einem bestimmten Preisabstand wird der Kunde seine Kaufentscheidung zugunsten eines preiswerteren Produktes ändern. Diese individuelle Betrachtung führt zu einer Preis-Absatz-Funktion. Durch einfache Addition der individuellen Preis-Absatz-Beziehungen ergibt sich hieraus eine aggregierte Preis-Absatz-Funktion.

Angesicht der diskutierten Einschränkungen aus der Dienstleistungseigenschaft der Bankleistung sind die einzelnen Schritte der Conjoint-Analyse nachfolgend im Hinblick auf ihre bankpreisbezogene Anwendbarkeit zu überprüfen. Zunächst sollten neben dem Preis aus erhebungstechnischen Gründen nur noch wenige zusätzliche Eigenschaften in das Modell eingehen.[788] Dabei unterliegt die Festlegung der Eigenschaftsausprägungen der aus der Immaterialität der Bankleistungen resultierenden mangelnden Konkretisierbarkeit. Wenn die Erhebung nicht durch nachfrageseitige kognitive Überforderung überlagert werden soll, empfiehlt es sich daher, nicht nur relativ wenige Ausprägungen pro Leistungsmerkmal abzufragen, sondern auch nur solche Merkmale auszuwählen, die hinreichend genau beschrieben werden können.[789] Hier ist jedoch zu beachten, daß die nachfrageseitige Bewertung eines Merkmals partiell auch in Abhängigkeit von der Anzahl der Eigenschaftsausprägungen erfolgt[790] und es insofern bei wenig standardisierten und komplexen Erfahrungs- oder Vertrauensleistungen zu Verzerrungen in der Nutenbewertung kommen kann. Bezogen auf das Leistungsmerkmal "Preis", muß in diesem Zusammenhang darauf hingewiesen werden, daß die Festlegung der Ausprägungen bei Bankleistungen naturgemäß nur in einem sehr engen Bereich stattfindet. Für den Probanden erfordert es jedoch erhebliche kognitive Anstrengungen, etwa den Unterschied zwischen zwei effektiven Jahreszinsangaben, die nur einen viertel Prozentpunkt auseinanderliegen, zu evaluieren. Aus Sicht der Bank dagegen kann dieser zunächst gering erscheinende Konditionsunterschied beträglich je nach

---

[787] Vgl. hierzu und im folgenden Kucher, Simon (1987), S. 12.
[788] Vgl. allgemein Backhaus et al. (1996), S. 501 f.
[789] Vgl. Wittink, Cattin (1989), S. 94.
[790] Vgl. Currim, Weinberg, Wittink (1981), S. 72; Green, Tull (1982), S. 456.

Leistungstyp außerordentlich hoch sein. Erschwerend kommt hinzu, daß der wahrgenommene Nutzen durch die Probanden regelmäßig in Abhängigkeit der Spannweite der Ausprägungen bewertet wird.[791] Das führt bei der typischerweise geringen Ausprägungsspanne im bankbetrieblichen Aktivbereich dazu, daß den Bankpreisen auf der Zinsseite nachfrageseitig systematisch eher eine geringe Bedeutung begemessen wird. Auch wird es mit der Conjoint-Analyse nicht gelingen, die aus der Integrativität entstehende bankleistungstypische Eigenschaft verhandelbarer und individueller Preise reliabel abzubilden. Problematisch bei einer bankbezogenen Analyse ist zudem die Anforderung, daß die ausgewählten Eigenschaften unabhängig sein sollten.[792] Der empfundene Nutzen einer Merkmalsausprägung sollte nicht durch die Ausprägungen anderer Eigenschaften beeinflußt werden. Eine gleichzeitige Abfrage der kapitalmarkttheoretisch zusammenhängenden Merkmale Rendite und Risiko einer Bankleistung würde mithin dem additiven Modell der Conjoint-Analyse widersprechen.

Vor dem Hintergrund der herausgearbeiteten komplexen Urteilsheuristiken, die mit der Kaufentscheidung einer Bankleistung verbunden sind, erscheint im nächsten Schritt der Conjoint-Analyse bei der Auswahl des Erhebungsdesigns das reduzierte Vorgehen als ratsam, um den Befragten nicht zu überfordern. Wenn in der Praxis keine unabhängigen Bank-leistungsmerkmale zu identifizieren sind, dann müssen abhängige Eigenschaften zu sogenannten composite factors zusammengefaßt werden.[793] Andererseits ist es dadurch nicht mehr möglich, den Einfluß einzelner Bestandteile auf das nachfrageseitige Urteil zu schätzen.[794] Demnach können auch die Informationen über eine preisbezogene Veränderung des Kaufverhaltens verwischt und damit die Ableitung von Preisabsatzfunktionen erschwert werden.

Auch die Präsentation der Stimuli sollte an den Dienstleistungscharakter der Bankleistung angepaßt werden. Dabei ist der Tatsache Rechnung zu tragen, daß Kaufentscheidungen bei immateriellen Bankleistungen an Surrogaten wie der Qualität des Kundenberaters oder der Ausstattung der Bank festgemacht werden. Aus diesem Grunde wird eine Erhebung, die vom langjährigen Berater des Probanden in den Räumen des Instituts durchgeführt wird, bessere Ergebnisse bringen als solche Daten, die mittels Computer in einer sehr künstlichen Laborsituation gesammelt wurden. Demzufolge ist bei bankbetrieblicher Anwendung einer traditionellen Conjoint-Analyse der Vorzug gegenüber der neueren Adaptiven Conjoint-Analyse zu geben. Letztere ermöglicht zwar, daß eine größere Anzahl von Produkteigen-schaften bei der Konstruktion der Stimuli berücksichtigt werden kann als bei der traditionellen

---

[791] Vgl. Wittink, Krishnamurti, Reibstein (1989), S. 113 ff.

[792] Vgl. allgemein Backhaus et al. (1996), S. 501.

[793] Green, Srinivasan (1978), S. 110.

[794] Ebenda.

Conjoint-Analyse,[795] macht jedoch wegen der damit einhergehenden Komplexität eine Computerunterstützung bei der Datenerhebung zwingend erforderlich.

Zusätzlich besteht das methodische Problem, daß es durch die traditionelle Conjoint-Analyse wegen des bei der Erhebung unterstellten Bankleistungserwerbs ohne finanzielle Konsequenzen oder Budgetrestriktionen zu verzerrten Preiseffektschätzungen kommt. Hier ist möglicherweise eine Verbesserung mit Hilfe der Conjoint-Measurement-Variante von Gautschi und Rao[796] zu erzielen. Deren Grundidee ist es, den Gesamtpreiseffekt auf den Absatz in einen Informations- und einen Allokationseffekt zu trennen. Während der zumeist positive Informationseffekt die Funktion des Preises als Qualitätsindikator beschreibt, umfaßt der üblicherweise negative Allokationseffekt allein die monetäre Restriktion als Nutzenentgang beim Produktkauf. In einer empirischen Analyse zeigen Sattler und Rao[797] zumindest für Sachgüter, daß das Gautschi-Rao-Verfahren mit einer hohen Modell-Validität einhergeht. Für Bankleistungen ist wegen des Dienstleistungscharakters eine geringere Validität zu erwarten. Allerdings erscheint die Vorgehensweise von Gautschi und Rao gut geeignet, um das Preisverhalten von Bankleistungsnachfragern abzubilden. Demnach müßte eine empirische Messung ergeben, daß der Allokationseffekt bei Standardleistungen relativ stark ist, so daß ein Preisgünstigkeitsurteil formiert wird. Dagegen sollte bei Vertrauensleistungen der Informationseffekt mit dem Ergebnis eines preisgelenkten Qualitätsurteiles dominieren.

Insgesamt ist die Conjoint-Analyse als Verfahren zu charakterisieren, dessen größter Vorteil die Realitätsnähe bei gleichzeitiger Kontrolle externer Einflußfaktoren ist. Neben der Erfassung des Preises bietet die Conjoint-Analyse die simultane Einbeziehung anderer nichtpreislicher Produkteigenschaften, so daß auch die relative Bedeutung des Preises im Vergleich zu anderen Eigenschaftsausprägungen einer Bankleistung bewertet werden kann. Im Hinblick auf die Entscheidungsunterstützung bei sortimentsorientierten Preisentscheidungen ist das Verfahren in der Lage, die bei Bankleistungen problematische Quantifizierung von Verbundeffekten durch Berücksichtigung alternativer Produktlinien bei der Erhebung zu kompensieren. Dem Management wird ein Instrument an die Hand gegeben, das die Marktwirkungen unterschiedlicher Preis-Leistungs-Kombinationen nicht nur für bestehende, sondern auch für geplante Bankleistungen quantitativ abschätzt. Die Modellierung von Marketing-Mix-Interaktionen ist ebenso möglich wie die Berücksichtigung der Konkurrenzsituation. Darüber hinaus ist die Conjoint-Analyse als einziges der betrachteten experimentellen Verfahren in der Lage, die für die Kaufentscheidung von immateriellen Bankleistungen wichtigen verhaltenswissenschaftlichen Preis-Leistungsevaluierungen der Verbraucher methodisch zu verankern. Für den Sachgüterbereich

---

[795] Vgl. Green et al. (1991), S. 216.
[796] Vgl. Gautschi, Rao (1990).
[797] Vgl. Sattler, Rao (1997).

haben empirische Untersuchungen dieses multivariate Analyseverfahren als reliable[798] und valide[799] Methode zur Erfassung von Präferenzen identifiziert, so daß es sich gegenüber anderen experimentellen und nichtexperimentellen Schätzverfahren zur Ermittlung der Preisresponse als überlegen erweist. Bezogen auf die bisher wenigen bankbetrieblichen Anwendungen,[800] die sich vornehmlich auf die Standardleistungen des Zahlungsverkehrs richten, existieren keine Aussagen über die Validität. Aus den zuvor deduktiv abgeleiteten Erkenntnissen der verhaltensorientierten Bankpreistheorie läßt sich jedoch schließen, daß die kundenseitige Preis-Leistungsevaluierung bei solchen Leistungen, die mit spezifischen Informationsanforderungen verknüpft sind und die selten in Anspruch genommen werden, von höherer Komplexität ist als bei einfach strukturierten und häufig nachgefragten Produkten. Aus diesem Grunde wird die Validität der Ergebnisse aus einer Conjoint-Analyse bei Standardleistungen höher sein als bei bankbetrieblichen Erfahrungsleistungen und Vertrauensleistungen. Inwieweit die Conjoint-Analyse valide Aussagen bei diesen beiden letzten Bankleistungstypen liefern kann, müssen empirische Studien noch erweisen. Bereits an dieser Stelle kann jedoch der Schluß gezogen werden, daß die Conjoint Analyse in bezug auf die Anwendbarkeit für Bankleistungen wesentlich höhere konzeptionelle und methodische Anforderungen stellt als für Sachleistungen. Bei einer banbketrieblichen Implementierung sind insbesondere die im verhaltenswissenschaftlichen Teil dieser Arbeit identifizierten Besonderheiten zu berücksichtigen. Aufgrund des erklärungsbedürftigen und vertrauens-sensiblen Charakters von Bankleistungen, welcher sich insbesondere in einem hohen wahrge-nommenen Kaufrisiko bei bestimmten Produkten äußert, sind die diesbezüglichen nachfrage-seitigen Preis-Leistungs-Evaluierungen mit größeren Verzerrungen verbunden als bei analo-gen Fragestellungen des Sachgütermarketings. Daher kann vermutet werden, daß die erforder-lichen Adaptionen an eine Conjoint-Analyse für Erfahrungs- und Vertrauensleistungen im Laufe der weiteren bankbetrieblichen empirischen und theoretischen Forschung zu einer bank-spezifischen Variante führen.

2.3. Subjektive Reaktionsschätzung

Wenn Bankmanager preisbezogene Entscheidungen auf der Basis ihrer Erfahrungen treffen, unterstellen sie damit implizit Annahmen über die Parameter der Absatzreaktionsfunktion. Die Nutzbarmachung dieser detaillierten Marktkenntnisse kann über die explizite Schätzung einer Marktreaktion erfolgen.[801] Damit verbunden ist die Offenlegung intuitiven Wissens und

---

[798] Vgl. Reibstein et al. (1988), S. 279.

[799] Vgl. Green, Goldberg, Montemayor (1981), S. 33.

[800] Vgl. Zinkhan, Zinkhan (1989); Jasny (1994); Gerke, Pfeufer-Kinnel (1996).

[801] Vgl. hierzu und im folgenden Lilien et al. (1992), S. 697 ff.

das strukturierte Nachdenken über preisbezogene Probleme. Darüber hinaus besitzen subjektiv geschätzte Marktreaktionsfunktionen zumindest die gleiche Qualität wie die Annahmen der intuitiven Entscheidungsfindung.

Neben dem Marketing-Instrument "Preis" ist der Absatz von Bankleistungen nicht zuletzt auch abhängig von der Kommunikationspolitik in Form der Verkaufsanstrengungen der Kundenberater, operationalisiert als Kontakthäufigkeit, sei es über Telefon, Brief, persönlichen Kontakt in der Bank oder Besuch des Kunden zu Hause. Damit ähnelt das bankbetriebliche Absatzproblem der Schätzung der Marktreaktion in Abhängigkeit von der Besuchshäufigkeit des Außendienstes und des Preisniveaus, wie sie von Lodish vorgeschlagen und von Albers erweitert wurde.[802] Danach wird folgende Reaktionsfunktion unterstellt:

$$\underbrace{x(h_i, p_i)}_{\text{Absatzmenge}} = \underbrace{(z_i * S_i + (1 - z_i) * S_i}_{\text{bisherige Absatzmenge}} * \left[\frac{h_i}{B_i}\right]^{\beta_i}) * \left[\frac{p_i}{Q_i}\right]^{-\eta_i} \quad (i \in I) \tag{43}$$

mit:

$$\beta_i = \left\{ \begin{array}{l} \beta_i^S \text{ für } h_i \le B_i \\ \beta_i^E \text{ für } h_i > B_i \end{array} \right\} (i \in I)$$

$$\eta_i = \left\{ \begin{array}{l} \eta_i^S \text{ für } p_i \le Q_i \\ \eta_i^E \text{ für } p_i > Q_i \end{array} \right\} (i \in I)$$

h_i : Anzahl der Kundenkontakte p_i : Preis

B_i : Bisherige Anzahl von Kundenkontakten Q_i : Bisheriger Preis

β_i : Kundenkontaktelastizität η_i : Preiselastizität

S_i : Bisheriges Umsatzniveau

z_i : Parameter; Anteil des nicht vom Kundenberater beeinflußbaren Umsatzes

Die Reaktionsfunktion berücksichtigt, daß Erhöhung (Index E) und Senkung (Index S) des Instrumentes unterschiedliche Wirkungen besitzen. Die Einbeziehung des bisherigen Preises und der bisherigen Kontakthäufigkeit steht aus verhaltenstheoretischer Sicht daher auch im Einklang mit der Adaptionsniveautheorie.

Die Parameter der Marktreaktionsfunktion werden nicht direkt geschätzt, sondern indirekt aus Punktschätzungen abgeleitet. Dabei geben die Befragten keine Wahrscheinlichkeits-

---

[802] Vgl. Lodish (1971), S. 25 ff.; Albers (1989a), S. 123 ff.

verteilungen an, sondern deterministische Punktschätzungen. Die Anzahl der Punkt-schätzungen muß mindestens so groß sein wie die Anzahl der zu schätzenden Parameter. Besser ist jedoch eine größere Anzahl von Punktschätzungen, da sonst keine zusätzlichen Freiheitsgrade für die Abschätzung von Fehlern vorliegen. Die entsprechenden Parameter erhält man durch algebraische Umformungen, indem die entstehenden Gleichungen nach den unbekannten Elastizitäten aufgelöst und dann in andere Gleichungen eingesetzt werden. Um die Komplexität zu reduzieren, wird die obige Reaktionsfunktion dekomponiert, so daß in zwei Schritten vorgegangen werden kann. Zunächst werden die Besuchselastizitäten geschätzt, dann die Preiselastizitäten.

Im ersten Schritt werden die Bankmanager einfach danach gefragt, um wieviel Prozent sich der Umsatz ihrer Ansicht nach erhöht oder verringert, wenn die derzeitigen Verkaufsan-strengungen, zum Beispiel operationalisiert als Arbeitszeit der Kundenberater oder genauer als Kundenkontakthäufigkeit, erhöht oder verringert würden. Daraus ergibt sich eine Reaktionsfunktion der Absatzmenge in Abhängigkeit von der Kundenkontakthäufigkeit in Prozent vom bisherigen Umsatz S_i , für die gilt:

$$\frac{x_t - z_i * S_i}{S_i - z_t * S_t} = \left[\frac{h_i}{B_i}\right]^{\beta_i^S} \quad \text{für } h_t \le B_t \tag{44}$$

$$\frac{x_t - z_i * S_i}{S_i - z_i * S_i} = \left[\frac{h_i}{B_i}\right]^{\beta_i^E} \quad \text{für } h_i > B_i$$

Im zweiten Schritt werden Bankmanager danach gefragt, um wieviel Prozent sich die Absatzmenge verringert oder erhöht, wenn der derzeit durchschnittlich realisierte Preis um einen bestimmten Prozentsatz erhöht oder gesenkt würde. Daraus ergibt sich die Absatzmenge in Prozent vom bisherigen Absatz S_i in Abhängigkeit der Veränderung des Preises in Prozent. Die Reaktionsfunktion lautet dann:

$$\frac{x_i}{S_i} = \left[\frac{p_i}{Q_i}\right]^{-\eta_i^S} \quad \text{für } p \le Q_i \tag{45}$$

$$\frac{x_t}{S_t} = \left[\frac{p_i}{Q_i}\right]^{-\eta_i^E} \quad \text{für } p > Q_i$$

Aus Gründen der Einfachheit der Berechnung und der Erhebung wurde auf die Berücksichtigung anderer Marketinginstrumente als der betrachteten zunächst verzichtet. Die Modellierung der Reaktionsfunktion und die Parameterschätzung sind jedoch auf diese übertragbar und erweiterbar. Auch kann die Konkurrenzreaktion einbezogen werden, wenn statt des Umsatzes als abhängige Variable der Marktanteil geschätzt wird.[803] Für die praktische Anwendung kann den Leitlinien von Lilien et al. gefolgt werden. Danach schätzen wahre Experten besser, so daß im obigen Fall nicht nur Manager der Führungsebene, sondern auch Kundenberater Schätzungen abgeben sollten. Außerdem schätzen Gruppen besser als Einzelpersonen. Bei der Aggregation von Schätzungen mehrerer Personen können die Aussagen nach Güte der Expertise gewichtet werden. Diese kann nach Maßgabe der erfolgreichen oder erfolglosen Schätzungen der Vergangenheit festgelegt werden. In Gruppen sollten die Befragten Differenzen über offene Diskussion auflösen. Erreicht werden kann dies durch strukturiertes Vorgehen im Rahmen einer Delphi-Befragung.

Im Vergleich zu den vorangegangenen Analyseverfahren ist die subjektive Schätzung der Marktreaktionen eine interessante Möglichkeit, die auch bei bankbetrieblicher Anwendung intuitives Wissen offenlegt und Lernprozesse auslöst. Unter Implementationsgesichtspunkten ist diese Expertenschätzung am besten anwendbar. Angesichts dessen, daß Bankleistungen sich infolge ihrer Dienstleistungseigenschaft einer nachfrageseitigen Beurteilung partiell entziehen, erscheint diese Methode als zweckdienliche Variante, die nur einen geringen Zeit- und Kostenaufwand verursacht. Ihr Einsatz empfiehlt sich bei der Preisfindung von Bankprodukten, wenn keine ausreichende Datenbasis vorliegt. Demnach erweist sich die subjektive Reaktionsschätzung besonders bei Bankleistungsinnovationen als ausgesprochen nützlich und eignet sich überdies, um vor der Anwendung aufwendigerer Analysemethoden einen grundsätzlichen ersten Eindruck von den Absatzeffekten einer Preisvariation unter Marktbedingungen zu gewinnen.

3. Auswahl von Preisstrategien im Rahmen der Planung

Der in der allgemeinen betriebswirtschaftlichen Literatur gebräuchlichste Planungsbegriff umfaßt neben der Entscheidungsvorbereitung auch die Entscheidung selbst.[804] Als Bank-Planung wird die gedankliche Vorwegnahme dispositiver bankbetrieblicher Maßnahmen zum Zwecke der Verminderung der Unsicherheit über die zukünftige Entwicklung verstanden.[805] Diesem bankbetrieblichen Planungsbegriff zufolge fordert Eilenberger die Entwicklung realitätsnaher Modelle des Bankbetriebes einschließlich seiner relevanten Umwelt, an denen sinnvolle Entscheidungsalternativen evaluiert werden und mit deren Hilfe unter den getroffenen Annahmen die bestmögliche ausgewählt wird.

---

[803] Vgl. zur Schätzung einer Marktanteils-Reaktionsfunktion Little (1970), S. 466 ff.
[804] Vgl. Büschgen (1998), S. 534.
[805] Vgl. hierzu und im folgenden Eilenberger (1993), S. 358.

Die nachfolgenden Betrachtungen knüpfen an diese Auffassung an, beschränken sich jedoch auf den Prozeß der bankbetrieblichen Preisentscheidung und konzentrieren sich auf die Unterstützung der in Teil II aufgeworfenen Problematik der Auswahlentscheidung der bestmöglichen Preisstrategie aus einer Menge geeigneter Alternativen. Systematisch ist diese als Subprozeß der Marketing-Planung zu charakterisieren,[806] welche wiederum Teil der Bankgesamtplanung ist und in diesbezüglichen Modellen implementiert werden kann.[807] Grundsätzlich bieten sich mit der Planung von Preisentscheidungen auf der Basis der wie zuvor ermittelten Marktreaktionsfunktionen oder auf der Grundlage der mittels Conjoint Measurement gewonnenen Nutzenfunktionen zwei mögliche Verfahrensweisen an.

3.1. Preisentscheidungen auf der Basis von Marktreaktionsfunktionen

Um der komplexen Struktur von Preisentscheidungen zu begegnen, benötigen Manager ein effektives multidimensionales Modell zur Entscheidungsunterstützung.[808] Ein solches Marketingmodell muß nach Little den Anforderungen der Einfachheit, Robustheit, Prüfbarkeit, Anpassungsfähigkeit, Kommunikationsmöglichkeit und Vollständigkeit genügen.[809] Quantitative und empirisch fundierte Entscheidungsmodelle des Marketing in der Bank stellen jedoch einen Zielpunkt der Entscheidungsvorbereitung dar, der nahezu zwei Jahrzehnte nach ihrer Forderung durch Meyer zu Selhausen immer noch nicht erreicht wird.[810] Ursächlich hierfür ist vermutlich die Tatsache, daß sich das Bankmarketing den quantitativen Methoden des klassischen Marketing lange Zeit verschlossen hat.

Das grundlegende Ziel, das mit solchen Modellen verfolgt wird, besteht in der quantitativen Erfassung und Darstellung von Ursache-Wirkungs-Zusammenhängen zwischen unabhängigen Einflußgrößen und den Zielgrößen des Marketing.[811] Wenn diese Zusammenhänge durch Marktreaktionsfunktionen beschrieben werden sollen, setzt dieses zusätzlich zu den obigen Modellanforderungen Meßbarkeit, Verfügbarkeit und Erfaßbarkeit der Einflußgrößen und Zielgrößen sowie die Strukturierbarkeit von Marktreaktionsfunktionen voraus.

Marktreaktionsfunktionen allein weisen jedoch noch nicht die Grundstruktur von Entscheidungsmodellen auf.[812] Zwar enthalten sie auch Entscheidungsvariablen und Umwelt-

---

[806] Vgl. allgemein zur Marketing-Planung in Banken Regli (1988).

[807] Vgl. zu Modellen der Bankgesamtplanung Schmidt (1976), S. 484 ff.; Priewasser (1978), S. 301 ff.; Schmidt (1982), S. 701 ff., sowie Schmidt (1983), S. 304 ff.

[808] Vgl. Oxenfeldt (1980), S. 224.

[809] Vgl. Little (1970), S. 466 ff.

[810] Vgl. Meyer zu Selhausen (1978), S. 288.

[811] Vgl. hierzu und im folgenden Meyer zu Selhausen (1978), S. 299 f.

[812] Vgl. Meyer zu Selhausen (1978), S. 298.

parameter. Es fehlen jedoch die in Hinsicht auf ein Entscheidungskriterium typischerweise gegenläufigen Komponenten, welche die Konsequenzen einer bestimmten Entscheidung abbilden. Meyer zu Selhausen schlägt demzufolge die Integration von Marktreaktionsfunktionen in ein bankbetriebliches Marketingmodell vor, das als einziges Entscheidungskriterium die Differenz zwischen den durch Marketingmaßnahmen erzielten Erträgen und den Marketing-Aufwendungen beinhaltet. Ausgangspunkt des Modells ist eine gegebene Marketingstrategie. Zur Bewertung der damit verbundenen Konsequenzen werden mit Hilfe der Marktreaktionsfunktionen zunächst die resultierenden Absatzmengen bestimmt. Diese Absatzmengen werden dann durch die Subsysteme des Aktiv- und Passivgeschäftes, des Dienstleistungsgeschäftes und der Betriebskosten aufwands- und ertragsmäßig evaluiert. Die sich daraus ergebende Ertragsgröße wird mit den Aufwendungen für die Marketingstrategie zu einer Gewinngröße zusammengefaßt, die der zu bewertenden Strategie zuzuordnen ist. Nach diesem Muster werden alternative Marketingstrategien bewertet und solche mit der größten Gewinnwirkung zur Realisierung ausgewählt.

Meyer zu Selhausen kommt zu dem Schluß, daß der Preis als bankbetriebliches Marketing-Instrument sowohl verfügbar und quantifizierbar als auch wirksam ist, wegen des fehlenden praktischen Einsatzes als Akquisitionsmittel durch die Anbieter jedoch stark in den Hintergrund gedrängt wird und somit bei der Untersuchung der Absatzreaktion zu vernachlässigen ist.[813] Die vorangegangenen Ausführungen haben dagegen gezeigt, daß im Laufe der Zeit mit zunehmender Intensivierung des Wettbewerbs auch die Bedeutung des Preises als bankbetrieblicher Marketingparameter gestiegen ist und vor dem Hintergrund der analysierten Einflußfaktoren der Preis zukünftig zum dominierenden Leistungsmerkmal in der Akquisitionsphase werden wird. Aus diesem Grunde soll untersucht werden, ob das von Meyer zu Selhausen vorgeschlagene allgemeine Modell auch als Partialmodell eingesetzt werden kann und in modifizierter Form Entscheidungsunterstützung bei der Auswahl von Preisstrategien leistet. Dazu sind die vorgenannten Modellanforderungen zu überprüfen und mit dem Ziel der Implementierung in den Bankbetrieb auch die Probleme herauszuarbeiten, deren Ursache die modellbezogene Datenbeschaffung ist. Die Argumentation orientiert sich dabei an dem Fluß des Entscheidungsmodells:

---

[813] Vgl. Meyer zu Selhausen (1976), S. 118 f., und Meyer zu Selhausen (1978), S. 290.

Abbildung 31: Modell zur Entscheidungsunterstützung bei der Auswahl bankbetrieblicher Preisstrategien.

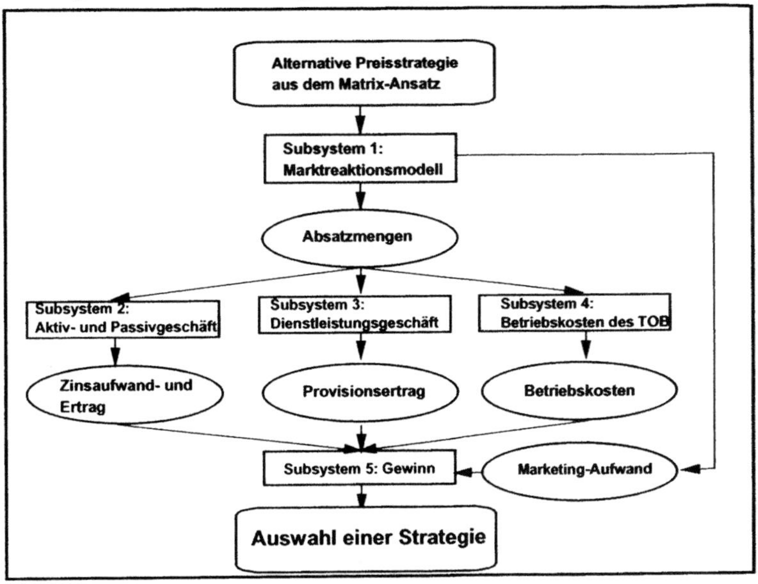

Alternative Preisstrategie
aus dem Matrix-Ansatz

Subsystem 1:
Marktreaktionsmodell

Absatzmengen

Subsystem 2:
Aktiv- und Passivgeschäft

Subsystem 3:
Dienstleistungsgeschäft

Subsystem 4:
Betriebskosten des TOB

Zinsaufwand- und Ertrag

Provisionsertrag

Betriebskosten

Subsystem 5: Gewinn

Marketing-Aufwand

Auswahl einer Strategie

Quelle: In Anlehnung an Meyer zu Selhausen (1978), S. 298.

Die Grundvoraussetzung für die Anwendbarkeit des Gesamtmodells ist die Strukturierbarkeit von Marktreaktionsfunktionen. Daher bestehen keine Bedenken, wenn die Interaktionen, Wirkungsintensitäten und Wirkungsverzögerungen bei der Modellspezifikation und der Parameterschätzung in der für die bankbetriebliche Anwendung zuvor vorgeschlagenen Form berücksichtigt werden.

Der erste Schritt des Entscheidungsmodells besteht in der Vorauswahl grundsätzlich in Frage kommender Preisstrategien. Auf eine Generierung alternativer Preisstrategien kann verzichtet werden, wenn der im Rahmen dieser Untersuchung entwickelte Matrixansatz der bankbetrieblichen Preisgestaltung herangezogen wird. In Abhängigkeit vom Bankleistungstyp und vom Kundentyp kommen aus dienstleistungs- und verhaltenstheoretischer Perspektive nur bestimmte Preisgestaltungsalternativen in Frage.

Die relevanten sachgüter- oder dienstleistungsorientierten Preisstrategien sind gleichsam Input für das Marktreaktionsmodell, welches nicht notwendigerweise aus experimentell oder subjektiv geschätzten Marktreaktionsfunktionen bestehen muß. Angesichts der Überlegenheit der Conjoint-Analyse hinsichtlich der Validität und der Reliabilität bei preisbezogenen Fragestellungen eignen sich ebenso die aus den individuellen Nutzenfunktionen abgeleiteten aggregierten Preisabsatzfunktionen zur Schätzung der Absatzmengen.

Wenn die zu betrachtende Preisvariation das Aktiv- und Passivgeschäft betrifft, steht im zweiten Subsystem mittlerweile mit der Marktzinsmethode eine entscheidungsadäquate Methode zur Bewertung der resultierenden Absatzeffekte durch den Zinsaufwand und -ertrag zur Verfügung. Während die ertragsmäßige Bewertung des Dienstleistungsgeschäftes regelmäßig weniger Schwierigkeiten bereitet, ist für eine Evaluierung der mit dem Absatzeffekt verbundenen Kosten des technisch-organisatorischen Bereiches jedoch eine leistungsfähige Prozeßkostenrechnung erforderlich. Auch wenn das Problem der Fixkostenproportionalisierung nach wie vor bestehen bleibt, weist die prozeßorientierte Verrechnung der Gemeinkosten auf die Kalkulationsobjekte durchaus eine höhere Verursachungsgerechtigkeit auf als bei anderen Verfahren.

Bei der anschließenden Verknüpfung dieser drei Größen aus den Subsystemen zwei, drei und vier mit den Marketing-Aufwendungen der betrachteten Preisgestaltungsmaßnahme zu einer Gewinngröße ist darauf zu achten, daß tatsächlich alle mit der Preisstrategie verbundenen Aufwendungen berücksichtigt werden, da der Preis nie isoliert, sondern zumeist in Interaktion mit nichtpreislichen Marketinginstrumenten eingesetzt wird. Um einer Preisgestaltungsmaßnahme einen Anteil an dieser Interaktion zurechnen zu können, muß der Einsatz nichtpreislicher Instrumente konstant gehalten werden. Dabei lassen sich kommunikationspolitische Maßnahmen beispielsweise über Werbe- oder Verkaufsförderungsbudgets noch gut erfassen. Schwierigkeiten bereiten dagegen Interaktionen mit dem Vertriebskanaldesign. Eine Quantifizierung ist nur anhand aufwendig zu ermittelnder Größen wie etwa der Anzahl der Kundenkontakte eines Beraters oder über Hilfsgrößen wie Arbeitszeit im Kundenverkehr bei gleichzeitiger Kenntnis der Prozeßkosten möglich.

Bei kritischer Würdigung des Modells wird offenkundig, daß mit der Berücksichtigung der Subsysteme zwei, drei und vier die Besonderheiten der bankbetrieblichen Produktionsfunktion modelliert sind und somit die Anforderung der Vollständigkeit ausreichend erfüllt ist, die angestrebte Einfachheit dadurch jedoch leidet. Der Ansatz stößt bei Preisentscheidungen vor allem deshalb an Grenzen, weil neben dem Gewinn als Oberziel gleichzeitig die Liquiditäts- und Kapazitätswirkungen von Preisgestaltungsmaßnahmen einzubeziehen sind. Auch wird die quantitative Ermittlung der preisstrategisch induzierten Aufwendungen des technischorganisatorischen Bereiches durch die bereits dargelegten kostenrechnerischen Unwägbarkeiten begrenzt. Zudem verlangen die Vielzahl der erforderlichen Unternehmensdaten und die aufwendige Berechnung des Planungsmodells eine computergestützte Implementierung in die Bankgesamtplanung. An dieser Stelle kann jedoch nicht detailliert auf ein Modell der Bankgesamtplanung eingegangen werden. Denn dessen Modellstruktur, Datenbeschaffung, Lösungsmethode und Implementierungstechnik beinhaltet selbst ein komplexes Entscheidungsproblem.[814]

Voraussetzung für eine Anwendung des vorgestellten Ansatzes ist, daß die betrachtete Preisgestaltungsmaßnahme überhaupt als Reaktionsfunktion dargestellt werden kann. Unter den an früherer Stelle abgeleiteten sachgüterorientierten und dienstleistungsorientierten Preisstrategien gibt es jedoch eine Reihe von Optionen, die nicht auf diese Weise strukturierbar sind. Hierzu gehören die Bündelung, loyalitätsabhängige Preise oder auch Garantien. Für Preisgestaltungsmaßnahmen, die lediglich durch eine Variation des Preiszählers gekennzeichnet sind, ist eine Modellierung über eine Reaktionsfunktion jedoch unproblematisch.

Eine grundsätzliche Verbesserung bankbetrieblicher Preisentscheidungen ist trotz dieser anwendungsbedingten Restriktionen zu erwarten, weil mit der Integration von Marktreaktionsfunktionen verhaltenswissenschaftliche Erkenntnisse und Interaktionen von Marketinginstrumenten in den Entscheidungsprozeß einbezogen werden. Darüber hinaus wird bei einer Modellierung als Attraktionsfunktion gleichzeitig die Konkurrenzsituation berücksichtigt. Das Modell von Meyer zu Selhausen erweist sich als vorteilhaftes Verfahren bei der Auswahl effektiver Preisstrategien aus dem Matrix-Ansatz. Dabei hängt die Qualität des Ergebnisses vor allem von den Eingangsdaten des zu schätzenden Absatzeffektes ab. Mit der Conjoint-Analyse steht mittlerweile ein robustes Instrument zur Verfügung, das die Absatzseite des Modells sehr gut erfaßt.

Insgesamt wird es auch mit Hilfe eines derartigen quantitativen Marketingmodells nicht möglich sein, im strengen Sinne optimale Preisentscheidungen zu treffen. Dennoch leistet das Modell von Meyer zu Selhausen eine Entscheidungsunterstützung auf sehr hohem Informationsniveau, bei dem alle eingangs ausgemachten Einflußfaktoren der Preisgestaltung abgebildet werden. Außerdem ist der Auffassung von Schmidt zuzustimmen, daß eine Entscheidungstechnik aufgrund der beschränkten Rationalität von Individuen und wegen des Prozeßcharakters von Entscheidungen sich nicht auf die mathematische Modellierung mit anschließender Optimierung beschränken kann, sondern vielmehr zu einer Technik der Problemlösung für wirtschaftliche Fragen auszubauen ist.[815] Hieran knüpft der vorgestellte modifizierte Ansatz an. Aus Marketing-Sicht ist es überdies erkenntnisfördernder, Kausalzusammenhänge in einer modellhaften Umgebung zu untersuchen und a priori um deren Verzerrungen zu wissen, als Entscheidungen allein auf intuitiver Basis zu treffen.

---

[814] Vgl. Schmidt (1983), S. 306.
[815] Vgl. Schmidt (1981), S. 234.

3.2. Preisentscheidungen auf der Basis von Nutzenfunktionen

Die Grundannahme dieses Modells beruht auf den Prinzipien der geforderten dienstleistungsorientierten bankbetrieblichen Preisgestaltung, nach denen kein Zielantagonismus zwischen Bank und Nachfrager besteht und beide Zielsysteme bei der Preisentscheidung gleichermaßen berücksichtigt werden müssen.[816] Die Auswahl von Preisstrategien ist damit ein Entscheidungsproblem unter Unsicherheit bei unvollständiger Information über die Nutzenfunktionen der Nachfrager und des Kreditinstitutes. Die jeweiligen Nutzenfunktionen werden als streng monoton steigend angenommen, so daß die Maximierung der Nutzenfunktionen jeweils zu einem optimalen Zielerfüllungsgrad führt.

Ein Vorteilhaftigkeitsvergleich von Preisgestaltungsalternativen auf der Grundlage von Nutzenfunktionen beruht auf sechs Schritten:

Abbildung 32: Schritte der Preisentscheidung auf der Basis von Nutzenfunktionen.

1. Bestimmung der nachfrageseitigen Nutzenfunktion
2. Bestimmung der bankbetrieblichen Nutzenfunktion
3. Ermittlung des Nutzens einer Preisstrategie für den Kunden
4. Ermittlung des Nutzens einer Preisstrategie für die Bank
5. Schritte 3 und 4 für alle Preisstrategien, die aufgrund des Matrix-Ansatzes denkbar sind, durchführen
6. Auswahl derjenigen Alternative, die sowohl für die Bank als auch für den Kunden den höchsten Nutzen stiftet

Quelle: Eigene Erstellung.

Im ersten Schritt sollte die Schätzung der Nutzenfunktion idealerweise in der beschriebenen Weise durch eine Conjoint-Analyse erfolgen. Als Kaufverhaltensannahme wird das First-Choice-Modell unterstellt. Der nachfrageseitige Gesamtnutzen einer Preisgestaltungsalternative U_i^N resultiert aus der Aggregation der aus den Teilnutzenwerten der Merkmalsausprägungen abgeleiten individuellen Gesamtnutzenwerte U_{ik} für die i-te Merkmalskombination über alle k Käufer.

Das zuvor betrachtete Modell von Meyer zu Selhausen stützte sich auf eine umfassende Prozeßkostenrechnung zur möglichst genauen Erfassung der Kostenwirkungen, die mit einer Preisentscheidung verbunden sind. Wird jedoch der beobachtete schwache Kosten-Preis-Zusammenhang unterstellt und der Annahme Krümmels gefolgt, daß Banken Gewinnmaximierung über Erlösmaximierung betreiben, dann reicht es aus, wenn bankbetriebliche Preisentscheidungen am Erlös als Zielgröße gemessen werden. Im zweiten Schritt kann daher auf eine Schätzung der bankbetrieblichen Nutzenfunktion verzichtet werden, wenn der bank-

---

[816] Vgl. zu dieser Vorgehensweise auch Zinkhan, Zinkhan (1989a), S. 48 ff.

betriebliche Gesamtnutzen einer Preisstrategie U_i^B gleich dem Erlös der jeweiligen i-ten Preisstrategie gesetzt wird. Die Ermittlung des Erlöses kann ebenfalls mit den Ergebnissen einer Conjoint-Analyse entweder über das Attraktionsmodell oder mittels Ableitung einer aggregierten Preis-Absatz-Funktion erfolgen.

Nachdem die Gesamtnutzen U_i^B und U_i^N für alle aufgrund des Matrix-Ansatzes in Frage kommenden Preisstrategien ermittelt wurden, kann ein Alternativenvergleich mit Hilfe eines Dominanzkonzeptes vorgenommen werden.[817] Als Entscheidungskriterium ist angesichts der dienstleistungstheoretischen Betrachtungsweise sowohl eine Berücksichtigung der bankbetrieblichen als auch der nachfrageseitigen Konsequenzen erforderlich. Bei vorgegebenem Bankgesamtnutzen wird aus der Menge denkbarer Preisstrategien diejenige Alternative realisiert, welche bei gleichem Erlös das höchste Kundennutzenniveau erreicht und bei vorgegebenem Kundennutzen den höchsten Banknutzen stiftet. Mittels paarweiser Vergleiche wird geprüft, welche Preisgestaltungsalternativen dominiert werden. Dominierte Preisstrategien scheiden für weitere Alternativenvergleiche aus und sind nicht zu realisieren. Im folgenden Beispiel sind die Alternativen A oder B umzusetzen, da alle übrigen dominiert werden.

Abbildung 33: Dominanz von Preisgestaltungsalternativen.

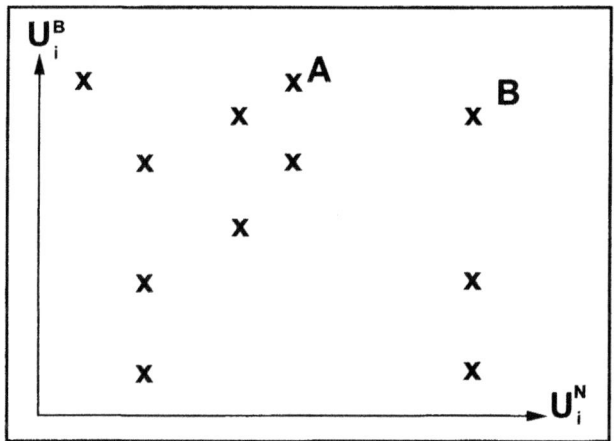

Quelle: Eigene Erstellung.

Die unterstellte Zielfunktion der Erlösmaximierung besitzt jedoch nur für operative Preisentscheidungen und nicht für strategische Preisentscheidungen Gültigkeit. Langfristig besteht die Nebenbedingung, daß die Gesamterlöse mindestens den Block fixer Kapazitäts-

---

[817] Vgl. allgemein zu Dominanzkonzepten Eisenführ, Weber (1993), S. 242 ff.

kosten decken müssen.[818] Zusätzlich sind die liquiditätsbezogenen, aufsichtsrechtlichen Vorschriften zu erfüllen. Bei einschneidenden Änderungen im Preissystem, wie etwa der Umstellung von sachgüterorientierter Preisgestaltung zu dienstleistungsorientierter Preisgestaltung, ist die vorgestellte Entscheidungsfindung keineswegs ausreichend, so daß für diese Zwecke auf das vorherige Modell zurückgegriffen werden muß.

Für operative Preisstrategien, deren Intention das Ausschöpfen kurzfristiger Erfolgspotentiale ist, liefert dieses heuristische Verfahren wertvolle Informationen zur Entscheidungsunterstützung. Die Einfachheit des Modells resultiert aus der Vernachlässigung der bankbetrieblichen Subsysteme und konzentriert sich auf die Marktseite des preisbezogenen Systemzusammenhanges. Weil die hierfür erforderliche Informationsbasis bereits durch die Durchführung einer Conjoint-Analyse in ausreichender Weise geschaffen wird, sind die Datenerhebung und -auswertung im Vergleich zum modifizierten Modell von Meyer zu Selhausen weniger zeitaufwendig und kostenintensiv. Trotz der Nichtberücksichtigung der Kostenwirkungen durch das vorliegende Modell werden dessen Validität und Reliabilität wegen der analogen Verwendung der Conjoint-Analyse zur Erfasssung nachfrageseitiger Präferenzen nicht wesentlich von der des modifizierten Modells abweichen. Der wesentliche Vorteil liegt in der simultanen Berücksichtigung der Bankziele und der Kundenziele. Im Kontext der dienstleistungsorientierten Preisstrategien gilt es, sowohl den Nutzen für die Bank als auch den Nutzen für den Kunden zu maximieren und solche Preisgestaltungsalternativen, die nicht dominiert werden, noch weiter nach außen zu verschieben.

4. Realisierung von Preisstrategien

Die Entwicklung von bankbetrieblichen Preisgestaltungsmaßnahmen und die Entscheidungsunterstützung zur Auswahl effektiver Preisstrategien ist für den Unternehmenserfolg allein noch nicht ausreichend. Erfolgreiche Marketingkonzeptionen setzen neben einem schlüssigen zielgruppen- und wettbewerbsorientierten Gesamtentwurf des Marketing-Mix auch eine Koordination mit den anderen bankbetrieblichen Funktionsbereichen voraus.[819] Der Zielerreichungsgrad eines unternehmenspolitischen Ziels durch eine Preisgestaltungsmaßnahme ist demnach in hohem Maße abhängig von deren Umsetzung im Sinne einer zweckmäßigen Verankerung der absatzwirtschaftlichen Aufgabengebiete in der Bankorganisation.

Als organisationstheoretisches Fundament für die Betrachtung der Interaktionen von Preisgestaltungsmaßnahmen mit Elementen des bankorganisatorischen Systems kann der situative

---

[818] Vgl. Krümmel (1964), S. 227.
[819] Vgl. Köhler (1993), S. 127.

Ansatz fungieren,[820] dessen Grundidee darauf beruht, zu analysieren, in welcher Beziehung die jeweilige Situation mit bestimmten Organisationsstrukturen steht.[821] Der Anwendungsorientierung dieser Arbeit Rechnung tragend, wird die pragmatische Variante des situativen Ansatzes gewählt. Dabei wird die Organisationsstruktur als Entscheidungsvariable zur Erreichung zieladäquater Wirkungen angesehen, nach Chandler also: structure follows strategy.[822]

Abbildung 34: Schema des situativen Ansatzes.

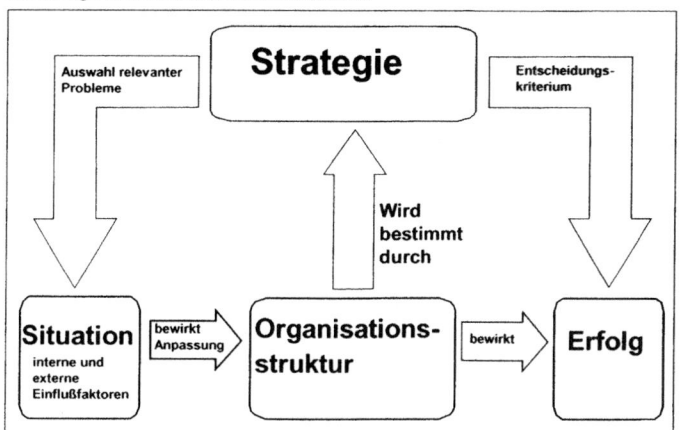

Quelle: Eigene Erstellung in Anlehnung an Kieser, Kubicek (1992), S. 60.

Die Bankorganisation hat demnach instrumentellen Charakter und wird in den Dienst der zuvor beschriebenen unternehmenspolitischen Ziele gestellt. Für verschiedene Varianten der Organisationsstruktur müssen die voraussichtlich eintretenden Wirkungen und ihre Zieladäquanz prognostiziert werden.[823] Diese Varianten sind die Filialbanken und die Direktbanken als bankbetriebliche Realtypen. Dabei werden die situativen Determinanten in Form unternehmensinterner und -externer Einflußfaktoren als Nebenbedingungen betrachtet, weil eine bestimmte organisatorische Gestaltungsmaßnahme in verschiedenen Situationen auch verschiedene Wirkungen hervorrufen kann.[824]
Bei der nachfolgenden preisbezogenen Analyse der Marketingorganisation von Kreditinstituten wird auf allgemeine bankorganisatorische Aspekte nur insoweit eingegangen,

---

[820] Zum situativen Ansatz vgl. Staehle (1973). Zu den bedeutendsten Vertretern dieses in der englischsprachigen Literatur "contingency approach" genannten Theorieansatzes gehören daneben Porter, Lawler (1964), (1965) sowie Lawrence, Lorsch (1967), Mintzberg (1979). Zur pragmatischen Variante des situativen Ansatzes vgl. Kieser, Kubicek (1992), S. 59 ff.

[821] Vgl. Wickel (1995), S. 8.

[822] Vgl. Chandler (1962).

[823] Vgl. Wickel (1995), S. 10.

[824] Vgl. Kieser, Kubicek (1992), S. 60.

wie sie situative Einflußfaktoren der Preisgestaltung darstellen. Dabei soll auf die Trennung von Aufbau- und Ablauforganisation verzichtet werden. Eine überschneidungsfreie Differenzierung erscheint in Anbetracht der bestehenden Interdependenzen zwischen den Elementen des Gesamtsystems "Bankorganisation" nicht sinnvoll.[825] Vielmehr werden je nach Art der Problemstellung aufbau- und ablauforganisatorische Determinanten ständig untereinander kombiniert.

Unter diesem Blickwinkel wird als Aufgabe der Bankmarketingorganisation die Gestaltung des Marketingsystems zur Unterstützung einer zieladäquaten und marktorientierten Entscheidungsumsetzung verstanden.[826] Die Effizienz des Systemdesigns kann anhand verschiedener Kriterien beurteilt werden.[827] Für die Organisation von Preisumsetzungsprozessen sind vornehmlich folgende Kriterien von Bedeutung:

Tabelle 20: Kriterien zur Beurteilung der Organisation von Preisumsetzungsprozessen.

Effizienz-Kriterium	Inhaltliche Konkretisierung
1. Koordinationsfähigkeit und Integriertheit	Effektive Koordination aller preisbezogenen Marketingaktivitäten und Abstimmung mit anderen Subsystemen der Unternehmung
2. Marktanpassungs- und Innovationsfähigkeit	Flexibilität der Organisation hinsichtlich der Änderungen von Preisstrukturen und hinsichtlich des Entstehens und der Durchsetzung von Neuerungen
3. Informationsverarbeitungsfähigkeit	Effektive interne und externe preisbezogene Marktinformationssuche und Schnelligkeit der Informationsverarbeitung

Quelle: Eigene Erstellung in Anlehnung an Köhler (1993), S. 198.

Das Effizienzkriterium der Koordinationsfähigkeit bezieht sich in erster Linie auf die Abstimmung arbeitsteiliger Prozesse und die Ausrichtung von Aktivitäten auf die Organisationsziele.[828] Da Kreditinstitute aufbauorganisatorisch als mehrdimensionale Mischformen mit überwiegend divisionaler Struktur gekennzeichnet sind, besteht die Notwendigkeit aufwendiger Koordinationsmechanismen. Dazu gehören etwa die Steuerung durch Programme,[829] also durch schriftliche, im voraus definierte Verhaltensregeln, die Koordination

---

[825] Vgl. Ellermeier (1975), S. 36.
[826] Vgl. Meffert (1998), S. 976.
[827] Vgl. Meffert (1998), S. 977, sowie Köhler (1993), S. 198, und die dort angegebene Literatur.
[828] Vgl. zur Definition von Koordination Frese (1975), Sp. 2263.
[829] Vgl. Kieser, Kubicek (1992), S. 110 ff.; Staehle (1973), Nr. 13.

durch Pläne, beispielsweise in Form konkreter Budgetvorgaben, die Koordination durch pretiale Lenkung[830] mit Verrechnungspreisen und die hierarchische Koordination.[831]

Aus den Koordinationsmechanismen ergeben sich für die Umsetzung von Preisentscheidungen relevante bankorganisatorische Probleme auf drei Ebenen. Einmal ist die Steuerung des Vertriebs vor dem Hintergrund der im Unternehmenszielsystem festgelegten preispolitischen Ziele zu untersuchen. Daneben gilt die Aufmerksamkeit der Betrachtungen dem Zusammenwirken verschiedener bankbetrieblicher Subsysteme bei Preisgestaltungsmaßnahmen sowie der hierarchischen Koordination der Preisentscheidungsbefugnis.

Ein weiteres Merkmal effizienter Marketingorganisationen ist die Fähigkeit, sich flexibel den situativen Änderungen der externen Einflußfaktoren anzupassen. Eine Form der Marktanpassung ist die Hervorbringung von innovativen Preissystemen, wie etwa der dienstleistungsorientierten Preisgestaltung. Bei der Betrachtung der Umweltbedingungen ist auf eine Zunahme der Wettbewerbsdynamik und die dadurch erforderliche Flexibilität bei der Umsetzung von Preisentscheidungen bereits hingewiesen worden. Das Ausmaß dieser Flexibilität gilt es nachfolgend für die einzelnen Realtypen zu bestimmen.

Grundlage einer jeden Preisentscheidung und ein wichtiges Kriterium bei der Beurteilung von Marketingorganisationen sind die Fähigkeit zur Suche nach Marktinformationen sowie die Schnelligkeit und Kapazität ihrer Verarbeitung.[832] Relevante Marktinformationen für die bankbetriebliche Preisgestaltung sind generell alle Daten über die externen und internen Einflußfaktoren, auf die im Rahmen des Preismanagements reagiert werden muß. Hier fließen daher ebenso die für die Marktforschung als notwendig erachteten Informationen ein. Diese Daten müssen sinnvollerweise in einem integrierten Preisinformationssystem bereitgestellt werden und hinreichend reliabel, valide und aktuell sein.[833] Damit sie als Entscheidungsgrundlage dienen können, ist weiterhin eine zeitnahe Verarbeitung und eine schnelle, umfassende Verfügbarkeit neuer und bestehender preisbezogener Information in möglichst disaggregierter Form notwendig. Die Anforderungen an ein bankbetriebliches Preisinformationssystem resultieren im wesentlichen aus den Aufgaben der preisbezogenen Information, Kommunikation und Entscheidungsunterstützung:

---

[830] Vgl. Kieser, Kubicek (1992), S. 118. Zu Verrechnungspreisen vgl. Frese (1988), S. 217 ff., sowie Horváth (1991), S. 537 f.

[831] Vgl. Staehle (1994), S. 670 ff.

[832] Vgl. Köhler (1993), S. 202.

[833] Vgl. Diller (1991), S. 126 f.

Tabelle 21: Anforderungen an ein bankbetriebliches Preisinformationssystem.

Kriterium	Inhaltliche Konkretisierung
Vollständigkeit	Alle Parameter und Ziele der Preisgestaltung sind zu berücksichtigen
Integriertheit	Alle Phasen des Preismanagements (Analyse, Planung, Implementierung, Kontrolle) sind zu unterstützen
Dynamische Betrachtungsweise	Mittel- bis langfristige Analyse der Preisgestaltung und Prognose der wahrscheinlichen Konsequenzen von Preisentscheidungen
Risikobewertung	Erfassung und Quantifizierung bankbetrieblicher Risiken aus Preisentscheidungen
Praxisbezogenheit	Nutzbarmachung intuitiven Wissens preispolitischer Entscheidungsträger in einem Expertensystem
Zugänglichkeit	Zugriff muß allen relevanten Systembetreibern und -nutzern verschiedener preispolitischer Entscheidungsebenen möglich sein

Quelle: Eigene Erstellung in Erweiterung von Diller (1991), S. 126 f.

Während ein Preisinformationssystem das *interne* preisbezogene Informationsmanagement unterstützt, müssen darüber hinaus Maßnahmen getroffen werden, welche eine reibungslose *externe* Kommunikation von Preisstrukturen und -entscheidungen sicherstellen. Insgesamt resultiert aus dem Informationsverarbeitungskriterium das Erfordernis, zu überprüfen, inwieweit die jeweilige Organisationsstruktur die Beschaffung, Verarbeitung und Abgabe von preisbezogenen Informationen nach dem Schnelligkeitsprinzip[834] und dem Wirtschaftlichkeitsprinzip[835] bei internem und externem Zugriff zuläßt.

Dem beschriebenen Contingency Approach folgend, wird die Organisation von Preisentscheidungsprozessen unter zwei Gesichtspunkten analysiert. Einmal wird die Umsetzung von Preisstrategien in der Marketing-Organisation bankbetrieblicher Realtypen unter den situativen Bedingungen betrachtet und deren Effizienz anhand der obigen Kriterien bewertet. Hilfestellung gibt hier die vom Verfasser durchgeführte Expertenbefragung bei in Deutschland aktiven in- und ausländischen Banken. Zum anderen wird aus dieser Analyse abgeleitet, ob bestimmte Organisationsformen für die Implementierung der entwickelten Preisstrategien hinderlich oder förderlich sind, und gegebenenfalls struktureller Änderungsbedarf identifiziert. Im Anschluß daran wird mit dem integrierten Vertrieb ein organisatorischer Idealtypus vorgestellt, der als Lösungsansatz einen Großteil der ausgemachten Realisierungsbeschränkungen bei der Umsetzung von Preisentscheidungen überwindet.

---

[834] Vgl. Diepen (1987), S. 36.
[835] Vgl. Kuhn, Keller (1994), S. 57.

282

4.1. Filialbanken

Als typische aufbauorganisatorische Grundkonzeption einer Großbank mit Filialvertrieb kann die divisionale Organisationsform angesehen werden.[836] Kennzeichen dieser Aufbauorganisation ist die horizontale Gliederung der Unternehmensstruktur nach dem Objektprinzip auf der zweiten hierarchischen Ebene.[837] Grundsätzlich können für Kreditinstitute als Gliederungsmerkmale dieser Geschäftsbereichsorganisation Produktgruppen, Kundengruppen oder Absatzgebiete in Frage kommen.[838]

In den Organigrammen der Bankpraxis finden sich allerdings diese reinen objektorientierten Formen der Spezialisierung nicht. Es herrschen Mischformen vor, bei denen die Fachbereiche der traditionellen Produktgruppen-Spartenorganisation um Kundengruppenabteilungen ergänzt wurden und der Vertrieb nach regionalen Gesichtspunkten organisiert ist.[839] Auf diese Weise ist die eindimensionale produktorientierte Geschäftsspartenorganisation im Zuge der Änderung der Umweltbedingungen einer mehrdimensionalen Mischform gewichen, deren Vertriebssystem eher wie ein Anhängsel wirkt. Bühler kritisiert diese Form der horizontalen Arbeitsteilung als inkonsequente Konzessionsentscheidung an veränderte Marktverhältnisse, bei denen die Effizienz unter Umständen auf der Strecke bleibt.[840]

Die Realtypen der Filialbankorganisation sind darüber hinaus regelmäßig gekennzeichnet durch die Ansiedlung der Marketing-Abteilungen als zentrale Stabsabteilungen. Oft sind diese auch nur Teil eines Geschäftsbereiches mit dem Charakter einer Hilfsabteilung des Vertriebs. Teilweise existieren daneben isoliert vom Marketing zentrale Kommunikationsabteilungen, in deren Zuständigkeitsbereich die Öffentlichkeitsarbeit sowie die Werbung für den Gesamtkonzern fallen und bei denen die Budgetverantwortung für die Marketingabteilungen der Geschäftsfelder liegt.

4.1.1. Koordinationsfähigkeit und Integriertheit

Die Koordination des Vertriebsnetzes einer typischen Filialbank erfolgt regelmäßig durch Führung in Profit-Center-Form. Eine Profit-Center-Konzeption verlangt die Übereinstimmung zwischen rechnungstechnischem Erfolgsbereich (Accounting Entity) und kosten- bzw. erlös-

---

[836] Vgl. Eilenberger (1993), S. 366 f.
[837] Zum Objektprinzip vgl. Kieser, Kubicek (1992), S. 87 ff.
[838] Vgl. Bühler (1995), S. 112 f..
[839] Vgl. Kuhn, Keller (1994), S. 44.
[840] Vgl. Bühler (1995), S. 132 ff.

beeinflussender Entscheidungsbefugnis (Responsibility Center).[841] Während Marketingabteilungen als Zentral- oder Stabsbereiche in Cost-Center-Form geführt und über Budgetvorgaben koordiniert werden, erfolgt die Vertriebssteuerung des Filialnetzes auf den unterschiedlichen Ebenen je nach Bankleistungsart regelmäßig durch Mengen- oder Bruttoerlösvorgaben. Durch jährliche Absatzzielvereinbarungen werden diese bis auf den einzelnen Kundenberater heruntergebrochen. Die Feinsteuerung erfolgt entweder über Rundschreiben, die einen optionalen oder verbindlichen Verkauf eines bestimmten Produktes forcieren sollen, oder über die Änderung innerbetrieblicher Verrechnungssätze, welche die Grundlage für die Margenkalkulation im Spar- und Kreditbereich darstellen. Innerbetriebliche Zinssätze als Koordinationsinstrument sind Ausdruck der bankseitigen Aktiv-Passiv-Steuerung und werden teilweise täglich neu festgesetzt.[842] Die Führung des einzelnen Mitarbeiters soll darüber hinaus auch durch die Einkommenspolitik der jeweiligen Bank erreicht werden.

Die Vielzahl und die Komplexität der bankinternen Koordinationsinstrumente haben vielschichtige Auswirkungen auf die Konzernsteuerung und erschweren damit eine unternehmenszieladäquate Implementierung preispolitischer Vorstellungen. Wenn Filialen eindimensional als Profit-Center nach dem Gewinn in Geldeinheiten beurteilt werden, so führt dies regelmäßig zu Konflikten mit strategischen Vorhaben der Gesamtbank.[843] Vor allem indem die Filialleitungen strategische Maßnahmen unterlassen, die zwar die längerfristige Marktposition festigen, auf kurze Sicht jedoch Gewinneinbußen bringen, werden Preisgestaltungsmaßnahmen unterlaufen. Damit wird die Umsetzung einer dienstleistungsorientierten Preisgestaltung und besonders die der beziehungsorientierten Preisstrategien entscheidend behindert. In gleicher Weise treten Marktanteilsziele für Profit-Center-Leiter in den Hintergrund, so daß der Eintritt in bisher nicht bearbeitete Marktsegmente beispielsweise mittels selektiver Niedrigpreisstrategien behindert wird. Darüber hinaus werden nichtmonetäre Ziele wie Firmen- oder Produktimage, welche mit dem Preis als Marketinginstrument eng verbunden sind, nur mangelhaft begleitet. Folglich vernachlässigen Filialbanken bei ihrer Preisgestaltung typischerweise Kundenziele wie Transparenz oder Verursachungsgerechtigkeit bei isolierter Verfolgung bankbetrieblicher Ziele.

Die komplexen Koordinationsmechanismen sind außerdem eine wesentliche Ursache für das partiell ineffiziente Zusammenwirken verschiedener bankbetrieblicher Funktionsbereiche bei der Preisentscheidung. In der Praxis erfolgt die Abstimmung über Preisgestaltungsmöglichkeiten nicht nur abteilungsübergreifend zwischen Marketing, Vertrieb und Rechnungswesen bzw. Controlling, sondern ebenso fachbereichsübergreifend, wenn grundlegende strategische Gesichtspunkte die Unternehmensentwicklung oder die Konzernsteuerung betref-

---

[841] Vgl. Köhler (1993), S. 211.
[842] Vgl. Wickel (1995), S. 144.
[843] Vgl. allgemein zu den Koordinationsproblemen von Profit-Centern Köhler (1993), S. 204 ff.

fen.[844] Insgesamt ist ähnlich wie in Industrieunternehmen eine Dominanz kostenrechnerischer Fragestellungen bei Preisentscheidungen auszumachen.[845] Anders als bei diesen haben Bankmarketingabteilungen eher den Charakter von Unterstützungsabteilungen und sind hauptsächlich für Kommunikation und Werbung verantwortlich, während die Preis- und Produktgestaltung nach Befragen vornehmlich in den Händen des Vertriebs liegt. Diese Trennung der bankbetrieblichen Marketing-Mix-Instrumente führt zu einer Intensivierung des Problems der Konkretisierung der Leistungsfähigkeit immaterieller Bankprodukte und der daraus resultierenden Preiswürdigkeitsdarstellung. Damit ist jedoch auch eine wesentliche Anforderung an die dienstleistungsorientierte Preisgestaltung nicht erfüllt.

Die hierarchische Koordination der Preisentscheidungsbefugnis ist in Filialbanken von außerordentlicher Bedeutung für die Effizienz einer Preisstrategie. Die Entscheidungsfähigkeit im Rahmen eines Preisgestaltungsprozesses ist im wesentlichen abhängig von der Delegation von Kompetenz und Verantwortung in der Bankorganisation. Während Preisentscheidungskompetenz die ausdrücklich zugeteilten Rechte und Befugnisse eines Stelleninhabers bei der Preisgestaltung umfaßt,[846] beinhaltet die Preisentscheidungsverantwortung die Pflicht des Aufgabenträgers, für eine zielentsprechende preisbezogene Aufgabenerfüllung persönlich Rechenschaft abzulegen.[847]

Empirische Analysen zur Delegation der Preisentscheidungskompetenz in Unternehmen sind insgesamt selten und für den Bankenbereich nicht existent. Ein erster Ansatz stellt die im Zuge dieser Untersuchung durchgeführte Erhebung dar, welche die Relevanz dieser Fragestellung für die Koordinationsfähigkeit von Preisentscheidungen verdeutlicht. Aus den Ergebnissen der Expertenbefragung wird ersichtlich, daß Preisentscheidungen mit *strategischem* Charakter analog zu den Strukturen in Industriebetrieben von der Beschlußfassung her im Vorstand angesiedelt sind.[848] Hier tritt offensichtlich die hervorragende wettbewerbs- und unternehmenspolitische Bedeutung des Preises auch für den Bankenbereich zutage.

---

[844] Vgl. Anhang Tab. A18 , Tab. A19 und Abb. A9.
[845] Vgl. Anhang Tab. A11, Tab. A12 und Abb. A7.
[846] Definition in Anlehnung an Kuhn, Keller (1994), S. 32.
[847] Definition in Anlehnung an Hauschildt (1995), Sp. 2097.
[848] Vgl. Anhang Tab. A15 sowie für den Sachgüterbereich Simon (1992a), S. 647 f., und die dort angegebene Literatur.

Tabelle 22 : Hierarchische Ansiedlung der Kompetenz für strategische Preisentscheidungen.

Anteil des jeweiligen Bankentyps in %:	Filialbanken	Direktbanken	Gesamt
Vorstand	66,6	45,5	60,5
Geschäftsbereichsleitung	18,5	27,3	21,1
Fachbereichsleitung	7,4	9,1	7,9
Marketingleitung	7,4	18,2	10,5

Quelle: Eigene Erstellung.

Für *operative* Preisentscheidungen ist im Gegensatz zu Industrieunternehmen, wo der Vertriebsmitarbeiter kaum oder keine Preisentscheidungsbefugnis hat, eine teilweise oder konsequente Delegation derselben für den Bankdienstleistungsbereich geradezu kennzeichnend.

Tabelle 23: Delegation der operativen Preisentscheidungskompetenz.

Anteil des jeweiligen Bankentyps in %	Filialbanken	Direktbanken	Gesamt
Keine Delegation	7,4	81,8	29,0
Partielle Delegation	29,6	18,2	26,3
Totale Delegation	63,0	0,0	44,7

Quelle: Eigene Erstellung.

Die empirische Untersuchung zeigt, daß der überwiegende Teil der Filialbanken im Gegensatz zu den Direktbanken die operative Preisentscheidungsbefugnis sogar bis zum einzelnen Kundenberater delegiert hat.[849] In der Regel wird dies mit Marktnähe und Kundenorientierung begründet. Auch wenn die Kompetenz dabei teilweise auf eine Konditions-Bandbreite beschränkt ist, kann dieser Umgang mit dem Preis zu tiefgreifenden strukturellen Problemen führen, die eine differenzierte Betrachtungsweise erfordern.

Die Motivation und Steuerung der Vertriebsmitarbeiter erfolgt in der Praxis mittlerweile vornehmlich über leistungsabhängige Entlohnung auf der Basis individueller Bruttoerlös-Zielvereinbarungen.[850] Der Kundenberater verhält sich dadurch als Umsatzmaximierer und nicht als Gewinnmaximierer. Selbst wenn Provisionen gezahlt werden, trägt diese Einkommensgestaltung nur eingeschränkt zu einer adäquaten Handhabung der Preisentscheidungskompetenz im Sinne der Unternehmens- und Kundenziele bei.[851] In diesem Fall wird der Kundenberater um jeden Preis unter Ausnutzung der gesamten an ihn delegierten Konditionskompetenz Geschäfte machen wollen. Die Folge dieses Koordinationsdefektes ist abgesehen von Qualitätseinbußen in der Beratung eine Margenreduktion, die noch dramatischer ausfällt, wenn der jeweilige Vorgesetzte an denselben Mengen- und Umsatzzielvorgaben gemessen wird und gleichgerichtet darüber hinausgehende Preiszugeständnisse genehmigt. Diese Ver-

---

[849] Vgl. Anhang Tab. A20 und Tab. A21.
[850] Vgl. Anhang Tab. A27.
[851] Vgl. allgemein zur Einkommensgestaltung bei Banken Wickel (1994), S. 144 f.

haltensweise kann jedoch bei nicht adäquater Gegensteuerung des Managements zu ungewollten Liquiditätswirkungen führen.

Die vorgenannte Preisentscheidungsproblematik führt jedoch nicht nur auf der Unternehmensseite zu einem Zielkonflikt, sondern auch auf der Kundenseite. Der Bankleistungsnachfrager legt aufgrund eines gestiegenen ökonomischen Bildungsgrades zunehmend Wert auf die Qualität der in Anspruch genommenen Dienstleistung. Als Konsequenz der Verhandlungspreisproblematik wird er jedoch mit Opportunitätskosten der Zeit durch Warten auf eine Beratung und durch Verzögerungen infolge langer Entscheidungswege konfrontiert. Besonders offenkundig wird dieser Zielkonflikt bei Kreditentscheidungen.[852] Dieser Koordinationsmechanismus von Preisentscheidungen ist jedoch keineswegs mit den aufgestellten Anforderungen an eine prozeß- und speziell an eine effizienzorientierte Preisgestaltung kompatibel.

Insgesamt ist deutlich geworden, daß die komplexen Koordinationsmechanismen in Filialbanken sowohl die Umsetzung bestimmter sachgüter- als auch dienstleistungsorientierter Preisstrategien erschweren. Vor allem prozeßorientierte Preisgestaltungsmaßnahmen eignen sich nicht für die Filialbankumgebung. Die kurzfristige Gewinnorientierung ihrer Profit-Center-Konzeption behindert außerdem nicht nur die Realisierung beziehungsorientierter Dienstleistungs-Preisstrategien, sondern ebenso den Einsatz konkurrenzorientierter Sachgüter-Preisstrategien. Aus der organisatorischen Trennung der Marketinginstrumente in den Zentralbereichen resultiert die latente Gefahr mangelnder Preiswürdigkeitsdarstellung. Damit ist jedoch nicht nur die Verletzung einer generellen Grundanforderung an die dienstleistungsorientierte Preisgestaltung verbunden, sondern es wird dadurch auch der Einsatz von solchen Preisstrategien wesentlich erschwert, deren Absatzeffekt auf einer Preiswürdigkeitsbeurteilung beruht. Hierzu zählen alle sachgüter- und dienstleistungsorientierten Preisstrategien des Matrix-Ansatzes für Erfahrungsleistungen.

4.1.2. Marktanpassungs- und Innovationsfähigkeit

Als zweites Kriterium gilt es, die Filialbanken auf ihre Marktanpassungs- und Innovationsfähigkeit bei der Organisation von Preisentscheidungsprozessen hin zu untersuchen. Empirischen Untersuchungen zufolge ermöglichen objektbezogene Organisationseinheiten für die Produktgruppen eine schnellere Anpassung an die Entwicklung auf den Märkten.[853] Insbesondere für konkurrenzintensive und preisempfindliche Märkte erweisen sich produktorientiert gegliederte, dezentralisierte und teamgesteuerte Unternehmen

---

[852] Vgl. Süchting (1992a), S. 40.
[853] Vgl. Köhler (1993), S. 203.

als erfolgreicher.[854] Auch für die Organisation der Bankpreisgestaltung könnte der Schluß gezogen werden, daß der Filialapparat durch die relativ weitgehende Delegation der Preisentscheidungskompetenz eine besonders marktnahe Struktur ist und somit eine flexible und schnelle Reaktion auf Preisvariationen der Konkurrenz begünstigt. Die Bankpraxis macht jedoch gerade den schwerfälligen Filialapparat für eine zeitlich ausgedehnte und qualitativ ungenügende Umsetzung von Preisentscheidungen verantwortlich.[855]

Abbildung 35: Probleme bei der Umsetzung von strategischen Preisentscheidungen.

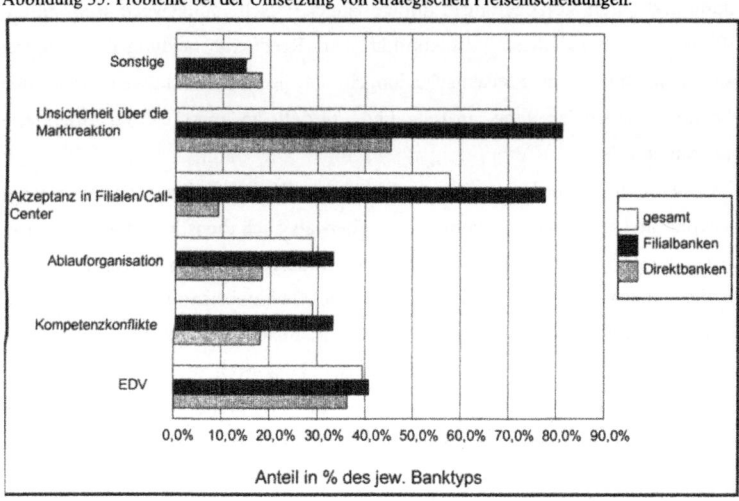

Quelle: Schneider (1998b), S. 24.

Für eine differenziertere Betrachtung dieser empirisch ausgemachten Problemstellung erscheint es wiederum zweckdienlich, bei der Umsetzung von Preisentscheidungsprozessen in operative und strategische Preisentscheidungen zu trennen. Zu den operativen Preisentscheidungen zählen vorwiegend Routine-Entscheidungen des Tagesgeschäfts, während Entscheidungen mittlerer Beherrschbarkeit als Folge von Innovationen oder unternehmenspolitischen Maßnahmen eher strategischen Charakter besitzen.[856]

Zu den Routineentscheidungen gehört vor allem die Umsetzung der preisbezogenen Steuerungsvorgaben in den Konditionenverhandlungen mit den Kunden. Obwohl die Reaktion auf geänderte innerbetriebliche Verrechnungssätze in der Praxis regelmäßig flexibel und tagleich geschehen kann, besteht eine Problematik im Umgang mit der Preisgestaltung der lokalen Konkurrenz. Besonders im Einlagenbereich herrscht regional ein Konditionen-

---

[854] Vgl. Kieser, Kubicek (1992), S. 328 ff.
[855] Vgl. hierzu und im folgenden im Anhang Tab. A16 und Tab. A17.
[856] Zur Typologie von Entscheidungen in Unternehmen vgl. Gemünden (1983), S. 24 f.

288

wettbewerb, in dem Großbanken durch die mit der Marktzinsmethode ermittelten und zentralseitig festgelegten internen Verrechnungssätze gegenüber flexibleren örtlichen Sparkassen oft benachteiligt sind. Am Beispiel des Passivgeschäfts kann eine weitere Problematik der Preisflexibilität bei Routineentscheidungen verdeutlicht werden, wenn der Kapitalmarktzins als situativer externer Einflußfaktor fungiert. Die Delegation der Preisentscheidungsbefugnis führt in Niedrigzinsphasen naturgemäß zu niedrigeren Margen bei der Hereinnahme von Spareinlagen. Wenn die Prolongation derselben in einen Zeitraum steigender Zinsen fällt, besteht beim Kundenberater generell die Tendenz, die ursprüngliche Marge zu übernehmen. Diesem fahrlässigen Verzicht auf eine Margenausweitung in Hochzinsphasen muß die Konzernsteuerung regelmäßig durch eine Beschneidung der Preiskompetenz der Vertriebsmitarbeiter entgegenwirken, wenn die Bank nicht eine Belastung des Zinsergebnisses aufgrund dieser Margenerosion hinnehmen will. Auch an dieser Stelle wird deutlich, daß Marktnähe und Flexibilität, die aus der konsequenten Delegation der Preisentscheidungsbefugnis resultieren, bereits bei Marktanpassungen durch Routineentscheidungen ihren Preis in Form von erhöhtem organisatorischen Koordinationsaufwand haben und mit dem Wirtschaftlichkeitsprinzip[857] kollidieren. Der Mehr- oder Minderertrag durch Preisverhandlungen des Tagesgeschäftes sollte immer unter Berücksichtigung der internen Transaktionskosten in Relation zum Nutzen der Bank aus der Kundenverbindung betrachtet werden.

Bei der Umsetzung von innovativen Preisentscheidungen oder unternehmenspolitisch induzierten Preisstrategien ist die Marketingorganisation wiederum mit dem Problem konfrontiert, daß die Ziele der Filialen zu Lasten der Gesamtbankziele verfolgt werden, wenn diese als Profit-Center koordiniert werden. Da der Filialleiter oder der Vertriebsmitarbeiter mit seiner Marktbearbeitung primär kurzfristige Zielsetzungen betont, ist sein Interesse an der konkreten Durchsetzung innovativer Preisgestaltungsmaßnahmen, beispielsweise bei neuen Preismodellen, eher gering. Abhilfe schaffen könnte entweder die Installation eines multidimensionalen Zielbündels, das an die Stelle des einfachen Erfolgsmaßstabes Umsatz tritt,[858] oder ein internes Marketing der umzusetzenden Preisstrategien, um die starre Haltung der Mitarbeiter aufzuweichen.[859] Die Frage, inwieweit es neben der Durchsetzung überhaupt zu einer Entstehung von preisbezogenen Innovationen in Filialbanken kommt, ist mangels empirischer Untersuchungen nur mittels eigener Expertenbefragungen zu beantworten.[860] Danach werden Anregungen für neue Preismodelle mit höherer Wahrscheinlichkeit aus Projektteams heraus initiiert als aus den auf Vertrieb spezialisierten Profit-Centern. Zu vernehmen sind lediglich die Forderungen der Filialleiter und Kundenberater nach größerer

---

[857] Vgl. Kuhn, Keller (1994), S. 57.
[858] Vgl. Köhler (1993), S. 208 f.
[859] Vgl. allg. zum internen Marketing in Dienstleistungsunternehmen Grönroos (1981), S. 236 ff.
[860] Vgl. Anhang Tab. A22, Tab. A23 sowie Abb. A10.

Preisentscheidungskompetenz oder die Einreichung von Sonderkonditionsanträgen bei Kunden mit Verhandlungsmacht. Gerade für Vorhaben mit relevanten Auswirkungen auf die Erträge und die strategische Unternehmensgesamtplanung, wie die Einführung eines umfassenden dienstleistungsorientierten Preismodells, wird die Ideensuche bei Banken üblicherweise in zeitlich befristeten und fachbereichsübergreifenden Projektgruppen installiert.

Insgesamt kann konstatiert werden, daß die beschriebenen Umsetzungsprobleme bei strategischen Preisentscheidungen, die zentralseitig initiiert werden, in der Filialbankumgebung Ausdruck von mangelnder Flexibilität sind. Dagegen sind operative Preisentscheidungen durch die Filialmitarbeiter eine Form hoher Marktanpassungsfähigkeit. Aus Ertragsgesichtspunkten ist diese Flexibilität bei Kunden ohne Verhandlungsmacht eher von Nachteil. Filialbanken besitzen hingegen Vorteile bei der Umsetzung von Preisstrategien für Kunden mit mäßiger oder überragender Verhandlungsmacht, weil das Prinzip der kleinen Mittel angewendet werden kann. Besonders gut lassen sich daher in Filialbanken Preisstrategien für Leistungen umsetzen, die von Verhandlungspreisen und weniger von Festpreisen dominiert werden. Dies sind, wie dienstleistungstheoretisch abgeleitet wurde, Strategien für Erfahrungsleistungen und Vertrauensleistungen.

Die mangelhafte Marktanpassungsfähigkeit auf strategischer Ebene äußert sich einmal darin, daß innovative Preisstrategien mit langfristigem Fokus kaum Chancen auf eine Umsetzung haben, und wenn überhaupt, erst mit einem Time-Lag implementiert werden. Ersteres führt zu Anwendungsbeschränkungen für alle Optionen der dienstleistungsorientierten Preisgestaltung. Letzteres behindert die Realisierung von sachgüterorientierten Preisstrategien, bei denen der Innovationsgrad für die Preisgestaltung eine wichtige Rolle spielt, wie beim Skimming. Infolge der hohen Oboleszenzrate von neuen Bankleistungen und der geringen Reaktionszeit des Wettbewerbs ist von einer Realisierung dieser Option in langsam umsetzenden Filialbanken abzuraten. In gleicher Weise wird der Implementierungs-Time-Lag auch beim Penetration Pricing, Experience Curve Pricing oder Periodic Discounting, wo auch zeitliche Faktoren wie der Einführungszeitpunkt einer neuen Leistung oder der Produktlebenszyklus von Bedeutung für die Preisgestaltung sind, eine Anwendung in der Filialumgebung erschweren.

Bezogen auf den Matrix-Ansatz sollten in der Filialbankumgebung insgesamt also nur solche Preisstrategien Anwendung finden, die für Erfahrungsleistungen und Vertrauensleistungen bei Kunden mit mäßiger und überragender Verhandlungsmacht geeignet, jedoch nicht dienstleistungsorientiert sind. Von den verbleibenden Sachgüterpreisstrategien ist zusätzlich von solchen abzuraten, bei denen die zeitliche Preisdifferenzierung eine Rolle spielt.

4.1.3. Informationsverarbeitungsfähigkeit

Im Mittelpunkt der Analyse der Informationsverarbeitungsfähigkeit steht die Beurteilung der Effektivität der Marktinformationssuche und deren Verarbeitung im Sinne einer preisbezogenen Anwendung. Die Vorgehensweise orientiert sich daran, ob der Adressatenkreis der preisbezogenen Information intern oder extern anzusiedeln ist. Das für eine effiziente Informationsverarbeitungsfähigkeit geforderte Preisinformationssystem existiert, wie die Expertenbefragung offenbart, in Filialbanken nicht.[861] Damit eine Bank aber jederzeit ihre Position innerhalb ihrer situativen Bedingungen bestimmen kann, ist als Grundlage für dieses Preisinformationssystem zunächst eine Institutionalisierung der Marktforschungsstellen in der Bankorganisation anzustreben. In der Organisationsforschung wird die These vertreten, daß allgemeine Marktforschungsstellen, die wie in Banken als Stäbe organisiert sind, ohne speziellen Projektantrag eher verhältnismäßig globale Marktunter-suchungen anstellen.[862] Dazu gehört beispielsweise die Analyse der Entwicklung des Marktvolumens oder die Auswertung sekundärstatistischen Materials. In dieselbe Richtung zeigt auch die Expertenbefragung. Sie verdeutlicht, daß ein Teil der befragten Kreditinstitute tatsächlich keine Marktforschung durchführt oder diese zumindest nicht systematisch betreibt.[863] Im Mittelpunkt der bankbetrieblichen Marktforschungsbemühungen stehen eher deskriptive Fragestellungen im Rahmen der Sekundärforschung als explorative oder kausale Analysen primärstatistischen Datenmaterials.[864]

Jedoch gilt diese Aussage nur eingeschränkt für die Konkurrenzanalyse. Nachdem die Kreditinstitute die erhöhte Wettbewerbsdynamik erkannt haben, werden nationale und internationale Konkurrenten aufmerksam beobachtet. Allerdings ist bei der Untersuchung preisbezogener Kundenreaktionen eine instrumentelle Unsicherheit hinsichtlich der Nutzung multivariater Analyseverfahren festzustellen. Ähnliches gilt für Preisexperimente, die von Bankmanagern wegen ihrer Ertragsauswirkungen abgelehnt werden. Aus diesem Grunde liegen die Preiselastizitäten für Bankleistungen ebenso wie die Elastizitäten der verbleibenden Marketinginstrumente nach wie vor im Dunkeln.

---

[861] Vgl. Schneider (1998b), S. 26.
[862] Vgl. Köhler (1993), S. 202.
[863] Vgl. Anhang Tab. A1 und Tab. A2.
[864] Vgl. hierzu und im folgenden Anhang Tab A3 und Tab. A4.

Abbildung 36: Marktforschungsaktivitäten von Kreditinstituten.

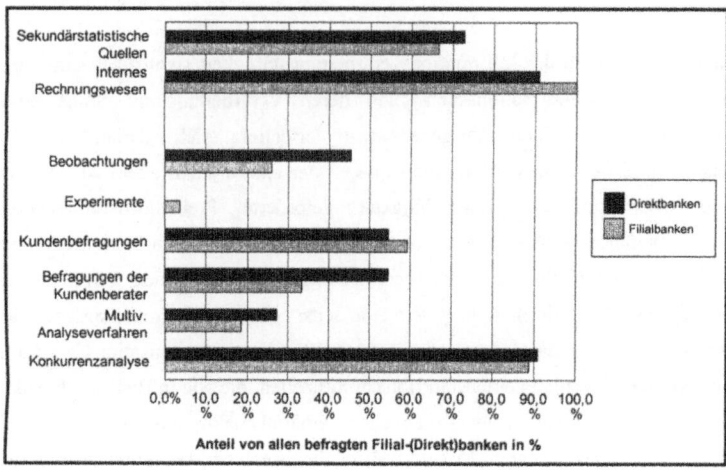

Quelle: Eigene Erstellung.

Das Kriterium der internen Informationsverarbeitungsfähigkeit stellt darüber hinaus weitergehende Anforderungen an die Datensammlung, Datenaufbereitung und Datenübermittlung.[865] Im allgemeinen kann der interne Informationsfluß einer Bank aufgrund der mit der Objektorganisation verbundenen kurzen Kommunikationswege als relativ schnell charakterisiert werden. Prinzipiell ist also die Grundlage für die Installation eines Marketing-Informations-Systems vorhanden, in dem auch der Preis entsprechend berücksichtigt werden kann. In der Praxis finden diese Systeme jedoch kaum bei Großbanken Anwendung, und wenn überhaupt, dann nicht in integrierter Form, sondern nur ansatzweise für den Preis als Ausfluß der Aktiv-Passiv-Steuerung und nicht infolge von Marketingüberlegungen.[866] Daneben existiert oft keine zeitnahe Dokumentation der vereinnahmten Provisionen des Dienstleistungsgeschäftes. Diese können oft nur indirekt über monatliche, für die einzelnen Bankleistungsbereiche erstellte Ertragsauswertungen ermittelt werden.

Dieser unbefriedigende Status der preisbezogenen Daten setzt sich im vertriebsunterstützenden Kundeninformationssystem für die Berater in den Filialen fort. Positiv anzumerken ist einerseits, daß auch auf dieser Entscheidungsebene im Einlagen- und Kreditgeschäft regelmäßig auf die Margen der Vergangenheit sogar für jeden einzelnen Kunden, wenn auch oft nicht ausreichend zeitnah, zurückgegriffen werden kann. Sie bilden neben internen Verrechnungssätzen die Entscheidungs- und Verhandlungsgrundlage bei Prolongationen. Andererseits sind Provisions- oder Honorareinnahmen wiederum partiell nur monatlich in

---

[865] Vgl. Ellermeier (1975), S. 32.
[866] Vgl. hierzu und im folgenden Anhang Tab. A24 und Tab. A25.

aggregierter Form als Erfolgsauswertungen vorhanden. Dies führt nicht nur zu Reaktions-, sondern auch zu Wirkungsverzögerungen, weil durch die Datenaggregation die Information fehlt, bei welchem Kunden der Berater Mehr- oder Mindererträge im Vergleich zu einem Referenzzeitraum erzielt hat. Dadurch besteht beispielsweise die Gefahr, daß Preiszugeständnisse oder -anhebungen einem dafür nicht geeigneten Nachfrager angeboten werden. Somit wird nicht nur die Einhaltung der Liquiditätsziele im Rahmen der Gesamtbankziele gefährdet, sondern ebenso eine Abwanderung von Kunden als Folge der dadurch abnehmenden Bankloyalität induziert. Das Fehlen eines beraterseitigen Preisinformationssystems stößt vor allem wegen der intransparenten und überdimensionierten filialbanktypischen Preisstruktur auf Unverständnis. Um auf Kundenanfrage eine bestimmte Nebengebühr zu ermitteln, muß regelmäßig ein Verzeichnis im Katalogformat konsultiert werden. In gleicher Weise fehlt es an EDV-technischer Unterstützung bei der Dokumentation von Preisentscheidungen, die zum überwiegenden Teil manuell in Kredit- bzw. Kundenakten erfolgen sowie an einer prozeßtechnischen Unterstützung von preisbezogenen Standardvorgängen wie der automatischen Konditionsvergabe bei Depoteröffnung.[867]

Darüber hinaus fehlen Implementierungen preisentscheidungsunterstützender Expertensysteme in den Filialbanken fast völlig. Höhere Bedeutung haben dagegen augenscheinlich Work-Flow-Systeme. Damit konnte die These Schmidts, daß die neuerdings stärkere Informationsorientierung von Kreditinstituten gegenüber einer früheren Sachorientierung diese Systeme zu einem Instrument besonderer Bedeutung werden läßt,[868] zumindest für Filialbanken bestätigt werden. In bezug auf den Preis liegt der besondere Vorteil von Work-Flow-Systemen neben der prozeßorientierten Bearbeitungsform vor allem in der Koordination der Preisentscheidungsbefugnis. Eine gewährte Sonderkondition kann auf diese Weise für alle Mitarbeiter sichtbar im System hinterlegt werden, so daß auch bei unmittelbar erfolgender Transaktion, wie etwa der sofortigen Einlage oder einer Kreditauszahlung, der verbuchende Mitarbeiter nicht mehr persönlich Rücksprache mit dem Entscheidungsträger halten muß. So wie Intranets zur innerbetrieblichen Kommunikation im Filialbetrieb augenscheinlich noch wenig verbreitet sind, existieren auch übergreifende Systeme nach dem Konzept des Data Warehouse kaum.[869] Damit werden für die Informationsversorgung strukturierte und von allen Stellen des Unternehmens erreichbare generelle Datenplattformen bezeichnet,[870] die erst die Grundlage für die Nutzung von Work-Flow-Systemen aber auch Quelle für Marketing-Informations-Systeme sind. Als deren Teilsystem ist wiederum ein Preisinformationssystem anzusehen.

---

[867] Vgl. zu diesem Vorschlag Fellner (1996), S. 145.
[868] Vgl. Schmidt (1997), S. 128.
[869] Vgl. allg. zum Data Warehouse-Konzept Devlin (1997), S. 20.
[870] Vgl. Schmidt (1997), S. 128.

Zur Beurteilung der externen Informationsverarbeitungsfähigkeit kann das Internet herangezogen werden. Alle befragten Filialbanken sind zwar im Internet vertreten, preisbezogene Inhalte stehen dabei jedoch nicht im Vordergrund. Für eine wirksame Kommunikation der komplexen Preisstrukturen reichen andere Medien, wie gesehen, ebensowenig aus. In diesem Kontext betrachtet, beruht die ausgemachte nachfrageseitige Marktintransparenz demnach auch auf der derzeit noch schmalen externen Informationsbasis.

Abbildung 37: Anwendungsgrad bankbetrieblicher Informationssysteme.

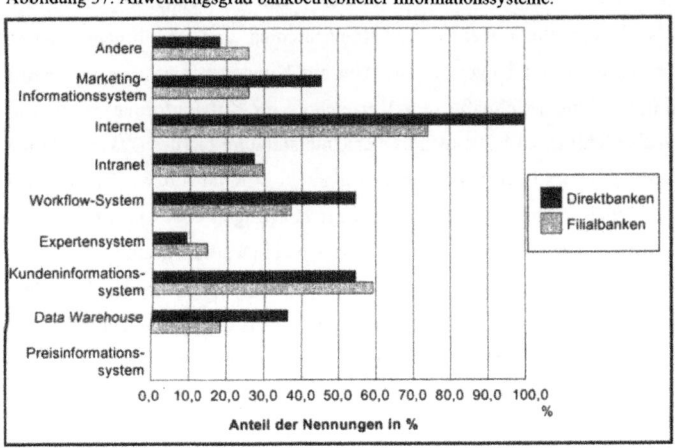

Quelle: Eigene Erstellung.

Das differenzierte Bild der internen und externen Informationsaktivitäten mündet auch in unterschiedliche Implikationen für die Anwendungsmöglichkeiten von Preisstrategien des Matrix-Ansatzes. Die in der Expertenbefragung isolierten Defizite in der Informationsbasis für den externen Adressatenkreis offenbaren, daß die Chance, das dienstleistungstheoretische Kundenziel der Preistransparenz zu erfüllen, augenscheinlich wenig genutzt wird. Somit wird gleichzeitig eine offene Preiswürdigkeitsdarstellung als eine weitere wesentliche Anforderung an dienstleistungsorientierte Preisstrategien nicht erreicht. Eine leistungsfähige externe Kommunikation der bankbetrieblichen Preisstrukturen ist aber bereits deshalb erforderlich, weil nur so die Integration des Nachfragers in den Leistungserstellungsprozeß auch als Grundlage für prozeßorientierte Preisstrategien ausreichend berücksichtigt wird. Insgesamt kann daraus gefolgert werden, daß die Anwendungsmöglichkeit dienstleistungsorientierter Preisgestaltung in Filialbanken nur unzureichend gegeben ist.

Dieser Schluß wird überdies durch die eingeschränkte interne Informationsverarbeitungsfähigkeit gestützt. Vor allem das preisbezogene Dokumentationsproblem behindert eine beziehungsorientierte Preisgestaltung oder ein Kick-Back-Pricing, wenn die DV-technische

Hinterlegung des loyalitätsabhängigen Treueindikators oder des Verhaltensstatus und deren automatische Anpassung bei einem kundenbezogenen Transaktionsprozeß nicht gewährleistet ist. Dagegen ist die Diffusion vertriebsunterstützender Kundeninformationssysteme in der Filialbankumgebung bereits sehr weit fortgeschritten. Diese positive Entwicklung ist vor allem darauf zurückzuführen, daß das Geschäft mit verhandlungsstarken Kunden zu den Kernkompetenzen der Filialbanken gehört, was eine zuverlässige Informationsgrundlage für die Konditionsfindung durch die Berater erforderlich macht.

Insgesamt kann zwar festgestellt werden, daß aus Sicht der Informationsverarbeitungsfähigkeit weniger die dienstleistungsorientierten als die sachgüterorientierten Preisstrategien für eine Filialbankanwendung in Frage kommen. Aus den Erkenntnissen im Zusammenhang mit der vorgenommenen Untersuchung der Informationsbasis lassen sich jedoch keine Empfehlungen ableiten, welche die Implementierung bestimmter standard-, erfahrungs- oder vertrauensleistungsspezifischer Optionen des Matrix-Ansatzes nahelegen würde.

4.2. Direktbanken

In den nachfolgenden Betrachtungen werden als Direktbanken nur solche Institute bezeichnet, die das Bankgeschäft unter völligem Verzicht auf Filialen betreiben.[871] Streng zu trennen vom Direktbankgeschäft ist der Begriff Direct Banking. Hierunter werden allgemein alle Transaktionen von Bankleistungen subsumiert, die nicht durch oder über Filialpersonal abgewickelt werden. Direktbanken sind in dieser Definition enthalten, füllen sie jedoch nicht vollständig aus. Damit werden im folgenden Direct-Banking-Konzepte, die das Direktgeschäft als Inhouse-Lösung in einer Filialbank propagieren, ausgeklammert und nur solche betrachtet, die als Stand-Alone-Lösung eine organisatorisch und rechtlich selbständige Einheit darstellen.

Untersuchungen zur Organisationsstruktur für Direktbankbetriebe stehen in der bankbetrieblichen Literatur im Gegensatz zu solchen für Filialbanken noch aus. Da nachfolgend jedoch analog zur Vorgehensweise in der Filialbankumgebung der Einfluß der Direktbankorganisation auf Preisentscheidungsprozesse analysiert werden soll, muß in gebotener Kürze zunächst deren Aufbau dargestellt werden. Als Resultat der durchgeführten Befragung von Geschäftsführern in Direktbanken kann zunächst festgestellt werden, daß die Aufbau- und Ablauforganisation erheblich von der Filialbankorganisation abweicht, so daß eine isolierte Untersuchung der daraus resultierenden Preisentscheidungsprozesse erforderlich ist.[872]

Im Gegensatz zu Filialbanken, bei denen die Gestaltung des Aufbaus immer noch vor die Gestaltung der Ablauforganisation gestellt wird, sind die Realtypen der Direktbankorga

---

[871] Vgl. Pischulti (1995), S. 4.
[872] Vgl. Anhang Tab. A26.

nisation zum überwiegenden Teil gekennzeichnet von einer prozeßorientierten Aufbauorganisation. Anders als in Filialbetrieben wird durch die Prozeßorganisation erreicht, daß die Aufbauorganisation den Geschäftsprozeß stützt.[873] Dabei sind sämtliche geschäftsprozeßstützende Teilprozesse des Unternehmens auf diesen ausgerichtet, mit dem Bestreben, mittels einer Strategie die in der Unternehmensplanung fixierten Ziele zu erreichen.

Derzeitiges Unternehmensziel der meisten Direktbanken ist die Erlangung eines möglichst hohen Marktanteils in einem jungen Markt, um mittelfristig eine hohe Rentabilität zu erreichen.[874] Dieses Ziel soll zumindest bei einigen Instituten über die generische Strategie der Kosten- beziehungsweise Preisführerschaft erreicht werden.[875] Aus diesen Gründen ist es erklärlich, daß die Aufbauorganisation von Direktbanken überwiegend Im Zeichen der Kundengewinnung und der Auftragsabwicklung steht. Ihr Geschäftsprozeß kann grundsätzlich in vier Teilprozesse untergliedert und mit seinem unterstützenden Umfeld schematisch wie folgt dargestellt werden:[876]

Abbildung 38: Prozeßorganisation von Direktbanken.

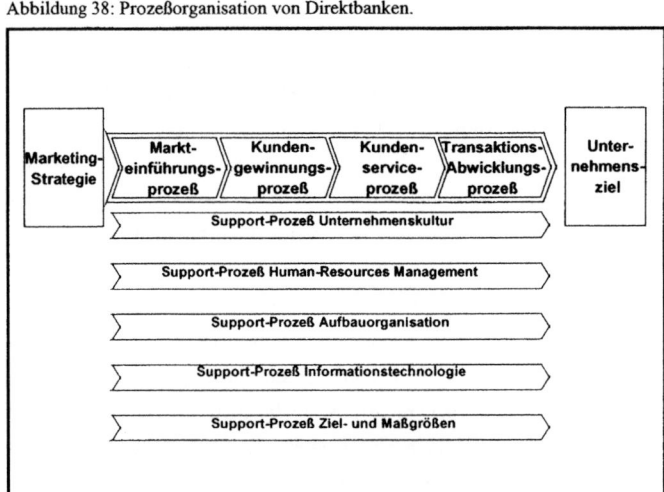

Quelle: Eigene Erstellung.

Der Markteinführungsprozeß umfaßt die Initiierung sämtlicher Marketing-Mix-Variationen mit dem Ziel der Interessentengewinnung und der Förderung des Absatzes bei Bestands-

---

[873] Vgl. allgemein zur Prozeßorganisation Gaitanides et al. (1994), S. 5.

[874] Die *comdirect)bank GmbH* etwa strebt einen ROI von 15 Prozent analog zur *Commerzbank AG* an.

[875] Z.B. die *Direkt Anlage Bank AG* und *Consors* agieren mit dieser Strategie im Wertpapiergeschäft.

[876] Vgl. allgemein Armistead, Rowland (1996), S. 94.

kunden.[877] Die wesentlichen Aufgaben bestehen im Erkennen des Marktpotentials, der Definition des Preis- und Leistungsangebotes, dessen Einbindung in den Bankbetrieb und in der Kommunikation des Kundennutzens unter Auswahl der Kommunikations- und Vertriebswege.

Der Kundengewinnungsprozeß umfaßt die Betreuung der gewonnenen Interessenten mit dem Ziel der Umwandlung zum Kunden. Dabei kann die Initiative sowohl von den Interessenten als auch vom Institut selbst ausgehen.

Der Kundenserviceprozeß beinhaltet zwei Teilprozesse. Im Kundenerziehungsprozeß werden die im Kundengewinnungsprozeß generierten Neukunden in das Handling mit einer Direktbank eingewiesen. Im Kundenbindungsprozeß sind alle Maßnahmen zur Aufrechterhaltung der Geschäftsverbindung angesiedelt. Bei den befragten Instituten reichte dieser Subprozeß vom Qualitätsmanagement bis zur Kundenzeitung.

Der Transaktionsabwicklungsprozeß umfaßt sämtliche Maßnahmen, die zur Abwicklung eines eingehenden Kundenauftrags von der Auftragsentgegennahme bis zur maschinellen Buchungsbestätigung erforderlich sind. Als organisatorische Einheiten sind an dieser Stelle regelmäßig Inbound-Call-Center, Back-Office und EDV aufgehängt.

Der besondere Vorteil einer Prozeßorganisation liegt für eine Direktbank darin begründet, daß an jeder Stelle des Prozesses das Kundenverhalten im Vordergrund steht und in jeder Phase auf Eingriffe des Kunden zeitnah reagiert werden kann, auch wenn im Gegensatz zu einer Filialbank keine Face-to-Face-Interaktion stattfindet. Damit wird explizit dem Einbezug des Nachfragers in den bankleistungsspezifischen Produktionsprozeß Rechnung getragen. Nachdem aus dienstleistungstheoretischer Sicht diese Integrativität als Dimension des Leistungserstellungsprozesses der Bankleistung identifiziert wurde, bietet sich eine daran ausgerichtete Organisationsstruktur für Kreditinstitute geradezu an.

4.2.1. Koordinationsfähigkeit und Integriertheit

Die Koordination des Absatzbereiches in einer wie oben organisierten Direktbank unterscheidet sich grundsätzlich von den Mechanismen in der Filialbank. Eine erfolgreiche hierarchische Koordination hat ebenso wie die Aufbauorganisation selbst das Ziel, den Geschäftsprozeß zu stützen. Dies bedeutet im Idealfall, einen (Teil-)Prozeß als Unternehmensbereich zu organisieren und ihn als Team oder Abteilung zu führen, wobei eine Abteilung einen Teilprozeß ganzheitlich und erfolgsverantwortlich betreut.[878] Als Konsequenz daraus ergibt sich eine im Vergleich zur Filialbankumgebung wesentlich flachere

---

[877] Vgl. ebenda.
[878] Vgl. Gaitanides et al. (1994), S. 5.

Hierarchie,[879] in der Entscheidungs- und Kommunikationswege erheblich verkürzt und auf bankbetriebliche Kernkompetenzen konzentriert sind. Für die Führung der Mitarbeiter sind daher ebenfalls wesentlich weniger Koordinationsinstrumente erforderlich.

Der Großteil der Kundenbetreuer nimmt passiv Kundenaufträge entgegen, so daß diese über Neuerungen per Rundschreiben informiert werden können. Daneben existieren Telemarketing-Einheiten, deren Aufgabe in der aktiven Durchführung von Kundenbindungs- und Kundenrückgewinnungsaktionen oder in Verkaufsförderungsmaßnahmen besteht und die über verbindliche Verkaufsvorgaben koordiniert werden. Weil ein Großteil der Direktbanken nicht den Tarifverträgen unterliegt, können diese für alle Mitarbeiter unabhängig davon, ob sie im Kundenkontakt agieren oder im Back-Office, wesentlich effektiver als in Filialbetrieben sensible mitarbeiterbezogene Qualitätsziele festlegen, aufgrund derer die Mitarbeiter leistungsabhängig entlohnt werden. Weil den Kundenbetreuern in Direktbanken regelmäßig keine Konditionskompetenz zugestanden wird, entfallen auch innerbetriebliche Zinsvorgaben als Koordinationsinstrument der Aktiv-Passiv-Steuerung. Die Steuerung der Absatzaktivitäten erfolgt im Rahmen des Kundengewinnungsprozesses regelmäßig anhand einer Größe, welche die eingesetzten Budgetmittel pro gewonnenem Interessenten (Cost per Response) und pro gewonnenem Kunden (Cost per Order) mißt. Anhand dieser Kennzahlen läßt sich nicht nur eine Direktvertriebs-Aktivität in der Mediaplanung koordinieren, sondern auch der maßnahmenbezogene Absatzerfolg der verbleibenden Marketing-Mix-Instrumenten bewerten.

Die geringere Komplexität und Anzahl der Koordinationsmechanismen lassen generell eine einfachere Umsetzung von Preisentscheidungen als in der Filialbankumgebung erwarten. Denn durch die Prozeßorganisation wird das in Filialbanken oft ineffiziente Zusammenwirken verschiedener Funktionsbereiche überwunden. Die operative Preisentscheidungskompetenz und die strategische Preisgestaltung liegen eindeutig in der Verantwortung des Markteinführungsprozesses. Nur sehr weitreichende strategische Preisentscheidungen wie die grundlegende Neueinführung eines Preismodells für den Wertpapierbereich sind vom Vorstand zu genehmigen.

In diesem Kontext wird sich der Verzicht auf eine Delegation der Preisentscheidungs- befugnis besonders auswirken. Weil hiermit gleichzeitig der Wegfall von Verhand- lungspreisen im Kundenkontakt verbunden ist, existieren im direktbankspezifischen Preis- system ausschließlich Festpreise oder variable Preise, die ex ante feststehen. Gleichzeitig führt die Reduzierung der Interaktion auf die ausschließliche Annahme des Kundenauftrages im Ergebnis zu einer wesentlich reibungsloseren Abwicklung als in der Filialbankumgebung. Die Folge davon ist nicht nur eine hohe Preistransparenz, sondern auch die Möglichkeit der Direktbank zu einer offenen Preiswürdigkeitsdarstellung, indem sie die Schnelligkeit und

---

[879] Vgl. allgemein Hammer, Champy (1993), S. 106.

Fehlerfreiheit ihrer Dienstleistung zum Beispiel mit einer taggleichen Buchung oder Wertpapierabrechnung dokumentiert. Somit sind die wesentlichen Anforderungen an eine dienstleistungsorientierte und speziell an eine prozeßorientierte Preisgestaltung erfüllt. Beispielsweise bietet sich Kick-Back-Pricing an, wenn der Kunde Komponenten des Leistungserstellungsprozesses übernimmt, wie etwa beim Homebanking. Aber auch Leistungsgarantien sind sinnvolle Preisstrategien für Direktbanken, weil das nachfrageseitige Vertrauen in Ermangelung eines Face-to-Face-Kontaktes mit einem festen Ansprechpartner nur durch Dokumentation der Qualität des Leistungserstellungsprozesses induziert werden kann. Für eine effizienzorientierte Preisgestaltung müßten die deutschen Direktbanken ihr breites Leistungsprogramm noch weiter als bisher auf Kernkompetenzen reduzieren.

Auf der anderen Seite bringt der Verzicht auf eine Delegation der Preisentscheidungs-kompetenz Anwendungseinschränkungen im Geschäft mit verhandlungsmächtigen Kunden. Der Ausschluß von Verhandlungspreisen oder Sonderkonditionen und dem damit einher-gehenden Einsatz des Prinzips der kleinen Mittel läßt keinen individuellen Preisgestaltungs-spielraum bei dieser Klientel zu. Kunden mit überragender Verhandlungsmacht werden kaum zu Direktbanken wechseln, da sie bereits die besonderen Konditionen des Firmenkundenge-schäftes genießen. Angesichts der beschriebenen Eigenschaften des Kundensegmentes mit mäßiger Verhandlungsmacht in bezug auf sein rationales Bankwechselverhalten ist davon auszugehen, daß sich diese Klientel nur dann an eine Direktbank wendet, wenn diese bessere Konditionen als die Hausbank bietet. Da der Preis in der Akquisitionsphase das einzig wahrnehmbare Leistungsmerkmal ist, spielen andere Faktoren wie Servicequalität in diesem Stadium der Geschäftsbeziehung nur eine untergeordnete Rolle. Das Hauptkundenpotential ist aus diesen Überlegungen heraus vornehmlich im Segment der Kunden ohne Verhandlungsmacht bei solchen Nachfragern zu suchen, die ausreichend preissensibel und von höherem ökonomischem Bildungsgrad sind.

Insgesamt ergibt sich aus der besseren Koordinationsfähigkeit von Direktbanken die Erfüllung der Voraussetzungen an dienstleistungsorientierte Preisgestaltungsmaßnahmen. Daneben unterstützen die flexibleren Koordinationsmechanismen selbstverständlich auch die Umsetzung von sachgüterorientierten Preisstrategien. Nicht zuletzt, weil eine flexiblere Koordination in eine effizientere Abwicklung von Kundenaufträgen mündet und damit einen wesentlichen Wettbewerbsvorteil von Direktbanken darstellt, sollten sich deren Preisvaria-tionen auf solche Leistungen beziehen, die von einer hohen Transaktionsfrequenz gekenn-zeichnet sind. Für solche Institute sind danach vornehmlich die Preisgestaltungsmaßnahmen des Matrix-Ansatzes für Standard- und Erfahrungsleistungen bei Kunden ohne und mit mäßiger Verhandlungsmacht relevant.

4.2.2. Marktanpassungs- und Innovationsfähigkeit

Analog zur Vorgehensweise bei der Betrachtung der Filialbanken soll die Marktanpassungsfähigkeit von Direktbanken danach differenziert werden, ob sie auf die Umsetzung operativer oder strategischer Preisentscheidungen gerichtet ist.

Hinsichtlich operativer Preisentscheidungen wird die Marktanpassungsfähigkeit von Direktbanken wegen des Verzichtes auf Filialen und Verhandlungspreise eher gering sein. Daher sind solche Preisstrategien, die auf regionaler oder persönlicher Preisdifferenzierung beruhen, von diesen Instituten nur schwerlich anwendbar. Hieraus resultiert das Problem, daß sich solche Direktbanken, die eine Qualitätsstrategie betreiben und höhere Preise fordern, nicht wirksam von Filialbanken abgrenzen können. Aus dieser Perspektive betrachtet, kann Direktbanken im Gegensatz zu Filialbanken zunächst keine Marktnähe attestiert werden. Einschränkend ist jedoch anzuführen, daß das Problem mangelhafter regionaler Preisdifferenzierung nur relevant ist, wenn das betreffende Institut nicht eine Strategie der Preisführerschaft fährt und generell bessere Konditionen bietet als die Konkurrenz. Institute, deren strategisches Vorgehen in diese Richtung zielt, versuchen, gerade solche operativen Preisentscheidungen bewußt zu vermeiden. Hieraus erwächst jedoch das Erfordernis, einmal den Kapitalmarkt und zum anderen das preisbezogene Konkurrenzverhalten auch regionaler Banken aufmerksam zu verfolgen. Denn nur durch schnelle Preisentscheidungen, welche die preisführende Wettbewerbsposition aufrechterhalten, sind Liquiditätsrisiken zu vermeiden, zumal vor allem im Passivgeschäft bundesweit ein nachfrageseitiger Zinstourismus auszumachen ist. Der wesentliche Vorteil einer so agierenden Direktbank liegt überdies darin, daß die im Markteinführungsprozeß geplante Marge fix ist und nicht durch Preisentscheidungen von Vertriebsmitarbeitern verzerrt wird, so daß auch der Lenkungsmechanismus des Preises besser ausgenutzt werden kann. Auf diese Weise wird außerdem eine zuverlässigere Soll-Ist-Abweichungsanalyse für die in der Unternehmensplanung fixierten Erlös- oder Neukundenziele ermöglicht. Auf eine diesbezügliche Abweichung kann dann im Markteinführungsprozeß durch preisliche oder nichtpreisliche Instrumente reagiert werden.

Bei der Umsetzung von strategischen Preisentscheidungen erwächst aus den Vorteilen der Prozeßorganisation der Direktbanken eine hohe Marktanpassungs- und Innovationsfähigkeit. Zur Prozeßorientierung kommt die für diese Institute charakteristische geringe Betriebsgröße als Ergebnis eines hohen Automatisierungsgrades hinzu.[880] Zudem verfügen Direktbanken als Neugründungen naturgemäß über größere Gestaltungsspielräume. Je nachdem, wie groß der Freiheitsgrad ist, den die Konzernmütter ihnen bei vom Kerngeschäft abweichenden Teilprozessen wie etwa Personal, IT-Infrastruktur oder Informationssystemen einräumen, können

---

[880] Vgl. Pischulti (1995), S. 5 f.

sich die Direktbanken durch Abkoppelung von der Produktion der Bankleistung und Konzentration auf ihren effektiven und günstigen Vertrieb bis hin zu virtuellen Banken weiterentwickeln.[881] Hieraus resultiert eine Flexibilität, die ein zeitnahes Reagieren auf Marktveränderungen ermöglicht. Zum einen läßt dieses auf eine einfache Durchsetzung neuer Preisgestaltungsmaßnahmen mit strategischem Fokus schließen. Zum anderen läßt die Expertenbefragung vermuten, daß neben der Umsetzung auch das Entstehen innovativer Preisstrategien in Direktbanken wahrscheinlicher ist als in Filialbanken.[882] Ursächlich hierfür ist die Tatsache, daß die Kundenbetreuer der Call-Center aufgrund der direktbankspezifisch hohen Transaktionshäufigkeit der angebotenen Standard- und Erfahrungsleistungen wesentlich mehr Kundenkontakte als Filialmitarbeiter haben. Hieraus resultieren, zumindest was Konditionen betrifft, wesentlich umfangreichere Rückmeldungen, zumal Direktbanken im Kerngeschäft mit überwiegend preissensiblen Kunden konfrontiert sind. Aus der EDV-gestützten Dokumentation und der systematischen Auswertung dieser Daten lassen sich offenkundig viele Ideen generieren. Hinzu kommt, daß in Direktbanken Preisstrategien denkbar sind, die in Filialbanken nicht umzusetzen sind, so daß sich der Freiheitsgrad bei der Preisgestaltung für die Manager des Markteinführungsprozesses erhöht. Das Random Discounting etwa korrespondiert nicht mit dem Image einer Filialbank und macht ein aufwendiges Vertriebscontrolling erforderlich, das im Direktmarketing zum Kerngeschäft gehört.

Insgesamt kann festgehalten werden, daß der Produktionsprozeß von Direktbankleistungen von einer im Vergleich zu Filialbanken geringeren Marktanpassungsfähigkeit bei operativen Preisentscheidungen begleitet wird. Dies ist für die Umsetzung von Preisgestaltungsmaßnahmen nur dann nicht problematisch, wenn die Direktbank eine Wettbewerbsstrategie der Preisführerschaft verfolgt. In bezug auf strategische Preisentscheidungen konnte die hohe Flexibilität und Innovationsstärke von Direktbanken festgestellt werden. Dadurch wird die Umsetzung tiefgreifender Preisgestaltungsmaßnahmen wie etwa die Einführung dienstleistungsorientierter Preisstrategien oder innovativer sachgüterorientierter Preisstrategien wesentlich erleichtert. Solche Alternativen, die auf regionaler oder persönlicher Preisdifferenzierung beruhen, entziehen sich jedoch der Anwendung in einer Direktbankumgebung.

---

[881] Vgl. Reimers-Mortensen, Disterer (1997), S. 136 ff.
[882] Vgl. Anhang Tab. A22 und Tab. A23 sowie Abb. A10.

4.2.3. Informationsverarbeitungsfähigkeit

Im Mittelpunkt der nachfolgenden Analyse steht die Beurteilung der Effektivität der Marktinformationssuche und -verarbeitung von Direktbanken für interne Zwecke und für die Kunden als externen Adressatenkreis.

Zunächst muß konstatiert werden, daß die Informationsgewinnung durch die besondere Konzeption von Direktbanken generell einfacher ist als bei Filialen. Während beispielsweise bei Filialbanken Preisexperimente wegen der Gefahr des Imageverlustes in der Filialregion vom Bankmanagement abgelehnt werden, sind die Testmailings der Direktbanken regional gestreut und nicht öffentlichkeitswirksam. Anhand von Strichcodes oder Werbereferenzen auf den beiliegenden Antragsformularen kann ein auf diese Weise gewonnener Neuumsatz oder ein Neukunde zuverlässig einer bestimmten Testsendung zugeordnet werden. Diese relativ einfache und kostengünstige Responsemessung erlaubt indirekt auch eine experimentelle Ermittlung der Preiselastizität anhand des Vergleichs von Antrags-Rücklaufquoten bei Mailings mit unterschiedlichen Konditionsangeboten, aber sonst identischen Leistungsmerkmalen.

Auch bei Direktbanken existiert das für eine effiziente Informationsverarbeitungsfähigkeit geforderte Preisinformationssystem nicht. Die sonstigen Marktforschungsbemühungen sind im Gegensatz zur Struktur in Filialbanken jedoch im Markteinführungsprozeß institutionalisiert und mithin systematischer. Erklärlich ist dieser Vorsprung dadurch, daß die Kenntnis des relevanten Marktsegmentes essentiell für ein effektives Direktmarketing ist. Insbesondere zur Kundensegmentierung werden multivariate Analysemethoden deswegen in umfassenderer Weise als in Filialbanken genutzt.[883] Zu beobachten ist gleichzeitig ein intensiverer Einbezug von Mitarbeitern mit Kundenkontakt in die Marktforschungsbemühungen.[884]

Relativ fortschrittlich sind Direktbanken außerdem bei der Implementierung von Workflow-Systemen.[885] Maßgeblicher Faktor hierfür ist das Bestreben nach Prozeßeffizienz, so daß im Kundenserviceprozeß oder im Transaktionsprozeß ein Kundenauftrag vollständig und fallabschließend von einer Person unter Vermeidung von tayloristischer Aufgabenteilung mit anderen Teammitgliedern bearbeitet werden kann.[886] Der besondere Vorteil von Work-Flow-Systemen liegt beispielsweise darin, daß das Wertpapierabwicklungssystem nach manueller Eingabe eines Kundenauftrags automatisch die zu zahlende Provision aus der Konditionsdatenbank erhält, wodurch wiederum eine maschinelle Buchung ausgelöst wird. Für den Fall, daß der Kunde erneut auf diesen Auftrag zurückkommt, etwa wegen einer

---

[883] Beispielsweise Clusteranalysen oder CHAID.
[884] Vgl. hierzu Anhang Tab. A3 und Tab. A4.
[885] Vgl. hierzu und im folgenden Anhang Tab. A24 und Tab. A25.
[886] Vgl. Hammer, Champy (1993), S. 73 f.

Streichung oder einer Reklamation, wird der gesamte Vorgang im System hinterlegt, so daß das Team für die Orderbearbeitung oder die Reklamation informiert ist und Rückfragen oder Formulare nicht notwendig sind. Als Nebeneffekt wird durch diese systematische Dokumentation von Abläufen auch das Kundenverhalten offensichtlich, welches wiederum im Markteinführungsprozeß ausgewertet werden kann. Hier findet sich bei einigen Direktbanken im Marketing-Informationssystem eine vollständige Kontakthistorie über den gesamten Zeitraum der Geschäftsbeziehung vom Interessentenstadium über die Erziehungsphase bis zum Kündigungszeitpunkt. Auf diese Art kann sehr genau ermittelt werden, mit welchem Preisverhalten, sei es Veränderung der Transaktionshäufigkeit oder Bankwechsel, Direktbankkunden reagieren.

Hinsichtlich des Anwendungsgrades von Intranets sind keine Unterschiede zur Filialbank auszumachen. Für Direktbanken, deren Kundenbetreuung regelmäßig von Teilzeitkräften besetzt sind, bietet sich ein Intranet als interne Informationsbasis an, die beispielsweise vor jedem Arbeitsantritt abgefragt werden muß, um die aktuellen Konditionen gerade für häufig anzupassende Tagesgeld- oder Ratenkreditzinsen präsent zu haben. Zwar bietet ein Intranet bezüglich der Informationsversorgung von Mitarbeitern gegenüber der Vernetzung mit Client-Server-Anwendungen per se noch keinen Vorteil. Der Vorteil liegt eher darin, daß die Information auf diese Weise wesentlich kostengünstiger verteilt werden kann, eventuell ein Internet besteht und per Internet die Information quasi ortsunabhängig zur Verfügung steht. Für die Direktbanken kann das Intranet damit auch die Grundlage für zukünftig einzuführende Telearbeitsplätze sein.

Preisbezogene und an externe Adressaten gerichtete Informationsaktivitäten von Direktbanken sind vor allem durch übersichtliche Darstellung der Preisstrukturen gekennzeichnet. Im Unterschied zu Filialbanken wird auf Preistransparenz geachtet, zumal der Preis für Direktanbieter in der Akquisitionsphase das dominierende Argument ist. Gerade die Interaktionsmöglichkeiten im Internet werden genutzt, um Interessenten oder Bestandskunden zum Beispiel anhand von simulierten Wertpapierkäufen den Unterschied zu Filialbankkonditionen zu demonstrieren. Während das Internet bei Filialbanken lediglich imageunterstützende Funktion besitzt, stellt es also für Direktbanken einen wichtigen Vertriebs- und Transaktionsweg dar. Dadurch, daß ein Kunde seine Wertpapieraufträge nicht nur ohne Beratung, sondern auch ohne Inanspruchnahme der telefonischen Kundenbetreuung eigenhändig erfaßt, können ihm entsprechend günstige Konditionen eingeräumt werden.

Insgesamt sind Direktbanken durch eine im Verhältnis zu Filialbanken wesentlich bessere interne und externe preisbezogene Informationsbasis gekennzeichnet. Dies wird sowohl die Implementierung sachgüterorientierter als auch dienstleistungsorientierter Preisstrategien erleichtern. Auf Anwendungsbeschränkungen kann allein aufgrund einer Betrachtung der Informationsverarbeitungsfähigkeit nicht geschlossen werden. Auch ist darauf hinzuweisen, daß für Direktbanken theoretisch nicht nur die naheliegenden Discount-Strategien relevant sind. Bei über dem Filialbankniveau liegendem Service, was gleichzeitig auch die Beratungsleistung impliziert, kommen auch Image Pricing oder Premium Pricing in Betracht.[887] Aus den Entwicklungsvorsprüngen der Direktbanken hinsichtlich ihrer Informationsverarbeitungsfähigkeit ergeben sich im wesentlichen zwei Möglichkeiten der Preisgestaltung, die bei technologisch schlechter ausgestatteten Filialbanken kaum umsetzbar sind.

Zum einen erleichtert die beschriebene ausgezeichnete interne Informationsverarbeitungsfähigkeit die Anwendung von solchen Preisstrategien, die mit hohen Kontrollaufwendungen in bezug auf die Verwaltung von kundenverhaltensrelevanten Daten verbunden sind. Daher eignen sich für Direktbanken in erster Linie loyalitätsabhängige Preisgestaltungsmaßnahmen, Kickback-Lösungen oder erfolgsabhängige Preisstrategien, bei denen systemseitig ein Treueindikator, ein Transaktionsverhaltensmerkmal oder ein Erfolgsmaßstab hinterlegt werden muß. Hieraus ergibt sich die interessante, in der Praxis noch nicht realisierte Möglichkeit, daß die typischerweise standardisierte Einheitspreisstruktur von Direktbanken einen kundenindividuellen Charakter mit einfachen und partiell bereits vorhandenen Mitteln bekommt.

Zum anderen ermöglicht die umfassende externe Informationsverarbeitungsfähigkeit theoretisch die im Kontext des Unbundling-Pricing diskutierte Bepreisung jeder einzelnen Informationseinheit. Via Internet können sich Kunden und Nichtkunden anlageentscheidungsunterstützende Informationen herunterladen, die dann unabhängig von einer tatsächlichen Transaktion bepreist würden. Auf diese Weise treten Direktbanken in einen separaten Markt ein, in dem sich auch Medienunternehmen bewegen: den Markt für Anlageinformationen. Die Qualität und die Preisgestaltung dieser im Kontext mit dem Leistungserstellungsprozeß angebotenen Informationen werden zukünftig vermutlich zu einem strategischen Erfolgsfaktor für Direktbanken werden.

4.3. Der Idealtypus einer integrierten Vertriebsform

Das wesentliche Ergebnis aus den vorangegangenen Betrachtungen war, daß die Realtypen der Bankorganisation durch grundsätzlich unterschiedliche Preisgestaltungsformen gekennzeichnet sind. Die verschiedenen Ausprägungen der für die Umsetzung von bankbetrieblichen Preisstrategien relevanten Kriterien legen eine für Direktbanken und Filialbanken typischerweise abweichende Preisgestaltung nahe.

Filialbankorganisationen sind aufgrund ihrer hervorragenden operativen Marktanpassungsfähigkeit vorwiegend für einen Vertrieb von Leistungen mit hoher Spezifität und geringerer Transaktionshäufigkeit geeignet. Direktbanken konzentrieren sich dagegen wegen ihrer

---

[887] Beispielsweise bietet die englische *First Direct* ihr Wertpapiergeschäft zu identischen Konditionen wie die Konzernmutter *Midland Bank* an.

prozeßorientierten Organisation und der fehlenden operativen Marktnähe auf die Produktion von weniger spezifischen Leistungen, die mit einer hohen Transaktionshäufigkeit einhergehen. Aus dem Matrix-Ansatz sollten Filialbanken demzufolge vorwiegend die Preisstrategien für Vertrauens- und Erfahrungsleistungen heranziehen. Für Direktbanken empfiehlt sich besonders der Einsatz von Preisstrategien für Standardleistungen und nur partiell auch solcher für Erfahrungsleistungen. Die Betrachtung der Effizienzkriterien für die Organisation von Preisentscheidungsprozessen legt zudem bei Filialbanken solche Preisstrategien des Matrix-Ansatzes nahe, die sich auf Kunden mit Verhandlungsmacht und auf solche mit überragender Verhandlungsmacht beziehen. Direktbanken sollten sich danach auf Preisstrategien konzentrieren, die sich für Kunden ohne Verhandlungsmacht und sehr preissensible Kunden mit Verhandlungsmacht eignen. Filialbanken, die auf eine Preisdifferenzierung bei Marktintransparenz setzen, greifen im wesentlichen auf die traditionellen Preisgestaltungsmaßnahmen nach Krümmel zurück. Ferner eignen sich generell auch die beschriebenen sachgüterorientierten Preisstrategien. Auf der anderen Seite richten Direktbanken nicht nur ihre Organisation, sondern auch ihre Unternehmensziele wesentlich mehr am Kunden aus, so daß sich hier anders als in der Filialbankumgebung auch die dienstleistungsorientierte Preisgestaltung anbietet. Infolge des direktbankspezifischen Einheitspreisprinzips greifen die traditionellen verhandlungsabhängigen Bankpreisstrategien nach Krümmel nicht.

Tabelle 24: Differenzierung von Preisgestaltungsmaßnahmen in Abhängigkeit der Organisationsform.

Direktbanktypische Preisgestaltung	Filialbanktypische Preisgestaltung
• Preisstrategien für Standardleistungen	• Preisstrategien für Erfahrungsleistungen
• Preisstrategien für Erfahrungsleistungen mit hoher Transaktionsfrequenz	• Preisstrategien für Vertrauensleistungen
• Preisstrategien für Kunden ohne Verhandlungsmacht	• Preisstrategien für Kunden mit Verhandlungsmacht
• Preisstrategien für besonders preissensible Kunden mit Verhandlungsmacht	• Preisstrategien für Kunden mit überragender Verhandlungsmacht

Quelle: Eigene Erstellung.

Auffällig ist, daß in jeder typischen Bankorganisationsform auch nur bestimmte korrespondierende Preisgestaltungsmaßnahmen des Matrix-Ansatzes umsetzbar sind. Zwar wird durch diese Erkenntnis die Entscheidung für oder gegen eine Preisstrategie erleichtert, fraglich ist jedoch, ob sich mit diesen Organisationsformen in der Stand-Alone-Lösung die zukünftigen Anforderungen bewältigen lassen.

Den Ergebnissen der eingangs vorgenommenen Analyse interner und externer Einflußfaktoren zufolge wird der zunehmende Wettbewerb einen starken Druck auf die

Margen auslösen. Damit verbunden ist zwangsläufig das Erfordernis, im Unternehmen die Kosten zu senken. Hieraus resultiert wiederum eine Überprüfung des teuren Filialnetzes. Andererseits steht jedoch der Vertrieb vor großen Herausforderungen und wird aufgrund des zu erwartenden Eintritts neuer Wettbewerber zum strategischen Erfolgsfaktor werden. Die Entscheidung für eine Distributionsform wird noch durch die Zunahme weiterer Vertriebswegealternativen erschwert. Denn mit der Diffusion innovativer Kommunikationswege wird auch deren Bedeutung als Absatzkanäle stetig zunehmen.

Weil die Interaktion zwischen Preisgestaltung und Absatzkanaldesign offensichtlich eine strategisch bedeutende ist, soll alternativ die integrative Vertriebsform dargestellt werden. Nachfolgend ist aus dem herausgearbeiteten strukturellen Änderungsbedarf der beiden Realtypen ein idealtypisches Absatzkanaldesign zu entwickeln, das die jeweiligen Vorteile bei der Umsetzung von Preisstrategien kombiniert. Im Mittelpunkt steht dabei die Darstellung einer möglichst effektiven Implementierung bankbetrieblicher Preisstrategien. Andere ablauf- oder aufbauorganisatorische Problemstellungen der integrativen Vertriebsform werden nicht analysiert. Der integrierte Vertrieb erscheint als interessante Alternative, weil die betrachteten Realtypen in der Praxis von vielen Kunden ohnehin kaum getrennt wahrgenommen werden. Es steht zu vermuten, daß mit zunehmender Nutzung von Medien des Direktvertriebs durch Filialbanken auch die Grenzen zwischen Direktbank und Filialbank verschwimmen.

Abbildung 39: Absatzkanäle des integrierten Vertriebs.

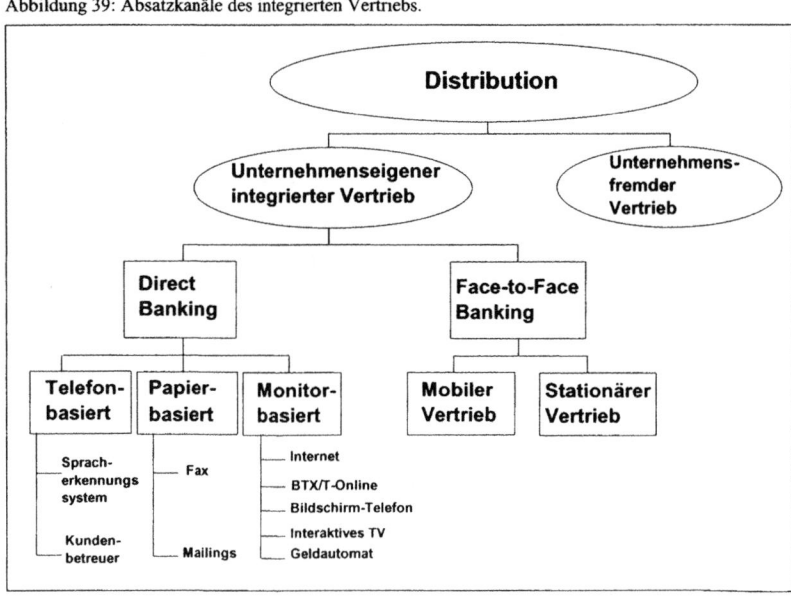

Quelle: Eigene Erstellung.

Der integrierte Vertrieb macht sich die Dienstleistungseigenschaft der Bankleistung zunutze. Indem das Leistungsbündel durch Unbundling in Leistungserstellungsprozeß und Vertrieb zerlegt wird, kann der Nachfrager das Aussehen der nachgefragten Leistung bei jedem Transaktionsprozeß selbst bestimmen. Nach dem Selfselection-Prinzip wählt er je nach augenblicklicher Präferenz zwischen persönlicher Betreuung oder Direct Banking. Aus Unternehmenssicht ist dieser Vorgang sehr vorteilhaft, weil Konsumentenrenten besser abgeschöpft werden und auch auf Zielgruppendefinitionen verzichtet werden kann. Während im Augenblick das Direct Banking hauptsächlich durch die Anbieter von Bankleistungen initiiert und forciert wird, bestimmt zukünftig der Kunde den Weg zur Bank. Realistischerweise wird akzeptiert, daß der Kunde zu unterschiedlichen Tageszeiten auch unterschiedliche Vertriebswege präferiert. Durch den integrierten Vertrieb benötigt der Kunde keine Zweitbankverbindung mehr, so daß die Bankloyalität steigt. Ein zusätzlicher Vorteil besteht für die Bank darin, daß nunmehr ein einheitlicher, vom Absatzkanaldesign unabhängiger Leistungserstellungsprozeß vorliegt, was zu Fixkostendegression und besserer Kapazitätsauslastung führt.

Ziel einer gewinnmaximierenden Bank muß es nach den theoretisch isolierten Gefahren der Ausgleichspreisstellung sein, zukünftig mit jedem Kunden einen Deckungsbeitrag zu erwirtschaften und die Subventionierung von wenig profitablen Kunden ohne Verhandlungsmacht durch Kunden mit Verhandlungsmacht und durch Kunden mit überragender Verhandlungsmacht zu eliminieren. Weil die Rentabilität einer Kundenverbindung jedoch in entscheidendem Maße von der nachfrageseitigen Absatzkanalwahl bestimmt wird, muß der Preis als Lenkungsinstrument eingesetzt werden. Ausschlaggebend für eine effektive Steuerungswirkung ist, daß von den bisherigen Faktoren für bankbetriebliche Preisstrategien vor allem das Prinzip der Verursachungsgerechtigkeit ohne Kompromisse angewendet wird. Kunden, die eine Bankleistung in der Filiale nachfragen, zahlen demnach höhere Preise als solche, die die gleiche Leistung per Telefon oder PC in Anspruch nehmen. Diese Vorgehensweise entspricht den nachfrageseitigen Erwartungen und steht im Einklang mit dem isolierten bankleistungsspezifischen Preisverhalten.

Damit die integrierte Vertriebsform den organisatorischen Anforderungen an das Preismanagement gerecht wird, ist nachfolgend für die Kriterien der Koordinationsfähigkeit, der Marktanpassungsfähigkeit und der Informationsverarbeitungsfähigkeit ein Idealtypus zu entwickeln, der auf dem ausgemachten strukturellen Änderungsbedarf der zuvor betrachteten Realtypen beruht.

Um eine im obigen Sinne zieladäquate Funktionsweise des integrierten Vertriebs zu erreichen, muß ein Koordinationsmechanismus implementiert werden, der verhindert, daß sich Kunden im Face-to-Face-Vertrieb beraten lassen und anschließend über günstige Direct-Banking-Kanäle die Leistung abnehmen. Die theoretische Lösung dieses Free-Rider-Problems besteht darin, die Absatzsegmente durch Entbündelung und Bepreisung der Beratung zu trennen. Auch wenn ein Kunde aus Interesse eine isolierte Beratung ohne Vertragsabschluß nachfragt, wird danach ein Beratungsentgelt gefordert. Auf diese Weise wird nicht nur das derzeit in den Filialbanken bestehende Nichtabschlußrisiko vernichtet, sondern auch ein Deckungsbeitrag bei Nichtkunden erzielt. In der Praxis wird die Anwendung dieser Lösung jedoch durch den Einflußfaktor der Öffentlichkeitswirksamkeit von Bankpreisen und damit einhergehenden Akzeptanzproblemen bei Kunden begrenzt. Um Kundenakzeptanz herzustellen, schlägt Slevogt vor, verschiedene Bestandteile bei der Konstruktion des Beratungsentgeltes zu berücksichtigen.[888] Erstens darf sich die von Nichtkunden bei der Beratung zu entrichtende Gebühr nicht von der bei Kunden unterscheiden. Damit gewinnt die Beratung auch aus Sicht des Bestandskunden das Profil einer eigenständigen und wertvollen Leistung. Zweitens muß dem Nichtkunden das Beratungshonorar auf einen zu zahlenden Preis bei tatsächlicher Inanspruchnahme einer Leistung angerechnet werden. So wird dem Nichtkunden ein Anreiz geboten, Kunde zu werden. Verhaltenstheoretisch ist hier die Induzierung eines umfassenden Preiswürdigkeitsurteiles geboten, so daß primär auf Erfahrungs- oder Vertrauensleistungen abgestellt werden sollte. Um die Lenkungsfunktion des Preises in der intendierten Weise zu gewährleisten, sollte neben Verursachungsgerechtigkeit auch Preistransparenz gewährleistet sein.

Als zweiten entscheidenden Koordinationsmechanismus gilt es auf die Delegation der Preisentscheidungsbefugnis im integrierten Vertrieb einzugehen. Aufgrund der Ergebnisse aus der organisatorischen Betrachtung der Realtypen sollte beim Direct Banking grundsätzlich auf eine Delegation der Preisentscheidungskompetenz verzichtet werden. Im Face-to-Face-Bereich ist dagegen ein vollständiger Verzicht auf Verhandlungspreise nicht sinnvoll. Zwar sollte die Preisentscheidungskompetenz bei Kunden ohne Verhandlungsmacht ohne Ausnahme abgeschafft werden. Bei Kunden mit Verhandlungsmacht und solchen mit überragender Verhandlungsmacht empfiehlt es sich jedoch, sämtliche verhandlungstaktischen Mittel der traditionellen Bankpeisgestaltung, allerdings in einer vorzugebenden, mit der Margensteuerung korrespondierenden Konditionsbandbreite, einzusetzen.

Durch Koordination der Preisentscheidungsbefugnis in der obigen Weise gelingt es, die Vorteile von Filial- und Direktbanken bezüglich der Marktanpassungsfähigkeit bei operativen Preisentscheidungen zu kombinieren. Um gleichzeitig eine möglichst hohe Flexibilität bei der Umsetzung strategischer Preisentscheidungen zu erreichen, empfiehlt es sich aufgrund der beschriebenen Vorteile, idealerweise eine Prozeßorganisation zu implementieren. Diese Organisationsform ermöglicht auch erst die geforderte Abkoppelung des Leistungserstellungsprozesses vom Absatzkanaldesign.

---

[888] Vgl. im folgenden Slevogt (1996), S. 746 ff.

Die internen und externen Informationsverarbeitungsaktivitäten haben sich vornehmlich an den bei Direktbanken gekennzeichneten Entwicklungen zu orientieren, weil hierdurch sowohl die Einführung von sachgüterorientierten Preisstrategien als auch die Umsetzung dienstleistungsorientierter Preisgestaltungsmaßnahmen unterstützt wird. Zusätzlich ist angesichts der abgeleiteten Preisgestaltungsmöglichkeiten in Verbindung mit externen Informationsaktivitäten dem Internet nicht nur als Informationskanal, sondern auch als Transaktionsweg eine hohe Bedeutung beizumessen. Auf diese Weise wird jedoch noch nicht das Problem gelöst, daß Direct-Banking-Aktivitäten Anwendungsbeschränkungen für Preisstrategien unterliegen, die auf räumlicher und zeitlicher Preisdifferenzierung beruhen. Solchen Restriktionen des Direktmarketings kann nur durch einen Ausbau der Informationsverarbeitungsaktivitäten auf breiter Ebene begegnet werden, wie an folgendem Beispiel gezeigt werden kann.

Im bankbetrieblichen Direktmarketing werden im Normalfall Mailings an Kunden und Nichtkunden versandt, bei denen zwar durch spezielle Dienstleistungsunternehmen nach soziodemographischen und geotypischen Zielgruppensegmenten differenziert werden kann. Der Preis hingegen fließt in diese Adreßauswertungen so nicht ein. Auf die Sonderkondition einer regionalen Sparkasse etwa kann damit nicht reagiert werden. In Anbetracht der dominierenden Stellung, die der Preis in der Akquisitionsphase einnimmt, ist es daher sinnvoller, das Preisniveau des örtlichen Wettbewerbs einzubeziehen. Zusätzlich wäre aus demselben Grund eine Segmentierung in Kundentypen unterschiedlicher Preiselastizitäten geeignet.

Der Erfolg einer solchen Direktmarketingaktion sollte idealerweise kontinuierlich und systematisch überwacht werden, zumal diese regelmäßig mit hohen Ausgaben verbunden sind. Hier bietet sich die Kontrolle über die Kennzahl Kosten pro Interessent (Cost per Response, CPR) mittels eines Frühwarnsystems an.[889] Auf diese Weise kann die Response einer solchen Mailing-Maßnahme, die in mehreren Steps konfektioniert und versandt wird, sukzessive verbessert werden. Ein entsprechend installiertes Frühwarnsystem kann bereits nach wenigen Steps erkennen, daß ein kritischer Wert des CPR dauerhaft überschritten wird, so daß auch nach Abschluß der Aktion mit einem hohen Gesamt-CPR gerechnet werden müßte, etwa weil die Preiselastizität der Nachfrage falsch eingeschätzt wurde. Das Produktmanagement hat dadurch die Möglichkeit, zeitnah und bereits während der Direktmarketingaktion zu reagieren, indem es etwa die Kondition der angebotenen Bankleistung für folgende Aussendungen entsprechend anpaßt.

Dieses Direktmarketingkonzept würde insgesamt nicht nur zusätzliche Konsumentenrenten bei preissensiblen Kunden abschöpfen, sondern spricht durch das schrittweise Anpassen des Angebotspreises gleichermaßen hohe und niedrige Preisbereitschaften an, so daß es ent-

---

[889] Vgl. zu Frühwarnsystemen und deren Konstruktion Schmidt (1990), Sp. 753 ff. und Schmidt (1994), S. 73 ff.

sprechend ertragswirksam sein wird. Voraussetzung hierfür ist offensichtlich die systematische Auswertung von Marktforschungsaktivitäten zur Evaluierung des Konkurrenz- und Kundenverhaltens. Die obige Kombination von Direktvertrieb und Preismanagement ist nur durch ein funktionsfähiges Database-Marketing möglich, das Informationen nicht nur in umfassender Weise bereitstellt und multivariaten Analysemethoden zugänglich macht, sondern zusätzlich durch kontinuierliche Auswertungen der Response verschiedener Aktivitäten prognosestarke Kundenmerkmale über den Preis hinaus isoliert. Mit Hilfe dieses Database-Marketings werden alle Marketingfunktionen des Direct Bankings und des Face-to-Face-Bankings auf Grundlage einer gemeinsamen Datenbasis abgewickelt. Diese Datenplattform sollte zu mehr Effizienz des bankbetrieblichen Preismanagements und zu größeren Absatzerfolgen führen. Sie ist durch folgende Merkmale gekennzeichnet:

Abbildung 40: Zusammenhang zwischen Database-Marketing und Preismanagement.

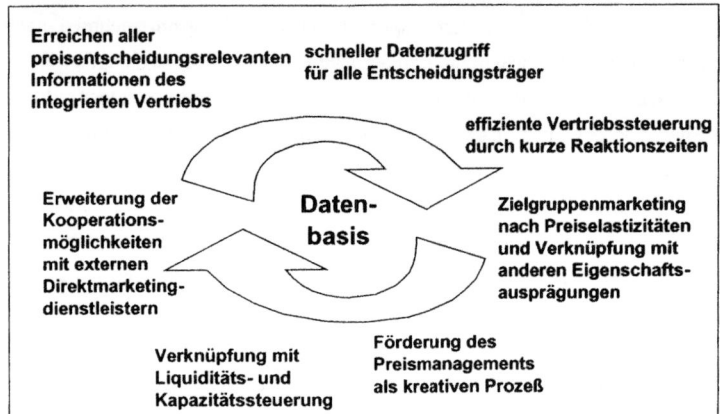

Quelle: Eigene Erstellung.

Aufgrund der bisherigen Ergebnisse sollte eine solche Marketing-Datenbasis zumindest aus vier interagierenden Systemen bestehen. Kernstück ist ein Marketing-Informationssystem (MIS), das alle (direkt-) marketingrelevanten Rohdaten aus der Marktforschung sowie Informationen über die Effektivität aller Marketinginstrumente enthält und einem Datamining, insbesondere hinsichtlich der Ermittlung von Absatzreaktionsfunktionen, zugänglich macht.[890] Das MIS umfaßt das eingangs geforderte Preis-Informations-System (PIS), ein Mediaanalysetool, welches die Effektivität der Kommunikationspolitik mißt und ein Subsystem, das mittels multivariater Analysemethoden die Wirksamkeit leistungspolitischer Variationen evaluiert. Daneben sollte zusätzlich oder als Teilsystem des MIS ein

---

[890] Vgl. zum Datamining allg. Martin (1997), S. 119 ff.

310

Vertriebssteuerungssystem implementiert werden, welches den Erfolg von (Direkt-) Marketingaktionen auf CPR- und CPO-Basis[891] in der beispielhaft dargestellten Weise quantifiziert und mittels eines Frühwarnsystems auf Anpassungsbedarf hinweist.

Ergänzend dazu kann in einer Marketing-Datenbasis ein umfassendes Subsystem installiert werden, welches die Zielgruppenanalyse, Adressenaufbereitung und Konfektionierung von Fremdadreßmailings unterstützt. Hier ist eine effektive Datenhaltung der Interessentenadressen für eine Kooperation mit Direktmarketing-Dienstleistern etwa beim Abgleich mit zusätzlich erworbenen Adressen notwendig. Daneben bietet es sich an, in einer Bestands-Marketing-Datenbank Kundenadressen für Cross-Selling-Maßnahmen oder Kundenbindungsaktionen vorzuhalten. Schließlich ist eine systematische und kontinuierliche Kontrolle des gegebenen Marketing-Budgets erforderlich, indem erfolgswirksam in Aufwendungen für Direct-Response-Elemente und klassischer Werbung differenziert wird.

Diese Marketing-Datenbasis ist jedoch nur die Seite des für die Umsetzung von Preisentscheidungen relevanten Systems, das die Steuerung des Absatzes unterstützt. Darüber hinaus berühren Preisentscheidungen auch andere Unternehmensteile. So hat das insbesondere das Controlling die Deckung der langfristigen Kapazitätskosten, die Erfüllung von aufsichtsrechtlichen Liquiditätserfordernissen oder die Rentabilität und das Risiko der einzelnen Kundenverbindungen zu überwachen. In diesem Kontext offenbart die Expertenbefragung, daß als wesentliche Anforderung an eine gemeinsame unternehmensweite Datenbasis die Durchführung von Bonitätsanalysen, Budgetanalysen, Cross-Selling-Analysen, Rentabilitätsanalysen, Zielgruppenanalysen und Preissensitivitätsanalysen gewährleistet sein sollte.[892] Folglich wäre eine Integration bestehender Systeme anderer Unternehmensbereiche, in die der Preis ebenso als Determinante einfließt, zu einem Data Warehouse erforderlich:

---

[891] CPO (Cost per Order) ist eine Kennzahl für die Kosten pro gewonnenem Kunden.
[892] Vgl. Anhang Abb. A2.

Abbildung 41: Einbindung des Preisinformationssystems in ein Data Warehouse.

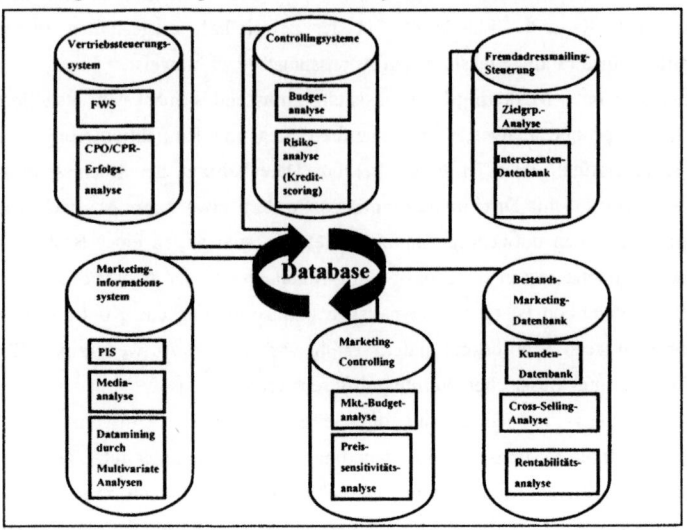

Quelle: Eigene Erstellung.

Darin sollten für das Preismanagement neben Informationen aus dem Controlling auch Daten aus dem Kreditscoring zusammengeführt werden. Durch Verknüpfung von Bonitätsdaten und Preisverhalten erhält ein Kreditinstitut dann den Preisgestaltungsspielraum, in dem beispielsweise ein Kreditzins auch bei guter Bonität des Kunden variiert werden kann, ohne daß dieser die Bank wechselt. Damit würde also erstmals die quantitative Bestimmung des von Gutenberg theoretisch dargelegten akquisitorischen Potentials in der bankbetrieblichen Praxis ermöglicht. Zusätzlich erscheint eine Berücksichtigung des Marketing-Controllings notwendig, um den Absatzerfolg einer Preisentscheidung von anderen Einflußfaktoren zu isolieren, ex post zu bestimmen oder ex ante zu prognostizieren. Solche Preissensitivitätsanalysen werden derzeit erst von sehr wenigen Filial- und Direktbanken durchgeführt.[893] Die überwiegende Mehrheit der befragten Institute hat jedoch offensichtlich deren entscheidungsunterstützende Relevanz erkannt und strebt zukünftig ein umfassenderes Controlling des Marketinginstrumentes "Preis" an.[894]

---

[893] Vgl. Anhang Tab. A5 und Tab. A6 und Abbildung A2.
[894] Vgl. Anhang Tab. A7, Tab. A8 und Abbildung A3.

5. Kontrolle bankbetrieblicher Preisentscheidungen

Kontrolle im allgemeinen ist eine Abfolge von Soll-Ist-Vergleichen, die alle in einem Unternehmen getroffenen und unterlassenen strategischen und operativen Maßnahmen permanent begleiten.[895] Im Fokus der nachstehenden Betrachtungen steht mit den Kontrollaktivitäten in bezug auf das Marketinginstrument "Preis" demnach nur eine ausschnittshafte Analyse des Marketing-Controllings, das den Planungsprozeß, die Kontrolle und die Informationsversorgung umfaßt und als Teilbereich der gesamten Kontrollaktivitäten eines Unternehmens verstanden wird.[896] Da es im folgenden um die bereichsspezifische, nur auf ein Marketinginstrument gerichtete und entscheidungsbezogene Nutzung des Rechnungswesens geht, wird genauer von Marketing-Accounting gesprochen.[897]

Beim Marketing-Accounting kommt es vor allem darauf an, den Einsatz der absatzpolitischen Instrumente durch Entscheidungsrechnungen ex ante oder ex post zu unterstützen. Ein Ex-ante-Marketing-Accounting dient der Entscheidungsvorbereitung und ist damit gleichzeitig ein Element der Planungsphase eines Preisentscheidungsprozesses, dessen Schwerpunkt jedoch die kalkulatorische Entscheidungsunterstützung ist. Im Fokus der Ex-post-Analyse liegt dagegen die Beurteilung der Effektivität von bereits getroffenen Entscheidungen. Dabei gilt als wesentlicher Grundsatz das Prinzip der Veränderungsrechnung. Bezogen auf den Preis, bedeutet dies, daß überprüft werden muß, ob die Veränderung bankbetrieblicher Zielgrößen auf eine bestimmte Preisentscheidung zurückzuführen ist oder nur die Auswirkung einer der eingangs erläuterten externen oder internen Einflußfaktoren darstellt.

Erstaunlicherweise finden diese Problemkreise des bankbetrieblichen Marketing-Accountings in der Literatur des Bankmarketings und Bankmanagements kaum Resonanz. In diesem Kontext vermutet Gehrke, daß aufgrund der vielfältigen absatzpolitischen Interdependenzen eine bankbetriebliche Erfolgsermittlung und -abgrenzung auch für das Marketing-Instrument Preis unmöglich erscheint.[898] Dennoch deutet die Expertenbefragung auf die praktische Relevanz von Kontrollaktivitäten für das preispolitische Instrumentarium hin. Nahezu alle befragten Kreditinstitute dokumentieren und analysieren die hiervon betroffenen absatzpolitischen Erfolge entweder regelmäßig oder selektiv als Ausfluß einer bestimmten Marketingmaßnahme. Auf eine systematische Entscheidungsunterstützung im Vorfeld oder eine Untersuchung der Ist-Soll-Abweichungen von Preisentscheidungen wird hingegen mangels instrumenteller Kenntnisse verzichtet.[899] Im folgenden wird versucht, Verfahren des Ex-ante- und

---

[895] Vgl. Nieschlag et al. (1997), S. 942.
[896] Vgl. Nieschlag et al. (1997), S. 944.
[897] Vgl. Köhler (1993), S. 298 ff.
[898] Vgl. Gehrke (1995), S. 243.
[899] Vgl. Anhang Abb. A11.

des Ex-post-Marketing-Accountings an bankbetriebliche Preisentscheidungsprobleme und insbesondere an die dienstleistungsspezifischen Erfordernisse anzupassen.

5.1. Entscheidungsunterstützung auf Basis des prozeßkostengestützten Target Costings

Nicht nur bei der Einführung völlig neuer Preisstrukturen, wie etwa einer dienstleistungsorientierten Preisgestaltung, sondern bereits bei der Festsetzung von Preisen, die im Zusammenhang mit Leistungsartendiversifizierung oder -differenzierung erforderlich ist, steht der bankbetriebliche Entscheider vor der Schwierigkeit, den Variationsspielraum zwischen marktseitig akzeptierten und bankseitig erforderlichen Preisen zu ermitteln. Einseitig kostenorientierte Verfahren wurden zu Beginn dieser Untersuchung aufgrund schwerwiegender methodischer Mängel abgelehnt. Da neben dem Erlösmaximierungsstreben jedoch gleichzeitig bankbetriebliche Erfordernisse des liquiditätsmäßig-finanziellen und des technischorganisatorischen Bereichs zu erfüllen sind, kann auch ein ausschließlich marktorientiertes Vorgehen zu Entscheidungen führen, die das langfristige Bestehen des Unternehmens gefährden. Erorderlich ist demnach ein integriertes Entscheidungsunterstützungssystem, das bei der Preisfinung die Marktseite zwar wegen des als Engpaßfaktor identifizierten Kundenverhaltens als Ausangspunkt nutzt, jedoch ebenso die bankinternen Restriktionen als Nebenbedingungen beücksichtigt. Eine solche Methode ist das Target Costing.

Das Target Costing ist kein Kostenrechnungsverfahren im engeren Sinne. Es handelt sich hier vielmehr um ein umfassendes Bündel von Kostenplanungs-, Kostenkontroll- und Kostenmanagementinstrumenten, das die Formulierung und Umsetzung von Kostenzielen in der Entwicklungsphase eines neuen Produktes unterstützt, eine Basis für die Kostenkontrolle in der nachfolgenden Umsetzungsphase bildet und die Erreichung von Gewinnzielen über den gesamten Lebenszyklus sicherstellen soll.[900] Das Kostenziel muß sich dabei aus einem Zielpreis ableiten, der marktseitig bestimmt wird und dauerhaft nicht gefährdet werden darf.[901]

Die grundlegende Vorgehensweise des Target Costing wird durch das Market-into-Company-Konzept beschrieben.[902] Zunächst wird der am Markt erlaubte Zielpreis ermittelt, der durch die beschriebenen externen Einflußfaktoren determiniert wird. Von diesem erlaubten Preis für die betrachtete Leistung wird nun der gewünschte Gewinn abgezogen. Dieser Schritt ist wesentlich, weil das Target Costing gerade auch die Rentabilität des Unternehmens verbessern soll.[903] Dazu muß ein operationales und leicht überprüfbares Gewinnziel festgelegt werden. Hieraus ergeben sich die vom Markt erlaubten Kosten. Die

900 Vgl. Horváth et al. (1993), S. 4 ff.
901 Vgl. allgemein zum Target Costing Seidenschwarz (1993), S. 7.
902 Vgl. Horváth et al. (1993), S. 10.
903 Vgl. Paul, Reckenfelderbäumer (1995), S. 234.

Einhaltung dieser Kostenestriktion wird durch verschiedene Beeinflussungsmöglichkeiten des Target Costing angetrebt. Im einzelnen sind dies das Kostenstrukturmanagement in bezug auf einzelne bankberiebliche Funktionsbereiche, das Produktkostenstrukturmanagement und das Produktionskostenptimierungsmanagement.

Abbildung 42: Target Costing (Market-into-Company-Konzeption).

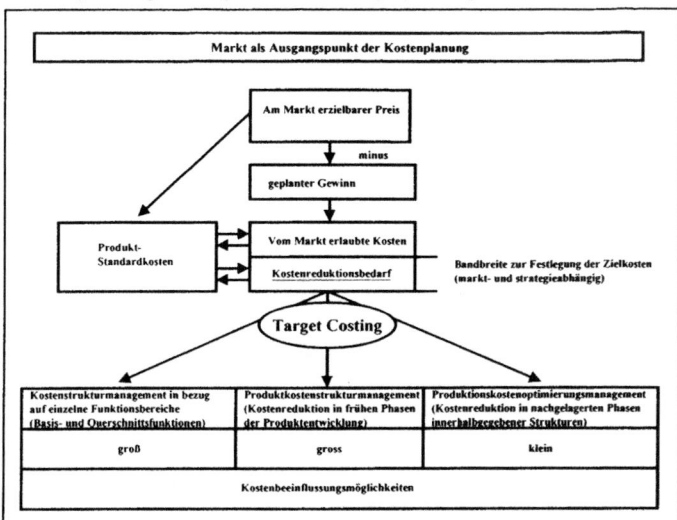

Quelle: Nach Paul, Reckenfelderbäumer (1995), S. 234.

Voraussetzung für die erfolgreiche Anwendung des Target Costing ist die Existenz eines Kostenrechnungsverfahrens, das zum einen eine exakte Ermittlung der Leistungsstandard-kosten und zum anderen die Verteilung der Gesamtzielkosten eines Leistungsbündels auf die einzelnen Leistungskomponenten erlaubt.[904] Die Integrativität der Bankleistungen läßt eine direkte Zuordnung von Kosten auf einzelne Kostenträger nicht zu, weil die heterogenen Leistungen durch Nutzung identischer Potentiale entstehen. Die Bedeutung dieser Bereit-stellungsleistung resultiert auch aus dem immateriellen Charakter von Bankprodukten. Denn die damit verbundene Nichtlagerfähigkeit führt zu einer Ausrichtung der Kapazitäten am historischen Spitzenbedarf, woraus sich typischerweise ein entsprechend hoher Fixkosten-anteil ergibt.[905] Dieser ist der Hauptgrund dafür, daß mit der Verwendung herkömmlicher Kostenrechnungssysteme bei Bankleistungen analog zu anderen Dienstleistungen das Problem verbunden ist, keine Standardeinzelkosten ohne fragwürdige Tragfähigkeitsüberlegungen oder

---

[904] Vgl. Paul, Reckenfelderbäumer (1995), S. 239.
[905] Vgl. Simon (1992a), S. 567 f., Guiltinan (1987), S. 74.

Annahmen über mögliche Auslastungen des Bereitstellungspotentials quantifizieren zu können. Daher schlagen Paul und Reckenfelderbäumer die Prozeßkostenrechnung als Operationalisierungs- und Konkretisierungsinstrument für das Target Costing in Dienstleistungsunternehmen vor.[906] Dieser Ansatz wird nachfolgend vorgestellt und, mit bankbetrieblich notwendigen Modifizierungen versehen, weiterentwickelt.

Abbildung 43: Prozeßkostengestütztes Target Costing.

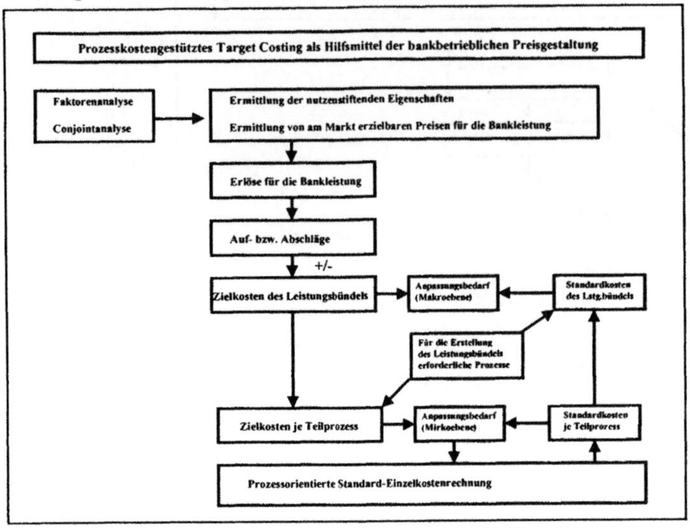

Quelle: Erweitert in Anlehnung an Paul, Reckenfelderbäumer (1995), S. 243.

Ausgangspunkt ist die Betrachtung einer Preisentscheidung für eine neue oder bestehende Bankleistung. Auf der Basis des Market-into-Company-Konzeptes wird zunächst der am Markt erzielbare Preis ermittelt. Dazu sind zuerst die für den Nachfrager relevanten nutzenstiftenden Eigenschaftsausprägungen der betrachteten Bankleistung mit Hilfe einer Faktorenanalyse zu isolieren.[907] Diese Produktmerkmale sind dann anhand ihrer Bedeutung für den Bankkunden zu gewichten. Hierzu bietet sich auch bei Bankleistungen, wie gesehen, die Conjoint-Analyse an. Über daraus abgeleitete aggregierte Preis-Absatz-Funktionen oder das Attraktionsmodell gelangt der Entscheider auf die Erlösebene. Im zweiten Schritt ergeben sich

---

[906] Vgl. hierzu Paul, Reckenfelderbäumer (1995), S. 239 ff. und allgemein zur Vorgehensweise des Target Costing Seidenschwarz (1993), S. 116 ff.

[907] Die Faktorenanalyse ist ein multivariates Analyseverfahren, das eine Vielzahl von Variablen auf wenige voneinander unabhängige Einflußfaktoren reduziert, indem miteinander korrelierte Variablen zu Faktoren zusammengefaßt werden. Vgl. allgemein Backhaus (1996), S. 189 ff.

unter Berücksichtigung erforderlicher Auf- und Abschläge vornehmlich zur Einbeziehung des Gewinns die Zielkosten des Leistungsbündels, die realisiert werden sollen. Danach muß sich der Anbieter einen genauen Überblick verschaffen, welche der bankbetrieblichen Teilprozesse zur Erstellung des betrachteten Leistungsergebnisses nötig sind. Zu diesem Zweck hat sich die methodische Vorgehensweise des Blueprinting von Shostack als hilfreich erwiesen, welche eine differenzierte Betrachtung der aus Sicht des Dienstleistungsanbieters relevanten Leistungselemente erlaubt.[908] Auf dieser Grundlage ist abzuschätzen, in welchem Maße die im Leistungsbündel enthaltenen Teilprozesse zur Erfüllung der verschiedenen nachfrageseitig ausgemachten Produktmerkmale jeweils beitragen. An dieser Stelle wird der Wert der Prozeßkostenrechnung für das Target Costing offensichtlich. Denn ohne eine prozeßorientierte Standard-Einzelkostenrechnung wäre es bei immateriellen Leistungselementen nicht möglich, den Beitrag einzelner Produktkomponenten zur Erfüllung der verschiedenen Funktionen zu bestimmen.[909] Darauf basierend, lassen sich anschließend Zielkosten für die in das Leistungsbündel einfließenden Prozesse festlegen, weil nach dem Grundprinzip des Target Costing jeder Prozeß idealerweise gerade den Anteil an den Gesamtkosten verursacht, der seinem Anteil an der Funktionserfüllung der Leistung entspricht.[910]

Die marktseitig abgeleiteten Zielkosten sind den aus der internen Kostenrechnung ermittelten prozeßorientierten Standard-Einzelkosten gegenüberzustellen. Aus der Summe der Standardeinzelkosten der Teilprozesse, die in das Leistungsbündel einfließen, werden die Standardkosten des Leistungsbündels bestimmt. Die Kostengegenüberstellung erfolgt auf zwei Ebenen.[911] Auf der Makroebene werden zunächst die Ziel- und Standardkosten des gesamten Leistungsbündels verglichen. Daraus wird dann der Anpassungsbedarf für die betrachtete Bankleistung insgesamt abgeleitet. Genaueren Aufschluß darüber, wie diese Anpassung erfolgen muß, erhält der Entscheider jedoch auf der disaggregierten Mikroebene durch Betrachtung der entsprechenden Größen für die jeweils zugrunde liegenden Teilprozesse. Je nachdem, ob die Standardeinzelkosten über oder unter den Zielkosten liegen, sind Kostensenkungserfordernisse oder Spielräume etwa für weitere kundennutzenorientierte leistungspolitische Variationen ablesbar.

Bei kritischer Würdigung des prozeßkostengestützten Target Costing wird offenkundig, daß abschließend zwar die Richtung des bankbetrieblichen Handlungsbedarfs aufgezeigt wird, jedoch nicht die erforderlichen Maßnahmen. Grundsätzlich bieten sich die genannten Kostenbeeinflussungsmöglichkeiten an, wobei jedoch bei Kostenreduktionsmaßnahmen, die

---

[908] Vgl. Shostack (1982), S. 54 ff. sowie Shostack (1984), S. 93 ff.
[909] Vgl. Paul, Reckenfelderbäumer (1995), S. 245.
[910] Vgl. Niemand (1992), S. 121.
[911] Vgl. Paul Reckenfelderbäumer (1995), S. 248.

leistungspolitisch relevant sind, wiederum in einer Rückkopplung die marktseitige Akzeptanz überprüft werden muß. An dieser Stelle wird der besondere Vorteil der Verknüpfung des Target Costing mit der Conjoint-Analyse offensichtlich. Denn in diesem Entscheidungsstadium muß keine neuerliche Marktforschungsstudie erhoben werden, da die der Gesamtnutzenfunktion zugrunde liegenden Teilnutzenwerte der Leistungsmerkmale bekannt sind. Hinsichtlich der Validität der Ergebnisse unterliegt das Modell den besprochenen dienstleistungstheoretisch bedingten Einschränkungen der in die Conjoint-Analyse eingehenden und im weiteren Verlauf verarbeiteten nachfrageseitigen Präferenzen.

Darüber hinaus ist zu beachten, daß eine Gegenüberstellung von Kosten und Nutzen mittels Target Costing nur dann möglich ist, wenn sämtliche Kosten der verschiedenen nutzenstiftenden Merkmale eines Bankleistungsbündels bekannt sind.[912] Damit ist die Leistungsfähigkeit des Target Costings unmittelbar abhängig vom Einsatz einer Prozeßkostenrechnung im Bankbetrieb.[913] Allerdings kann auch die Prozeßkostenrechnung nicht für sich in Anspruch nehmen, sämtliche für die Preisentscheidung relevanten Hürden der Bankkostenrechnung zu überwinden. Insbesondere können die bei Prozessen mit einem hohen Anteil operativ unbeeinflußbarer Kosten mehrfach vorzunehmenden Schlüsselungen des bankspezifisch großen Gemeinkostenblockes zu falschen Preisentscheidungen führen.[914] Auch liegt der Anwendungsbereich der Prozeßkostenrechnung im Bankbetrieb vornehmlich innerhalb solcher Tätigkeitsfelder, die von einem hohen Anteil repetitiver Prozesse mit geringem Entscheidungsspielraum, hoher Kostenintensität und Marktleistungsbezug gekennzeichnet sind.[915] Insofern wird das prozeßkostengestützte Target Costing für Standardleistungen eher anwendbar sein als für unstrukturierte und spezifische Erfahrungs- und Vertrauensleistungen, bei denen die Verrechnung der Prozesse auf die erstellten Leistungsbündel oftmals schwierig ist.[916]

Insgesamt ist zu konstatieren, daß unter den geschilderten Restriktionen ein prozeßkostengestütztes Target Costing nicht nur Entscheidungsunterstützung bei innovativen bankbetrieblichen Preisgestaltungsmaßnahmen leisten kann, sondern auch ein umfassendes Preismanagement in späteren Phasen ermöglicht. Besonders die systematische und marktorientierte Aufspaltung von Leistungsbündeln in nutzenstiftende Leistungsmerkmale und interne Prozesse als Grundlage sowohl für die Preisermittlung als auch für die Kostenbestimmung kann ein Weg sein, den geschilderten Problemen aus der Integrativität und der Immaterialität von Bankleistungen zu begegnen.

---

[912] Vgl. Fröhling (1994), S. 1150 ff.
[913] Vgl. allgemein zu den Vor- und Nachteilen der Prozeßkostenrechnung Franz (1990a) und (1990b), Glaser (1991) und (1992) sowie Reckenfelderbäumer (1994).
[914] Vgl. Glaser (1991), S. 301.
[915] Vgl. Wagner (1994), S. 73.
[916] Vgl. Fröhling (1992). S. 728.

Letztlich wird ersichtlich, daß prozeßorientiert organisierte Unternehmen insgesamt bessere Möglichkeiten bei der betrachteten Kontrolle von Preisstrategien besitzen als divisionale Bankorganisationsformen. Denn für die ansatzkombinierende Preisermittlung durch Target Costing in Bankbetrieben ist als Grundlage eine leistungsfähige Prozeßkostenrechnung erforderlich. Dies impliziert, daß der Einsatz der dargestellten integrierten Möglichkeiten des Preismanagements am ehesten in prozeßorientiert geführten Kreditinstituten möglich sein wird.

5.2. Entscheidungsevaluierung auf der Basis von Marktreaktionsfunktionen

Im Fokus der Betrachtungen einer Ex-post-Analyse der Effektivität von Preisentscheidungen steht die Erfolgsermittlung und -abgrenzung des Marketinginstrumentes "Preis". Dabei wird das Marketing-Accounting für die bankbetriebliche Preisgestaltung durch verschiedene Kontrollerschwernisse behindert, die sich aus den analysierten endogenen und exogenen Einflußfaktoren ergeben.

Zunächst wird der Preis auch bei bankbetrieblichen Marketing-Mix-Entscheidungen regelmäßig zusammen mit nichtpreislichen Instrumenten eingesetzt, so daß der Erfolg einer Preisentscheidung durch die Interaktionen des Preises mit anderen Marketinginstrumenten verwässert wird und schwer zu isolieren ist. Im Bankenoligopol muß bei der Entscheidungsevaluierung überdies der Einfluß der Konkurrenzreaktion auf eigene Maßnahmen in Betracht gezogen werden. Daneben existieren exogene Einflußfaktoren, welche eine aussagekräftige preisbezogene Ist-Soll-Abweichungsanalyse behindern. Banken sind, wie gezeigt, in erheblichem Maße abhängig von der allgemeinen konjunkturellen Entwicklung. Es ist daher zu untersuchen, inwieweit eine positive oder negative Abweichung von der Zielgröße nicht durch eine Preisentscheidung, sondern durch nicht zu beeinflussende exogene Veränderungen des allgemeinen Preisniveaus oder einer branchenweiten Marktvolumensveränderung entstanden ist.

Um den Erfolg einer Marketingmaßnahme vor diesem Hintergrund zu evaluieren, schlägt Albers eine Ist-Soll-Ursachenanalyse von Erlösen auf der Basis von Reaktionsfunktionen vor.[917] Bankbetriebliche Marktreaktionsfunktionen können mit Hilfe der in der ersten Phase des Preismanagements dargestellten Methoden geschätzt werden. Die nachfolgenden Ausführungen konzentrieren sich jedoch lediglich auf die Extrahierung der preisbezogenen Abweichungen der Marktreaktion. Grundlegende Idee ist dabei die Aufspaltung der Erlösabweichung in intern beeinflußbare und extern beeinflußte Ursachen nach Maßgabe einer geplanten Absatzreaktionsfunktion. Deren Modellierung kann grundsätzlich beliebig

---

[917] Vgl. im folgenden Albers (1989b), S. 637 ff.; Albers (1989c), S. 1235 ff. sowie Albers (1992), S. 199 ff.

viele Marketinginstrumente berücksichtigen. An dieser Stelle beschränkt sich die Darstellung aus Gründen der Übersichtlichkeit jedoch auf den Preis, die Werbung und die Distribution. Auf der Basis einer Reaktionsfunktion des Marktanteils erfolgt für den jeweils geplanten Instrumente-Einsatz die Ermittlung der Soll-Werte.

Im ersten Schritt wird der Erlös aufgespalten in endogene und exogene Komponenten.

$$E = P*Q = R*B*M*V = (R*M)*(B*V) \tag{46}$$

mit:

E: Erlös	P:	Preis	Q: Absatzmenge
R: Relativer Preis	M:	Marktanteil	B: Branchenpreis
V: Marktvolumen			

Der Erlös ergibt sich somit aus dem Produkt des vom Entscheider beeinflußbaren wertmäßigen Marktanteils R*M und des marketingseitig nicht zu verantwortenden wertmäßigen Marktvolumens B*V.

Die Aufspaltung der Erlösabweichung erfolgt zunächst als Vergleich der Ist-Werte (Index I) und der aus der geplanten Absatzreaktionsfunktion ermittelten Soll-Werte (Index S):

Erlösabweichung: $\quad R_I*M_I*B_I*V_I - R_S*M_S*B_S*V_S \tag{47}$

Wertmäßiger Marktanteilseffekt: $\quad (R_I*M_I - R_S*M_S)*B_S*V_S \tag{48}$

Interaktionseffekt: $\quad (R_I*M_I - R_S*M_S)*(B_I*V_I - B_S*V_S) \tag{49}$

Wertmäßiger Marktvolumenseffekt: $\quad R_S*M_S*(B_I*V_I - B_S*V_S) \tag{50}$

Im nächsten Schritt können der exogen beeinflußte wertmäßige Marktvolumenseffekt und der endogen beeinflußbare wertmäßige Marktanteilseffekt jeweils weiter dekomponiert werden. Da die beiden Komponenten relativ unabhängig voneinander sind, wird der korrespondierende Interaktionseffekt nachfolgend vernachlässigt.

Abbildung 44: Ursachenanalyse von marketingbedingten Erlösabweichungen.
(Quelle: in Anlehnung an Albers (1992), S. 204 ff.)

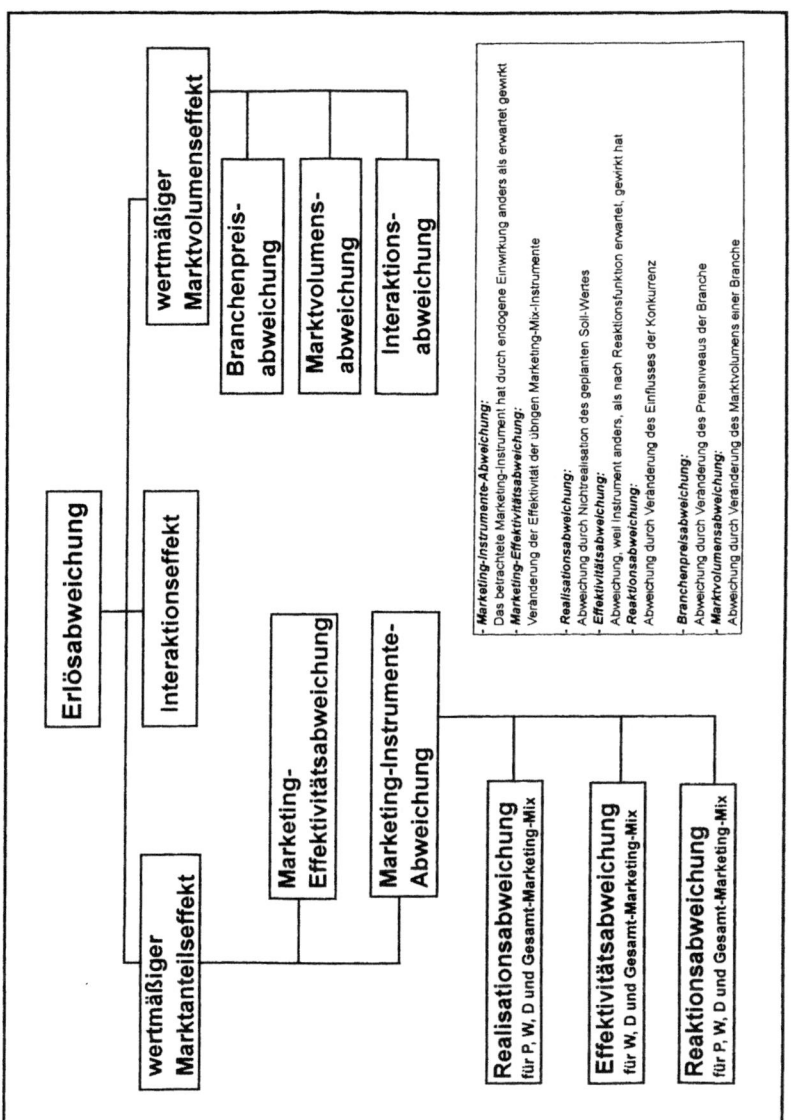

Der wertmäßige Marktvolumenseffekt kann einmal aus einer Branchenpreisabweichung resultieren, zum anderen aus einer exogenen Marktvolumensveränderung oder aus einer Interaktionsabweichung.

Branchenpreisabweichung: $\qquad R_S * M_S * V_S * (B_I - B_S)$ $\qquad$ (51)

Marktvolumensabweichung: $\qquad R_S * M_S * B_S * (V_I - V_S)$ $\qquad$ (52)

Interaktionsabweichung: $\qquad R_S * M_S * (B_I - B_S) * (V_I - V_S)$ $\qquad$ (53)

Der wertmäßige Marktanteilseffekt läßt sich aufspalten in die Marketing-Instrumente-Abweichung und die Marketing-Effektivitäts-Abweichung. Die Marketing-Instrumente-Abweichung beschreibt den Effekt, daß das betrachtete Marketing-Instrument durch endogene Beeinflussung zum Beispiel eines Produktmanagers anders gewirkt hat, als aufgrund der Reaktionsfunktion erwartet. Die Marketing-Effektivitätsabweichung ist die korrespondierende Restabweichung, die angibt, wie sich die Effektivität der verbleibenden Marketinginstrumente verändert hat. Zur Quantifizierung dieser Abweichungen wird der geschätzte Marktanteil M_G herangezogen. Hierbei handelt es sich um den aufgrund der Marktreaktionsfunktion für die beobachteten Ist-Werte der Marketinginstrumente erwarteten Marktanteil, der hätte entstehen müssen.

Marketing-Instrumente-Abweichung: $\qquad (R_I * M_G - R_S * M_S) * B_S * V_S$ $\qquad$ (54)

Marketing-Effektivitätsabweichung: $\qquad (R_I * M_I - R_I * M_G) * B_S * V_S$ $\qquad$ (55)

Um den Einfluß der intern verursachten Abweichungen noch genauer angeben zu können, muß die für das betrachtete Marketing-Instrument identifizierte Marketing-Instrumente-Abweichung noch weiter dekomponiert werden. Erlöseffekte infolge eines vom Plan abweichenden Instrumente-Einsatzes werden als Realisationsabweichungen bezeichnet. Die Reaktionsabweichung gibt dagegen das Ausmaß des Effektes an, der sich daraus ergibt, daß die Konkurrenzaktivität als Reaktion auf die eigenen Maßnahmen anders als in der Soll-Planung erfolgt. Daneben quantifiziert die Effektivitätsabweichung für das betrachtete Instrument den Effekt, daß das eingesetzte Marketing-Instrument anders gewirkt hat, als in der Absatzreaktionsfunktion erwartet.

Realisationsabweichung: $\qquad (R_E * M_E - R_S * M_S) * B_S * V_S$ $\qquad$ (56)

Reaktionsabweichung: $\qquad (R_I * M_G - R_E * M_F) * B_S * V_S$ $\qquad$ (57)

Effektivitätsabweichung: $\qquad (R_E * M_F - R_E * M_E) * B_S * V_S$ $\qquad$ (58)

mit:

R_E : aufgrund des veränderten Instrumente-Einsatzes erwarteter Wert für den relativen Preis

M_E : aufgrund des veränderten Instrumente-Einsatzes erwarteter Wert für den mengenmäßigen Marktanteil

M_F : aufgrund der veränderten Effektivität des betrachteten Marketing-Instrumentes und des veränderten Instrumente-Einsatzes resultierender effektiv erwarteter Marktanteil

Jede der drei obigen Abweichungsursachen kann noch für die verschiedenen Marketinginstrumente und den gesamten Marketing-Mix aufgespalten werden. An dieser Stelle wird jedoch nur auf den Preis eingegangen. Beim Preis besteht als einziges Instrument keine Effektivitätsabweichung, weil er im Gegensatz zu nichtpreislichen Instrumenten immer direkt auf den Erlös wirkt. Für alle verbleibenden Instrumente unterstellt das Modell eine zweistufige Wirkung. Beispielsweise wirkt die Werbung über die Awareness und das Distributionsbudget über den Distributionsgrad auf den Marktanteil.

Die Realisationsabweichung für den Preis P_{RA} gibt an, welche Erlösabweichung aufgrund einer vom Plan abweichenden Preisvariation des Marketingmanagers resultiert, und ergibt sich aus:

$$P_{RA} = (R_E * M(R_E) - R_S * M_S) * B_S * V_S \qquad (59)$$

Die Reaktionsabweichung für den Preis P_{RAA} gibt an, welche Erlösabweichung einer Konkurrenzreaktion, die durch eine von der Soll-Planung abweichende Preisvariation induziert wurde, zuzurechnen ist und ergibt sich aus:

$$P_{RAA} = (R_I * M(R_G) - R_E * M_F) * B_S * V_S \qquad (60)$$

Um P_{RA} und P_{RAA} im nächsten Schritt berechnen zu können, müssen zunächst die jeweiligen Marktanteile auf der Basis der geplanten Absatzreaktionsfunktion ermittelt werden. Die Marktanteile M_F, $M(R_E)$, $M(R_G)$ werden nach Maßgabe der Reaktionsfunktion mit den für den jeweiligen Index angepaßten Instrumentvariablen analog für das jeweils betrachtete Marketing-Instrument berechnet. Hier werden weiterhin nur die Realisationsabweichung und die Reaktionsabweichung bezüglich des Preises betrachtet. Weil die Konkurrenzreaktion abgebildet werden soll, sind dabei nicht die absoluten Zahlen der einzelnen Instrumente relevant, sondern die relativen Größen. Die allgemein zugrunde gelegte Absatzreaktionsfunktion auf Marktanteilsbasis lautet daher:

$$M = M_W * (R/R_W)^a * (RAW/RAW_W)^b * (RDG/RDG_W)^c \qquad (61)$$

mit:

R:	Relativer Preis	RAW:	Relativer Awarenessgrad
RDG:	Relativer Distributionsgrad	W:	Index für "wie bisher"
a, b, c:	Elastizitätsparameter		

Die angepaßte Marktreaktionsfunktion für den effektiv erwarteten Marktanteil M_F für den gesamten Marketing-Mix lautet dann:[918]

$$M_F = M_W * (R_F/R_W)^a * (RAW_F/RAW_W)^b * (RDG_F/RDG_W)^c \qquad (61a)$$

Die angepaßte Marktreaktionsfunktion für den eigentlich erwarteten Marktanteil lediglich in bezug auf das Marketing-Instrument "Preis" $M(R_E)$ lautet:

$$M(R_E) = M_W * (R_E/R_W)^a * (RAW_S/RAW_W)^b * (RDG_S/RDG_W)^c \qquad (61b)$$

Die angepaßte Marktreaktionsfunktion für den nach Konkurrenzreaktion aufgrund des Ist-Wertes erwarteten Marktanteil in bezug auf das Marketing-Instrument "Preis" $M(R_G)$ lautet:

$$M(R_G) = M_W * (R_I/R_W)^a * (RAW_F/RAW_W)^b * (RDG_F/RDG_W)^c \qquad (61c)$$

Für die Berechnung der angepaßten Marktanteile werden sowohl verschiedene angepaßte relative Preise als auch verschiedene angepaßte relative Awarenessgrade benötigt.

Der erwartete relative Preis ergibt sich aus $R_E = P_I/B_S$ und der relative Ist-Preis aus $R_I = P_I/B_I$.

Der eigentlich erwartete relative Awarenessgrad ergibt sich aus:

$$RAW_E = AW_E/BAW_S \qquad \text{mit } BAW: \quad \text{Branchenawarenessgrad} \qquad (62)$$
$$AW: \quad \text{Awarenessgrad}$$

Der effektiv erwartete relative Awarenessgrad ergibt sich aus:

$$RAW_F = AW_I/BAW_S \qquad (63)$$

---

[918] Es gilt jedoch $R_F = R_E$, weil beim Preis keine Effektivitätsabweichung besteht.

Alle anderen Marketinginstrumente, die über Budgets operationalisiert werden, wie etwa die Distribution, werden analog zur Werbung angepaßt. So ergibt sich für den effektiv erwarteten relativen Distributionsgrad RDG_F:

$$RDG_F = DG_I / BDG_S \quad \text{mit } BDG: \quad \text{Branchendistributionsgrad} \quad (64)$$

$$\text{mit } DG_I: \quad \text{gemessener Ist-Distributionsgrad}$$

Schließlich fehlen zur Berechnung der Realisationsabweichung und der Reaktionsabweichung hinsichtlich des Preiseinsatzes lediglich noch die Schätzung der Elastizitäten a, b, und c. Bei der Parametrisierung ist die unterstellte zweistufige Wirkung der budgetkoordinierten Marketinginstrumente zu beachten:

$$AW = AW_W \left[\frac{W}{W_W} \right]^{\alpha} \qquad (65)$$

Für die Werbung soll gelten, daß eine Steigerung von W relativ zu W_W eine Steigerung der Awareness AW nach sich zieht. Diese implizit unterstellte Beziehung kann in Form der Werbeelastizität α offengelegt werden.

$$\alpha = \frac{\ln(AW_S / AW_W)}{\ln(W_S / W_w)} \qquad (66)$$

Für die zweite Stufe der Werbewirkung ergibt sich dann der gesuchte Parameter a aus:

$$a = \frac{\ln(M_S(W_S)/M_W)}{\ln(W_S / W_W)} \qquad (67)$$

Diese formale Abbildung für a gilt in gleicher Weise für die Schätzung von Parametern mit einstufiger Wirkung, wie sie hier für den Preis unterstellt wurde:

$$a = \frac{\ln(M_S(R_S)/M_W)}{\ln(R_S / R_W)} \qquad (68)$$

Der Zahlenwert für a kann behelfs der im Analyseteil vorgestellten subjektiven Expertenschätzung für $M_S(R_S)$ ermittelt werden. Konkret muß danach gefragt werden, welcher Marktanteil sich bei R_S, RAW_W, RDG_W ergibt. Die Bestimmung der Elastizitäten b und c erfordert ein analoges Vorgehen.

Nachdem auf diese Weise eine Analyse der Erlöse durch Aufspaltung in einzelne Abweichungsursachen stattgefunden hat, kann in ähnlicher Vorgehensweise eine Dekomposition der

Kosten in absatzrelevante Abweichungsursachen vorgenommen werden. Damit wird explizit die Vorteilhaftigkeit einzelner Planabweichungen erfaßt. Den Marketing-Manager wird in erster Linie interessieren, welcher Anteil der Kostenabweichung nicht absatzbedingt ist. Darüber hinaus gilt es zu überprüfen, welcher Anteil der Kostenabweichung tatsächlich auf Marketing-Budget-Veränderungen zurückgeht und welcher Anteil davon auf absatzmengenbedingte Stückkostendegressionen, wie etwa durch Erfahrungskurveneffekte, zurückzuführen ist. Diese Abweichungsanalyse ist für jedes Instrument durchführbar und wird hier allgemein dargestellt.

Mit Q als Absatzmenge, SK als Stückkosten und MB als Marketingbudget, kann dann die Kostenabweichung quantifiziert werden:

Kostenabweichung: $\qquad Q_I * SK_I - Q_S * SK_S + MB_I - MB_S \qquad$ (69)

Diese Kostenabweichung ist dekomponierbar in drei Abweichungsursachen:

Nicht absatzbedingte Abweichung: $\qquad Q_I * SK_I - Q_I * SK(Q_I) \qquad$ (70)

Marketing-Budget-Abweichung: $\qquad MB_I - MB_S \qquad$ (71)

Stückkostendegressions-Abweichung: $\qquad Q_I * SK(Q_I) - Q_S * SK_S \qquad$ (72)

Die Stückkostendegressions-Abweichung kann im folgenden analog zur Erlösabweichung aufgepalten werden in einen wertmäßigen Marktvolumenseffekt, einen Interaktionseffekt und einen wertmäßigen Marktanteilseffekt, wobei letzterer wiederum in eine Marketing-Effektivitätsabweichung und eine Marketing-Instrumente-Abweichung unterteilbar ist. Die unterstellte Stückkostendegressions-Funktion lautet:

$$SK = SK_W * \left[\frac{Q}{Q_W} \right]^{\gamma} \quad \text{mit } \gamma = \frac{\ln(SK_S / SK_W)}{\ln(Q_S / Q_W)} \qquad (73)$$

Die Vorteile dieses Ansatzes sieht Albers im wesentlichen darin, daß explizit die absatzrelevanten Ursachen analysiert werden und nicht nur Symptome. Der Informationsgehalt durch Disaggregation ist dabei eindeutig höher als bei einer traditionellen aggregierten Erlös- oder Kostenbetrachtung. Diese detaillierten Aussagen werden jedoch erst möglich durch das Konzept der Reaktionsfunktion des Marktanteils in Abhängigkeit von den eingesetzten Marketinginstrumenten. Auf den Verlauf der Reaktionsfunktion wird aus den Soll-Werten im Verhältnis zu den Wie-Bisher-Werten implizit geschlossen. Da die Parameter des unterstellten Reaktionstyps durch subjektive Expertenschätzung gewonnen werden müssen, unterliegt die Aussagekraft der Abweichungsanalysen denselben Restriktionen, auf die bereits bei der Vorstellung dieses Schätzkonzeptes hingewiesen wurde. Die so offengelegten Annahmen über die Marktreaktion können jedoch einer Plausibilitäts- und Konsistenzprüfung unterzogen werden.

Bei kritischer Würdigung des Ansatzes ist zu konstatieren, daß einer bankbetrieblichen Anwendung nichts entgegensteht, wenn die für die Operationalisierung notwendigen Daten erhoben werden können. Die Ermittlung der Ist-Werte leidet unter der partiell unterentwickelten Informationsverarbeitungsfähigkeit der Bankmarketingorganisation, namentlich der Marktforschungskomponente. Die eingangs aufgezeigten Analysemöglichkeiten der Primärforschung sowie die für das mengen- und wertmäßige Marktvolumen und für den Branchenpreis verfügbaren Sekundärmaterialien der Bundesbank und der jeweiligen Bankenverbände schaffen hier Abhilfe. Die Festlegung der Soll-Werte wäre vor dem Hintergrund der entsprechenden Zielgrößen des bankbetrieblichen Zielsystems vorzunehmen. Dabei hat sich die Operationalisierung der Kontrollgrößen auf einen eindeutigen und quantifizierbaren Ursache-Wirkungs-Zusammenhang bezüglich der Preisentscheidung zu stützen.

Teil IV: Zusammenfassung und Ausblick

Hauptziel dieser Untersuchung sind die Entwicklung und Darstellung des bankbetrieblichen Preismanagements. Die vorliegende Arbeit besteht mit der Definition des Analysegegenstandes, der Entwicklung von Preisstrategien und der Implementierung von Preisstrategien aus drei Teilen. Dabei kann gezeigt werden, daß die Preisgestaltung für Kreditinstitute mittlerweile nicht nur zur herausragenden Instrumentalvariable des Marketing-Mix avanciert, sondern auch, daß bankbetriebliche Preisentscheidungen mit beträchtlichen Schwierigkeiten verbunden sind. Ursächlich hierfür sind die existierenden Interdependenzen aufgrund unternehmensinterner und -externer Einflußfaktoren. Bestehende Erklärungsansätze berücksichtigen diese Determinanten nur unzureichend und leisten demzufolge nur eingeschränkt Entscheidungsunterstützung bei Preisgestaltungsmaßnahmen.

Die kritische Würdigung der bestehenden theoretischen Konzepte hat im wesentlichen zwei Implikationen offenbart. Zum einen hat sich der relevante Markt für Banken zum Käufermarkt entwickelt, so daß dem Kundenverhalten bei der Preisgestaltung besonders Rechnung getragen werden muß. Zum anderen wird erkennbar, daß die ursprünglich für den Sachgüterbereich entwickelten Ansätze wegen der Dienstleistungseigenschaft der Bankleistung nicht ohne weiteres auf die Kreditwirtschaft übertragbar sind.

Aus diesen Gründen wird die erstmalige Analyse der bankbetrieblichen Preisgestaltung aus Sicht der preispsychologischen Dienstleistungsforschung vorgenommen, auf deren Basis Grundlagen einer verhaltensorientierten Bankpreistheorie entwickelt werden. Damit knüpft die vorliegende Untersuchung an die Überlegungen Krümmels an, der als erster Ansätze einer psychologischen Theorie der Preisgestaltung im Bankgewerbe unter Berücksichtigung der unterschiedlichen nachfrageseitigen Verhandlungsmacht entwickelt hat.

Ausgangspunkt der Überlegungen bildet die Annahme, daß die Dienstleistungseigenschaft von Bankleistungen einen speziellen Einfluß auf das Kaufverhalten von Nachfragern ausübt. Aus dienstleistungstheoretischer Sicht können Bankleistungen in Standardleistungen, Erfahrungsleistungen und Vertrauensleistungen unterschieden werden. Diese neue Leistungstypologie bildet die Heterogenität immaterieller Bankprodukte ab und macht sie einer verhaltensorientierten Analyse zugänglich. Der Nutzen dieser Systematisierung ist jedoch nicht nur auf Anwendungsempfehlungen für preisliche Gestaltungsmittel beschränkt, sondern liegt auch darin, daß damit gleichzeitig zukünftigen Arbeiten die Ableitung nichtpreislicher Bankmarketingkonzepte ermöglicht wird. Auf der Grundlage bestehender empirischer Untersuchungen können Thesen über das leistungstypische Preisverhalten von Bankkunden unter bestimmten Antezedenzbedingungen formuliert werden. Dieses theoretische Gerüst bildet das Fundament, um die einleitend aufgeworfenen Fragestellungen des bankpreisbezogenen Entscheidungsfeldes zu beantworten.

Die Analyse verschiedener Preisstrategien des Sachgütermarketings führt zu dem Ergebnis, daß ein Großteil der Alternativen auch für eine bankbetriebliche Anwendung geeignet ist. Daneben dient die verhaltensorientierte Bankpreistheorie der Entwicklung von Preisstrategien, welche die Dienstleistungseigenschaft von Bankleistungen explizit berücksichtigen. Diese können als beziehungsorientierte, qualitätsorientierte und prozeßorientierte Preisstrategien gekennzeichnet werden. Schließlich können dem Bankmanagement auf dieser Basis Anwendungsempfehlungen in einem Marketingmodell gegeben werden. In einem Matrix-Ansatz wird die dienstleistungstheoretische Bankleistungstypologie mit dem Krümmelschen Verhandlungsmachtkonzept kombiniert. Aus Sicht der verhaltensorientierten Bankpreistheorie bieten sich dabei in Abhängigkeit von Leistungscharakter und Ausmaß der jeweiligen Verhandlungsmacht des Zielkundensegmentes nur bestimmte Preisstrategien an.

Die systematische Analyse der verschiedenen bankbetrieblichen Preisstrategien läßt erkennen, daß es zwei grundsätzlich unterschiedliche Formen der Preisgestaltung gibt, die miteinander unvereinbar sind. Die traditionelle bankbetriebliche Preisgestaltung ist wie die untersuchten sachgüterorientierten Preisgestaltungsmaßnahmen auf das Ausnutzen der Marktintransparenz und des nachfrageseitig wahrgenommenen Kaufrisikos ausgerichtet. Dagegen wird in der entwickelten dienstleistungstheoretischen Preisgestaltung die Schaffung einer nachfrageseitigen Preistransparenz und eine Reduzierung des Beschaffungsrisikos angestrebt. Dieser absatzpolitische Antagonismus aus Kundenkonfrontation und Kundenpartnerschaft hat zur Folge, daß das Kreditinstitut eine Grundsatzentscheidung für eine dieser Preisgestaltungsformen treffen muß.

Selbst nachdem sich eine Bank für eine Grundrichtung in der Preisgestaltung entschieden hat, steht sie vor dem Problem, eine effiziente Alternative aus einer Menge in Frage kommender auszuwählen. Denn bei Verwendung des Matrix-Ansatzes sind oft mehrere geeignete Strategien identifizierbar. Zusätzlich steht der Entscheider vor der Schwierigkeit, die von ihm präferierten traditionellen und alternativen Optionen im Bankbetrieb umzusetzen.

Diese Fragestellungen führen zum dritten Teil der Untersuchung, in dem das Marketing-modell in den Managementprozeß bankbetrieblicher Preise implementiert wird. Die dienstleistungsimmanenten Besonderheiten der Bankleistungen münden in einen spezifischen Prozeß der Analyse, Planung, Realisierung und Kontrolle bankbetrieblicher Preisentscheidungen. Versehen mit bankleistungsspezifischen Modifizierungen bei der Anwendung experimenteller, nichtexperimenteller und subjektiver Verfahren lassen sich auch für Kreditinstitute wertvolle entscheidungsrelevante Informationen über die Absatzreaktion auf Preisveränderungen gewinnen. Als Ergebnis der Analyse erhält der Entscheider Nutzenfunktionen oder Marktreaktionsfunktionen, die das Ergebnis von Preisgestaltungsmaßnahmen quantifizierbar machen und bei der Auswahl von Preisstrategien im Rahmen der Planung als Elemente in entscheidungsunterstützende Modelle eingehen. Sowohl das modifizierte Modell von Meyer zu Sehlhausen als auch das entwickelte Auswahlmodell auf der Basis von Nutzenfunktionen sind für den Bankmanager hilfreich, wenn er vor der Wahl verschiedener Preisstrategien steht.

Hinsichtlich der Einbindung dieser Optionen in den Bankbetrieb wird deutlich, daß die Anwendung bestimmter Preisstrategien von der Organisationsform abhängt. Dieses läßt sich eindeutig aus der vom Verfasser durchgeführten Expertenbefragung zum bankbetrieblichen Preismanagement ableiten. Die auf diese Weise in Filial- und Direktbanken ermittelten Anwendungsbeschränkungen sollen überwunden werden, indem der preisbezogene Idealtypus einer integrierten Vertriebsform entwickelt wird.

Im Kontext des Marketing-Controllings wird mit dem prozeßkostengestützten Target Costing ein Verfahren vorgestellt, das ex ante eine Entscheidungsunterstützung unter Berücksichtigung des als Einflußfaktor isolierten schwachen Kosten-Preis-Zusammenhanges bei gleichzeitiger Integration der marktseitigen Determinanten leistet. Als Verfahren für die Ex-post-Bewertung einer Preisgestaltungsmaßnahme wird ein Konzept zur Ist-Soll-Erlös-Abweichungsanalyse auf der Basis von Marktreaktionsfunktionen vorgeschlagen. Zukünftiger Untersuchungsbedarf besteht in zweierlei Hinsicht. Zum einen müßten die aufgestellten Thesen der verhaltensorientierten Bankpreistheorie mit empirischen kausalanalytischen Verfahren über die Untersuchung von Rapp hinaus überprüft werden. Zum anderen bleibt abzuwarten, ob die auf dieser Basis entwickelten innovativen Preisstrategien Anwendung in der bankbetrieblichen Praxis finden. Für die Diffusion dieser Preisstrategien hat die Expertenbefragung, sowohl was innovative sachgüterorientierte als auch was dienstleistungsorientierte Optionen anbetrifft, eher zurückhaltende Erwartungen der bankbetrieblichen Entscheidungsträger offenbart. Dagegen wird die zukünftige Bedeutung bereits eingesetzter Strategien wie Sonderangebote, Pauschalpreise oder Bundling zumeist höher eingestuft.[919]

---

[919] Vgl. Anhang Tab. A30 sowie Tab. A31.

Abbildung 45: Prognose der zukünftigen Bedeutung von Preisstrategien.

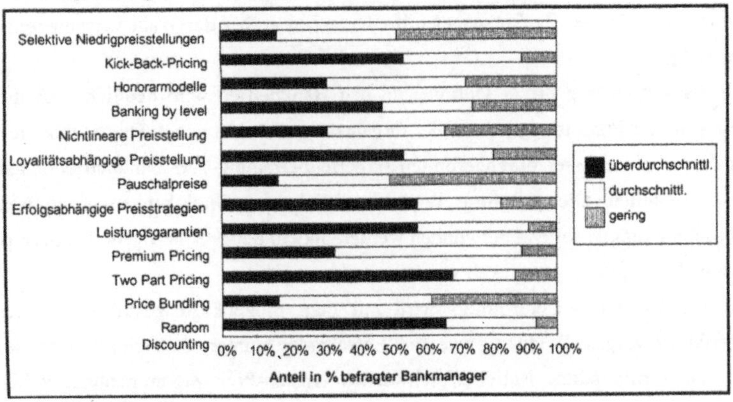

Selektive Niedrigpreisstellungen
Kick-Back-Pricing
Honorarmodelle
Banking by level
Nichtlineare Preisstellung
Loyalitätsabhängige Preisstellung
Pauschalpreise
Erfolgsabhängige Preisstrategien
Leistungsgarantien
Premium Pricing
Two Part Pricing
Price Bundling
Random Discounting

0% 10% 20% 30% 40% 50% 60% 70% 80% 90% 100%

Anteil in % befragter Bankmanager

- überdurchschnittl.
- durchschnittl.
- gering

Quelle: Eigene Erstellung.

Vermutlich ist diese Einschätzung durch die mangelhaften theoretischen und instrumentellen Kenntnisse bei der Umsetzung innovativer Preisstrategien in der Praxis zu erklären. Die Betrachtung des diesbezüglichen Managementprozesses hat zumindest theoretisch gezeigt, daß die erforderlichen Konzepte vorhanden sind und unter Berücksichtigung der dienstleistungsspezifischen Erfordernisse in Banken implementiert werden können. Ob diese Management-Konzepte in der bankbetrieblichen Praxis auch tatsächlich Anwendung finden, kann an dieser Stelle noch nicht beantwortet werden, zumal eine wesentliche Voraussetzung hierfür das Reengineering bestehender Organisationsstrukturen und insbesondere ein integrierendes Redesign der Absatzkanäle ist.

Mit Professionalisierung des bankbetrieblichen Preismanagements wird es interessant sein zu beobachten, ob sich die vorgestellte, umsetzbare dienstleistungsorientierte Preisgestaltung durchsetzt. Ihre wesentlichen Vorteile liegen in der Verhaltensorientierung der Preisgestaltungsmaßnahmen bei gleichzeitiger Berücksichtigung interner und externer Einflußfaktoren des Preismanagements begründet. Banken erhalten auf diese Weise die Chance, wirklich serviceorientiert und ohne Konfliktpotential zu agieren. Vor allem aber wurde ersichtlich, daß dienstleistungsorientierte Preisstrategien zu Wettbewerbsvorsprüngen führen, weil die Konkurrenz die erforderlichen aufgezeigten Anwendungsvoraussetzungen nicht zeitnah implementieren kann. Überdies steht die damit erfolgende Gleichrichtung von Bankzielen und Kundenzielen sogar im Einklang mit dem über Erlösmaximierung angestrebten Oberziel der Gewinnmaximierung

332

Anhang

Anhangverzeichnis der Abbildungen

Anhangverzeichnis der Tabellen

335

Dipl.-Kfm. Frank Schneider

Y-Bank AG

Herrn XXX

Unser Telefonat vom 25.11.1998

Nortorf, 25.11.1998

Sehr geehrter Herr XXX,

im Rahmen meiner Doktorarbeit an der Martin-Luther-Universität Halle-Wittenberg beschäftige ich mich mit der Preisgestaltung von Filial- und Direktbanken.

Stagnierende Absatzmärkte, fortschreitende Deregulierung und Globalisierung durch den Markteintritt internationaler Wettbewerber führen auf dem Markt für Bankleistungen zu ständig sinkenden Margen. Wirtschaftswissenschaftliche Analysen prognostizieren eine weitere Zunahme des Preiswettbewerbs. Gefragt sind daher innovative Preisstrategien und Methoden des Preismanagements, die Entscheidungsunterstützung und Hilfe bei deren Umsetzung leisten.

Meine Arbeit soll auch einen praktischen, umsetzungsorientierten Charakter aus der Perspektive des Bankmarketings besitzen. Daher führe ich eine **Expertenbefragung** in Form eines strukturierten Interviews durch. Nachdem ich bereits mit mehreren Vorständen bzw. Geschäftsführern von (Direkt-)Banken gesprochen habe, erhoffe ich mir auch von Ihnen Unterstützung bei der Beantwortung der beiliegenden Fragen.

In diesem Zusammenhang versichere ich Ihnen, daß die mir überlassenen und zweifelsohne sensiblen Informationen Ihrer Preispolitik nur nichtnamentlich veröffentlicht oder verarbeitet werden, so daß Schlüsse auf deren Herkunftsquelle oder deren Grundgesamtheit ausgeschlossen sind.

Falls Ihr Unternehmen weitergehendes Interesse an diesen Fragestellungen oder einer intensiveren Zusammenarbeit hat, stehe ich für weitere Auskünfte oder ein persönliches Gespräch gern zur Verfügung. Wie in unserem Telefonat vereinbart, werde ich Sie am Freitag, d. 28.11.1997 gegen 11.00 Uhr anrufen. Das Gespräch wird ca. 15-30 Minuten in Anspruch nehmen.

Mit freundlichen Grüßen und vielen Dank für Ihre Unterstützung

Frank Schneider

Fragebogen als Interviewleitfaden zur Expertenbefragung

1. Analysen zur Vorbereitung von Preisentscheidungen

a) Inwieweit betreiben Sie grundsätzlich Marktforschung?
(gar nicht, nicht systematisch, durch Dienstleister, systematisch)

b) Welche Marktforschungsmethoden setzen Sie ein, um Kundenreaktionen aufgrund von Preisänderungen zu analysieren?

c) Welche Art von Analysen führen Sie gegenwärtig durch?
(z.B. Bonitätsanalysen, Cross-Selling-Analysen, Zielgruppenanalysen, Preissensitivitätsanalysen etc.)

d) Welche Art von Analysen würden Sie zukünftig gerne durchführen?

e) Haben Sie Kenntnis über die jeweiligen Preiselastizitäten der Nachfrage ihrer Produkte und Dienstleistungen?

f) Wieviel unterschiedliche Produkte nutzt der durchschnittliche Kunde in Ihrem Institut und werden diese Effekte aus Cross-Selling bei Preisentscheidungen mitberücksichtigt?

g) Wie schätzen Sie die zukünftige Bedeutung des Girokontos als Zubringer für weiteres Cross-Selling ein? (gleichbleibend, geringere, höhere Bedeutung)

2. Planung von Preisentscheidungsprozessen

a) Sind Marketingziele Teil Ihrer Strategischen Unternehmensplanung?

b) Welche Rolle spielt dabei der Preis?

3. Preisentscheidung

a) Dominieren bei einer Entscheidung über Preisgestaltungsmaßnahmen primär kostendeterminierte und kalkulatorische Fragestellungen oder eher absatzorientierte Fragestellungen (z.B. Nachfrager- und Konkurrenzreaktion) oder werden Preisentscheidungen auf Basis intuitiver Erfahrungen aus der Vergangenheit getroffen?

b) Auf welcher kalkulatorischen Grundlage werden Preisentscheidungen getroffen?
(auf Voll- oder Teilkostenbasis)

c) Auf welcher Unternehmensebene werden Entscheidungen über strategische Preisvariationen getroffen, wie etwa die Einführung neuer Preismodelle?
(Geschäftsbereich, Vorstand, etc.)

4. Organisation von Preisentscheidungen

a) Welche Probleme gibt es bei der Umsetzung von strategischen Preisentscheidungen? (z.B. Akzeptanz bei den Mitarbeitern, EDV-Probleme, ablauforganisatorische Probleme, Unkenntnis der Marktreaktion, Kompetenzkonflikte etc.)

b) Welche Abteilungen nehmen Einfluß bei der Abstimmung von Preisentscheidungen? (Vertrieb, Marketing, Controlling, Rechnungswesen, Unternehmensentwicklung, Konzernsteuerung etc.)

c) Ist die Preisentscheidungsbefugnis delegiert bis hin zum Kundenberater? (Hat der Kundenberater keine, beschränkte oder weitreichende Preiskompetenz?)

d) Kommt es zu selbständigen Preis-/Produktinnovationen auf Initiative des Vertriebs, der Fachabteilungen oder durch Bildung von Projektteams?

e) Welche Informationssysteme wenden Sie an, um Ihre marketingbezogenen Erfolgsfaktoren zu ermitteln, zu analysieren oder zu kommunizieren? (z.B. spezielles Marketing-Informationssystem, SAP-Modul, Data Warehouse, etc.)

f) Wie ist Ihre Marketingorganisation ausgestaltet und hierarchisch angesiedelt? (Stab-/Linienorganisation, Prozeßorganisation)

g) Werden Ihre Vertriebsmitarbeiter leistungsorientiert entlohnt oder denken Sie über derartige Modelle nach?

5. Preiskontrolle und Dokumentation

a) Dokumentieren Sie die beim Absatz zustande gekommenen Preise? (regelmäßig, gar nicht, nur nach Marketingaktionen)

b) Wie beurteilen Sie die Güte und Aktualität dieser Daten?

c) Führen Sie bei Preisentscheidungen in der Planungsphase und/oder ex post eine Ist-Soll-Analyse hinsichtlich der Ursachen von Abweichungen durch?

6. Prognose hinsichtlich der Diffusion von Preisstrategien

Welche Bedeutung werden Ihrer Ansicht nach folgende im Gespräch bereits geklärte Preisstellungsformen innerhalb der nächsten 5 Jahre erlangen? (geringe, durchschnittliche, überdurchschnittliche Bedeutung)

a) Kick-Back-Pricing

b) Honorarmodelle

c) Banking by Level

d) Nichtlineare Preisstellung

e) Loyalitätsabhängige Preisstellung

   f) Pauschalpreise

   g) Erfolgsabhängige Preisstrategien

   h) Leistungsgarantien

   i) Premium Pricing

   j) Two Part Pricing

   k) Price Bundling

   l) Random Discounting

   m) Andere Discount-Strategien

7. Prognose des zukünftigen Wettbewerbsszenarios

a) Welche Bankleistungsanbieter werden zukünftig Ihre bedeutendsten potentiellen Konkurrenten sein? (z.B. Nearbanks, Nonbanks, Direktbanken, international operierende Kreditinstitute, etc.)

b) Welche Rolle spielen zukünftig europäische und außereuropäische Konkurrenten ? (keine, geringere, größere Bedeutung)

c) Glauben Sie an grenzüberschreitende Fusionen in der Kreditwirtschaft innerhalb der nächsten 5 Jahre ?

Beantwortet von: **(Name/n)**

Geschäftsbereich(e):

Funktion(en):

ggf. Visitenkarten

339

Auswertung des Fragebogens der Expertenbefragung

1. Analysen zur Vorbereitung von Preisentscheidungen

Tabelle A1: Ausmaß bankbetrieblicher Marktforschungsaktivitäten. Abs. Hfgkt. zu Frage 1a.

	Großbanken	Sparkassen	Kredit-genossenschaften	Summe Filialbanken	Direktbanken	Gesamt
gar nicht	0	1	2	3	0	3
nicht systematisch	3	2	3	8	2	10
nur durch Dienstleister	3	3	2	8	2	10
systematisch	5	2	1	8	7	15

Tabelle A2: Ausmaß bankbetrieblicher Marktforschungsaktivitäten. Rel. Hfgkt. zu Frage 1a.

Anteil des jeweiligen Bankentyps in %:	Filialbanken (27)	Direktbanken (11)	Gesamt (38)
gar nicht	11,1	0,0	7,9
nicht systematisch	29,6	18,2	26,3
nur durch Dienstleister	29,6	18,2	26,3
systematisch	29,6	63,6	39,5

Tabelle A3: Arten bankbetrieblicher Marktforschungsaktivitäten. Abs. Hfgkt. zu Frage 1b.

	Großbanken	Sparkassen	Kredit-genossen-schaften	Summe Filial-banken	Direkt-banken	Gesamt
Primärforschung						
Konkurrenzanalyse	8	8	8	24	10	34
Multivariate Analyseverfahren	3	1	1	5	3	8
Befragungen der Kundenberater	3	3	3	9	6	15
Kundenbefragungen	5	5	6	16	6	22
Experimente	1	0	0	1	0	1
Beobachtungen	3	2	2	7	5	12
Sekundärforschung						
Internes Rechnungswesen	8	9	10	27	10	37
Andere sekundärstatistische Quellen	8	5	5	18	8	26

Tabelle A4: Arten bankbetrieblicher Marktforschungsaktivitäten. Rel. Häufigkeiten zu Frage 1b.

Anteil des jeweiligen Banktyps in %:	Filialbanken	Direktbanken	Gesamt
Primärforschung			
Konkurrenzanalyse	88,9	90,9	89,5
Multiv. Analyseverfahren	18,5	27,3	21,1
Befragungen der Kundenberater bzw. Call-Center-Mitarbeiter	33,3	54,6	39,5
Kundenbefragungen	59,3	54,6	57,9
Experimente	3,7	0,0	2,6
Beobachtungen	25,9	45,5	31,6
Sekundärforschung			
Internes Rechnungswesen	100,0	90,9	97,4
Sekundärstatistische Quellen	66,7	72,7	68,4

Tabelle A5: Richtungen bankbetrieblicher Analyseaktivitäten. Abs. Hfgkt. zu Frage 1c.

	Groß-banken	Sparkassen	Kredit-genossen-schaften	Filial-banken	Direkt-banken	Gesamt
Bonitätsanalysen	10	7	7	24	8	32
Budgetanalysen	2	2	1	5	8	13
Cross-Selling-Analysen	6	5	5	16	6	22
Zielgruppenanalysen	5	4	3	12	10	22
Rentabilitätsanalysen	7	4	4	15	9	24
Preissensitivitätsanalysen	2	1	1	4	2	6
Andere	1	2	0	3	2	5

Tabelle A6: Richtungen bankbetrieblicher Analyseaktivitäten. Rel. Hfgkt. zu Frage 1c.

Anteil des jeweiligen Bankentyps in %:	Filialbanken	Direktbanken	Gesamt
Bonitätsanalysen	88,9	72,7	84,2
Budgetanalysen	18,5	72,7	34,2
Cross-Selling-Analysen	59,3	54,6	57,9
Zielgruppenanalysen	44,4	90,9	57,9
Rentabilitätsanalysen	55,6	81,8	63,1
Preissensitivitätsanalysen	14,8	18,2	15,8
Andere	11,1	18,2	13,2

Abbildung A2: Richtungen bankbetrieblicher Analyseaktivitäten.

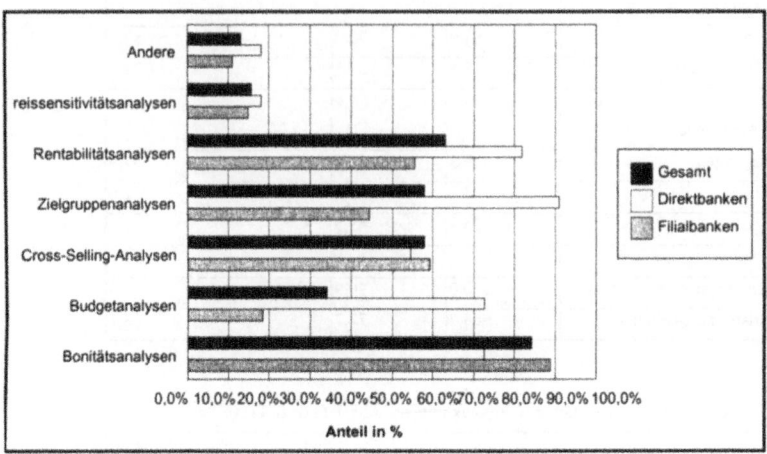

Tabelle A7: Angestrebte Richtungen bankbetrieblicher Analyseaktivitäten. Abs. Hfgkt. zu Frage 1d.

	Groß- banken	Spar- kassen	Kredit- genossen- schaften	Filial- banken	Direkt- banken	Gesamt
Bonitätsanalysen	1	1	0	2	0	2
Budgetanalysen	5	2	3	10	2	12
Cross-Selling-Analysen	3	2	3	8	4	12
Zielgruppenanalysen	3	1	1	5	0	5
Rentabilitätsanalysen	2	2	1	5	0	5
Preissensitivitätsanalysen	8	4	4	16	7	23
Andere	1	2	0	3	2	5

Tabelle A8: Angestrebte Richtungen bankbetrieblicher Analyseaktivitäten. Rel. Hfgkt. zu Frage 1d.

Anteil des jeweiligen Bankentyps in %:	Filialbanken	Direktbanken	Gesamt
Bonitätsanalysen	7,4	0	5,3
Budgetanalysen	37,0	18,2	31,6
Cross-Selling-Analysen	29,6	36,4	31,6
Zielgruppenanalysen	18,5	0,0	13,2
Rentabilitätsanalysen	18,5	0,0	13,2
Preissensitivitätsanalysen	59,3	63,6	60,5
Andere	11,1	18,2	13,2

342

Abbildung A3: Angestrebte Analyseaktivitäten von Kreditinstituten.

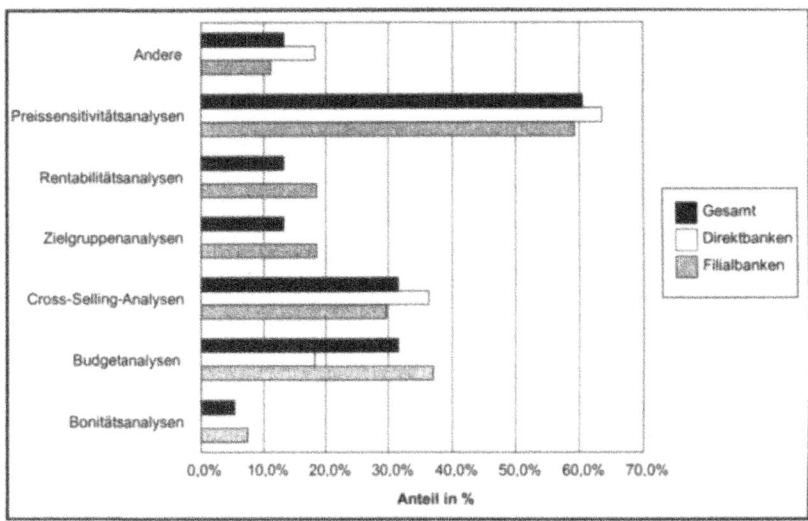

Abbildung A4: Kenntnis von (Kreuz-) Preiselastizitäten. Ergebnisse zu Frage 1e und 1f.

1e) Keine der befragten Banken hat quantifizierbare Erkenntnisse hinsichtlich der Preiselastizität bestimmter Bankleistungen.

1f) Die Anzahl der vom Kunden pro Institut durchschnittlich genutzten Produkte wurde lediglich von drei Banken bekanntgegeben, so daß an dieser Stelle eine Auswertung nicht sinnvoll erfolgen kann. Vermutlich liegt diese Zahl jedoch nicht wesentlich über zwei. In den meisten Fällen (71%) werden Cross-Selling-Effekte bei Preisentscheidungen mitberücksichtigt, können aber nicht quantifiziert werden.

Tabelle A9: Zukünftige Bedeutung des Girokontos für Cross-Selling. Abs. Hfgkt. zu Frage 1g.

	Filialbank-Manager	Direktbank-Manager	Gesamt
geringere	11	13	24
gleichbleibende	15	4	19
höhere	5	0	5
Gesamt	31	17	48

Tabelle A10: Zukünftige Bedeutung des Girokontos für Cross-Selling. Rel. Hfgkt. zu Frage 1g.

Anteil der Manger des jew. Bankentyps in %:	Filialbank-Managern	Direktbank-Managern	Gesamt
geringere	35,5	76,7	50,0
gleichbleibende	48,4	23,5	39,6
höhere	16,1	0,0	10,4

Abbildung A5: Zukünftige Bedeutung des Girokontos für Cross-Selling.

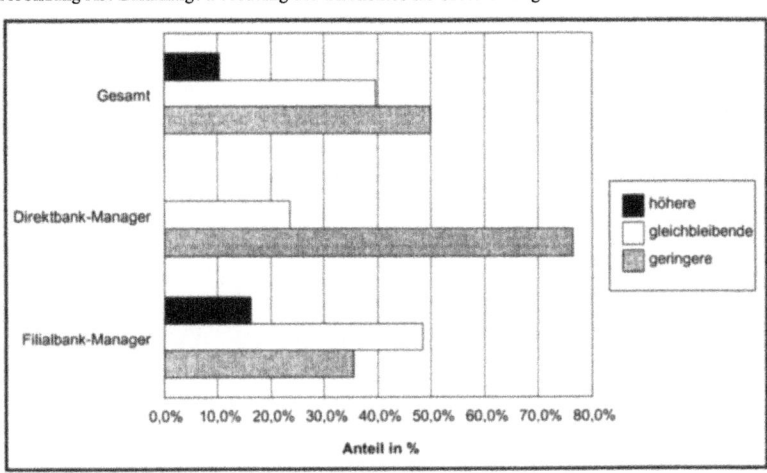

344

2. Planung von Preisentscheidungen

Abbildung A6: Verankerung der Preispolitik in der Unternehmensgesamtplanung.

Ergebnisse zu Frage 2a und 2b.

2a) Fast alle befragten Banken (32) gaben an, konkrete Marketingziele in der Unternehmensgesamtplanung implementiert zu haben.

2b) Die Frage nach der Rolle des Preises wurde vermutlich ob der hervorragenden strategischen Bedeutung lediglich von 18 Instituten beantwortet. 2 von diesen Instituten gaben an, in ihrem jeweiligen Marktsegment die generelle Preisführerschaft anzustreben. 3 weitere Banken führten an, fokussiert bei bestimmten Produkten die Preisführerschaft anzustreben. Immerhin 6 Banken streben definitiv keine Preisführerschaft, jedoch einen Preis im oberen Mittelfeld an. Nach Aussagen von 7 Instituten spielt der Preis in der Unternehmensgesamtplanung nur eine untergeordnete Rolle.

3. Preisentscheidung

Tabelle A11: Bestimmende Grundlagen von Preisentscheidungen. Abs. Hfgkt. zu Frage 3a.

Anteil des jeweiligen Bankentyps in %:	Filialbanken	Direktbanken	Gesamt
kostenorientiert	21	3	24
absatzorientiert	2	6	8
intuitiv	4	2	6

Tabelle A12: Bestimmende Grundlagen von Preisentscheidungen. Rel. Hfgkt. zu Frage 3a.

Anteil des jeweiligen Bankentyps in %:	Filialbanken	Direktbanken	Gesamt
kostenorientiert	77,8	27,3	63,2
absatzorientiert	7,4	54,6	21,2
intuitiv	14,8	18,2	15,8

Abbildung A7: Dominierende Grundlage für bankbetriebliche Preisentscheidungen.

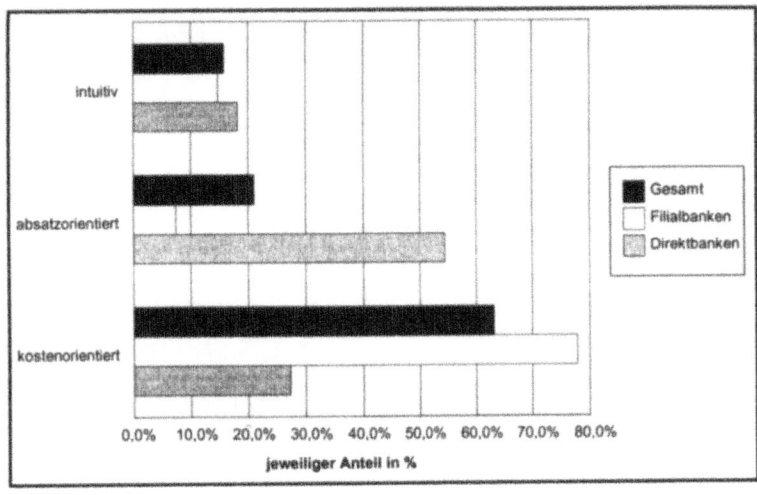

346

Tabelle A 13: Kalkulatorische Grundlage für Preisentscheidungen. Abs. Hfgkt. zu Frage 3b.

	Filialbanken	Direktbanken	Gesamt
Vollkostenbasis	22	8	30
Teilkostenbasis	5	3	8

Tabelle A 14: Kalkulatorische Grundlage für Preisentscheidungen. Rel. Hfgkt zu Frage 3b.

Anteil des jeweiligen Banktyps in %:	Filialbanken	Direktbanken	Gesamt
Vollkostenbasis	81,5	72,7	79
Teilkostenbasis	18,5	27,3	21

Abbildung A8: Kalkulatorische Grundlage der bankbetrieblichen Preisentscheidung.

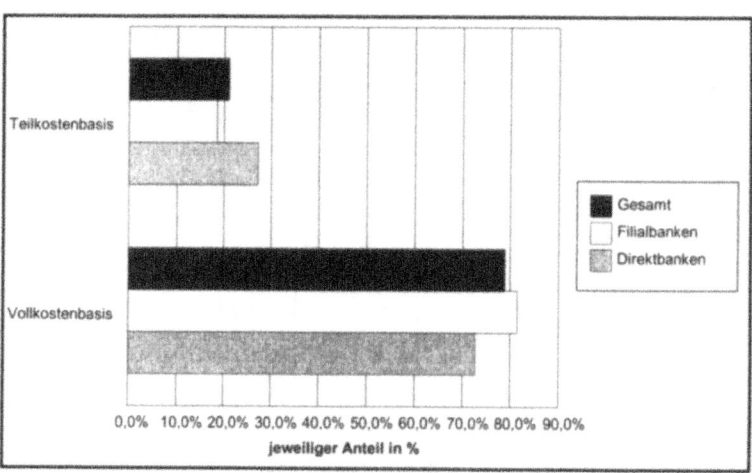

Tabelle A15: Hierarchische Ansiedlung der Kompetenz für strategische Preisentscheidungen. Absolute und relative Häufigkeiten zu Frage 3c.

	Filialbanken	Direktbanken	Gesamt	Rel. Hfgk.
Vorstand	18	5	23	60,5%
Geschäftsbereichsleitung	5	3	8	21,1%
Fachbereichsleitung	2	1	3	7,9%
Marketingleitung	2	2	4	10,5%

4. Organisation von Preisentscheidungen

Tabelle A16: Umsetzungsprobleme bei strategischen Preisentscheidungen. Abs. Hfgkt. zu Frage 4a.

	Filialbanken	Direktbanken	Gesamt
EDV	11	4	15
Kompetenzkonflikte	9	2	11
Ablauforganisation	9	2	11
Akzeptanz in Filialen/Call-Center	21	1	22
Unsicherheit über die Marktreaktion	22	5	27
Sonstige	4	2	6

Tabelle A17: Umsetzungsprobleme bei strategischen Preisentscheidungen. Rel. Hfgkt. zu Frage 4a.

Anteil des jeweiligen Bankentyps in %:	Filialbanken	Direktbanken	Gesamt
EDV	40,7	36,4	39,5
Kompetenzkonflikte	33,3	18,2	28,9
Ablauforganisation	33,3	18,2	28,9
Akzeptanz in Filialen/Call-Center	77,8	9,1	57,9
Unsicherheit über die Marktreaktion	81,5	45,5	71,7
Sonstige	14,8	18,2	15,8

Tabelle A18: Einflußnehmende Abteilungen bei Preisentscheidungen. Abs. Hfgkt. zu Frage 4b.

	Filialbanken	Direktbanken	Gesamt
Vertrieb	26	7	31
Marketing	5	9	14
Controlling	20	7	27
Rechnungswesen	12	2	14
Unternehmensentwicklung	3	6	9
Konzernsteuerung	25	2	27
sonstige	6	0	6

Tabelle A19: Einflußnehmende Abteilungen bei Preisentscheidungen. Rel. Hfgkt. zu Frage 4b.

Anteil des jeweiligen Bankentyps in %:	Filialbanken	Direktbanken	Gesamt
Vertrieb	96,3	63,6	86,8
Marketing	18,5	81,8	36,8
Controlling	74,1	63,6	71,1
Rechnungswesen	44,4	18,2	36,8
Unternehmensentwicklung	11,1	54,5	23,7
Konzernsteuerung	92,6	18,2	71,1
sonstige	22,2	0	15,8

Abbildung A9: Einflußnehmende Abteilungen bei strategischen Preisentscheidungen.

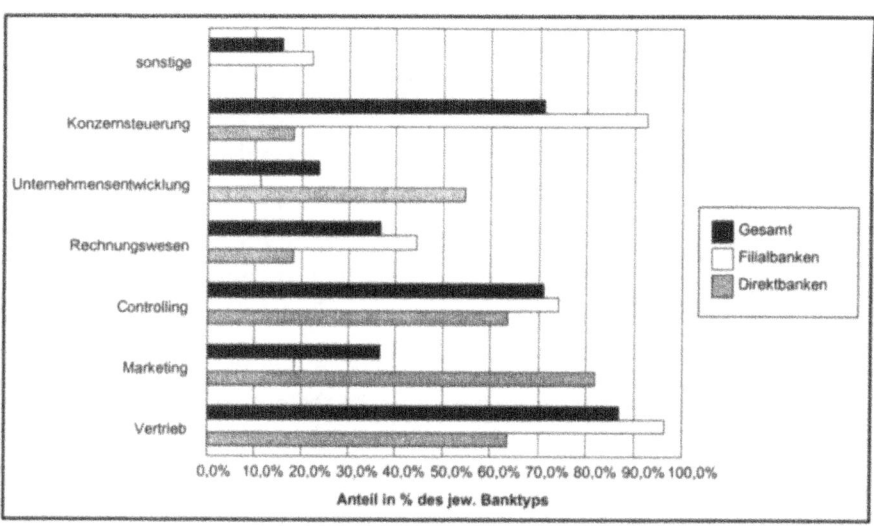

Tabelle A20: Delegation der operativen Preisentscheidungskompetenz. Abs. Hfgkt. zu Frage 4c.

	Filialbanken	Direktbanken	Gesamt
Keine Delegation	2	9	11
Partielle Delegation	8	2	10
Totale Delegation	17	0	17
Gesamt	27	11	38

Tabelle A21: Delegation der operativen Preisentscheidungskompetenz. Rel. Hfgkt. zu Frage 4c.

Anteil des jeweiligen Bankentyps in %:	Filialbanken	Direktbanken	Gesamt
Keine Delegation	7,4	81,8	29,0
Partielle Delegation	29,6	18,2	26,3
Totale Delegation	63,0	0,0	44,7

Tabelle A22: Initiierung von Preis-/Produktinnovationen. Abs. Hfgkt. zu Frage 4d.

	Filialbanken	Direktbanken	Gesamt
Vertrieb	8	9	17
Fachabteilungen	4	2	6
Projektteams	21	9	30
Andere	5	4	9
Gesamt	38	24	62

Tabelle A23: Initiierung von Preis-/Produktinnovationen. Rel. Hfgkt. zu Frage 4d.

Anteil des jeweiligen Bankentyps in %:	Filialbanken	Direktbanken	Gesamt
Vertrieb	29,6	81,8	44,7
Fachabteilungen	14,8	18,2	15,8
Projektteams	77,8	81,8	78,9
Andere	18,5	36,4	23,7

Abbildung A10: Initiatoren von Produkt- oder Preisinnovationen.

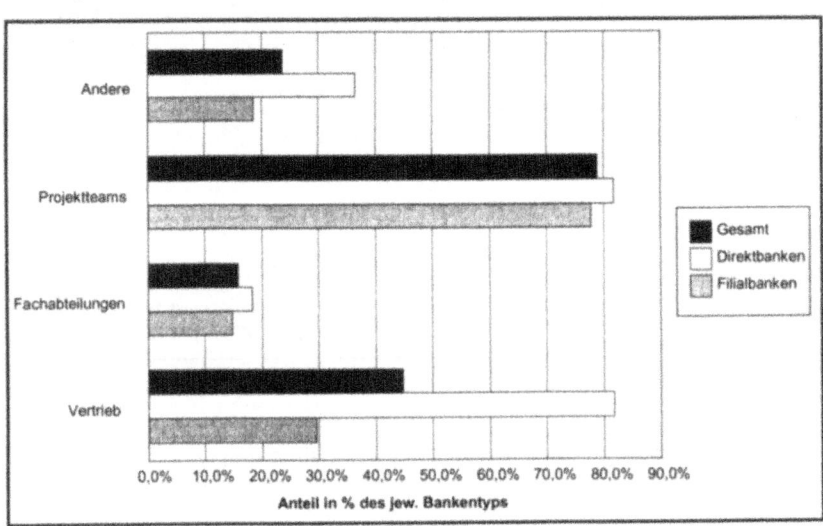

Tabelle A 24: Angewandte bankbetriebliche Informationssysteme. Abs. Hfgkt. zu Frage 4e.

	Groß-banken	Sparkassen	Kredit-genossen-schaften	Filial-banken	Direkt-banken	Gesamt
Preisinformationssystem	0	0	0	0	0	0
Data Warehouse	2	2	1	5	4	9
Vertriebsunterstützendes Kundeninformationssystem	6	5	5	16	6	22
Expertensysteme	2	1	1	4	1	5
Workflow-Systeme	4	4	2	10	6	16
Intranet	3	3	2	8	3	11
Internet	10	5	5	20	11	31
Marketing-Informationssystem	3	2	2	7	5	12
Andere	2	2	3	7	2	9

Tabelle A25: Angewandte bankbetriebliche Informationssysteme. Rel. Hfgkt. zu Frage 4e.

Anteil des jeweiligen Banktyps in %:	Filialbanken	Direktbanken	Gesamt
Preisinformationssystem	0	0	0
Data Warehouse	18,5	36,4	23,7
Kundeninformationssystem	59,3	54,6	57,9
Expertensystem	14,8	9,1	13,2
Workflow-System	37,0	54,6	42,1
Intranet	29,6	27,3	29,0
Internet	74,1	100,0	81,6
Marketing-Informationssystem	25,9	45,5	31,6
Andere	25,9	18,2	23,7

Tabelle A26: Ausgestaltung der Marketingorganisation. Abs. Hfgkt. zu Frage 4f.

	Stab-/Linienorganisation	Prozeßorganisation	Gesamt
Direktbanken	4	7	11
Filialbanken	26	1	27
Gesamt	30	8	38

Tabelle A27: Ausgestaltung der Marketingorganisation. Rel. Hfgkt. zu Frage 4f.

Anteil des jeweiligen Bankentyps in %:	Filialbanken	Direktbanken	Gesamt
Stab-/Linienorganisation	96,3	36,4	78,9
Prozeßorganisation	3,7	63,6	21,1

Tabelle A28: Leistungsabhängige Entlohnung der Vertriebs- bzw. Call-Center-Mitarbeiter in Kreditinstituten. Abs. Hfgkt. zu Frage 4g.

	Filialbanken	Direktbanken	Gesamt
keine	6	2	8
Abschlußprovision	14	2	16
Bruttoerlös	16	3	19
Gewinn	3	7	10
Qualität	2	2	5
multidimensionale Zielmaßstäbe (incl. nichtquantifizierbare)	11	3	14

Mehrfachnennungen möglich. 6 Kreditinstitute verweigerten die Beantwortung der Frage.

5. Preiskontrolle und Dokumentation

Tabelle A29: Analyse und Dokumentation des Erfolges von Preisentscheidungen .
Abs. Hfgkt. zu Frage 5a.

	Filialbanken	Direktbanken	Gesamt
keine	2	0	2
regelmäßig	12	2	14
nur nach Marketingaktionen	13	9	22

Tabelle A30: Analyse und Dokumentation des Erfolges von Preisentscheidungen .
Rel. Hfgkt. zu Frage 5a.

Anteil des jeweiligen Bankentyps in %:	Filialbanken	Direktbanken	Gesamt
keine	7,4	0	5,2
regelmäßig	44,4	18,2	36,8
nur nach Marketingaktionen	48,2	81,8	58

Tabelle A31: Güte der erhobenen Preisinformationen. Abs. Hfgkt. zu Frage 5b.

	Filialbanken	Direktbanken	Gesamt
zu hohes Aggregationsniveau	9	7	16
nicht ausreichend zeitnah	8	5	13
zu geringe Frequenz	11	6	17
sonstige Kritikpunkte	5	3	8

Mehrfachnennungen möglich.

Abbildung A11: Durchführung von preisbezogenen Ursachen-Abweichungsanalysen.
Ergebnisse zu Frage 5c.

Keines der befragten Unternehmen führt nach der Realisierung von Preisentscheidungen eine systematische ex-post-Usachen-Abweichungsanalyse durch (Vgl. auch Frage 1c). Jedoch werden ex-ante-Analysen beispielsweise in Form von Planrechnungen oder Simulationen von 65% der an der Befragung teilnehmenden Kreditinstitute vorgenommen.

6. Prognose hinsichtlich der Diffusion von Preisstrategien

Tabelle A32: Zukünftige Bedeutung von Preisstrategien. Absolute Häufigkeiten zu Frage 6.

	Direkt-bank-Manager gering	Direkt-bank-Manager durch-schnittl.	Direkt-bank-Manager überdurch-schnittl.	Filial-bank-Manager gering	Filialbank-Manger durch-schnittl.	Filialbank-Manager überdurch-schnittl.	
Random Discounting	7	7	3	25	6	0	48
Price Bundling	4	10	3	4	12	15	48
Two Part Pricing	8	6	3	25	3	3	48
Premium Pricing	10	5	2	6	22	3	48
Leistungsgarantien	5	8	4	23	8	0	48
Erfolgsabhängige Preisstrategien	6	7	4	22	5	4	48
Pauschalpreise	6	8	3	2	8	21	48
Loyalitätsabhängige Preisstellung	5	8	4	21	5	5	48
Nichtlineare Preisstellung	3	7	7	12	10	9	48
Banking by level	5	7	5	18	6	7	48
Honorarmodelle	9	5	3	6	15	10	48
Kick-Back-Pricing	4	11	2	22	6	3	48
Andere selektive Niedrigpreis-stellungen	3	12	2	5	5	21	48

Tabelle A33: Zukünftige Bedeutung von Preisstrategien. Rel. Hfgkt. zu Frage 6.

Anteil der jew. Nennung in % aller befragten Experten (48):	"gering"	"durchschnittl."	"überdurchschnittl."
Random Discounting	66,7	27,1	6,3
Price Bundling	16,7	45,8	37,5
Two Part Pricing	68,8	18,8	12,5
Premium Pricing	33,3	56,3	10,4
Leistungsgarantien	58,3	33,3	8,3
Erfolgsabhängige Preisstrategien	58,3	25,0	16,7
Pauschalpreise	16,7	33,3	50,0
Loyalitätsabhängige Preisstellung	54,2	27,1	18,8
Nichtlineare Preisstellung	31,3	35,4	33,3
Banking by level	47,9	27,1	25,0
Honorarmodelle	31,3	41,7	27,1
Kick-Back-Pricing	54,2	35,4	10,4
Selektive Niedrigpreisstellungen	16,7	35,4	47,9

7. Prognose des zukünftigen Wettbewerbsszenarios

Tabelle A34: Potentielle Konkurrenten. Abs. Hfgkt. zu Frage 7a.

	Filialbank-Manager	Direktbank-Manager	Gesamt
Nonbanks	14	10	24
Nearbanks	13	5	18
Int. Kreditinstitute	14	9	23
Direktbanken	5	4	9

Tabelle A35: Potentielle Konkurrenten. Relative Häufigkeiten zu Frage 7a.

Anteil der Manager des jew. Bankentyps in %:	Filialbank-Manager	Direktbank-Manager	Gesamt
Nonbanks	30,4	35,7	32,4
Nearbanks	28,3	17,9	24,3
Int. Kreditinstitute	30,4	32,1	31,1
Direktbanken	10,9	14,3	12,2

Abbildung A12: Potentielle Konkurrenten in Abhängigkeit des Realtyps.

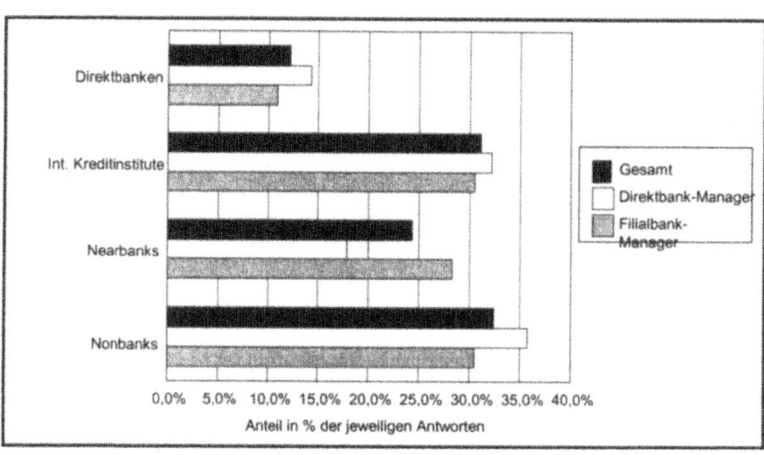

Tabelle A36: Zukünftige Bedeutung internationaler Wettbewerber. Abs. Hfgkt. zu Frage 7b.

	keine		geringere		größere		Gesamt
	Direkt-bank-Manager	Filal-bank-Manager	Direkt-bank-Manager	Filal-bank-Manager	Direkt-bank-Manager	Filal-bank-Manager	
Europäische Konkurrenz	7	6	3	6	7	19	48
Außereuropäische Konkurrenz	9	4	3	4	5	23	48
Gesamt	26		16		54		96

Tabelle A37: Erwartung grenzüberschreitender Fusionen. Abs. Hfgkt. zu Frage 7c.

	Filialbank-Manager	Direktbank-Manager	Gesamt
nein	8	4	12
ja	23	13	36
Gesamt (von allen Managern)	31	17	48

Tabelle A38: Erwartung grenzüberschreitender Fusionen. Rel. Hfgkt. zu Frage 7c.

Anteil der Manager des jew. Bankentyps in %:	Filialbank-Manager	Direktbank-Manager	Gesamt
nein	25,8	23,5	25,0
ja	74,2	76,5	75,0
Gesamt (von allen Managern)	64,6	35,4	100,0

Abbildung A13: Positionierung der in Deutschland agierenden Direktbanken.

Quelle: Eigene Erstellung nach Experten-Interviews, Geschäftsberichten, Firmenprospekten.

Direct Brokerage-Preisverzeichnis

Preisverzeichnis für das comdirect Direct Brokerage

Wenn Sie das Direct Brokerage der comdirect bank nutzen, führen wir für Sie den Kauf und Verkauf bzw. Verwahrung der von Ihnen georderten Wertpapiere durch. Durch unsere moderne und flexible Struktur entstehen dabei Kostenvorteile, die wir direkt an Sie weitergeben.

- Dadurch sind wir in der Lage Ihnen nur minimale **Gebühren** für die Verwaltung Ihres Depots zu berechnen.
- Unser Konzept wirkt sich natürlich auch auf die Kommissionsgebühren aus. Machen Sie sich selbst ein Bild über unsere attraktiven **Transaktionsgebühren**.
- Als Verrechnungskonto für Ihr Depot nutzen Sie das stark verzinste comdirect **Tagesgeldkonto**. So ist Ihr Guthaben gut angelegt, auch wenn Sie monentan an der Börse keine Gelegenheit sehen.
- Und für günstige Gelegenheiten bieten wir Ihnen den unkomplizierten und flexiblen **Wertpapierkredit** an.

Wie Sie Ihre Orders aufgeben? Kein Problem mit der **Broker Connection**.

Sie haben sich schon entschieden? Hier geht es direkt zum **Eröffnungsantrag**.

Beachten Sie bitte unsere **Geschäftsbedingungen**.

Transaktionsprovisionen

Aktien und Optionsscheine im In- und Ausland

Anlagebetrag in DM	comdirect **Provision*** in %
0,- - 14.999,99	0,49*
15.000,- - 29.999,99	0,40
30.000,- - 49.999,99	0,30
50.000,- - 149.999,99	0,24
ab 150.000,-	0,10

*Mindestprovision bei An- und Verkauf von Aktien, Optionsscheinen und Renten an deutschen Börsenplätzen: 20,- DM.
Mindestprovision bei An- und Verkauf von Aktien an ausländischen Börsenplätzen: 40,- DM.
Die Provision bei Genußscheinen richtet sich nach ihrer Ausstattung (Renten- oder Aktiencharakter).

Bei Online-Broking ermäßigt sich die Transaktionsprovision beziehungsweise die Mindestprovision um 10%.

Abbildung A14 (Fortsetzung): Wertpapierprovisionen. Preisstaffeln verschiedener Anbieter.

Transaktionspreise Deutschland.

Berechnung der Provision bei An- und Verkäufen von Wertpapieren.
Die Ermittlung der Provision erfolgt gestaffelt. Die effektive Transaktionsprovision nimmt mit zunehmender Auftragsgröße prozentual ab. Basis der Provisionsberechnung ist der Grundpreis, der bei jeder Transaktion anfällt. Zu diesem Grundpreis werden die jeweiligen Staffelbeträge addiert.

Mindestprovision Online: 8,60 €/16,82 DM

	Leistung / Produkt		Staffelung	Preise €	DM
Aktien			Grundpreis	9,60 €	18,78 DM
Optionsscheine*	Staffel in €: min. – max.	Staffel in DM: min. – max.	Prozentstaffel:	Staffelbeträge in €: min. – max.	Staffelbeträge in DM: min. – max.
Genußscheine	0 - 4.999,99	0 - 9.779,13	0,450 %	0 - 22,50	0 - 44,01
Index-Zertifikate	5.000 - 9.999,99	9.779,15 - 19.558,28	0,425 %	22,50 - 43,75	44,01 - 85,57
Kauf/Verkauf	10.000 - 24.999,99	19.558,30 - 48.895,73	0,400 %	43,75 - 103,75	85,57 - 202,93
	25.000 - 49.999,99	48.895,75 - 97.791,48	0,275 %	103,75 - 172,50	202,93 - 337,38
	50.000 und mehr	97.791,50 und mehr	0,100 %	172,50 und mehr	337,38 und mehr
Kauf/Verkauf			Grundpreis	4,60 €	9,00 DM
	Staffel in €: min. – max.	Staffel in DM: min. – max.	Prozentstaffel:	Staffelbeträge in €: min. – max.	Staffelbeträge in DM: min. – max.
	0 - 4.999,99	0 - 9.779,13	0,2250 %	0 - 11,25	0 - 22,00
	5.000 - 9.999,99	9.779,15 - 19.558,28	0,2125 %	11,25 - 21,87	22,00 - 42,77
	10.000 - 24.999,99	19.558,30 - 48.895,73	0,2000 %	21,87 - 51,87	42,77 - 101,45
	25.000 - 49.999,99	48.895,75 - 97.791,48	0,1375 %	51,87 - 86,24	101,45 - 168,67
	50.000 und mehr	97.791,50 und mehr	0,0500 %	86,24 und mehr	168,67 und mehr
Renten**			Grundpreis	4,60 €	9,00 DM
Kauf/Verkauf über die Börse	Staufemisionen des Bundes; Staffel in €: min. – max.	Staffel in DM: min. – max.	Prozentstaffel: Telefon und Online	Staffelbeträge in €: min. – max.	Staffelbeträge in DM: min. – max.
	0 - 4.999,99	0 - 9.779,13	0,2250 %	0 - 11,25	0 - 22,00
	5.000 - 9.999,99	9.779,15 - 19.558,28	0,2125 %	11,25 - 21,87	22,00 - 42,77
	10.000 - 24.999,99	19.558,30 - 48.895,73	0,2000 %	21,87 - 51,87	42,77 - 101,45
+	25.000 - 49.999,99	48.895,75 - 97.791,48	0,1375 %	51,87 - 86,24	101,45 - 168,67
	50.000 und mehr	97.791,50 und mehr	0,0500 %	86,24 und mehr	168,67 und mehr
	Kauf von: Finanzierungsschutzbriefen; Bundesschatzbriefen; Bundesobligationen 5-jährig			keine Berechnung	
Neuemissionen	Vormerkung für Zeichnungsauftrag			2,60 €	5,09 DM
	Vormerkung für Zeichnungsauftrag			0,00 €	0,00 DM
+	Zuteilung von Neuemissionen		Staffel wie Kauf Aktien	Grundgebühr 9,60 € Staffelbeträge wie Kauf/Verkauf Aktien	Grundgebühr 18,78 DM Staffelbeträge wie Kauf/Verkauf Aktien
			Staffel wie Kauf Aktien	Grundgebühr 0,00 € Staffelbeträge wie Kauf/Verkauf Aktien Online	Grundgebühr 0,00 DM Staffelbeträge wie Kauf/Verkauf Aktien Online

* Bei der Ausübung von Optionsscheinen werden die Transaktionspreise einer Telefonorder berechnet. Keine Berechnung bei Verfall bzw. Endfälligkeit von Optionsscheinen.
** Online-Handel: Bei Renten keine Mindestprovision!

Konditionen und Preise

BROKERAGE 24

Depot Konto 24

	unter 5.000,- EUR (9.779,15 DM)	ab 5.000,- EUR (9.779,15 DM)	ab 25.000,- EUR (48.895,75 DM)	ab 50.000,- EUR (97.791,50 DM)	ab 125.000,- EUR (244.478,75 DM)
Zinssatz z. Zt. pro Jahr	2,40 %	2,50 %	2,60 %	2,70 %	2,80 %

Depot Konto 24 in Fremdwährung

Währung	USD	CAD	AUD	SFR	GBP	ZAR	JPY
Guthabenzins z. Zt.	2,50 %	2,00 %	2,50 %	0,00 %	2,50 %	7,00 %	0,00 %
Überziehungszins z. Zt.	18,00 %	16,25 %	18,00 %	14,00 %	16,50 %	29,00 %	11,50 %

Depot Kredit 24

	ab 12.000,- EUR Mindestbetrag bis unter 50.000,- EUR (23.469,96 DM / 97.791,50 DM)	ab 50.000,- EUR bis unter 125.000,- EUR (97.791,50 DM / 244,478,75 DM)	ab 125.000,- EUR (244.478,75 DM)
Kreditzins z. Zt. pro Jahr	6,00 %	5,50 %	5,00 %

Überziehungen Depot Konto 24

Überziehungen* 9,50 % p.a.

* Überziehungen des Depot Kontos 24 ohne zugesagten Depot Kredit 24 oder über den zugesagten Depot Kredit 24 hinaus

Konto für Depot Spar 24

	unter 5.000,- EUR (9.779,15 DM)	ab 5.000,- EUR (9.779,15 DM)	ab 25.000,- EUR (48.895,75 DM)	ab 50.000,- EUR (97.791,50 DM)	ab 125.000,- EUR (244.478,75 DM)
Zinssatz z. Zt. pro Jahr	2,40 %	2,50 %	2,60 %	2,70 %	2,80 %

Konditionen Wertpapiere

Die Preise setzen sich zusammen aus einem Grundpreis und einem auf Grundlage der Preisstaffel ermittelten Transaktionspreis. Der Grundpreis fällt bei jeder Order an. Die Höhe richtet sich nach der Art des Wertpapieres, der gewünschten Verwahrart sowie danach, ob die Wertpapiere an deutschen oder an ausländischen Börsen gehandelt werden. Die weitere Provisionsermittlung erfolgt gestaffelt. Mit zunehmender Auftragsgröße nimmt die effektive Transaktionsprovision prozentual ab. Dabei wird das jeweilige Ordervolumen (Kurswert) auf die im folgenden angegebenen Staffeln verteilt und nicht nach der erreichten Höchstbetragsstaffel berechnet.

Basis-Preisstaffel (vom jeweiligen Kurswert)

EURO	für erteilte Aufträge per Telefon/Fax	für elektronisch erteilte Aufträge	Umrechnung in DM
von 0,01 EUR bis 12.500,00 EUR	0,42 %	0,294 %	von 0,01 DM bis 24.447,88 DM
von 12.500,01 EUR bis 25.000,00 EUR	0,40 %	0,280 %	von 24.447,89 DM bis 48.895,75 DM
von 25.000,01 EUR bis 37.500,00 EUR	0,30 %	0,210 %	von 48.895,76 DM bis 73.343,63 DM
von 37.500,01 EUR bis 50.000,00 EUR	0,20 %	0,140 %	von 73.343,64 DM bis 97.791,50 DM
von 50.000,01 EUR bis 125.000,00 EUR	0,15 %	0,105 %	von 97.791,51 DM bis 244,478,75 DM
ab 125.000,01 EUR	0,10 %	0,070 %	ab 244.478,76 DM

Insgesamt: 48 Bankmanager

davon: 14 Manager von Universalbanken

8 Manager von Kreditgenossenschaften

9 Manager von Sparkassenorganisationen

17 Direktbankmanager

aus 38 verschiedenen Instituten, davon:

11 Universalbanken

1. Deutsche Bank AG
2. Dresdner Bank AG
3. BfG Bank AG
4. Berliner Bank AG
5. Commerzbank AG
6. Bayerische Vereinsbank AG
7. Bayerische Hypotheken- und Wechselbank AG
8. Citibank AG
9. Postbank AG
10. Bank Vontobel AG
11. Salzburger Kredit- und Wechselbank AG

8 Kreditgenossenschaften

1. Kieler Volksbank eG
2. Deutsche Apotheker und Ärztebank eG
3. Badische Beamtenbank eG
4. Sparda Bank eG FFM
5. Sparda Bank eG HH
6. Raiffeisenbank Reutte reg. Gen. mbH
7. Mainzer Volksbank eG
8. Berliner Volksbank eG

8 Sparkassen

1. Bayerische Landesbank
2. Kreissparkasse Hannover
3. Kreissparkasse Köln
4. Frankfurter Sparkasse (1822 direkt)
5. Kreissparkasse Ludwigsburg
6. Nassauische Sparkasse
7. West LB
8. Stadtsparkasse München

11 (reine) Direktbanken

1. Advance Bank AG
2. comdirect bank GmbH
3. Direkt Anlage Bank AG
4. Allgemeine Deutsche Direktbank AG
5. Consors GmbH
6. American Express Co. GmbH
7. Bank Girotel GmbH
8. Visa AG
9. Santander Direkt GmbH
10. Quelle Bank GmbH
11. Volkswagen direct GmbH

Literaturverzeichnis

Aaker, D.A (1984), Strategic Market Management, New York.

Aaker, D.A./ Day, G.S (1986), Marketing Research, 3. ed., New York et al.

Adams, W.J./ Yellen, J.L. (1976), Commodity Bundling and the Burden of Monopoly, in: Quarterly Journal of Economics, Vol. 40, S. 475-488.

Adelt, P.J./ Müller, H./ Wiswede, G. (1994), Ausprägung und Prognose der Spar- und Anlagementalität, in: Sparkasse, 111. Jg., S. 263-273.

Albach, H. (1973), Das Gutenberg-Oligopol, in: H. Koch, (Hrsg.), Zur Theorie des Absatzes, Festschrift zum 75. Geburtstag von Erich Gutenberg, Wiesbaden, S. 9-33.

Albach, H. (1989), Dienstleistungsunternehmen in Deutschland, in: Zeitschrift für Betriebswirtschaft, 59. Jg., S. 397-421.

Albers, S./ Brockhoff, K (1985), Die Gültigkeit der Ergebnisse eines Testmarktsimulators bei unterschiedlichen Daten und Auswertungsmethoden, in: Zeitschrift für betriebswirtschaftliche Forschung, 37. Jg., S. 191-217.

Albers, S. (1989a), Entscheidungshilfen für den Persönlichen Verkauf, Berlin.

Albers, S. (1989b), Ein System zur IST-SOLL-Ursachenanalyse von Erlösen, in: Zeitschrift für Betriebswirtschaft, 59. Jg., S. 637654.

Albers, S. (1989c), Der Wert einer Absatzreaktionsfunktion für das Erlös-Controlling, in: Zeitschrift für Betriebswirtschaft, 59. Jg., S. 1235-1241.

Albers, S. (1992), Ursachenanalyse von marketingbedingten IST-SOLL-Deckungsbeitragsabweichungen, in: Zeitschrift für Betriebswirtschaft, 62. Jg., S. 199-223.

Anderson, R.E. (1973), Consumer Dissatisfaction: The Effect of Disconfirmed Expectancy on Perceived Product Performance, in: Journal of Marketing Research, Vol. 10, S. 38-44.

Andersen (1992), Das schweizerische Bankwesen an der Schwelle zum Consulting Jahr 2000,o.O.

Antilla, M. (1977), Consumer Price Perception, Helsinki.

Antilla, M. (1985), Pricing in Service Marketing, in: C. Grönroos, E. Gummesson, (Hrsg.), Service Marketing: Nordic School Perspectives, Stockholm, S. 120-130.

Armistead, C./ Rowland, P. (1996), Managing Business Processes. Business Process Reengineering and Beyond, Chichester.

Atkinson, J.W. (1964), An Introduction to Motivation, Princeton.

Backhaus, K./ Erichson, B./ Plinke, W./ Weiber, R (1996), Multivariate Analysemethoden. Eine anwendungsorientierte Einführung, 8. verbesserte Auflage, Berlin, New York, Paris.

Batz, E. (1969), Die Anpassung des technisch-organisatorischen Bereichs von Kreditinstituten, Wiesbaden.

Bauer, R.A. (1967), Consumer Behaviour as Risk Taking, in: D.F. Cox, (Hrsg.), Risk Taking and Information Handling in Consumer Behaviour, Boston, S. 23-33.

Bauer, H. H. (1993), Imagepolitik für Banken, in: Bankinformation/Genossenschaftsforum, 20. Jg., Nr. 5, S. 6-13.

Bateson, J.E.G. (1989), Service Pricing Policy, in: J.E.G. Bateson, (Hrsg.), Managing Services Marketing: Text and Readings, Chicago et al., S. 358-365.

Baxmann, U. G. (1987), Bankloyalität im Wandel ?, in: Bank und Markt, 16. Jg., Nr. 2, S. 12-14.

Becker, H. P./ Herges, P./ Steitz, M. (1991), Was erwarten Kunden von der Bank, in: Bank und Markt, 20. Jg., Nr. 2, S. 23-25.

Bell, M.L. (1986), Some Strategy Implications of a Matrix Approach to the Classification of Marketing Goods and Services, in: Journal of the Academy of Marketing Science, Vol. 14, No. 1, S. 13-20.

Berekoven, L. (1966), Der Begriff "Dienstleistung" und seine Bedeutung für eine Analyse der Dienstleistungsbetriebe, in: Jahrbuch der Absatzund Verbrauchsforschung, 12. Jg., S. 314-326.

Berekoven, L. (1968), Die Besonderheiten der Werbung für immaterielle Güter, in: R. Seyffert, E. Kosiol und E. Sundhoff, (Hrsg.), Betriebswirtschaft und Marktpolitik, Köln.

Berekoven, L. (1982), Grundlagen der Absatzwirtschaft. Darstellung, Kontrollfragen, Lösungen, 2. Auflage, Herne, Berlin.

Berekoven, L. (1983), Der Dienstleistungsmarkt in der Bundesrepublik Deutschland. Theoretische Fundierung und empirische Analyse. Band I und II, Göttingen.

Berekoven, L./ Eckert, W./ Ellenrieder, P. (1999), Marktforschung-methodische Grundlagen praktische Anwendung, 8. überarbeitete Auflage, Wiesbaden.

Bernet, B. (1994), Relationship Pricing, in: Die Bank, o. Jg., S. 708-712.

Bernet, B. (1995a), Zur Preispolitik der Schweizer Banken, in: Österreichisches Bankarchiv, 43. Jg., S. 31-39.

Bernet, B. (1995b), Strategische Optionen im Retail Banking, in: B. Bernet, P. Schmidt, (Hrsg.), Retail Banking, Visionen, Konzepte und Strategien für die Zukunft, Wiesbaden, 1995, S. 25-45.

Bernet, B./ Schmidt, P. (1995), Retail Banking, Visionen, Konzepte und Strategien für die Zukunft, Wiesbaden.

Bernhardt, P./ Fux, A. (1991), Preispolitik bei Girokonten, in: Bank und Markt, 20. Jg., Nr. 6, S. 25-27.

Bernhardt, P./ Fux, A. (1992), Dilemma in der Preispolitik ?, in: Bank und Markt, 21. Jg., Nr. 1, S. 21-22.

Berry, L. (1980), Services Marketing is Different, in: Business, Vol. 30, No. 3, May-June, S. 24-29.

Berry, L. (1995), On great Service: A Framework for Action, New York.

Berry, L./ Parasuraman, A. (1992), Service-Marketing, Frankfurt/Main, New York.

Berry, L./ Yadav, M.S. (1997), Oft falsch berechnet und verwirrend-die Preise für Dienstleistungen, in: Harvard Business Manager, Nr. 1, o.Jg., S. 57-67.

Betsch, O. (1984), Zur Bedeutung der Wertstellung als Preis im Bank geschäft, in: Bank und Markt, 13. Jg., Nr.1, S. 20-25.

Betsch, O./ Förderreuther, R./ Goeke, M. (1976), Transparente Bankpreise und Überweisungslaufzeiten, Arbeitspapiere des Betriebswirtschaftlichen Instituts der Friedrich-Alexander-Universität Erlangen-Nürnberg, Heft 38, Nürnberg.

Bevan, W./ Gaylord, S. (1978), Stimuli, the Perceiver and Perception, in: R.D. Walk, H.L. Pick, (Eds.), Perception and Experience, New York, London, S. 361-385.

Bierer, H./ Faßbender, H./ Rüdel, T. (1992), Auf dem Weg zur schlanken Bank, in: Die Bank, o. Jg., S. 500-506.

Binder, P./ Gierl, H. (1993), Internationale Preisstellungen von Serviceleistungen, in: Der Markt, 32. Jg., Nr. 124, S. 12-21.

Blunck, L. (1991), Wo Bankkonditionen drücken können: Anmerkungen aus Sicht der Verbraucherpolitik, in: Bank und Markt, 20. Jg., Nr. 5, S. 14-15.

Böcker, F. (1982), Preistheorie und Preisverhalten, München.

Bräuer, N. (1995), Preise und Provisionen im WP-Geschäft, in: Bank und Markt, 24. Jg., Nr. 4, S. 16-22.

Brealey, R.A./ (1991), Principles of Corporate Finance, 4. ed., New York, Myers, S.C. St. Louis, St. Francisco.

Brockhoff, K. (1979), Delphi-Prognosen im Computer-Dialog, Tübingen.

Brockhoff, K. (1993), Produktpolitik, 3. erw. Aufl., Stuttgart, Jena.

Bühler, W. (1995), Modelltypen der Aufbauorganisation in Kreditinstituten, in: J.H. von Stein, J. Terrahe, (Hrsg.), Handbuch Bankorganisation, 2. Auflage, Stuttgart.

Büschgen, H.E. (1982), Banken im sich verändernden Umfeld. in: Zeitschrift für Betriebswirtschaft, 52. Jg., S. 3-26.

Büschgen, H.E. (1998), Bankbetriebslehre, Bankgeschäfte und Bankmanagement, 5. vollst. überarb. und erw. Aufl., Wiesbaden.

Büschgen, H.E. (1995), Bankmarketing, Düsseldorf.

Bullinger, H.-J./ Dangelmaier, W. (1989), Organisationsdarstellungen und Methoden für die Ablauforganisation Unternehmen, in: P. Lindemann, K. Nagel, (Hrsg.), Organisation, 15. Ergänzungslieferung, Neuwied.

Burnkrant, R.E. (1976), A Motvational Model of Information Processing Intensity, in: Journal of Consumer Research, Vol. 3, S. 21-30.

Burton, S. (1990), The Framing of Purchase for Services, in: The Journal of Services Marketing, Vol. 4, S. 55-68.

Cannon, H.M./ Morgan, F.W. (1990), A Strategic Pricing Framework, in: Journal of Services Marketing, Vol. 4, S. 19-30.

Cattin, P./ Wittink, D.R. (1982), Commercial Use of Conjoint Analysis: A Survey, in: Journal of Marketing, Vol. 46, Summer, S. 44-53.

Chandler, A.D. (1962), Strategy and Structure. Chapters in the History of Industrial Enterprise, Cambridge.

Channon, D.F. (1986), Bank Strategic Management and Marketing, Chicester, New York, Brisbane.

Charlton, P. (1991), Der Wettbewerb im Bankwesen der neunziger Jahre-Wer wird gewinnen?, in: Sparkassen international, Nr. 2, S. 13-15.

Chase, R.B. (1978), When Does the Customer Fit in an Operation ? In: Harvard Business Review, Vol. 56, No. 6, S. 137-142.

Chmielewicz, K. (1968), Grundlagen industrieller Produktgestaltung, Berlin.

Chorafas, D.N. (1989), Bank Profitability, From Cost Control to Pricing Financial Products and Services, London, Boston, Dublin.

Christen, P. (1993), Preispolitik von Banken, Bern, Stuttgart, Wien.

Churchill, G.A. (1979), A Paradigm for Developing Better Measures of Marketing Constructs, in: Journal of Marketing Research, Vol. 16, S. 64-73.

Churchill, G.A./ Ford, N.M./ Walker, O.C. (1993), Sales Force Management, 4. Aufl., Homewood, Boston.

Coase, R.H. (1937), The Nature of the Firm, in: Economica, Vol. 4, S. 386-405.

Coenenberg, A./ Fischer, T.M. (1991), Prozeßkostenrechnung-Strategische Neuorientierung in der Kostenrechnung, in: Die Betriebswirtschaft, 51. Jg., S. 21-38.

Congram, C.A./ Friedman, M.L. (1991), Handbook of Marketing for the Service Industries, New York.

Cooper, R. (1992), Activity-Based Costing, in: W. Männel, (Hrsg.), Handbuch Kostenrechnung, Wiesbaden, S. 360-383.

Corsten, H. (1985), Die Produktion von Dienstleistungen. Betriebswirtschaftliche Studien, Band 51, Berlin.

Corsten, H. (1986), Zur Diskussion der Dienstleistungsbesonderheiten und ihrer ökonomischen Auswirkungen, in: Jahrbuch der Absatz und Verbrauchsforschung, 32. Jg., Nr. 1, S. 16-41.

Corsten, H. (1989), Dienstleistungsmarketing-Elemente und Strategien, in: Jahrbuch der Absatz und Verbrauchsforschung, 35. Jg., Nr. 1, S. 23-40.

Corsten, H. (1990), Betriebswirtschaftslehre der Dienstleistungsunternehmungen, 2. Auflage, München, Wien.

Corsten, H. (1994), Integratives Dienstleistungsmanagement: Grundlagen, Beschaffung, Produktion, Marketing, Wiesbaden.

Cox, D.F. (1967), Risk Taking and Information Handling in Consumer Behavior, Boston.

Currim, I.S./ Weinberg, C.S./ Wittink, D.R. (1981), Design of Subscription Programs for a Performing Arts Series, in: Journal of Consumer Research, Vol. 8, S. 67 – 75.

Czepiel, J.A./ Solomon, M.R./ Suprenant, C.F. (1985), The Service Encounter: Managing Employee/Customer Interaction in Service Business, Lexington.

Dahlhausen, V./ Siebald, R. (1995), Discount-Broking in den USA und in Deutschland, in: Bank und Markt, 24.Jg., Nr. 4, S. 28-33.

Daudel, S./ Vialle, G. (1994), Yield Management, Applications to Air Transport and other Service Industries, Paris.

Darby, M./ Karni, E. (1973), Free Competition and the Optimal Amount of Fraud, in: Journal of Law and Economics, Vol. 16, No. 1, S. 67-88.

Davis, F.W./ McMillan, J.R. (1987), Have we Defined Services as an Intangible Good to Find a Way to Use Existing Marketing Tools ?, in: American Marketing Association (Hrsg.), The Services Challenge, Chicago, S. 39-45.

Day, G.S./ Ryans, A.B. (1988), Using Price Discounts for a Competetive Advantage, in: Industrial Marketing Management, Vol. 17, S. 1-14.

Deppe, H. D. (1972), Ein dreiviertel Jahrhundert bankbetrieblicher Konditionengestaltung in heutiger Sicht, in: Betriebswirtschaftliche Blätter für die Praxis der Sparkassen und Landesbanken, Nr. 3, S. 95-98.

Deppe, H. D. (1974), Bankbetriebslehre, in: Handwörterbuch der Betriebswirtschaftslehre, Sp. 402-418.

Deppe, H.D. (1978), Bankbetriebliches Lesebuch, Ludwig Mülhaupt zum 65. Geburtstag, Stuttgart.

Devlin, B. (1997), Data Warehouse-from Architecture to Implementation, Reading.

Dichtl, E./ Bauer, H.H./ Schölch, S. (1983), Kontoführungsgebühren als Gegenstand von Marktmodellen, in: Die Betriebswirtschaft, 43. Jg., S. 417-430.

Diepen, G. (1987), Der Bankbetrieb, Lehrbuch und Aufgabensammlung, 11. Auflage, Wiesbaden.

Diller, H. (1977a), Prädisposition und Differenzierung in Preisbeurteilungsprozessen von Letztverbrauchern, in: Der Markt, o. Jg., Nr. 61, S. 11-20.

Diller, H. (1977b), Der Preis als Qualitätsindikator, in: Die Betriebswirtschaft, 37. Jg., S. 219-232.

Diller, H. (1978a), Theoretische und empirische Grundlagen zur Erfassung der Irreführung über die Preisbemessung, in: Wirtschaftswissenschaftliches Studium, 7. Jg., S. 249-255.

Diller, H. (1978b), Das Preisbewußtsein der Verbraucher und seine Förderung durch Bereitstellung von Verbraucherinformationen, Mannheim.

Diller, H. (1979), Preisinteresse und Informationsverhalten beim Einkauf dauerhafter Lebensmittel, in: H. Meffert, H. Steffenhagen, H. Freter, (Hrsg.), Konsumentenverhalten und Information, Wiesbaden, S. 67-84.

Diller, H. (1982a), Das Preisinteresse von Konsumenten, in: Zeitschrift für die betriebswirtschaftliche Forschung, 34.Jg., S. 314-334.

Diller, H. (1982b), Der Preis als Qualitätsindikator, in: F. Böcker, (Hrsg.), Preistheorie und Preisverhalten, 1982, München, S. 60-89.

Diller, H. (1991), Preispolitik, 2. überarbeitete Auflage, Stuttgart.

Diller, H. (1992), Preismanagement in der Markenartikelindustrie, in: Zeitschrift für die betriebswirtschaftliche Forschung, 44. Jg., S. 1109-1125.

Dodds, W.B./ Monroe, K.B. (1985), The Effect of Brand and Price Information on Subjektive Product Evaluations, in: Advances in Consumer Research, Vol. 12, S. 85-90.

Dodds, W.B./ Monroe, K.B./ Grewal, D. (1991), Effects of Price, Brand, and Store Infor mation on Buyer's Product Evaluations, in: Journal of Marketing Research, Vol. 28, S. 307-319.

Döll, H.J. (1987), Kündigungsrecht bei Darlehen geändert, in: Die Bank, o. Jg., S. 39-45.

Döll, H.J.,/ Siebert, J. (1997), Werbung und Wettbewerbsrecht im Kreditgewerbe, in: Hellner, Steuer, (Hrsg.), Bankrecht und Bankpraxis, Köln.

Dolan, R.J. (1987a), Managing the Prices of Service Lines and ServiceBundles, in: L. Wright, (Hrsg.), Competing in a Deregulated or Volatile Market, Report No. 87-114, S. 28-29.

Dolan, R.J. (1987b), Quantity Discounts. Managerial Issues and Research Opportunities, in: Marketing Science, Vol. 6, S. 1-23.

Dolff, P. (1978), Konditionenpolitik der Kreditinstitute, in: H.-D. Deppe, (Hrsg.), Bankbetriebliches Lesebuch, Ludwig Mülhaupt zum 65. Geb., Stuttgart, S. 299-338.

Doranth, M. (1979), Mindestmargen im langfristigen Kreditgeschäft, in: Betriebswirtschaftliche Blätter, 28. Jg., Nr. 2, S. 72-81.

Dudler, H.-J. (1991), Strukturwandel der Geldvermögensbildung im Reifeprozeß von Volkswirtschaften, in: H.-J. Krümmel, H. Rehm, D. Simmert, (Hrsg.), Berlin, S. 53-73.

Eberstadt, G. (1993), Die Preispolitik im Wertpapiergeschäft der Banken, in: W. Gebauer und B. Rudolph, (Hrsg.), Marketing für Finanzprodukte und Finanzmärkte, Frankfurt/M., S. 159-179.

Eichhorn, F.J./ Binsch, M./ Frank M. (1997), Discount Brokerage: Die Akzeptanz bei jungen Anlegern, in: Die Bank, o. Jg., Nr. 7, S. 410-413.

Eilenberger, G. (1975), Banken im Wettbewerb, Berlin.

Eilenberger, G. (1987), Finanzierungsentscheidungen multinationaler Unternehmungen, 2. Auflage, Heidelberg.

Eilenberger, G. (1993), Bankbetriebswirtschaftslehre, 5. überarbeitete und erweiterte Auflage, München, Wien.

Eisele, D. (1971), Preisstellungsformen der Kreditinstitute-Grundfragen der Bankpreispolitik, Berlin.

Eisenführ, F./ Weber, M. (1993), Rationales Entscheiden, Berlin, Heidelberg, New York.

Ellermeier, C. (1975), Marktorientierte Bankorganisation. Marketingorganisation, -information und -management im Mengengeschäft, Darmstadt.

Elton, E.J./ Gruber, M.J. (1987), Modern Portfolio Theory and Investment Analysis, 3. Auflage, New York, Chichester, Brisbane.

Emery, F. (1969), Some Psychological Aspects of Price, in: B. Taylor, G. Wills, (Hrsg.), Pricing Strategy. Reconciling Customer Needs and Company Objectives, London, S. 98-111.

Emons, W. (1994), Credence Goods and Fraudulent Experts, Diskussionsbeiträge der Abteilung für angewandte Mikroökonomie der Universität Bern, Bern.

Engelhardt, W.H./ Kleinaltenkamp, M./ Reckenfelderbäumer, M. (1992), Dienstleistungen als Absatzobjekt, Arbeitsbericht Nr. 52 des Instituts für Unternehmensführung und Unternehmensforschung an der Ruhr-Universität Bochum, Bochum.

Engelhardt, W.H./ Kleinaltenkamp M./ Reckenfelderbäumer M. (1993), Leistungsbündel als Absatzobjekte, ein Ansatz zur Überwindung der Dichotomie von Sach und Dienstleistungen in: Zeitschrift für die betriebswirtschaftliche Forschung, 45. Jg., S. 395-426.

Engelhardt, W.H./ Schwab, W. (1982), Die Beschaffung von investiven Dienstleistungen, in: Die Betriebswirtschaft, 42. Jg., S. 503-513.

Epple, M.H. (1991), Die Kundenbindung wird schwächer: Vertrieb von Bankprodukten, in: Die Bank, o. Jg., S. 544-550.

Epple, M.H./ Ramin, J. (1993), Bedürfnisse und Einstellungen in einzelnen Lebensphasen, Konsequenzen für die Bankberatung, in: Bankinformation/ Genossenschaftsforum, 20. Jg., Heft 7, S. 42-45.

Euler, M. (1991), Private Haushalte mit Grundvermögen in den alten Bundesländern Ende 1988. Ergebnisse der Einkommensund Verbrauchsstichprobe, in: Sparkasse, 108. Jg., Nr. 7, S. 303-309.

Faßnacht, M. (1996), Preisdifferenzierung bei Dienstleistungen: Implementationsformen und Determinanten, Wiesbaden.

Faßnacht, M. (1998), Preisdifferenzierungsintensität von Dienstleistern-ein ökonomischer Erklärungsansatz, Zeitschrift für Betriebswirtschaft, 69. Jg., Nr. 7, S. 719-743.

Feldbausch, F.K. (1974), Bankmarketing, München.

Feider, J. (1985), Konsumentenreaktion auf Preise, Göttingen.

Fellner, I. (1996), Business Reengineering im Wertpapierbereich der CA, in: A. Al-Ani, (Hrsg.), Business-Reengineering in Banken-Erfahrungen aus der Praxis, Wien, S. 130-149.

Feuerstein, D. (1990), Durch Transparenz in der Preisgestaltung: Optimierung der Kundenbindung, in: Bankinformation, 19. Jg., Nr. 8, S. 49-51.

Finger, O. (1993), Differenzierung und Dynamik der Betriebsformen im Finanzdienst leistungsbereich, Mainz.

Fischer, M./ Hüser, A./ Mühlenkamp, C. (1991), Marketing und neuere ökonomische Theorie: Ansätze zu einer Systematisierung, unveröffentl. Manuskript, Schade, C./ Schott, E. Universität Frankfurt/M.

Fischer, R. (1985), Künftig noch Zinsempfehlungen ? Ein ausgestandenes Thema! In: Zeitschrift für das gesamte Kreditwesen, 38. Jg., S. 798-803.

Fischer, W./ Winkelmann, W./ Rock, R. (1977), Konsumerismus, Verbraucherinteresse und Marketinglehre - Zum Stand der deutschen absatzwissenschaftlichen Konsumerismusdiskussion, in: Marketing und Gesellschaft, W. Fischer-Winkelmann, R. Rock, (Hrsg.), Wiesbaden, S. 59-86.

Fisher, R.J. (1991), Durable Differentiation Strategies for Services, in: The Journal of Services Marketing, Vol. 5, Nr. 1, S. 19-28.

Franke, G./ Hax, H. (1990), Finanzwirtschaft des Unternehmens und Kapitalmarkt, 2. verbesserte Auflage, Berlin, Heidelberg, New York.

Franz, K.-P. (1990a), Die Prozeßkostenrechnung im Vergleich mit der Grenzplankosten und Deckungsbeitragsrechnung, in: Strategieunterstützung durch das Controlling: Revolution im Rechnungswesen?, P. Horvath, (Hrsg.), Stuttgart, S. 195 – 225.

Franz, K.-P. (1990b), Die Prozeßkostenrechnung – Darstellung und Vergleich mit der Plankostenund Deckungsbeitragsrechnung, in: Finanzund Rechnungswesen als Führungsinstrument, D. Ahlert, K.-P. Franz, H. Göppl, (Hrsg.), Wiesbaden, S. 109-136

Freiden, F./ Goldsmith, R. (1989a), Prepurchase Information-Seeking for Professional Services, in: The Journal of Services Marketing, Vol. 3, Nr. 1, S. 45-56.

Freiden, F./ Goldsmith, R. (1989), Correlates of Information Search for Professional Services, in: Journal of Professional Services Marketing, Vol. 4, Nr. 1, S. 15-29.

Frese, E. (1975), Koordination, in: E. Grochla, W. Wittmann, (Hrsg.), Handwörterbuch der Betriebswirtschaft, Bd. 2, 4. Aufl., Stuttgart, Sp. 2263-2273.

Frese, E. (1998), Grundlagen der Organisation, 7. überarb. Auflage, Wiesbaden.

Frey, D. (1979), Einstellungsforschung: Neuere Ergebnisse der Forschung über Einstellungsänderungen, in: Marketing-Zeitschrift für Forschung und Praxis, 1. Jg., Nr. 1, S. 31-45.

Frey, D./ (1993), Die Theorie der kognitiven Dissonanz, in: D. Frey, M. Gaska, A. Ihrle, (Hrsg.), Theorien der Sozialpsychologie, Band 1, 2. Aufl., Bern et al., S. 275-324.

Frey, D./ Hoyos, C./Stahlberg, D. (1992), Angewandte Psychologie, Weinheim.

Frey, D./ Irle, M. (1993a), Theorien der Sozialpsychologie, Band 1, Kognitive Theorien, 2. vollständig überarbeitete und erweiterte Auflage, Bern, Göttingen, Toronto, Seattle.

Frey, D./ Irle, M (1993b), Theorien der Sozialpsychologie, Band 3, Motivations- und Informationsverarbeitungstheorien, unveränderter Nachdruck der 1. Auflage, Bern Stuttgart, Toronto.

Friedman, M./ Friedman, R. (1980), Free to Choose, New York.

Friedman, M./ Smith, L.J. (1993), Consumer Evaluation Processes in a Service Setting, in: Journal of Services Marketing, Vol. 7, No. 2, S. 47-61.

Friedmann, R./ French, W.A. (1987), Pricing Augmented Commercial Services, in: Journal of Innovation and Management, Vol. 4, Nr. 1, S. 33-42.

Fröhling, O. (1992), Thesen zur Prozeßkostenrechnung, in: Zeitschrift für Betriebswirtschaft, 62. Jg., S. 723–741.

Fröhling, O. (1994), Verbesserungsmöglichkeiten und Entwicklungsperspektiven von Conjoint + Cost, in: Zeitschrift für Betriebswirtschaft, 64. Jg., S. 1143–1164.

Gabor, A. (1977), Pricing: Principles and Practices, London.

Gabor, A. (1988), Pricing-Concepts and Methods for Effective Marketing, 2. Auflage, Hants.

Gaitanides, M./ Scholz, R./ Vrohlings, A.(1994), Prozeßmanagement-Grundlagen und Zielsetzungen, in: Gaitanides et al., (Hrsg.), Prozeßmanagement: Konzepte, Umsetzungen und Erfahrungen des Reengineering, München, Wien, S. 1-18.

Gardener, E.P.M (1990), The Future of Financial Systems and Services, Essays in Honour of Jack Revell, London et al.

Garhammer, M. (1988), Die unbezahlte häusliche Dienstleistungsproduktion - ein Beitrag zur Diskussion über Dienstleistungsbesonderheiten, in: Jahrbuch der Absatz und Verbrauchsforschung, 34. Jg., Nr. 1, S. 61-94.

Gautschi, D.A./ Rao, V.R. (1990), A Methodology for Specification and Aggregation in Product Concept Testing, in: A. de Fontenay, M.H. Shugard, D.S. Sibley, (Hrsg.), Telecommunications Demand Modelling: An Integrated View, North-Holland, S. 37-63.

Gebauer, W./ Rudolph, B. (1993), Marketing für Finanzprodukte und Finanzmärkte, Frankfurt.

Gehrke, R. (1995), Sonderangebote als preispolitisches Instrument von Kreditinstituten, Göttingen.

Geiger, H. (1974), Indexierung-ein problematischer Vorschlag, in: W. Ehrlicher, (Hrsg.), Probleme der Indexbindung, Beihefte zu Kredit und Kapital, Berlin, S. 97-104.

Gemünden, H.G. (1983), Führungsentscheidungen: Eine Realtypologie, in: J. Hauschildt, H.G. Gemünden, S. Grotz-Martin, U. Haidle, (Hrsg.), Entscheidungen der Geschäftsführung. Typologie, Informationsverhalten, Effizienz, Tübingen, S. 24-102.

George, W.R./ Weinberger, M.G. (1985), Consumer Risk Perception: Managerial Tool for the Service Encounter, in: J.A. Czepiel, M.R. Solomon, C.F. Kelly, P.J. Suprenant, (Hrsg.), The Service Encounter, Managing Employee/Customer Interaction in Service Businesses, Lexington, S. 83-99.

Gerstner, E. (1986), Peak Load Pricing in Competetive Markets, in: Economic Inquiry, Vol. 24, Nr. 2, S. 349-361.

Gerke, W. (1988), Sinkende Zinsmarge, steigende Provisionen, in: Bank und Markt, 17. Jg., Nr. 6, S. 5-16.

Gerke, W./ Pfeufer-Kinnel, G. (1996), Preispolitische Strategien im Privatgiroverkehr, in: Betriebswirtschaftliche Blätter, 45. Jg., S. 543-547.

Gierl, H. (1991), Marktsegmentierung auf der Basis der Preislagenwahl, in: Jahrbuch der Absatz und Verbrauchsforschung, 37. Jg., Nr. 1, S. 48-70.

Gimbel, W./ Boest, R. (1985), Die neue Preisangabenverordnung, München

Gladen, W. (1982), Differenzierte Postengebühren-Eine neue Preisstellungsform im Privatgiroverkehr, in: Mitteilungen der Gesellschaft zur Förderung der wissenschaftlichen Forschung über das Sparund Girowesen e. V., Nr. 15, S. 11-18.

Gladen, W. (1985a), Kundenstruktureffekte von Gebühren im Privatgiroverkehr der Kreditinstitute, in: Kredit und Kapital, 18. Jg., S. 402-417.

Gladen, W. (1985b), Gebührenpolitik im Privatgiroverkehr der Kreditinstitute, Berlin.

Glaser, H. (1991), Zur Bedeutung der Prozeßkostenrechnung als Controllinginstrument, in Controlling, Nr. 6, S. 299 – 301.

Glaser, H. (1992), Prozeßkostenrechnung – Darstellung und Kritik, in: Zeitschrift für betriebswirtschaftliche Forschung, 44. Jg., S. 275 – 288.

Gnoth, K. (1992), Kosten und Nutzen des Zahlungsverkehrs, in: Die Bank, o. Jg., Nr. 12, S. 705-711.

Godschalk, H./ Schnurbus, K. (1989a), Zahlungsverkehrgebühren: Das Milliardengeschäft I, in: Zeitschrift für das gesamte Kreditwesen, 42. Jg., S. 512-518.

Godschalk, H/ Schnurbus, K. (1989b), Zahlungsverkehrsgebühren: Das Milliardengeschäft II, in: Zeitschrift für das gesamte Kreditwesen, 42. Jg., S. 564-567.

Goedecke, K./ Steltzner, J. (1980), Bankmarketing, in: B. Falk, (Hrsg.), Dienstleistungs-marketing, Landsberg a.L., S. 59-91.

Grebe, M./ Kreuzer, M.(1997), Ibi Privatkundenumfrage '97, Institut für Bankinformatik an der Universität Regensburg, (Hrsg.), Regensburg.

Green, P.E./ Goldberg, S.M./ Montemayor, M. (1981), A Hybrid Utility Estimation Model for Conjoint Analysis, in: Journal of Marketing, Vol. 45, Winter, S. 33-41.

Green, P.E./ Srinivasan, V. (1978), Conjoint Analysis in Consumer Research: Issues and Outlook, in: Journal of Consumer Research, Vol. 5, September, S. 103-123.

Green, P.E./ Srinivasan, V. (1990), Conjoint Analysis in Marketing: New Developments with Implications for Research and Practice, in: Journal of Marketing, Vol. 54, October, S. 3-19.

Green, P.E./ Tull, D.S. (1982), Methoden und Techniken der Marketingforschung, 4. Auflage, Deutsche Übersetzung von R. Köhler, Stuttgart.

Green, P.E. et al. (1991), Adaptive Conjoint Analysis: Some Caveats and Suggestions, in: Journal of Marketing Research, Vol. 28, No. 2, S. 215-222.

Greipl, E. (1975), Bestimmung und Würdigung von Marktanteilen, in: F. Böcker, E. Dichtl, (Hrsg.), Erfolgskontrolle im Marketing, Berlin, S. 101-114.

Grimm, U. (1983), Analyse strategischer Faktoren, Wiesbaden.

Gröschel, U. (1995), Europäische Bankrechtsharmonisierung und bankaufsichtsrechtliche Eigenkapitalanforderungen, in: Mitteilungen aus dem Institut für das Spar-, Gi-ro-, und Kreditwesen an der Universität Bonn, S. 32-42.

Grönroos, C. (1981), Internal Marketing - An Integral Part of Marketing Theory, in: J.H. Donnelly, W.R. George, (Hrsg.), Marketing of Services, Chicago, S. 236-238.

Grönroos, C. (1989), Fundamental Issues in Services Marketing, in: M.J. Bitner, (Hrsg.), Designing a Winning Service Stragegy, American Marketing Association, Chicago, S. 9-11.

Grüske, K.-D. (1989), Einkommen und Vermögen, in: Bank-Information, 16. Jg. Nr. 9, S. 9-12.

GrunerSchenk, P. (1995), Harmonisierung des Bankaufsichtsrechts, Berlin.

Guadagni, P.M. (1980), Market Response Measurement Using the Multinomial, Multi-attribute Logit Choice Model, Master's Thesis, Sloan School of Management, Massachusetts Institute of Technology.

Guiltinan, J.P. (1987), The Price Bundling of Services: A Normative Framework, in: Journal of Marketing, Vol. 51, No. 2, S. 74-85.

Guiltinan, J.P. (1989), A Conceptual Framework for Pricing Consumer Services, in: M.J. Bitner, (Hrsg.), Designing a Winning Service Strategy, American Marketing Association, Chicago, S. 11-15.

Gusemann, D.S. (1981), Risk Perception and Risk Reduction in Consumer Services, in: J.H. Donelly, W.R. George, (Hrsg.), Marketing of Services, Chicago, S. 200-204.

Gutenberg, E. (1984), Grundlagen der Betriebswirtschaftslehre, Band 2, Der Absatz, 17. Auflage, Berlin et al.

Hagenmüller, K.F. (1968), Die Bestimmungsfaktoren preispolitischer Autonomie bei Kreditinstituten, in: H.E. Büschgen, (Hrsg.), Geld, Kapital und Kredit-Festschrift zum 70. Geburtstag von Heinrich Rittershausen, S. 158-170.

Hagenmüller, K.F. (1978), Das Dilemma der Banken: Kosten und Preise, in: Bank und Markt, 7. Jg., Nr. 4, S. 5-10.

Hagenmüller, K.F. (1987), Der Bankbetrieb, Band I, 6. Auflage, Wiesbaden.

Hagenmüller, K.F. (1988), Der Bankbetrieb Band III, 5. Auflage, Wiesbaden.

Hahn, O. (1972), Konditionenpolitik im Kreditgewerbe, in: 19. Bankwirtschaftliche Tagung für Leiter von Kreditgenossenschaften, Deutscher Raiffeisenverband e.V., (Hrsg.), Neuwied 1972, S. 77-87.

Hahn, O. (1977), Die Führung des Bankbetriebes, Stuttgart.

Hahn, O. (1978), Die Problematik von Preisabsprachen in der Bankwirtschaft, in: Tun, was machbar ist; Beiträge zu Zeitfragen des Bankgewerbes, Bayerische Volksbanken, (Hrsg.), München, S. 37-61.

Hahn, O. (1980), Menschliche Qualität der Bankleistung als aktueller Inhalt des Förderauftrages von Kreditgenossenschaften, in: Zeitschrift für das gesamte Genossenschaftswesen, Bd. 30, Göttingen, S. 62-69.

Hammann, P. (1974), Modelle zur Preispolitik, in: H.R. Hansen (Hrsg.), Computergestützte Marketing-Planung, München, S. 198-217.

Hammann, P./ Erichson, B. (1994), Marktforschung, 3. überarb. und erw. Auflage, Stuttgart.

Hammer, M./ Champy, J. (1993), Business Reengineering: Die Radikalkur für das Unternehmen, Frankfurt, New York.

Hansen, R. (1974), Computergestützte Marketing-Planung, München.

Hansen, U. (1990), Absatzund Beschaffungsmarketing des Einzelhandels, 2. überarb. und erw. Aufl., Göttingen.

Hanson, W.A./ Martin, R.K. (1990), Optimal Bundle Pricing, in: Management Science, Vol. 36, No. 2, S. 155-174.

Hanssens, D.M./ Parsons, L.J./ Schultz, R.L. (1990), Market Response Models: Econometric and Time Series Analysis, Norwell.

Harwalik, P. (1988), Preispolitik und Nachfragerverhalten im standardisierten Geschäft der Banken mit dem privaten Kunden, Erlangen-Nürnberg.

Haun, B. (1996), Fusionseffekte bei Sparkassen: Empirische Analyse der Zielerreichung, Wiesbaden.

Hauschildt, J. (1974), Bankmarketing, in: B. Tietz, (Hrsg.), Handwörterbuch der Absatzwirtschaft, Stuttgart, Sp. 305-313.

Hauschildt, J. (1980), Zielsysteme, in: E. Grochla, (Hrsg.), Handwörterbuch der Organisation, 2. Aufl., Stuttgart, Sp. 2419-2430.

Hauschildt, J. (1981), Strategische Elemente bankbetrieblicher Geschäftspolitik, in: M. Bitz, (Hrsg.), Bankund Börsenwesen Bd. 2: Geschäftspolitik der Banken, München, S. 1-34.

Hauschildt, J. (1995), Verantwortung, in: A. Kieser, G. Reber, R. Wunderer, (Hrsg.), Handwörterbuch der Führung, 2. Auflage, Stuttgart, Sp. 2097-2106.

Hay, C. (1987), Die Verarbeitung von Preisinformationen durch Konsumenten, Heidelberg.

Hayes, B. (1987), Competition and Two-Part Tariffs, in: Journal of Business, 60. Jg., S. 41-54.

Heider, F. (1944), Social Perception and Phenomenal Causality, in: Psychological Review, No. 51, S. 358-374.

Heinen, E. (1976), Grundlagen betriebswirtschaftlicher Entscheidungen. Das Zielsystem der Unternehmung, 3. Aufl., Wiesbaden.

Heinen, E. (1981), Zum betriebswirtschaftlichen Politikbegriff. Das Begriffsverständnis der entscheidungsorientierten Betriebswirtschaftslehre, in: M.N. Geist, R. Köhler, (Hrsg), Die Führung des Betriebes, Festschrift für Curt Sandig, Stuttgart, S. 47-63.

Heinen, E. (1982), Einführung in die Betriebswirtschaftslehre, 8. Aufl., Wiesbaden.

Helmedag, F. (1982), Zur Diskussion und Konstruktion von Gutenbergs doppelt geknickter Preis-Absatzfunktion, in: Jahrbücher für Nationalökonomie und Statistik, S. 545-564.

Helson, H. (1964), Adaption-Level Theory, New York.

Henkens, U. (1992), Marketing für Dienstleistungen, Diss., Frankfurt/Main.

Herberg, H. (1985), Preistheorie, Stuttgart, Berlin, Köln.

Herder-Dorneich/ Kötz, W. (1972), Zur Dienstleistungsökonomik, Systemanalyse und -politik der Krankenhauspflegedienste, Berlin.

Herrmann, A./ Müller, W. (1993), The Law of Psychophysics and its Implications for Analysing Consumer Behavior: A Review, in: Journal of International Marketing and Marketing Research, Vol. 18, Nr. 3, S. 141-157.

Hilke, W. (1989), Dienstleistungs-Marketing, Wiesbaden.

Hilke, W. (1989), Grundprobleme und Entwicklungstendenzen des Dienstleistungs-Marketing, in: H. Jacob et al., (Hrsg.), Dienstleistungs-Marketing, Wiesbaden, S. 5-44.

Hirshleifer, J. (1958), Peak Loads and Efficient Pricing: Comment, in: Quarterly Journal of Economics, Vol. 72, S. 451-462.

Höffer,H. (1991), Einkommen und Ersparnis der privaten Haushalte nahmen 1990 stark zu, in: Sparkasse, 108. Jg. Nr. 2, S. 55-57.

Hörmann, G. (1990), Verbraucherschutz als Aufgabe und Chance für Kreditinstitute, in: Bank und Markt, 19. Jg., Nr. 8, S. 26-31.

Holzscheck et al. (1982), Die Praxis des Konsumentenkredites in der Bundesrepublik Deutschland, Köln.

Hondrich, K. (1984), Value Changes in Western Societies-The Last Thirty Years, Paper Presented to the Commission of the European Communities.

Hooley, G./ Cowell, D.(1985), The Status of Marketing in the UK Service Industries, in: Service Industries Journal, Vol. 5, No. 3, S. 261-272.

Horn, N. (1994), Entwicklungslinien des europäischen Bankund Finanzdienstleistungsrechts, in: Zeitschrift für Bankrecht und Bankwirtschaft, S. 130-141.

Horváth, P. (1998), Controlling, 7. vollst. überarb. Auflage, München.

Horváth, P./ Niemand, S./ Wolbold, M. (1993), Target Costing. State of the Art, in: P. Horváth, (Hrsg.), Target Costing, Stuttgart, S. 1-27.

Hossenfelder, W. (1987), Preispolitik von Universalbanken, Diss., Frankfurt/M.

Huber, G.P. (1974), Multi-Attribute Utility Models: A Review of Field and Field-Like Studies, in: Management Science, Vol. 20, S. 1393-1402.

Hübner, U. (1993), Banken und Versicherungen in Europa, in: M. Henssler et al., (Hrsg.), Europäische Integration und globaler Wettbewerb, Heidelberg, S. 279-292.

Hummel, S. (1981), Relevante Kosten, in: Handwörterbuch des Rechnungswesens, E. Kosiol, K. Chmielewicz, M. Schweitzer, (Hrsg.), Stuttgart, Sp. 970 ff.

Hunter, A.N. (1987), Schwerpunkte im Privatkundenmarketing einer britischen Bank, in: J.Süchting und E. van Hooven, (Hrsg.), Handbuch Bankmarketing, Wiesbaden, S. 403-423.

Ippisch,W. (1986), Gebührenpolitik zwischen Kosten und Kunden, in: Österreichisches Bankarchiv, 34. Jg., S. 3-23.

Jacob, A.F. (1982), Gedanken zum rechten Umgang mit Bankpreisen, in: Bank und Markt,11. Jg., Nr. 4, S. 12-18.

Jacob, A.F. (1988), Preispolitik im internationalen Bankgeschäft, in: Zeitschrift für Betriebswirtschaft, 58. Jg., S. 981-996.

Jacob, H. (1971), Preispolitik, 2. überarbeitete und erweiterte Auflage, Wiesbaden.

Jacoby, J./ Olson, J.C. (1977), Consumer Response to Price: An Attitudinal Information Processing Perspective, in: Y. Wind, M. Greenberg, (Hrsg.), Moving ahead with Attitudinal Research, Chicago, S. 73-86.

Jasny, R. (1994), Marktsimulationen mit Hilfe von Präferenzdaten zur kundenorientierten Planung von Vermögensanlageprodukten, München.

Johnson, R.L./ Kellaris, J.J. (1988), An Explanatory Study of Price/Perceived-Quality Relationships Among Consumer Services, in: Advances in Consumer Research, Vol. 15, 1988, S. 316-322.

Kaas, K.P. (1977), Empirische Preisabsatzfunktionen bei Konsumgütern, Berlin, Heidelberg, New York.

Kaas, K.P. (1985), Preispolitik, in: Die Betriebswirtschaft, 45. Jg., S. 207-217.

Kaas, K.P. (1990a), Langfristige Werbewirkung und Brand Equity, in: Werbeforschung und Praxis, 35. Jg., Nr. 3, S. 48-52.

Kaas, K.P. (1990b), Marketing als Bewältigung von Informations- und Unsicherheitsproblemen im Markt, in: Die Betriebswirtschaft, 50. Jg., S. 539-548.

Kaas, K.P. (1991), Marktinformationen: Screening und Signaling unter Partnern und Rivalen, in: Zeitschrift für Betriebswirtschaft, 61. Jg., Nr. 3, S. 357-370.

Kaas, K.P. (1992a), Kontraktgütermarketing als Kooperation zwischen Prinzipalen und Agenten, in: Zeitschrift für betriebswirtschaftliche Forschung, 44. Jg., S. 884-901.

Kaas, K.P. (1992b), Marketing und Neue Institutionenlehre. Arbeitspapier der Universität Frankfurt a.M., S. 1-34.

Kaas, K.P./ Hay, C. (1984), Preisschwellen bei Konsumgütern - Eine theoretische und empirische Analyse, in: Zeitschrift für betriebswirtschaftliche Forschung, 36. Jg., Nr. 5, S. 333-346.

Kalish, S./ Nelson, P. (1991), A Comparison of Ranking, Rating and Reservation Price Measurement in Conjoint Analysis, in: Marketing Letters, Vol 2, Nr. 4, S. 327-335.

Kamen, J.M./ Toman, R.J. (1970), Psychophysics of Prices, in: Journal of Marketing Research, Vol.12, Nr. 1, S. 27-35.

Kaminsky, S. (1988), Banken für Menschen, Frankfurt.

Kanner, L. (1987), "Service-Line" Competition for Key Customer Segments at Bank of Boston, in: L. Wright, (Hrsg.), Competing in a Deregulated or Volatile Market, Report No. 87-114, Cambridge Marketing Institute, S. 3-6.

Karsten, E. (1987), Zielgruppenorientierte Produktgestaltung im Bereich des Kreditgeschäfts und der Vermögensanlage, in: J. Süchting und E. v. Hooven (Hrsg.), Handbuch des Bankmarketing, Wiesbaden, S. 125-140.

Kartte, W. (1991), Bankpreise und Wettbewerb: Worauf das Kartellamt bei Finanzdienstleistern achten muß, in: Bank und Markt, 20. Jg., Nr. 5, S. 10-13.

Kearney, T.J. (1989), Frequent Flyer Programs: A Failure in Competitive Strategy, with Lessons for Management, in: Journal of Services Marketing, Vol. 3, No. 4, S. 49-59.

Kieser, A./ Kubicek, H. (1992), Organisation, 3. völlig neu bearbeitete. Aufl., Berlin, New York.

Kiener, S. (1990), Die Principal-Agent-Theory aus informationsökonomischer Sicht, Heidelberg.

Kilgus, E. (1994), Strategisches Bank-Management, Bern, Stuttgart, Wien.

Kilgus, E. (1995), Positionierung des Retail Banking im Strukturwandel des Finanzsektors, in: B. Bernet, P. Schmidt (Hrsg.), Retail Banking, Wiesbaden 1995, S. 46-55.

Kindt, V. (1978), Marktsegmentierung und Preisdifferenzierung, in: J. Koinecke, (Hrsg.), Handbuch Marketing Bd. 1, Gernsbach, S. 607-613.

Klages, H. (1984), Wertorientierungen im Wandel: Rückblick, Gegenwartsanalyse, Prognosen, Frankfurt am Main.

Klaus, P.G. (1984), Auf dem Weg zu einer Betriebswirtschaftslehre der Dienstleistungen. Der Interaktionsansatz, in: Die Betriebswirtschaft, 44. Jg., S. 467-475.

Klee, H.W. (1991), Strukturwandel der Banken. Konsequenzen neuer Strategien für Organisationsstrukturen, in: Zeitschrift für Organisation, S. 368-393.

Kleinaltenkamp, M. (1995), Dienstleistungsmarketing, Konzeptionen und Anwendungen, Wiesbaden.

Köhler, R. (1993), Beiträge zum Marketing-Management. Planung, Organisation, Controlling, 3. erw. Aufl., Stuttgart.

Köllhofer, D. (1982), Kostenund Erlösrechnung in der Universalbank, in: Zeitschrift für Betriebswirtschaft, 52. Jg., S. 785-790.

Köllhofer, D. (1987), Preispolitik im Zahlungsverkehr, in: J. Süchting und E. v. Hooven, (Hrsg.), Handbuch des Bankmarketing, Wiesbaden, S. 143-160.

Köndgen, J. (1997), Bankgebühren-Ökonomie und Recht kreditwirtschaftlicher Entgeltgestaltung, Zeitschrift für Bankrecht und Bankwirtschaft, 9. Jg., S. 117-216.

Körner, M. (1987), Einstellungsänderungen in der Jugendgeneration und ihre Konsequenzen für das Marketing, in: Sparkasse, 104. Jg., S. 94-98.

Kolbeck, R. (1971), Bankbetriebliche Planung. Planungsmöglichkeiten bei Kreditbanken, Sparkassen und Kreditgenossenschaften, Wiesbaden.

Kotler, P. (1989), Marketing-Management: Analyse, Planung und Kontrolle, 4. völlig neubearbeitete Auflage, einmalige und limitierte Sonderausgabe, Stuttgart.

Kotler, P./ Bliemel, F. (1999), Marketing-Management-Analyse, Planung, Umsetzung und Steuerung, 9. überarb. und aktual.Auflage, Stuttgart.

Kotler, P./ Cox, K. (1980), Marketing-Management and Strategy. A Reader, Englewood Cliffs.

Kroeber-Riel, W./ Weinberg, P. München (1996), Konsumentenverhalten, 6. völlig überarbeitete Auflage.

Krümmel, H. J. (1964), Bankzinsen. Untersuchungen über die Preispolitik von Universalbanken, Köln.

378

Krümmel, H.J./ Rehm, H./ Simmert, D. (1991), Allfinanz-Strukturwandel an den Märkten für Finanzdienstleistungen, Beihefte zu Kredit und Kapital, Nr. 11, Berlin.

Krug, D. (1972), Die Marktoperationen der Banken. Ein Beitrag zu einer Theorie des Bankenwettbewerbes, Berlin.

Krupp, G. (1991), Preispolitik im Privatkundengeschäft, in: Bank und Markt, 20. Jg., Nr.5, S. 5-9.

Krupp, G. (1992), Anmerkungen zur Zukunft des Privatkundengeschäfts, in: Bank und Markt, 21. Jg., 12, S. 7-12.

Kucher, E./ Simon, H. (1987), Durchbruch bei der Preisentscheidung, Conjoint Measurement: eine neue Technik zur Gewinnoptimierung, in: USWWorking Paper, Nr. 2, Erftstadt.

Kuhlmann, E. (1970), Das Informationsverhalten der Konsumenten, Freiburg.

Kuhn, W./ Singer, H. J. (1983), Bonifizierung von Sparguthaben. Eine preispolitische Reaktionsmöglichkeit für Kreditinstitute in Hochzinsphasen, in: Wirtschaftswissenschaftliches Studium, 12. Jg., S. 311-312.

Kuhn, W./ Keller, H. (1994), Organisation des Bankbetriebs, 2., neubearbeitete Auflage, Frankfurt am Main.

Laakmann, W. (1990), Einflüsse der Kundensegmentierung und Zielgruppenbildung auf die Vertriebspolitik, in: Bank und Markt, 19. Jg., Nr. 8, S. 10-13.

Langeard, E. (1981), Grundfragen des Dienstleistungsmarketing, in: Marketing-Zeitschrift für Forschung und Praxis, 3. Jg., S. 233-240.

Laupheimer, Y. (1985), Kundenakzeptanz der neuen Technologien, in: Die Bank, o. Jg., S. 610-617.

Laux, H. (1990), Anreiz und Kontrolle. Principal-Agent-Theorie. Einführung und Verbindung mit dem Delegationswertkonzept. Berlin, Heidelberg, New York, et al.

Lawrence, P.R./ Differenti-Lorsch, J.W. (1967), Organization and Environment. Managing ation and Integration, Boston.

Lehmann, M./ Schmidt, R. H. (1982), Bankkosten und Bankpreise im Massengeschäft, in: Kredit und Kapital, 15. Jg., Nr. 3, S. 341-365.

Leigh, T.W./ MacKay, D.B./ Summers, J.O. (1984), Reliability and Validity of Conjoint Analysis and Self- Explicated Weights: A Comparison, in: Journal of Marketing Research, Vol. 19, S. 334-342.

Lenzen, W. (1984), Die Beurteilung von Preisen durch Konsumenten. Eine empirische Studie zur Verarbeitung von Preisinformationen des Lebensmitteleinzelhandels, Frankfurt/M.

Levitt, T. (1981), Marketing Intangible Products and Product Intangibles, in: Harvard Business Review, Vol. 59, May, June, S. 94-102.

Lilien, G.L./ Kotler, P./ Moorthy, K.S. (1992), Marketing Models, Prentice-Hall, Englewood Cliffs.

Little, J.D.C. (1970), Models and Managers: The Concept of a Decision Calculus, in: Management Science, Vol. 16, S. 466-485.

Lodish, L.M. (1971), CALLPLAN: An Interactive Salesmen's Call Planning System, in: Management Science, Vol. 18, Nr. 4, Part II, S. 25-40.

Lovelock, C.H. (1983), Classifying Services to Gain Strategic Marketing Insights, in: Journal of Marketing, Vol. 47, Summer, S. 9-20.

Lovelock, C.H. (1988), Managing Services. Marketing, Operations and Human Resources, Prentice Hall, Englewood Cliffs, New Jersey.

Lovelock, C.H. (1991), Services Marketing, 2. Auflage, Prentice Hall, Englewood Cliffs, New Jersey.

Lück, H.E./ Müller,R. (1990), Führung und Wertewandel, in: G. Wiendieck, G. Wiswede, (Hrsg.), Führung im Wandel: neue Perspektiven für die Führungsforschung, Stuttgart, S. 181-196.

Luhmann, U./ Milhahn, J. (1978), Die rechtlichen Grenzen der Preisgestaltungsfreiheit und der Werbung mit dem Preis, Sulzberg.

Maleri, R. (1973), Grundzüge der Dienstleistungsproduktion, Berlin et al.

Martin, W. (1997), Data Warehousing und Data Mining-Marktübersicht und Trends, in: H. Mucksch, W. Behme, (Hrsg.), Das Data Warehouse Konzept, 2. Auflage, Göttingen, S. 119-133.

McCarthy, J.E. (1960), Basic Marketing: A Managerial Approach, Homewood.

McDougall, G./ Snetsinger, D.W. (1990), The Intangibility of Services: Measurements and Competitive Perspectives, in: The Journal of Services Marketing, Nr. 4, S. 27-40.

McKinsey (1993), Lean Banking. Ein integrativer Ansatz zur Neuausrichtung der Bank, Vortrag gehalten auf der Euroforum Konferenz "Lean Banking", Frankfurt/M., 01.03.1993.

Meffert, H. (1975), Konsumerismus. Merkmale, Forderungen, Auswirkungen, in: Marketing heute und morgen, Entwicklungstendenzen in Theorie und Praxis, H. Meffert, (Hrsg.), Wiesbaden, S. 257-275.

Meffert, H. (1980), Strategische Planung in gesättigten, rezessiven Märkten, in: Absatzwirtschaft, 23. Jg., Nr. 6, S. 89-97.

Meffert, H. (1998), Marketing, 8. vollst. neubearbeitete und erweiterte Auflage, Wiesbaden.

Meffert, H. (1994), Marktorientierte Führung von Dienstleistungsunternehmen - neuere Entwicklungen in Theorie und Praxis, in: Die Betriebswirtschaft, 54. Jg., S. 519-541.

Meffert, H./ Bruhn, M. (1997), Dienstleistungsmarketing, Grundlagen, Konzepte, Methoden, 2. überarb. und erw. Aufl., Wiesbaden.

Meffert, H./ Steffenhagen, H. (1977), Marketing-Prognosemodelle, Stuttgart.

Meffert, H./ Wagner, H. (1990), Preismanagement, Arbeitspapiere der Wissenschaftlichen Gesellschaft für Marketing und Unternehmensführung e.V., Nr. 60.

Meister, E. (1993), Aufsichtsrechtliche Aspekte der vierten und fünften KWG-Novelle, in: Bankinformation/ Genossenschaftsforum, Heft 12, S. 20-23.

Metz, M. (1985), Kundenfreundliches Verhalten als qualitatives Instrument des Bankbetriebes, Frankfurt am Main.

Meurer, C. (1993), Strategisches Internationales Marketing für Dienstleistungen, Frankfurt/M.

Meyer, A. (1987), Die Automatisierung und Veredelung von Dienstleistungen-Auswege aus der dienstleistungsinhärenten Produktivitätsschwäche, in: Jahrbuch der Absatz und Verbrauchsforschung, 33. Jg., Heft 1, S. 25-46.

Meyer, A. (1988), Dienstleistungsmarketing, Erkenntnisse und praktische Beispiele, 3. Auflage, Augsburg.

Meyer, A. (1991), Dienstleistungsmarketing, in: Die Betriebswirtschaft, 51. Jg., S. 192-209.

Meyer, A. (1996), Grundsatzfragen und Herausforderungen des Dienstleistungsmarketing, Wiesbaden.

Meyer, A./ Blümelhuber, C. (1996), McDonalds, Aldi, Fielmann, Southwest Airlines, Continental Lite, DAB, comdirect bank: Ist weniger mehr?, in: A. Meyer, (Hrsg.), Grundsatzfragen und Herausforderungen des Dienstleistungsmarketing, Wiesbaden, S. 317-334.

Meyer, P.W./ Tostmann, T. (1978), Dienstleistungsmarketing-Genese einer Dienstleistungstheorie und der systeminhärenten Implikationen für das Marketing, in: Jahrbuch der Absatz- und Verbrauchsforschung, 25. Jg., Nr. 4, S. 286-294.

Meyer, P.W./ Tostmann, T. (1979), Die Revolution findet nicht statt! In: Absatzwirtschaft, 22. Jg., Sonderheft Nr. 10, S. 22-27.

Meyer zu Selhausen, (1976), Quantitative Marketingmodelle in der Kreditbank, H. Berlin.

Meyer zu Selhausen, (1978), Möglichkeiten und Grenzen der quantitativen Analyse im H. Bank-Marketing, in: H. Müller-Merbach, (Hrsg.), Quantitative Ansätze in der Betriebswirtschaftslehre, München, S. 285-300.

Meyer zu Selhausen, H. (1994), Analyse der Dynamik innerhalb der Privatkundschaft einer Bank, in: J.M. Ruhland und K.D. Wilde, Quantitative Betriebswirtschaftslehre in der Praxis, München, Wien, Oldenbourg, S. 174-198.

Mills, P.K./ Margulies, N. (1989), Toward a Core Typology of Service Organizations, in: The Academy of Management Review, 5. Jg., H. 2, S. 255-265.

Mintzberg, H. (1979), The Structuring of Organisations, Englewood Cliffs.

Moebs, G.M./ Moebs, E. (1986), Pricing Financial Services, Homewood, Illinois.

Möhlenbruch, D. (1994), Sortimentspolitik im Einzelhandel-Planung und Steuerung, Wiesbaden.

Möller, R. (1975), Das Äquivalenzprinzip, in: Wirtschaftswissenschaftliches Studium, 4. Jg., S. 437-438.

Moeller/ Herrmann, K.J.(1968), Die Möglichkeiten der Preispolitik im Einzelhandel, Köln.

Monroe, K.B. (1990), Pricing: Making Profitable Decisions, 2. Aufl., New York.

Monroe, K.B. (1991), The Pricing of Services, in: C.A. Congram, M.L. Friedman, (Hrsg.), Handbook for the Service Industries, New York, S. 297-320.

Monroe, K.B./ Bitta, A.J.D. (1978), Models for Pricing Decisions, in: Journal of Marketing Research, Vol. 15, No. 3, S. 413-428.

Monroe, K.B./ Jacoby, J. (1985), The Effect of Price on Subjective Product Evaluations, Krishnan, R. in: J. C. Olson, (Hrsg.), Perceived Quality: How Consumers View Stores and Merchandise, Lexington, S.209-232.

Moorthy, S.K. (1984), Market Segmentation, Self Selection and Product Line Design, in: Marketing Science, Vol. 3, No. 4, S. 288-307.

Moritz, H.-W. (1993), Kartellrechtliche Grenzen des Preiswettbewerbs in der Europäischen Gemeinschaft, den USA und der Bundesrepublik Deutschland, in: Martin Henssler, (Hrsg.), Europäische Integration und globaler Wettbewerb, Heidelberg, S. 563-600.

Morschhäuser, B. (1990), Preispolitik und Produktgestaltung am Beispiel der Kontoführung, in: Bank und Markt, 19. Jg., Nr. 2, S. 14-15.

Most, A. (1985), Nationales und regionales Image von Banken. Eine zweistufige Koordinationsaufgabe, in: Jahrbuch der Absatzund Verbrauchsforschung, 31. Jg., Nr. 2, S. 188-202.

Mülhaupt, L. (1980), Einführung in die BWL der Banken. Struktur und Grundprobleme des Bankbetriebes und des Bankwesens in der Bundesrepublik Deutschland, 3. Aufl., Wiesbaden.

Mülhaupt, L./ Dolff, P. (1981a), Zielsystem im Sparkassenbetrieb, in: H.-D. Deppe, (Hrsg.), Texte zur wissenschaftlichen Bankbetriebslehre II, Göttingen, S. 675-700.

Mülhaupt, L./ Dolff, P. (1981b), Die Zielplanung in Genossenschaftsbanken, in: H.-D. Deppe, (Hrsg.), Texte zur wissenschaftlichen Bankbetriebslehre II, Göttingen, S. 701-728.

Müller, W. (1995), Grundlagen des Integrativen Dienstleistungsmarketing, in: Beiträge zum Markt-Management, Osnabrück.

Müller, W. (1996), Grundzüge des Preisbeurteilungsverhaltens von Dienstleistungsnachfragern, in: Der Markt, 35. Jg., Nr. 136, S. 23-48.

Müller,W./ Klein, S. (1993a), Grundzüge einer verhaltensorientierten Preistheorie im integrativen Dienstleistungsmarketing, Teil 1: Preisgünstigkeitsurteile, in: Jahrbuch der Absatzund Verbrauchsforschung, 39. Jg., S. 261-282.

Müller, W./ Klein, S. (1993b), Grundzüge einer verhaltensorientierten Preistheorie im Dienstleistungsmarketing, Teil 2: Preisgelenkte Qualitätsbeurteilungsprozesse und Preiswürdigkeitsurteile, in: Jahrbuch der Absatzund Verbrauchsforschung, 39. Jg., S. 360-385.

Müller Hagedorn, L. (1983), Wahrnehmung und Verarbeitung von Preisen durch Verbraucher, ein theoretischer Rahmen, in: Zeitschrift für betriebswirtschaftliche Forschung, 35. Jg., Nr. 1112, S. 939-951.

Müller Hagedorn, L. (1984), Die Beurteilung von Preisen durch Konsumenten- Erkenntnisse und Lücken, in: J. Mazanec, F. Scheuch (Hrsg.), Marktorientierte Unternehmensführung: Wissenschaftliche Tagung des Verbandes der Hochschullehrer für Betriebswirtschaft 1984, Wien, S. 539-558.

Müller(1986), Das Konsumentenverhalten: Grundlagen für die Hagedorn, L. Marktforschung, Wiesbaden.

Müller-Merbach, H. (1978), Quantitative Ansätze in der Betriebswirtschaftslehre, München.

Murray, K.B. (1991), A Test of Services Marketing Theory: Consumer Information Acquisition Activities, in: Journal of Marketing, Vol. 55, S. 10-25.

Murray, K.B./ Schlacter, J.L. (1990), The Impact of Services versus Goods on Consumer's Assessment of Perceived Risk and Variability, in: Journal of the Academy of Marketing Science, Vol. 18, Winter, S. 51-65.

Naert, P./ Leeflang, P.S.H (1978), Building Implementable Marketing Models, Leiden, Boston.

Nagle, T.T./ Holden, R.K. (1995), The Strategy and Tactics of Pricing, Enlewood Cliffs.

Naisbitt, J. (1982), Megatrends, Ten New Directions Transforming our Lives, New York.

Narasimhan, C. (1984), A Price Discrimination Theory of Coupons, in: Marketing Science, Nr. 3, S. 128-147.

Nelson, P. (1970), Information and Consumer Behaviour, in: Journal of Political Economy, Vol. 78, S. 311-329.

Nerdinger, F.W. (1994), Zur Psychologie der Dienstleistung, Stuttgart.

Niehans, J. (1978), The Theory of Money, Baltimore.

Niemand, S. (1992), Target Costing, in: Fortschrittliche Betriebsführung und Industrial Engineering, 41. Jg., S. 118-123.

Nieschlag, R./ Dichtl, E./ Hörschgen, H. (1997), Marketing, 18. durchgesehene Auflage, Berlin.

Normann, R. (1987), Dienstleistungsunternehmen, Hamburg, New York, St. Louis.

Obermiller, C./ Wheatley, J.J. (1984), Price Effects on Choice and Perceptions under Varying Conditions of Experience, Information, and Beliefs in Quality Differences, in: Advances in Consumer Research, Vol. 11, S. 453-458.

Ostrom, A./ Iacobucci, D. (1995), Consumer Trade-Offs and the Evaluation of Services, in: Journal of Marketing, Vol. 59, No. 1, S. 17-28.

Ott, A.E. (1979), Grundzüge der Preistheorie, 3. Auflage, Göttingen.

Otto, A./ Reckenfelderbäumer, M. (1993), Zeit als strategischer Erfolgsfaktor im "Dienstleistungsmarketing", in: W.H. Engelhardt und P. Hammann, (Hrsg.), Arbeitspapiere zum Marketing, Nr. 27, Bochum.

Oxenfeldt, A.R. (1980), A Decision-Making Structure for Price Decisions, in: P. Kotler, K. Cox, (Hrsg.), Marketing Management and Strategy, Englewood Cliffs, S. 221-228.

Parasuraman, A./ Varadarajan, P. (1988), Future Strategic Emphases in Service Versus Goods Business, in: The Journal of Services Marketing, Vol. 2, No. 4, S. 57-66.

Paul, M./ Reckenfelderbäumer, M. (1995), Preispolitik und Kostenmanagement, neue Perspektiven unter Berücksichtigung von Immaterialität und Integrativität, in: Kleinaltenkamp, M., (Hrsg.), Dienstleistungsmarketing, Konzeptionen und Anwendungen, Wiesbaden, S. 227-255.

Perridon, L./ Steiner, M. (1999), Finanzwirtschaft der Unternehmung, 10. völlig überarb. und erw. Auflage, München.

Philipp, F. (1967), Risiko und Risikopolitik, Stuttgart.

Phlips, L. (1983), The Economics of Price Discimination, in: The University of Cambridge Press, Cambridge.

Picot, A. (1982), Transaktionskostenansatz in der Organisationstheorie: Stand der Diskussion und Aussagewert, in: Die Betriebswirtschaft, 42. Jg., Heft 2, S. 267-284.

Picot, A. (1989), Zur Bedeutung allgemeiner Theorieansätze für die betriebswirtschaftliche Information und Kommunikation: Der Beitrag der Transaktionskosten und PrincipalAgent-Theorie. In: W. Kirsch und A. Picot, (Hrsg.), Die Betriebswirtschaftslehre im Spannungsfeld zwischen Generalisierung und Spezialisierung, Wiesbaden, S. 363-379.

Pischulti, H. (1990), Was soll die Unternehmensberatung durch Banken kosten?, in: Bank und Markt, 20. Jg., Nr. 5, S. 32-33.

Pischulti, H. (1995), Direktbank-Bank der Zukunft, in: B. Hafner, (Hrsg.), Direktbanken - Die moderne Bankverbindung, Allgemeine Deutsche Direktbank, Frankfurt/M., S. 4-11.

Platzek, H.-J. (1995), Die Rolle des Wertpapiers im Privatkundengeschäft, in: Bank und Markt, 24. Jg., Nr. 4, S. 5-15.

Porter, M. (1990), Wettbewerbsstrategie, 6. Aufl., Frankfurt/M., New York.

Porter, W./ Lawler, E. (1964), The Effect of Tall versus Flat Organizational Structures on Managerial Job Satisfaction, in: Personnel Psychology, Vol. 17., S. 135-148.

Porter, W. (1965), Properties of Organization Structure in Relation to Job Lawler, E. Attitudes and Job Behaviour, in: Psychological Bulletin, Vol. 64, S. 23-51.

Priewasser, E. (1978), Die Implementierung von bankbetrieblichen Planungsund Entscheidungsmodellen, in: H. Müller-Merbach, (Hrsg.), Quantitative Ansätze in der Betriebswirtschaftslehre, München, S. 301-314.

Priewasser, E. (1987), Die Banken im Jahre 2000, Frankfurt/M.

Priewasser, E. (1994), Die Priewasser Prognose. Bankstrategien und Bankmanagement 2009, Frankfurt/M.

Pringle, J.J. (1987), Bank Capital and the Performance of Banks as Financial Intermediaries, in: Journal of Money, Credit and Banking, S. 545-550.

Quelch, J.A./ Spencer, H.D. (1991), United Airlines Promotion Policy, in: C.H. Lovelock, (Hrsg.), Services Marketing, 2. Auflage, Prentice Hall et al., S. 348-364.

Raffée, H. (1969), Konsumenteninformation und Beschaffungsentscheidung des privaten Haushalts, Stuttgart.

Raffée, H. (1982), Preisuntergrenzen, in: F. Böcker, (Hrsg.), Preistheorie und Preisverhalten, München, S. 141-158.

Raffée, H./ Silberer, G. (1981), Informationsverhalten des Konsumenten. Ergebnisse empirischer Studien, Wiesbaden.

Raffée, H./ Wiedmann, K.-P. (1985), Strategisches Marketing, Stuttgart.

Raffée, H./ Wiedmann, K.-P. (1986), Marketingperspektiven im Zeichen des Wertewandels, in: Die Bank, o. Jg., Nr. 12, S. 620-628.

Ramin, J. (1988), Marketingüberlegungen für die Banken, in: Bank-Information, 15. Jg., Nr. 8, S. 17-18.

Rao, V.R. (1984), Pricing Research in Marketing: The State of the Art, in: Journal of Business, Vol. 57, S. 39-60.

Rao, V.R./ Monroe, K.B. (1988), The Moderating Effect of Prior Knowledge on Cue Utilization in Product Evaluations, in: Journal of Consumer Research, Vol. 15, September, S. 253-264.

Rao, V.R./ Monroe, K.B. (1989), The Effect of Price, Brand Name and Store Name on Buyer's Perceptions of Product Quality: An Integrative Review, in: Journal of Marketing Research, Vol. 26, No. 3, S. 351-357.

Rapp, A. (1992), Bankpreise und Kundenverhalten, eine empirische Analyse unter besonderer Berücksichtigung wissenschaftstheoretischer und verhaltenstheoretischer Erkenntnisse, Frankfurt/M., Berlin, Bern.

Rathmann, H. (1990), Preismessung bei Privatkrediten von Banken und Sparkassen, eine Analyse unter besonderer Berücksichtigung der Preisangabenverordnung, Heidelberg.

Reckenfelderbäumer, M. (1994), Entwicklungsstand und Perspektiven der Prozeßkostenrechnung, Wiesbaden.

Regli, J. (1988), Bankmarketing, 2. Auflage, Bern, Stuttgart.

Rehm, H./ Simmert, B. (1991), Allfinanz-Befund, Probleme, Perspektiven, in: H.J. Krümmel, H. Rehm, D. Simmert, (Hrsg.), Allfinanz Strukturwandel an den Märkten für Finanzdienstleistungen, Beihefte zu Kredit und Kapital, Nr. 11, Berlin, S. 9-29.

Reibstein, D./ Bateson, J.E.G./ Boulding, W (1988), Conjoint Analysis Reliability: Empirical Findings, in: Marketing Science, Vol. 7, Nr. 3, S. 271-286.

Reimers Mortensen, S./ Disterer, G. (1997), Strategische Optionen für Direktbanken, in: Die Bank, o. Jg., S. 132-139.

Richter, R. (1991), Institutionenökonomische Aspekte der Theorie der Unternehmung, in: D. Ordelheide, B. Rudolph, (Hrsg.), Betriebswirtschaftslehre und ökonomische Theorie, Frankfurt, S. 399-429.

Riebel, P. (1961), Das Rechnen mit relativen Einzelkosten und Deckungsbeiträgen als Grundlage unternehmerischer Entscheidungen im Fertigungsbereich, in: Neue Betriebswirtschaft, S. 145-154.

Robertson, T.S. (1967), The Process of Innovation and Diffusion of Innovation, in: Journal of Marketing, Vol. 31, Nr. 1, S. 14-19.

Rosenstiel, L. v./ Ewald, G. (1979a), Marktpsychologie, Bd. I: Konsumverhalten und Kaufentscheidung, Stuttgart, Berlin, Köln, Mainz.

Rosenstiel, L. v./ Ewald, G. (1979b), Marktpsychologie, Band II: Psychologie der absatzpolitischen Instrumente, Stuttgart, Berlin, Köln, Mainz.

Rosenstiel, L. v./ Stengel, M. (1987), Identifikationskrise? Zum Engagement in betrieblichen Führungspositionen, Bern.

Ruhland, J. M./ Wilde, K. D. (1994), Quantitative Betriebswirtschaftslehre in der Praxis, München, Wien, Oldenbourg.

Rushton,A.M./ Carston, D.J. (1989), The Marketing of Services: Managing the Intangibles, in: European Journal of Marketing, Vol. 23, Nr. 6, S. 23-44.

Sabel, H. (1971), Produktpolitik in absatzwirtschaftlicher Sicht, Wiesbaden.

Sabel, H. (1988), Bankmarketing. Unsinn, Wirklichkeit oder Notwendigkeit, in: B. Rudolph und J. Wilhelm, (Hrsg.), Bankpolitik, finanzielle Unternehmensführung und die Theorie der Finanzmärkte: Festschrift für H.-J. Krümmel, Berlin, S. 197-238.

Sarris, V. (1971), Wahrnehmung und Urteil. Bezugssystemeffekte in der Psychophysik, Göttingen.

Sattler, H. (1990), Herkunftsund Gütezeichen im Kaufentscheidungsprozeß: Die Conjoint-Analyse als Instrument zur Bedeutungsbeurteilung, Kiel.

Sattler, H./ Rao, V.R. (1997), Die Validität eines Ansatzes zur Separierung der Allokations- und Informationsfunktion des Preises, in: Zeitschrift für Betriebswirtschaft, 67. Jg., S. 1285-1307.

Schade, C./ Schott, E. (1991), Kontraktgüter als Objekte eines informationsökonomisch orientierten Marketing, Frankfurt.

Schade, C./ Schott, E. (1992), Kontraktgüter als Produkte mit besonderen Informationsproblemen - Überlegungen aus der Perspektive eines ökonomisch begründeten Marketing. Arbeitspapier Nr. 2 aus dem Forschungsprojekt Marketing und ökonomische Theorie, Universität Frankfurt/M. .

Schade, C./ Schott, E. (1993), Instrumente des Kontraktgütermarketing, in: Die Betriebswirtschaft, 53. Jg., S. 491-511.

Schanz, G. (1977), Grundlagen der verhaltenstheoretischen Betriebswirtschaftslehre, Tübingen.

Scharitzer, D. (1993), Das Dienstleistungs-"Produkt", in: Der Markt, 32. Jg., Nr. 125, S. 94-107.

Scheer, O. (1989), Potentialorientierte Analyse und Steuerung des Privatkundengeschäfts von Banken, Kiel.

Scheuch, F. (1982), Dienstleistungsmarketing, München.

Schierenbeck, H. (1994), Ertragsorientiertes Bankmanagement, 4. Aufl., Wiesbaden.

Schierenbeck, H./ Rolfes, B. (1988), Entscheidungsorientierte Margenkalkulation, Frankfurt

Schlenzka, P.F. (1985), Ansätze zur Mindestmargenkalkulation bei der Steuerung des Kreditgeschäfts, in: Innovationen im Kreditmanagement, H.-J. Krümmel und B. Rudolph, (Hrsg.), Frankfurt am Main, S. 42-57.

Schlissel, M.R. (1985), The Consumer of Household Services in the Marketplace: An Empirical Study, in: J.A. Czepiel, M.A. Solomon, C.F. Suprenant (Hrsg.), The Service Encounter, Managing Employee/Customer Interaction in Service Business, Lexington, S. 303-319.

Schlissel, M.R./ Chasin, J. (1991), Pricing of Services: An Interdisciplinary Review, in The Service Industries Journal, Vol. 11, Nr. 3, S. 271-286.

Schlöter, H.W. (1987), Marketing als Führungsinstrument im Privatkundengeschäft, in: J. Süchting und E. v. Hooven, (Hrsg.), Handbuch des Bankmarketing, Wiesbaden, S. 93-108.

Schmalen, H. (1995), Preispolitik, 2. Auflage, Stuttgart.

Schmalenbach(1982a), Preispolitik als Bestandteil der Planung im FestzinsGesellschaft geschäft, Arbeitskreis "Planung in Banken" der Schmalenbach-Gesellschaft, in: Betriebswirtschaftliche Blätter, 31. Jg., S. 414-424.

Schmalenbach(1982b), Kalkulation als Grundlage der Planung von Preisen im Gesellschaft Dienstleistungsgeschäft, Arbeitskreis "Planung in Banken" der Schmalenbach-Gesellschaft, in: Die Bank, o. Jg., S. 322-326.

Schmalenbach(1992), Finanzwettbewerb in den 90er Jahren. Thesen und Gesellschaft Informationen, Arbeitskreis "Planung in Banken" der Schmalenbach-Gesellschaft, Wiesbaden.

Schmalensee, R. (1982), Commodity Bundling by Single-Product Monopolies, in: Journal of Law and Economics, Nr. 25, S. 67-72.

Schmid, L.M. (1965), Grundlagen und Formen der Preisdifferenzierung im Lichte der Marktformenlehre und der Verhaltenstheorie, Berlin.

Schmidt, B./ Topritzhofer, E. (1978), Reaktionsfunktionen im Marketing: Zum Problem der Quantifizierung von Nachfrageund Konkurrenzreaktionen, in: E. Topritzhofer, (Hrsg.), Marketing, Neue Erkenntnisse aus Forschung und Praxis, Wiesbaden, S. 105-238.

Schmidt, H.-J. (1978), Kennzeichnung der Preisund Konditionenpolitik, in: J. Koinecke, (Hrsg.), Handbuch Marketing Bd. I, Gernsbach, S. 587-589.

Schmidt, P. (1985), Entwicklungstendenzen im Passivgeschäft der Kreditinstitute, in: Sparkasse, 102. Jg., Nr. 9, S. 340-349.

Schmidt, R. (1976), Zur Planungsflexibilität bei der Planung von Bankbilanzen, in: H.N. Dathe et al., (Hrsg.), Proceedings in Operations Research 6, S. 484-495, Würzburg, Wien.

Schmidt, R. (1981), Operations Research und verhaltenswissenschaftliche Erkenntnisse, in: E. Witte, (Hrsg.), Der praktische Nutzen empirischer Forschung, Tübingen, S. 233-242.

Schmidt, R. (1982), Modellund computergestützte Gesamtplanung einer Filialbank, in: H. Göppl, R. Hen, (Hrsg.), Geld, Banken und Versicherungen, Band. I, Karlsruhe, S. 701-714.

Schmidt, R. (1983), Neuere Entwicklungen der modellgestützten Gesamtplanung in Banken, in: Zeitschrift für Betriebswirtschaft, 53. Jg., S. 304-318.

Schmidt, R. (1986), Bausteine für den Anlage-Erfolg: Wie eine vernünftige Anlagestrategie entsteht. In: Bayerische Vereinsbank AG, (Hrsg.), Börsen-Colleg, München, S. 66-74.

Schmidt, R. (1990), Early Warning Systems, in: E. Grochla, (Ed.), Handbook of German Business Management, Stuttgart, Sp. 753 ff.

Schmidt, R. (1994), Frühwarnsysteme für das Krisenmanagement, in: R. Berndt, (Hrsg.), Management-Qualität contra Rezession und Krise, Berlin, Heidelberg, New York, S. 73-85.

Schmidt, R. (1997), Reengineering von Geschäftsprozessen in Banken, in: R. Berndt, (Hrsg.), Business Reengineering. Effizientes Neugestalten von Geschäftsprozessen, Berlin, Heidelberg, New York, S. 121-130.

Schmidtchen, D. (1982), Theorie des "politischen Preises", in: F.Böcker, (Hrsg.),Preistheorie und Preisverhalten, München, S. 279-298.

Schmitz, P. H. (1978), Planung und Realisierung der Zielkonzeption am Beispiel des Sparkassensektors, in: H.-D. Deppe, (Hrsg.), Bankbetriebliches Lesebuch, Stuttgart, S. 259-273.

Schmutz, J. (1988), Adoption und Diffusion von Bankinnovationen, in: Zeitschrift für das gesamte Kreditwesen, 41. Jg., S. 262-266.

Schneider, F. (1998a), Bankbetriebliches Preismanagement-Ergebnisse einer Umfrage bei Filialund Direktbanken-, in: Betriebswirtschaftliche Diskussionsbeiträge der Martin-LutherUniversität Halle-Wittenberg, Nr. 27/98.

Schneider, F. (1998b), Bankpreise als Marketinginstrument: Die Datenbasis fehlt, in: Bank und Markt, 27. Jg., Nr. 9, S. 24-29.

Schneider, G. (1978), Preispolitik im Mengengeschäft-am Markt vorbei ?, in Bank und Markt, 7. Jg., Nr. 1, S. 5-10.

Schneider, G. (1982), Preise und Gebühren-Zur Preispolitik der Banken in der Hochzinsphase, in: Bank und Markt, 11. Jg., Nr.1, S. 26-30.

Schneider, G. (1983), Gedanken zur Zukunft der Zweigstelle, in: Bank und Markt, 12. Jg., Nr. 3, S. 5-12.

Schneider, G. (1987), Gedanken zur Entwicklung des Privatkundengeschäftes, in: Bank und Markt, 16. Jg., Nr. 3, S. 28-33.

Scholz, F-J. (1984), Novellierung des § 247 um den Preis neuer Inkonsequenz? In: Der Betrieb, S. 787-788.

Schuster, L. (1985), Produktinnovation und Strategisches Management im Bankbetrieb, in: Die Unternehmung, 39. Jg., S. 64-79.

Schwarz, N. (1993), Theorien konzeptgesteuerter Informationsverarbeitung, in: D. Frey, M. Ihrle, (Hrsg.), Theorien der Sozialpsychologie, Band III, Bern et al., S. 269-292.

Schweiger, G./ Mazanec, J./ Wiegele, O.(1976), Das Modell des "erlebten Risikos": Struktur und Operationalisierungskonzepte, in: Der Markt, o. Jg., Nr. 60, S. 93-102.

Schwenker, B. (1989), Dienstleistungsunternehmen im Wettbewerb. Marktdynamik und strategische Entwicklungslinien, Wiesbaden.

Seidenschwarz, W. (1993), Target Costing, München.

Seitz, J./ Wottawa, H. (1984), Möglichkeiten und Grenzen von Laborexperimenten in der Organisationsforschung, in: Das Wirtschaftsstudium, S. 166-171.

Shapiro, B.P. **(1968)**, The Psychology of Pricing, in: Harvard Business Review, 46. Jg., Nr. 4, S. 14-25.

Shostack, G.L. **(1977)**, Banks sell Services-Not Things, in: The Bankers Magazin, Vol. 160, No. 1, S. 40-45.

Shostack, G.L. **(1980)**, Breaking free from Product Marketing, in: P. Kotler, K. Cox, (Hrsg.), Marketing Management and Strategy, Englewood Cliffs, S. 210-220.

Shostack, G.L. **(1982)**, How to Design a Service, in: European Journal of Marketing, Vol. 16, No. 1, S. 49-63.

Shostack, G.L. **(1984)**, Planung effizienter Dienstleistungen, in: Harvard Manager, 6. Jg., Nr. 3, S. 93-99.

Siewert, K.-J. **(1983)**, Bankbetriebliche Marktpolitik-Ziele, Rahmenbedingungen, Entscheidungsgrundlagen, Berlin.

Silberer, G. **(1981)**, Das Informationsverhalten des Konsumenten beim Kaufentscheid, ein analytisch-theoretischer Bezugsrahmen, in: H. Raffée, G. Silberer, (Hrsg.), Informationsverhalten des Konsumenten, Ergebnisse empirischer Studien, Wiesbaden, S. 27-60.

Simon, H. **(1992a)**, Preismanagement, Analyse, Strategie, Umsetzung, 2. vollst. überarb. und erw. Auflage, Wiesbaden.

Simon, H. **(1992b)**, Marketing-Mix-Interaktion: Theorie, empirische Befunde, strategische Implikationen, in: Zeitschrift für betriebswirtschaftliche Forschung, 44. Jg, Nr. 2, S. 87-110.

Simon, H. **(1992c)**, Preisbündelung, in: Zeitschrift für Betriebswirtschaft, 62. Jg., S. 1213-1235.

Simon, H. **(1994a)**, Marketing im Bankgeschäft, Working Paper 05/1994 der Johannes Gutenberg-Universität, Mainz.

Simon, H. **(1994b)**, Preispolitik für industrielle Dienstleistungen, in: Die Betriebswirtschaft, 54. Jg., Nr. 6, S. 719-737.

Simon, H./ Kucher, E. **(1988)**, Die Bestimmung empirischer Preisabsatzfunktionen. Methoden, Befunde, Erfahrungen, in: Zeitschrift für Betriebswirtschaft, 58. Jg., S. 171-183.

Simon, H./ Tacke, G. **(1992)**, Mit nichtlinearer Preisbildung zu höherem Gewinn, in: Harvard Manager, 14. Jg., Nr. 4, S. 48-63.

Simon, H/ Wiese, C. **(1994)**, Internationales Preismanagement, Mainz.

Singer, J. **(1989)**, Zur Preispolitik im Zahlungsverkehrsgeschäft, in: Zeitschrift für das gesamte Kreditwesen, 42. Jg., S. 946-948.

Skiera, B./ Spann, M. **(1998)**, Gewinnmaximale zeitliche Preisdifferenzierung für Dienstleistungen, Zeitschrift für Betriebswirtschaft, 68. Jg., Nr. 7, S. 703-717.

Slevogt, H. (1974), Bankpreise zwischen Kalkulation und Marketing, in: Bank und Markt , Nr. 6, S. 10-13.

Slevogt, H. (1981), Bankpreispolitik, in: Österreichisches Bankarchiv, 29. Jg., S. 319-332.

Slevogt, H. (1983), Ist der Zahlungsverkehr wirklich so defizitär ?, in: Zeitschrift für das gesamte Kreditwesen, 36. Jg., S. 886-890.

Slevogt, M.C. (1996), Konsequenzen des Discount Brokerage für die Preispolitik im Wertpapiergeschäft, in: Die Bank, o. Jg., S. 746-749.

Soll und Haben (1989), Einstellungen zum Geld, Bankverbindungen, Kredite, Spar und Anlageformen, Versicherungen, Bausparverträgen, Immobilien, Spiegel-Verlag (Hrsg.), Hamburg.

Soll und Haben (1995), Spiegel-Dokumentation: Soll und Haben 4, SpiegelVerlag (Hrsg.), Hamburg.

Sommerlatte, T. (1989), Warum Hochleistungsorganisation und wie weit sind wir davon entfernt ? In Arthur D. Little International (Hrsg.), Management der Hochleistungsorganisation, S. 1-22.

Srinivasan, V./ Shocker, A.D. (1973), Linear Programming Techniques for Multidimensional Analysis of Preferences, in: Psychometrica, Vol. 18, S. 337-369.

Staehle, W.H. (1973), Organisation und Führung sozio-technischer Systeme. Grundlagen einer Situationstheorie, Stuttgart.

Staehle, W.H. (1994), Management: eine verhaltenswissenschaftliche Perspektive, 7. Aufl., überarb. von P. Conrad, Jörg Sydow, München.

Staffelbach, B. (1988), Strategisches Marketing von Dienstleistungen, in: Marketing Zeitschrift für Personalforschung, 10. Jg., S. 277-284.

Stahl, P. (1977), Verbundwirkungen im Sortiment, Münster.

Starke, W. (1987), Auswirkungen der Selbstbedienung auf das Vertriebssystem, in: J. Süchting, E. van Hooven, (Hrsg.), Handbuch Bankmarketing, Wiesbaden, S. 163-180.

Starke, W. (1991), Wie hoch ist die Kostendeckung im Zahlungsverkehr wirklich ?, in: Bank und Markt, 20. Jg., Nr. 5, S. 21-24.

Stauss, B. (1992), Dienstleistungsmarketing und Dienstleistungsmanagement, in: Die Betriebswirtschaft, 52. Jg., S. 675-689.

Steffenhagen, H. (1978), Wirkungen absatzpolitischer Maßnahmen. Theorie und Messung der Marktreaktion, Stuttgart.

Stein, J.H. von/ Terrahe, J. (1995), Handbuch Bankorganisation, 2. Auflage, Stuttgart.

Steiner, J. (1994), Mindestmargenkalkulation in Kreditinstituten, in: Bank und Versicherungslexikon, H. Schierenbeck (Hrsg.), 2. Auflage, München, S. 485-491.

Steppeler, W./ Astfalk, T. (1986), Preisrecht und Preisangaben in der Kreditwirtschaft, Köln.

Stich, H. W. (1980), Kundengruppenorganisation und Vertriebspolitik, in: Bank und Markt, 9. Jg., Nr. 6, S. 17-20.

Stroebe, W. et al. (1992), Sozialpsychologie: Eine Einführung, 2. korrigierte Auflage, Berlin, Heidelberg, New York.

Strothmann, H. (1986), Anmerkungen zur Preispolitik im Bankgeschäft, in: Bank und Markt, 15. Jg., Nr. 6, S. 31-35.

Strümpel, B. (1985), Arbeitsmotivation im sozialen Wandel, in: Die Betriebswirtschaft, 45. Jg., S. 42-45.

Stützel, W. (1964), Bankpolitik heute und morgen, Frankfurt/M.

Stützel, W./ Krug, W. (1980), Die Rolle des Finanzvermögens in der modernen Wirtschaft, in: H. v. Stein, N. Kloten, (Hrsg.), Geld-, Bank-, und Börsenwesen, 37. Auflage, S. 61-78.

Süchting, J. (1963), Kalkulation und Preisbildung der Kreditinstitute, Frankfurt/M.

Süchting, J. (1968), Die Einkaufswirtschaftlichkeit für Bankleistungen und Zweigstellen, in: Bank-Betrieb, 8.Jg., S. 277-280.

Süchting, J. (1972), Die Bankloyalität als Grundlage zum Verständnis der Absatzbeziehungen von Kreditinstituten, in: Kredit und Kapital, 5. Jg., S. 269-300.

Süchting, J. (1980), Rechtfertigungsfähige Preise im Zahlungsverkehr und Kreditgeschäft, in: Die Bank,o. Jg., S. 550-556.

Süchting, J. (1981), Probleme der Preisstellung im Kreditinstitut, in: Österreichisches Bankarchiv, 29. Jg., S. 304-319.

Süchting, J. (1982), Schwerpunkte und Probleme der bankbetrieblichen Kosten und Erlösrechnung, in: Zeitschrift für Betriebswirtschaft, 52. Jg., S. 790-794.

Süchting, J. (1985), Überlegungen zu einer flexiblen Preispolitik der Kreditinstitute im Firmenkundengeschäft, in: Bank und Markt, 14. Jg.,Nr. 3, S. 5-9.

Süchting, J. (1987), Die Theorie der Bankloyalität-(noch), eine Basis zum Verständnis der Absatzbeziehungen von Kreditkunden?, in: J. Süchting, E. van Hooven, Handbuch Bankmarketing, Wiesbaden, S. 23-36.

Süchting, J. (1991), Wachsen die preispolitischen Spielräume? Anmerkungen zu Banktreue und Beziehungsmanagement, in: Bank und Markt, 20. Jg., Nr. 5, S. 16-20.

Süchting, J. (1998), Bankmanagement, 4. vollst. neu konzipierte und wesentlich erweiterte Auflage, Stuttgart.

Süchting, J. (1993), Marketing, in: N. Kloten, J. H. von Stein, (Hrsg.), Geld-, Bank- und Börsenwesen, 39. Aufl., Stuttgart, S. 991-1042.

Süchting, J./ van Hooven, E. (1987), Handbuch Bankmarketing, Wiesbaden.

Suprenant, C. (1991), Using Uncertainty to Strengthen Service Understanding, in: M.C. Gilly et al. (Hrsg.), Enhancing Knowledge Development in Marketing, Chicago, S. 309-314.

Suter, T. (1990), Kundenbetreuung der Zukunft. Zielgruppenorientierung als Konzept, in: Betriebswirtschaftliche Blätter, 39. Jg., S. 308-311.

Sveiby, K.-E./ Lloyd, T. (1990), Das Management des Know-how. Führung von Beratungs-, Kreativ- und Wissensunternehmen, Frankfurt am Main, New York.

Swoboda, W. (1978), Planung und Realisierung der Zielkonzeption am Beispiel des Kreditgenossenschaftssektors, in: H.-D. Deppe, (Hrsg.), Bankbetriebliches Lesebuch, Stuttgart, S. 275-298.

Szallies, R. (1991), Verbraucherverhalten und Finanzdienstleistungsmarkt in den 90er Jahren, in: Sparkasse, 108. Jg., S. 159-165.

Szallies, R. (1993), Vagabundierendes Finanzverhalten. Herausforderung für das Bank marketing der 90er Jahre, in: Geldinstitute, o. Jg., Heft 4/5, S. 46-51.

Tacke, G. (1989), Nichtlineare Preisbildung: Höhere Gewinne durch Differenzierung, Wiesbaden.

Taylor, B./ Wills, G. (1969), Pricing Strategy. Reconciling Customer Needs and Company Objectives, London.

Teas, R.K./ Dellva, W.L. (1985), Conjoint Measurement of Consumers` Preferences for Multiattribute Financial Services, in: Journal of Bank Research, Vol. 16, No. 2, S. 99-112.

Tellis, G. J. (1986), Beyond the many Faces of Price: An Integration of Pricing Strategies, in: Journal of Marketing, Vol. 50, No. 4, S. 146-160.

Tellis, G. J. (1988), The Price Elasticity of Selective Demand: A MetaAnalysis of Econometric Models of Sales, in: Journal of Marketing Research, Vol. 25, S. 331-341.

Terrahe, J. (1986), Kundenkalkulation und Zielgruppenmarketing, in: Bank und Markt, 5. Jg., Nr. 8, S. 26-30.

Tucker, S.A. (1966), Pricing for higher Profit: Criteria, Methods, Applications, New York.

Tull, D.S./ Köhler, R./ Silver, M.S. (1986), Nachfrageerwartungen und Preisverhalten deutscher Unternehmen. Eine empirische Studie, in: Marketing, Zeitschrift für Forschung und Praxis, 8.Jg., S. 225-232.

Vanini, S. (1993), Methoden zur Erfragung des individuellen Response auf die Preispolitik, unveröffentlichtes Arbeitspapier des Institutes für betriebswirtschaftliche Innovationsforschung der Christian Albrechts-Universität zu Kiel.

Wagner, A. (1994), Die Prozeßkostenrechnung als Instrument des Kostenmanagements im Betriebsbereich von Banken, Diskussionsbeiträge der Wirtschaftswissenschaftlichen Fakultät Ingolstadt, Nr. 55.

Weber, B./ Wilsdorf, M. (1987), Produktwerbung und Verkaufsförderung im Privatkundengeschäft, in: J. Süchting, E.v. Hooven, (Hrsg.), Handbuch Bankmarketing, Wiesbaden, S. 203-221.

Weiss, U. (1983), Preispolitik im Mengengeschäft der Banken, in: H.E. Büschgen (Hrsg.), Mitteilungen und Berichte der Universität Köln, Heft 41, Köln, S. 2-5.

Weiss, U. (1985), EDV-Technologie und Bankmarketing, in: Bank und Markt, 14. Jg., Nr. 12, S. 7-12.

Wessels, M.G. (1990), Kognitive Psychologie, München, Basel.

Wheatley, J.J./ Walton, R.G./ Chiu, J.(1977), The Influence of Prior Product Experience, Price and Brand on Quality Perception, in: Advances in Consumer Research, Vol. 4, S. 72-77.

Wickel, S. (1995), Banken im Wandel, Konzept für eine zukunftsorientierte Organisationsstruktur, Wiesbaden.

Wicklund, R.A./ Gollwitzer, P.M (1993), Symbolische Selbstergänzung, in: D.Frey, M. Irle, (Hrsg.), Theorien der Sozialpsychologie Band III, Motivations- und Informationsverarbeitungstheorien, S. 31-55.

Widmaier, S. (1991), Wertewandel bei Führungskräften und Führungsnachwuchs, Konstanz.

Wied-Nebbeling,S. (1983), Zur Preis-Absatz-Funktion beim Oligopol auf dem unvollkommenen Markt. Empirische Evidenz und theoretisch-analytische Probleme der GutenbergFunktion, in: Jahrbücher für Nationalökonomie und Statistik, Bd. 198/2, S. 123-144.

Wielens, H. (1987), Marktorientierte Bankorganisation, in: J. Süchting, E.v. Hooven, (Hrsg.), Handbuch Bankmarketing,Wiesbaden, S. 61-89.

Wiendieck, G/ Wiswede, G. (1990), Führung im Wandel: Neue Perspektiven für die Führungsforschung, Stuttgart.

Wiesler, J.B. (1987), Das kundenorientierte Vertriebssystem einer amerikanischen Bank, in: J. Süching und E. v. Hooven, (Hrsg.),Handbuch Bankmarketing, Wiesbaden, S. 379-402.

Williamson, O.E. (1975), Markets and Hierarchies: Analysis and Antitrust Implications, New York, London.

Williamson, O.E. (1981), The Economics of Organisation: The Transaction Cost Approach, in: American Journal of Sociology, Vol. 87, Nr. 3, S. 548-577.

Williamson, O.E. (1985), The Economic Institutions of Capitalism. Firms, Markets, Relational Contracting, New York, London.

Wilsdorf, M. (1985), Das Privatkonto ist die Basis, Anmerkungen zum Marketing und zur Preispolitik, in: Bank und Markt, 14. Jg., Nr. 2, S. 16-19.

Wilson, L.O./ Weiss, A.M./ John, G. (1990), Unbundling of Industrial Systems, in: Journal of Marketing Research, 27. Jg., May, S. 123-138.

Windhorst, K. G. (1985), Wertewandel und Konsumentenverhalten, Münster.

Wirtz, K.-E. (1981), Rechtliche Probleme bei der Preisfestsetzung, in: Wirtschaftswissenschaftliches Studium, 10. Jg., Heft 5, S. 218-224.

Wiswede, G. (1991), Einführung in die Wirtschaftspsychologie, München.

Witt, F.-J. (1986), Bankloyalität-eine empirische Untersuchung, in: Bank und Markt, 15. Jg., S. 20-23.

Wittink, D.R./ Cattin, P. (1989), Commercial Use of Conjoint Analysis: An Update, in: Journal of Marketing, Vol. 53, S. 91-96.

Wittink, D.R./ Krishnamurti, L./ Reibstein, D.J. (1982), The Effect of Differences in the Number of Attribute Levels on Conjoint Results, in: Marketing Letters, Nr. 1, S. 113 – 123.

Wohlgemuth, A.C. (1989), Führung im Dienstleistungsbereich-Interaktionsintensität und Produktionsstandardisierung als Basis einer neuen Typologie, in: Zeitschrift für Führung und Organisation, 58. Jg., S. 339-345.

Woratschek, H. (1996), Möglichkeiten und Grenzen preispolitischer Faustregeln für den Dienstleistungsbereich, in: A. Meyer, (Hrsg.), Grundsatzfragen und Herausforderungen des Dienstleistungsmarketing, Wiesbaden, S. 98-124.

Wübker, G. (1998), Preisbündelung: Formen, Theorie, Messung und Umsetzung, Wiesbaden.

Wünsche, G. (1982), Grundlagen der Bankenwerbung aus verhaltenswissenschaftlicher Sicht, Wiesbaden.

Wünsche, G. (1993), Corporate Identity als Teil einer umfassenden Unternehmensstrategie bei Kreditinstituten, in: D. Boening und H.J. Hockmann, (Hrsg.), Bank- und Finanzmanagement, Marketing-RechnungswesenFinanzierung, Reflexionen aus der Praxis, J. Süchting zum 60. Geburtstag, Wiesbaden.

Wünsche, G./ Swoboda, U. (1994), Die Bedeutung von Zielgruppen für die fokussierte Universalbank, in: Bank und Markt, 23. Jg., Nr. 5, S. 275-279.

Yadav, M.S./ Monroe, K.B. (1993), How Buyers Perceive Savings in a Bundle: An Examination of a Bundle's Transaction Value, in: Journal of Marketing Research, Vol. 30, S. 350-358.

Zeithaml, V.A. (1981), How Consumer Evaluation Processes differ between Goods and Services, in: J.H. Donelly, W.R. George, (Hrsg.), Marketing of Services, Chicago, S. 186-190.

Zeithaml, V.A. (1982), The Acquisition, Meaning and Use of Price Information by Consumers of Professional Services, in: R. Bush, S. Hunt, (Hrsg.), Marketing Theory: Philosophy of Science Perspectives, Chicago, S. 237-241.

Zeithaml, V.A. (1983), The Accuracy of Reference Price Stored in Memory by Consumers of Professional Services, in: Advances in Consumer Research, Vol.10, S. 607-611.

Zeithaml, V.A. (1988), Consumer Perceptions of Price, Quality and Value: A Means-End Model and Synthesis of Evidence, in Journal of Marketing, Vol. 52, July, S. 2-22.

Zeithaml, V.A./ Parasuraman, A./ Berry, L. (1985), Problems and Strategies in Services Marketing, Journal of Marketing, Vol. 49, No. 2, S. 33-46.

Zimmerer, C. (1957), Der Markt in Bankleistungen, in: Wirtschaft und Wettbewerb, S. 350-355.

Zinkhan, F.C./ Zinkhan, G.M. (1989), Using Conjoint Analysis to Design Financial Services, in: M.J. Bitner, (Hrsg.), Designing a Winning Service Strategy, Chicago, S. 48-51.

Zinkhan, G.M./ Zinkhan, F.C. (1989), Evaluating Promotional Effectiveness for Financial and Other Services, in: M.J. Bitner, (Hrsg.), Designing a Winning Service Strategy, S. 44-47.

Der deutsche Universitäts-Verlag

Ein Unternehmen der Fachverlagsgruppe BertelsmannSpringer

Der Deutsche Universitäts-Verlag wurde 1968 gegründet und 1988 durch die Wissenschaftsverlage Dr. Th. Gabler Verlag, Verlag Vieweg und Westdeutscher Verlag, aktiviert. Der DUV bietet hervorragenden jüngeren Wissenschaftlern ein Forum, die Ergebnisse ihrer Arbeit der interessierten Fachöffentlichkeit vorzustellen. Das Programm steht vor allem solchen Arbeiten offen, deren Qualität durch eine sehr gute Note ausgewiesen ist. Jedes Manuskript wird vom Verlag zusätzlich auf seine Vermarktungschancen hin überprüft.

Durch die umfassenden Vertriebs- und Marketingaktivitäten, die in enger Kooperation mit den Schwesterverlagen Gabler, Vieweg und Westdeutscher Verlag erfolgen, erreichen wir die breite Information aller Fachinstitute, -bibliotheken, -zeitschriften und den interessierten Praktiker. Den Autoren bieten wir dabei günstige Konditionen, die jeweils individuell vertraglich vereinbart werden.

Der DUV publiziert ein wissenschaftliches Monographienprogramm in den Fachdisziplinen

Wirtschaftswissenschaft	Psychologie
Informatik	Literaturwissenschaft
Kognitionswissenschaft	Sprachwissenschaft
Sozialwissenschaft	

www.duv.de

Änderungen vorbehalten.
Stand: 1.7.2000

Abraham-Lincoln-Str. 46
65189 Wiesbaden

Printed by Printforce, the Netherlands